Tamar Amar-Dahl

SHIMON PERES

TAMAR AMAR-DAHL

SHIMON PERES

Friedenspolitiker und Nationalist

FERDINAND SCHÖNINGH
PADERBORN · MÜNCHEN · WIEN · ZÜRICH

Die Autorin:
Tamar Amar-Dahl, Dr. phil., Historikerin, in Israel geboren und aufgewachsen, lebt seit 1996 in Deutschland. Sie studierte Geschichte und Philosophie in Tel Aviv, Hamburg und München. Derzeit lehrt sie an der Humboldt-Universität zu Berlin.

Für ihr Promotionsprojekt erhielt Tamar Amar-Dahl ein Stipendium
der FES-Graduiertenförderung.

Titelbild:
akg-images/Israelimages

zugl. Diss. Univ. München, 2008; Dissertationstitel: ›Shimon Peres: Ein zionistischer Staatsmann‹

Bibliografische Information der Deutschen Nationalbibliothek

Die Deutsche Nationalbibliothek verzeichnet diese Publikation in der Deutschen Nationalbibliografie; detaillierte bibliografische Daten sind im Internet über
http://dnb.d-nb.de abrufbar.

Umschlaggestaltung: Evelyn Ziegler, München

Gedruckt auf umweltfreundlichem, chlorfrei gebleichtem
und alterungsbeständigem Papier ⊗ ISO 9706

© 2010 Ferdinand Schöningh, Paderborn
(Verlag Ferdinand Schöningh GmbH & Co. KG, Jühenplatz 1, D-33098 Paderborn)

Internet: www.schoeningh.de

Alle Rechte vorbehalten. Dieses Werk sowie einzelne Teile desselben sind urheberrechtlich geschützt. Jede Verwertung in anderen als den gesetzlich zugelassenen Fällen ist ohne vorherige schriftliche Zustimmung des Verlages nicht zulässig.

Printed in Germany. Herstellung: Ferdinand Schöningh, Paderborn

ISBN 978-3-506-76910-7

INHALT

Vorwort von Moshe Zuckermann 7

Einleitung 9
Ziel und Fragestellung der Untersuchung 10
Forschungsmethode 12
Zur politischen Biographie von Shimon Peres 16
Forschungsstand und Quellenlage 20

I. Zum Zionismus: Peres und das zionistische Projekt 25
Ausgangspunkt des Zionismus: »Die Negation der Diaspora« 25
Peres' Verhältnis zur jüdischen Geschichte und Diaspora 29
Zum Nationalismus 32
Der Zionismus als nationale Idee 36
Peres' Zionismus-Begriff: Volk – Land – Staat 40
Peres' Staatsbegriff 47

II. Vom Feinde: Peres und die »Araber« 53
Der Zionismus und die »arabische Frage« 53
Peres und die »arabische Welt« 65
Peres und die »Palästinenserfrage« 77
Vom Feinde – Fazit 98

III. Zum Demokratieverständnis: Peres und die israelische Demokratie . . . 109
Israels Staatsverständnis als »jüdisch« und »demokratisch« und die
Frage der politischen Verfasstheit des jüdischen Staats: »Ethnische
Demokratie« oder »Ethnokratie«? 109
Peres' Demokratiebegriff: »Demokratie für Juden«? 119
Peres' Prägung der politischen Kultur: Demokratie und Militär in
einem sicherheitspolitisch orientierten Israel 130
Die Lavon-Affäre 1954-1964: Militärisch-sicherheitspolitischer
oder parteipolitischer Konflikt? 133
Die Shin-Bet-Affäre 1984-1986: Sicherheit versus
Rechtsstaatlichkeit? 164
Peres und die sozialpolitische Frage 184
Zum Demokratieverständnis – Fazit 212

IV. Vom Kriege: Peres und die Frage der nationalstaatlichen Gewalt . . . 219
Peres und der erste israelische »Krieg der günstigen Gelegenheit« –
Der Sinai-Suez-Feldzug 1956 225

Von Krieg und Atomwaffen: Peres' Rolle bei der Beschaffung der
Nuklearkapazität Israels 250
Peres und die »Politik der atomaren Zweideutigkeit« 260
»Fluch des Nordens« – Peres und der konventionelle militärische
Einsatz in den beiden Libanon-Kriegen 1982 und 1996 272
Vom Kriege – Fazit 289

V. VOM FRIEDEN: PERES UND DER FRIEDEN IM NAHEN OSTEN. 297

Die Sprache des Friedens: »Friedensideologie«, »Imaginärer Frieden«,
»Sicherheitsmythos« und »Frieden ohne Araber« 300
Das junge Israel: Nationalstaatliche Existenz ohne Frieden? 304
Friedensschluss mit Ägypten 1978-1979: Frieden ohne Preis? 313
Der Oslo-Friedensprozess 1993-1996: Versöhnung ohne Palästinenser? 328
Vom Frieden – Fazit 380

EPILOG: PERES UND DIE POLITISCHE MACHT 389

Peres und die Presse 394
Peres und die Partei 396
Politische Macht und Verständnis der Oppositionsarbeit 399
Peres kommt bei der Partei der Mitte *Kadima* (Vorwärts) an 401

ANMERKUNGEN 405

BIBLIOGRAPHIE 455

SACH-REGISTER 463

PERSONEN-REGISTER 468

Vorwort

Der vorliegende Band stellt sich einer »heiklen« Herausforderung. Zwar sind intellektuelle und Gesinnungsprofile herausragender historischer Personen weder in der Geistesgeschichte noch in der politischen Wissenschaft etwas Außergewöhnliches; in bestimmten Forschungstraditionen, wie etwa der angelsächsischen, erfreut sich dieses Genre besonderer Beliebtheit. Schwieriger nimmt sich das Unterfangen schon bei noch lebenden Personen aus, weil sowohl gebotene »Rücksicht« als auch das Fehlen geforderter historischer Perspektive dem möglichst objektiven Gesamtbild vom Forschungsgegenstand im Wege stehen können. »Heikel« wird es dann, wenn die Kontroverse um besagte Person nicht nur den Deutungsdiskurs ihres Wirkens beherrscht, sondern wenn dies Wirken selbst die Politik und Soziologie des Wirkbereichs der Person weiterhin aktualiter bestimmt. Shimon Peres gehört ohne Zweifel zu jenen Gestalten des politischen Lebens, deren positive wie negative Ausstrahlung selbst dann nichts von ihrer brisanten Wirkmächtigkeit verloren hat, als er in das Amt des israelischen Staatspräsidenten »exiliert«, mithin in die (vermeintliche) politische Wirklosigkeit verbannt wurde. Es reicht hin, zu registrieren, wer alles an Weltprominenz seiner Einladung zur Befeierung von Israels 60. Geburtstag gefolgt ist, um zu begreifen, warum gerade er – im Gegensatz zu nahezu allen anderen Personen des jetzigen Politlebens Israels – den Anspruch aufs Attribut des *Staatsmannes* erheben darf, zugleich aber sich dem Paradox zu stellen, dass ihn die wenigsten in Israel als solchen wahrnehmen.

Tamar Amar-Dahl weiß um diese Diskrepanzen und Ambivalenzen. Sie geht aber überdies davon aus, dass Peres' »wesenhafte politische Prägungen und Überzeugungen auch in Israel selbst weitgehend unbekannt geblieben« seien. Ihre Untersuchung ist entsprechend um die wissenschaftliche Auflösung seiner »Rätselhaftigkeit« bemüht. Und dies leistet sie in beeindruckender Art und Weise.

In fünf ausladenden Kapiteln, die sich mit den zentralen Codes der Peres'schen Gesinnung – Zionismus, (arabischer) Feind, (parlamentarische) Demokratie, Krieg und Frieden – befassen, umreißt sie das Denk- und Handlungsuniversum des Protagonisten, wobei sie die Codes in ihrer Vielschichtigkeit und gegenseitigen Bezogenheit entschlüsselt. So lässt sich die Sicherheitsdoktrin, der sich Peres frühzeitig verschrieben hat, nicht von seiner Gesamtauffassung des Zionismus und seiner Funktion im Hinblick auf die jüdische Leiderfahrung im 20. Jahrhundert getrennt denken, zugleich aber auch nicht die in ihr dialektisch angelegte Auffassung von Krieg und Frieden. Interessant ist dabei, wie sich die Wechselwirkung von vorgegebenen ideologischen Strukturen und Mitverantwortung für deren Herausbildung sowie ihr Einfluss auf persönliche Entwicklungsprozesse und ausgewachsene Metamorphosen in Peres' politisch-ideologischem Leben niederschlägt. Tamar

Amar-Dahl zeichnet dies mit Bravour nach und ergeht sich dabei in Analysen und Deutungen, die das Schillernde und zugleich zutiefst Verwurzelte, das »Fremde« und zugleich so Israelische an Peres aufs Beeindruckendste zu exemplifizieren vermögen. Dass sie sich dabei nicht eines (ideologie)kritischen Blicks enthält, ist ihr nicht nur nicht »anzulasten«, sondern gereicht ihr zur Ehre und verleiht ihrer Untersuchung – gerade angesichts der Mehrschichtigkeit von Peres' Person und Wirken – zusätzliche Glaubwürdigkeit.

Es ist überflüssig, den gesamten Ansatz der Untersuchung hier nachzuzeichnen. Sie ist würdig, in ihrer reichen Informationsdichte und analytischen Verve voll und ganz gelesen zu werden. Die sorgfältige Lektüre verschafft Einblicke und Einsichten, die auch den kompetenten Leser bereichern dürften. Das Porträt eines zionistischen Staatsmannes ist es, welches sich durch historischen und politologischen Tiefenblick auszeichnet. Darin, aber durchaus auch in seiner aktuellen politischen Brisanz, stellt dieser Band einen höchst wertvollen Beitrag für den innerisraelischen sozial-politischen Diskurs dar.

Moshe Zuckermann

Einleitung

Die vorliegende Untersuchung befasst sich mit dem politischen Denken des israelischen Staatsmannes Shimon Peres. Sie bietet einen Einblick in das bislang wenig behandelte öffentliche Leben einer Persönlichkeit, die über ein halbes Jahrhundert lang auf der politischen Bühne Israels eine entscheidende Rolle gespielt hat. Peres' Geschichte verläuft parallel zur israelischen Geschichte: Er gilt als der letzte Gründungsvater des jüdischen Nationalstaats, bei dessen Schöpfungsakt er 1948 selbst anwesend war. Als Jugendlicher hatte er zuvor bereits die 13 Jahre währende vorstaatliche Phase Israels im *Jischuw* (heb. »Siedlung«, gemeint ist die jüdisch-zionistische Gemeinde in Palästina vor der israelischen Staatsgründung) miterlebt, da er 1935 in das damalige britische Mandatsgebiet Palästina eingewandert war. Somit lässt sich Peres' Ernennung zum israelischen Staatspräsidenten 2007 als symbolische Krönung einer langen, bemerkenswerten politischen Lebensgeschichte bezeichnen. Dennoch sind seine wesenhaften politischen Prägungen und Überzeugungen auch in Israel selbst weitgehend unbekannt geblieben. Diese Rätselhaftigkeit Peres' wird besonders deutlich angesichts der Tatsache, dass er zu den wenigen israelischen Politikern zählt, die ihre Gedanken unermüdlich in Form von Büchern, Zeitungsartikeln und Interviews offenlegen. Ununterbrochen ist er medial präsent.

Dennoch bleibt er auf gewisse Weise undurchsichtig und ist in Israel nicht zuletzt deswegen umstritten, weil seine fundamentalen politischen Grundauffassungen unklar sind. Peres ist zwar ständig im politischen Leben präsent, sein eigentlicher politischer Beitrag bleibt jedoch weitestgehend verborgen. Mittlerweile sind zwar drei Biographien über ihn erschienen (1982, 1996 und 2006)[1], und es liegen unzählige Äußerungen und viele Veröffentlichungen über »Israels unermüdlichsten Politiker« vor, der nicht zuletzt selbst immer wieder seinen Standpunkt dokumentiert hat. Dennoch wird der »durchschnittliche Israeli« nicht ohne Weiteres Peres' politischen Beitrag charakterisieren können. Die Urteile schwanken vielmehr zwischen zwei Polen. Peres gilt als einer der vehementesten Verfechter der Doktrin der militärischen Überlegenheit Israels, der das oberste Gebot der israelischen Politik begründet hat: die Maxime von der nationalstaatlichen Unabhängigkeit. Daneben existiert jedoch noch das Bild von Peres als Träger von Friedenshoffnungen und Befürworter einer israelisch-arabischen Annäherung – einer Politik, mit der eher die Bereitschaft zur Einschränkung nationalstaatlicher Unabhängigkeit assoziiert wird. In den 1990er Jahren erscheint er als »Vater des Neuen Nahen Ostens« und zugleich als einer der Verantwortlichen für das Scheitern des Friedensprozesses in dieser Zeit. In ihm wird einer der hartnäckigsten Befürworter der Besiedelung von *Erez Israel* gesehen und seit 1967 ein scharfer Gegner jeglichen Gebietsverzichts; andere beurteilen ihn als »schwachen Politiker«, der das Land an die »arabischen *Gojim*«

zu verkaufen bereit sei. Peres ist zum einen der Mann, der »nie auf dem Schlachtfeld gekämpft hat«, was in der israelischen Gesellschaft vielerorts als Defizit angesehen wird, und zum anderen der militärisch denkende Sicherheitspolitiker, der Krieg als Mittel zur Konsolidierung nationalstaatlicher Unabhängigkeit versteht. Peres tritt auf als der moderne Mann, der sich der westlichen Welt zuwendet und sich auf deren Werte beruft, die jüdische Nation auf den neuesten technologischen Stand bringen will, und gleichzeitig als Politiker, der sich nicht scheut, biblisch zu argumentieren. Er wird bewertet als rationaler und besonnener Staatsmann und weiser Stammesältester, als unermüdlicher Aktivist, gilt aber auch als verantwortlich für politische Sackgassen und ein gewisses Auf-der-Stelle-Treten. Peres, ein Literaturliebhaber, der dennoch über keine umfassende Bildung verfügt; ein Politiker, der vom Volk nie gewählt wird, aber dennoch unermüdlich auf höchster Ebene präsent ist; in Israel unpopulär, im Ausland gern gesehen; ein Mann, der nie als »echter Israeli« akzeptiert wurde – und dennoch den »Israelismus« wie kaum ein anderer prägte.

Ziel und Fragestellung der Untersuchung

Ziel der Untersuchung ist, dieses Bündel von Widersprüchen aufzulösen und Peres' politischem Denken und Handeln auf den Grund zu gehen. Um Peres' Einfluss auf die israelische Geschichte zu ergründen, soll sein politisches Leben durch das Prisma seiner spezifischen Perspektive auf die politischen Realitäten betrachtet werden. Die Arbeit bedient sich eines vorstellungsgeschichtlichen Ansatzes im Sinne von Hans-Werner Goetz, der Denken und Bewusstsein der historischen Subjekte zum Gegenstand des Erkenntnisinteresses macht. Ins Zentrum der vorliegenden Analyse rückt somit die Frage nach Peres' Verständnis der politischen Wirklichkeit. Peres' politischem Handeln kommt hier ein beträchtliches Gewicht zu: Es ist Indikator für die dahinterstehenden politischen Vorstellungen, ohne unbedingt mit diesen deckungsgleich zu sein. Genau dieses Verhältnis zwischen Denken und Handeln eines Politikers, der seine Auffassungen nicht immer offenlegen kann oder will, gilt es hier zu überprüfen.

Die Studie konzentriert sich auf fünf Aspekte in Peres' politischem Denken: Im ersten Kapitel steht Peres' Zionismusverständnis im Mittelpunkt und damit die Frage, wie der Staatsmann mit der politischen Realität der jüdischen Nationalstaatlichkeit ab der Mitte des 20. Jahrhunderts umgeht. Herausgearbeitet werden Peres' Zionismus-Begriff, dessen Verknüpfung mit der jüdischen Nationalstaatlichkeit und dem jüdischen Nationalismus; außerdem sein spezifischer Blick auf die jüdische Geschichte und das Exilleben. Zu erschließen ist des Weiteren seine Auffassung des Verhältnisses zwischen (jüdischem) Staat, Volk und der »jüdischen Nation«. Für Peres ist der Zionismus ein nationalstaatlich-ideologisches, gewissermaßen sakrales Projekt, eine Utopie, die verwirklicht werden muss – in Anschluss daran behandelt das zweite Kapitel die Feinde dieser »zionistischen Utopie«. Peres' Feindbild bzw. Feindbilder sollen lokalisiert, definiert und charakterisiert werden. Diese ersten beiden Themenkomplexe nehmen sich in erster Linie der Analyse von politischen Bildern, Auffassungen und Vorstellungen an.

In drei weiteren großen Kapiteln wird diese vorstellungsgeschichtliche Betrachtung von Peres' Zionismusverständnis und Feindbild schließlich mit seinem unmittelbaren politischen Handeln verbunden. Im dritten Kapitel wird Peres' Verständnis der demokratischen Staatsform Israels unter die Lupe genommen. Was versteht Peres vor dem Hintergrund der problematischen demographischen und geopolitischen Situation Israels als »demokratisch«? Wer gehört angesichts der umstrittenen Staatsgrenzen zum *Demos* dieser Demokratie, Juden oder »Israelis« – und wen oder was identifiziert Peres in diesem Zusammenhang als »jüdisch«? Wie verhält sich also das demokratische Projekt zum Projekt der »zionistischen Utopie«? Zu klären ist weiter, welchen Status Peres Nichtjuden in einem »Staat des jüdischen Volks« zuerkennt. Einen beträchtlichen Platz erhält hier die Untersuchung dessen, was als Peres' demokratisches Wertesystem bzw. sein Habitus bezeichnet wird. Das Augenmerk richtet sich besonders auf die Spannung zwischen dem permanenten Kriegszustand Israels mit seiner Notstandsgesetzgebung und dem Anspruch, eine funktionierende Demokratie zu sein. Welche Rolle spielen in dieser Demokratie das Militär, überhaupt die Sicherheitsapparate des Staats? Wie begreift Peres das Verhältnis von Militär und Politik? Welchen Stellenwert erhalten die Sicherheitsapparate durch Peres' Zutun in der israelischen Gesellschaft und Politik? Gefährden der andauernde Ausnahmezustand und die Sonderrolle des Militärs Israels demokratisches Regime? Abschließend befasst sich das Demokratiekapitel mit der Haltung des langjährigen Führers der Arbeitspartei zur Sozial- und Wirtschaftspolitik. Lässt sich Peres als Sozialdemokrat, als Sozialist oder gar als Gegner dieser politischen Richtungen bezeichnen?

Der vierte Themenkomplex beschäftigt sich mit dem Problem der Gewaltanwendung durch den Nationalstaat. Welche Rolle misst Peres dem Krieg – ob Vergeltungs-, Grenz- oder regionaler Krieg, Eroberungs-, Geheim- oder auch Zermürbungskrieg – im Projekt des politischen Zionismus bei? Welche Funktion hat militärische Macht bei der Verwirklichung der »zionistischen Utopie«? Welche Sicherheitsdoktrin prägt und vertritt der Generaldirektor im Verteidigungsministerium (1953-1959), Vize-Verteidigungsminister (1959-1965) und Verteidigungsminister (1974-1977)? In diesem Zusammenhang muss außerdem Peres' Politik der Zweideutigkeit hinsichtlich der atomaren Aufrüstung Israels, die in seinen Augen wichtiger Faktor militärischer Überlegenheit und somit integraler Bestandteil der Sicherheitsdoktrin ist, behandelt werden.

In einem letzten Kapitel soll schließlich die Rede vom Frieden sein, besonders von Peres' Friedensbegriff. Dabei stellt sich die Frage, welche Chancen er einem Friedensschluss zwischen Israel und seinen arabischen Nachbarn vor dem Hintergrund des andauernden Kriegszustands einräumt. Der für die Aufnahme der israelisch-palästinensischen Gespräche 1993 mit dem Friedensnobelpreis ausgezeichnete Außenminister Peres wird sowohl im eigenen Lande als auch weltweit mit Friedensbemühungen in Verbindung gebracht; der (vorläufig) amtierende Regierungschef und Verteidigungsminister gründet selbst 1996/1997 das *Peres Center for Peace*. Welches Friedensverständnis hat der Friedensnobelpreisträger wirklich? Wie schätzt er die Realisierbarkeit eines Friedens in der Region ein? Und welchen Beitrag leistet Peres schließlich zum Frieden? Diese Fragen werden in einer geschichtlichen Betrachtung untersucht, wobei der Fokus dem Friedensprozess der 1990er Jahre gilt.

Forschungsmethode

Die Studie orientiert sich an der von dem Mediävisten Hans-Werner Goetz vorgeschlagenen geschichtswissenschaftlichen, erkenntnistheoretischen Methode der Vorstellungsgeschichte, um Denken und Bewusstsein einer historischen Persönlichkeit zu beleuchten. In seinem 1979 im Archiv für Kulturgeschichte erschienenen Aufsatz »Vorstellungsgeschichte: Menschliche Vorstellungen und Meinungen als Dimension der Vergangenheit«[2] identifiziert Goetz neben den beiden Arbeitsfeldern der Ereignisgeschichte und der Strukturgeschichte ein weiteres: die »Vorstellungsgeschichte« oder »Geschichte der Vorstellungen«.[3] Dieses dritte Arbeitsfeld erfordert spezifische Methoden und Zielsetzungen und umfasst »persönliche Anschauungen ebenso wie gruppenspezifische Mentalitäten, die epochemachenden Ideen ebenso wie rein private Interpretationen von Fakten, Vorgängen, Gegenständen und Abläufen«. Eine »Vorstellungsgeschichte rekonstruiert nicht die Vergangenheit in ihrer Faktizität, sondern die Vergangenheit als die ›verarbeitete Wirklichkeit des Zeitgenossen‹. Da man ›Geschichte‹ zunehmend als das Vergangenheitsbild der jeweiligen Gegenwart definiert, behandelt eine Vorstellungsgeschichte in diesem Sinn tatsächlich ›die Geschichte vergangener Zeiten‹«.[4] Die Vorstellungsgeschichte erschließe weder Fakten noch Strukturen, sondern das zeitgenössische Verständnis von Geschichte. Der vorstellungsgeschichtliche Ansatz lässt sich nach Goetz auf alle Fragen anwenden, welche die historischen Tatbestände nicht in ihrem objektiv abgelaufenen Geschehniszusammenhang zu erfassen trachten, sondern »ihre Filterung im Spiegel der Quellen zum Gegenstand haben, also die Ideen, Ansichten, Vorstellungen der Menschen vergangener Zeiten untersuchen und hier nicht länger lediglich Vorarbeiten für eine Quelleninterpretation leisten, sondern – über den quellenkritischen Ansatz hinaus – in den Vorstellungen der Quellenverfasser ihr eigentliches Erkenntnisziel sehen«.[5]

Goetz weist auf das besondere Potenzial der Vorstellungsgeschichte hin: Während die Ereignisgeschichte auf den konkreten *Verlauf* eines bestimmten Ereignisses – Ursachen, Hergang und Wirkung – abzielt, die Strukturgeschichte das Fundament, die Zusammenhänge und die charakteristischen Züge mehrerer Ereignisse erforscht, wendet sich die Vorstellungsgeschichte dem Verfasser der Quelle selbst zu und fragt nach dessen »Eindrücken, Auffassungen und Urteilen über die Vergangenheit, nach der Stellungnahme und Einstellung eines betroffenen, nämlich in den Ereignissen und Strukturen befangenen Zeitgenossen zu seiner Umwelt«.[6] Das Erkenntnisziel der Vorstellungsgeschichte deckt sich folglich nicht mit dem der Struktur- und Ereignisgeschichte, die beide den Geschichtsprozess, das Geschehen selbst ergründen. Stattdessen erfasst sie den kommentierenden Menschen in diesem Geschehen. Der Historiker gewinnt ein verändertes Verhältnis zur Quelle: Diese ist nicht wie bei der Struktur- und Ereignisgeschichte »ein bloßes Medium zum historischen Faktum«, über das sie berichtet, sondern erlaubt »den unmittelbaren Zugang zu ihrem Verfasser als dem Gesprächspartner des Historikers«.[7]

Der Politiker Peres wird hier behandelt als kommentierender Zeitzeuge der Ereignisse und Strukturen, in die er hineingeboren ist und in denen er politisch agiert. Peres' beträchtlicher schriftlicher Nachlass in Form von Büchern, Zeitungsartikeln, Interviews und Reden ist das eindrucksvolle Zeugnis einer ereignisreichen, von ihm politisch mitgestalteten historischen Epoche. Peres' zahlreiche, meist in hebräischer Sprache verfasste Texte, die Primärquellen dieser Untersuchung, ermöglichen einen unmittelbaren Zugang zur Vorstellungswelt des Autors Peres. Im Sinne der von Goetz vorgeschlagenen Methode der Quellenanalyse möchte ich einen Dialog eröffnen: zwischen der Historikerin, welche die Fragestellungen und Themen bestimmt, und den über die Jahre hinweg erstellten Texten bzw. deren Autor zu ihrem Entstehungszeitpunkt. Doch das Gespräch beschränkt sich auf das vom Verfasser Behandelte.

In diesem Zusammenhang muss auf die von Goetz beschriebene Grenze der Erkenntnisleistung des vorstellungsgeschichtlichen Ansatzes verwiesen werden: Die Vorstellungsgeschichte kann auf Grund ihrer Beschränkung auf die Konstruktion menschlicher Ansichten kaum zu einer Rekonstruktion vergangener Ereignisabläufe oder Zustände vordringen. Damit entgeht ihr alles, was der Verfasser aus mangelndem Interesse ignoriert oder gar absichtlich verschweigt. Die Vorstellungsgeschichte bleibt daher für das Verständnis der geschichtlichen Zusammenhänge auf die Struktur- und Ereignisgeschichte angewiesen. Sie ist stark vom Reflexionsvermögen der Zeitgenossen abhängig.[8] Da im Mittelpunkt der vorliegenden Arbeit ein Politiker steht, dessen Schriften politische Absichten haben, muss sich der Historiker die Intentionen des Autors deutlich bewusst machen und sollte die Frage, inwiefern die tatsächlichen Überzeugungen des Verfassers aus den Texten erschlossen werden können, nicht aus den Augen verlieren.

Weiterhin sollte bewusst sein, dass eine Vorstellungsgeschichte die Wahrnehmung (des Historikers) von einer Wahrnehmung (des »Untersuchungsobjekts«) ist. Es wird hier also keinerlei Anspruch auf eine »objektive Geschichtsdarstellung« erhoben. Denn nicht nur der zu analysierende Autor sieht die Ereignisse aus seinem bestimmten persönlichen oder gruppenspezifischen Blickwinkel. Auch der vorstellungsgeschichtlich arbeitende Historiker ist vorgeprägt durch bestimmte Ansichten, Tendenzen, sein spezifisches Wissen und seine Gruppenzugehörigkeit, was den Charakter des »Dialogs« bzw. der Textanalyse mitbestimmt. Beide »Gesprächspartner« sind »Gefangene« ihres geschichtlichen Kontexts, ihrer persönlichen oder gruppenspezifisch bedingten Vorstellungswelt. Einen Vorteil hat der Historiker jedoch: Er betrachtet die Geschichte von ihrem Ende her und hat daher eine erweiterte Perspektive nicht nur auf die vom Autor kommentierten Ereignisse und Strukturen, sondern auch auf das Verständnis des Betrachtenden selbst. Gerade weil der Historiker über das Privileg verfügt, das gesamte vorliegende Quellenmaterial sichten und es vergleichend analysieren zu können, hat er die Möglichkeit, den Verfasser besser zu verstehen, als dieser sich selbst verstehen kann.

Doch es geht nun nicht darum, im Sinne Wilhelm Diltheys, des Begründers der modernen Hermeneutik, den Verfasser *besser zu verstehen*, als dieser selbst das in Bezug auf seine eigene Person je könnte. Vielmehr soll hier die Lehre des Verstehens im Sinne des Gesprächsphilosophen Hans-Georg Gadamer angewendet werden, die ein *anderes* Verstehen ermöglicht.[9] Gadamer fasst die Hermeneutik auf als einen Dialog zwischen dem Historiker und der Stimme, die aus den Texten spricht. Dieser Dialog ermöglicht ein *anderes*, allerdings nicht unbedingt ein *besseres* Verstehen. Die Hermeneutik als Lehre vom Verstehen arbeitet mit der Auslegung und Deutung von Texten und weiteren Quellen. Doch wie werden die Texte ausgelegt, gedeutet und verstanden? Gemäß dem sogenannten hermeneutischen Zirkel können Texte nur im übergeordneten Kontext verstanden werden; aber umgekehrt kann die Gesamtheit einer Sache nur begriffen werden, wenn wir die Einzelheiten kennen, die diese Sache konstituieren. Das Verstehen ist also der Schwierigkeit ausgesetzt, dass es die Kenntnis des Ganzen immer schon voraussetzt, das Ganze aber nur verständlich wird, weil wir Kenntnis und Wissen vom Einzelnen haben.

Gadamer beschreibt die *Vorstruktur* des Verstehens. Er zeigt in Anlehnung an den von Martin Heidegger rehabilitierten Begriff des Vor-Urteils als Bedingung jeglichen Verstehens, dass Vor-Urteile das Verstehen nicht behindern, wie die Aufklärung lehrt, sondern es überhaupt erst ermöglichen. Denn die Vor-Urteile – ob wahr oder falsch – sind unabdingbarer Bestandteil der Überlieferung, die wiederum den historischen Kontext ausmacht. Für Gadamer ist das Verstehen nur möglich, wenn derjenige, der verstehen will, mit der Tradition verbunden ist, die aus den untersuchten Texten spricht. Es ist die Spannung zwischen der Fremdheit und der Vertrautheit der Überlieferung, in der unser Verstehen stattfindet. Um Peres' Texte verstehen zu können, ist nicht allein die hebräische Sprache vonnöten. Ebenso unabdingbar ist der Zugang zu dem, was den Autor wirklich bewegt, zu den Traditionen, die ihn prägen; dazu gehören auch seine Vorurteile. Peres' Vormeinungen, die aus seinen Texten sprechen, sind weniger auf ihren Wahrheitsgehalt hin zu prüfen. Sie gehören vielmehr fest seiner Vorstellungswelt an und sind somit unerlässlich für das Erkenntnisziel dieser Arbeit. Die zu verstehenden und analysierenden Texte werden nicht auf die Frage hin gedeutet, ob die Positionen, Ansichten und Vorstellungen, die daraus sprechen, richtig oder falsch, ob sie gut oder schlecht sind für die israelische Politik. Bei der hermeneutischen Methode des Gesprächs gilt es dennoch, die Texte auf die jeweiligen Fragestellungen des deutenden Historikers hin zu prüfen, der sich erlaubt, die Richtung des Gesprächs zu bestimmen und die Texte aus seiner Sicht und seinem Verstehen zu interpretieren.

In Israel nach dem Sechstagekrieg geboren und in einer Phase der relativen Sicherheit aufgewachsen, hat die Verfasserin der vorliegenden Arbeit beispielsweise eine andere Perspektive als Angehörige einer Generation, welche Jahre der Isolation rund um die Staatsgründung oder gar die unsichere vorstaatliche Ära unmittelbar erlebt haben. Folgende Faktoren schaffen Distanz zwischen den Gesprächspartnern dieser Arbeit: die räumliche Entfernung; die Position der Verfasserin, Peres' Geschichte von ihrem Ende her betrachten zu können; die Tatsache, dass sich auf der einen Seite der Staatsgründer und Nationsbilder befindet, und auf der anderen die Historikerin, die gleichzeitig »Produkt« und Kritikerin dieser Form der Nationalstaatlichkeit ist. Trotz dieser Differenzen muss der Prozess des Verstehens hier im Sinne Gadamers als ein wirkungsgeschichtlicher Vorgang begriffen werden. Um aus der historischen Distanz eine historische Erscheinung verstehen zu können, unterliegt der Historiker immer der Wirkungsgeschichte: »Ein wirklich historisches Denken muß die eigene Geschichtlichkeit mitdenken. Nur dann wird es nicht dem Phantom eines historischen Objektes nachjagen, das Gegenstand fortschreitender Forschung ist, sondern wird in dem Objekt das Andere des Eigenen und damit das Eine wie das Andere erkennen lernen. Der wahre historische Gegenstand ist kein Gegenstand, sondern die Einheit dieses Einen und Anderen, ein Verhältnis, in dem die Wirklichkeit der Geschichte ebenso wie Wirklichkeit des geschichtlichen Verstehens besteht.«[10]

Das bedeutet aber nicht, dass der Historiker diese Überlieferung so »hinnimmt« und sie unbesehen weitergibt. Die vorliegende Untersuchung bietet eine kritische Betrachtungsweise von Peres' politischem Denken und historischem Beitrag an. Auch wenn daher manche der hier geführten »Gespräche« eher wie Streitgespräche erscheinen mögen, will diese Arbeit nicht unbedingt nur *urteilen* oder gar *verurteilen* – was diese Untersuchung sich allerdings zuweilen erlaubt. In erster Linie zielt der kritische Ansatz auf das *Verstehen* hin. Der Leser wird feststellen, dass die Gesprächspartner dieser Untersuchung politisch unterschiedlich denken. Doch zugleich muss der Interpret das Anderssein des Gesprächspartners aus dessen unterschiedlicher geschichtlicher Perspektive heraus anerkennen, um ihn zunächst verstehen, dann erklären und schließlich vermitteln zu können. In Anlehnung an Gadamers Hermeneutik soll diese Untersuchung als Versuch der Erweiterung des eigenen Horizontes unter Berücksichtigung des Horizontes des Anderen begriffen werden. Diese Studie bietet keine »endgültige Wahrheit« über Peres' politisches Denken und Bewusstsein an. Sie ermöglicht vielmehr aus einer bestimmten historischen und auch persönlichen Perspektive heraus einen Einblick in eine bemerkenswerte politische Geschichte des 20. Jahrhunderts.

Zur politischen Biographie von Shimon Peres

Am 21. August 1923 wird Shimon Persky im jüdischen Schtetl Wishnewa in Polen geboren.[11] Der Großvater mütterlicherseits Rabbi Zwi Meltzer übt einen starken Einfluss auf den jungen Peres aus; die Familie Persky selbst führt allerdings ein relativ säkulares Leben. Zionistische Bewegungen haben allerdings bereits Einfluss auf den Alltag gewonnen: In der Schtetl-Grundschule *Tarbut* (heb. »Kultur«) sind Jiddisch und Hebräisch Unterrichtssprachen, und zwar mit einem stark zionistischen Akzent. Das Jiddische zählt Peres allerdings nicht zu seinen Sprachkenntnissen, anders als das im Laufe der Jahre erworbene Englisch und Französisch.[12] Rückblickend beschreibt Peres seine Kindheit im jüdischen Schtetl als eine bloße vorübergehende Lebensform:

> »Während meiner ganzen Kindheit ging es uns wirtschaftlich gesehen relativ gut, und ich wuchs zu Hause in Liebe und Geborgenheit auf. Dennoch war ich ständig unruhig und machte mir Sorgen. Vieles verstand ich noch nicht, und von dem, was ich verstand, erfüllte mich manches mit Bitterkeit. [...] Es bekümmerte mich, daß Bosheit und Ungerechtigkeit offensichtlich solchen Erfolg hatten. So war ich [Abraham] Mapu, dem [hebräischen] Autor von *Samariens Schuld* und *Zionsliebe*, wirklich dankbar, daß zumindest er die Welt in gute und schlechte Menschen einteilte, denn das war meiner Meinung nach die einzig richtige Haltung. [...] Obwohl ich in unserem Shtetl geboren und fern der Welt der Gojim lebte, ahnte ich doch, daß Juden im damaligen Polen diskriminiert und schlecht behandelt wurden.«[13]

1935 wandert Shimon Persky mit seiner Mutter Sahra Meltzer-Persky und seinem Bruder Gershom nach Palästina aus.[14] Sein Vater Jitzchak Persky ist bereits 1932 dort angekommen. Die Familie lässt sich im 1909 gegründeten Tel Aviv (heb. »Frühlingshügel«) nieder. Der zwölfjährige Shimon, überwältigt von seiner neuen Heimatstadt, besucht dort zunächst die Balfour-Schule. In dieser Zeit tritt er der gewerkschaftlichen Jugendbewegung *Hanoar Haoved* (heb. »Arbeiterjugend«) bei, wo er seine politisch-öffentliche Tätigkeit beginnt. Im Alter von 15 Jahren erhält er 1938 ein Stipendium für das Internat-Jugenddorf Ben-Shemen östlich von Tel Aviv und verbringt dort zweieinhalb Jahre. In Ben-Shemen trifft er seine zukünftige Ehefrau Sonja Galman, die er 1945 heiratet. 1941 schließt sich der 18-jährige einer zionistisch motivierten Pionier-Jugendgruppe an, die zunächst Kibbuz Geva im Israel-Tal und später 1942 Kibbuz Alumut am Kinneret-See gründet. Als der Zweite Weltkrieg ausbricht, meidet es Persky jedoch, sich der britischen Armee, der *Jischuw*-Untergrundmiliz *Hagana* (heb. »Verteidigung«) oder dem zum Kämpfen ausgebildeten *Palmach* anzuschließen. Bar-Zohar betrachtet diese Entscheidung seines Titelhelden kritisch, gerade vor dem Hintergrund, dass viele seiner Freunde und Familienmitglieder, etwa Vater, Bruder und die Freundin, dies tun; der Biograph spricht sogar von einer Abneigung des jungen Persky gegenüber dem Militärdienst.[15] Persky sieht seine Stärke in der politisch-gemeinnützigen Arbeit im Hinterland: Im Rahmen seines Engagements für *Hanoar Haoved* setzt sich Persky für die Einheit aller Arbeiterbewegungen im *Jischuw*, für Gleichheit, Pionierarbeit und das Recht des jüdischen Volkes auf (das undefinierte) *Erez Israel* ein.[16] Im Januar 1945 organisiert er mit Unterstützung von *Mapai* (heb. »Partei der Arbeiter von *Erez Israel*«) eine Expedition zur Erforschung des Negev, um den Weg nach Elat zu ergründen. Dabei findet die Gruppe einen riesigen Adler, auf Hebräisch »Peres«, wie der begleitende Zoologe erklärt. Von diesem Reise-Abenteuer inspiriert, wird Persky später seinen Namen wie viele Neueinwanderer dieser Generation »hebräisieren«. Zwar erreicht die Gruppe Elat nicht, da sie kurz vor ihrem Ziel von den britischen Behörden festgenommen wird. Doch der Negev beeindruckt Peres tief, sodass er dem Glauben verfällt, er müsse Bestandteil des jüdischen Staats werden.[17]

Persky stellt sein politisches Überzeugungs- und Organisationstalent endgültig unter Beweis, als die *Mapai*-Partei 1944 auf Grund einer stark ideologischen Auseinandersetzung um die Ausdehnung des künftigen israelischen Staatsgebiets in eine tiefe Krise gerät. Ein Flügel von *Mapai* spaltet sich ab und gründet unter Jitzchak Tabenkin eine neue Partei, *Ahdut Haavoda* (heb. »Einheit der Arbeit«). Ihre Anhänger lehnen im Gegensatz zur alten *Mapai*-Führung unter David Ben-Gurion, Parteichef und Führer der exekutiven *Jischuw*-Organisation (»Jewish Agency«), jegliche Teilungslösung in der territorialen Frage ab und erheben Anspruch auf ganz *Erez Israel*. Infolge der Auseinandersetzung fürchtet *Mapai*, ihre Macht im *Jischuw* und über die Arbeiterbewegung zu verlieren; Persky gelingt es 1945 jedoch, den Einfluss der Partei auf die Arbeiterjugend aufrechtzuerhalten. Diese Leistung, die dem jungen Politiker viel Anerkennung einbringt, ist schließlich seine Eintrittskarte in die nationale Politik: Ende 1945 wird er im Alter von 22 Jahren Generalsekretär von *Hanoar Haoved* und bald von der *Jischuw*-Führung in die Parteizentrale nach Tel Aviv bestellt.[18]

1946 nimmt Persky für *Mapai* am 22. Zionistischen Kongress in Basel teil, 1947 wird er ins Hauptquartier der *Hagana* in Tel Aviv berufen, wo er sich mit Personalangelegenheiten befasst. Zudem ist er in die Vorbereitungen des nahenden Krieges eingebunden, denn Waffenkäufe und Beschaffung von Devisen fallen in seinen Zuständigkeitsbereich. Diese Aufgaben erfüllt er auch im Laufe des ersten israelisch-arabischen Krieges von 1948-1949, als die USA, Großbritannien und Frankreich über die kämpfenden Parteien ein Waffenembargo verhängen. Peres gelingt es dennoch, auf illegale Weise unter noch heute ungeklärten Umständen Waffen zu beschaffen. Voll Enthusiasmus widmet er sich seinen neuen Geschäften: »Ich begebe mich in eine neue Welt, voller mysteriöser Missionen und anonymer Agenten.«[19] Bar-Zohar schreibt, Peres habe in dieser Zeit unermüdlich gearbeitet und sich so lange konzentriert mit seiner neuen Aufgabe beschäftigt, bis er sich gut darin ausgekannt habe; im Laufe seiner Tätigkeit im Krieg habe er schließlich seine starke sicherheitspolitische Orientierung entwickelt und sei zum »Mister Sicherheit« geworden. In diesen historischen Tagen, die als Unabhängigkeitskrieg ins zionistische Narrativ eingegangen sind, wechselt Persky seinen Namen offiziell.[20] Von welcher sicherheitspolitischen Orientierung hier die Rede ist, gilt es in dieser Arbeit zu erörtern.

Im Zuge der bewaffneten Auseinandersetzungen während der Gründung des Staats Israel ernennt Staatschef und Verteidigungsminister David Ben-Gurion Peres im Alter von 26 Jahren zum Leiter der Marineabteilung im Verteidigungsministerium. Bar-Zohar schildert ausführlich Peres' gewichtigen organisatorischen Beitrag zur israelischen Kriegsführung, weist aber gleichzeitig darauf hin, dass der Nachwuchspolitiker in dieser Zeit den Fehler seines Lebens begangen habe: Er habe im konstitutiven Ereignis des »Unabhängigkeitskrieges« nicht gekämpft. Dies sollte ihm sein ganzes politisches Leben anhaften. Später sagen seine Freunde rückblickend, dass Peres' fehlende Kampferfahrung dafür verantwortlich sei, dass er nie eine »wahre« israelische Identität ausgebildet habe: Um zur – sich im Entstehen befindenden – israelischen Staatselite zu gehören, müsse man sich den kämpfenden Einheiten anschließen. Angesichts des gesellschaftlichen Drucks und der schwindenden politischen Akzeptanz, die Peres im Laufe der Jahre erfährt, verinnerlicht er schließlich selbst dieses Urteil über seine mangelnde kämpferische Legitimierung.[21]

1949-1951, in den Jahren des amerikanischen Waffenembargos, hat Peres das Amt des stellvertretenden Leiters des israelischen Verteidigungsministeriums in den USA inne. Wieder zählt der Waffenerwerb zu seinen Aufgaben. In dieser Zeit nimmt Peres ein Abendstudium an der »New School for Social Research« in New York auf: Er studiert Wirtschaftslehre, Geschichte und Englisch; unklar ist, mit welchem Abschluss.[22] Nach seiner Rückkehr nach Israel Anfang 1952 wird Peres zum stellvertretenden Generaldirektor im Verteidigungsministerium ernannt. Ende 1953 folgt die Beförderung zum Generaldirektor, eine Position, die er bis 1959 bekleidet. Peres ist als rechte Hand des Staatschefs und Verteidigungsministers Ben-Gurion maßgeblich dafür verantwortlich, dass das Verteidigungsministerium einen bis heute ausgesprochen weitreichenden politischen Einfluss in Israel hat. Zu seinen zentralen Projekten zählen die Förderung einer Luftwaffenindustrie und die Initiierung des israelischen Nuklearprogramms.

1959 zieht Peres erstmals in das israelische Parlament ein. Bis Juni 2007 ist er durchgehend *Knesset*-Abgeordneter. 1959-1965 setzt er als stellvertretender Verteidigungsminister den Ausbau der israelischen Streitkräfte fort. Er kommt in dieser Zeit in Kontakt mit der französischen und bundesdeutschen Regierung bzw. den jeweiligen Verteidigungsministerien und schließt mit ihnen Vereinbarungen zur Rüstungshilfe ab. Schritt für Schritt verwandelt Peres das Verteidigungsministerium in ein »Imperium«.[23] 1965 verlassen Peres und sein Mentor David Ben-Gurion nach einer parteipolitischen Krise, der Lavon-Affäre, die Mutterpartei *Mapai* und gründen eine neue Arbeiter-

Partei, *Rafi* (heb. »Arbeiterliste Israels«), deren Generalsekretär Peres wird. In den Jahren 1965-1967 ist *Rafi* in der Opposition. Im Juni 1967, am Vorabend des Sechstagekrieges, kommt es unter Peres' maßgeblichem Einfluss zu einer »Großen Koalition« unter der Führung von *Mapai*, wobei Peres' Parteigenosse und politischer Vertrauter Moshe Dayan zum Verteidigungsminister ernannt wird. 1968 unterstützt Peres die Vereinigung der Arbeiterparteien: *Mapai, Rafi* und *Ahdut Haavoda* gehen zur »Israelischen Arbeitspartei« zusammen.

In Golda Meirs Regierungszeit (1969-1974) steht Peres 1969-1970 dem Ministerium für Einwanderung, 1970-1974 dem Ressort für Verkehr und Kommunikation vor. Nach kurzer Tätigkeit im Informationsministerium unter Meirs zweiter Regierung von März bis Juni 1974 erhält Peres in der neuen Regierung Jitzchak Rabins das Amt des Verteidigungsministers, das er bis 1977 ausübt. Nach Rabins Rücktritt im April 1977 übernimmt Peres vorübergehend das Amt des Regierungschefs, das er jedoch einen Monat später auf Grund der Wahlniederlage der Arbeitspartei an den *Likud*-Block unter Menachem Begin abgeben muss. Vor dem Machtwechsel 1977 wird Peres außerdem Vorsitzender der Arbeitspartei, an deren Spitze er zunächst bis 1992, dann infolge der Ermordung von Jitzchak Rabin von 1995-1997 und nochmals von 2003-2005 steht. In seiner Funktion als Chef der israelischen Arbeitspartei zählt Peres seit 1978 auch zu den Vizepräsidenten der Sozialistischen Internationale.

Nach sieben Jahren in der Opposition (1977-1984) bringen die Wahlen von 1984 die Arbeitspartei in einer Großen Koalition (1984-1990) mit dem *Likud* an die Regierung. In den Jahren von 1984-1986 amtiert Peres als Regierungschef, 1986-1988 als Außenminister, 1988-1990 als Finanzminister. Im März 1990 löst sich das Regierungsbündnis auf Grund der unterschiedlichen Positionen von Peres und seinem Koalitionspartner Ministerpräsident Jitzchak Shamir zum Friedensprozess auf. Die Minister der Arbeitspartei treten zurück. Peres bleibt Oppositionsführer bis zum Wahlsieg der Arbeitspartei 1992.

In der Vorentscheidung für den Parteivorsitz setzt sich Jitzchak Rabin gegen Peres durch und führt die Arbeitspartei im Juni 1992 zu einem knappen Wahlsieg. In Rabins Kabinett tritt Peres als Außenminister an und wirkt in dieser Funktion am israelisch-palästinensischen Friedensprozess 1993 mit. Zusammen mit Rabin erreicht Peres einige Fortschritte in den Verhandlungen mit den Palästinensern und Jordanien. Beide Politiker werden dafür zusammen mit dem Führer der PLO (»Palestine Liberation Organization«[24]) Jassir Arafat im Oktober 1994 mit dem Friedensnobelpreis ausgezeichnet. Nach der Ermordung Jitzchak Rabins durch einen rechtsextremistischen israelischen Jurastudenten am 4.11.1995 übernimmt Peres Rabins Doppelposition als Staatschef und Verteidigungsminister ebenso wie den Parteivorsitz; das Amt im Außenministerium übergibt er an den Ex-General Ehud Barak, welcher 1997 infolge der Wahlniederlage im Mai 1996 Peres als Parteivorsitzenden ablöst.

Bei den Wahlen von 1996 setzt sich der *Likud*-Vorsitzende Benjamin Netanjahu mit einer knappen Mehrheit gegenüber der Arbeitspartei durch. Peres kündigt daraufhin zwar seinen Abschied aus der Politik an und tritt im Juni 1997 als Vorsitzender der Arbeitspartei zurück. Im Herbst desselben Jahres macht er jedoch mit der Gründung des *Peres Center for Peace* in Tel Aviv auf sich aufmerksam, durch das er sich auch weiterhin mit der Nahostpolitik verbunden sieht. Von einem Rückzug aus der Politik kann keine Rede sein: Nachdem die Arbeitspartei unter Ehud Barak im Mai 1999 die Wahlen gewinnt, wird Peres zum Minister des neu geschaffenen Ressorts der »regionalen Zusammenarbeit« ernannt, das den Friedens- und Annäherungsprozess zwischen Israel und der PLO durch Infrastruktur- und Entwicklungsmaßnahmen flankieren soll.

Ende Juli 2000 muss Peres bei der Wahl zum Staatspräsidenten gegen den *Likud*-Kandidaten Moshe Katzav eine Niederlage einstecken. Nach dem Fall der Regierung Barak im März 2001 infolge des Ende 2000 eskalierenden israelisch-palästinensischen Konflikts bildet *Likud*-Chef Ariel Sharon eine neue Große Koalition, in welche auch die Arbeitspartei einzieht. Peres ist erneut Außenminister bis zum Ausscheiden der Arbeitspartei aus der Regierung im November 2002. Infolge einer parteipolitischen Krise 2003-2005 übernimmt der »Stammesälteste« vorübergehend den Parteivorsitz und kandidiert im November 2005 für das reguläre Amt des Parteichefs. Er verliert allerdings gegen den Gewerkschafter Amir Peretz, woraufhin er von der Arbeitspartei zu der von *Likud*-Chef Ariel Sharon gegründeten *Kadima*-Partei (heb. »Vorwärts«) wechselt. Von Januar bis November 2005 trägt Peres auch den Titel des Stellvertreters des Premierministers in Sharons Regierung. Von Mai 2006 bis Juni 2007 steht Peres – nun unter der Regierung des neuen *Kadima*-Chefs Ehud Olmert – dem neu geschaffenen Ministerium für die Entwicklung des Negev und Galiläas vor. Im Juni 2007 setzt er sich als Kandidat der *Kadima*-Partei bei den Wahlen zum Staatspräsidenten gegen die Kandidaten der Arbeitspartei und des *Likud* durch. Im Juli 2007 tritt Peres im Alter von 84 Jahren sein wahrscheinlich letztes politisches Amt als Israels Staatspräsident an – für ihn sicherlich der symbolische Höhepunkt seines beispiellos langen politischen Lebens.

Forschungsstand und Quellenlage

Das politische Denken von Shimon Peres ist bisher nicht umfassend anhand vorstellungsgeschichtlicher Fragestellungen behandelt worden. Wichtige Ansatzpunkte finden sich allerdings in dem 2002 auf Hebräisch erschienenen Aufsatz »Wende in der Kontinuität: Shimon Peres' Vorstellungen und Auffassungen in Bezug auf den israelisch-arabischen Konflikt«.[25] Yael Krispin untersucht anhand der von Peres im Laufe seiner politischen Laufbahn verfassten Texte dessen Vorstellung und Verständnis des arabischen Umfeldes Israels. Die vorliegende Arbeit greift dies im zweiten Kapitel auf. Krispin geht in ihrer Analyse der Frage nach, ob sich Peres stark ausgeprägtes arabisches Feindbild im Zuge der Friedenspolitik der Arbeitspartei in den 1990er Jahren wandelt. Sie vertritt dabei die These einer »Wende in der Kontinuität«, wobei unklar bleibt, wie sich diese »Wende« manifestiert und vor allem, welche »Kontinuität« gemeint ist. Die linkszionistisch orientierte Krispin übernimmt kritiklos Peres' ideologische Sprache des Friedens und der Sicherheit, geht dabei aber nicht auf Inhalt und Bedeutung von Peres' Friedenspolitik ein – eine Lücke, welche die vorliegende Studie füllen will.

Drei zu unterschiedlichen Zeitpunkten auf Hebräisch erschienene Biographien versuchen, Peres' politische Geschichte zu erfassen. Sie verfahren nach der erkenntnistheoretischen Methode der Ereignisgeschichte und erzählen die sicherheits- und parteipolitischen Entwicklungen, in welchen Peres eine Rolle spielt, chronologisch nach. Bei allen Autoren handelt es sich um linkszionistische, Peres nahestehende und seinem Sicherheitsdenken verpflichtete Israelis. Die erste Biographie stammt von einem Vertrauten Peres', dem Journalisten Matti Golan. Golans Biographie hält sich bedeckt, was genaue Quellenangaben angeht. Sein Material stammt nach Angaben des Autors von seinem Titelhelden Peres selbst, dessen Leben und Politik er in einem positiven Licht darstellt: Er zeigt sich voller Sympathie für Peres. Der Großteil seines Buches besteht aus direkten Zitaten, die er Peres' Tagebüchern entnimmt. Schwerpunkt der Darstellung bildet die zentrale Rolle Peres' beim Aufbau und der politischen Gestaltung der israelischen Abschreckungs- und Militärmacht während der ersten drei Jahrzehnte der staatlichen Unabhängigkeit: Golan schildert Peres' Beitrag zum »gefährlichen Waffenerwerb« während der 1950er Jahre, die Gründung der israelischen Luftwaffe, die nukleare Aufrüstung und die besonderen Beziehungen Peres' zu wichtigen Politikern und Entscheidungsträgern auf dem internationalen Parkett, mit deren Hilfe Peres die israelische Sicherheitsinfrastruktur errichtet. Für den Biographen legte Peres den Grundstein dieser Infrastruktur und schuf somit überhaupt erst die Grundlage für die Existenz Israels.

Orly Azoulay-Katz, Journalistin bei *Yedioth Ahronoth*, unternimmt 1996 den Versuch, das »politische Rätsel« Peres in Form einer parteipolitischen Biographie zu entschlüsseln. Dabei stellt sie sich vor dem Hintergrund der bitteren Wahlniederlage im Mai 1996 die Frage, weshalb Israels Altpolitiker immer wieder die Zustimmung vieler Israelis verwehrt blieb. Ihr Buch *Sisyphos' Catch: Der Mann, der nicht zu siegen wusste – Shimon Peres in der Sisyphos-Falle* liefert jedoch keine überzeugende Antwort. Azoulay-Katz macht mangelndes Glück für die fehlende Popularität verantwortlich, außerdem die Unfähigkeit Peres', sich »die richtigen Berater« zuzulegen und die »technischen Fragen« in Wahlkampagnen zu beherrschen. Azoulay-Katz' Buch verzichtet völlig auf Quellenangaben und muss daher als unwissenschaftlich eingestuft werden. Dem Text liegt die Annahme zu Grunde, dass Peres ein äußerst leistungsfähiger Staatsmann sei, mithin ein Mann des Friedens, der Israel an das sichere Ufer hätte bringen können. Dies werde jedoch »vom Volk« verkannt. In Azoulay-Katz' Vorstellung ist Peres ein moderner Sisyphos, der wieder und wieder seinen Felsen den Berg hinaufrollt, damit aber niemals zum Gipfel gelangt. Dabei entgeht der Autorin die Problematik, dass Peres in einem demokratischen System Machtpositionen beibehalten kann, nachdem er wiederholt Wahlniederlagen einstecken musste. Sie zitiert am Ende ihrer Ausführungen Peres, der sich schließlich selbst der Sisyphos-Metapher entzieht und deren Schwierigkeit auf den Punkt bringt: »Ich bin doch kein Sisyphos, ich bringe den Felsen stets an den Berggipfel, mir ist doch bislang kein Felsen entglitten. Es sei denn, die Wahlen [also die Stimme des Volks] sind die Berggipfel.«[26]

Die bisher letzte Biographie (heb. *Wie ein Strandvogel – Shimon Peres – Eine politische Biographie*) ist 2006 erschienen.[27] Michael Bar-Zohar, u. a. der Biograph David Ben-Gurions, des israelischen Gründungsvaters und Mentors Peres', gehört ebenfalls zu Peres' politischem Umkreis. Seinen Titelhelden bezeichnet Bar-Zohar als Phönix, als »Strandvogel«. Der Phönix ist in der griechischen Mythologie ein Sinnbild der Unsterblichkeit, in der jüdischen Tradition gilt er als Symbol der Beharrlichkeit. Bar-Zohars Werk, das sich auf schriftliches, aber insbesondere mündliches Quellenmaterial aus den Jahren 2002-2006 stützt, ist eine wichtige Grundlage für die vorliegende Arbeit. Es ermöglicht den Zugang zu bislang unveröffentlichtem schriftlichen Quellenmaterial wie Peres' Tagebüchern sowie zu wichtigen Interviews, mit Peres selbst und seinem politischen Umfeld.

Eine weitere wichtige Quelle für umfangreiche Interviews ist Robert Littells 1998 in deutscher Sprache erschienenes Buch *Gespräche mit Shimon Peres: Arbeit für den Frieden*. Es enthält fünf tiefgehende Gespräche des Autors mit Peres, die dessen gesamtes politisches Leben erfassen: Behandelt werden Peres' Ansichten zu Krieg und Frieden, regionalen und weltpolitischen Beziehungen, Zionismus und Judentum. Littell analysiert Peres' im Gespräch durchscheinende politische Überzeugungen zwar nicht, fordert ihn aber mit kritischen Nachfragen heraus.

Peres' politische Geschichte ist noch nicht abgeschlossen. Er ist noch nicht nur »historische Persönlichkeit«, sondern auch aktiver Politiker, was wohl fehlende Forschungsarbeiten über sein Wirken erklärt. Für diese »verfrühte« Forschung spricht aber, dass das umfangreiche Quellenmaterial, das sich seit dem Beginn der politischen Karriere Peres' in den 1950er Jahren angesammelt hat, bereits jetzt einen zuverlässigen Einblick in seine politischen Prägungen geben kann. Und sollte Peres in seinem aktuell neunten Lebensjahrzehnt seine grundlegenden Überzeugungen noch fundamental ändern – der Einfluss, den seine politischen Auffassungen über Jahrzehnte hinweg in Israel hatten, bleibt deutlich sichtbar.

Das Fundament der vorliegenden vorstellungsgeschichtlichen Untersuchung bildet das von Peres selbst verfasste und veröffentlichte Quellenmaterial: Er hinterlässt schriftliches Material wie kein anderer Politiker des Landes. Dabei handelt es sich zunächst um seine zahlreichen, über die Jahre hinweg veröffentlichten Bücher. Die drei ersten Publikationen sind für diese Arbeit besonders wichtig, da sie die prägende Zeit zwischen Peres viertem und sechstem Lebensjahrzehnt erfassen[28]: zunächst das 1965 in hebräischer Sprache verfasste Buch *The Next Phase*. Es enthält Peres' gesammelte politische Aufsätze aus den 1950er und 1960er Jahren. Sie erlauben einen Einblick in sein Denken während seines ersten Jahrzehntes im Verteidigungsministerium. Die beiden folgenden Bücher – *David's Sling* von 1970 und *And Now Tomorrow* von 1978 – entstehen in einer ausgesprochen ereignisreichen Zeit, während der Israel sein Staatsgebiet erheblich ausdehnt. Sie vermitteln einen Eindruck davon, wie Peres sich mit der neuen Situation auseinandersetzt.

Weiter sind die von Peres im Laufe der 1990er Jahre verfassten Bücher relevant: *Die Versöhnung. Der Neue Nahe Osten* beschreibt die vermeintliche Friedensära aus Sicht einer politischen Persönlichkeit, die an ihr mitzuwirken glaubt. In seinen Memoiren von 1995, zu dt. *Shalom – Erinnerungen*, lässt Peres die für ihn bewegendsten Momente seiner langen politischen Laufbahn Revue passieren. Die beiden Veröffentlichungen *Zurück nach Israel – Eine Reise mit Theodor Herzl* (1998) sowie *Man steigt nicht zweimal in denselben Fluß. Politik heißt Friedenspolitik* (1999) lassen sich als Peres' abschließende Betrachtung des zionistischen Projekts, seiner Vorzüge und Defizite lesen.[29]

Für die Arbeit wurden außerdem folgende Publikationen Peres' herangezogen: eine auf Hebräisch erschienene Hommage an eine Reihe zionistischer Persönlichkeiten, mit denen der Autor seit den 1940er Jahren zusammengearbeitet hat, *Go With The Men, Seven Portraits*[30]; des Weiteren veröffentlicht Peres 1991 in *Entebbe Diary* Auszüge aus seinen Tagebüchern, in denen er die Ereignisse im Sommer 1976 behandelt, als palästinensische Terroristen ein Zivilflugzeug der Air France auf der Linie Paris-Tel Aviv nach Uganda entführen. Peres schildert als Verteidigungsminister in Rabins Regierung den politischen Entscheidungsprozess zur spektakulären militärischen Rettungsaktion durch eine Spezialeinheit der israelischen Armee am internationalen Flughafen Entebbe. In dem Versuch, sich Anfang der 1990er Jahre gegen seinen traditionellen politischen Rivalen aus der eigenen Partei zu profilieren, vertritt er hier eine stark sicherheitspolitisch akzentuierte These: Vor dem [palästinensischen] Terrorismus dürfe nicht kapituliert werden, vielmehr müsse Israel entschlossen gegen ihn kämpfen.[31] In *Letters to Authors* zeigt Peres hingegen seine weniger harte Seite als Literaturliebhaber. Hier veröffentlicht er einige über mehrere Jahre hinweg geführte Briefwechsel mit diversen israelischen Autoren und Dichtern, wobei er sich bei diesen für ihren Beitrag zur hebräischen Literatur bedankt.[32] Weitere Veröffentlichungen im neuen Jahrtausend, in denen Peres seine politische Laufbahn resümiert: *A New Genesis*; der 2003 auf Hebräisch erschienene Fotoband *Viele Leben*; und 2004 *Eine Zeit des Krieges, eine Zeit des Friedens. Erinnerungen und Gedanken*.[33]

Die vorliegende Arbeit stützt sich außerdem auf umfangreiches Zeitungsmaterial. Dabei handelt es sich um von Peres selbst verfasste Zeitungsartikel, mit ihm geführte Interviews, Pressemeldungen zu seiner politischen Arbeit, Pressedebatten mit ihm als Teilnehmer, Kommentare und Porträts. Diese Quellen finden sich in den jeweiligen großen Zeitungsarchiven Israels wie

Yedioth Ahronoth, Haaretz, Maariv, in der Tel Aviver Stadtbibliothek *Bet Ariella* und in den großen öffentlichen Universitäten des Landes. Der Großteil des hier verwendeten Zeitungsmaterials ist im Zeitungsarchiv *Maariv* in Tel Aviv und in der Tel Aviver Stadtbibliothek *Bet Ariella* einsehbar. Thematisch ausgewertet wurden folgende Zeitungen: *Al Hamishmar, Bamachane, Davar, Haaretz, Hadashot, Haolam Haze, Hayom Haze, Iton 77, Koteret Rashit, Maariv, Migvan, Yedioth Ahronoth;* außerdem Newsweek, die Jerusalem Post und Der Spiegel. Die Zeitungsquellen sind von großer Bedeutung, weil in ihnen Fragen des politischen Alltags diskutiert werden, die in Peres' Veröffentlichungen nicht immer Platz finden. Die Presseartikel bilden daher eine zeitnah verfasste, unabdingbare Ergänzung zu Peres' Äußerungen und erlauben einen Perspektivwechsel.

Dieses publizierte Material wird schließlich durch archivarisches ergänzt, in Form von Protokollen der Regierungs- und *Knesset*-Sitzungen sowie diverser parteipolitischer Debatten. Dieses Material findet sich in den staatlichen Archiven Israels: im *Knesset*-Archiv, im Staatsarchiv in Jerusalem, im Ben-Gurion-Archiv, Moshe Sharett-Archiv, Lavon-Archiv in Tel Aviv sowie im Nachlass Ben-Gurions in Sde Boker im Negev und im Archiv der Arbeitspartei in Bet-Berl, Kfar Saba. Es muss betont werden, dass diese Arbeit hauptsächlich auf *veröffentlichtem* bzw. auf in den jeweiligen Archiven *freigegebenem* Material beruht. Der Zugang zu Archiven der israelischen Armee und der Geheimdienste bleibt »nichtzuständigen Historikern« (meist auch »zuständigen Historikern«) verwehrt. Doch die »zugänglichen Quellen« sind aussagekräftig genug für die vorliegende Untersuchung. Dabei muss vor Augen geführt werden, dass hier – wie üblich – nur eine Auswahl der unzähligen Quellen verwendet wird. Eine letzte Bemerkung zu den Primärquellen: Da sie meist auf Hebräisch verfasst sind, stammt die Übersetzung ins Deutsche von mir; die Informationen in den eckigen Klammern sind meine Ergänzungen, um das Zitierte verständlich zu machen.

I. Zum Zionismus: Peres und das zionistische Projekt

Ausgangspunkt des Zionismus: »Die Negation der Diaspora«

Peres' Verständnis des Diasporalebens lässt sich anhand einer von ihm häufig erzählten Metapher veranschaulichen.[1] Er gebrauchte sie auch Robert Littell gegenüber, auf dessen Bitte hin, ihn in das Schtetl-Leben einzuführen:

> »Wladimir Jankélèwitsch, ein berühmter jüdischer Philosoph, hat einmal gesagt, das jüdische Leben in der Diaspora sei so etwas wie eine Fahrt mit der U-Bahn. Man fährt unter der Erde, sieht keine Landschaft und wird auch selbst in diesem Zug nicht gesehen. Erst in jüngster Zeit vollzieht sich das jüdische Leben so, als sei es eine Reise mit dem Bus. Vom Bus aus kann man die Landschaft draußen sehen, und von draußen ist zu erkennen, daß Menschen im Bus sitzen. Ein Schtetl war auf vielfältige Weise die U-Bahnfahrt des jüdischen Lebens. Man war völlig von der Außenwelt abgeschnitten. Wenn wir es näher betrachten, dann bekommt es etwas von einem Traum, und es war in gewisser Weise auch erfreulich. Es war schön dort zu leben, denn man war vom übrigen Leben losgelöst. Das war kein gewöhnlicher Ort zu leben. Eher schon ein Traum, denn mit unserem Denken und Fühlen lebten wir gar nicht dort. Unsere Herzen waren in Israel. Das Schtetl war so etwas wie eine Durchgangsstation.«[2]

Seine Geburtsstadt Wishnewa in Weißrussland, ein kleines Schtetl, welches »eine oder eine und eine halbe Straße« hatte, betrachtet Shimon Peres rückblickend als eine Art »Durchgangsstation«. Für ihn war seine Zeit dort wie ein Leben »unter der Erde«, ein Traum, gewissermaßen irreal. An diesem Ort sieht man weder, noch wird man gesehen. Die Diaspora erscheint hier als perspektivlose und unweigerlich zur Auflösung verurteilte Lebensform. Peres beschreibt das Schtetl-Leben als völlig abgeschirmt von der russischen Außenwelt, die er als fremd und unbekannt darstellt. »Das Land um uns herum kannte ich gar nicht richtig, die Umgebung war nicht unbedingt jüdisch und hatte nicht viel mit dem jüdischen Leben zu tun. Die Landschaft rundum war christlich.«[3] Das Leben im Schtetl wird als eigene Welt geschildert, in der nur Juden leben, die ihre eigene Sprache (hebräisch oder jiddisch) sprechen[4] und dabei kaum Kontakt zur Außenwelt pflegen. In dieser »U-Bahn«[5] spielt sich das jüdische Leben ab, ein Leben »außerhalb der Geschichte«, das es aufzugeben gelte.

Der Diasporagedanke wird von den Juden unterschiedlich bewertet. Darauf weist der jüdische Historiker Simon Dubnow in seinem 1931 verfassten Essay *Diaspora* hin.[6] Aus *religiöser* Sicht gelte die Diaspora als *Strafe Gottes*: »Die Hoffnung auf eine Rückkehr nach Zion und auf das Kommen des Messias ist im Herzen orthodoxer Juden stets lebendig geblieben und bildete einen der von Maimonides formulierten dreizehn Glaubenssätze der jüdischen Religion.«[7] In Anbetracht der Resignation auf Grund der über zweitausend Jahre lang vergeblich erwarteten Rückkehr nach Zion »haben sich [die Juden] mit dem Gedanken getröstet, die Diaspora sei nicht Gottes Fluch, sondern eine

Wohltat [gegenüber dem jüdischen Volk] gewesen«.[8] Dazu führt Dubnow eine Erklärung des mittelalterlichen Thora-Kommentators Raschi an: Die Diaspora sei deshalb eine Wohltat, weil durch sie ein zerstreutes Volk nicht zur selben Zeit vollständig vernichtet werden könne. Der Lebensform der Juden als »zerstreutem Volk« wird eine universelle, wenn auch mit religiöser Prätention versehene wohltätige Wirkung nachgesagt: »Gott habe die Juden nicht ›zerstreut‹, sondern sie wie Samen unter die Völker gesät, aus denen die wahre Weltreligion des Monotheismus erwachsen werde.«[9]

Diese unterschiedlichen Sichtweisen auf das Diasporaleben sind entsprechend in die jüdischen politischen Bewegungen eingeflossen. Die moderne jüdische Reformbewegung oder der religiöse Liberalismus akzeptieren die Assimilation als alternativlos und betrachten das Exilleben gewissermaßen als eine universelle Aufgabe. »Die Reformen bestreiten die messianische Lehre und betrachten die Verbreitung des ethischen Monotheismus der jüdischen Propheten in der Diaspora als Mission des Judentums, um deretwillen sie bereit seien, die nationale Assimilation zu akzeptieren.« Die sogenannten Diasporanationalisten lehnen sowohl die Assimilationsalternative als auch die Negation der Diaspora als solche ab und sehen ihre jüdische Identität bzw. nationale Autonomie in der Diaspora bewahrt, und zwar durch kulturelle Institutionen, organisierte Gemeinden und Anpassung an das neue politische und kulturelle Umfeld.[10] Die Zionisten hingegen verstehen das Diasporajudentum auf Grund der vermeintlich damit einhergehenden Assimilation als Gefahr für die jüdische Identität. Durch ihren politischen Ansatz der radikalen Negation der Diaspora erwecken sie »die messianische Lehre in modernisierter politischer Form wieder zum Leben«.[11]

Hauptpostulat des Zionismus und der zionistischen Geschichtsschreibung ist die »Negation der Diaspora«. Amnon Raz-Krakotzkin zufolge meint »[…] der Begriff ›Negation des Exils‹ ein Bewußtsein, das in der gegenwärtigen jüdischen Besiedlung Palästinas und der Souveränität über Palästina die ›Rückkehr‹ der Juden in ein Land erblickt, das als ihre Heimat angesehen wird und vor ihrer Rückkehr menschenleer gewesen sein soll. ›Negation des Exils‹ schien der Höhepunkt jüdischer Geschichte und die Verwirklichung lange gehegter Erlösungserwartungen zu sein. Dies im Gegensatz zum Exil, einem Begriff, der als eine nur die Juden betreffende, unbefriedigende politische Realität gedeutet wird.«[12] Raz-Krakotzkin weist weiter darauf hin, dass zionistische Historiker wie Jitzchak Baer, Chaim Hillel Ben-Sasson, Gershom Scholem, Ben-Zion Dinur und andere – welche eine zentrale Rolle bei der Schaffung und Prägung einer zionistischen Nationalgeschichte spielten – in der zionistischen Historiographie zwar die komplexe nationale und territoriale Definition des jüdischen Kollektivs problematisierten und diskutierten; doch den Ausdruck »Negation des Exils« habe die zionistische Historiographie nicht nur nicht in Frage gestellt, sondern ihn vielmehr als Grundlage der zionistischen Kultur fest in dieser verankert. Die Gegenwart gelte diesen Historikern als »Erfüllung der jüdischen Geschichte«. Dabei wird die jüdische Exilkultur als Spiegelbild des »Geistes der Nation« und die Exilgeschichte als Bestandteil eines spezifisch jüdischen, nationalen und territorialen historiographischen Narrativs betrachtet.[13] Wie auch Rogers Brubaker anmerkt, »[…] ist fast jede nationalistische Geschichtsschreibung teleologisch: Die Geschichte wird von ihrem Ausgang her gelesen, sie kulminiert in der nationalstaatlichen Unabhängigkeit. Dieser erlösende Kulminationspunkt kann entweder in die Zukunft projiziert werden – als Zustand, für den es zu kämpfen gilt – oder als bereits Wirklichkeit geworden gefeiert werden.«[14]

Für den zionistischen Historiker Shlomo Avineri gilt beispielsweise der Übergang vom Diasporaleben zur Nationalstaatlichkeit als eine ›Steigerung‹ insofern, als er ihr im Gegensatz zum Exilleben eine moralisch-normative Bedeutung beimisst. Der Judenstaat verkörpere demnach die »Öffentlichkeit des jüdischen Volks«, indem er die Rolle der unterschiedlichen traditionellen, religiös-gemeinschaftlichen Diasporazentren übernehme, welche für den Erhalt des »kollektiven Judentums« in der Vergangenheit verantwortlich gewesen seien. Avineris Argument läuft darauf hinaus, dass angesichts der Modernisierungs- und Säkularisierungsprozesse, mithin der Assimilation, des jüdischen Diasporalebens und der damit einhergehenden Bedeutungsabnahme dieser Zentren dem Judenstaat eine normative Funktion zukomme, weil er die Aufgabe übernehme, »die kollektive Existenz des jüdischen Volks« aufrechtzuerhalten.[15] Hier wird nicht behauptet, der jüdische Staat ersetze die jüdische Religion, denn für die Gläubigen habe die jüdische Religion ohnehin eine tiefe kollektiv-existenzielle Bedeutung, weshalb sie den zionistischen Rahmen für ein jüdisches Selbstverständnis nicht benötigten. Vielmehr ist Avineri der Meinung, dass die Gefahr für die jüdische Identität angesichts zunehmender Säkularisierung des jüdischen Lebens in der Diaspora durch die Nationalstaatlichkeit gebannt werden könne: »Alleine der Judenstaat und nicht die Religion kann als ein gemeinsamer Nenner […] für all die heterogenen Faktoren des jüdischen Daseins fungieren.«[16]

Diesen Standpunkt, der den Kern der der jüdischen Identität von der Religion zum Nationalismus verschiebt, lehnt die jüdische Orthodoxie naturgemäß ab. Der Großteil der jüdischen Orthodoxie war von Anfang an ein konsequenter Gegner des Zionismus und der Idee einer durch Menschen herbeigeführten »Erlösung der Juden«. Eine radikale religiöse antizionistische Bewegung, die *Neturei Karta*, welche sich dezidiert für die Auflösung des Staats Israel einsetzt, erklärt Theodor Herzls Idee der Auflösung der Diaspora als Bruch des göttlichen Gesetzes der Juden. Die Thora »verbietet [den Juden], aus eigener Kraft die Diaspora zu verlassen und einen Staat zu gruenden, bis Gott in seinem Willen seinem Volke und der ganzen Welt die endgueltige Erloesung bringt. […] Das juedische Volk ist von Gott vor 2000 Jahren in die Verbannung (Diaspora) geschickt worden, und wird von Gott auch wieder aus dieser erloest werden. Bis dann hat es geduldig, wohin immer es das goettliche Schicksal vertrieben hat, treu und untergeben zu seinen Gastvoelkern zu sein. Einschliesslich zu den Palestinensern, die im Heiligen Land, Palestina, gemaess goettlichem Willen, wohnen. Dies ist in der Thora und in den Propheten unzweideutig schriftlich ueberliefert.«[17] Diese kategorische Ablehnung eines Judenstaats bzw. der Auflösung der Diaspora leitet sich hier von einer strenggläubigen Interpretation der jüdischen Religion ab. Als entgegengesetzte Position zum religiös begründeten antizionistischen Judentum bietet die antireligiöse Bewegung der *Kanaanäer* ein neues Konzept eines hebräischen Staats an. Die von Jonathan Ratosch begründete, in der Gründungszeit aktive Bewegung strebte in erster Linie die Integration des neuen Staats in die Kultur des Nahen Ostens an, mithin die vollständige Trennung der in Palästina lebenden Juden von der jüdischen Geschichte und somit von den Diasporajuden.[18]

Aber auch weniger radikale, nicht unbedingt antizionistische religiöse Juden befassen sich mit der Frage, inwiefern sich Israel als Judenstaat auf die jüdische Tradition und Religion stützen bzw. Israel das jüdische Volk im Sinne Avineris repräsentieren kann. Der strenggläubige israelische Philosoph Yeshayahu Leibowitz, ein konsequenter Befürworter der Trennung von Staat und Religion, richtet seine Kritik weniger gegen die Existenz eines Judenstaats, vielmehr bemängelt er die durch den Staat vollzogene Vereinnahmung des jüdischen Volks bzw. die Instrumentalisierung der jüdischen Religion und Tradition für die Zwecke der Nationalstaatlichkeit. So merkt er 1954 dazu an:

> »Der Staat Israel wagt es nicht, seine wirkliche geistige Natur offenzulegen, die eine Rebellion gegen die religiöse Tradition der jüdischen Nation darstellt. Er kann es sich nicht leisten, ehrlich zu sein, da der atheistische Staat gegenwärtig keinen anderen Ursprung und keine andere Quelle kennt, auf die er sich stützen kann, als die historische jüdische Nation. Dieser Staat kann seine Existenz nur rechtfertigen und sich nur dadurch ein ideologisches Fundament schaffen, indem er die jüdische Geschichte und Tradition benützt. Deshalb ist dieser säkulare Staat in der Erziehung wie in der Propaganda nach innen und nach außen gezwungen, dauernd Symbole und Begriffe des traditionellen Judentums zu benutzen, obwohl die Bedeutung und der Inhalt dieser Symbole und Begriffe religiöser Natur sind. […] Die Auswirkungen auf die öffentliche Moral sind fatal: Der Gebrauch von Formulierungen, Namen und Symbolen, die ihrer religiösen Bedeutung entleert sind, zerstört alle Werte und fördert Heuchelei, Zynismus und Nihilismus.«[19]

Doch zwischen dem säkularen Zionismus und dem religiösen A- bzw. Antizionismus findet sich eine Strömung im jüdischen Denken, welche beide Momente – das religiöse und das nationale – nicht nur nicht als Widerspruch sieht, sondern beides zur Grundlage ihrer Agitation macht. Der religiöse Zionismus teilt die Grundidee des säkularen Zionismus, sprich die Negation der Diaspora und die Errichtung eines Judenstaats als Mittel zur Rettung der Diasporajuden. Im Gegensatz zu den jüdischen Orthodoxen betrachten die frühen religiösen Zionisten, wie die Rabbiner Jehuda Alkalai, Zvi Hirsch Kalischer und Isaak Jacob Reines (der 1902 die nationalreligiöse *Misrachi*-Bewegung gründet, Abkürzung für »geistiges Zentrum«, bedeutet auch »ostwärts«), den säkularen Zionismus und seine Ziele der Besiedlung des Heiligen Landes keineswegs als gotteslästerlich. Vielmehr gelingt es ihnen, die jüdische Religion und Nationalstaatlichkeit insofern in Einklang zu bringen, als sie Fragen der Kultur und Erziehung ins Zentrum ihrer Bewegung stellen und die eher kontroverse messianische Dimension der jüdischen Orthodoxie vorerst marginalisieren. Die Errichtung eines religiösen Staats nach jüdischem *Halacha*-Gesetz stellt zunächst kein erklärtes Ziel des religiösen Zionismus dar. Erst später, vom jüdischen Mystiker Abraham Jitzchak Hacohen Kuk in den 1920er Jahren beeinflusst, nimmt der religiöse Zionismus zunehmend messianische Züge an, welche nach dem Sechstagekrieg deutlich zum Ausdruck kommen und die ideologische Grundlage der 1974 gegründeten nationalreligiösen Siedlerbewegung *Gusch-Emunim* (heb. »Block der Gläubigen«) bilden. Diese sieht die Errichtung des säkularen Judenstaats als unerlässlichen Schritt auf dem Weg zur »messianischen Erlösung« an.[20] Wo verortet sich Peres in diesem breiten Spektrum an unterschiedlichen Staatskonzepten, und welches Verhältnis hat er zum Diasporajudentum?

Peres' Verhältnis zur jüdischen Geschichte und Diaspora

Peres verfügt über ein lineares, stark gegenwartsbezogenes Geschichtsverständnis, wie seine häufig zitierte Metapher vom Exilleben als Weg bzw. »U-Bahnfahrt« »hinauf« zu einem Leben in Unabhängigkeit zeigt. Dieses Geschichtsbild bildet den roten Faden seines Denkens. Die Gründung des Staats Israel ist für den jungen Peres ein äußerst prägendes Ereignis, ein Scheideweg in der jüdischen Geschichte, an der er aktiv mit Leib und Seele teilnimmt. Die Staatsgründung bezeichnet er als »ein zentrales Ereignis des jüdischen Volks in den letzten 2000 Jahren«.[21] Der sich mit Sicherheitsproblemen befassende Generaldirektor des Verteidigungsministeriums unterteilt die jüdische Geschichte in seinem Aufsatz »Zwischen uns und unseren Nachbarn, zwischen uns und unserer Zukunft«[22] mit dem Untertitel »Zwischen uns und unserer Vergangenheit« in zwei Phasen: zum einen in die des Exils und der Zerstreuung der Juden »allein unter anderen Völkern«, und zum anderen in die Zeit der Nationalstaatlichkeit, in der die Juden »als ein selbstständiges Volk« auftreten.

Die jüdische Geschichte wird als Leidensgeschichte, als »ein endloses Drama mit einer deutlichen Neigung zur Tragödie« verstanden. Der ständige Kampf ist dabei ein Leitmotiv, und zwar sowohl in Bezug auf die innerjüdische Auseinandersetzung »zwischen Jehuda und Israel, zwischen Orthodoxen und Assimilierten, [...] zwischen Zionisten und Zionismus-Gegnern [...]« als auch auf den Widerstand der jüdischen Minderheit gegenüber äußeren Mächten, sei es die ägyptische, babylonische, persische, griechische, römische oder englische. In dem langen Exildasein sei es den Juden erfolgreich gelungen, ihre eigene Identität zu bewahren, trotz der zahlreichen »fremden« Einflüsse.[23] Peres' gegenwartsbezogenes Geschichtsverständnis zeigt sich daran, dass er die »ferne Vergangenheit«, also die Geschichte des Diasporajudentums, äußerst knapp behandelt, bzw. sie lediglich in den Begriffen der Unruhe und Auseinandersetzung, mithin als eine durch Angst und Unsicherheit gekennzeichnete Realität versteht, welche letztlich unhaltbar und zur »Auflösung«, zur »Negation« verurteilt gewesen sei. Er bezeichnet sie sogar als »unrealistische Realität«, als »eine türkische Nebenstrasse, auf deren beiden Seiten der Hauptverkehr läuft«.[24] Peres' zionistischer Ansatz der »Negation der Diaspora« lässt sich hier an der Negation ihrer komplexen Geschichte bzw. ihrer Reduzierung auf eine sehr verkürzte Leidens- und Kampfgeschichte ablesen. Sein Hauptaugenmerk gilt bei dieser politischen Rede der aktuellen »näheren Vergangenheit« der Vorstaatlichkeits- und Staatsgründungsära und ihrem Überlebenskampf, worauf er ausführlich eingeht.[25]

Peres' besonders ausgeprägte gegenwartsbezogene Geschichtsbetrachtung kommt weiter in seinem 1970 erschienenen Buch *David's Sling* deutlich zum Ausdruck. Die Thematik des jüdischen Exillebens sowie die der älteren jüdischen Geschichte werden nur am Rande oder in engem Bezug zum Ereignis der Staatsgründung behandelt. Die Errichtung des Judenstaats bezeichnet er hier als eine »tief greifende Veränderung der Lebensstrukturen der Juden«. Dabei ist die Rede von der »Rückkehr der Juden in die Geschichte«: »[Die Errichtung des Staats] Israel brachte die Juden wieder in die Realität [in die Geschichte]. Israel veränderte das Image des Juden, sowohl das Image in den Augen des anderen als auch das Selbstimage.«[26] In Anlehnung an die oben zitierte Metapher schildert Peres das heutige Leben des jüdischen Volks: Es spiele sich in einem »Bus mit offenen Fenstern« ab, durch welche einerseits »die Landschaft sowie die Realität zu sehen sind, wie sie sind«, andererseits sich etwas »von Außen über das Profil der Insassen erfahren« lasse.[27] Hier zeigt sich deutlich, dass Peres die »Negation der Diaspora« als Voraussetzung für die »Normalisierung des jüdischen Lebens« ansieht, welche auch im zionistischen Wunsch angelegt ist, »eine Nation wie alle anderen« zu werden. In seinen 1995 erschienenen »Erinnerungen« beschreibt Peres das lange jüdische Exil ebenfalls als Geschichte von Leid und Kampf, wobei er sich damit in der Tradition einer teleologischen jüdischen Historiographie bewegt, die in der nationalstaatlichen Unabhängigkeit kulminiert:

> »Die jüdische Geschichte enthält für die Menschheit eine ermutigende Lehre. Über fast vier Jahrtausende hinweg war eine kleine Nation Trägerin einer großen und erhabenen Botschaft. Eine Zeitlang lebte diese Nation in ihrem eigenen Land, dann wurde sie ins Exil getrieben. Sie schwamm gegen den Strom an, erlitt wiederholt Schiffbruch und war so manches Mal vom Untergang bedroht. Und doch gibt es in der gesamten Geschichte, weder in der Geschichte großer Reiche, noch in der ihrer Trabanten und Kolonien, kein zweites Beispiel für ein Volk, das sich nach so vielen Tragödien und Katastrophen wieder aufgerichtet, das Joch abgeschüttelt, seine zerstreuten überlebenden Mitglieder gesammelt hat. Das jüdische Volk hat das nationale Erwachen betrieben, sich über Zweifel im Inneren und Feinde im Äußeren hinweggesetzt, sein Land zurückerobert, seine Sprache wiederbelebt, seine Identität zurückgewonnen und sich in neuen und noch größeren Herausforderungen bewährt. Wenn dieses Volk eine Botschaft an die Menschheit hat, dann diese, daß der Glaube allen Widrigkeiten zum Trotz zum Triumph führen kann.«[28]

Hier bezieht sich Peres in seiner Betrachtung der über viertausend Jahre alten jüdischen Geschichte auf den Anfang der hebräischen Geschichte etwa im ersten Viertel des zweiten Jahrtausends vor der Zeitwende, als das Land Kanaan von Gott Abraham und seinem Stamm verheißen wurde – ein zentraler Ausgangspunkt der zionistischen Geschichtsschreibung für die Rechtfertigung ihrer Agitation zur Rückkehr der Juden in das ihnen von Gott versprochene Land. Von Belang ist hier die Betrachtung des jüdischen Volks über die viertausend Jahre jüdischer Geschichte hinweg als eine »Nation«, die mal in ihrem Land lebte, mal ins Exil getrieben wurde, und der Leid und Gefahr auferlegt war[29], die aber letzten Endes wieder ihr »nationales Erwachen« erlebt. Der Begriff des »nationalen Erwachens« impliziert, dass das jüdische Volk vom Anfang seiner Geschichte an wesentliche nationale Wesenszüge in sich getragen habe, wobei Peres die beiden Begriffe »das jüdische Volk« und »die jüdische Nation« kaum unterscheidet.

Aus diesem Grunde stellen für Peres die Säkularisierungsprozesse des jüdischen Lebens im 18. und 19. Jahrhundert kaum eine Gefahr für die jüdische Identität dar. Denn im Nationalisierungsprozess des jüdischen Lebens, mithin der »Negation der Diaspora« und der Wiederbelebung der jüdischen Nation im eigenen Land, sieht Peres eine alt-neue jüdische Lebensform entstehen, welche mit der Aufgabe der religiös-traditionellen Exillebensform bzw. mit der Säkularisierung des jüdischen Lebens problemlos einhergehe. So bemerkt er: »Während die Eltern der jetzigen [in Israel lebenden] Generation meist in die Synagogen gingen, neigen deren Nachkommen dazu, in die Universitäten zu gehen. In den Synagogen gab es nur Juden; in den Universitäten – auch Juden.« Damit sieht er eine grundsätzliche Veränderung der Lebensstrukturen und Mentalität verbunden, denn »die letzte Generation pflegte die Sehnsucht, die jetzige hingegen plant und agiert«.[30] Die Verwandlung des »neuen Juden« verbindet er mit dem Aufbrechen der Beschränktheiten eines traditionell-religiösen Diasporalebens, welches sich durch die jüdische Geschichte ziehe. Die Juden in den großen Gemeinden der USA und UdSSR sowie in anderen kleinen Gemeinden werden Peres zufolge »zunehmend zu einem Volk von Studenten, Dozenten und Wissenschaftlern«.[31] Mit der Normalisierung, sprich Nationalisierung des jüdischen Lebens, wird also ein Prozess der Säkularisierung assoziiert. Im Zusammenhang mit dem gelungenen Ausbrechen aus den alttraditionellen Verhältnissen ins »universelle Leben« in Form des Zionismus spricht Peres von einer »Aufwertung« der Stellung der Juden: »Der einsame Jude [in der Diaspora] ist in den Augen von seinen [nichtjüdischen] Nachbarn nicht mehr unterlegen, (heute gilt es als ›schick‹, Jude zu sein – so scherzt man gern in New York), und er ist selbstbewusster.«[32]

Im Zuge dieser »Normalisierung der Juden« wird als Komplementärpostulat zur Negation der Diaspora auch die Schaffung eines »neuen Juden« erhofft. Gemeint ist die Abkehr von traditionellen jüdischen Berufen, bzw. dem, was als jüdisch identifiziert wird, als Bestandteil der grundsätzlichen Veränderung der jüdischen Lebensstruktur: »Das alte Muster eines Händlers,

Schneiders, Goldschmiedes und Pianisten macht nun Platz für einen Ingenieur, Arzt, Anwalt, Wissenschaftler und Industriellen.«[33] Interessanterweise bleibt der Beruf des Soldaten unerwähnt, auch wenn die Eigenschaft »wehrhaft« unerlässlich für den »neuen Juden« ist und indirekt angedeutet wird, bleibt Peres' Akzent im spirituell-universitären Bereich. So spricht er von Israel als »universitärem Zentrum des jüdischen Volks«, wo auch Studenten des Diasporajudentums von den israelischen Studenten lernten, »jüdisch im Alltag ohne Komplexe [...] zu leben«.[34] Dieses »universitäre Zentrum« soll nach Peres' Vorstellung sowohl die weltlichen Sphären der modernen Wirtschaft, Wissenschaft und Technologie umfassen als auch die jüdische Philosophie, welche sich mit »der historischen Berufung des jüdischen Volks« befassen solle. Darin sieht Peres einen Weg, Juden vor allem aus westlichen Ländern nach Israel zu locken und sie eventuell zur Einwanderung zu veranlassen. Er nennt hier die USA, England, Argentinien, Frankreich und Südamerika als Emigrationsländer. Die Selbstverständlichkeit der Nationalstaatlichkeit als ideale Lösung für die »jüdische Frage« kommt hier deutlich zum Ausdruck, wenngleich der Begriff »jüdische Universität« ungeklärt bleibt.[35]

Der Begriff »jüdische Universität« deutet auf eine Spannung zwischen religiösen und nationalen Elementen beim Definitionsversuch der neuen jüdischen Identität hin. Was ist nämlich spezifisch »jüdisch« an der »jüdischen Universität«? Wie lautet die »Berufung des jüdischen Volks«? Peres unternimmt den Versuch, das Judentum über die verkürzte religiöse Bedeutung hinaus zu definieren; es handle sich dabei um »eine Lebensart, der ein allgemeiner Glaube zu Grunde liegt – ein einzigartiger und zugleich pluralistischer, ein nationaler aber auch universeller Glaube«.[36] Diese Definition eines »allgemeinen Glaubens« soll als Grundlage für das nationale Projekt dienen, wobei die jüdische Religion dabei nationalisiert werden soll. So führt Peres weiter an, das Judentum sei »eine Weltanschauung, basierend auf einer Heimat, einer Sprache, einer Geschichte, moralischen Werten und dem Glauben an einen Gott«.[37] Doch es gilt noch zu klären, welche Rolle die jüdische Religion in Peres' Zionismus spielt und welche Bedeutung dem »Glauben an einen Gott« angesichts der Säkularisierung des jüdischen Lebens zugeschrieben wird. In Anlehnung an das von Leibowitz angesprochene Spannungsverhältnis zwischen der jüdischen Religion und dem Judenstaat stellt sich hier die Frage, was den säkularisierten, selbstbewussten und nationalorientierten, aber zugleich kosmopolitischen »neuen Juden« Peres zufolge »jüdisch« macht.

Zum Nationalismus

Der Zionismus entstand in Reaktion auf Antisemitismus und Verfolgung der Juden in Europa und wurde letztendlich vom europäischen Nationalismus inspiriert. Der Nationalismus, mithin Nation, Nationalität und Nationalgefühl, beschäftigte ab der Mitte des 19. Jahrhunderts zeitgenössische Denker der Romantik. Die wissenschaftliche Nationalismus-Forschung war bis Anfang der 1980er Jahre von den sogenannten Vormodernen dominiert. Diese teilten einige gemeinsame Prämissen. Erstens gilt die Nation für sie als eine quasi-natürliche Einheit, welche sich seit dem Mittelalter entwickelt habe, sodass die ersten Nationen »nach einem organischen Wachstumsprozess zur Blüte kamen und sich voll entfalten konnten«.[38] Die zweite Prämisse bezieht sich auf das Recht der Nation auf ihren eigenen Staat, woraus sich nach dem Ersten Weltkrieg das von Woodrow Wilson und Wladimir I. Lenin beschworene Selbstbestimmungsrecht der Völker ableitete. Drittens: Jede Nation habe ihre eigentümlichen Ideen- und Wertsysteme, welche ihre Existenz rechtfertigten und als Nationalbewusstsein, Patriotismus oder Nationalgefühl bezeichnet werden könnten. Und viertens nimmt dieses Nationsverständnis die Existenz einer vorgegebenen politischen und sprachlichen »Basis« der Nation an, welche einen ideellen »Überbau« in Gestalt des Nationalismus generiere.[39]

Die neue Nationalismus-Forschung distanziert sich von diesen Grundannahmen.[40] Die aus dieser Ablehnung hervorgehende neuere Diskussion beruft sich auf die Ideen des Konstruktivismus, demzufolge historische Phänomene als Konstrukte des menschlichen Geistes verstanden und in seinen Kategorien konzeptualisiert werden können. Max Weber ist der erste Forscher, der den Nationalismus als ein historisch-ideologisches Phänomen mit einem klaren Beginn und einem möglichen Ende begreift.[41] Weber stellt die zu seiner Zeit vorherrschenden Grundeinstellungen und Haltungen zu Nationalismus und Nation radikal in Frage und eröffnet damit die neue, moderne Nationalismus-Forschung. So Hans-Ulrich Wehler über Weber: »Die Nation lasse sich, […] weder als eine ›empirisch gewonnene Qualität‹ erklären, noch sei sie mit ›Staatsvolk‹ oder ›Sprachgemeinschaft‹ identisch; zwar knüpfe der Nationalismus an ›Massenkulturgüter‹ wie Sprache und Konfession, an sozialstrukturelle und ethnische Elemente, an die ›Erinnerungsgemeinschaft‹ nach ›gemeinsamen Kämpfen auf Leben und Tod‹ häufig an. Im Grunde beruhe er aber auf dem aus der ›Wertsphäre‹ stammenden utopischen Entwurf eines Herrschaftsverbandes, der – getragen von spezifischen ›Solidaritätsempfindungen‹ und ›Prestige-Interessen‹ – dem Mythos gemeinsamer Herkunft und der Vision eines gemeinsamen politischen Projekts: des Nationalstaats, verpflichtet sei.«[42]

Auf der Grundlage dieses konstruktivistischen Denkansatzes besteht die neue Forschung auf dem Primat des Diskurses und geht vom utopischen Entwurf der Nation als einer »gedachten Ordnung« (E. Francis) aus. So Ernest Gellner: »Nicht die Bestrebungen von Nationen schaffen den Nationalismus, vielmehr schafft sich der Nationalismus seine Nationen.«[43] Wehler weist auf die Stärken der beiden Forschungsrichtungen hin: Die ältere Nationalismus-Forschung sei »aufs Ganze gesehen, noch immer überlegen, was die Analyse der fördernden und restriktiven Bedingungen, nicht zuletzt auch der sozialen Basis angeht, unter denen sich der Nationalismus durchgesetzt hat«. Die neue Schule zeige hingegen die Fähigkeit, die Historizität des Nationalismus und der Nation, aber auch die »verblüffende Flexibilität, die innere Vielfalt des Nationalismus, der immer wieder neu definiert und mit neuem Inhalt aufgeladen werden kann«, aufzuweisen.[44]

Als Vertreter der neuen Nationalismusforschung versucht Eric J. Hobsbawm eine kohärente Nationalismusthese zu formulieren, die auf marxistischem Gedankengut, Webers These des Funktionalismus, Gellners Überlegungen zur staatlichen Machtverfestigung sowie auf Benedict Andersons Grundthese der Konstruiertheit der Nation basiert. Dabei stellt Hobsbawm auch die Frage nach der Durchsetzungsmacht des Nationalismus in der modernen Massengesellschaft und deren Identifikationsrahmen. Der Nationalismus bildet für ihn den Überbau einer historisch entstandenen Machtbasis. Der moderne Staat sei aus dem Bedürfnis des Großbürgertums heraus entstanden, seinen wirtschaftlichen Profit zu maximieren. Die Kontrolle von immer größeren Einheiten des europäischen Kontinents sei auf diese Weise erzielt worden, legitimiert durch die quasi im Dienst der Nation stehende konstitutionelle Gesellschaftsordnung. So gesehen bemühten sich diese Eliten um ein »social engineering«[45], das mit dem Akt der Erfindung der Nation verbunden gewesen sei, um die eigene Machtbasis zu legitimieren. Zu diesem kreativen Akt zählt auch die Erfindung der »nationalen Traditionen«[46], Traditionen, die zum Teil neu erfunden worden seien, zum Teil aber auch Neuinterpretationen dargestellt hätten.[47] Nichtsdestotrotz bleibt für Hobsbawm die Frage der Attraktivität des Nationalismus für die breitere Bevölkerung: Weshalb stößt der Nationalismus in breiten Bevölkerungsschichten auf derart enormen Zuspruch? Wo liegt die eigentliche Quelle dieser Empfänglichkeit für nationale Ideen? Darin besteht nämlich die Schwäche der konstruktivistischen Auffassung: Sie beantwortet die Frage nach der erfolgreichen Etablierung des Nationalismus in der breiteren Bevölkerung kaum, was wiederum die Interpretation zulässt, der Nationalismus sei kein völlig fremdes Element und insofern auch nicht ganz »erfunden«. Vielmehr muss es sich hierbei um ein Phänomen handeln, das sich aus einem bereits existierenden Reservoir an kulturellen und politischen Wahrnehmungen und Vorstellungen speist.

Eben diesen Gedanken rückt Anthony D. Smith, Hauptvertreter des älteren konventionellen Ansatzes und für die zionistische Geschichtsschreibung von erheblichem Belang, ins Zentrum seiner Nationalismusforschung. Für Smith hat der Nationalismus vormoderne Wurzeln. Er lehnt die These der Krise der Moderne als Auslöser des Nationalismus nicht ganz ab, auch wenn diese seiner Meinung nach keine ausreichende Erklärung für das als soziokulturelles Gebilde begriffene Nationalismus-Phänomen darstelle. So argumentiert er beispielsweise in seinem Aufsatz »National Identity«:

> »[...] today national identity is the main form of collective identification. Whatever the feelings of individuals, it provides the dominant criterion of culture and identity, the sole principle of government and the chief focus of social and economic activity. [...] Praised or reviled, the nation shows few signs of being transcended, and natio-

nalism does not appear to be losing any part of its explosive popular power and significance. [...] There is nothing random or recent in this state of affairs. It is rooted in a long history of ethnic ties and sentiments that reach back long before the birth of our modern world, but that have been unexpectedly and powerfully revitalized by modern bureaucratic state systems, capitalist class structures and the widespread longing for immortality and dignity in a community of history and destiny in a secular age. Through the rediscovery of an ethnic past and the promise of collective restoration of the former golden age, national identity and nationalism have succeeded in arousing and inspiring ethnic communities and populations of all classes, regions, genders and religions, to claim their rights as ›nations‹, territorial communities of culturally and historically cognate citizens, in a world of free and equal nation.«[48]

Der Nationalismus appelliert demnach an ein tief sitzendes, menschliches Bedürfnis nach Gruppenzugehörigkeit. Der Begriff der »Ethnien« spielt hier eine zentrale Rolle und fungiert als wesentliche Einheit, wobei die Nation über alle historischen, wirtschaftlichen und gesellschaftlichen Entwicklungen hinweg seit archaischen Zeiten Bestand habe. Für die Identifizierung der Ethnie gibt Smith einige Kriterien an: den Namen der Gruppe, den gemeinsamen Mythos bezüglich ihrer Entstehung, die tatsächliche gemeinsame Geschichte und offensichtlich gemeinsame Kultur, den Bezug zum gemeinsamen Territorium und im vorhandenen Solidaritätsgefühl zur Gruppe. So gesehen erklärt sich der Nationalismus als eine Überlebenstaktik der Ethnie gegen die im Zuge der Herausbildung der Moderne entstandenen Gefahren für den Erhalt der Gruppe, welche sich als »ahistorisches sozialontologetisches Kollektiv« begreift.[49] Für Smith spielen zwar bei allen Nationalismen die Prozesse der Politisierung und Säkularisierung der Ethnie, der Territorialisierung und des Aufkommens moderner Eliten eine wichtige Rolle. Doch in der historischen Analyse des Nationalismusphänomens können die ethnischen Wurzeln nicht außer Acht bleiben. Die Geschichtsschreibung von Nationen mag dabei auch manipuliert oder verschönt werden, diese historische Entwicklung des Nationalismus kommt Smith zufolge auf der Grundlage einer vorgegebenen gemeinsamen Vergangenheit zustande.

Wehler definiert unter Berücksichtigung dieser beiden Denkrichtungen »Nationalismus« als »das Ideensystem, die Doktrin, das Weltbild, das der Schaffung, Mobilisierung und Integration eines größeren Solidarverbandes (Nation genannt), vor allem aber der Legitimation neuzeitlicher politischer Herrschaft dient«[50], und die »Nation« als: »jene zuerst ›gedachte Ordnung‹, die unter Rückgriff auf die Traditionen eines ethnischen Herrschaftsverbandes entwickelt und allmählich durch den Nationalismus und seine Anhänger als souveräne Handlungseinheit geschaffen wird«.[51] Als Ideenfundus des Nationalismus benennt Wehler vier alttestamentarische Elemente: erstens die Vorstellung eines »auserwählten Volkes«, wobei der jeweiligen Nation die Heilsverheißung zustehe; zweitens die Vorstellung eines »gelobten, heiligen Landes« als providenzieller Heimstätte; womit das dritte Element eines gefährlichen Gegners verbunden sei, der »zum Todfeind avancieren konnte, da er ein heilsgeschichtlich privilegiertes Volk auf seinem heiligen Territorium infrage stellte«. Hier wird Bezug auf die alttestamentarische Stilisierung der Kanaaniter und der Philister durch die Israeliten als existenzielle Feinde genommen. Der Nationalismus gehe mit jener Todfeindschaft einher, die »nicht nur das Verhältnis zu wechselnden Gegnern dramatisiert, sondern auch die Gewaltanwendung rechtfertige«. »Von Anfang an«, fügt Wehler hinzu, »war daher in die Selbstdefinition der Nationen die hasserfüllte Absetzung von ihren Feinden eingelassen.« Und viertens benennt Wehler »die Tradition des Messianismus im Sinne einer historischen Mission, die durch eine säkularisierte Prädestinationslehre verbürgt« wird.[52]

Der Nationalismus wird als eine moderne »Zivilreligion«, als eine »Säkularreligion«, als ein »großes kulturelles Deutungssystem« begriffen, zu dessen unabdingbaren Eigenschaften Wehler zehn Elemente zählt. Für das hier behandelte Thema, Peres' Zionismus-Verständnis, sind vor allem die folgenden fünf von besonderer Relevanz: erstens, »das Versprechen der Sinnstiftung im Rang einer unfehlbaren Weltdeutung, bis hin zur Forderung des Märtyrertods für die höchsten Werte«; zweitens, »das kompromisslose Beharren auf dem Deutungsmonopol über die Auslegung der wahren Lehre im Verhältnis zur Konkurrenz«; drittens, »der Entwurf eines umfassenden Weltbildes mit Normen und Verhaltensimperativen für möglichst alle Situationen«; viertens, »die Überbrückung der Generationenkluft durch die gemeinsame Glaubenslehre, im Sinn eines verbindlichen Generationenvertrags, der weit über das Einzelleben hinausgreift«; und fünftens, »die Vergemeinschaftung zu einem Solidarverband mit einer hochgradigen Stabilisierung der ›ingroup‹ und schroffer Abgrenzung von ›out-groups‹«.[53]

Der Zionismus als nationale Idee

Schon die frühen, ausgesprochen säkularen und assimilierten Zionismus-Denker wie Moshe Hess (1862) und Theodor Herzl (1896, 1902) erkennen die Notwendigkeit einer »Säkularreligion« für die Juden angesichts eines sich verfestigenden, schwer aufzuhebenden rassistischen Antisemitismus. Sie werden sich des Scheiterns der im Laufe des 19. Jahrhunderts in Gang gesetzten rechtlichen Emanzipationsprozesse und der damit einhergehenden Assimilation der westeuropäischen Juden bewusst. Der ungarische Jude Theodor Herzl weist in seiner Ende des 19. Jahrhunderts erschienenen Schrift *Der Judenstaat* auf dieses Problem hin: »Die Judenfrage besteht. Es wäre töricht, sie zu leugnen. […] Den großmütigen Willen zeigten sie ja, als sie uns emanzipierten. Die Judenfrage besteht überall, wo Juden in merklicher Anzahl leben. Wo sie nicht ist, da wird sie durch hinwandernde Juden eingeschleppt.«[54] Aus einer fatalistischen, vom Scheitern der Assimilation enttäuschten Haltung heraus entwickelt Herzl ein neues Verständnis der »Judenfrage«: »Ich halte die Judenfrage weder für eine soziale noch für eine religiöse, wenn sie sich auch noch so und anders färbt. Sie ist eine nationale Frage und um sie zu lösen, müssen wir sie vor allem zu einer politischen

Weltfrage machen, die im Rate der Kulturvölker zu regeln sein wird. Wir sind ein Volk, *ein* Volk.«[55] Herzls Grundgedanke ist, die aus dem zutiefst verfestigten Antisemitismus resultierende prekäre Lage der europäischen Juden durch die Schaffung eines politisch souveränen Staats außerhalb Europas zu lösen. Dabei gelte es, das Diasporaleben in letzter Konsequenz durch die massive Auswanderung der europäischen Juden in ihre neue nationale »Heimstätte« gänzlich zu beenden. Der Zionismus unterscheidet sich also im Wesentlichen von anderen nationalen Vorstellungswelten seiner Zeit dadurch, dass die Definition der Nation weder an ein einheitliches Territorium noch eine gemeinsame Sprache gekoppelt ist. Das jüdische Volk ist zunächst in der Welt verstreut. Vielmehr fungieren Ende des 19. Jahrhunderts das Gefühl der Bedrohtheit sowie religiöse Gemeinsamkeiten als Integrationsfaktoren für die jüdische Nationalbewegung und den Glauben an ihre Verwirklichung.

Herzls Lösung, das Diasporaleben durch den politisch-nationalistisch gefärbten Zionismus radikal zu beenden und das jüdische Volk in *Erez Israel* zu versammeln, erhält von einer anderen zionistischen Denkrichtung Konkurrenz. Anfang des 20. Jahrhunderts verleiht der aus Odessa, der Metropole eines aufgeklärten und säkularen osteuropäischen Judentums stammende Achad Haam (heb. »Einer aus dem Volk«, hieß ursprünglich Ascher Ginzburg) seiner Skepsis bezüglich Herzls Zielsetzung des politischen Zionismus Ausdruck. Er hegt Zweifel, ob eine völlige Negation der Diaspora richtig und überhaupt durchführbar sei. Weder könne durch die Errichtung eines Judenstaats die Judenfrage gelöst noch das Diasporaleben beendet werden. In seinen Augen sei vielmehr die schrittweise Ansiedlung eines kleinen Teils des jüdischen Volks, welcher die nationale Basis und die »nationale Kultur« aufbauen solle, die geeignete Vorbereitung für die »Rückkehr des Judentums in die Geschichte«. Ganz dem historisch-kulturellen Geist der Romantik des 19. Jahrhunderts verpflichtet, welche den Nationalstaat als Höhepunkt einer historisch gewachsenen Entwicklung der kulturellen Ressourcen einer Nation versteht, sieht Achad Haam die Neubelebung und Entfaltung der hebräischen nationalen Kultur in *Erez Israel* als unerlässliche Vorstufe auf dem Weg zur Staatlichkeit:

> »Für dieses Ziel bedarf es vorerst keiner politischen Souveränität […] [Es bedarf] vielmehr einer angemessenen Versammlung arbeitender Hebräer, die ungestört in den unterschiedlichen Kulturbranchen ihrer Tätigkeit nachgehen können… Diese […] Kerngruppe soll auf lange Sicht zum Zentrum der Nation herauskristallisiert werden, in dem der Volksgeist in seiner Reinheit verwirklicht und letztlich bis zu seiner Perfektion entfaltet wird. Von diesem Zentrum soll der Geist des Judentums […] in die Diaspora-Gemeinden gelangen, sie wiederbeleben und ihre Einheit bewahren. Erst, wenn die nationale Kultur in *Erez Israel* diesen Grad erreicht, lässt sich auf dieser Basis mit Zuversicht […] ein ›Staat‹ gründen – und zwar, nicht ein Judenstaat, sondern ein wirklicher jüdischer Staat.«[56]

Achad Haam prägt einen Kulturzionismus, der darin besteht, den »Volksgeist«, den »Geist des Judentums« neu zu beleben und eine hebräische

Kultur zu schaffen. Die Staatsgründung stellt dabei eine langfristige »natürliche« Entwicklung dar, die aber nicht forciert werden dürfe. Seine Hauptkritik an Herzls Zionismus richtet sich auf die Frage, inwiefern der durch diplomatische Bemühungen bei den Kulturvölkern der Welt herbeizuführende Judenstaat »jüdisch« sein solle. Denn, fragt sich der auf Hebräisch schreibende Achad Haam, wenn die Juden in ihrem utopischen Staat in *Erez Israel* die Sprache ihrer Herkunftsländer sprächen, ein deutsches Theater gründeten oder eine italienische Oper errichteten, wie Herzl in *Altneuland* (1902) darlegt – weshalb Herzls Staat ein »kosmopolitisches nationales Konzept« nachgesagt wird[57] –, inwiefern lasse sich dann von einer hebräischen oder nationalen Kultur reden? Der Kulturzionismus strebt eine spirituelle und kulturelle Renaissance des Judentums an und fragt nach den Inhalten des letztlich zu errichtenden jüdischen Staats und gleichzeitig auch nach Rolle und Bezug zum Diasporajudentum. Letzteres soll durch die kulturelle Renaissance in *Erez Israel* in seiner jüdischen Identität inspiriert und zugleich in seiner Existenz gestärkt werden. Die Quelle der Stärke eines jüdischen Staats sieht der Kulturzionismus eben im Kulturellen verankert, wobei eine Staatlichkeit als Selbstzweck den Staat in letzter Konsequenz gefährdet.[58]

Ob politischer oder spirituell-kultureller Zionismus – beide Zionismus-Denker legen ihrer Definition des jüdischen Volks einen säkularen Nationsbegriff zu Grunde. Das jüdische Volk wird als säkular-nationales Subjekt eines säkularen Unterfangens verstanden. Die jüdische Religion als Konfession spielt in diesen zionistischen Utopien und Vorstellungen der heterogenen Strömungen der zionistischen Bewegung (in revisionistischen, demokratischen, liberalen, marxistischen oder sozialistischen zionistischen Vorstellungen, allerdings nicht im religiösen Zionismus) eine geringe Rolle. Die jüdische Nationalbewegung entstammt vielmehr einer anti-religiösen Tradition im Geist der sozialistischen und aufklärerischen Einflüsse des 19. Jahrhunderts. In bestimmten Phasen zeigte sie sich sogar ausgesprochen feindlich gegenüber der Religion.[59] Die zionistische Ideologie, basierend auf der Negation der Diaspora (da religiös besetzter Begriff), lehnte die traditionell-religiöse Lebensart der Thoraschulen ab. Die religiöse Orthodoxie bekämpfte ihrerseits von Beginn an dezidiert und in aller Schärfe das zionistisch-aktivistische Streben nach einem jüdischen Staat. Für sie galt das Axiom, die Erlösung sei durch Gott, nicht durch den Menschen herbeizuführen. Doch inwiefern lässt sich der Zionismus als eine säkulare Nationalbewegung verstehen? Was ist unter »hebräischer Nationalkultur« im Kontext des Judentums gemeint? Welche Rolle nimmt letztlich die jüdische Religion im zionistischen Nationalgedanken ein?

Ein religiöses Moment ist dem marxistischen Historiker Moshe Zuckermann zufolge von vorneherein in der zionistischen Nationalstaatsbewegung angelegt. Von den westlichen Nationalstaatsbildungen unterscheide sich »der Zionismus […] in seinem Ursprung schon darin, dass er sich im Grunde als ein im Bereich des Überbaus sich konstituierender Nationalstaatsgedanke entfaltete, nicht in der Praxis. Es gab den Gedanken eines Judenstaats, bevor es das Territorium für diesen Judenstaat gegeben hat. Es gab den Gedanken eines Judenstaats, bevor die Bevölkerung, die dieses Territorium hätte bevölkern sollen, objektiv als solche existierte.«[60] Die Ideologeme des Zionismus – die Negation der Diaspora, die Schaffung eines »neuen Juden«, die Versammlung aller Diaspora-Gemeinschaften auf einem zu erobernden und urbar zu machenden Territorium und die Vermengung aller dieser Diaspora-Gemeinschaften, damit daraus der »neue Jude« als künftiger Israeli erwachse[61] – stützen sich Zuckermann zufolge in letzter Konsequenz auf ein religiöses Moment. Denn zunächst sei die Wahl *Erez Israel* – ein an sich religiös besetzter Begriff der Diasporajuden – ein wesentlicher Gegensatz zum säkularen Anspruch des Zionismus, auf Grund der Tatsache, »dass eine europäisch vorgeprägte, moderne, mithin säkulare Nationalstaatsbildung auf einem von Grund auf religiösen Moment basierte«.[62] Denn das Postulat eines unbevölkerten Territoriums als im Überbau gedachte Ideologie widersprach der objektiven Situation Palästinas gewaltig – dort lebte ein anderes Kollektiv, mit dem der Zionismus, und später Israel, auf der objektiven Ebene um das Land kämpfen musste. Dieser Kampf wird letztlich religiös gerechtfertigt: »Der Zionismus erhob den Anspruch auf eine moderne nationale Heimstätte, aber als ideologische Begründung hierfür wurde angeführt, es sei historisch ein jüdisches Land, mithin den Juden versprochen.«[63] Die im Grunde politische Nationalbewegung stützt sich also auf die religiöse Rechtfertigungsbasis eines Gottesversprechens.

Auf eine weitere Aporie im Zionismus weist Zuckermann hin: dass nämlich das religiöse Moment als einziges Bindeglied zwischen den unterschiedlichen Segmenten der potenziellen Bevölkerung der zu konstituierenden Staatsnation fungiere: »[...] denn bei genauer Betrachtung gab es keinerlei Verbindung zwischen dem Händler aus Bagdad, dem polnischen Fuhrmann, dem deutsch-jüdischen Grunewaldprofessor und dem jemenitischen Schuster.«[64] Sie alle hätten keine Verbindung, abgesehen von ihrer Religion, ob sie sie nun ausübten oder nicht. Die jüdische Religion stellt letztlich die Grundlage des israelischen Nationalismus dar, in Form des israelischen Rückkehrrechts für alle Juden. Und zwar auch, wenn diese Basis vom Überbau her nicht alle Juden einschließt: Die Juden im arabischen Raum kommen nämlich vorerst in der Perspektive dieses westlich-modernistischen Zionismus nicht vor, ebenso wenig, wie sie in der Vision Herzls existieren. Der Händler aus Bagdad sowie der jemenitische Schuster sind also nicht als Träger dieser neuen Nation vorgesehen. Bei der Umsetzung des zionistischen Projekts jedoch wird die Volkszugehörigkeit religiös definiert und auf diese Weise das nationale Selbstverständnis bestimmt.

So gesehen, trägt der Zionismus als westlich-säkulares »Projekt der Moderne« in sich eine Dialektik: »Der Zionismus ist ein Projekt, das auf der einen Seite den Nationalstaat als eine Instanz der Befreiung eines Volkes angesehen hat, auf der anderen Seite aber in eben diese Instanz ein dem bürgerlichen Nationalgedanken zuwiderlaufendes Element eingebracht hat.«[65] So, wie die Assimilation als inhärenter Befreiungsgedanke der Aufklärung, basierend auf der Aufhebung von Partikularidentitäten, die Aufnahme der Juden als gleichberechtigte Bürger in die jeweilige Residenzgesellschaft ermöglichen sollte, zugleich aber eine neue Form des biologistischen Rassenantisemitismus nach sich gezogen hat – ebenfalls ein Phänomen der Moderne, welches zur gesellschaftlichen Ausgrenzung der Juden führte –, so enthalte auch der Zionismus zugleich ein emanzipatorisches und unterdrückendes Element. Als »Projekt der Moderne« habe er die Befreiung des jüdischen Volks durch die Nationalstaatsbildung zum Ziel, zugleich aber werde in diesem Prozess das bereits auf dem zu erobernden und urbar zu machenden Territorium existierende Kollektiv als der »andere«, als der »Feind« verstanden, und somit vom nationalen Projekt ausgegrenzt, wenn auch offiziell zum Teil und unter Restriktionen eingebürgert. Der letztlich durchgesetzte politisch-nationalistische Zionismus, auf ethnisch-religiösen Momenten basierend, sorgte also dafür, dass der israelische Nationalismus ein nicht auf Staatsbürgerschaft, sondern auf Volkszugehörigkeit basierendes Selbstverständnis entwickelte.

Peres' Zionismus-Begriff: Volk – Land – Staat

Das Verhältnis zwischen den Kategorien Volk, Land und Staat bildet die Achse von Peres' Zionismusbegriff. Der Judenstaat ist für Peres »ein Nationsstaat, dessen Gründung darauf abzielt, die Verbindung von Volk und Land wieder zu beleben«. Ein Land, betont er, »in dem die jüdische Nationalität ihren Anfang vor einigen tausenden Jahren nahm, ein Land, von dem auch das [jüdische] Volk vor zweitausend Jahren emigrierte«.[66] »Israel ist ein Staat, der nicht nur seinen Staatsbürgern gehört, sondern dem ganzen jüdischen Volk.«[67] Peres' Volksverständnis stützt sich auf den Begriff des »nationalen Glaubens«, welcher die von Zuckermann angeführte Aporie sowohl bezüglich des Nationssubjekts als auch der Territoriumsfrage offensichtlich enthält. Der Begriff des »nationalen Glaubens« beinhaltet sowohl das religiöse sowie nationale Moment und stellt den Bezug zwischen der jüdischen Religion bzw. dem Judentum und dem Zionismus her. Dabei definiert Peres das Judentum in nationalen Begriffen und somit als Grundlage des Zionismus: »Das Judentum gilt zwar allgemein als eine Religion, [...] doch es handelt sich hierbei um einen nationalen Glauben per se, welcher ein ganzes Volk über Jahrtausende zusammengehalten hat.«[68] Hier zeigt sich seine Auffassung der Untrennbarkeit der nationalen und religiösen Faktoren: »Das Judentum ist eine umfassende Weltanschauung: Diese umfasst den Glauben an einen einzigen Gott, die Untrennbarkeit vom einzigen Heimatland, die nationale Identität, die eine gemeinsame Sprache, die Treue zu den Werten: Gerechtigkeit, Wahrheit, Frieden, und schließlich den Glauben an eine gemeinsame Zukunft auf der Basis einer gemeinsamen Vergangenheit.« Die Rückkehr der Juden aus der Diaspora in »ihr Heimatland«, betont Peres, sei daher »kein rein religiöser Akt«; es handle sich vielmehr um »eine Glaubenssache, eine nationale Unternehmung und eine Gemeinschaftsverpflichtung«.⁶⁹

Ein ähnliches Verständnis der zionistischen Ideologie spiegelt sich in einer Äußerung Peres' zur »Palästinafrage« 1996 wider. Auf die Frage, ob die Option einer Heimstätte für die Juden außerhalb Palästinas im Nachhinein keine bessere Wahl gewesen wäre, antwortet er:

> »[..] Wir müssen dabei vom jüdischen Glauben ausgehen. Ben-Gurion hat behauptet, und darin folgte ich ihm, das Judentum sei keine Religion, sondern ein Glaube. [...] Es wird kein Unterschied gemacht zwischen Nation, religiösem Staat oder geographischer Zugehörigkeit, Sprache, Geschichte etc. Alles zusammen ist eine umfassende Verpflichtung. [...] [Alles ist] [u]nlösbar. Man kann nicht wirklich jüdisch sein, ohne hebräisch zu sprechen. Das dachten wir damals. Man kann nicht wirklich jüdisch sein, ohne an den einen Gott im Himmel zu glauben; man kann nicht wirklich jüdisch sein, wenn man nicht in einem Staat des jüdischen Volkes lebt, dort wo das Judentum entstanden ist. Diese Vorstellung verlieh dem Land, vor allem Jerusalem und einigen anderen Orten, einen Hauch von Heiligkeit. Also ging es nicht nur darum, Zuflucht zu suchen, sondern darum, in eine Heimat zurückkehren zu können. Man hat ja versucht, einen jüdischen Staat in Rußland aufzubauen, einen jüdischen Staat ohne Gott ...«⁷⁰

Peres' Nationsbegriff liegt die vormoderne Nationalismusauffassung zu Grunde, welche auch der offiziellen zionistischen Geschichtsschreibung durch ihre Betonung der Religion und der Ethnie ihr Fundament liefert. Die Vertreter dieser Denkrichtung behaupten, dass sich das moderne Phänomen des Nationalismus auf vormoderne, ethnische und religiöse Wurzeln beziehe. Gerade der jüdische Nationalismus bestätige diese Verknüpfung, weil sich im Judentum eine klare ethnische Gruppenidentität und ein deutlicher kultureller Kern über die Generationen hinweg erhalten habe, was ein starkes Gruppenzusammengehörigkeitsgefühl nach sich gezogen habe. Peres' weiter oben dargelegte Ausführungen fußen auf einer ethnisch-religiösen Auffassung der jüdischen Nation, die diese zu einem unvergänglichen Organismus erklärt, der auf natürliche Weise allen historischen Entwicklungen zum Trotz »zusammengehört«. Dieser Organismus bildet für Peres eine real existierende Einheit, die auf ihre volle Entfaltung in der Nationalstaatlichkeit gewartet habe.

Wie der bereits zitierte Brubaker schreibt, ist »fast jede nationalistische Geschichtsschreibung teleologisch: Die Geschichte wird von ihrem Ausgang her gelesen, sie kulminiert in der nationalstaatlichen Unabhängigkeit«.⁷¹ Peres' teleologisches Verständnis der jüdischen Geschichte drückt sich in seiner Haltung aus, dass das jüdische Leben in seiner national-zionistischen Form letztlich die ausschließliche jüdische Lebensform darstelle: »Man kann nicht wirklich jüdisch sein, ohne hebräisch zu sprechen. [...] Man kann nicht wirklich jüdisch sein, ohne an den einen Gott im Himmel zu glauben; man kann nicht wirklich jüdisch sein, wenn man nicht in einem Staat des jüdischen Volkes lebt, dort wo das Judentum entstanden ist.« Diese Äußerung lässt sich nicht auf die Ebene der reinen Faktizität beziehen, denn es ist davon auszugehen, dass Peres weiß, dass es Juden gibt, welche die hebräische Sprache nicht beherrschen oder nicht religiös sind, oder solche, die nicht in Israel leben. Hier hilft vielmehr die Interpretation auf der Ebene einer zionistischen Utopie weiter. Peres' utopische Vorstellung drückt sich im Gedanken des Staats des jüdischen Volks aus, und eben nicht im Gedanken eines jüdischen Staats seiner jüdischen Bürger. Die Träger der Nation – die Adressaten des Zionismus – sind letztlich für ihn nationalreligiös-ethnisch definiert. Es handelt sich dabei um eine Ethnie, deren Zusammenführung auf dem Boden ihres »alten Heimatlandes« zur Staatsräson wird, von Peres als »Gemeinschaftsverpflichtung« des Staats gegenüber seiner Ethnie bezeichnet.

Infolgedessen stellt für Peres der Imperativ *Aliya* einen an sich religiös besetzten Begriff des »Aufstiegs« in das Land der Urväter, eine zentrale nationale Aufgabe des Staats dar. Der Gedanke der Sammlung und Vermengung der Juden in ihrem »historischen Heimatland«[72] drückt sich im sogenannten »Rückkehrgesetz« aus, das allen Juden jederzeit einen Anspruch auf die israelische Staatsangehörigkeit zugesteht. Peres stützt sich dabei auf den politischen Zionismus Herzls und dessen radikale Negation der Diaspora, wobei die Immigration der Diasporajuden höchste Priorität hat. »Die Idee der Rückkehr nach Zion und die Vermengung aller jüdischen Diasporagemeinden stellt die Grundlage für den Staat Israel dar. Und dieser Prozess ist noch lange nicht abgeschlossen.« »Eines Tages«, führt er 1970 weiter an, »werden große Teile der wichtigen und großen jüdischen Gemeinden der Sowjetunion [...] und der Vereinigten Staaten [...] nach Israel einwandern.«[73] Damit sind rund 3.5 Millionen russische und 6 Millionen amerikanische Juden gemeint. Gleichzeitig ignoriert Peres die potenziellen innerisraelischen Konfliktherde, welche, wie von Zuckermann angedeutet, aus dem Imperativ der Versammlung der Juden derart unterschiedlicher kultureller, sozialer und politischer Herkunft resultieren könnten. Auf der anderen Seite gleicht er sein Ziel auch nicht mit der Realität ab – im Hinblick auf das palästinensische Kollektiv, das unter israelischer Vorherrschaft auf besagtem Boden bereits lebt. Vielmehr rückt Peres die potenzielle Bereicherung der israelischen Gesellschaft durch Immigrationswellen in den Vordergrund, auch wenn er gleichzeitig besorgt ist, ob das jüdische Volk »seine 2000-jährige historische Vergangenheit [im Exil] überbrücken« könne.[74]

Die im Laufe der 1990er Jahre in Gang gesetzte massive Einwanderungswelle aus der ehemaligen Sowjetunion behandelt Peres ausführlich und betrachtet sie als »zweifellos eines der einschneidendsten Ereignisse dieses zu Ende gehenden Jahrhunderts und Jahrtausends« und als »Sieg des Zionismus«.[75] Ungeachtet der unerwünschten Nebenerscheinungen dieser Einwanderungswelle, allen voran die große Zahl an Nichtjuden, betrachtet Peres dieses Ereignis aus utopisch-ideologischer Perspektive: als eine »Genugtuung sowohl für Herzl als auch für alle seine Schüler, die wie er überzeugt waren, daß die Lösung der heiklen Judenfrage notwendigerweise in der nationalen Wiedergeburt der Juden, ihrer Zusammenführung im Land der Väter und der Gründung eines Staates bestehen mußte und nicht in ihrer Eingliederung in die umgebende Gesellschaft oder ihrer Teilnahme an der Revolution und der Errichtung einer klassenlosen Gesellschaft«.[76]

Die zionistische Utopie der Zusammenführung der verstreuten Ethnie begreift Peres nicht nur räumlich. Er bezieht seine Aufgabe als Politiker und Nationsgründer und seine Verpflichtung gegenüber dem jüdischen Volk auch auf die zeitliche Dimension. In seinen Ausführungen zur Aufgabe der Politiker im Judenstaat heißt es:

> »Normalerweise beschränken Politiker sich darauf, die bestehenden Realitäten zu reformieren, doch in Israel hatte man sich vorgenommen, ein seit 2000 Jahren in alle Himmelsrichtungen versprengtes Volk zu einer neuen nationalen Einheit zu verschmelzen. Während meiner ganzen politischen Laufbahn bin ich nie von dem Gefühl losgekommen, daß die politischen Führer Israels mehr sein müssen als nur Vertreter einer bestimmten Wählergruppe. Wir repräsentieren auch Wähler, die gar nicht existieren. Einige sind bereits tot, doch ihr Vermächtnis lebt in uns weiter; andere sind noch gar nicht geboren. Unsere Aufgabe ist, den kommenden Generationen für ihre Zukunft eine sichere Ausgangsbasis zu schaffen.«[77]

Dieses Nationsverständnis beruht auf einem hermetischen, suprahistorischen, apolitischen Verständnis eines ethnisch-religiösen Volksbegriffs. Der Judenstaat hat demnach nicht nur die zeitgenössischen Juden – israelischer oder anderer Staatsangehörigkeit – zu vertreten, sondern auch die vergangenen und künftigen Mitglieder des jüdischen Volks. Am Beispiel eines Vergleichs zwischen der zionistischen Bewegung und den christlich motivierten Kreuzzügen des Mittelalters betont Peres einen wesentlichen Unterschied zwischen beiden, der dem Zionismus einen erheblichen Vorteil verschafft habe: Bei ihm handele es sich um »eine Volksbewegung samt ihrer Familien«.[78] Diesen Umstand wertet Peres als Stärke, denn so habe sich der »Stamm« im national-ethnischen Sinne erhalten können. Während die christlichen Kreuzzüge zum großen Teil aus Männern bestanden hätten, die ihre Familien in Europa zurückgelassen und sich eventuell im Heiligen Land assimiliert hätten, wodurch ihre Identität im Laufe der Zeit verschwunden sei, sieht Peres die Kraft des Zionismus eben darin, dass er in seinem Wesen zur Bewahrung der jüdischen Identität und Bekämpfung der Assimilation beigetragen habe.[79]

Auch vor dem Hintergrund der neuen geopolitischen und gesellschaftlichen Lage nach dem Sechstagekrieg vertritt Peres weiter das Prinzip der Trennung zwischen den beiden nationalen Kollektiven Israel und Palästina. Für den israelischen Politiker stellt sich nunmehr die Frage der wirtschaftlich-gesellschaftlichen Beziehungen zwischen Israel und der Bevölkerung der neu eroberten palästinensischen Gebiete. Bei dem Versuch, die für Israel günstigen Verhältnisse zu definieren, weist er angesichts der Notwendigkeit einer »wirtschaftlichen Zusammenarbeit« auf die Gefahr der »Assimilation beider Gemeinden« hin: »Man soll zwar beiden Märkten zur Kooperation verhelfen [...], doch die sozial-gesellschaftliche Vermischung muss gemieden werden.«[80]

In dem Versuch, die neue Realität mit seiner Vorstellung eines israelischen Staats als einer rein jüdischen Angelegenheit zu vereinbaren, greift Peres zum Lösungskonzept der wirtschaftlichen Kooperation einerseits und der sozialen Trennung beider Kollektive andererseits. Auf dem Fundament der geläufigen zionistischen Rechtfertigung der Kolonialisierung Palästinas soll Israel im Rahmen der wirtschaftlichen Zusammenarbeit zur Entwicklung der eroberten Gebiete beitragen, zugleich aber die »eigene nationale Identität« bewahren. Für Peres könnte »das Verwischen von sozialen Klassenunterschieden auf der einen Seite und die Bewahrung der unterschiedlichen Nationalidentitäten auf der anderen eine Konstellation für eine angemessene Koexistenz darstellen«.[81] Es sei dahingestellt, wie die »wirtschaftliche Zusammenarbeit« genau aussehen soll. Entscheidend ist hier das Eintreten für das Trennungsprinzip, welches eine Einbürgerung der Palästinenser der 1967 eroberten Gebiete, wie im Falle der 1949 im israelischen Kernland lebenden Palästinenser, ausschließt. Das Beispiel der israelischen Palästinenser spricht Peres weiter im Zusammenhang mit der »wirtschaftlichen Entwicklung« an: Er umgeht das Problem des rechtlichen Status' und betont die Koexistenz »ohne Bevormundung und ohne Assimilation«.[82]

Hannah Arendt weist bereits vor der Staatsgründung auf den sich zunehmend herauskristallisierenden, apolitischen und suprahistorischen, von Herzls politischem Zionismus geprägten Nationsbegriff der zionistischen Gemeinde in Palästina hin:

> »Es bedeutet nichts anderes als die kritiklose Übernahme des Nationalismus in seiner deutschen Version. Diesem zufolge ist die Nation ein unvergänglicher Organismus, das Produkt einer unvermeidlichen natürlichen Entfaltung angeborener Qualitäten; die Völker werden nicht als politische Organisationen, sondern als übermenschliche Persönlichkeiten betrachtet. In diesem Sinne wird die europäische Geschichte zerlegt in die Geschichten von unzusammenhängenden Organismen, und die großartige französische Idee der Volkssouveränität wird pervertiert zu nationalistischen Ansprüchen auf autarke Existenz. Mit dieser Tradition des nationalistischen Denkens eng verknüpft, hat sich der Zionismus nie sonderlich um die Volkssouveränität gekümmert, welche die Voraussetzung für die Bildung einer Nation ist, sondern wollte von Anfang an utopische nationalistische Unabhängigkeit.«[83]

1945 weist Arendt dazu auch auf die ideologisch-utopische Dimension in Herzls *Judenstaat* hin, deren Quelle der Wunsch einer Trennung zwischen Juden und Nichtjuden als Antwort auf den immerwährenden schicksalhaften Antisemitismus ist, welcher auch auf die Verhältnisse in Palästina projiziert wird. Das Trennungsprinzip prägt nach Arendt Selbstverständnis und Praxis des Zionismus. Diese ahistorische bzw. apolitische Auffassung hält sie für ebenso unrealistisch wie schädlich. Ebenso wirklichkeitsfern und naiv scheint ihr Herzls Vorstellung einer radikalen Abkehr der Juden von einer als feindselig begriffenen Welt und die Flucht in ein »Land ohne Volk«, wo sich die Juden als eine geschlossene national-ethnische Gruppe, geschützt vor ihren Verfolgern, entfalten können sollten. Dabei geht es ihr nicht alleine darum, dass ein solches leeres Land überhaupt nicht existiert. Vielmehr hält sie die politische Philosophie eines jüdischen Isolationismus für apolitisch in einer Welt voller wechselseitiger Abhängigkeiten zwischen den unterschiedlichen

Nationen und Staaten.[84] Den jüdischen Nationalismus, den Arendt als Reaktion auf den Antisemitismus als »Pan-Semitismus« bezeichnet[85], versteht sie als eine Art Abkehr der Juden von der Welt in der politisch-pragmatischen Form der Errichtung eines jüdischen Staats. Darin sieht sie weder eine Garantie für die Bändigung des Antisemitismus noch für die Rettung der Juden vor der »Außenwelt«.[86]

Peres hingegen stützt sich gerade auf Herzls Idee eines weltabgewandten »Pan-Semitismus« insofern, als er im Prinzip die Lösung der »Judenfrage« in jener Abkehr der Juden von »einer für die Juden unverbesserlichen Welt« sieht. So schildert Peres ein Jahrhundert nach Herzls *Judenstaat* das Dilemma der Juden am Ende des 19. Jahrhunderts:

> »Die eine Seite sagte, die Juden litten, weil die Welt selbst falsch geordnet sei. Sie bestehe aus Klassen, aus Religionen, aus Nationen, und es gebe keine Möglichkeit, das jüdische Leben zu verändern, ohne das Leben der Welt insgesamt zu verändern. Und sie machten sich daran, eine klassenlose Gesellschaft zu fabrizieren, eine Gesellschaft ohne Gott, eine Gesellschaft ohne Nationen – eine Gesellschaft, die die Welt verändern würde. Die andere Seite sagt: Nein, die Juden leiden, weil sie Fehler gemacht haben. Folglich müßten die Juden das jüdische Leben verändern. Sie hätten eine falsche Vorstellung von sich. Sie hätten keinen eigenen Staat, keine eigene Armee, keine eigenen Ausweise. Wir Juden lebten in den Lücken zwischen den Leben anderer. Und das führte uns zum Zionismus, da lag die Lösung.«[87]

Für Peres ist die Lösung im Geist des jüdischen Nationalismus zweifelsohne realistischer und den Juden dienlicher als die universalistische Option der »Verbesserung der Welt«. Die hier angedeuteten universalistischen, kommunistischen oder sozialistisch-marxistischen Konzepte für die Verbesserung der Welt, Konzepte, welche die als verzerrt begriffene Weltordnung, bestehend »aus Klassen, aus Religionen, aus Nationen«, heilen sollten, werden weder für die Welt noch für die Juden als realistische, noch ernstzunehmende Lösung verstanden. Die Vorstellung einer Gesellschaft »ohne Gott«, »ohne Nationen« und »ohne Klassen« hält Peres für eine Utopie. Peres' stark ausgeprägte, für ihn selbstverständliche Präferenz des Zionismus als einzige Lösung der »Judenfrage« stützt sich auf Herzls pessimistische Denktradition der »Unverbesserlichkeit der Welt« und der Abkehr von ihr. Die Erfahrung der Juden im 20. Jahrhundert versteht Peres als Bestätigung des nationalen Konzepts, mithin der Sinnlosigkeit einer Assimilation der Juden in Europa: »Am Ende sprach die Geschichte das Urteil und setzte diesem historischen Konflikt ein Ende. Hitler machte sämtliche Assimilationshoffnungen mit einem Schlag zunichte. Und Stalin zerstörte die Illusion von einer kosmopolitischen Gemeinschaft, indem er in seinem Sowjetreich an den Juden einen geistigen und kulturellen Holocaust verübte [...] Der Staat Israel ist der handfeste Beweis für die Richtigkeit der These, dass die jüdische Wirklichkeit geändert werden müsse. Die Juden kehren in ihr Land [zurück] und versuchen, sich auf sich selbst zu besinnen.«[88] Die Vorstellung jüdischer Zurückgezogenheit und Selbstbesinnung ist für Arendt illusionär, utopisch, für Peres hingegen bereits realisierte Wirklichkeit.

Realismus und Utopismus sind in Peres' Zionismus-Begriff allerdings eng miteinander verknüpft. In Anlehnung an Herzls Mythos vom »Land ohne Volk für ein Volk ohne Land« erklärt Peres am Ende des 20. Jahrhunderts den Erfolg des Zionismus damit, dass dieser die einheimische Bevölkerung schlicht ignoriert habe. Die Stärke des zionistischen Projekts sieht er in einem sehr selektiven Wahrnehmungsdiskurs: »Sie [die führenden Zionisten] haben tatsächlich nicht an die [in Palästina lebenden] Araber gedacht. Die Macht des Zionismus basierte auch auf Unwissen. Man kann keinen Traum haben, wenn man über alle Fakten verfügt. [...] das [die Existenz einer einheimischen Bevölkerung] war die Lücke in unserem Unwissen.«[89] Auch wenn sich Peres, wie noch zu zeigen ist, bei seinen realpolitischen Aufgaben im Verteidigungsministerium und im späteren Verlauf seiner politischen Karriere mit der Existenz der Einheimischen sehr wohl intensiv befasst, will er hier als rückblickender Beobachter den Erfolg des zionistischen Projekts mit dem »Nichtwissen« erklären. Den Vorteil der »frühen Zionisten« sieht er in deren Fähigkeit, über die Realität hinwegzusehen, um sich Utopie und Ideologie hingeben zu können. Denn um die Realität den Idealen des politischen Zionismus unterzuordnen, welche die ethnische Homogenität in einem bereits besiedelten Land anstrebten, müsse man von der Geschichtsschreibung des »verlassenen Landes«[90] wirklich überzeugt sein, weshalb es *Erez Israel* zu »erlösen« gelte, und zwar auch, wenn »manche Inseln davon von Arabern besiedelt waren«.[91]

Peres' jüdisch-nationalzentrischer Blickwinkel zeigt sich an der von ihm vertretenen Version der jüdisch-arabischen Geschichte der *Jischuw*-Ära, welche die arabischen Einheimischen Palästinas/*Erez Israels* ausblendet. Er beantwortet die Frage, warum die frühen Zionisten angesichts des bereits besiedelten Palästina sich so ignorant zeigen konnten, wie folgt: »Als sich der Zionismus herausbildete, sah man nur das Osmanische Reich. Wer dachte überhaupt an die Araber? [...] Es gab hier und dort arabische Bevölkerungen, aber es gab keine arabischen Staaten. Es gab diese umfassende Vorstellung eines Osmanischen Reiches. Darin waren die Araber nicht wahrnehmbar. Niemand hat sie gezählt. Die Menschen [die frühen Zionisten] haben gar nicht an sie gedacht.«[92] Damit erklärt Peres unter anderem Herzls Wahl, mit dem Osmanischen Reich und nicht mit den Einheimischen Palästinas zu verhandeln.

Inwiefern Peres aber in seiner politischen Laufbahn eine eigene Strategie, die Einheimischen aus der Diskussion auszublenden, entwickelt, gilt es in dieser Arbeit zu klären. Denn er beharrt auf diesem Diskurs des Unwissens, auch wenn er zugleich erzählt, dass er als Anhänger Ben-Gurions gegen die für den Dialog mit den Palästinensern stehende Gruppe *Brit-Shalom* opponiert habe.[93] (*Brit-Shalom*, heb. »Bekenntnis zum Frieden«, wird 1925 von einer Gruppe mittel- und westeuropäischer jüdischer Intellektueller gegründet und von Vertretern des Kulturzionismus wie Martin Buber und Judah Magnes getragen). Im Kern erklärt Peres seinen Standpunkt gegen *Brit-Shalom* wie folgt: »Diese ganze Gruppe von Intellektuellen war gegen Ben-

Gurion, gegen die Gründung eines [jüdischen] Staates, gegen jüdische Souveränität. Sie waren der Meinung, die eigentliche Aufgabe sei es, Frieden mit Arabern und Palästinensern zu schließen.«[94] In dieser dichotomen, knapp erörterten Darstellung von 1996 – »jüdischer Staat« versus »Frieden mit Arabern bzw. Palästinensern« – drückt sich das Trennungsprinzip insofern aus, als ein Dialog mit den bereits auf dem Staatsterritorium lebenden Einheimischen deren Aufnahme in den neu zu gründenden jüdischen Staat bedeutet hätte. Für Peres können Nichtjuden kein politisches Subjekt des jüdischen Nationalismus sein, und zwar auch, wenn sie auf dem Boden eines jüdischen Staats de facto leben und eventuell »wirtschaftlich« integriert würden – dennoch gelte es, sie politisch streng zu trennen.[95] Wie ist diese politische Trennung gemeint?

Peres' Staatsbegriff

Wie bereits erwähnt, erfüllt der jüdische Staat für Peres die Aufgabe, das jüdische Volk im »Land seiner Urväter« zusammenzuführen. Allein in der politischen Souveränität – sprich durch einen eigenen Staat, mit eigener Armee und eigenen Ausweisen – sieht er die Bewahrung des jüdischen Volks und der jüdischen Identität garantiert. Peres hält einen jüdischen Nationalstaat für unverzichtbar. Daher lehnt er Gruppierungen wie *Brit-Shalom*, welche alternative Staatskonzepte wie etwa das binationale vertreten, ab. Peres sieht die Errichtung der nationalstaatlichen Souveränität für die Juden als Basis des Zionismus und somit als Höhepunkt der jüdischen Geschichte an. Dies drückt sich beispielsweise 1975 in einem Gespräch des israelischen Verteidigungsministers mit dem jüdisch-amerikanischen Autor Elie Wiesel über die Bedeutung der Existenz eines Judenstaats aus.[96] Aus Peres spricht dabei die tief sitzende Überzeugung, »auf die Welt sei nicht Verlass«, in deren Konsequenz er sich für einen »Pan-Semitismus« einsetzt, in dessen Mittelpunkt der Judenstaat und sein Anliegen stehen. Die jüdische Angst, mit einem »neuen Hitler« konfrontiert zu werden, könne durch die Solidarisierung der Diasporajuden und ihre Mobilisierung für den Erhalt Israels überwunden werden. »Ich würde mir sehr wünschen, dass das jüdische Volk sich für Israels Interessen einsetzen würde.« Die Diasporajuden erschreckten sich, so Peres, allzu schnell vor einer gegen Israel gerichteten Kritik, sodass »sie eventuell daran glauben könnten, wir seien tatsächlich unmöglich und stur. Ich wünsche mir, dass das jüdische Volk sich vor dieser unangenehmen, gegen uns gerichteten Propaganda immun zeigte.« Peres' Aufruf zur kritiklosen Unterstützung des jüdischen Volks für Israel entstammt seiner Überzeugung, dass der Judenstaat nicht nur das ganze jüdische Volk repräsentiere, sondern auch in erster Linie im Interesse der Juden agiere. Seine Arbeit als Verteidigungsminister begreift er beispielsweise als »ein religiös-historisches Erlebnis«. Da er »das Judentum als ein Bündnis der Juden, als ein Erbe der Geschichte des jüdischen Volks« und den Judenstaat als eben diesem Erbe verpflichtet sieht, führt er seine Arbeit im Verteidigungsministerium, das im Dienst der Existenz des Staats steht, als religiös-historische Mission aus. Daher »spüre ich diese Pflicht in aller Schärfe, so wie alle anderen [jüdischen] Bürger dieses Staats«.[97] Peres mystisch-religiöses Verständnis der realpolitischen Verteidigungsangelegenheiten drückt sich zudem darin aus, dass er den Posten des Verteidigungsministers des Judenstaats nur durch eine Persönlichkeit »mit sehr viel Glauben« besetzt sehen will, weshalb Nichtjuden diese Stellung nicht einnehmen könnten. Dem Verteidigungsapparat als Symbol der nationalstaatlichen Unabhängigkeit der Juden liegt die »Logik des Glaubens« zu Grunde; »ohne dies ließen sich Entscheidungen [über Leben und Tod im Rahmen der Verteidigungsangelegenheiten] kaum treffen«.[98]

Der israelische Historiker Amnon Raz-Krakotzkin identifiziert in seiner Analyse der zionistischen Historiographie deren national-theologische und kolonialistische Komponente. Mit dem Motiv der »Negation des Exils« und der damit einhergehenden »Rückkehr der Juden in die Geschichte« – sprich in die Geschichte des Westens in Abgrenzung zum moslemischen Osten – sei eine mythische Auffassung des Staats verknüpft.[99] Die Negation der jüdischen Diaspora und ihrer diversen Entwicklungsstränge sei die Kehrseite der Negation der Geschichte des Landes, und letztlich der Ausblendung der Bevölkerung und ihrer Geschichte von der zionistischen Historiographie. Im Rahmen dieser Analyse stellt Raz-Krakotzkin die These auf, der jüdische Staat werde als »die Verwirklichung des theologisch-nationalen Mythos« verstanden: »Der Staat wird nicht als ein Instrument zur Bereitstellung von Sicherheit und Rechten aufgefaßt, sondern als der Abschluß eines historischen Erlösungsprozesses und als das Symbol dieser Erlösung. Er ist nicht der Staat aller seiner Bürger, sondern vielmehr der Staat des jüdischen Volkes – eine Definition, die die palästinensischen Staatsbürger ausschließt, aber sogar jene Juden einschließt, die Staatsbürger anderer Staaten sind und durch die Jewish Agency und die Zionistische Weltorganisation vertreten werden. Er ist eine ethnische Gemeinschaft und Träger eines theologisch-nationalen Auftrags. ›Säkularisierung‹ wird mit der Sakralisierung des Staates verbunden.«[100]

Im oben zitierten Gespräch Peres' mit Elie Wiesel lassen sich Merkmale dieses sakralen Staatsverständnisses beim säkularen Verteidigungsminister feststellen. Peres' Tendenz, gegenüber der israelischen Politik eine unkritische Haltung einzunehmen, lässt auf seine mythische Auffassung des Judenstaats schließen. Aus diesem Text lässt sich seine bereits erwähnte Forderung an die Diasporajuden, den Judenstaat nahezu kritiklos zu unterstützen, herauslesen, wobei die Möglichkeit, dass Kritik an Israel gelegentlich gerechtfertigt sein könnte, außerhalb des Vorstellbaren bleibt. Denn der Staat befindet sich für Peres 1975 immer noch im Prozess der Entstehung. Er sei »das Terminal des Judentums«, zu welchem alle Juden auf ihrem »historischen Weg« zwangsläufig finden werden. Die Tatsache, dass Peres sich dabei nicht alleine auf die sich in Gefahr befindlichen Juden bezieht, sondern dezidiert auch auf das in relativer Sicherheit und Wohlstand lebende amerikanische

Judentum, weist darauf hin, dass sein Staatsverständnis sich nicht alleine auf die realpolitische Rettungsmission beschränkt. Der Staat wird vielmehr als Verkörperung einer absoluten Wahrheit gesehen, die den richtigen »historischen Weg« darstelle. Peres will die Existenz der Diaspora als vorübergehend verstehen und beharrt auf der Negation des Exils, obwohl das amerikanische Judentum auf einer anderen, realpolitischen Ebene, wie er aus seiner politischen Tätigkeit sehr wohl weiß, eine unverzichtbare Stütze des Judenstaats darstellt.

Dazu kommt, dass er die Existenz Israels als »ein Wunder« bezeichnet, die jüdische Nationalstaatlichkeit als eine »jüdische goldene Zeit«, als »einen Höhepunkt unserer Geschichte«. Vor dem Hintergrund des Holocaust an den europäischen Juden misst er der Errichtung des Judenstaats das messianische Erlösungsmoment einer »Auferstehung« zu: Das jüdische Volk gleiche einem Baum, »dessen eine Hälfte entwurzelt und verbrannt wurde [...] Das jüdische Volk ist ein Körper, dessen eine Hälfte im Holocaust verbrannt ist. Und nun geschieht uns ein Wunder: Der Körper erneuert sich, zeigt eine große Fähigkeit, sich zu reproduzieren, neu zu wachsen und immun zu werden.«[101]

Peres' mythische und daher unkritische Haltung gegenüber dem Staat Israel zeigt sich auch darin, dass dessen Existenz keineswegs als selbstverständlich gesehen wird. Die im Laufe der jüdischen Geschichte weit verbreitete und zunehmend verfestigte Urangst vor der Vernichtung projiziert er hier auf die Existenz des Staats. Peres tritt für ein »Existenzrecht des jüdischen Staats« ein, das es anzuerkennen und zu verteidigen gelte. Der Staat stelle nicht nur ein unverzichtbares Mittel zur Verwirklichung des »historischen Wegs« des jüdischen Volks dar, sondern verkörpert den einzig möglichen Weg. Daher betont Peres die von David Ben-Gurion viel beschworene *Mamlachtijut* – ein hebräischer Begriff, den Peres als »Vorrang des Staates vor Privatinteressen« oder »Staatssinn« übersetzt.[102] *Mamlachtijut* enthält das Wort *Mamlacha*, einen alten hebräischen, religiös konnotierten Begriff für das alte jüdische Königreich. *Mamlachtijut* steht allerdings im Kontext der jüngsten Geschichte Israels für die höchste Anstrengung des Volks und seiner politischen Führung im Dienst des Staats und dessen Sicherheit.

Dass für Peres der Nationalstaat den einzigen historischen Weg verkörpert, liest sich am deutlichsten im Schlussabsatz seines Buchs *Zurück nach Israel – Eine Reise mit Theodor Herzl* von 1998, in dem er den Begründer des politischen Zionismus in einer imaginären Exkursion durch das Land seiner Vision führt und dabei eine Bilanz der Errungenschaften und Mängel des seit fünf Jahrzehnten bestehenden Judenstaats zieht. Dort vertritt er auf eine recht poetische Weise die zionistische Utopie der Zusammenführung des »verlorenen Volks« aus allen Himmelsrichtungen, entsprechend dem von Herzl ein Jahrhundert zuvor erträumten nationalstaatlichen Judenstaat, der die nationaltheologische Mission im Sinne Raz-Krakotzkins zu erfüllen hat:

»Und wenn der Abend kommt, werden wir eine unabsehbare Menschenmenge auf den See [Tiberias, letzte Station der *Reise mit Theodor Herzl*] zuströmen sehen, bestehend aus all den Generationen, die durch die Jahrhunderte das jüdische Volk bildeten, Millionen und Abermillionen Menschen. Wie Ernest Renan glaube ich, daß ein Volk nicht nur aus den Menschen besteht, die es heute bilden, sondern auch aus den vergangenen und den künftigen Generationen. Sie werden also alle da sein, der Zelote des von den Römern beherrschten Palästina ebenso wie der Essener, der seinen Schlupfwinkel Qumran verlassen hat, oder der mit Rom verbündete Sadduzäer; Flavius Josephus, Historiker und Anhänger des Titus, ebenso wie Rabbi Akiba, Anführer des Aufstands von 135; die Anhänger Kahenes, der Königin der jüdischen Berber des Aurès-Gebirges, und jene Marranen, die die jüdische Religion heimlich in Quito oder Buenos Aires ausübten; die stolzen Rabbiner aus der Champagne des 11. Jahrhunderts und die feinsinnigen Dichter des Spaniens der drei Religionen; die Juden aus dem fernen Kotschin und jene aus Wischnewa; die *Chassidim*, Schüler des Baal Shem Tow, und die *Mitnagdim*, Anhänger des Gaon von Wilna; die deutschen und polnischen *Maskilim* und die Anhänger der Neoorthodoxie à la Samson Raphael Hirsch; die armseligen Bewohner der *schtetlech* Osteuropas, der *mellas* Nordafrikas und der *harat* Tunesiens und die stolzen Aristokraten mit Stadtpalais in Paris, London, Wien und Berlin; die Anhänger der Weltrevolution und die Verfechter der Assimilation; die Gläubigen und die Ungläubigen oder die Agnostiker; diejenigen, die sich als Juden bekennen, und diejenigen, die ihre Ursprünge vergessen haben; die Überlebenden der Massaker von Worms, Trier, Fez, Sijilmassa im Mittelalter oder des Warschauer Ghettos in moderner Zeit und die zahllosen Opfer der Pogrome und der *Schoa*, gefallen wegen der Heiligung Seines Namens; die frommen Rabbiner, die endlos die talmudischen Texte kommentieren, und die in die Moderne und die neuen Doktrinen vernarrten Intellektuellen.«[103]

Hier zeigt sich Peres' auf der Volkszugehörigkeit beruhendes Staatsverständnis des israelischen Nationalismus und die Beschwörung eines, im Sinne von Smith, starken Gruppenzugehörigkeitsgefühls, das die Grundlage seines Zionismus darstellt. Peres zählt zu den »Trägern dieses historischen Wegs« interessanterweise auch potenzielle und erklärte Gegner des jüdischen Nationalismus. Das Kriterium für die Zugehörigkeit zur jüdischen Nation ist hier ethnisch-biologisch definiert, es ist von Geburt an bestimmt. Denn »[e]s spielt keine Rolle, wer sie sind und was sie denken«, weswegen Peres eine Reihe verschiedenster Gruppen und historischer Gebilde mit einbezieht: »Sie werden alle da sein mit uns in dieser Abendstunde, um zu hören, wie Herzl am Ende seiner Reise den biblischen Satz sagt: ›Wenn ich dich vergesse, o Jerusalem, möge meine rechte Hand verdorren‹.« Das Verhältnis des jüdischen Volks in seiner Gesamtheit zu Jerusalem, zu Zion, ist demnach evident ahistorisch und auch apolitisch. Es ist von keiner Relevanz für Peres, welches religiöse Verständnis bzw. welche politische Orientierung diese zahlreichen Menschen haben; es tut auch kaum zur Sache, welche persönlichen Erfahrungen oder Neigungen sie haben, noch, welcher Zeitgeist in den jeweiligen von ihm genannten Epochen vorherrschte – all diese stellen, ob bewusst oder unbewusst, Glieder eines einzigen Organismus dar, der auf Zion gerichtet ist und nur dort seine Erlösung erleben kann: »Für einen Augenblick, einen kurzen Augenblick, wird die Welt stillstehen, gleichsam in der

Schwebe zwischen Vergangenheit, Gegenwart und Ewigkeit. Alles wird endlich einen Moment lang Ordnung, Ruhe, Harmonie, Friede, Gedeihen und Glück sein.«[104] Eben für die Ewigkeit, also für eine zeitlose Ära, die hier statt einer genau definierten Zukunft angegeben wird, sieht er den Moment der Erlösung vor, in der »endlich… Ordnung, Ruhe, Harmonie, Friede, Gedeihen und Glück« vorherrschen werden. Diese Zeit ist für Peres noch lange nicht erreicht. Doch den Anfang setzt Herzl 1897 im Zionistischen Kongress, als er dem jüdischen Volk Mut machte, diesen Traum in Gang zu setzen – für Peres ein bedeutender Moment der jüdischen Geschichte.[105]

II. Vom Feinde: Peres und die »Araber«

Der Zionismus und die »arabische Frage«

Neben den drei alttestamentarischen Elementen der Vorstellung eines »auserwählten Volkes«, dem Gedanken eines »gelobten Landes« als dessen Heimstätte und dem Messianismus im Sinne einer historischen Mission zählt Hans-Ulrich Wehler ein viertes Element auf, welches die »moderne Säkularreligion« in diesem Sinne begründe. Jeder gefährliche Gegner könne »zum Todfeind [der Nation] avancieren«, da er »ein heilsgeschichtlich privilegiertes Volk auf seinem heiligen Territorium infrage stellte«. Wehler erörtert: »Wie die Israeliten die Kanaaniter und Goliaths Philister als existentielle Feinde stilisiert hatten, gehörte später zum Nationalismus jene Todfeindschaft unauflöslich hinzu, die nicht nur das Verhältnis zu wechselnden Gegnern dramatisierte, sondern auch die Gewaltanwendung rechtfertigte. Von Anfang an war daher in die Selbstdefinition der Nationen die hasserfüllte Absetzung von ihren Feinden eingelassen.«[1] Zu den unabdingbaren Eigenschaften des Nationalismus zählt Wehler »die Vergemeinschaftung zu einem Solidarverband mit einer hochgradigen Stabilisierung der ›in-group‹ und schroffer Abgrenzung von den ›out-groups‹«.[2] Wie definieren sich für Peres die »out-groups« bzw. der Feind der zionistischen Utopie?

Der jüdische Nationalismus muss sich von Beginn an damit auseinandersetzen, dass das von ihm als »Land der Urväter« begriffene Territorium bereits von einem anderen Kollektiv besiedelt ist. Für dieses ist jedoch kein Platz in der Utopie vorgesehen; vielmehr stellt es sich im Laufe der Zeit als Haupthindernis zu deren Verwirklichung heraus. Seit Beginn der zionistisch motivierten Besiedelung Palästinas Ende des 19. Jahrhunderts rückt somit für die zionistische Bewegung die sogenannte »arabische Frage« zunehmend in den Mittelpunkt[3]: das Problem des Verhältnisses der neuen zionistischen Gemeinschaft zu dem bereits im Lande lebenden, palästinensischen Kollektiv, dessen Mitglieder im zionistischen Jargon als »Araber von *Erez Israel*« bezeichnet werden. Welche politische Haltung ist den zionistischen Zielen am dienlichsten? Der zionistische Diskurs ist hier charakterisiert von der großen Kluft zwischen der objektiven demographischen Lage – die arabischen Palästinenser bilden die Mehrheit der Bevölkerung im Lande – und dem von den meisten zionistischen Parteien vertretenen politischen Ziel eines mehrheitlich jüdischen Staats. Nach 1948, angesichts der verheerenden demographischen und politischen Folgen des ersten israelisch-arabischen Krieges – rund 750.000 Palästinenser werden aus dem nun mehrheitlich jüdischen Israel vertrieben –, erweitert sich die arabische Frage schließlich auf die arabischen Nachbarstaaten und wird zum allgemeinen Problem der »Araberpolitik«. Die ursprüngliche arabische Frage des *Jischuw* wird nach dem Krieg von 1967 und den Eroberungen der palästinensischen Gebiete zur »palästinensischen Frage«.

Der Zionismus hat zwar seinen ideologischen Ursprung in Europa, mithin in dessen nationalistischer und kolonialistischer Tradition, soll aber im Orient in die Tat umgesetzt werden. Angesichts dieser Konstellation ist die Frage nach dem Verhältnis zwischen dem arabisch-palästinensischen und dem jüdischen Kollektiv aufs engste mit dem intellektuell traditionsreichen Problem der Beziehungen und Unterschiede zwischen Orient und Okzident, bzw. Islam und Christentum, verknüpft. Raz-Krakotzkin zufolge ist das orientalistische Paradigma im Sinne von Edward W. Said unabdingbar zum Verständnis des modernen Diskurses von und über Juden, eine Erkenntnis, die er seiner eigenen Untersuchung des zionistischen Diskurses zu Grunde legt.[4] In der »Säkularisierung« des jüdischen Diskurses im Zuge der Nationalisierung des jüdischen Lebens sieht Raz-Krakotzkin eine Distanzierung von der alten, religiös besetzten christlich-jüdischen Polemik und eine daraus folgende Neuformulierung des modernen jüdischen Diskurses in orientalistischen Begriffen.[5]

Said definiert den Begriff Orientalismus wie folgt: »Orientalism is a style of thought based upon an ontological and epistemological distinction made between ›the Orient‹ and (most of the time) ›the Occident‹. Thus a very large mass of writers, among whom are poets, novelists, philosophers, political theorists, economists, and imperial administrators, have accepted the basic distinction between East and West as the starting point for elaborate theories, epics, novels, social descriptions, and political accounts concerning the Orient, its people, customs, ›mind‹, destiny, and so on.«[6] Said weist auf die historische Rivalität zwischen den zwei großen Religionen hin, wobei sich ein über Jahrhunderte altes Bild vom Islam und so auch von den Arabern als »fanatisch, gewalttätig, lüstern, irrational« verfestigt habe. Die andere Seite dieser Vorstellung, welche nach Said auf der Grundannahme des grundsätzlichen Unterschieds zwischen beiden Religionen beruht, sei der westliche Wunsch nach politischer Kontrolle über den Orient.[7] Es ist dabei die Rede von einem »polemischen Charakter des Wissens über den Islam und die Araber, der sich in der Kolonialzeit entwickelte und zu dem führte, was ich [Said] als Orientalismus bezeichne, eine Form des Wissens, in der das Studium des Anderen sehr stark mit der Kontrolle und Herrschaft Europas und des Westens überhaupt über die islamische Welt verknüpft ist«.[8]

Der zionistische Diskurs, so Raz-Krakotzkin, sei von Anfang an auf eine orientalistische Haltung angewiesen gewesen, denn diese sei unabdingbar für den Prozess der Nationalisierung des jüdischen Kollektivs:

> »While modern Jewish discourse produced expressions of ambivalence and resistance, Zionism was based on the explicit denial of that ambivalence. Despite the Zionist rejection of ›assimilationist trends‹, it can be read as an extreme expression of the desire to assimilate the Jews into the Western narrative of enlightenment and redemption. [...] Generally, Zionist thought, in spite of very important differences from assimilationist ideologies, did not challenge the dichotomy between Europe and the Orient; rather, it was based on the desire to assimilate into the West. The process of Jewish colonization embodied the perspective of both the colonized and

> the colonizer. Indeed within the Zionist context, a variety of attitudes toward the Orient have emerged, and it would be misleading to ignore the possibilities for multiple perceptions of the concept of ›East‹ and ›West‹ that exist within this culture. Such attitudes promise to lead to alternative options of defining Jewish collectivity in Palestine. Nonetheless, it is important to emphasize the obvious orientalist dimension inherent in Zionist thinking and in the practices it produced. Zionists developed a range of attitudes toward the Orient and toward the Arabs, from romantic desire to a total denial; but all of them remained within the framework of orientalist dichotomy, and served to create the ›new Jew‹, whom Zionism wished to define as a new European, and not an oriental.«[9]

Ein orientalistisches Element ist demnach grundlegend im zionistischen Diskurs verankert. Im Grundpostulat des Zionismus, der »Negation des Exils«, steckt dieses insofern, als der »neue Jude« den Exiljuden ersetzen soll, der in orientalistischen Begriffen aufgefasst wird. Die Negation der Diaspora soll die Negation all dessen nach sich ziehen, was bei den Juden als ›orientalisch' galt, und zugleich den Wunsch der Juden nach einer Rückkehr in die westliche Geschichte ausdrücken. »The act of immigration was perceived as the transformation and regeneration of the Jew; that is, the overcoming of oriental elements.«[10]

Zionistische Denker und die »arabische Frage«

Herzl befasst sich im *Judenstaat* im Zusammenhang mit der Territoriumsfrage kaum mit der in Palästina lebenden Bevölkerung bzw. deren Reaktion auf den Zionismus. Vielmehr richtet er seinen Blick auf die bestimmenden Mächte, die es zu überzeugen gelte, Palästina den Juden zu überlassen. Während er dem Sultan »finanzielle Dienste« für die Regelung der Finanzen seines Reichs anbietet, will Herzl dem Westen folgende Gegenleistung vorschlagen: »Für Europa würden wir ein Stück des Walles gegen Asien bilden, wir würden den Vorpostendienst der Kultur gegen die Barbarei besorgen.«[11] Bemerkenswert an diesem häufig zitierten Satz und an den weiteren Ausführungen hinsichtlich einer »Gegenleistung« der Juden ist, dass Herzl nicht näher bestimmt, worauf oder auf wen er sich mit dem Begriff »Barbarei« bezieht. Er verwendet »Asien« und »Barbarei« als Gegensatzpaar zu »Europa« und »Kultur«, umreißt das »große Andere« aber nicht. Es bleibt gesichtslos. Später im Text ist zwar die Rede von der durch die Juden zu gewährleistenden »Ehrenwache um die heiligen Stätten der Christenheit« in Palästina, doch die andere große Religion, vor der das Christentum und seine Stätten geschützt werden sollen, findet hier keinen Platz. Die Begriffe »Islam« und »Araber«, aber auch »Orient«, bleiben gänzlich unerwähnt.[12]

Im utopischen Roman *Altneuland*, in dem Herzl seine Vorstellungen der neuen jüdischen Gesellschaft in *Erez Israel* umreißt, widmet der Autor den dort bereits ansässigen Arabern einige Seiten. Fluchtpunkt dieser Passagen bleibt jedoch der feste Glaube an die positive Wirkung der jüdischen Ansiedlung auf die Entwicklung des Landes und somit der Gedanke, dass die jüdische Präsenz den Lebensstandard der Bevölkerung anheben werde; deshalb werde diese auch, so Herzl, dem Zionismus dankbar sein. Der Roman nimmt die Perspektive der Juden als Europäer bzw. europäische Modernisierer ein, die Kultur und Fortschritt in die unentwickelte, sich noch im Stadium der Barbarei befindliche *Terra incognita* bringen. Die Vorstellung, ein »Europa im Orient« zu errichten, steht im Mittelpunkt von *Altneuland*. Die Integration der arabischen Palästinenser in die neue Gesellschaft hängt nach Herzl von ihrer Anpassungsfähigkeit an die westliche Zivilisation ab.[13] Herzls Weggefährte Max Nordau vertritt ebenfalls die Auffassung, dass die jüdische Nation ein Bestandteil der westlichen Zivilisation sei. Die von Achad Haam erhobene Kritik an *Altneuland*, es gebe keine jüdischen, sondern nur europäische Elemente in Herzls neuer Gesellschaft, kommentiert Nordau wie folgt: »*Altneuland* soll in der Tat eine europäische Einheit im Orient darstellen. [...] Wir wollen, dass das jüdische Volk nach dessen Befreiung [von Europa] und Wiederbelebung durch seine Vereinigung [im Orient] weiterhin eine Kulturnation bleibt.« Nordau bekräftigt seine Position: »Wir würden es nie zulassen, dass die Rückkehr der Juden zu ihrem Vaterland mit dem Rückfall in die Barbarei einhergehe. [...] Das jüdische Volk wird seine wesenhafte Besonderheit im Rahmen der westlichen Kultur entfalten, wie alle anderen Kulturvölker, und nicht außerhalb dieser. Nämlich in einem wilden, kulturlosen Asiatismus, wie Achad Haam es anscheinend wünscht.«[14] Dass Nordau die zionistische Utopie und Agitation rein westlich inspiriert sieht, und dass er den Zionismus auch weiterhin europäisch geprägt sehen will, bekräftigt seine 1907 auf dem Weltzionistischen Kongress gehaltene Rede, in der er jegliche Bedenken hinsichtlich einer möglichen »Asiatisierung der Juden« ausräumt: »Wir werden uns bemühen, im Vorderen Asien zu bewerkstelligen, was die Engländer in Indien getan haben: Wir werden nach *Erez Israel* als Kultur-Missionare kommen und die moralischen Grenzen Europas bis hin zum Euphrat erweitern.«[15]

Der zionistische Historiker Josef Gorny identifiziert Nordau als klaren Vertreter jener Gruppierung, welche die arabische Frage, die sich seit Beginn der zionistischen Besiedelung und verstärkt mit dem Ersten Weltkrieg im jüdischen *Jischuw* und im zionistischen Diskurs immer wieder stellt, auf nationalistisch-separatistischem Wege lösen möchte. Diese Richtung lehnt jegliche Integrationsversuche der jüdischen Gesellschaft im orientalischen Raum ab und strebt die unangefochtene Vorherrschaft über *Erez Israel* bzw. Palästina an; vor dem Hintergrund einer verachtenden Grundeinstellung zum Orient streben die Anhänger dieses Lösungswegs eine völlige Separation beider Gesellschaften an und gehen dabei davon aus, dass eine nationale Konfrontation zwischen beiden unvermeidlich ist.[16]

Gorny bezeichnet die alternative Antwort auf die arabische Frage als »altruistisch-integrationistisch«. Hier wird die Verwirklichung der zionistischen Utopie von der jüdischen Integration in den Orient bzw. in den semitischen Raum abhängig gemacht. Jitzchak Epstein veröffentlichte 1907 einen Aufsatz mit dem Titel »Die verborgene Frage«, in dem diese für ihn alles entscheidende Frage des Zionismus, die Integrationsfrage, welche in den zionistischen

Kreisen dezidiert ignoriert bzw. verdrängt wird, thematisiert wird. Epstein begründet seine Position, dass eine Kooperationshaltung beiden Kontrahenten letztlich dienen würde, moralisch und realpolitisch. Eine wohlwollende Aufnahme der Juden durch die Palästinenser wäre für beide ein Gewinn: Für Letztere würde es den Fortschritt auf allen Gebieten bedeuten, und die Juden erhielten eine Heimat. Die Grundlage einer solchen Kooperation sieht er in der gemeinsamen semitischen Herkunft beider Völker. Eine kolonialistische bzw. repressive Haltung wäre nach Epstein für die Verwirklichung der zionistischen Utopie auf Grund der demographisch-geopolitischen Lage vernichtend. »Wir dürfen kein Volk beschädigen, allen voran nicht so ein großes [wie das arabische], dessen Hass gegen uns das Gefährlichste schlechthin sein würde.« Epstein sieht zudem im arabischen Nationalismus nicht zwangsläufig eine Behinderung des jüdischen. Im Rahmen einer auf Ausgleich bedachten Politik sollte vielmehr die nationale Entfaltung der Araber im Sinne der zionistischen Bestrebungen sein.[17] Epstein ist 1925 einer der Mitbegründer von *Brit-Shalom*, einer Gruppierung, die das binationale Konzept zur Regelung der nationalen Konfrontation in Palästina zur Grundlage ihrer Agitation macht, wobei die nationalen Rechte beider Völker jenseits der demographischen Frage gewährleistet werden sollen; also jenseits des Problems, wie sich angesichts einer Minderheit von Juden Herzls Vision eines mehrheitlich jüdischen Staats verwirklichen lasse. Eben diese Zielsetzung kritisiert *Brit-Shalom* in ihrem Vorschlag zur Lösung des Konflikts. Sie berücksichtigt die Präsenz zweier Völker in Palästina und bezieht dies in ihre Zielvorstellung mit ein. Herzls nationalstaatliche Vision könne niemals verwirklicht und solle daher auch nicht angestrebt werden. »Wir wollen keinen Judenstaat, wir wollen einen binationalen Staat in *Erez Israel*«, so der Chefredakteur und Mitherausgeber der Zeitschrift Jüdische Rundschau in Berlin (von Anfang der 1920er Jahre bis 1938), Robert Weltsch.[18]

Zwischen diesen zwei Haltungen, der separatistischen und der integrationistischen, verortet Gorny zwei weitere Modelle zur Lösung der arabischen Frage. Zum einen das skeptisch-liberale Modell: Diese u. a. von Achad Haam vertretene Meinungsgruppe sucht angesichts der prekären Lage, in der zwischen Traum und Realität nicht mehr vermittelt werden kann, vorübergehende und partielle Lösungen zur Linderung der zionistisch-palästinensischen Konfrontation, allerdings ohne dabei in einer der Kernfragen des Konflikts nachzugeben: dem zionistisch motivierten Siedlungsausbau. Die Anhänger dieser Richtung predigen zwar eine faire Haltung gegenüber der einheimischen Bevölkerung, legen ihr Misstrauen gegenüber dieser jedoch nicht ab; sie plädieren für eine politische Kooperation mit den palästinensischen politischen Eliten, doch nicht ohne Absprache mit den osmanischen Behörden; sie wollen den Palästinensern beistehen, doch nicht ohne Miteinbeziehung ihrer traditionellen Führung, während sie die national-progressiven Kräfte ablehnen.[19]

Schließlich beschreibt Gorny ein von sozialistisch beeinflussten, osteuropäischen Zionisten vertretenes, sozialistisch-konstruktives Lösungskonzept der arabischen Frage, welches auf der Kombination sozialistischer und zionistischer Ideen beruht. Ihre Vertreter gehören zum großen Teil der Arbeiterbewegung bzw. der Partei »Arbeiter von Zion« (1919 – *Achdut Haavoda*, 1930 – *Mapai*) an. Von Beginn an ist dieses Modell von der Spannung zwischen den ihm zu Grunde liegenden universalistisch-sozialistischen und partikularistisch-nationalen, wenn nicht gar nationalistischen Elementen geprägt. 1910 verweist David Ben-Gurion in der »Arbeiter von Zion«-Zeitung *Ichud* (heb. »Einheit«) auf die Gefahr hin, die aus der Verknüpfung von Klassenkampf und Nationalismus für die zionistische Sache entstehe. Die Feindseligkeit der Araber im Lande gegenüber den Juden versteht er eher im nationalen Kontext, weniger im Kontext eines Klassenkampfs.[20] Zunehmend setzt sich in den Kreisen der Arbeiterbewegung die Auffassung durch, dass die klassenkämpferische Solidarität im herkömmlichen sozialistischen Sinne in *Erez Israel* keine Lösung der Probleme darstelle. Die Integration von Palästinensern in die neuen Siedlungen wird zunehmend als Beeinträchtigung der zionistischen Sache gesehen.[21] Diese Haltung dominiert zunehmend den *Jischuw*. Schließlich wird von der Arbeiterbewegung unter dem Stichwort »Kampf um die hebräische Arbeit« eine Richtlinie angenommen, welche die Palästinenser aus dem im Entstehen befindlichen Arbeitsmarkt im *Jischuw* ausschließt. Auf diese Weise soll langfristig die Trennung der beiden Märkte und der Aufbau eines nationalen unabhängigen Marktes für die Juden gewährleistet werden, um die separatistische Haltung zu fördern. Gorny bezeichnet diese politische Richtung nicht nur als »sozialistisch«, sondern auch als »konstruktiv«, was im Zusammenhang mit seinem Zionismus-Verständnis gesehen werden muss.

Die Trennungspolitik im *Jischuw*, später in Israel, wird nämlich als unabdingbar begriffen für die Fundierung der politisch-wirtschaftlichen Machtbasis der Juden im Lande, mithin des Zionismus. Diese Basis ist wiederum nach dem Verständnis der Arbeiterbewegung unbedingte Voraussetzung für die Koexistenz beider Völker. Die Trennungspolitik soll insofern als »konstruktiv« verstanden werden, als sie als (einziges) Mittel gesehen wird, eine Grundlage für die Verwirklichung der zionistischen Ideologie zu schaffen angesichts der objektiven, allen voran der demographischen Machtverhältnisse zugunsten der arabischen Palästinenser zur *Jischuw*-Zeit. Eine Verhandlungsbasis sieht die »konstruktive Haltung« erst dann gegeben, wenn diese Machtverhältnisse sich gründlich zugunsten der sich noch in der Minderheit befindenden Juden verändert haben bzw. wenn die zionistische Ideologie eine entsprechende bedeutende Machtbasis erzielt hat. So gesehen hängt eine mögliche Koexistenz beider Völker von einer gesellschaftlich-wirtschaftlichen Trennungspolitik ab, die jedoch auf der anderen Seite, wie Gorny wohl nicht ganz abstreiten kann, die Spannungen verschärft.[22]

Berl Katznelson, Peres und die »arabische Frage«

Berl Katznelson (1887-1944), einer der führenden ideologischen Persönlichkeiten der Arbeiterbewegung und gleichzeitig ein bedeutender Vertreter der

Trennungsoption, hat auf den jungen Shimon Persky während dessen erster zehn Jahre in Palästina beträchtlichen Einfluss ausgeübt.[23] Peres würdigt Katznelsons große Wirkung auf die Arbeiterbewegung in einer Hommage, insbesondere seinen »scharfsinnigen Verstand« und seine Rolle als »Lehrer einer Generation«[24]; er bezeichnet ihn außerdem als »Wegweiser«, als »[ideologische] Quelle für die konstruktive Hauptströmung der Arbeiterbewegung«.[25] Katznelsons besonderer Einfluss auf Peres und dessen Generation, vor allem in seiner meinungsbildenden Funktion als Chefredakteur der Gewerkschaftszeitung *Davar* seit deren Gründung 1925 bis zu seinem Tod 1944, also in den formativen Jahren der Vorstaatlichkeit, rechtfertigt einen kurzen Einblick in sein Feindverständnis.

Katznelsons Verhältnis zur arabischen Frage lässt sich nach seiner Biographin Anita Shapira als ausschließlich zionistisch bezeichnen.[26] Sein Bezug zum neuen »arabischen *Goj*« speist sich Shapira zufolge aus seinem tief sitzenden Misstrauen gegenüber Nichtjuden als solchen, vor dem Hintergrund der Tradition des feindseligen russisch-jüdischen Verhältnisses.[27] Seine Herangehensweise an die demographische Frage, dem Haupthindernis auf dem Weg zur Verwirklichung der zionistischen Utopie, zeichnet sich durch eine Mischtaktik des Hinhaltens und Ausblendens aus. Angesichts der bestehenden demographischen Verhältnisse zugunsten der Palästinenser und vor dem Hintergrund eines »maximalistischen Zionismus« – Shapiras Begriff für seinen Anspruch auf das ganze Palästina – nimmt Katznelson eine Haltung ein, der zufolge »der Fokus [des zionistischen Diskurses] nicht die ›arabische Frage‹, sondern die jüdische Sache sein sollte«.[28] Die zionistische Politik des *Jischuw* – verkörpert durch die drei Maximen: Einwanderung, Landkauf und Besiedlung – soll ins Zentrum der Debatte gerückt werden, womit er die arabische Frage langfristig betrachtet als gelöst sehen will. In Bezug auf den bereits erörterten, von Gorny beschriebenen »konstruktiven Zionismus« gilt auch für Katznelson der Aufbau einer wirtschaftlich-politisch-sozialen Machtbasis als Antwort auf die brennende, als demographisches Problem begriffene arabische Frage. Das Entscheidende dabei ist nicht so sehr die Suche nach einer politisch-sozialen Regelung, wie dies z. B. *Brit-Shalom* oder *Hashomer Hazair* auf der Grundlage der de facto existierenden binationalen Situation anstreben. Katznelson betrachtet vielmehr die Lösung der arabischen Frage als langfristigen Prozess, eben »in der Veränderung der (demographischen) Lage in *Erez Israel*«.[29] Somit gilt es, die Palästinenser unter den aktuellen objektiven Umständen aus strategischen Gründen eher hinzuhalten, wenn nicht gar, die gesamte arabische Frage auszublenden.

Und doch gerät Katznelson in Hinblick auf seine zentrale Zielvorstellung eines maximalistischen Zionismus im Sinne einer mehrheitlich jüdischen Heimstätte im »Land der Urväter« – das Recht des jüdischen Volks auf *Erez Israel* steht dabei außer Frage – und die nun einmal von diesem Anspruch weit entfernte Wirklichkeit in Erklärungsnot. Katznelson bestreitet das Recht der Palästinenser auf das von ihnen besiedelte Land zwar nicht explizit, doch er beteuert zugleich, dass sie »kein Recht darauf haben, die Juden davon abzuhalten, *Erez Israel* neu zu gestalten. Zwar stellen sie noch die Mehrheit im Lande dar, doch das lässt sich langfristig durch Einwanderung, Landkauf und Siedlungen ändern«.[30] Die zionistische Historikerin sieht hingegen keinen Erklärungsbedarf für die Diskrepanz zwischen Realität und Utopie. Die Kluft zwischen ihrer Darstellung des zionistischen Ideologen Katznelson als Humanisten und der verheerenden Bedeutung seines maximalistischen Zionismus für die Palästinenser verschweigt sie. Erst später erwähnt sie die von Katznelson befürwortete Lösung der arabischen Frage, die Übersiedlung der Palästinenser in Regionen außerhalb *Erez Israels*.[31] Wichtig ist hier die durch die Lücke zwischen Anspruch und Wirklichkeit entstehende »leere Stelle«, die die einheimische Bevölkerung zu »füllen« habe: Diese habe zwar ein Recht auf das von ihr besiedelte Land, denn sie lebt ja dort de facto – eine realpolitische Position, die die objektive Lage mit einbezieht. Zugleich aber besteht Katznelsons Zionismus-Verständnis eben in der Veränderung dieser Lage zuungunsten der Einheimischen, welche »kein Recht darauf haben, die Juden davon abzuhalten, *Erez Israel* neu zu gestalten«. Die Realität hat sich somit dem Anspruch unterzuordnen. Insofern steckt hierin zum einen der Gedanke, die Einheimischen hätten die »neue Gestaltung von *Erez Israel*« – nach Katznelsons Vorstellungen wohlgemerkt – hinzunehmen, und zum anderen die Überzeugung, dass jegliche Revolte gegen die Verwirklichung der zionistischen Utopie unrechtmäßig sei.

Die Konsequenz einer Übersiedlung der Palästinenser in Regionen außerhalb Palästinas entsteht nicht zuletzt aus seinem maximalistischen Zionismus, mithin der Grundeinstellung einer mehrheitlich jüdischen Heimstätte bzw. strikten Trennung beider Gesellschaften. Das Trennungsprinzip vertritt Katznelson seiner Biographin zufolge aus zweierlei Gründen: zum einen aus Pragmatismus, denn eine politische Kooperation zu den damaligen demographischen Bedingungen hätte den Palästinensern einen bedeutenden Vorteil gegenüber den Juden verschafft. Die Spielregeln der Demokratie dienten demnach kaum den Interessen der Juden und bestätigten den Status quo, weshalb Katznelson dezidiert eine politisch-konstitutionelle Regelung ablehnt. Shapiras andere Begründung für Katznelsons Insistieren auf einer strikten Trennung der beiden Völker und somit der Absage an jegliche politische Kooperation speist sich aus dem orientalistischen Paradigma: Auf Grund seiner Überzeugung, die arabische Kultur und Gesellschaft seien in technologischer und sozialer Hinsicht ausgesprochen rückständig, lehnt er jeglichen Integrationsversuch als Hindernis für die Entfaltung der eigenen Gesellschaft ab.[32]

Gorny zufolge hält Katznelson sogar diese ungleiche Entwicklung für die Grundlage des zionistisch-palästinensischen Konflikts, weil die Existenz eines progressiven Kollektivs neben einer unterentwickelten Gesellschaft die letztere, mithin ihre traditionellen Eliten, ins Wanken bringe und somit das Konfliktpotenzial verschärfe.[33] Nach diesem Verständnis wird die Ursache des Konflikts weniger auf das Handeln der Zionisten im Lande, sondern auf das Anderssein des Anderen, hier auf die Entwicklungsstufe des anderen

Kollektivs zurückgeführt. Die regressiven Eliten der traditionellen Gesellschaftsordnung pochten auf den Erhalt der bestehenden Ordnung, weshalb sie auch den durch die Zionisten ins Land gebrachten Fortschritt, der diese Ordnung zu erschüttern gedroht habe, bekämpften. Katznelsons Schlussfolgerung – solange diese traditionellen Verhältnisse vorherrschen, »gibt es keine Chance für ein friedliches Nebeneinander«[34] – macht die Wesenszüge des »Anderen« für den Konflikt verantwortlich, weshalb eine wie etwa von *Brit-Shalom* angestrebte politische Koexistenz, basierend auf der Gleichstellung beider Völker, als unrealistisch belächelt wird.[35] Würde Katznelson einen Dialog mit einer palästinensischen nationalen Führung bejahen, die sich für eine fortschrittliche Entwicklung der eigenen Gesellschaft einsetzt?

Der »Andere« wird in Katznelsons Haltung samt seiner »besonderen« Wesenszüge kaum beachtet. Katznelsons Hauptaugenmerk ist eben auf die »Judenfrage« gerichtet, die in der *Jischuw*-Zeit durch die Schaffung zweier Einheiten gelöst wird, die »voneinander ganz getrennt, voneinander nicht beeinflusst werden sollen, wobei jede nach eigenem Bedarf und Rhythmus sich entfalten soll«.[36] Kurz vor seinem Tod 1944 gesteht Katznelson die Problematik der zionistischen Zielsetzung für die einheimische Bevölkerung ein. Diese Zielsetzung ließe sich zwar nur kaum mit der »formalen Moralität« in Einklang bringen, aber mit der »wirklichen, realen Moralität«, wie er dies nennt, sieht er sie kompatibel. Denn ebenso wie ein Mittelloser Recht auf Besitz habe, wie der Vermögende auch, so habe auch »ein Volk ohne Land und ohne Boden das Recht« auf Land und Boden, wie alle anderen Völker der Welt. Der Zionismus aber müsse gegen den Strom agieren und gegen den Willen der Mehrheit bzw. gegen den Gang der Geschichte seine Ziele erreichen. Er unterliege daher »anderen Maßstäben« als der »formalen Moralität«.[37] Hier wird ein Bewusstsein geprägt, dem zufolge die eigene Existenz vom Handeln nach »eigenen Regeln«, nach eigenen moralischen Maßstäben, abhängig gemacht wird. Diese Existenz – formuliert in der ideologischen Sprache des maximalistischen Zionismus – lasse sich letztlich nur durch die Verdrängung des anderen Kollektivs herbeiführen, und zwar sowohl aus dem Lande als auch aus dem Bewusstsein. Dies kommt in der von Katznelson erhofften Umsiedlungslösung zum Ausdruck, wie sie im Laufe des Zweiten Weltkrieges als Möglichkeit erscheint.[38] Hin- und hergerissen zwischen dem eigenen Anspruch eines maximalistischen Zionismus und seinem Verständnis des Zionismus als einer moralischen Bewegung mit apodiktischen moralischen Zielen, befindet sich Katznelson angesichts der real existierenden, allerdings immer wieder verdrängten arabischen Frage in der Zwickmühle und äußert sich widersprüchlich. Kurz vor seinem Tod sagt er: »Im Judenstaat werden die Araber gleichberechtigt sein, kein Araber wird enteignet, vertrieben oder ausgewiesen. Sollte er aber emigrieren wollen, so werden wir ihm nicht im Wege stehen. Wir werden ihm vielmehr dabei helfen.«[39]

Mehr als ein halbes Jahrhundert später, Ende 1996, macht der Vorsitzende der Arbeitspartei und amtierende Premierminister, Shimon Peres, die im

Folgenden zitierte Äußerung zu der nun auch von der israelischen politischen Führung offiziell anerkannten palästinensischen Frage. Der Hintergrund ist hier von Belang: Die Arbeitspartei-Regierung setzt 1993 den Oslo-Friedensprozess in Gang, von Außenminister Peres (1992-1995) zum großen Teil unterstützt, in dem Israel zum ersten Mal die PLO als politische Vertreterin der Palästinenser anerkennt (vgl. Kapitel V dieser Arbeit). Zu diesem Zeitpunkt hat Israel den Palästinensern gegenüber bereits einige Zugeständnisse gemacht. Auf die Frage seines Interviewers Robert Littell nach den Stärken und Schwächen des palästinensischen Volks antwortet Peres:

>»Sie [Die Palästinenser] sind ohne Zweifel ein begabtes Volk, und sie können, unter bestimmten Umständen, ein modernes Volk werden, so modern wie jedes andere Volk der Welt. Sie haben einiges aufzuholen. So waren sie bislang nie Volk: Bis vor kurzem hat es gar kein palästinensisches Volk gegeben. Und sie haben auch noch gar nicht erfahren, was es heißt, in einem eigenen Staat zu leben – es hat bislang ja keinen palästinensischen Staat gegeben. Sie wurden verzehrt von Gewalt und Terror, in Stämme und Familienclans auseinander dividiert, so daß es sehr schwer ist, sie zu vereinigen. Aber ich denke, sie lernen schnell, und sie können auch erfinderisch sein. Das heißt, sie können sich in allen Lebensbereichen hervortun, wenn sie nur erst einmal einen Normalzustand erreichen. Und auf dem Weg dahin sind sie. Der Vergleich mit dem jüdischen Volk ist richtig, wenn man bedenkt, daß auch die Juden sehr lange keinen Normalzustand erlebt haben. Unter ›normal‹ verstehe ich, einen Staat zu führen und Verantwortung zu übernehmen. Ein weiteres Defizit besteht darin, daß sie äußerst empfindlich sind im Hinblick auf Achtung und Ehre. Sie sind sehr sensibel, was ihre Selbstachtung angeht. Es scheint, daß dies für sie fast der wichtigste aller Aspekte ist. Und dann stellt für sie der Besitz von Land einen hohen Wert dar. Und dies, obwohl wir doch in einem Zeitalter leben, in dem Wissenschaft wichtiger ist als Territorium. Das haben sie bis jetzt noch nicht begriffen.«[40]

Um diese recht irritierende Stellungnahme eines führenden israelischen Politikers nachzuvollziehen, ist es notwendig, sich neben Katznelsons Verständnis der arabischen Frage auch vor Augen zu führen, was Raz-Krakotzkin als ein Grundcharakteristikum der politischen Kultur Israels versteht. Er weist auf eine dieser Kultur zugrunde liegende Tendenz der Trennung der zwei Geschichten hin. Die Geschichte der zionistischen Ansiedlung wird hier von der Geschichte des Konflikts bzw. der Geschichte der Palästinenser losgelöst erörtert. In diesem Zusammenhang verweist Raz-Krakotzkin auf die von dem Historiker Gershon Shafir bezeichnete Arbeitsteilung der israelischen Historiker zwischen denjenigen, die sich mit der Geschichte des Zionismus bzw. des jüdischen Volks und der jüdischen Ansiedlung in Palästina befassen, und den sogenannten »Orientalisten«, die die »Araber« und den »Orient« erforschen.[41] Bemerkenswert an Peres' Schilderung der Palästinenser und ihrer Geschichte ist, dass er die Geschichte des Zionismus und der jüdischen Ansiedlung hier völlig ausblendet. Er skizziert die Geschichte der Palästinenser unter Auslassung des zionistisch-israelischen Zusammenhangs. Auch wenn Peres die fehlende Nationalstaatlichkeit der Juden vor der israelischen Staatsgründung mit dem Fall der Palästinenser vergleicht, bleibt der zionistisch-israelische Kontext insgesamt außen vor. Dem Gesagten ist nicht zu entnehmen, wer der Kontrahent dieses »begabten Volkes« sei, bzw. in welchem konkreten historischen Zusammenhang es seine Begabung nicht entfalten könne. Als Littell im Laufe des erwähnten Interviews feststellt, dass wohl auch die jüdische Gemeinschaft Land als wertvolle Sache schätze, und dass die Siedlerbewegung wohl von allen Regierungen Israels unterstützt werde, antwortet Peres nur knapp, dass die Siedler auch falsch lägen, und gleich darauf geht er wieder auf die palästinensische Geschichte ein und erörtert sie als eine getrennte Geschichte, die für sich alleine stehe und mit der eigenen, israelischen kaum Verbindungen aufweise.[42] Denn in welcher Form auch immer Peres die jüdische Siedlerbewegung kritisiert, so fällt sie für ihn doch immer unter die Kategorie der »heiligen Geschichte« des Zionismus, weshalb sie als solche mit der Geschichte der Palästinenser keine Berührungspunkte haben kann.

Dem oben angeführten Zitat Peres' lassen sich deutlich orientalistische Tendenzen entnehmen. Ein zentrales Merkmal dieser Haltung ist die Bevormundung der Palästinenser. Ihnen werden in einem wohlwollend wirkenden, aber kolonialistisch anmutenden Ton eine Reihe von positiven Eigenschaften zugeschrieben: Sie seien »ein begabtes Volk«, das »unter bestimmten Umständen« »ein modernes Volk« hätte werden können. Sie hätten zwar noch »einiges aufzuholen«, aber »sie lernen schnell«. Sie seien »erfinderisch« und hätten das Potenzial, »sich in allen Lebensbereichen« hervorzutun. Doch eines stehe dem im Wege: die fehlende Nationalstaatlichkeit. Denn »wenn sie nur erst einmal einen Normalzustand erreichen« würden, meint Peres, dann würden sie unter »normalen« Bedingungen der Nationalstaatlichkeit leben. Aber hier endet der Gedankengang zur palästinensischen Geschichte abrupt, eben weil diese mit der Geschichte Israels in Berührung zu kommen droht. An diesem Punkt bricht die versöhnliche Sprache ab und es beginnt der Versuch, die fehlende Nationalstaatlichkeit der Palästinenser zu erklären, und zwar losgelöst von der israelischen Geschichte. Hier entsteht, was Raz-Krakotzkin als »ein verfälschtes historisches Bild« bezeichnet, ein fragmentiertes Bild[43], und zwar auf Grund einer Geschichtsschreibung, die der Trennung der beiden Entwicklungen verpflichtet ist. Indem Peres eine wichtige Perspektive nicht berücksichtigt, schließt er sich einem Geschichtsverständnis an, das historische Entwicklungen aus den »wesenhaften Eigenschaften« eines Volks heraus erklärt.

Peres nennt im Laufe des Interviews im Zusammenhang mit den »wesenhaften Eigenschaften« der Palästinenser eine Reihe von Defiziten, die auf seine orientalistische Interpretation der Geschichte hindeuten. Zunächst seien sie ein junges Volk: »So waren sie bislang nie Volk: Bis vor kurzem hat es gar kein palästinensisches Volk gegeben.« Unklar bleibt, ab wann die Palästinenser nach Peres' Verständnis als »Volk« gelten. Denn in Bezug auf die bestehende traditionelle Lebensweise der Palästinenser wird gesagt, diese sei eine Vorstufe zur fortschrittlichen Nationalstaatlichkeit, die einem Nationalvolk zustehe: Die Palästinenser seien noch »von Gewalt und Terror« verzehrt, und »in Stämme und Familienclans auseinander dividiert«, sie seien »schwer zu vereinigen«; dazu seien sie »äußerst empfindlich im Hinblick auf Achtung und Ehre« und »sehr sensibel, was ihre Selbstachtung angeht«. Von besonderer Bedeutung ist das am Ende der Passage erwähnte »Territorium«, von Peres auf den »Besitz von Land« reduziert. Hier zeigt sich eine interessante Verknüpfung zwischen den beiden oben behandelten Themen: die getrennte Auffassung beider Geschichten, mithin die Verleugnung der durch den Zionismus verursachten palästinensischen Katastrophe, und die Betrachtung des palästinensischen Volks in orientalistischen Wahrnehmungskategorien. Ausgerechnet das Territorium, an dem sich der hundertjährige Konflikt entzündete, wird von Peres in einer verblüffenden Weise aus dem Kontext des Konflikts herausgelöst: Er erklärt den Wunsch, dieses Land zu besitzen, zu einem rein palästinensischen Problem, als eine unzeitgemäße, auf Unterentwicklung hindeutende Eigenschaft, welche auch die Lage der Palästinenser erklären soll. Hier wird nicht nur genau das unterschlagen, was die zwei Geschichten verbindet. Den Hinweis auf den besonderen Bezug der Palästinenser zum umkämpften Land verknüpft Peres mit seiner These, das palästinensische Volk lebe in einem vormodernen Zeitalter. »Das haben sie bis jetzt noch nicht begriffen«, dass »wir doch in einem Zeitalter leben, in dem Wissenschaft wichtiger ist als Territorium«. Deshalb, betont er, weil »für sie der Besitz von Land einen hohen Wert« darstelle, befänden sich die Palästinenser noch in einem vermeintlich rückständigen Zustand.

Bemerkenswert in dem oben analysierten Text von 1996 ist, neben dem Narrativ der separaten Nationalgeschichten und der darin implizierten Zurückweisung der zionistischen Verantwortung für das Schicksal der Palästinenser, Peres' damit einhergehende Wahrnehmung einer Bedrohung für die eigene Geschichte, die in seinen Worten unterschwellig zum Ausdruck kommt. Die von Peres aufgezählten Eigenschaften des palästinensischen Volks, welche dessen Schicksal vermeintlich allein bestimmen, werden unabhängig von der israelischen Geschichte begriffen und können deren Fortgang daher offenbar nicht gefährlich werden. Peres gibt sich also den Anschein, als Israel auf gewisse Weise keinen Anteil an der aktuellen Lage der Palästinenser zu haben, also »nicht betroffen« zu sein. Doch stellt sich die Frage, ob angesichts der zionistisch-arabischen Auseinandersetzung um Palästina/*Erez Israel* von einer derartigen »Nicht-Betroffenheit« noch die Rede sein kann. Handelt es sich bei dem palästinensischen Volk für Peres um einen verleugneten Erzfeind der zionistischen Utopie? Oder ist hier die Rede von einem besiegten bzw. zerschlagenen Volk, das Israels Existenz auf Grund seiner Schwäche kaum gefährden kann?

Peres' Feindverständnis lässt sich anhand seiner zahlreichen Stellungnahmen und politischen Entscheidungen während beinahe sechs Jahrzehnten in zwei Kontexten fassen. Zum einen im palästinensischen Kontext, mithin der alten arabischen Frage. Mit diesem Konfliktfeld muss Peres sich – wie noch zu erörtern ist – auf diverse Arten in seinen unterschiedlichen politischen Ämtern auseinandersetzen. Zum anderen ist die Rede vom Kontext des größeren regionalen israelisch-gesamtarabischen Konflikts. Diese zwei

Konfliktkreise begreift er zwar nicht als voneinander gänzlich losgelöst – die »Araber von Israel« werden als Bestandteil der »arabischen Welt« oder des Volks der »Araber« verstanden; und wie noch zu sehen ist, gibt es Parallelen in seiner Betrachtungsweise der beiden Konflikte. Doch die von dem jeweiligen Konfliktkreis ausgehende Gefahr für Israel wird im Laufe der Entwicklung des israelisch-arabischen und des israelisch-palästinensischen Konflikts unterschiedlich betrachtet und bewertet. Alles in allem lässt sich dies wie folgt skizzieren: In den ersten drei Jahrzehnten, wie den zahlreichen Interviews und seinen drei Büchern von 1965, 1970 und 1978 zu entnehmen ist, begreift Peres in erster Linie die »arabische Welt« bzw. den arabischen Nationalismus als den Erzfeind Israels. Die Vereinigung der arabischen Armeen gegen Israel mit dem Ziel der »Vernichtung des zionistischen Projekts« – der 1948 geführte Krieg dient dabei als »Beweis« für diese »arabische Absicht« – sieht Peres als größte Herausforderung für die sicherheitspolitische Führung des Landes. Die Thematik der »Araber von *Erez Israel*« rückt in dieser Zeit in den Hintergrund seiner Aufmerksamkeit. Für die alte arabische Frage findet die politische Führung Israels im Laufe des Krieges von 1948 eine vorübergehende Lösung: in Form der verheerenden demographischen und geopolitischen Verschiebungen. Insofern wird sie als entschieden begriffen, sodass keine akute existenzielle Gefahr mehr von ihr ausgeht und die Sicherheitsapparate des Staats die Lage im Griff zu haben scheinen. Erst im Laufe der 1980er Jahre, als Folge einer gewissen Entspannung des israelisch-gesamtarabischen regionalen Konflikts durch den israelisch-ägyptischen Friedensvertrag von 1979, rückt die alte arabische Frage nun als palästinensische Frage unweigerlich ins Zentrum der israelischen Politik. Zunächst der Libanon-Krieg 1982, und später der erste palästinensische Widerstand 1987 gegen die israelische Okkupation in den palästinensischen Gebieten, markieren die Rückkehr des ungelösten zionistischen Urproblems. Peres' Verständnis und Betrachtungsweise dieser beiden Konflikte – des gesamtarabischen und des palästinensischen – gilt es, im Folgenden getrennt zu behandeln.

Peres und die »arabische Welt«

Die »arabische Welt« als »Erzfeind Israels«

Betrachtet man die von Peres in den ersten drei Jahrzehnten der Existenz Israels verfassten Bücher (allen voran die drei von 1965, 1970 und 1978), so lässt sich darin ein deutliches Feindbild erkennen, welches eng an den zentralen Topos dieser Texte gekoppelt ist: die Sicherheitsfrage bzw. den israelisch-arabischen Konflikt. Peres tendiert dazu, die von ihm identifizierten Feinde des jüdischen Staats mit den verallgemeinernden Oberbegriffen »arabische Welt« und »die Araber« zu bezeichnen. An manchen Stellen spricht er sogar von einer Auseinandersetzung zwischen »dem arabischen und dem jüdischen Volk«.[44] Peres' extrem bipolares, als Nullsummenspiel begriffenes Konfliktverständnis, dem klare Merkmale einer »Wagenburgmentalität« zugrunde liegen[45], läuft, im Sinne Wehlers, auf eine Stilisierung der arabischen Welt zu einem existenziellen Feind Israels hinaus, zu dessen Erzfeind. Peres begreift die Situation im Kontext einer langen historischen Tradition der Judenverfolgung. So sagt er: »Wir [Israel bzw. die Israelis] verkörpern ein Volk, das stets unter Bedrohung und Belagerung steht«[46]; woanders betont er, dass »Israel – einen belagerten Staat darstellt, dessen größte Gefahr seine schiere Existenz ist«.[47] Das Motiv von »Allein unter den Völkern« (*Am levadad Ischkun*) bezieht er auch auf die nahöstliche Situation.[48] Ebenso spiegelt die von ihm verwendete Metapher der »Riesenbanane« für die unterschiedlichen Größenverhältnisse zwischen dem kleinen Judenstaat und den ihn umringenden gefährlichen und böswilligen Feinden – »in der nördlichen Ecke Syrien, im Süden Ägypten, die es zu ersticken drohen«[49] – dieses israelische Bedrohungs- und Isolationsgefühl in der Region wider. Peres' nun zu erörterndes arabisches Feindbild lässt sich also nicht abgekoppelt von seinem Konfliktverständnis nachzeichnen.

Ein Schlüsseltext für Peres' Feindbild ist das Eröffnungskapitel in seinem 1970 erschienenen Buch mit dem Titel »Konflikt am Abgrund«. Von Belang ist hier zweierlei: zum einen sein Entstehungszeitpunkt, nämlich nach dem großen israelischen Sieg über drei arabische Armeen im Sechstagekrieg. Zum anderen muss die Tatsache vor Augen geführt werden, dass die im Buch dargelegten Überlegungen, abgesehen von ihren unmittelbaren ideologisch-politischen Absichten angesichts der neuen geopolitischen Lage, auch als ein Resümee von Peres' Konflikt- bzw. Sicherheitsverständnisses nach über einem Jahrzehnt im Verteidigungsministerium (1953-1965) angesehen werden können. Peres schreibt dieses Buch nach eigenen Angaben nach seinem Ausscheiden aus dem Verteidigungsministerium. Seine Ausführungen dürfen hier also als Reflexionen über sein Konfliktverständnis in den formativen 1950er und 1960er Jahren der israelischen Souveränität verstanden werden. So eröffnet der damals 47-jährige Peres sein Buch:

> »Israels Sicherheitsproblem ist einmalig. Eine erste Besonderheit [dieses Problems] ist die *umfassende arabische Feindseligkeit* [Peres' Betonung] [Israel gegenüber], eine sowohl in Worten als auch […] in Taten ausgedrückte Feindseligkeit. Sie erstreckt sich über den ganzen [arabischen] Raum, umfasst die meiste [arabische] Bevölkerung, betrifft alle Bereiche und ist immerwährend. […] Israel ist […] umgeben von arabischen Ländern. Libanon, Syrien und Irak im Norden; Jordanien im Osten und Ägypten, Jemen und Saudi-Arabien im Süden. Die Feindseligkeit [Israel gegenüber] ist die offizielle und inoffizielle Politik dieser Staaten. Diese drückt sich auf vielerlei Arten aus; durch Boykott und wirtschaftliche Belagerung; politischen Druck und politische Propaganda; Grenz- und Einfuhrblockaden und die Vorbereitung von deren Armeen für die Hauptaufgabe: Israel anzugreifen und es dem Erdboden gleichzumachen […] Die Ziele dieser Feindseligkeitspolitik beschränken sich nicht auf eine bestimmte Eigenart Israels: Die Araber verlangen nämlich weder einen bestimmten Landstrich noch eine Wasser- oder Ölquelle. Sie sind außerdem auch nicht auf einen wirtschaftlichen oder politischen Vorteil [im Kampf gegen Israel] aus. Sie haben

vielmehr ein umfassendes Ziel – den Staat Israel zu vernichten und seine Bevölkerung zu vernichten oder vertreiben.
Die zweite Besonderheit dieses Konflikts entspringt der *gegenwärtigen Mentalität* [Peres' Betonung] der arabischen Welt. Der Ursprung des israelisch-arabischen Konflikts stellt nicht unbedingt die Gründung und Existenz des Staats Israel dar. […] Kurz nach dem Ersten Weltkrieg gab es nämlich eine viel versprechende Unterredung zwischen Führern des jüdischen und arabischen Volks. In der Weizmann-Faisal-Vereinbarung vom Herbst 1918 waren zwei wichtige Paragraphen, die zusicherten, dass zum einen ›alle notwendigen Maßnahmen für die Unterstützung der jüdischen Einwanderung nach *Erez Israel* im großen Umfang ergriffen werden sollen‹ (Paragraph vier); und zum anderen, dass ›die zionistische Bewegung den Vorschlag machen soll, ein Expertenkomitee für die Erforschung der wirtschaftlichen Entwicklungsmöglichkeiten des Landes nach Israel zu entsenden.‹ […] Ursache und Umfang des Konflikts lassen sich also nicht unbedingt im israelisch-arabischen Verhältnis finden, sondern [im System] der arabischen Staaten selbst. Die [feindseligen] israelisch-arabischen Verhältnisse sind weniger eine Folge eines gegenseitigen Missverständnisses, sie verkörpern vielmehr […] eine in letzter Zeit die arabische Welt heimsuchende *innere Spannung*. [Peres' Betonung] […] Der Höhepunkt dieser Spannung besteht in einer in der Region sehr verbreiteten kämpferischen Haltung. […] In diesen Staaten gibt es […] kaum geeignete Institutionen, welche die Politik mitgestalten und ›zügeln‹. Sie haben dazu weder eine freie Presse, noch unabhängige Parteien. Auch ein wirkliches Parlament und angemessene Gewerkschaften sind nicht vorhanden. De facto fehlt ihnen [den arabischen Gesellschaften] die meist für ein gesellschaftliches Engagementbewusstsein geeignete Mittelschicht. […] Auch die Kommunikation mit und unter Arabern hat ihre Eigentümlichkeit. Der arabische Ausdruck [gemeint ist die arabische Sprache] neigt dazu, Wörter eher als ein Ornament, meist emotional konnotiert, zu gebrauchen, und nicht unbedingt als verbindliche exakte Beschreibung. Ein arabisches Argument neigt indessen dazu, leicht zum Ausdruck der Propaganda oder gar zur Hetze zu werden. Die Wahrheit bahnt sich ihren Weg nur mit großer Bemühung.«[50]

Die beiden hier von Peres angeführten Merkmale des israelisch-arabischen Konflikts bzw. die Charakteristika der verallgemeinert aufgefassten »arabischen Welt« und der »arabischen Staaten« – zum einen die These der »*umfassenden arabischen Feindseligkeit* Israel gegenüber« und zum anderen die These der »*arabischen gegenwärtigen Mentalität*« – werden im Folgenden sowohl mit Hilfe der von Raz-Krakotzkin oben verwendeten These der separaten Geschichtserzählung als auch vor dem Hintergrund des orientalistischen Paradigmas analysiert.

Im Gegensatz zu Peres' Worten von 1996 über die Palästinenser lässt sich aus den hier zitierten Passagen die klare Botschaft einer von der arabischen Welt ausgehenden akuten Gefahr für den Judenstaat herauslesen. Peres' eindeutige Sprache in Bezug auf die Merkmale des Konflikts, allen voran die alles umfassende arabische Feindseligkeit, und die zweifache Betonung des »arabischen Ziels« der Vernichtung Israels gleich auf der ersten Buchseite lassen kaum Zweifel an der Bedeutung aufkommen, welche er dieser Gefahr beimisst. Darüber hinaus soll die namentliche Aufzählung der arabischen Staaten, auch derjenigen, welche mit Israel nicht direkt benachbart sind und insofern mit ihm nicht direkt in Konflikt stehen, dazu auch die Nennung einer Reihe antiisraelischer Maßnahmen, seine These von der Erzfeindschaft der gesamten arabischen Welt gegenüber Israel bekräftigen. Dies ist die Grundlage der Hauptbotschaft dieses Buches, dass es keinerlei Verhandlungsbasis zwischen Israel und seinen Nachbarstaaten gebe. Vordergründig will Peres darauf hinweisen, dass ein Frieden auf der Basis territorialer Zugeständnisse seitens Israels in dieser historischen Phase nicht erzielbar sei.[51]

Eine Analyse der beiden wichtigsten Konfliktmerkmale auf der Basis der besagten Paradigmen ergibt jedoch ein komplexeres Bild. Ein interessanter innerer Widerspruch von Peres' Konfliktverständnis tut sich auf, wenn vor Augen geführt wird, dass das erste Merkmal der »umfassenden Feindseligkeit« gerade auf einer starken Verknüpfung beider Geschichten – der israelisch-zionistischen, und der der anderen Seite – beruht. Die »arabische Welt« ist auf der einen Seite als klare Einheit auf das Ziel der »Vernichtung des Staats Israel« und der »Vertreibung seiner Bevölkerung« fixiert, was sie durch eine konkrete Politik auch anstrebt: »[…] durch Boykott und wirtschaftliche Belagerung; politischen Druck und politische Propaganda; Grenz- und Einfuhrblockaden und die Vorbereitung von deren Armeen.« Auf der anderen Seite steht die Geschichte Israels, dargestellt als Opfer der heimtückischen Absichten und Politik der arabischen Welt, weshalb Israel zum eigenen Weiterbestand sicherheitspolitische Maßnahmen ergreifen müsse. Die klare Botschaft dieses Merkmals der umfassenden Feindseligkeit gründet also auf einem deutlichen Zusammenhang der beiden Geschichten.

Im letzten Absatz entwickelt Peres jedoch eine umgekehrte Argumentationsstrategie, die auf die Loslösung beider Erzählungen setzt. Er enthistorisiert und entpolitisiert den Konflikt. So erklärt er: »Die Ziele dieser Feindseligkeitspolitik beschränken sich nicht auf eine bestimmte Eigenart Israels: Die Araber verlangen nämlich weder einen bestimmten Landstrich noch eine Wasser- oder Ölquelle. Sie sind außerdem auch nicht auf einen wirtschaftlichen oder politischen Vorteil [im Kampf gegen Israel] aus. Sie haben vielmehr ein umfassendes Ziel – den Staat Israel zu vernichten und seine Bevölkerung zu vernichten oder vertreiben.« Dieses auf den Ausschluss der Verhandlungsoption gerichtete Argument enthält beide Momente: einerseits das deutlich Verbindende, die Vernichtungsabsicht der einen Seite gegenüber der anderen, als apodiktisches Axiom begriffen, das keiner Erklärung bedarf; andererseits wird hier das, was die beiden Geschichten verknüpft, nämlich der Konfliktgegenstand, allen voran das Territorium, nicht als Problem behandelt, für das es eine gemeinsame Lösung geben kann. In gewisser Weise wird das Territorium also aus dem Konflikt ausgeklammert. Es wird hier nicht behauptet, Peres würde per se bestreiten, dass das Territorium der zentrale Konfliktgegenstand sei. Ihm ist sehr wohl klar, dass das Land im Mittelpunkt steht. Seinen Akzent legt er jedoch darauf, dass es bei diesem Konfliktgegenstand um »Alles oder Nichts« gehe. Er sieht also die Nullsummenspiel-Logik als Grundlage des Konflikts, wobei der anderen Seite unterstellt wird, sie wolle eben nicht irgendwelche Kompromisse – territoriale oder andere –, sondern das ganze Territorium. Auch wenn die Palästinenserfrage dezidiert unerwähnt bleibt, schwingt sie stets mit in solchen Zusammenhängen, gerade weil Peres die »Araber« bzw. die »arabische Welt« in ihrer Feindseligkeit gegenüber Israel als eine Einheit betrachtet. Es kann hier also insofern von einer Abkopplung beider Geschichten gesprochen werden, als Peres den Konflikt in den grundsätzlichen Begriffen von »Sein oder Nichtsein« fasst, die konkrete Kompromisse um »einen bestimmten Landstrich« oder um »eine Wasser- oder Ölquelle« von vornherein eben nicht zulassen, vielmehr sie als sinnlos oder gar gefährlich erscheinen lassen. In diesem Diskurs ist die historische sowie räumliche Abkopplung der eigenen Geschichte von der der anderen enthalten. Deshalb zieht Peres alleine aus dem ersten Konfliktmerkmal der umfassenden Feindseligkeit der arabischen Welt die folgende pessimistische Schlussfolgerung:

> »Israel hat infolgedessen [der umfassenden Feindseligkeit] keine wirkliche Alternative, sich der Diplomatie zuzuwenden, um eine wahrhafte Regelung zu erzielen. Seine militärischen Siege überschattet die Erkenntnis, dass der Kriegszustand durch diese Siege nicht zwangsläufig beendet ist. Jeder [militärische] Sieg [seitens Israels über die »Araber«] ertrinkt in der heißblütigen Überzeugung der Araber, sie überträfen Israel sowieso, und zwar maßgeblich in Bezug auf Bevölkerungsgröße, Territorium[sumfang], Armeeumfang und in ihrer langen Historie.«[52]

Auch nach entscheidenden militärischen Siegen der israelischen Armee über die arabischen Armeen, wie hier über 1967 angedeutet wird, kann Israel nicht aufatmen, denn auf Grund der als bedrohlich empfundenen demographischen Überlegenheit der Araber in der Region sieht Peres die Gefahr nicht gebannt. »Kein Kompromiss ist geeignet für die Zufriedenstellung der arabischen Seite«, betont er anschließend. Die Reduzierung des Konflikts auf die umfassende arabische Feindseligkeit Israel gegenüber enthält in sich einen unlösbaren Gegensatz. Sie verknüpft einerseits die Erzählungen beider Kollektive, wobei das eine das andere jeweils ablehnt und deshalb auf das Verschwinden des anderen setzt; andererseits wird diese Verbindung jedoch nicht aufgegriffen, denn die gegenseitige Feindseligkeit wird verabsolutiert: sie bleibt unbegründet und wird dadurch entpolitisiert und enthistorisiert. Peres will sie ungeachtet der politischen Ereignisse als gegeben, unveränderlich und unausweichlich verstanden wissen, er bezeichnet sie sogar als »beinah säkulare Religion der Araber«.[53]

Diesen Enthistorisierungs- bzw. Entpolitisierungsdiskurs, dem die Trennungsrhetorik zu Grunde liegt, verfolgt Peres, indem er den israelisch-arabischen Konflikt auf einen Charakterzug der Araber zurückführt: auf die »gegenwärtige Mentalität der arabischen Welt«. Dies wird als einzigartiges Konfliktmerkmal gesehen und ist für das hier behandelte Feindbild von großem Belang. Der Begriff »gegenwärtige Mentalität« enthält in sich zwei gegensätzliche Komponenten. Einerseits deutet der Begriff Mentalität auf etwas Tiefsitzendes, Konstantes und daher kaum Veränderbares hin. Andererseits deutet der Einwand der Gegenwärtigkeit dieser Mentalität deren Vergänglichkeit an, somit ihre Relativierung. Auch hier verfolgt Peres zusehends seine politische Argumentation, ein Frieden sei gegenwärtig nicht verhandelbar. Denn er führt »die Ursache des Konflikts« nicht auf das »israelisch-arabische Verhältnis« zurück, sondern sieht ihn im *gegenwärtigen* System der arabischen Staaten selbst.

Peres spricht bei der Charakterisierung der »arabischen Mentalität« zwei verschiedene, für ihn miteinander verknüpfte Punkte an: Zum einen betont er die »kämpferische Haltung« der Araber, zum anderen die »Rückständigkeit der meisten arabischen Staaten«. Yael Krispin erschließt in ihrer Untersuchung zu Peres' Betrachtungsweise der arabischen Welt, dass es sich dabei um ein klares Feindbild handelt. Peres betrachte die Araber bis Ende der 1960er Jahre als »böswillig, unterlegen, nicht kompromisswillig«; sie neigten dazu, »[die Wahrheit] zu verdrehen und zu hetzen«. Sie seien auch »primitiv und um ihre Würde bemüht, aggressiv, ungebildet und sozial rückständig«.[54] Diese beiden Aspekte der soziokulturellen Regression, gekoppelt mit kämpferischen Tendenzen, finden als Grundlage von Peres' arabischem Feindverständnis im Text von 1970 Bestätigung.[55] Zunächst ist dort die Rede von einer der arabischen Welt zugrunde liegenden »inneren Spannung« bzw. der in ihr verbreiteten kämpferischen Tendenz. Peres geht hier deskriptiv vor und schildert detailliert die zahlreichen Kriege und militärischen Staatsstreiche in der Region.[56] Er spricht von einer damit verbundenen »permanenten Instabilität« in diesen Staaten, die vom besonderen Charakter ihrer diktatorischen Regime geprägt seien. Die arabischen Regierungen bezeichnet er als »Militärregime« bzw. »Semimilitärregime«, in denen »kaum eine ausgewogene zivile Stimme den Ton angibt, sondern alleine militärische Abwägungen« bestimmend seien.[57] Eine ausdrückliche Analyse dieser inneren Instabilität bleibt hier aus. Diese wird kaum in Zusammenhang mit der Kolonialgeschichte der Region und deren bis heute andauernden Auswirkungen gebracht. Sie wird vielmehr auf den *Wesenszug* der arabischen Gesellschaften zurückgeführt. So bringt Peres die kämpferische Tendenz der arabischen Staaten, mit Ausnahme des Libanon, in Zusammenhang mit den mangelnden zivilen Institutionen in diesen Staaten. Denn sie hätten »weder eine freie Presse, noch unabhängige Parteien«, noch »ein wirkliches Parlament und angemessene Gewerkschaften«. Ebenso fehlt ihnen Peres zufolge »die meist für ein gesellschaftliches Engagementbewusstsein geeignete Mittelschicht«. Die arabischen Staaten seien »eigentlich keine Staaten, die Armeen haben, sondern Armeen, die Staaten haben«.[58]

Auch die arabische Sprache wird in dieses Gesamtbild einbezogen, um Peres' These der regressiven Kultur der arabischen Welt zu bekräftigen. Peres, der kaum über arabische Sprachkenntnisse verfügt, attestiert dem Feind mangelnde Kommunikationsfähigkeit. Die arabische Sprache ist für ihn ein Spiegelbild der rückständigen und kämpferischen arabischen Kultur. Das Arabische habe die Tendenz, »Wörter eher als ein Ornament, meist emotional assoziiert, zu gebrauchen«. Die Unverbindlichkeit des Ausdrucks wird angedeutet. Dies verweise einerseits auf den niedrigen Stellenwert des Wortes im arabischen Raum. Schließlich unterstellt er der Sprache einen gewalttätigen Charakter: »Ein arabisches Argument neigt indessen dazu, leicht zum Ausdruck der Propaganda oder gar zur Hetze zu werden.« Hier erklärt Peres seine Grundannahme, ein Friede sei nicht verhandelbar, mit der Unzulänglichkeit der Kommunikationsmittel des Feindes. Die Sprache gilt für die Wahrheitsfindung als untauglich, weshalb »die Wahrheit sich [...] ihren Weg nur mit großer Bemühung« bahne. Die Kommunikation sei deshalb zum Scheitern verurteilt. Von Belang ist Peres' Akzentuierung, diese Kommunikationsmerkmale bestimmten nicht nur die außen-, sondern vor allem die innerarabischen Beziehungen, was bedeute, die Araber verständigten sich demnach auch untereinander »eigentümlich«. Diese Argumentation soll nicht nur Peres' Grundbotschaft, ein Friede sei aktuell nicht zu erzielen, bekräftigen, sie verortet den Konflikt außerdem auch indirekt »bei der anderen Seite«.

Nach diesen groben, knappen Urteilen lenkt Peres allerdings ein: »Diese Ausführungen sollen hier nicht als ein Urteil über den Charakter der Araber als solchen verstanden werden; es handelt sich hierbei vielmehr um den Gebrauch, den diese [arabischen] Regime von diesem Charakter [gemeint sind die besprochenen Tendenzen] gemacht haben und davon, dass die Araber [die arabischen Gesellschaften] sich mit diesen [Regimen] in der Gegenwart abgefunden haben.« Dieser Einwand schwächt die These vom »eigentümlichen Charakter der Araber« kaum ab. Er bleibt nämlich die Grundlage für die Manipulation der arabischen Regime. Die Verantwortung sieht Peres jedoch bei diesen Regimen, die diesen Charakter ausnutzen.

Peres vertritt zwar die auf die Zukunft bezogene optimistische Haltung, dass die gegenwärtige Lage veränderbar sei, denn »die arabischen Völker hatten ja in ihrer Geschichte bereits aufgeklärte Regime. Und es ist zweifellos so, dass eine weitgehende gesellschaftliche Veränderung der arabischen Geschichte bevorsteht. Und sollte diese Veränderung tatsächlich eintreffen, so wird dies das Schicksal dieser Region grundlegend verwandeln.«[59] Dennoch bleibt das Schicksal der Region nach Peres' Verständnis *alleine von der Veränderung der politischen Geschichte der Araber abhängig*. Die Geschichte des arabisch-israelischen Konflikts – Peres' hier behandelter Topos – wird alleine anhand der arabischen Geschichte erörtert und die Lösung von einer innerarabischen Veränderung abhängig gemacht: »Bis die besagte Veränderung eintritt, [bleibt Israel nichts anderes übrig] als dieses Gefühl der Verwundbarkeit [auf Grund der akuten Gefahr] weiter hinzunehmen, dass es sich als ein Staat an einer Weltperipherie befindet, die unaufhörlich Pogromen ausgesetzt ist und in welcher weder Gesetz noch Ordnung, weder Logik noch Frieden eine Rolle in der Lebensart dieser Staaten spielen.«[60]

Hier projiziert Peres seine osteuropäische Erfahrung, also seine persönliche Sicht, auf den nahöstlichen Kontext. Die Wahl der Bezeichnung »Pogrom«, einer Vokabel der jüdischen Diasporageschichte, für die arabischen Gewaltausbrüche unterstreicht Peres' Verständnis von der Parallelität der israelisch-arabischen Verhältnisse und der Lage der jüdischen Minderheit in einer feindselig gesinnten, osteuropäischen Außenwelt. Auch bei den beiden weiteren von Peres benannten Konfliktmerkmalen – der »zahlenmäßigen Unverhältnismäßigkeit« zwischen Juden und Arabern in der Region[61] und der »Häufigkeit der Gewaltausbrüche«[62] – beschränkt er sich alleine auf quantitative Darlegungen: Er spricht von Daten, Bevölkerungszahlen, Territoriumsumfang und militärischer Macht, um die stets lauernde Kriegsgefahr, die von diesem unbekannten Terrain für Israel ausgehe, zu belegen. Die arabische Welt bereitet ihm Angst, weil er sie nicht versteht: Peres' Konfliktbild, basierend auf einer umfassenden, entpolitisierten bzw. enthistorisierten Feindseligkeit der arabischen Welt Israel gegenüber, darf hier nicht alleine als politisch zweckgerichtete Argumentationstaktik interpretiert werden.[63]

Die »Peripheriedoktrin« als Verdrängungs- und Abwehrstrategie

Die Option einer jüdischen Integration in den arabischen Raum lehnt Peres in den ersten drei Jahrzehnten der israelischen staatlichen Souveränität beinahe instinktiv ab.[64] Bereits Mitte der 1950er Jahre gilt Peres in seiner Funktion als Generaldirektor im Verteidigungsministerium als Mitverantwortlicher für die sogenannte »Peripheriedoktrin«, bekannt auch als »Randstaaten-Doktrin«. Diese Doktrin zielt darauf ab, mittels einer israelischen Allianz mit nichtarabischen bzw. nichtmoslemischen Staaten und Minoritäten der Region die regionale, deutlich spürbare und beunruhigende Isolation Israels aufzubrechen. Historisch gesehen bildet diese Denkrichtung die Grundlage für die meist militärische Zusammenarbeit Israels mit Staaten wie Iran, Äthiopien und der Türkei und Minderheiten wie den Christen im Libanon und den Kurden.[65] Als Mitbegründer dieser Doktorin nimmt Peres in seiner Position im Verteidigungsministerium eine Schlüsselrolle bei der Gestaltung der israelischen Beziehungen zu Staaten in Afrika und Asien ein, die meist wegen ihrer militärischen Grundlage, die Waffenhandel und militärisches Training einschließt, einer hohen Geheimhaltungsstufe unterliegen und über die wenig bekannt ist. In der Logik der Peripheriedoktrin, entstanden aus einem tiefen Isolationsgefühl, steckt der »aktivistische« Ansatz, der empfundenen Ablehnung der nahen Umgebung mit einer »aktivistischen« Abgrenzung von ihr zu begegnen. »Wir sollen die Stärke des Staats Israel – allem voran unsere Intelligenz – exportieren, als Gegenleistung für das uns Fehlende wie Freunde und Rohstoffe.«[66]

Ein wichtiges Ziel dieser Doktrin, die nach dem Suezkrieg von 1956 als Reaktion auf Israels politische Niederlage entwickelt wird, ist die Bekämpfung der vom ägyptischen Präsidenten Gamal Abdul Nasser angeführten arabisch-nationalistischen Bewegung. Durch den Suezkrieg hatte diese bedeutenden Aufschwung erhalten, was Israel als äußerst bedrohlich auffasste. Die Angst vor einer vom arabischen Nationalismus provozierten Ausweitung der Feindseligkeiten (besondere Sorge weckte die syrisch-ägyptische militärische Vereinigung im Jahre 1958) bringt Peres auch in seinem Buch von 1970 zum Ausdruck: »Die arabischen [Nachbar-]Staaten streben nicht ohne Erfolg an, ihre Feindschaft gegenüber Israel zu einer Feindschaft der arabischen Nation oder gar der moslemischen Religionsgemeinschaft zu erweitern. Dieser müssen wir Einhalt gebieten, bevor sie sich in der ganzen Region ausweitet.«[67]

Die Peripheriedoktrin soll dem als Erzfeind begriffenen arabischen Nationalismus so begegnen, dass Israel die nichtarabischen und nichtmoslemischen Kräfte in der Region erkennt und militärisch unterstützt, wodurch der arabische Nationalismus bzw. dessen Mitgliedsstaaten geschwächt werden sollen. Gewissermaßen etablierte dieses Konzept das Bewusstsein, dass man sich mit der gegebenen regionalen Belagerungssituation abfinden müsse – oder sie vielmehr insofern zementieren müsse, indem das Hauptaugenmerk von der näheren Umgebung, samt der dort herrschenden konkreten Konflikte wenigstens politisch-diplomatisch, mitnichten jedoch militärisch und geheimmilitärisch, abgewendet wird. Die Realität wird nach den eigenen Bedürfnissen zurechtgelegt und verdrängt, wenigstens Teile von ihr. Peres begründet 1958 diese Denkrichtung wie folgt:»Wir suchen nämlich die Nähe einer Umgebung, die mit uns kooperiert, und eben nicht jener, die uns auszurotten vermag.«[68] Und da die unmittelbaren Nachbarstaaten offensichtlich dieser Kooperation nicht gewachsen seien, gelte es, sie nach dieser Logik teilweise zu ignorieren und aus dem Bewusstsein zu entfernen.

Im Zusammenhang mit der Thematik »Auf der Suche nach Freunden und Allianzen« von 1970 geht Peres auf die Peripheriedoktrin ein. Dort wird deutlich, wie Peres die Realität nach israelischen Erfordernissen auslegt, wobei sich die Angst vor dieser Realität zwischen den Zeilen gut lesen lässt, sodass die Verdrängung auch als eine Art Überlebensstrategie interpretiert werden könnte. So beschreibt Peres die Region:»Der Nahe und Mittlere Osten ist nicht so arabisch-muslimisch homogen, wie er auf den ersten Blick erscheint. Die Völker der Region sind zwar teils Araber, teils Muslime, [aber es gibt auch] solche, die weder Araber noch Muslime sind. [Darüber hinaus] machen nicht alle arabisch-muslimischen Völker Israel zu ihrem dringenden Hauptproblem, die ›Palästinafrage‹ beschäftigt sie nämlich kaum im Alltag.« Mittels Verdrängung wird hier die Angst geäußert, dass ein homogener arabisch-moslemischer Naher und Mittlerer Osten die Palästinafrage zu einer regionalen arabisch-moslemischen Angelegenheit machen würde. Peres will hier zwei einflussreiche Behauptungen abstreiten: zum einen, dass die Palästinafrage bzw. das Thema Israel bei den arabisch-moslemischen Staaten ständig auf der Tagesordnung stünde; zum anderen die zahlenmäßige Dominanz der Araber/Muslime in der Region. Akribisch versucht er, diese letzte These zu widerlegen:»Im Nahen und Mittleren Osten leben 115 Millionen Menschen, die Hälfte [so ergeben seine Aufzählungen] ist nichtarabisch. [...] Drei der Staaten der Region sind nicht muslimisch: Äthiopien, Zypern und Israel; und in den im Grunde arabisch-muslimischen Staaten leben wichtige nichtmuslimische oder nichtarabische Minderheiten: die Kopten in Ägypten, die Maroniten im Libanon, die Christen und Drusen in Syrien, die Kurden und die Aschuren im Irak, die heidnischen Stämme im Sudan.«[69] Die Peripheriedoktrin sieht auch vor, die beängstigend wirkende arabisch-moslemische Dominanz zu relativieren und ihr durch die Hervorhebung bzw. Wahrnehmung der anderen Kräfte entgegenzuwirken, um einen alternativen Blick auf die Region, ein alternatives Bewusstsein, zu erwirken, und somit den gefürchteten »Gürtel der Feindseligkeit«[70] erträglicher zu machen.

Peres erklärt die Peripheriepolitik, die durch den Suezkrieg notwendig geworden sei, wie folgt: Obwohl Israel aus der Operation »stark und hoffnungsvoll« hervorgegangen sei, »blieb der [vom Krieg] erwartete wirkliche Frieden aus«: »Der erste Schritt [infolge des Suezkrieges] galt der Bemühung, sich mit anderen Völkern im Nahen und Mittleren Osten über den arabischen Gürtel hinaus zu verbünden. Das Ziel war, enge Kontakte mit den hier lebenden Völkern zu knüpfen, welche aus Israels Sicht in der Peripherie der Region leben. [...] In erster Linie ging es um die drei nahen [und] fern liegenden Staaten: Iran, Türkei und Äthiopien. Vor Augen hatten wir die Hoffnung, ebenfalls die drei nordafrikanischen Staaten Algerien, Tunesien und Marokko [für die Allianz zu gewinnen].«[71] Die Vorstellung eines »Gürtels der Feindseligkeit« und die Überzeugung von der Notwendigkeit der Peripheriepolitik bzw. des -bewusstseins bleiben für ihn bestimmend, auch wenn er in seinen weiteren Ausführungen auf »Risse in diesem Gürtel« hinweist. Peres differenziert dabei zwischen den beiden Nachbarstaaten Libanon und Jordanien einerseits und dem hier interessanterweise namentlich nicht direkt erwähnten Syrien und Ägypten andererseits. Erstere werden nicht als Erzfeinde Israels eingestuft: Peres verweist auf die relative Ruhe an der libanesischen Grenze sowie auf die anderen potenziellen Gegner Jordaniens, nämlich Ägypten und die Palästinenser. Auch die Rivalitäten zwischen Saudi-Arabien und Ägypten um die Führungsrolle in der arabischen Welt will Peres als einen Hoffnungsschimmer für eine langfristige Perspektive in der Region sehen.[72]

Ägyptens Präsident Gamal Abdul Nasser als personifizierter Feind Israels

Ägyptens Präsident Gamal Abdul Nasser stellt für Peres von 1952 bis zu seinem Tod 1969, verstärkt zwischen den beiden Waffengängen von 1956 bis zur ägyptischen Niederlage von 1967, das personifizierte Feindbild Israels dar. Jenes Jahrzehnt gilt als Zeit der Ruhe nach den verheerenden Jahren der Grenzkriege bis zum Sinai-Suez-Krieg, einer aus Israels Sicht allerdings recht angespannten Ruhe; denn in dieser Zeit erlebt der arabische Nationalismus seinen Höhepunkt. Nasser wird in den Augen Israels zu einer höchst gefährlichen Persönlichkeit. Gründe dafür sind sein politischer Sieg nach der militärischen Niederlage im Suezkrieg, als er eine breitere Unterstützung für den Nasserismus in der arabischen Welt erhielt; die syrisch-ägyptische Vereinigung von 1958, die Verstärkung der palästinensischen Kräfte in Jordanien und die Gründung der palästinensischen Organisation »Fatah« (Gründungsjahr 1964) mit Hilfe von Nasser, und schließlich dessen allgemeine Unterstützung der Palästinenser.

Peres schildert den ägyptischen Präsidenten in seinem Buch von 1970, gewissermaßen als Rückblick auf die Ära Nassers, als Person und Politiker. Er beschreibt dessen Dilemma wie folgt: »Das nasseristische Regime ist zwischen zwei gegensätzlichen Richtungen hin und her gerissen. Einerseits strebt es die Förderung einer realistischen Reformbewegung für die ägyptischen Massen an, anderseits beschwört es die panarabische, messianische Flagge herauf, setzt sich mystische Ziele.«[73] Mit Nassers reformerischen Bestrebungen erklärt Peres die Bekämpfung moslemisch-religiöser Extremisten wie der »Muslimbrüder« und die Durchsetzung einer sozialistischen Politik, besteht diese auch nur aus eher symbolischen Reformen in Bildung, Wirtschaft und Lebensart. Der messianische Aspekt, so interpretiert Peres, bringt Nasser dazu, »unaufhörlich eine Armee« auszurüsten, welche die ägyptische Gesellschaft nicht mittragen könne.[74] Schließlich benennt Peres den Zwiespalt konkret: »Nasser ist hin und her gerissen, zwischen dem Vorbild eines ägyptischen Atatürk [Mustafa Kemal Atatürk (1881-1938), der Gründer der modernen Türkei], und dem Wunsch, in die arabische Geschichte als moderner Salah al-Din [Yusuf Ibn Ayyub (1138-1193)] einzugehen.«[75] Peres stellt die These auf, infolge der Ambivalenz der beiden Zielsetzungen – Staatsmann und Messias – verfiele Nasser letztlich der arabischen Erlösungsbewegung in Form des arabischen Nationalismus, und gerade auf Grund seines viel versprechenden Aufstiegs zum Führer des Nillandes in Zusammenhang mit dessen Befreiung vom britischen Imperialismus bereite Nasser aus der Sicht von 1969 nicht nur seinem Land, sondern auch »den Arabern, den Israelis und der ganzen Welt die allergrößte Enttäuschung«.[76]

Nassers Verwicklungen in die Waffengänge von 1956 und 1967 erklärt Peres mit seiner Irrationalität bzw. seinem »Erlöserkomplex«.[77] Nassers Entscheidung, 1967 in den Krieg zu ziehen, dient in Peres' Darstellung als Beispiel für die Nassers Herrschaft dominierende messianische Kraft: »Der Staatsmann Nasser wusste wohl, ein Krieg wäre ungünstig [für Ägypten]; doch der ›Messias‹ Nasser entschied sich, der kämpferischen Haltung zu verfallen und die Meerenge von Tiran zu schließen, um den ›Erlösungsprozess‹ in Gang zu setzen.«[78] Auch hier findet sich bei Peres wieder der Trennungsdiskurs: Er erwähnt die Schließung der Meerenge von Tiran und stellt sie als Kriegserklärung Ägyptens an Israel dar, lässt aber dabei die Rolle Israels im Krieg komplett außer Acht. Diese marginalisiert er hinsichtlich der hier erörterten Geschichte über Nasser und seine Funktion im besagten Waffengang.

Die These der messianischen Ausprägung von Nassers Politik, ausgerechnet auf den Träger eines ausgesprochen säkularen Nationalismus bezogen, will Peres mit folgender Behauptung unterstreichen: »Es ist zweifelhaft, ob Nasser einen Frieden mit Israel [heute] schließen würde, obwohl der Bedarf an Frieden [für beide Länder] zum Himmel schreit. Nasser ist dazu nicht in der Lage, und zwar auch wenn wir alle Gebiete zurückgeben würden.« Peres erörtert seine Position weiter: »Was Nasser [im Krieg] verlor und was er zurückgewinnen will, ist nicht Territorium, sondern Stellung [gemeint ist Prestige].«[79] Auch hier bleibt Peres seiner trennenden Geschichtsdarstellung treu: Die Territoriumsfrage, die im Sechstagekrieg eine zentrale Rolle spielt und die ägyptische und israelische Geschichte verbindet, will er als irrelevant darstellen. Dieser Kernpunkt des Konflikts, an welchem sich auch zum Zeitpunkt der Erstellung dieser These 1969 sehr wohl noch ein bitterer Zermürbungskrieg entzündet, hat nach Peres' Verständnis mit dem andauernden Kriegszustand nichts zu tun. Diesen erklärt er wie folgt: »Nasser sagt sich wiederholt, ›was mit Gewalt verloren gegangen ist – kann nur mit Gewalt wiedererobert werden‹. Im Sechstagekrieg hat er Prestige – gegenüber sich selbst, seiner eigenen Armee, seiner eigenen Führung und in der ganzen arabischen Welt verloren. Dies will er nur mit Gewalt zurückgewinnen.«[80]

Wenn dem so sei, dass der Krieg aus Prestigegründen weitergeführt wird und eben nicht wegen Grenzdisputen oder anderen verhandelbaren Zielen – Peres hat sicherlich die bitteren, für Israel mit schweren Verlusten verbundenen Kämpfe um den Suezkanal vor Augen, was hier interessanterweise unerwähnt bleibt –, so existiert demnach keinerlei Grundlage für Verhandlungen. »Israel kann sicherlich Ägypten den Suezkanal zurückgeben als Gegenleistung für eine freie Schifffahrt. Doch Israel kann Ägypten das nicht verleihen, was es eben wirklich anstrebt: die Wiederherstellung seines Prestiges, und zwar mit wiederholtem Einsatz von Gewalt.«[81] Peres koppelt hier die beiden Geschichten voneinander ab, indem er erklärt, dass die israelische Bereitschaft, über Gebietsrückgaben zu verhandeln, für eine erfolgreiche Lösung des Konflikts nahezu irrelevant sei. Die zentrale Hürde bilden für ihn die mentalen Dispositionen der anderen Seite, das, was er als genuinen Wesenszug des Anderen versteht. Dieses Hindernis aber ist schwer aufzuheben: Denn angesichts der hier dem Feind zugeschriebenen Eigenschaften wie Irrationalität, Gewaltbereitschaft und eine kriegerische Haltung erübrigt sich die Frage nach einer Verhandlungsbasis. Defizitär sind hier sowohl die Ziele des Feindes, also »die Wiederherstellung des Prestiges«, »was er eben wirklich anstrebt«, als auch sein Weg dahin, sprich der »wiederholte Einsatz von Gewalt«; beides entzieht einem möglichen Dialog jegliche Grundlage. Handelt es sich bei diesen Aussagen nun um Peres' tatsächliche Empfindungen und Auffassungen oder um eine Argumentationstaktik, gerichtet gegen jegliche mit Gebietsverzicht verbundenen Verhandlungen?

Fest steht, dass eine der Zielsetzungen des »messianischen Nasserismus«, nämlich die Lösung der Palästinafrage, Peres auch nach der ägyptischen Niederlage von 1967 große Sorge bereitet. Zwischen den Zeilen von Peres' Rückblick auf diese Zeit lässt sich deutlich die Angst vor einem mächtigen arabischen Nationalismus unter Ägyptens Führung herauslesen. Eine derartige Bewegung würde einen Ausweg aus der Palästinafrage im Sinne der »Araber von *Erez-Israel*« anstreben – was nach Peres' Verständnis der Vernichtung des jüdischen Staats gleichkäme. Diese Verknüpfung der beiden Konflikte, des israelisch-palästinensischen und des israelisch-gesamtarabischen, wird zwar nur knapp und sporadisch angesprochen, doch die Furcht vor ihren Folgen zeigt sich als Sprachlosigkeit. Peres erwähnt nur kurz die »große Hoffnung im Herzen der Araber im allgemeinen und die der Araber von *Erez-Israel*«, die durch die Verstärkung des ägyptischen Präsidenten und dessen Wunsch, ein arabischer Salah a-Din zu werden, beflügelt wird. Er fügt hinzu, welche große Katastrophe dieser durch seine Kriegspolitik letztlich über die Palästinenser gebracht habe, »eine größere Katastrophe als die von König Faruk und die von dem Jerusalemer Mufti zusammen über sie [die Palästinenser] gebracht haben«[82] Auch in diesem Zusammenhang der Palästinafrage will Peres Israel und seine Rolle außen vor lassen, als wäre sie eine »Angelegenheit der Araber«, mit der Israel nichts zu tun hat.

Peres und die »Palästinenserfrage«

1948 gelingt es der zionistischen Bewegung, mittels eines Krieges die geopolitischen und demographischen Verhältnisse zwischen den beiden Kollektiven in Palästina dramatisch zu verschieben – ein bedeutsamer Schritt auf dem Weg zur Verwirklichung des Traums eines mehrheitlich jüdischen Staats im »verheißenen Land«. Im Laufe der britischen Mandatszeit bis zum ersten israelisch-arabischen Waffengang – rund ein halbes Jahrhundert nach dem Ersten Zionistischen Kongress – bringt die zionistische Bewegung kaum mehr als sechs Prozent der Landfläche Palästinas[83] in ihren Besitz, meist durch Landerwerb.[84] Im Laufe des Krieges von 1948 nehmen die israelischen Streitkräfte 78 Prozent des Gesamtgebiets ein. In den 1949 auf Rhodos stattfindenden Waffenstillstandsgesprächen zwischen Israel und den am Krieg beteiligten Nachbarstaaten werden die sogenannten Waffenstillstandsgrenzen festgelegt. Die restlichen 22 Prozent der Landfläche fallen bis zu ihrer Einnahme im Sechstagekrieg an Jordanien (Westjordanland) und Ägypten (Gazastreifen).[85] Neben dieser geopolitischen vollzieht sich 1948 auch eine demographische Verschiebung der Verhältnisse zwischen Juden und Palästinensern. Im Laufe der britischen Herrschaft steigt der jüdische Bevölkerungsanteil Palästinas von zehn Prozent im Jahre 1900 (1929 – 16 Prozent, sprich 156.000) auf ein Drittel der Gesamtbevölkerung von rund zwei Millionen bis zum Ende der Mandatszeit.[86] Der Massen-Exodus von mindestens 750.000 Palästinensern im Laufe des ersten israelisch-arabischen Krieges von 1948-1949 aus dem Gebiet, auf dem der Staat Israel letztlich entsteht, und die massive jüdische Einwanderung aus Europa und der arabischen Welt vor und nach der Gründung Israels, sorgen für diese erhebliche demographische Transformation. Während im Kernland Israels ca. 150.000 Palästinenser verbleiben, findet ein Großteil der Flüchtlinge im ehemaligen Mandatsgebiet Palästina, also im von Ägypten besetzen Gazastreifen und in der von Jordanien beherrschten Westbank Zuflucht, sodass 1952 im Gesamtgebiet Palästinas 1.4 Millionen Juden und ca. 1.2 Millionen Palästinenser leben.[87] Im Laufe des 1967er Krieges findet erneut ein Exodus von ca. 200.000 Palästinensern aus der Westbank nach Jordanien statt. Insgesamt verbleiben 1.2 Millionen Palästinenser in der Westbank und im Gazastreifen unter israelischer Dominanz, die Juden stellen 1967 zwei Drittel der Gesamtbevölkerung. Im Jahre 2003 leben 3.3 Millionen Palästinenser in den besetzten Gebieten und 1.3 Millionen israelische Palästinenser im Kernland Israel, während die Zahl der Juden 5.1 Millionen beträgt.[88]

Mit der Palästinenserfrage muss sich Israel also angesichts der realisierten Utopie des politischen Zionismus, der Schaffung eines mehrheitlich jüdischen Staats, durchgehend auseinandersetzen. Mit dem zionistischen Ziel der Nationalisierung der Juden bzw. des Landes mittels einer kontinuierlichen Landeinnahme bzw. Landenteignung und jüdischer Ansiedlung betreibt Israel seit seiner Gründung eine Politik der De-Nationalisierung bzw. Fragmentierung der Palästinenser, um die Errichtung eines palästinensischen Staats in *Erez Israel* im Sinne der UN-Resolution 181 zu vereiteln. 1949 sieht sich Israel vorwiegend mit drei Gruppen von Palästinensern konfrontiert: die Flüchtlinge, die Rückkehrer, im israelischen Jargon »Eindringlinge«, und die 1948 im Lande gebliebenen, von Israel eingebürgerten Palästinenser. Israels Politik wird durch drei Faktoren bestimmt: das Ziel, ein jüdischer Staat zu sein, den Anspruch, ein demokratisches politisches System zu repräsentieren und drittens, den dauerhaft schwelenden arabisch-israelischen Konflikt in den Griff zu bekommen.[89] Der jüdische Charakter des Staats soll mit bevölkerungspolitischen Mitteln durch ein Rückkehrverbot für die Flüchtlinge und die Stärkung der jüdischen Immigration gefördert werden.[90] Dazu wird zum einen eine gesetzlich institutionalisierte[91], schleichende Enteignung der geflüchteten und gebliebenen Palästinenser betrieben, zum anderen die volle Kontrolle über ihr Erziehungswesen und ihr Ausschluss aus allen Machtzentren bzw. die politische und wirtschaftliche Marginalisierung angestrebt.[92] Der Anspruch Israels, ein demokratischer Staat zu sein, hat zur Folge, dass die Palästinenser im israelischen Staatsgebiet 1952 eingebürgert werden und das Wahl-, Sozial- und Erziehungsrecht erhalten.[93] Um den regionalen israelisch-arabischen Konflikt zu überschauen, den dritten bestimmenden Faktor der israelischen Politik, etabliert die israelische Regierung eine bis 1966 andauernde Militärregierung über die israelischen Palästinenser. Damit soll nicht nur der Zugriff auf die Ressourcen des Landes gesichert, sondern vor allem die politisch-soziale Kontrolle über seine Bevölkerung gewährleistet werden, um jegliche Kooperation zwischen den »Arabern von *Erez Israel*« und den arabischen Nachbarstaaten zu vereiteln.[94]

Die Militärregierung hat Befugnis, die von Palästinensern bewohnten Gebiete im Kernland Israel zu verwalten. Darunter fallen unter anderem die Erteilung der Arbeitserlaubnis und die Ausstellung von Bau- und Passierscheinen. Ziel ist außerdem, die Bewegungsfreiheit und Siedlungsmöglichkeit der Palästinenser im Lande einzuschränken. Die Militärregierung sorgt des Weiteren für die Einhaltung der Ausgangssperre ab 21:00 Uhr bis zum folgenden Tag. Die legale Grundlage der Militärregierung beruht auf den zunächst von der vorübergehenden, später von der gewählten israelischen Regierung angenommenen Notstands-Verteidigungsverordnungen (»Defence Regulations Emergency«) der britischen Mandatsverwaltung aus dem Jahre 1945. Demnach darf das vom Verteidigungsminister autorisierte Militär legislative, juristische und exekutive Macht über bestimmte Lebensbereiche der betroffenen Bevölkerung ausüben. Dieser Verordnung liegt die Überzeugung zugrunde, dass das Land sich in einem anhaltenden Verteidigungszustand befinde, welcher die extremen Maßnahmen notwendig mache. Der Militärbefehlshaber kann deshalb unter anderem Arrestnahmen, Hausdurchsuchungen ohne Durchsuchungsbefehl, Hauszerstörungen und Ausgangssperren veranlassen.[95]

Die Zeit der Militärregierung von 1949-1966 ist im kollektiven Geschichtsbewusstsein der jüdischen Israelis fast nicht präsent.[96] Einer der Gründe dafür mag die immer noch auf der politischen Tagesordnung stehende, humanitär wie politisch gravierende Frage der militärischen Besatzung der palästinensischen Gebiete durch Israel seit 1967 sein.[97] Dieses Kapitel einer 19-jährigen Militärregierung über die israelischen Palästinenser rückt in der politischen und historischen Wahrnehmung angesichts der akuten Problematik der Besatzung in den Hintergrund. Weiter lässt sich diese Ausblendung der »ersten Erfahrung mit der Besatzung« mit der politischen Verschleierung der Tatsache erklären, dass Israel seit seiner Gründung de facto kaum eine andere Situation kennt als die einer militärischen Herrschaft über die Palästinenser – ein deutliches Zeichen dafür, dass diese als Feinde des jüdischen Staats gesehen und bekämpft werden.

Die »*Araber* von *Erez Israel*« 1949-1966: »Abwesende« oder potenzielle Feinde?

Goetz weist auf einen Nachteil der »Vorstellungsgeschichte« als Arbeitsfeld der Geschichtswissenschaft hin: Sie rekonstruiere nicht die Vergangenheit in ihrer Faktizität, sondern die Vergangenheit als die »verarbeitete Wirklichkeit des Zeitgenossen«[98], sodass sie von dessen Reflexion abhängig sei. Der Vorstellungsgeschichte entgingen die Daten, die der Zeitgenosse verschweige. Goetz fügt jedoch hinzu: »Allenfalls kann sie [die Vorstellungsgeschichte] im Einzelfall aufgrund des allgemeinen historischen Wissens die Gründe für ein Schweigen überprüfen, das seinerseits aufschlußreich für die Vorstellungswelt des jeweiligen Autors ist, dem gewisse Daten unwichtig erscheinen mögen, [...] der sie aber auch aus tendenziösen Gründen übergehen kann.«[99]

Betrachtet man die von Peres in den ersten zwei Jahrzehnten nach der Staatsgründung verfassten Schriften, so findet sich dort kaum ein Hinweis auf die Existenz der arabischen Frage. Diese frühen Texte erwähnen lediglich die »Araber von *Erez Israel*«, und das nur am Rande des gesamten sicherheitspolitischen Problemfeldes und ausschließlich im Kontext des für Israel bedrohlichen regionalen arabisch-israelischen Konflikts, der einen zentralen Topos in besagten Texten darstellt. Peres nimmt dieses Kollektiv in den ersten drei Jahrzehnten der jüdischen Souveränität lediglich in diesem Zusammenhang wahr. So bezeichnet er die von der israelischen Militärherrschaft betroffenen Palästinenser mit Hinweis auf die besorgniserregende arabische Aufrüstung als »ein potentielles Agentennetz innerhalb Israels« für die arabischen Staaten.[100] Die Araber von Galiläa werden in Zusammenhang mit den dort zu gründenden jüdischen »sicherheitspolitischen« Siedlungen erwähnt; diese seien notwendig »auf Grund der Tatsache, dass Galiläa v o l l besiedelt ist«.[101] Peres behandelt das politische Siedlungsprojekt der sogenannten »Judaisierung von Galiläa«, das er hier andeutet, im Weiteren lediglich aus der jüdischen Perspektive: Er nimmt Bezug auf die »konzentrierte jüdische Besiedlung«, wohingegen deren Bedeutung für die Geschichte der arabischen Bewohner von Galiläa keine Erwähnung findet. In diesem Zusammenhang werden sie nicht einmal genannt. Wenn Peres 1958 auf die Thematik »Zwischen uns und unseren Nachbarn« eingeht, ist dabei kaum die Rede vom Verhältnis Israels zu den Palästinensern.[102]

Peres' Position zur Militärregierung, an der er als Generaldirektor und später als stellvertretender Minister im Verteidigungsministerium in den Jahren 1953-1965 mit Entscheidungsbefugnissen direkt beteiligt war, muss anhand anderer Quellen untersucht werden. Die umstrittene Militärregierung fordert den Widerstand ihrer Gegner heraus, die ihre Kritik in unterschiedlichen politischen, parteilichen sowie parlamentarischen Foren äußern und ein Ende dieser repressiven Politik fordern. Peres muss in diesen Auseinandersetzungen die Position der Regierung vertreten und wird häufig zur Stellungnahme aufgefordert[103], so etwa in einem parteipolitischen Symposium zur Frage der Militärregierung Anfang 1963, an dem er als Stellvertreter des Verteidigungsministers teilnimmt.[104] Zum Zeitpunkt des Symposiums existiert die Militärregierung bereits ca. 14 Jahre. Yaakov Riftin, ein Kritiker der Militärregierung aus den Reihen der linkssozialistischen Partei *Mapam*[105], argumentiert auf dem Symposium für die Abschaffung der Militärregierung. Er weist zunächst auf die in der *Knesset* bestehende Mehrheit für seine Position hin, die sogar von der rechten *Herut*-Partei unterstützt werde. Zweitens macht er auf die Beeinträchtigung der israelischen Demokratie durch die Militärregierung aufmerksam, weil sie dem Sicherheitsestablishment und nicht der *Knesset* die wichtigen politischen Entscheidungsbefugnisse über Krieg und Frieden übertrage. Und drittens äußert Riftin Zweifel an der Position seiner Gegner, die Militärregierung sei auf Grund der konkreten Sicherheitsprobleme des Landes unverzichtbar: Sie trage weder zur Verteidigung der Grenze bei, noch stelle sie ein effektives Mittel gegen Spionage bzw. Infiltration dar; denn beides ließe sich, so Riftin, eben nicht mit der Besatzung verhindern. Zudem sei die Militärregierung nicht geeignet, um in Bezug auf den Arbeitsmarkt und andere Lebensbereiche der israelischen Palästinenser die richtigen Entscheidungen zu treffen. Des Weiteren plädiert Riftin für alternative Methoden im Bereich des Geheimdienstes, um die Sicherheitsprobleme zu bewältigen. Abschließend argumentiert er auf geopolitischer Ebene: Die Militärregierung laufe den Interessen Israels zuwider, weil sie dessen Souveränität in den besetzten Gebieten in Frage stelle.[106]

Peres' Argumente für die Aufrechterhaltung der Militärregierung

Zum Verständnis von Peres' Position auf dem Symposium ist es von Bedeutung, sich zu vergegenwärtigen, dass Peres in seinen Aussagen die Interessen der israelischen Regierung vertritt. Insofern bleibt offen, ob die folgenden Ausführungen seine persönlichen politischen Ansichten widerspiegeln, oder ob er als Sprachrohr des Premierministers und Verteidigungsministers David Ben-Gurion agiert. Die Antwort auf diese Frage sei einer abschließenden Gesamtbetrachtung von Peres' politischem Handeln vorbehalten. Die folgenden Beobachtungen können allerdings einen Einblick verschaffen. Vor dem Hintergrund, dass Peres in seinen persönlichen Texten kaum Bezug auf die Militärregierung nimmt, sind seine Aussagen als offizieller Regierungsvertreter im öffentlichen Raum unabdingbar – er ist in dieser Rolle dazu gezwungen, sich mit Themen auseinanderzusetzen, die er in seinen Schriften meidet.

Peres' Argumente für die Aufrechterhaltung der Militärregierung sind unterschiedlicher Natur. In apologetischer Manier antwortet er auf Riftins Einwurf, es gebe in der *Knesset* eine Mehrheit für die Abschaffung der Militärregierung: »Es gibt keine Mehrheit in der *Knesset* für Riftins Vorschlag, *Mapam* soll damit aufhören, uns [die Regierung] zu beschuldigen, wir verachteten die *Knesset* und die Mehrheit. Dabei sehe ich keine Gefahr für die Demokratie.« Zugleich wischt er Riftins Einwand damit vom Tisch, dass die Parteien in der *Knesset* aus völlig unterschiedlichen Gründen die Abschaffung der Militärregierung unterstützten.[107] Es sind nämlich *Mapam*, *Herut* und die Kommunistische Partei (*Maki*), die sich zu diesem Zweck zusammentun, für Peres wohl ein parlamentarisch nicht legitimes Vorgehen. Des Weiteren behauptet Peres, das Thema sei eigentlich »nur zweitrangig« für *Mapam*. Zudem lasse sich darüber mit allen oppositionellen Parteien verhandeln [sic!]. Und schließlich bestreitet Peres, dass unter den besagten Parteien auch tatsächlich Einigkeit über die Abschaffung der Militärregierung herrsche.[108]

Peres' anschließende Aussagen berühren ein weiteres Thema: Er zieht einen Vergleich, durch den er die palästinensische Minderheit in Israel von den Minderheiten in anderen Staaten unterscheidet. Dabei geht es darum, die israelische Situation als einzigartig hervorzuheben, auf der Grundlage der »vorgegebenen und unverrückbaren Feindseligkeit« der arabischen Minderheit.

> »Wir haben eine nationale Minderheit, die sich komplett von den Schwarzen in den USA oder den Juden in der UdSSR unterscheidet, weil diese nicht gegen die UdSSR agieren, und die Schwarzen sich nicht als Afrikaner betrachten, sondern als Amerikaner. Wir hingegen sind umgeben von Arabern, die uns austilgen wollen. Sie [»die Araber«] wollen keine Rechte, kein Stück Land, kein Wasser, sie wollen weder diesen noch jenen Vorteil. Vielmehr streben sie die totale Vernichtung des Judenstaats an. Und die arabische Minderheit in unserem Land hat nationale Gefühle. Sie identifiziert sich mit der arabischen Welt und mit ihren Zielen.«[109]

»Nationale Minderheit« bezieht sich hier nicht auf das palästinensische Volk, sondern auf die arabische Nation. Die arabische Minderheit in Israel wird demnach als Bestandteil einer wie auch immer gearteten arabischen nationalen Gemeinschaft gesehen und insofern in der jüdischen nationalstaatlichen Utopie nicht nur als Fremdkörper verstanden, sondern auch als »Feind von Innen«, als »fünfte Kolonne«. Diese Minderheit habe nämlich »nationale Gefühle« und gehöre zu einer »Nation«, welche die jüdische Nationalstaatlichkeit als solche vernichten wolle. Hier wird die Nullsummenspiel-Logik verfolgt. Eine Lockerung oder gar Aufhebung der Militärregierung ist daher für Peres unvorstellbar. Er betrachtet die ganze Angelegenheit nicht etwa als ein politisch lösbares Problem. Vielmehr sieht er den Konflikt als eine Existenzfrage (im Hebräischen als »Sicherheitsfrage«), für die alleine das von Peres als parteiübergreifend und apolitisch begriffene Militär, das sich in die Politik »nicht einmische«[110], zuständig sei. Peres, in anderen Worten, bestreitet die politische Verhandelbarkeit dieser Frage und hält sie für ein rein militärisch-operatives Problem.[111]

Eine weitere Begründung für seine Position sieht Peres im »Interesse der militärisch Beherrschten« selbst: »Die Araber selbst wollen die Anwesenheit des Militärs, um sie vor möglichen [palästinensischen] Infiltratoren zu beschützen.«[112] Ob Peres dies tatsächlich so meint, oder ob er lediglich taktisch argumentiert, bleibt an dieser Stelle offen. Doch fördert diese Aussage eine offensichtlich orientalistische Denkweise im Sinne Edward Saids zutage. Das »Wissen« über die Interessen »der Araber« selbst (»Sie wollen die Anwesenheit des Militärs«) ist an die Kontrolle und Herrschaft über sie gekoppelt. Die Militärregierung – von Peres hier als »die Anwesenheit des Militärs« verharmlost – soll demnach die israelischen Palästinenser, deren staatsbürgerliche Rechte auf Grund der Militärregierung eingeschränkt sind, vor denjenigen Palästinensern schützen, die Israel 1948 vertrieben hat und denen jegliche Rechte komplett verweigert werden. Hier werden zwei Gruppen von Palästinensern gegeneinander ausgespielt, wobei das Militär die Interessen derjenigen von beiden wahre, die Israel als akute Gefahr begreift. Auf verblüffende Weise wird hier die gegen die israelischen Palästinenser gerichtete militärische Gewalt als eine in *ihrem Sinne* betriebene Politik dargestellt. Hier wird die Logik der De-Nationalisierungspolitik der Palästinenser deutlich. Subtil wird suggeriert, dass die Politik der Militärregierung auf den vermeintlichen Gegensatz zwischen zwei palästinensischen Gruppierungen zurückzuführen sei. Die palästinensischen Flüchtlinge bzw. diejenigen unter ihnen, welche eine Rückkehr nach Israel anstreben, werden als eine Gruppe dargestellt, deren Interessen denen zuwiderlaufen, die im Land geblieben sind.[113] Somit wird die israelische militärische Politik verharmlost. Im israelischen politischen Verständnis etabliert sich die Trennung zwischen »Israel« und dem israelischen Besatzungsregime bzw. der militärischen Regierungspolitik. Die Aufgaben der Armee werden in diesem Zusammenhang einzig und alleine als defensiv und präventiv verstanden, auch gegenüber den israelischen Palästinensern. So Peres: »Die anständigen Araber haben ja von der Militärregierung nichts zu befürchten. Ich schlage uns allen des Weiteren vor, zu vermeiden, für die Araber zu sprechen, und sie damit zu ermutigen, sich vor der Militärregierung zu fürchten. Ich betone, die Militärregierung hat die Vorkehrung und nicht die Aufsicht [gemeint ist die Herrschaft] zum Zweck. Diese [Militärregierung] soll daher nicht danach beurteilt werden, was sie verursacht, sondern was sie verhindert hat.«[114]

Diese Äußerung verrät eine orientalistische Denkweise: Die israelischen Palästinenser sollen nicht provoziert werden, durch eben solche Diskussionen von israelischer Seite »sich vor der Militärregierung zu fürchten«. Die israelische Bevormundung der Besetzten kommt hier dadurch zum Ausdruck, dass ihnen unterstellt wird, sie würden an sich – also ihrem Wesen nach – diese von Israel aufoktroyierte Vorherrschaft akzeptieren, ja sogar als »normal« auffassen, vorausgesetzt, in der israelischen Gesellschaft herrsche Einigkeit darüber. Andernfalls würden sie »ermutigt werden«, sich gegen die Militärregierung aufzulehnen. Denn – aus eigener Kraft und eigenem »Wesen« heraus – käme ihnen dies kaum in den Sinn. Peres geht hier noch einmal auf den von ihm wahrgenommenen grundsätzlichen Unterschied zwischen den beiden Gesellschaften, der arabischen und der jüdisch-israelischen, ein, welche sich auf zwei verschiedene Wertesysteme stützten: »[…] unsere Demokratie ist so, dass sie uns solche Debatten wie diese ermöglicht. Während dies bei den Arabern unvorstellbar ist.«[115] Ungeachtet des Widerspruchs führt Peres außerdem das Argument an, dass auch die arabischen Regime der Nachbarländer faktisch eine Militärregierung praktizierten, sogar eine »grausame wie in Ägypten«: »Sie [die israelischen Palästinenser] kennen es nicht anders.«[116] Der Gedanke des »Andersseins« der Palästinenser bzw. aller Araber dient also auch hier als Begründung oder gar Rechtfertigung für die Akzeptanz der Militärregierung durch ihre Opfer.[117]

Grundsatzdebatten

Riftins ausführliche Erwiderung auf Peres ist hier deshalb von Belang, weil sie dessen Weltsicht und politische Überzeugungen in klarem Licht erscheinen lässt. Riftin, der auf dem Symposium mit seinen Positionen beinah alleine dasteht[118], geht zunächst auf die grundlegenden Aspekte der Palästinafrage ein. Erstens tritt er dem ultimativen Sicherheitsargument seiner Gegner entgegen. Die Etablierung des gesamten Militärregierungs-Apparates habe mit der Sicherheitsfrage nichts zu tun, Abschreckung und Sicherheit ließen sich durch andere Mittel erzielen, z. B. eine starke Armee, andere Sicherheitseinrichtungen und einen besseren Nachrichtendienst. »In *Mapam* haben wir auch Ahnung von Sicherheitsbedürfnissen«[119], polemisiert er gegen Peres' Zweifel bezüglich seiner sicherheitspolitischen Kompetenz. Zweitens weist er darauf hin, dass die 120 Abgeordneten der *Knesset* die Vertreter des Volks seien, was sie nicht nur berechtige, sondern sogar dazu verpflichte, das Thema zu diskutieren.[120] In einer Demokratie sei es legitim, dass politisch unterschiedlich orientierte Parteien dennoch die Lösung gemeinsamer Anliegen anstrebten.[121] Die israelische Demokratie sieht Riftin akut gefährdet. Er führt dies auf die Lavon-Affäre (vgl. Kapitel III dieser Arbeit) und weitere Entwicklungen zurück, wie das Abhörgesetz, das er als Beweis für die Macht und demokratiegefährdende Politik des Sicherheitsestablishments sieht; des Weiteren bewertet er das kürzlich verabschiedete Verleumdungsgesetz als erhebliche Beeinträchtigung der Pressefreiheit. Riftin sieht den antidemokratischen Einfluss, der vom Sicherheitsestablishment in der Regierung ausgeht, einschließlich Peres' Versuchs, diese Debatte zu entpolitisieren.[122]

Diese Grundsatzdebatte enthüllt die Unterschiede in den politischen Auffassungen schließlich auch in Bezug auf den Sicherheitsaspekt. Riftin vertritt die Grundhaltung, dass die israelische Sicherheit und die Behandlung der Palästinenser nach gewissen rechtlich-humanitären Standards sich nicht unbedingt ausschließen. Die Präsenz der israelischen Palästinenser nimmt er als gegeben, deswegen tritt er für die Gewährleistung ihrer Rechte ein. Die Verdrängung der Palästinenser auch durch die Militärregierung, betont er, habe neben dem moralisch-menschlichen auch einen sicherheitspolitischen Aspekt: Die Palästinenser verfügten über eine Kenntnis der arabischen Perspektive, weshalb ihre Einbeziehung in die israelische Gesellschaft eine unabdingbare Voraussetzung für die Sicherheit der Israelis sei. Peres hingegen sieht in der Berücksichtigung der arabischen Sicht und der Integrationsoption eine Art Eingeständnis seitens Israels, dass die zionistische Utopie, die allein für Juden gedacht ist, nicht umgesetzt werden könne. Weil er eben davon ausgeht, dass die Palästinenser diese Heimat für sich alleine beanspruchten, ist für ihn die Militärregierung die »natürliche Politik«.[123]

Riftin glaubt, eine inklusive Haltung sei Israels Sicherheit dienlich und sucht den Dialog mit den Palästinensern als Mittel zur Problemlösung: »Ich habe lieber einen Araber, der sich mir widersetzt und dabei über seine wahren Nationalgefühle stolz redet, als denjenigen, der mir einen Heuchlerbrief schickt, der seine nationale Würde verletzt. Mit dem ersten habe ich mehr Hoffnung, zu verhandeln. Der größte Fehler der Militärregierungs-Philosophie ist, so scheint es mir, auf solch ein willenloses und formbares Menschenbild zu bauen.«[124] In der Diskriminierung der Araber durch die Militärregierung sieht er einen bedeutenden Eskalationsfaktor des israelisch-arabischen regionalen Konflikts. Gleichzeitig deutet er an, dass die Regierungspartei *Mapai* eine friedliche Lösung kategorisch ausschließe[125], weshalb für sie die Existenz alleine durch das Schwert gesichert werden könne; dies hält Riftin sicherheitspolitisch auf Dauer für äußerst kontraproduktiv.[126] Peres hingegen vertritt eine Exklusivhaltung: Der Judenstaat sei alleine für Juden vorgesehen, wobei die Integration der arabischen Minderheit als ausgeschlossen, ja als unvorstellbar, gilt. Im Gegenteil. Die Militärregierung soll nicht nur dafür sorgen, dass diese Minderheit fern der Mehrheitsgesellschaft am Rande lebt. Sie soll diese Trennung richtiggehend symbolisieren: *Demokratie für Juden, Militärregierung für Araber*. Da Letztere als Störfaktor für die zionistische Utopie begriffen werden, wird angesichts der bestehenden Machtverhältnisse die Militärregierung nicht nur für notwendig erachtet, sondern auch als die »natürlichste« Form der israelischen Politik. Peres geht kaum auf langfristige konkrete Lösungsmöglichkeiten dieses »Problems« ein. Dies bleibt dezidiert ausgeklammert. Seine Unterstützung der Politik der allmählichen Verdrängung und Unterdrückung der Palästinenser im Land – in Form von Landenteignung, Freiheitsberaubung und Einschränkung der Lebensräume[127] – spricht jedoch dafür, dass er für die Palästinenser im Lande auf Dauer keinen Platz sieht.

Zum palästinensischen Flüchtlingsproblem:
Verdrängung, Relativierung, Entpolitisierung

Das 1948 kurz nach der »Nakba« verhängte Rückkehrverbot für die palästinensischen Flüchtlinge, begleitet von einer äußerst strengen Bekämpfung der Rückkehrer[128], hat zur Tabuisierung des Themas im israelischen öffentlichen Diskurs beigetragen. Peres äußert sich dementsprechend nur selten und sporadisch in seinen Veröffentlichungen zum Thema »palästinensische Flüchtlinge«. In diesen wenigen Aussagen lässt sich kaum eine klare Position ablesen. Erst in der anlässlich der Oslo-Friedensgespräche erschienenen Publikation *Die Versöhnung* aus dem Jahre 1993 geht Peres auf das Thema ein. Welche Position nimmt er hier, viele Jahre später, gegenüber den palästinensischen Flüchtlingen von 1948 ein? Diese Veröffentlichung ist vor einem gewandelten politischen Hintergrund zu sehen. Die israelisch-palästinensische Auseinandersetzung ist mittlerweile in eine andere, »entwickelte«, Phase getreten. Israel und die PLO erkennen sich gegenseitig an und verhandeln zum ersten Mal eine Friedensregelung. Peres' Ausführungen zu dieser Zeit können als eine Art aufgearbeiteter historischer Rückblick zum heiklen Konfliktthema aufgefasst werden.

Im 14. Kapitel »Das Flüchtlingsproblem«[129] behandelt Peres das *palästinensische* Flüchtlingsproblem im Rahmen des Gesamtphänomens der Kriegsflüchtlinge. Nach einer dreiseitigen Einführung zur allgemeinen menschlichen Verantwortung für Kriegsflüchtlinge, »überall und zu jeder Zeit«[130], mithin einer detaillierten Schilderung der Flüchtlingsgeschichte des jüdischen Volks, kommt Peres zu den palästinensischen Flüchtlingen von 1948. Die vorausgegangenen Ausführungen der jüdischen Leidensgeschichte bilden dabei den Kontext für die palästinensische Geschichte, wobei der Gedanke der Juden als ultimativ leidgeprüftes Volk, welches das »persönliche, familiäre und nationale Leiden von Flüchtlingen besser kennt« als jedes andere Volk der Welt, eine zentrale Rolle spielt. Das jüdische »Erbe der zweimaligen Verbannung aus unserem Land«, aus der »alten Heimat«[131], von jenem Territorium also, in dem das noch zu behandelnde palästinensische Flüchtlingsdrama geschieht, soll den Rahmen für Darlegung und Verständnis dieses Dramas bilden.

Tatsächlich relativiert, verdrängt und entpolitisiert Peres in seiner Behandlung des heiklen israelisch-palästinensischen Konfliktkerns die palästinensische Nakba. Die erste Argumentationsstrategie besteht darin, die Nakba im Schatten der jüdischen Leidensgeschichte im Allgemeinen zu betrachten. Dazu zieht Peres die spezifische jüdische Flüchtlingsgeschichte vor und während der Staatsgründung 1948 heran, besonders die Aufnahme der jüdischen Kriegsflüchtlinge aus dem Nachkriegseuropa durch den im Werden begriffenen Judenstaat. Besonders aussagekräftig ist die Bezeichnung der jüdischen Emigration aus arabischen Ländern im Kontext des israelischen Unabhängigkeitskrieges als »Zwangsemigration«. Die arabischen Juden werden somit implizit als Kriegsflüchtlinge dargestellt.[132] Dabei wird auch die

Vermögensfrage miteinbezogen: »In vielen Fällen hinterließen die Juden auch Vermögen, das etablierte Familien im Laufe der Generationen angesammelt hatten.«[133] Die Klassifizierung dieser jüdischen Flüchtlingsgruppe als Kriegsflüchtlinge ist historisch umstritten.[134] Der Verweis auf die materiellen Verluste soll die palästinensische Flüchtlingsfrage relativieren. Peres' anschließender Übergangssatz zum Hauptthema: »Die Flüchtlinge des Kriegs von 1948 waren nicht nur Juden«[135] verkörpert eben diese Relativierungstendenz, und zugleich den Versuch, die Problematik zu verdrängen.

Peres' Geschichte des palästinensischen Flüchtlingsproblems zeichnet sich neben dieser Verdrängung durch eine gut eingeübte Schuldzuweisung an die Palästinenser auf: »Die Mehrheit der arabischen Bevölkerung aus den Gebieten, die während des Krieges in jüdische Hände übergegangen sind, floh aus ihren Häusern, noch ehe die staatlichen Organe und die israelische Armee aufgebaut waren. Seitdem dauert die Diskussion zwischen Israel und den arabischen Staaten über die Verantwortung für die Entstehung des palästinensischen Flüchtlingsproblems an.«[136] Nicht nur das hier wiedergegebene zionistisch-israelische Narrativ, es handele sich bei der Nakba um eine Flucht und nicht um eine Vertreibung, und die Kürze der Darstellung – ein einziger Satz – sind hier bezeichnend. Vielmehr kommt wieder der für Peres spezifische Trennungsdiskurs der beiden Geschichten zum Vorschein: die der Errichtung Israels, mithin seiner Armee, und die der Entstehung des palästinensischen Flüchtlingsproblems. Diese Separierung zeigt, wie stark Peres wichtige Kernpunkte des Konflikts aus dem Bewusstsein verbannt. Die israelische Verantwortung für das Flüchtlingsproblem schiebt er beiseite, wenn er in seiner Chronologie der Ereignisse die »Flucht« zeitlich vor der Errichtung der israelischen Staatsorgane ansetzt.

Wie Peres es verweigert, die israelische Mitverantwortung für die Nakba einzugestehen, geht schließlich daraus hervor, dass er diese im gesamtarabischen Kontext behandelt und sie dadurch arabisiert und regionalisiert. Ebenso, wie er die Juden aus den arabischen Ländern für die zionistisch-israelische Geschichte vereinnahmt, betrachtet Peres die palästinensische Frage im arabischen Kontext. Die Palästinenser tauchen noch nicht einmal als potenzielle Kontrahenten Israels auf. Das eigentliche Gegenüber sind allein die arabischen Staaten: »Seitdem dauert die Diskussion zwischen Israel und den arabischen Staaten über die Verantwortung für die Entstehung des palästinensischen Flüchtlingsproblems an. Die arabische Seite behauptet, daß Israel die Verantwortung trage, weil es den Boden besitzt, der vor dem Krieg den Flüchtlingen gehörte und weil die Truppen Israels diese Bewohner angeblich aus ihren Ortschaften vertrieben haben. Israel weist diese Argumente bekanntlich von sich und macht die arabischen Führer verantwortlich: Diese hätten die Bewohner dazu aufgerufen, die Kampfgebiete zu verlassen, in der vergeblichen Hoffnung, im Krieg zu siegen und Israel von der Landkarte zu tilgen, damit die Bewohner wieder in ihr Gebiet zurückgehen könnten. Das Schicksal wollte es anders, Israel ging als Sieger hervor, und die Flüchtlinge blieben draußen.«[137] Auch 1993, als Israel direkt mit der palästinensischen

Führung verhandelt, insistiert Peres auf seiner alten Geschichtsdarstellung, die auf der Arabisierung der palästinensischen Flüchtlingsgeschichte basiert. Ihm geht es auch zu diesem Zeitpunkt noch darum, die israelische Position von 1949 zu rechtfertigen. Doch das Festhalten an dieser Geschichtsdarstellung zielt nicht nur darauf ab, den arabischen Staaten die Schuld am Flüchtlingsproblem zuzuweisen. Peres will Israel entlasten. Auch im Kontext der Nakba, welche Israel strategisch-politische und nationalstaatliche Vorteile brachte, spricht Peres dem Judenstaat eine Opferrolle zu, indem er Israel als kleine Entität, umzingelt von vielen feindseligen Staaten, beschreibt. Nicht von ungefähr heißt es in diesem Zusammenhang, dass das »Schicksal« und nicht die Politik den Kriegsausgang bestimmte.[138]

Ein anderes Zeichen dafür, dass eine Diskussion der Flüchtlingsfrage Peres höchst unwillkommen ist, ist sein Appell für die Entpolitisierung des Themas. In seinen Augen ist eine politische Debatte sinnlos, weil sie nicht die »ersehnte Lösung« bringen könne. Peres Verdrängungstaktik besteht darin, das heikle Thema als vergangenes Problem zu verorten, welches Historiker, nicht Politiker, erörtern sollten[139]: »Ich könnte [...] viele Argumente anführen, an deren Moral, Berechtigung und Logik ich fest glaube. Wer braucht jetzt aber eine solche Diskussion, und wem könnte sie nützen?« Politische Diskussion sei »nicht der Weg, Konflikte zu regeln und Probleme zu lösen«. Nicht von ungefähr verwendet Peres in diesem Zusammenhang die Begriffe »Polemik«, »Propaganda« und »Apologetik«, die wenig zur Wahrheitsfindung beitrügen. Die öffentliche Erörterung der Flüchtlingsfrage würde nach Peres die Vergangenheit verzerren und Israels Ruf schädigen. Die Vergangenheit, behauptet er, sei in ihrer Faktizität nicht rekonstruierbar, über sie lasse sich nur spekulieren: »Überlassen wir die historische Polemik den Historikern – und den Politikern die heutigen Ziele bei der Gestaltung der Gegenwart und der Zukunft und nicht der Vergangenheit, die nie mehr wiederkehrt.«[140] Wie tief sitzt bei Peres die Angst vor der Auseinandersetzung mit der Nakba-Geschichte, wie groß ist die Furcht vor einer öffentlichen Debatte 1993?[141] Er schreibt in diesem Jahr nicht nur, dass ein Rückkehrrecht für die Flüchtlinge die Auslöschung der israelischen Nation bedeuten würde.[142] Wenn er auf seiner Haltung besteht, die Vergangenheit sei nicht zu diskutieren, will er die Flüchtlingsfrage vom politischen Tagesgeschäft fernhalten, beides entkoppeln und jenseits des Völkerrechts stellen. Denn für die Gegenwart will er eine »akzeptable, faire und angemessene Lösung« sehen, und zwar »für alle Parteien«.[143] Auch von einem »gemeinsamen Optimum«[144] für die weiteren Verhandlungen ist die Rede. Da Peres die palästinensische Nakba aus der Konfliktwahrnehmung verdrängt, sie relativiert und letztlich entpolitisiert, also Israels Verantwortung leugnet, weist er die Möglichkeit, Israel könne das Problem lösen, zurück.[145] Israel sei lediglich in der Lage, eine Konfliktregelung wohlwollend zu unterstützen. Einen möglichen Anfang für einen so gearteten israelischen Beitrag sieht er »auf der Grundlage der Kooperation mit den Bewohnern« der Flüchtlingslager der besetzten Gebiete, »die von der israelischen Armee verwaltet werden«.[146] Dass Peres hier kaum eine konkrete, faire und von den Palästinensern akzeptable Lösung der Flüchtlingsfrage anbietet, darf angesichts seines Konfliktverständnisses nicht überraschen. Doch dass er »den israelischen Beitrag« zur Problemlösung in einer die besetzten Gebieten verwaltenden Armee sieht, wirft die Frage auf, welches Bild Peres von der militärischen Besatzungspolitik in den besetzten Gebieten von 1967 hat.

Die »Palästinenserfrage« nach 1967:
Die Bedeutung der militärischen Besatzung

Im Kontext der Camp-David-Friedensverhandlungen mit Ägypten 1977-1978 steht die Frage der 1967 eroberten palästinensischen Gebiete erstmals ernsthaft auf der politischen Tagesordnung in Israel. Peres setzt sich 1978, als Oppositionsführer und Vorsitzender der Arbeitspartei, gezielt mit der Frage der 1967 unter israelische Vorherrschaft geratenen palästinensischen Bevölkerung im Gazastreifen und Westjordanland auseinander.[147] Dabei wird u. a. zum ersten Mal die Autonomielösung für die Palästinenser der 1967 besetzten Gebiete ausgehandelt.

Peres' Aufsatz »Funktionaler oder territorialer Kompromiss« gibt Hinweise darauf, wie er sich die Beziehungen zwischen Israel und den Palästinensern in den besetzten Gebieten vorstellt.[148] Der Text kann nicht nur vor dem Hintergrund der beschriebenen außenpolitischen Entwicklungen gelesen werden. Auch eine Meinungsverschiedenheit innerhalb der Arbeitspartei über »die Frage der besetzten Gebiete« bzw. die Siedlungsfrage spielt hier eine Rolle. Bereits nach dem Sechstagekrieg befasst sich Yigal Alon, Mitglied der Arbeitspartei und Arbeitsminister, mit diesem Problemkomplex und entwirft den sogenannten »Alon-Plan« für die Festlegung der Staatsgrenzen. Neben dem Jordan als östlicher Grenze sieht der Plan den »Anschluss« [de facto die israelische Annexion] des Gazastreifens vor. In Bezug auf das Westjordanland sieht Paragraph 5 des Plans »Verhandlungen mit den Führern und Funktionären der Bewohner des Westjordanlandes, um ein arabisches Autonomie-Gebiet in allen Gebieten zu errichten, die für das [israelische] Staatsgebiet [nach diesem Plan] nicht vorgesehen sind«, vor. Dabei ist auch eine Regelung für die palästinensischen Flüchtlinge aus dem Gazastreifen und dem Westjordanland vorgesehen.[149] Diese »selektive jüdische Besiedelung« in den besetzten Gebieten nach dem Alon-Plan soll einen Gegenentwurf zum Siedlungskonzept der nationalreligiösen Siedlungsbewegung *Gusch-Emunim* darstellen; diese setzt auf die jüdische Besiedelung von ganz *Erez Israel*.[150] Dabei schränkt der Alon-Plan in keiner Weise das jüdische Siedlungsprojekt im syrischen Golan, im Jordantal, im dicht besiedelten Gazstreifen und im *Ezion*-Block südlich des Westjordanlands ein; diese Besiedelung wird als »strategisch-moralisch« verstanden, wobei lediglich bestimmte, von Palästinensern dicht besiedelte Teile in der Westbank davon ausgenommen werden sollen. Auch wenn Alon den historischen Bezug der Juden zu den Gebieten Judäa und Samaria keineswegs in Zweifel zieht, begründet er seinen Plan damit, dass er »Friedenschancen« schaffe und den demokratisch-jüdischen Charakter des israelischen Staats bewahre.[151] Der Plan versteht sich als eine Art Autonomieregelung, als »territorialer Kompromiss«, wobei der Gazastreifen zunächst außen vor bleibt – wie mit dessen Bevölkerung umgegangen werden soll, bleibt unklar.

Peres bezieht sich u. a. in seinem Aufsatz »Funktionaler oder territorialer Kompromiss« auf diesen Plan. So lautet der Eröffnungsabsatz: »Jeglicher Reglungsrahmen für Judäa, Samaria sowie den Gazastreifen [...] muss folgende Elemente zur Grundlage haben: offene Grenzen, eine gemeinsame Wirtschaftsinfrastruktur, der Bestand der dort bereits gegründeten jüdischen Siedlungen, die Präsenz von militärischen Vorposten [...] für eine lange Zwischenphase, und schließlich [sollen] auch Grenzverschiebungen zu Sicherheitszwecken [in Betracht gezogen werden].«[152] Bezeichnenderweise fehlt bei den hier benannten vitalen Elementen für eine Regelung in den besetzten Gebieten ein Vorschlag, wie die Beziehungen zu den Palästinensern in besagtem Territorium zu gestalten seien. In dieser Anfangspassage richtet sich Peres' Blick vielmehr ausdrücklich auf die israelischen Interessen: Sicherheit und Besiedelung. Die Begriffe »offene Grenzen« und »gemeinsame Wirtschaftsinfrastruktur« können als Indiz dafür gewertet werden, dass die Palästinenser in irgendeiner Form integriert werden sollen. Die folgenden Bemerkungen machen deutlich, welcher Stellenwert einer Lösung dieses Problems zuerkannt wird:

> »Ein allmählicher Prozess [...] ist im Rahmen eines ›funktionalen Kompromisses‹ für Judäa und Samaria möglich. Dabei ist anzunehmen, dass eben dieser ›funktionale Kompromiss‹ in einer *Zwischenregelung* für *einen langen Zeitraum* [Peres' Betonung] und nicht unbedingt im Rahmen einer Friedensregelung umsetzbar ist. Er verpflichtet uns nämlich nicht zur endgültigen Festlegung der Staatsgrenzen. Der ›funktionale Kompromiss‹ unternimmt den Versuch, die Forderungen, die ein territorialer Kompromiss (wie der ›Alon-Plan‹) im Rahmen eines Friedensplanes zu erzielen versucht, eben in einer lange dauernden Zwischenzeit zu gewährleisten.«[153]

Der zentrale Punkt ist hier der Zeitfaktor, wie die Wendungen »die Zwischenregelung für einen langen Zeitraum« und »die lange dauernde Zwischenzeit« zeigen. Peres will den Status quo so lange wie möglich aufrechterhalten, da er im Interesse Israels ist. In diesem Sinne gilt es unter anderem, die Festlegung der endgültigen Staatsgrenzen zu vermeiden. Peres setzt auf Zeit und damit auf die Verschiebung der Lösung auf einen späteren Zeitpunkt. Er zögert angesichts einer mit einem Territoriumsverzicht verbundenen Lösung und bringt Einwände gegen jeglichen, wie auch immer beschränkten, »territorialen Kompromiss« à la Alon vor. Peres »funktionale« Lösung räumt Israel mehr Spielraum in Sachen jüdischer Besiedelung der besetzten Gebiete ein, als dies im Alon-Plan vorgesehen ist. In diesem Zusammenhang stellt sich unweigerlich die Frage nach dem Status der dort lebenden Palästinenser.

Peres bezieht sich alleine auf die Gebiete »Judäa und Samaria«, also auf das Westjordanland, während das andere dicht palästinensisch besiedelte Gebiet, der Gazastreifen, ausgeklammert wird. Er unterscheidet auch im Folgenden zwischen den Palästinensern der beiden Gebiete. Nachdem Peres die israelischen sicherheitspolitischen Interessen behandelt hat – wobei er den von ihm diesbezüglich eingeführten Begriff der »Sicherheitsgrenzen« nicht näher erklärt, obwohl diese die Dominanz Israels über das ganze Gebiet gewährleisten sollen –, geht er auf zwei weitere Punkte ein: Zum einen ist die Rede von »einem jüdischen Staat, der die Annektierung des Großteils der arabischen Bevölkerung meidet«; zum anderen von den Interessen der Palästinenser. »Aus Sicht der Araber [soll ein Prozess] der Integration der meisten Palästinenser in das palästinensische Jordanien [erfolgen].«[154] In diesen drei Punkten steckt der Grundgedanke der »funktionalen Lösung«: die Unterscheidung zwischen dem Territorium und den darauf lebenden Menschen. Das Territorium kann in diesem Verständnis unter die Souveränität des einen Staats gelangen, die Menschen darauf unter die Herrschaftsgewalt eines anderen. So schlägt Peres die »Übertragung wenigstens der administrativen Verwaltung [der Palästinenser] an Jordanien« vor oder, im Idealfall, »die Integration der politischen Regierung [der Palästinenser im Westjordanland] in das palästinensische Jordanien«. Peres erklärt hier nicht, wie dies geschehen soll, oder inwiefern Jordanien »palästinensisch« sei bzw. auf welche Weise ein palästinensisches Jordanien das Problem lösen soll, mit dem Israel im Westjordanland konfrontiert ist. Im Mittelpunkt steht Peres' Anliegen, die Einbürgerung der Palästinenser, hier auf das Westjordanland bezogen, zu verhindern. Die Bewohner des Westjordanlands gilt es, »vollständig in das politische Leben Jordaniens zu integrieren«[155], somit aus Israels Verantwortungsbereich auszuschließen.

Der Begriff »palästinensisches Jordanien« und Peres' Verständnis von »Zeit« und »Entwicklung« als vitale Faktoren für die Verwirklichung der zionistischen Utopie erhellen seine Sicht auf eine mögliche Lösung der Palästinafrage. Peres verbindet mit seiner »funktionalen Lösung« das langfristige Ziel der »Palästinaisierung« des östlichen Ufers des Jordan und die »Judaisierung« des westlichen Ufers. Wenigstens hofft er darauf. Dazu passt, dass er sich gegen jegliche Beschränkung der jüdischen Besiedelung der besetzten Gebiete wehrt und die »Einwohner der Westbank« administrativ und politisch Jordanien zuordnen will. Wie Peres wohlbekannt ist, war auch die jüdische Besiedelung von konfisziertem palästinensischen Land innerhalb des Kernlandes Israel ein kontinuierlicher Prozess, der sich unter schrittweiser Verdrängung der Palästinenser bzw. der Einschränkung ihres Lebensraums über zwei Jahrzehnte lang hinzog. Peres' »funktionale Lösung« bedeutet ein ähnliches Konzept für Judäa und Samaria. Dass den Bewohnern der besetzten Gebiete nach dem Sechstagekrieg die israelische Staatsbürgerschaft verwehrt blieb, erleichtert diesen Prozess. Für diese These der Verzögerungstaktik spricht, dass Peres für die Aufrechterhaltung der militärischen Besatzung eintritt und der im Alon-Plan aufgegriffenen »demographischen Problematik« ausweicht, und gleichzeitig sich gegen die »Annektierung der arabischen Bevölkerung«, also gegen ihre Einbürgerung, ausspricht. Auch dass die Fragen der Gebietsannektierung bzw. der Grenzen außer Acht bleiben sollen, beweist, welche wichtige Rolle die Zeit bei der Schaffung von Fakten ist.

Der »funktionale Kompromiss« soll also als vorläufiges Konstrukt den Gegensatz zwischen zwei Anspruchshaltungen überbrücken: einerseits dem Anspruch auf das Territorium – für Peres »Judäa und Samaria«, also ein als jüdisch geltendes Gebiet, und andererseits dem politischen Anspruch auf ein mehrheitlich jüdisches, demokratisches Staatswesen. Eine direkte Annektierung des Landes würde mit der »Annektierung der arabischen Bevölkerung« einhergehen, somit dem politischen Selbstverständnis »des jüdischen Charakters des Staats« zuwiderlaufen. Die »funktionale Lösung« soll das zionistische Siedlungsprojekt auf die besetzten Gebiete ausweiten, und zwar ohne dass der jüdische Staat die dort lebende nichtjüdische Bevölkerung einbürgern muss.[156] Die Besatzungsmacht übernimmt die Funktion des Staats, quasi »stellvertretend.«[157] Hierin steckt wieder die Illusion einer Trennung zwischen »Israel« und dem Besatzungsregime, welche letztlich zur Verfestigung der Besatzung beigetragen hat, doch spätestens mit der ersten palästinensischen Erhebung 1987 ins Wanken gerät.

Peres behandelt die Palästinenser nicht als Einheit. Sein Plan klammert die Palästinenser im Gazastreifen ohne jegliche Erklärung aus. Und dies, obwohl ein Bezug zum Gazastreifen im Rahmen der »Sicherheitskontrolle über das Gebiet« und der »militärischen Vorposten« existiert. Unklar bleibt, wie mit den Gaza-Einwohnern zu verfahren ist. Was die Palästinenser von »Judäa und Samaria« betrifft, so werden sie hier als politische Subjekte entmündigt und quasi Jordanien als ihrem Vormund übergeben. Peres spricht nicht nur im Namen Jordaniens, das palästinensisch werden soll, sondern auch im Namen der Palästinenser selbst: »Die Einwohner von Judäa und Samaria sind jordanische Staatsbürger. Uns ist klar, dass sowohl Jordanien als auch die [Bewohner der Westbank] selbst den Willen haben, dass diese [Bewohner der Westbank] weiterhin beim politischen System Jordaniens bleiben.«[158] Peres ist die Problematik der Trennung zwischen Menschen und Land, vor allem vor dem Hintergrund der in diesem Konzept vorgesehenen jüdischen Ansiedlung, nicht ganz entgangen, weshalb er Jordanien auch eine Gegenleistung für die Aufnahme der Palästinenser anbietet: eine jordanische »Sonderstellung in Gaza-City und andere Regelungen im Handel und Meerzugang in Israel«.[159] Auch hier läuft das imaginäre Verhandlungsgeschäft mit Jordanien über die Köpfe der Palästinenser hinweg.

Peres spricht sein Anliegen deutlich aus: »Das politische Ziel des funktionalen Kompromisses ist die Vereitelung der Errichtung eines palästinensischen Staats in Judäa, Samaria und im Gazastreifen, denn dies stellt eine Gefahr für die Existenz des Staats Israel dar.«[160] Hier drückt sich die Befürchtung vor der Möglichkeit einer Autonomielösung nach dem Vorbild des Alon-Plans aus. Die Vorstellung einer selbstständigen politischen Entität der Palästinenser in diesen Gebieten versteht der 55-jährige Oppositionsführer 1978 als eine absolute und unbestreitbare Gefahr für die Existenz Israels.[161] Die Möglichkeit einer Vereitelung der »palästinensischen Option« sieht Peres allein in der militärischen Dominanz Israels über das Gesamtgebiet gegeben. Die Angst vor dem Kontrollverlust ist deutlich spürbar. Die de facto praktizierte Kontrolle in Form der militärischen Besatzung findet hier jedoch sprachlich kaum Ausdruck. Peres verwendet Begriffe wie »Präsenz von militärischen Vorposten«, »Grenzverschiebungen aus Sicherheitsgründen«, »Sicherheitskontrolle westlich von Jordanien«, »israelische militärische Präsenz«. All diese Maßnahmen bedeuten nichts anderes als eine militärische Besatzung in den palästinensischen Gebieten, unabdingbare Voraussetzung für jegliche Lösung. Gleichzeitig spricht Peres aber von möglichen »offenen Grenzen«, von einem Leben mit »gleichberechtigten Nachbarn« statt »nachbarlichen Verhältnissen von Beherrschenden und Beherrschten« sowie von zahlreichen Kooperationsmöglichkeiten im wirtschaftlichen, sozialen, kulturellen, politischen und religiösen Bereich.[162]

Die harte Realität der militärischen Besatzung wird durch eine beschönigende Sprache abgemildert, ja sogar unter den Tisch fallengelassen; zugleich aber wird die Besatzung als eine »natürliche Herrschaftsform« angesichts der Diskrepanz zwischen Anspruch und Realität aufgefasst. Durch ihre Abwesenheit in der Sprache, und daher auch im Bewusstsein, wird die Besatzung bekräftigt und verfestigt, letztlich als selbstverständlich verstanden und so auch transportiert. Die Selbstverständlichkeit der Besatzung drückt sich besonders in solchen Diskussionen aus, wo sie aus dem politischen Diskurs partout herausgehalten werden soll. Dies verstärkt und verfestigt wiederum ihren selbstverständlichen Status. Die verschleierte politische Sprache der »militärischen Präsenz« Israels passt zum Diskurs der versuchten Ausblendung der Palästinenser aus dem Bewusstsein. Nicht nur die Nichtbeachtung der Palästinenser, sondern auch die unterschiedlichen Bezeichnungen für diese: »jordanische Staatsbürger in Judäa und Samaria«, »die Bevölkerung der Gebiete«, »die Bewohner der Gebiete«, mal als »die meiste palästinensische Bevölkerung« oder als »die Bewohner der Westbank«[163], verdeutlichen das Ausmaß der Verdrängung; dies zeigt, inwiefern eben diese Menschen dem von Peres vertretenen maximalistisch-separatistischen Zionismus im Wege stehen. Ebenso wenig wie die Existenz eines anderen Kollektivs ist auch eine dauerhafte Besatzung in der zionistischen Utopie vorgesehen. Beide gilt es deshalb nach Möglichkeit sprachlich sowie im Bewusstsein auszublenden, bis die Besatzungsrealität der Grenzen von 1967 ans Licht kommt und an die israelische bzw. internationale Öffentlichkeit gelangt.

Zur ersten palästinensischen Volkserhebung 1987

Wie sehr sowohl die Palästinafrage als auch die Besatzungsherrschaft in der israelischen politischen Sprache über Jahre hinweg beiseite geschoben werden, spiegelt sich in der Reaktion von Außenminister Shimon Peres auf die Ende 1987 ausbrechende palästinensische Volkserhebung (Intifada) gegen die israelische Besatzungsmacht und deren Politik der »Gewalt, Macht und Schläge«[164] wider. Aus den zahlreichen Interviews, die im Wahljahr 1988 mit Peres geführt werden, lässt sich dessen Haltung zur Palästinafrage bzw. Intifada deutlich ablesen. In Peres' Sicht müssen diese beiden Problemkomplexe voneinander losgelöst betrachtet werden und erfordern jeweils eigene

Lösungsansätze. Einerseits spricht sich Peres für eine politisch-diplomatische Lösung der Palästinafrage aus, unter unbedingter Einbeziehung Jordaniens. Dies würde eine Gegenposition zur *Likud*-Partei darstellen, welche sich gegen Verhandlungen strikt sperrt. Peres, der 1987 mit dem König von Jordanien das London-Dokument aushandelt (vgl. 5. Kapitel dieser Arbeit), spricht jedoch in diesen Jahren zunehmend von der Notwendigkeit »einer politischen Lösung« und »der Fortsetzung des Friedensprozesses« im Rahmen einer »internationalen Konferenz«[165] – zentrale Begriffe der Wahlkampfdebatte. Andererseits reagiert Peres auf die palästinensische Volkserhebung zunächst instinktiv mit Sprachlosigkeit: Bemerkenswert in den zahlreichen Wahlkampfinterviews sind seine sehr knappen und dürftigen Bezugnahmen auf die Ereignisse in den besetzten Gebieten. Ein Jahr nach Ausbruch der Gewalt steht er der Frage, weshalb man seine Stimme zur Intifada bzw. zur israelischen Reaktion darauf nicht hört, noch wortlos gegenüber. Es gehe nicht darum, was »meine Stimme zur Frage der Intifada zu sagen hat«, so Peres. Vielmehr will er betonen: Das, was »meine Stimme [...] sagt, ist, dass die Lösung [für die Palästinafrage] alleine politisch sein kann«. Und zur israelischen Politik, den palästinensischen Aufstand niederzuschlagen, bemerkt er: »Doch bis dahin, und solange es den Terrorismus gibt, haben wir keine Wahl als, [...] diese mit aller Macht zu bekämpfen.«[166] Dass er die Intifada als illegitimen Widerstand, als »Terrorismus« bezeichnet, wird durch eine kurze Bemerkung in einem anderen Interview bestätigt: »Gegen Gewalt muss Gewalt angewendet werden. Dabei bin ich nicht ›vegetarisch‹ [gemeint ist zimperlich].«[167] Peres' Fassungslosigkeit über die palästinensische Erhebung gegen die »israelische Ordnung« zeigt sich auch darin, dass er die Bedeutung der Ereignisse relativiert. Kurz nach Ausbruch der Gewalt angesichts kritischer Fragen sagt er der Presse: »Die Lage vor Ort [in den besetzten Gebieten] ist nicht so extrem [gewalttätig], wie Sie [die Interviewer] sie schildern.«[168]

Peres' Strategie, die Palästinenserfrage und die Intifada getrennt zu betrachten, entstammt seiner Auffassung über das Verhältnis von Politik und Militär (Näheres erörtert im dritten Kapitel dieser Arbeit, »Zum Demokratieverständnis«). Während die Palästinafrage im Rahmen der politischen Debatte diskutiert werden kann, gilt es, den palästinensischen Widerstand aus den politischen Auseinandersetzungen auszuklammern und seine Bekämpfung allein dem Militär zu überlassen. Für die Palästinafrage gilt die Sprache der Demokratie, wie das Vokabular deutlich zeigt: Eine »politisch-diplomatische Lösung« soll auf einer »internationalen Konferenz« erarbeitet werden. Hinsichtlich der Intifada wird der »Sicherheitsjargon« der Terrorismusbekämpfung herangezogen. »Auf Gewalt muss Gewalt angewendet« werden. Ende 1996 rechtfertigt Peres rückblickend die von seinem Parteigenossen, dem Verteidigungsminister während der ersten Intifada Jitzchak Rabin angeordnete Politik der Zerschlagung des Widerstandes: »[...] à la guerre comme à la guerre. Der Krieg hat eine eigene Logik, eine eigene Mentalität – die ich nicht mag. Und immer steckt das Böse im Krieg selbst und ergibt sich nicht daraus, dass es in kriegerischen Konfrontationen so gar nicht gentlemanlike zugeht.«[169] Wenn er auch anschließend diese Politik zu bedauern scheint (»Man darf keinen Unschuldigen schlagen, man darf keine brutale Gewalt anwenden.«[170]), bleibt auch hier der Grundgedanke präsent, dass Politik und Militär zwei vom Wesen her unterschiedlichen Bereichen angehören. Auch wenn der Politiker Peres den Krieg und seine Logik nicht mag, und auch wenn er die »Fortsetzung des Friedensprozesses« auf der politisch-diplomatischen Ebene anstrebt, bleibt für ihn die Sicherheit in einer Notlage, wie sie für ihn die palästinensische Erhebung darstellt, alleine im Militärischen erzielbar. Diese Überzeugung bildet in Peres' Denken eine unverrückbare Maxime.

Diese Überzeugung, Militär und Politik seien grundsätzlich voneinander zu unterscheiden, wird in einem von Peres kurz vor den 1988 stattfindenden Wahlen selbst verfassten Zeitungsartikel mit dem Titel »Das Jüdische Erbe der Vergangenheit und die Existenzgebote der Gegenwart«[171] bestätigt. Das Militärische, die Palästinafrage bzw. die Intifada werden hier völlig ausgeklammert. Vielmehr bezieht sich Peres in dem auf Hebräisch verfassten und an die israelische Leserschaft gerichteten Zeitungsartikel auf den »innerjüdischen Diskurs« bzw. auf die »innerisraelische politische Debatte«, sprich den in seinen Augen genuin politischen Bereich. Hier wird weder die Palästinafrage im Allgemeinen noch ihr Zusammenhang mit der Intifada im Besonderen in irgendeiner Weise in die politische Debatte mit einbezogen. Peres' Worte richten sich an die politischen Gegner aus dem rechten Lager. Die Hauptbotschaft lautet: Die Existenzgebote der Gegenwart erfordern eine Revidierung der Ideologie der »Sakralisierung des Landes«, die als Erbe des jüdischen Volks verstanden wird. Mit vagen, vorsichtigen Formulierungen sucht Peres nach einem Abschied von der Ideologie eines Groß-Israel, also eines maximalistisch-separatistischen Zionismus. Dies steht hier jedoch im leeren Raum, losgelöst vom palästinensischen Kontext. Indizien für die Existenz eines Gegenübers, mit dem die Ideologie zu Konflikten führt, finden sich in Wendungen wie der, dass es die Notwendigkeit »einer territorialen Schlussfolgerung« zwecks der »Bewahrung des jüdischen Charakters des Staats« gebe. Außerdem betont Peres den Grundsatz, dass die »Sakralisierung des Landes« auf gar keinen Fall zu Lasten des »heiligen [jüdischen] Volks« gehen dürfe. Auch von der »Untrennbarkeit der Sicherheits- von der moralischen Frage« in Hinblick auf ein »spirituelles [jüdisches] Leben als eine vitale Komponente der Sicherheit« ist die Rede, auch als »Attraktionsfaktor für das Diasporajudentum« bezüglich einer potenziellen Einwanderung. Diese Faktoren werden als Gründe für eine neue Politik angeführt, deren Inhalt hier nicht ausgeführt wird. Peres erwähnt zudem die Notwendigkeit der »Verhinderung einer Brutalisierung«, ordnet dies aber in keinen konkreten Zusammenhang ein. Die Fragen, von wem diese Brutalisierung ausgeht, wo ihre Ursachen liegen, gegen wen sie sich richtet und wie sie bekämpft werden kann, bleiben unbeantwortet. Diese Lücke kann nicht nur mit Wahlkampftaktik erklärt werden. Vielmehr ist Peres angesichts der politischen Lage in den »besetzten Gebieten« selbst unschlüssig und verwirrt, wie sich zwischen den Zeilen deutlich herauslesen lässt. Gerade Peres, der dezidiert die politische Linie der »Sicherheitskontrolle« vertritt und »territoriale Kompromisse« ablehnt, sieht sich Ende der 1980er Jahre gezwungen, seine Politik, für die er vier Jahrzehnte lang eingetreten ist, neu auszurichten. Doch hat er die Sprache für eine neue Politik? Wie hat eine Debatte über eine neue Politik auszusehen, wenn der konfliktreiche Kontext der hier behandelten Frage »Sakralisierung des Landes« ausgeklammert wird? Wie steht Peres also Ende der 1980er Jahre zu Kernfragen des israelisch-palästinensischen Konflikts angesichts der palästinensischen Volkserhebung?

Siedlungen – Besatzung – Volkserhebung: Neue Erkenntnisse für Peres?

Eine mögliche Antwort auf die im letzten Kapitel aufgeworfenen Fragen findet sich eher in den im Ausland gemachten Stellungnahmen Peres'. Außerhalb seines direkten Einflussbereichs ist der Altpolitiker Israels dazu gezwungen, sich mit der israelischen Realität konfrontativ auseinanderzusetzen. In den der folgenden Analyse zugrunde liegenden Interviewtexten aus einer ausländischen Veröffentlichung muss der Außenminister zum Nahostkonflikt direkt Position beziehen. *Die Herausforderung der Juden* vermittelt ein recht positives Bild von Peres.[172] Dargestellt wird in dem Buch eine innerisraelische politische Debatte am Ende der 1980er Jahre zwischen der israelischen Rechten als Gegner von Verhandlungen und der Arbeitspartei mit ihrem Vorsitzenden Peres als Befürworter von Friedensgesprächen. Er wird hier als die israelische »Friedensstimme« geschildert, mithin als Gegner der Siedlerbewegung, als ein Demokrat, und sogar als »eine moralische Instanz«.[173] In dem Versuch, die palästinensische Volkserhebung zu erklären, führt Peres folgendes an:

> »Wenn sich die öffentliche Meinung mit einem Thema beschäftigt, [...] dann habe ich immer die Befürchtung, daß ein Sachproblem zur Ideologie wird. Dann wird alles sehr kompliziert. Noch ärger wird es, wenn die Ideologie zum Sakralen hin tendiert. Diese sakrale Aufwertung ist mir nicht geheuer, am wenigsten in der Politik. Ich versuche die Debatte stets aufs menschliche Maß zurückzuführen.
>
> Die Reden, die ich gehalten habe, richteten sich gezielt und in erster Linie an die israelischen Neusiedler, die sich in den besetzten Gebieten niedergelassen haben. Die Überzeugung, die sie mitgebracht haben, schöpfen sie aus den Heiligen Schriften; und an dieser Überzeugung halten sie wie an einem Dogma fest. Jeder Fußbreit palästinensischer Erde ist für sie heiliger jüdischer Boden und steht durch göttlichen Ratschluß Israel zu. Das ist ihr Groß-Israel. In der Tat wagt niemand, diese Einstellung öffentlich in Frage zu ziehen. Sie wird zu einer Tatsache. Und bei all der Feindseligkeit der Araber, die sie umgibt, halten sich die Neusiedler am Ende langsam selbst für Helden und Märtyrer. Das ist eine bedenkliche, für unsere Zukunft äußerst gefährliche Verkettung von Umständen. Jemand muß sie verurteilen. Eben das versuche ich. [...] Die Neusiedler sind die ersten, die im Grunde ihres Herzen genau wissen, daß ich der Vernunft das Wort rede, selbst wenn sie das Gegenteil hinausschreien. Zur Zeit geht man von allen Seiten auf mich los. Das muß man eben durchstehen.

> [...] Ich zeige ihnen [den Neusiedlern] einfache Wahrheiten auf. Nehmen Sie den Gazastreifen. Die Palästinenser, die dort leben, gehören zu den Ärmsten auf der ganzen Welt. Sie leben dort ohne Wasser, ohne Bodenschätze, ohne Unterkünfte – und das bei einer Bevölkerungsdichte, die höher ist als in Hongkong. Die Menschen haben keinen Besitz, keinen Paß, keine Identität. Sie sind bei allem die Letzten. Keiner kümmert sich um sie. Die Ägypter wollten sie nicht haben. Sie haben keine Chance, sich je in Israel zu integrieren. Man muß sich fragen, wo ihre Zukunft liegt. Und was für eine Zukunft hat Israel mit ihnen? Bald werden allein in Gaza mehr als eine Million Menschen leben. Wenn sie [die Palästinenser in Gaza] sich diese Frage nicht stellen, dann müssen wir es tun. Das Schreckliche an der Armut ist nicht der Mangel an materiellen Gütern; es ist die passive Hinnahme dieses Umstandes. Die Armen haben nicht nur kein Geld; es fehlt ihnen auch an Anerkennung, auf ihre Ängste gibt es keine Antworten. Sie haben keine Hoffnung, sich aus ihrer Lage zu befreien. Das ist die wahre Armut. Sie haben überhaupt keine Möglichkeit, über ihre eigenen Angelegenheiten zu entscheiden. Alles muß zur Genehmigung einer Behörde vorgelegt werden, die sie bevormundet – und das sind wir. Sie sind unglücklich, machtlos und gedemütigt. So kommt es zur Volkserhebung. Und das erleben wir jetzt.«[174]

Hier lässt sich eine Interpretation herauslesen, welche in der nationalreligiösen Idee des Siedlungsprojekts das Haupthindernis für eine Verständigung mit den Palästinensern sieht, da die Siedlungspolitik auch »palästinensische Erde« vereinnahmt. Die Palästinenser erheben sich schließlich gegen Israel, aus ihrem Elend heraus und ihrer Machtlosigkeit gegenüber »einer Behörde«, hier wohl einer israelischen. Auf den ersten Blick scheint die Einsicht zu überwiegen, dass im Zentrum des Konflikts ein umstrittenes Stück Land steht, das von zwei Gruppen beansprucht wird: von den »israelischen Neusiedlern«, also der Siedlerbewegung, und den »Palästinensern im Gazastreifen«. Dabei entsteht der Eindruck, dass Peres selbst sich nicht nur von der ersten Gruppe politisch distanziert, sondern auch, dass die jüdische Besiedlung des »jüdischen Bodens« das Anliegen allein dieser »Neusiedler« sei, »die sich in den besetzten Gebieten niedergelassen haben«. Der Text erweckt den Anschein, dass Peres die fatale Verkettung von Siedlungspolitik, Besatzungsherrschaft und Volkserhebung einsieht. Ob diese Lesart die einzige Interpretation ist?

Bemerkenswert an Peres' Worten ist, dass die drei Aspekte Siedlungspolitik, Besatzungsherrschaft und Volkserhebung nur eine lose kausale Verknüpfung bilden. Der Außenminister zögert, wenn es um den direkten Zusammenhang zwischen diesen heiklen Punkten geht. Eine konkrete Verbindung zwischen Siedlungspolitik und Volkserhebung wird beispielsweise nicht diskutiert, die Begriffe »palästinensische Erde«, »heiliger jüdischer Boden« und »Groß-Israel« nicht definiert. Unklar bleibt, welches Gebiet Peres selbst für »palästinensisch« hält.[175] Des Weiteren bezieht er sich an der Stelle, wo er auf die Beweggründe für die Intifada eingeht, nur auf die Palästinenser im Gazastreifen, als ob deren Anwesenheit alleine auf dieses Gebiet beschränkt sei. Die Palästinenser in der Westbank finden keine Erwähnung. Auch der Bezug zwischen israelischer Besatzungsherrschaft und der palästinensischen Volkserhebung wird nur angedeutet. Die Besatzung wird weder beim Namen genannt, noch mit militärischer Gewaltausübung assoziiert; vielmehr ordnet Peres sie mit dem Begriff »Behörde« dem zivilen Bereich zu. Die Besatzung wird als Ursache für die Volkserhebung zurückgewiesen. Peres versteckt diesen Zusammenhang in einem einzigen Satz am Ende und stellt noch einmal einen Bezug her zwischen der Volkserhebung und dem Siedlungsprojekt: Die »israelischen Neusiedler« – also eine Minderheit innerhalb der israelischen Gesellschaft –, und nicht die israelische Besatzungsmacht, sprich die israelische Sicherheitspolitik, werden hier, wenn nicht als direkte Ursache, wenigstens als eine Quelle der Erhebung dargestellt.

Peres weist die Verantwortlichkeit der israelischen Besatzungsmacht für die Intifada suggestiv dadurch zurück, dass er die prekäre Lage der Menschen in Gaza nicht durch die israelische Militärpolitik verursacht sieht, sondern durch Elend und ihre Armut: »Die Palästinenser, die dort leben, gehören zu den Ärmsten auf der ganzen Welt. Sie leben dort ohne Wasser, ohne Bodenschätze, ohne Unterkünfte – und das bei einer Bevölkerungsdichte, die höher ist als in Hongkong. Die Menschen haben keinen Besitz, keinen Paß, keine Identität. Sie sind bei allem die Letzten. Keiner kümmert sich um sie.« Nicht von ungefähr erwähnt Peres in seiner detaillierten Schilderung des Elends die ungewollte Vorherrschaft Ägyptens über den Gazastreifen zwischen 1949-1967: Nicht nur Israel sei mit dem problematischen Zustand konfrontiert, sogar die Ägypter »wollten sie nicht haben«. Dass die Palästinenser sich in einer derart schwierigen Lage befinden, leitet Peres aus ihrem »Wesen« ab: »Das Schreckliche an der Armut ist nicht der Mangel an materiellen Gütern; es ist die passive Hinnahme dieses Umstandes. Die Armen haben nicht nur kein Geld; es fehlt ihnen auch an Anerkennung, auf ihre Ängste gibt es keine Antworten. Sie haben keine Hoffnung, sich aus ihrer Lage zu befreien. Das ist die wahre Armut. Sie haben überhaupt keine Möglichkeit, über ihre eigenen Angelegenheiten zu entscheiden.« Verblüffend ist, dass der Außenminister die Menschen als passiv und hoffnungslos beschreibt, und das ausgerechnet vor dem Hintergrund der ersten ernsthaften aktiven Erhebung von Frauen, Männern und Kindern, welche mit Steinen gegen eine gut ausgerüstete Besatzungsmacht vorgehen. Hier wird das ganze Ausmaß der selektiven Wahrnehmung des Konflikts, der Besatzung und ihrer Opfer deutlich. Eine Besatzungslage wird geschildert: das Bild der besiegten, machtlosen, und daher sich unterwerfenden und passiven, gedemütigten und unglücklichen Palästinenser. Peres tut sich deshalb schwer mit der Wahrnehmung der Rebellion, weil diese nicht zu seinem Palästinenserbild eines besiegten und als politischer Faktor nicht präsenten Volks unter der ebenfalls erfolgreich rhetorisch marginalisierten »israelischen Ordnung« in den besetzten Gebieten passt.

Peres bemüht sich, das ihm so bedeutende israelische Militär aus dem negativen Kontext herauszulösen, und lastet die halbherzig eingestandene Verantwortung Israels einer abstrakten »Behörde« an. Die Besatzung wird deshalb ausgeklammert, weil sie die Verbindung zwischen den beiden Kollektiven, also die Verknüpfung der beiden Geschichten, verkörpert. Sie gilt über Jahrzehnte als Heilmittel für einen maximalistisch-separatistischen Zionismus, ganz im Sinne des »funktionalen Kompromisses«: Das »heilige Land« muss besetzt gehalten werden, und zugleich sollen die Menschen, die dort leben, zum eigenen Kollektiv auf Distanz gehalten werden. Die Erhebung des palästinensischen Volks gegen die Besatzungsordnung bringt die »israelische Ordnung« deshalb durcheinander, weil gleichermaßen das Problem und seine Lösung – sprich Palästinafrage und Besatzung –, die hinter dieser Ordnung verborgen geblieben sind, ins öffentliche Bewusstsein dringen und somit die alte, als gelöst betrachtete arabische Frage wieder präsent werden lassen. Die alte arabische Frage wird nun in diesem Kontext zur demographischen Frage. Peres' kategorische Ablehnung jeglicher Integration ist von Angst begleitet: »Sie [die Palästinenser von Gaza] haben keine Chance, sich je in Israel zu integrieren. Man muß sich fragen, wo ihre Zukunft liegt. Und was für eine Zukunft hat Israel mit ihnen?« Dies ist wieder die altbekannte, jahrelang eingeübte politische Rhetorik, welche zwischen dem Land und den darauf lebenden Menschen unterscheidet, um den Anspruch auf das Land bei gleichzeitigem Ausschluss seiner Bewohner aufrechterhalten zu können. Peres' Statement scheint das Scheitern dieser Politik einzugestehen. In dem Zitat steckt die Urangst vor der demographischen Unterlegenheit, aber auch die Erkenntnis politischer Machtlosigkeit: Gerade weil beide Lösungsalternativen, sowohl der Gebietsverzicht als auch die palästinensische Einbürgerung, den Maximen des maximalistisch-separatistischen Zionismus gemäß ausgeschlossen werden, kommt Peres zu dem Schluss: »Bald werden allein in Gaza mehr als eine Million Menschen leben. Wenn sie [die Palästinenser in Gaza] sich diese Frage nicht stellen, dann müssen wir es tun.« Die Besatzung und ihre Opfer werden beiseite geschoben. So merkt Servan-Schreiber treffend an:

> »Shimon Peres spricht in Kenntnis der Ursachen und im Bewußtsein seiner Verantwortung von den Arabern im allgemeinen. Sobald ich das Wort ›Palästinenser‹ fallen lasse, löse ich einen Reflex aus, ein inneres Erstarren, ein plötzliches Schweigen, das mich Mal für Mal verwundert. So sehr Peres sich bemüht, von allen Seiten her, über die Geschichte, Soziologie, Sprache, Literatur, auch über persönliche Kontakte das Wesen der arabischen Gesellschaft zu ergründen – beim Wort ›Palästinenser‹ rastet sein Hirn aus. Kraft seiner Intelligenz kann er sich aus der Erstarrung lösen, aber immer wieder ist es da, dieses Zögern.«[176]

Vom Feinde – Fazit

Wie lassen sich die »out-groups«, bzw. der Feind der zionistischen Utopie, für Peres definieren? Wie steht er zu der alten zionistischen arabischen Frage? Zieht man Gornys Typologie der zionistischen Denkrichtungen zur arabischen Frage in der *Jischuw*-Zeit heran, lässt sich Peres als Vertreter eines maximalistisch-separatistischen Zionismus im Sinne Berl Katznelsons einordnen: Peres' sprachliches und politisches Hauptaugenmerk richtet sich auf die Etablierung und den Erhalt einer zionistischen Utopie für die Juden in *Erez Israel*/Palästina, wobei es die »Anderen« – die »Araber von *Erez Israel*« – zu verdrängen gilt, sowohl physisch als auch aus dem Bewusstsein. Im Sinne eines maximalistisch-separatistischen Zionismus gelten die nichtjüdischen Einheimischen als die »out-group« der zionistischen Utopie, die auf dem als »verheißenes Territorium« begriffenen »Land ohne Volk« zu verwirklichen gilt.

Peres' Sicht auf den palästinensischen Feind hat, wie aus der Analyse der bearbeiteten Texte hervorgeht, ambivalenten Charakter. Einerseits erscheinen die Palästinenser angesichts ihrer vernichtenden Niederlage 1948 als ein besiegter Feind. Mit den dramatischen demographisch-geopolitischen Veränderungen während der Gründungsjahre des Staats Israel wird die alte arabische Frage im *Jischuw* als durch Verhandlungen lösbares, wenn nicht gar bereits gelöstes Problem betrachtet. Die palästinensischen »Flüchtlinge« bzw. »Eindringlinge« und die palästinensischen »Staatsbürger« Israels erscheinen meist als militärisch kontrollierbar, ebenso wie die 1967 unter israelische Vorherrschaft geratenen Palästinenser. Zwar wird nach der Ära Ben-Gurion/Peres im Verteidigungsministerium (Ben-Gurion – 1949-1963, Peres – 1953-1965) im Jahre 1966 die Militärregierung über die israelischen Palästinenser offiziell aufgehoben, in Wirklichkeit bleiben diese jedoch unter Beobachtung des Inlandsgeheimdienstes; eine wirkliche Gleichberechtigung bleibt ihnen weiter verwehrt (vgl. Kapitel III dieser Arbeit).

Andererseits entgleiten die Palästinenser in Peres' Augen deshalb einer völligen Kontrolle, weil sie als Bestandteil der arabischen Welt zu begreifen seien. Insbesondere befürchtet Peres die Regionalisierung des israelisch-palästinensischen Konflikts, wie dies im 1948er Krieg durch das Ein- und Angreifen der arabischen Armeen in der Palästina-Auseinandersetzung zum Ausdruck kommt. Auch 1978 koppelt Peres die »gesamtarabische Kriegsgefahr« an die »terroristische Aktivität der PLO« und »die Gefahr eines PLO-Staats«, wobei »die [palästinensische] Bevölkerung in Judäa und Samaria gegen Israel aufstehen könnte« angesichts eines israelisch-arabischen Krieges.[177] Peres unterstellt einer »vereinigten arabischen Welt« – in den 1950er und 1960er Jahren versteht er darunter den arabischen Nationalismus unter der Führung eines charismatischen Nasser – zum einen, eine Revision der neuen Realität von 1948 anzustreben, was der Vernichtung des jüdischen Staats gleichkäme, und zum zweiten, zu diesem Zerstörungswerk auch in der Lage zu sein. Peres' Jargon Ende der 1970er Jahre verrät eine tiefe Angst vor einer »vereinigten arabischen Welt«: Es ist die Rede von einer »arabischen Strategie«, »arabischen Errungenschaften«, von einer »labilen Struktur der arabischen Welt«, von den »arabischen Streitkräften« im Gegensatz zu »israelischen Streitkräften«.[178] Insofern bleibt die Palästinafrage für Peres auch nach Nassers Niederlage 1967 eine Gefahrenquelle; ungeachtet des Niedergangs der arabischen nationalistischen Bewegung könne es keinen Zweifel geben an der »umfassenden Feindseligkeit« der »arabischen Welt« Israel gegenüber. Obwohl die Palästinenser anschließend eine weitere Niederlage einstecken müssen und Israel nun das »historische Heimatland der Juden« in seinen militärischen Besitz nimmt, bleiben sie trotzdem ein Bestandteil eines stärkeren und daher gefährlicheren Feindes für Israel, weshalb auch die militärische Besatzung in den neuen Gebieten eine Selbstverständlichkeit ist.

Aus dieser Nachkriegssituation heraus, in der zwei Völker auf demselben Territorium leben, kehren trotz militärischer Vorherrschaft wieder *Jischuw*-Verhältnisse ein. Damit stellt sich die alte arabische Frage nun in Form der sogenannten demographischen Frage. Peres, wie hier gezeigt wurde, spricht 1978 für die »offenen Grenzen«, für die israelische »Sicherheitskontrolle« über das ganze Land, gegen die Einschränkung des Siedlungsprojekts in den besetzten Gebieten und somit gegen die Teilungsoption. Er lehnt ebenfalls eine Autonomielösung für eine Fläche von 14 Prozent des mandatorischen Palästinas, wie es der Alon-Plan vorsieht, ab. Seine Politik setzt sich unter dem Schlagwort des »funktionalen Kompromisses« – eine beschönigende Formel für die Aufrechterhaltung des Status quo – durch, hat aber zur Folge, dass der israelisch-palästinensische Konflikt wieder zu einem Konflikt zwischen den beiden Kollektiven wird. Auch wenn diesmal die militärischen, politischen, wirtschaftlichen und sozialen Machtverhältnisse deutlich zu Gunsten des »jüdischen *Jischuw*« ausfallen, da er den Staatsapparat, also die militärische Herrschaft und die Ressourcen, in den Händen hält, und obwohl Israel unter Missachtung des internationalen und des Völkerrechts die besetzten Gebiete schleichend jüdisch besiedelt, bleibt die alte »demographische Frage« unweigerlich das Problem des maximalistisch-separatistischen Zionismus.

Um diesen Zionismus politisch vertreten zu können, musste Peres im Laufe seiner politischen Aktivität – wie sein Vorbild Katznelson, der die arabische Frage außen vor lassen wollte, um den Aufbau des »jüdischen *Jischuw*« nicht zu gefährden – die arabische Frage ausblenden. Die Verdrängung der im Laufe der Jahre sich entwickelnden Palästinenserfrage ist, wie oben gezeigt, ein Hauptmerkmal seines Umgangs mit dem palästinensischen Feind, weil sie unabdingbar für die Fort- bzw. Umsetzung seines Zionismus ist. Diese Verdrängung kommt in unterschiedlichen Formen zum Ausdruck. Sprachlich zeigt sie sich darin, dass die Palästinenser in Peres' Texten bis zu Anfang der 1990er Jahre entweder ganz abwesend sind, oder in unterschiedlichen Gruppen aufgefasst und bezeichnet werden.[179] So spricht er von den »arabischen Flüchtlingen«, von den »arabischen Eindringlingen« und den »Arabern Israels« in Bezug auf die israelischen Palästinenser; hinsichtlich der Palästinenser in den besetzten Gebieten benutzt er die Wendungen »Bewohner des Gaza-Streifens« und »Bewohner von Judäa und Samaria« bzw. »Bewohner der Gebiete«, »Bewohner der Westbank«; in seinem Appell für ein jüdisches vereinigtes Jerusalem redet er von den »nichtjüdischen Bewohnern« des »ewigen großen jüdischen und israelischen Jerusalem«, wobei er sein Anliegen auch ohne »die Entfernung der nichtjüdischen Bewohner

Jerusalems« als realisierbar verstanden wissen will. Auch in seiner Betonung der »wirklichen Kooperation zwischen den zwei Völkern« lässt er sprachlich das andere Volk unerwähnt.[180] Auf die israelischen Palästinenser geht er kaum ein: In seinen 1978 gemachten Bemerkungen zur »Infrastruktur des Friedens« erwähnt er sie als eine von drei Israel betreffende »arabische Fragen«, beschreibt diese Gruppe aber kaum.[181] Zur sprachlichen Verdrängung der Palästinenser aus dem Bewusstsein der Israelis zählt auch, dass Peres keinerlei Diskussion über die Frage der Militärregierung über die israelischen Palästinenser in den 1960er Jahren und die Besatzungsfrage nach 1967 zulässt. Die Ausklammerung dieses Komplexes aus dem politischen öffentlichen Diskurs steht für dieses Zur-Seite-Schieben.

Politisch werden die Palästinenser dadurch marginalisiert, dass sie de facto unter der Obhut der israelischen Militärregierung bzw. militärischen Besatzung leben. Darüber hinaus gilt es hier zu erwähnen, dass Peres angesichts seiner dezidierten Ablehnung der »palästinensischen Option« (Autonomie sowie palästinensischer Staat) Verhandlungen mit den palästinensischen politischen Vertretern, allen voran der PLO, bis zum Oslo-Friedensprozess im Jahre 1993 ausschließt.[182] Eine Lösung der Palästinafrage sieht er, wie er in seinem »funktionalen Kompromiss« von 1978 dargelegt, bis dahin alleine an Jordanien gekoppelt. Sowohl durch Gespräche mit Jordaniens König Hussein 1987 (vgl. Kapitel V dieser Arbeit) als auch im Libanon-Krieg von 1982 (vgl. Kapitel IV dieser Arbeit) wird der Versuch unternommen, die Palästinafrage über Jordanien zu lösen. Die im »funktionalen Kompromiss« vorgesehene militärische Dominanz Israels über das ganze Gebiet liegt auch dem Oslo-Friedensabkommen von 1993 zugrunde (vgl. Kapitel V dieser Arbeit). Nicht von ungefähr werden die Kernfragen des israelisch-palästinensischen Konflikts, allen voran die Grenzfrage und die Frage der jüdischen Siedlungen in diesen Gebieten, aus dem Abkommen ausgeklammert und auf die Verhandlungen während einer »Übergangszeit« von fünf Jahren verschoben. Somit findet sich Peres' Handschrift, besonders sein »funktionaler Kompromiss«, in dem unter seiner Führung erzielten Oslo-Abkommen wieder: Die Maximen der »militärischen Dominanz«, der »Siedlungsfreiheit in *Erez Israel*« sowie der »offenen Grenzen« verfügen trotz Anerkennung der PLO und Verhandlungen mit dieser in letzter Konsequenz unweigerlich, dass die Palästinenser auch weiterhin an den Rand gedrängt werden, ihr Lebensraum eingeschränkt wird. Diese »funktionale« Praxis führt letztlich zur Verwischung der Grenzen von 1967, zur Ablehnung der Teilungsoption und somit zu apartheidähnlichen Verhältnissen innerhalb der besetzten Gebiete. Dies bringt zwangsläufig die verdrängte arabische Frage wieder auf die Tagesordnung. Die Palästinenser rufen deshalb bei dem maximalistisch-separatistischen Zionisten Peres »inneres Erstarren« und »plötzliches Schweigen« hervor, weil ihr Dasein bzw. ihre demographische Vermehrungsrate auf dem »verheißenen Land der Juden« dem maximalistisch-separatistischen Konzept zuwiderläuft. Deshalb müssen sie politisch und rhetorisch verdrängt werden.

Hier wird die These aufgestellt, dass die einheimischen Araber und später die »arabische Welt« in der Ideologie des maximalistisch-separatistischen Zionismus unter den historischen, politischen und demographischen Umständen in Palästina vor und nach 1948 mit orientalistischen Kategorien nach Edward Said gefasst werden. Das Verständnis des »Anderen« als rückständig, primitiv und irrational – Eigenschaften, an die Gewaltbereitschaft gekoppelt wird – fügt sich in diese Ideologie und Praxis der Abgrenzung und Ausgrenzung. Peres' Verortung des Konflikts in der »Mentalität der Araber« als zugleich unterlegene und gewalttätige Gruppe bedeutet in letzter Konsequenz, dass Israel sich in der Region abschottet. Dem Konflikt seine sachlichen Kernprobleme abzusprechen, ihn vor dem Hintergrund einer mehr oder minder unerklärlichen »umfassenden Feindseligkeit der arabischen Welt Israel gegenüber« zu sehen – eine von dem 55-jährigen Peres in seinem 1978 erschienenen Buch in aller Deutlichkeit vertretene These – all dies lässt auf ein Konfliktverständnis schließen, das Annäherungsversuche schlechterdings unvorstellbar macht. Erst am Ende der 1980er Jahre zeichnet sich in Peres' Denken die Notwendigkeit von Verhandlungen ab. Denn die Gebote des maximalistisch-separatistischen Zionismus, die Landnahme und jüdische Besiedlung – gemäß Katznelsons Konfliktverständnis zur *Jischuw*-Zeit –, können nicht unter Einbeziehung des »Anderen« verwirklicht werden. Sie müssen vielmehr einseitig, mit der Hilfe des Militärs, erzielt werden. Peres' orientalistische Argumentation, der zufolge der Konflikt auf die Rückständigkeit der Araber und deren Gewalttätigkeit zurückzuführen sei, erweist sich somit als der erfolgreichen Umsetzung eines maximalistisch-separatistischen Zionismus ausgesprochen dienlich, sie kleidet das israelische Programm in eine sprachliche Formel. Die Verfestigung dieses Konfliktverständnisses in der israelischen Politik und Öffentlichkeit in den formativen Jahren des israelischen Staats machte die von Peres selbst geführten Verhandlungen mit arabischen Führern 1987 und 1993 innerhalb der israelischen Gesellschaft schwer durchsetzbar (vgl. 5. Kapitel dieser Arbeit).

Die Tatsache, dass diese Verhandlungen unter Geheimhaltung geführt werden und dass sie letztlich kläglich scheitern, zeigt, wie stark die israelische Politik orientalistische Argumentationsmuster verinnerlicht hat: Peres' verblüffende Andeutung von 1996, der israelisch-palästinensische Konflikt drehe sich im Kern nicht um Fragen des Territoriums, und schließlich seine Behauptung, die Wesenszüge der Palästinenser seien für das sich Ende 1996 abzeichnende Scheitern des Oslo-Friedensprozesses verantwortlich zu machen, können nicht alleine vor dem Hintergrund einer gut geübten Schuldzuweisungsrhetorik interpretiert werden. Diese Aussagen sind vielmehr auf die felsenfeste, verinnerlichte Überzeugung zurückzuführen, dass das von Peres bewusst nicht genau definierte Gebiet von *Erez Israel* dem jüdischen Volk gehöre, und zwar unabhängig von der Tatsache, dass es auch von anderen besiedelt ist. Deshalb kann Peres den Konflikt *tatsächlich* nicht als Territoriumskonflikt sehen, trotz seines langjährigen politischen Beitrags zum Prozess der Landeroberung, Landenteignung und Besiedlung. Insofern kann Peres' orientalistischer Blick auf die Region und ihre Menschen als authentisch gelten, weil er diese Haltung ebenso wie den dazu kompatiblen maximalistisch-separatistischen Zionismus verinnerlicht hat. Peres' Anlehnung an die Tradition eines orientalistischen europäischen Blicks auf den Orient à la Herzl und Nordau, gekoppelt mit der eher osteuropäischen, wenig weltoffenen Tradition eines jüdischen Volks als »Licht für die Völker« à la Katznelson und Ben-Gurion, zeichnet sich auch in seinem Feindverständnis ab. Auf dieser Basis entwickelt er eine ihm eigentümliche Denkart, die sich allem voran in der Sprache ausdrückt, welche zum einen die wenig angenehmen Merkmale beider Traditionen verschleiert und zum anderen kosmopolitische bzw. weltgewandte Ideen hervorhebt. Aus diesem Grund wurde Peres im Laufe der 1980er Jahre und vor allem in den 1990er Jahren ein Gesinnungswandel attestiert. Inwiefern wirkte sich dieser auf das alte Araberbild aus?

Yael Krispin, die der Frage nach Peres' Feindbild und Konfliktverständnis nachgeht, vertritt die These einer »Wende in der Kontinuität«: Peres' Negativbild der Araber als unterlegen und gewalttätig entschärfe sich allmählich nach dem Sechstagekrieg bis hin zum Ende der 1980er Jahre, sodass er im Laufe der 1990er Jahre im Zuge der Entwicklung seines regionalen Kooperationskonzepts »den Araber nicht mehr als Feind, sondern als Freund und Partner« betrachte. Von Interesse ist hier Krispins Einwand, dass Peres letztlich seine arabischen Gesprächspartner kaum davon überzeugen kann, dass er sich bei seiner Vision eines »Neuen Nahen Ostens« von seiner »überheblich-hegemonialen Haltung« tatsächlich verabschiedet habe.[183] Die zionistisch orientierte israelische Historikerin weist in ihren Ausführungen darauf hin, dass Peres sich von seiner »überheblich-hegemonialen Haltung« gegenüber der arabischen Welt kaum lösen könne. Aufschlussreich ist dabei Peres' Erklärung, weshalb Israel in Zukunft die Kapazitäten und das Recht habe, die Region gemäß dem europäischen Modell zu gestalten[184], nämlich auf Grund »Israels technologisch-wirtschaftlicher und kultureller Vorteile gegenüber den arabischen Staaten«. Nicht von ungefähr, wie Krispin anmerkt, sei Peres' Beschwichtigungstaktik hinsichtlich der arabischen Furcht vor einer israelischen regionalen wirtschaftlich-kulturellen Dominanz – »es ist sinnlos und dazu unmoralisch, die Ablösung einer territorialen durch eine wirtschaftlich-kulturelle Dominanz anzustreben« – bei den Arabern auf Misstrauen gestoßen[185]; nicht zuletzt, weil von einem Ende der territorialen Dominanz auch in den optimistischen Oslo-Jahren aus arabischer Sicht kaum die Rede sein konnte.

Hinsichtlich der Frage eines *grundsätzlichen* Gesinnungswandels bei Peres darf dessen Alter nicht ganz außer Acht bleiben. Anfang der 1990er Jahre beginnt Peres sein *achtes* Lebensjahrzehnt. Inwiefern ist es möglich, sich in diesem hohen Alter von einer jahrelang gelebten und gepredigten Haltung zu verabschieden? Krispin erklärt die Entschärfung des arabischen Feindbildes bei Peres mit der »hohen kognitiven Komplexität« bzw. mit einer »ausgeprägten Anpassungsfähigkeit«, die sie dem Politiker zuschreibt; damit habe er sich den historischen regionalen und globalen Entwicklungen nach 1989 angepasst.[186] Doch betrachtet man Peres' Bemerkungen Ende der 1980er und Anfang der 1990er Jahre zum alten arabischen Feind in seiner neuen Erscheinungsform des moslemisch-religiösen Fundamentalismus, finden sich ähnliche Denkmuster wie in Bezug auf den säkularen arabischen Nationalismus bzw. auf die von Israel 1993 anerkannte PLO. Im Folgenden sollen anhand eines Ausschnitts aus dem 1993 erschienenen Buch Peres', *Die Versöhnung*, einige dieser Muster gezeigt werden.[187] Peres versteht unter dem Begriff »Fundamentalismus« die Zurückweisung des westlichen Rationalismus, die Distanzierung vom Fortschrittsgedanken und die Forderung der Rückkehr in die Einfachheit der religiösen Wertewelt; und er verwendet den Begriff »moslemischer Fundamentalismus« in Zusammenhang mit einem aggressiven Fanatismus und politischen Machtansprüchen.[188] Dem Text lassen sich die folgenden drei Thesen zum neuen Feind entnehmen, welche bereits im »alten Feindbild« angelegt sind.

Erstens die These der immanent innerarabischen Instabilität: Dieses Phänomen des moslemischen Fundamentalismus bezieht Peres sowohl auf die schiitische als auch auf die sunnitische islamische Glaubensrichtung, somit auf die gesamte islamische Welt.[189] Politische Instabilität wertet Peres als umfassendes Merkmal der gesamten arabischen Welt. Davon gehe eine große Destabilisierungsgefahr für alle Staaten in der Region aus. Peres' Erklärungen zur Entstehung des moslemischen Fundamentalismus führen ihn bis tief in die Strukturen der arabisch-moslemischen Gesellschaft, wobei hier die ganze Kolonialgeschichte und die Rolle des Westens in der Region außer Acht bleiben. So erklärt er, bezogen auf die Stärkung der religiös-islamistischen Kräfte in den jordanischen und algerischen Parlamenten: »In einer Gesellschaft, die jeglicher modernen Vielschichtigkeit entbehrt, die über keine vernünftige Aufteilung des nationalen Reichtums bzw. über keinen erträglichen Lebensstandard auch innerhalb der rückständigen Schichten verfügt, ist die Demokratie westlicher Prägung nicht unbedingt die Alternative zu einer Autokratie. Diese könnte extrem religiös sein, d. h. ein Ausdruck von Sehnsucht nach einer obersten Autorität, nicht nach einer Souveränität des Volkes.«[190] Hier wird die sozioökonomische Not als Nährboden für die Entstehung undemokratischer Kräfte bzw. für die Schwächung der tragenden Schicht der Demokratie, also des Volks, gesehen. Doch nicht nur in der sozioökonomischen Ordnung, auch im Islam selbst sieht Peres Hindernisse für eine demokratische Entwicklung. Er zitiert den Theologen Sahid Haua mit den Worten: »›Im Islam gibt es kein Volk, das sich mit Hilfe von Gesetzen regiert, die es sich selbst gibt, wie es in einer Demokratie üblich ist, sondern das Volk wird von einem Regime regiert und durch ein Gesetz, das von Allah auferlegt wurde und das die Menschen nicht zu verändern berechtigt sind.‹«[191] Daraus schließt Peres, dass auf demokratischen Mehrheiten basierende Macht und der Respekt vor den Menschenrechten mit den Grundbegriffen des Islam in seiner radikalen Interpretation unvereinbar seien.[192] Der moslemische Fundamentalismus entsteht nach Peres aus den rückständigen sozioökonomischen und religiösen Strukturen der arabischen Gesellschaften.

Mit der These der Rückständigkeit ist die These der Gewalttätigkeit verknüpft. Peres sieht das repräsentativste und aussagekräftigste Symbol des Fundamentalismus im Nahen Osten im Khomeinismus, der sich auf die »totale Ablehnung des modernen Lebens, der Schah-Ära und auf den abgrundtiefen Haß auf die westliche Kultur und alles das, wofür diese steht«, stütze.[193] Diesen Antimodernismus bringt Peres in einen Zusammenhang mit der vom Khomeinismus zur Durchsetzung seiner Ziele gebilligten Gewaltanwendung: »[...] In seinem Wesen ist der Khomeinismus ein ideologischer Exportartikel, der im gesamten Raum Frieden und Stabilität gefährdet. Der ›Export‹ der islamischen Revolution an sich verwandelte sich in praktische Politik des iranischen Systems. Ziel dieser Politik ist die Stärkung der Position Irans als dominante Macht in der Region, um ihre Mission auf Erden erfüllen zu können: die Verbreitung der Revolutionsquellen, die sowohl die schiitische Theologie beinhalten als auch die Botschaft der sozialen Gerechtigkeit.«[194] Mit diesem »irrational-fanatischen« politischen Ziel »des Exportierens der islamischen Revolution auf Erden«, welches die kategorische Ablehnung des Fortschrittsgedankens beinhalte, würden Gewaltbereitschaft und Gewaltansatz zwangsläufig einhergehen. Peres bekräftigt diesen Gedanken, indem er behauptet, dass Iran auch angesichts verlorener Konfrontationen wie dem achtjährigen ersten Golf-Krieg zwischen Irak und Iran dieses Ziel nicht aus den Augen verliere.[195] Peres attestiert dem Staat des Khomeinismus eine an seine fanatische Zielsetzung gekoppelte Affinität zur Gewalt, und zwar losgelöst von der wirtschaftlichen, sozialen und sicherheitspolitischen Lage bzw. der regionalen und internationalen Beziehungen. Peres' Anmerkungen zum Thema Nuklearwaffen illustrieren dies: »Nuklearwaffen in den Händen von religiösen Fanatikern oder Tyrannen sind eine Gefahr, die man kaum genug betonen kann. Sie gefährden nicht nur ihre Nachbarn und die Region, sondern auch die ganze Welt. Diese Paarung von fundamentalistischem Islam und nichtkonventionellen Raketen und Waffen ist eine Gefahr für den Weltfrieden.«[196] Da Peres dem iranischen Regime per se Gewalttätigkeit, Irrationalität und Unberechenbarkeit zuschreibt, sieht er alleine darin, dass eine solche Regierung überhaupt Nuklearwaffen besitzt, die größte Gefahr für die ganze Welt.

Mit dieser Argumentation, welche das Handeln der Gegner aus dem Kontext löst und es enthistorisiert, ist eine dritte These hinsichtlich Peres' Feindverständnis in Bezug auf den moslemischen Fundamentalismus verbunden – nämlich die Tendenz, bestimmte, an sich verknüpfte Sachverhalte voneinander getrennt zu betrachten, wie dies am Beispiel der separierten Betrachtung von Territorium und darauf lebenden Menschen gezeigt wurde. In diesem Fall wird der moslemische Fundamentalismus als eine Angelegenheit dargestellt, welche im Grunde mit der Geschichte Israels wenig in Berührung kommt. Peres sieht die (Tod-)Feindschaft Irans gegenüber Israel vielmehr im Konfliktfeld westliche gegen arabische Kultur verankert: »Diese [fundamentalistische] Welle rührt nicht aus dem Konflikt mit Israel oder von dem wachsenden Friedensprozeß her. Allerdings baut sie in ihren Widerstand gegen den modernen Staat auch Elemente des Widerstands gegen die Existenz Israels ein, das als Fremdkörper im Dienste des verhaßten, ketzerischen Imperialismus verstanden wird.«[197] Auch als Peres auf die Verbindungen zwischen Iran und Israels direkten Feinden an zwei Fronten, »Hisbollah« im Südlibanon und »Hamas« und »Islamischer Dschihad« in den besetzten palästinensischen Gebieten eingeht, will er den globalen Kontext dieser Beziehungen hervorheben, wobei die lokalen Konflikte noch nicht einmal angesprochen werden:

> »Selbst in den schwierigen Zeiten des Krieges gegen Irak holten die Ayatollahs die Fahne der revolutionären Verbreitung nicht ein, und allen Schwierigkeiten und eingeschränkten Ressourcen zum Trotz wurden weitere geheime Netze in immer mehr Ländern ausgebreitet. Deshalb auch wurden die Einheiten der Revolutionsgarden als ›Vorhutverbände‹ zur Errichtung einer weiteren islamischen Republik in den Libanon geschickt, unter Ausnutzung der Situation, die durch den Libanonkrieg entstanden war. Dieses ehrgeizige Ziel wurde bekanntlich nicht erreicht, aber so entstand schrittweise die Hisbollah, die sich später in eine mörderische Terrororganisation verwandelte. Nach Beendigung des Krieges gegen Irak forcierte das iranische Regime sein Engagement in anderen Staaten. Auch unter den Palästinensern bemühen sich die iranischen Fundamentalisten zu agieren. Sie haben auch hinter den Kulissen der Verweigerungsorganisationen ihre Hand im Spiel, vor allem in der Hamas- und in der ›islamischen Dshihad‹-Bewegung – beides fanatische Terrorgruppen, die mit aller Kraft den Frieden bekämpfen.«[198]

Peres' Diskurs der Enthistorisierung und Entkontextualisierung – in dem einerseits Israels Rolle und Beitrag in dem jeweiligen Konflikt außer Acht gelassen wird, der andererseits aber den Feind mit Begriffen wie »Todfeind«, »Vorhutverbände«, »mörderische Terrororganisation«, »fanatische Terrorgruppen« belegt – zeigt sich also auch im Feindverständnis. Peres geht beispielsweise kaum auf die Entstehungsgeschichte der Hisbollah während Israels Einmarsch in den Libanon 1982 ein, und kappt auch einen weiteren Zusammenhang: das »ehrgeizige Ziel« zur »Errichtung einer weiteren islamischen Republik im Libanon« und das israelisch-maronitische Vorhaben der Errichtung eines »maronitisch-christlichen Libanon« mit der Unterstützung der israelischen Truppen 1982. Die näheren Umstände dieses israelisch-maronitischen Projekts sowie der historische Hintergrund des Libanonkrieges und das eigentliche Ziel der Hisbollah im Südlibanon bleiben ganz im Dunkeln. Ebenso wenig geht Peres auf die Entstehung der religiösen Hamas-Bewegung in den besetzten Gebieten und ihre politischen Ziele in Bezug auf Israel ein. Dabei verschweigt er Israels Unterstützung der religiösen Bewegung, um die damals als Erzfeind wahrgenommenen säkularen palästinensischen politischen Bewegungen, allen voran die PLO, zu schwächen. Peres' Diskurs der dezidierten Trennung der Geschichte Israels von der des Feindes ermöglicht kaum eine reflektierte Betrachtung des jeweiligen Konflikts. Durch die Auffassung dieser Feinde als Todfeinde erübrigt sich die Frage nach Konfliktursache und Konfliktgegenstand, weshalb auch ein Dialog unvorstellbar scheint. Im Laufe der 1990er Jahre und im ersten Jahrzehnt des neuen Jahrtausends gelten für Peres und für Israel der »moslemische Fundamentalismus« im Iran sowie seine »Gesandten« in der Region als Israels Todfeinde. Ebenso wie der säkulare Nationalismus der 1950er und 1960er Jahre und die säkulare PLO der 1960er, 1970er und 1980er Jahre wird auch der religiöse Feind am Anfang des 21. Jahrhunderts als Erzfeind aufgefasst.[199]

III. Zum Demokratieverständnis: Peres und die israelische Demokratie

Israels Staatsverständnis als »jüdisch« und »demokratisch« und die Frage der politischen Verfasstheit des jüdischen Staats: »Ethnische Demokratie« oder »Ethnokratie«?

Seit der Gründung des Staats Israels stellt sich angesichts der großen palästinensischen Bevölkerungsgruppe unter seiner Dominanz und angesichts seines Selbstverständnisses als Judenstaat die Frage nach der passenden Bezeichnung für seine Herrschaftsform. Israel definiert sich selbst als ein »jüdischer und demokratischer Staat«. Die immanente Spannung dieser Definition zeigt sich bereits in seinem Gründungsdokument. So heißt es in der Unabhängigkeitserklärung vom 14.5.1948 zu Aufgaben und Grundsätzen des jüdischen Staats:

> »[…] Der Staat Israel wird der jüdischen Einwanderung und der Sammlung der Juden im Exil offenstehen. Er wird sich der Entwicklung des Landes zum Wohle aller seiner Bewohner widmen. Er wird auf Freiheit, Gerechtigkeit und Frieden im Sinne der Visionen der Propheten Israels gestützt sein. Er wird all seinen Bürgern ohne Unterschied von Religion, Rasse und Geschlecht, soziale und politische Gleichberechtigung verbürgen. Er wird Glaubens- und Gewissensfreiheit, Freiheit der Sprache, Erziehung und Kultur gewährleisten, die Heiligen Stätten unter seinen Schutz nehmen und den Grundsätzen der Charta der Vereinten Nationen treu bleiben.«[1]

Die traditionelle Gesellschafts- und politische Forschung tendiert dazu, das israelische politische Staatswesen als eine Demokratie zu bezeichnen, auch wenn zugleich auf deren Defizite auf Grund ihrer spezifischen Entstehungsgeschichte verwiesen wird. Die israelische Demokratie wird in der Forschung unterschiedlich definiert: Manche Autoren betonen das »demokratische« Element im Selbstverständnis des »jüdischen und demokratischen Staats« und bezeichnen diesen als eine liberale[2] oder konstitutionelle Demokratie[3], aber auch als eine Konkordanz-Demokratie[4]; andere Stimmen betonen den »jüdisch-ethnischen« Aspekt und verstehen Israel als eine »ethnische Demokratie«[5] oder gar als eine »jüdische Demokratie« bzw. »Theo-Demokratie«[6]. All diese Forschungsmeinungen gehen im Prinzip davon aus, dass das israelische Staatswesen grundsätzlich ein demokratisches sei.[7] Diese Annahme teilen auch relativ kritische Forscher, die auf erhebliche Defizite dieser Demokratie hinweisen; obwohl sie nur das Kernland Israel, d. h. das Gebiet in den sogenannten Waffenstillstandsgrenzen von 1949-1967, zu ihrem Untersuchungsgegenstand machen.[8] Andere Forscher insistieren hingegen darauf, das ganze Gebiet Palästina/*Erez Israel* sei für die Frage der politischen Verfasstheit relevant, da der Staat Israel in diesem Raum seit 1967 fast durchgängig die politisch-militärische und sozioökonomische Vorherrschaft ausübe. Diese Autoren kommen aus zwei Erwägungen zu dem Schluss, dass der israelische Staat kaum als Demokratie bezeichnet werden könne: zum einen, weil das Land seine Politik der »Judaisierung« zur Staatsräson erklärt habe, und zum anderen, weil diese Politik die Lebensbedingungen der Nichtjuden – in den besetzten palästinensischen Gebieten ist die Rede von einer »nicht eingebürgerten Bevölkerung« – beständig einschränke. Diese Forschungsrichtung verwendet in Bezug auf Israel Begriffe wie »Apartheid«[9], »Herrenvolk-Demokratie«[10], eine Mischform aus Demokratie und militärischer Besatzung[11], oder auch »Ethnokratie«[12].

Versteht man eine »liberale Demokratie« im Sinne der Französischen Revolution, wonach alle Staatsbürger ungeachtet ihrer Personengruppenzugehörigkeit die gleichen Bürgerrechte genießen, so lässt sich die israelische Demokratie kaum als eine solche bezeichnen, da infolge der israelischen Eigendefinition als »jüdischer« Staat Juden gegenüber nichtjüdischen Staatsbürgern Privilegien genießen: Der Grundsatz des Bürgerrechts kollidiert mit der Staatsräson eines »Staats des jüdischen Volks«, welcher per Definition Juden, ob israelische Staatsbürger oder nicht, bevorzugt.

Zwei Demokratiemodelle sind für das im Folgenden behandelte Demokratieverständnis von Peres erkenntnisfördernd: zum einen die »ethnische Demokratie« des Politikwissenschaftlers Sammy Smooha, zum anderen das von dem Geographen Oren Yiftachel geprägte Modell der »Ethnokratie«. Diese beiden Konzepte verkörpern die der israelischen Eigendefinition als »jüdischer und demokratischer Staat« inhärente Spannung zwischen einer a- bzw. antidemokratischen Politik und dem demokratischen Selbstverständnis. Danach soll auf den durch den Soziologen Baruch Kimmerling etablierten, der israelischen Demokratie zu Grunde liegenden Begriff des »Jewish Code« eingegangen werden. Zu zeigen ist, dass dieses Schlagwort für Peres' Staatsverständnis bzw. Demokratieverständnis ebenfalls von zentraler Bedeutung ist.

Die israelische Demokratie: »Ethnische Demokratie« oder »Ethnokratie«?

Smooha entwickelt im Hinblick auf Israel das Modell der »ethnischen Demokratie« als alternatives Modell zum einen zur nationalstaatlich-liberalen Demokratie, welche auf der Gleichberechtigung aller Staatsbürger basiert, sowie zum anderen zur Konkordanz-Demokratie, die auf dem gleichberechtigten Status der diversen ethnisch-national-religiösen Bevölkerungsgruppen fußt.[13] Die ethnische Demokratie bezeichnet Staaten und Gesellschaften mit ausgeprägten ethnisch-nationalen Spaltungen, die dennoch demokratische Organisationsformen aufweisen. Die politische Macht in der ethnischen Demokratie ist dabei nicht auf die Vielzahl der im Staatsgebiet lebenden Ethnien verteilt; vielmehr wird der Staat von einer einzigen der verfeindeten ethnisch-nationalen Gruppierungen dominiert, deren Interessen somit vorrangig bedient werden. Nach dieser Definition bezeichnet Smooha die israelische Verfassung als eine »ethnische Demokratie«, in der die jüdische Ethnie mittels Aneignung des Staatsapparates ihre gruppenbezogenen Interessen (national, demographisch, wirtschaftlich, sozial und kulturell) bewahren könne. Obwohl den nichtjüdischen, palästinensischen Staatsbürgern der ethnischen Demokratie individuelle Rechte eingeräumt würden, unterlägen sie den Mechanismen einer strukturellen Gruppenhierarchie: »Die Rechte der Nicht-Angehörigen der ethnischen Nation stehen in der einen oder anderen Weise hinter denen der der Nation Angehörenden zurück und unterliegen staatlicher Diskriminierung. Die Rechtsstaatlichkeit und der Grad der Demokratie werden gemindert durch staatliche Maßnahmen, die eine Bedrohung abwenden sollen, welche man seitens der Nicht-Angehörigen empfindet.«[14]

Das Modell der ethnischen Demokratie sieht Smooha als geeignete Bezeichnung für ethnisch gespaltene bzw. verfeindete Gesellschaften. In einer derartig verfassten Demokratie stünden den Staatsbürgern als Individuen zwar politische und zivile Rechte zu, ebenso mit Einschränkungen den Minderheiten, andererseits komme es zu einer Institutionalisierung der Vorherrschaft der dominanten ethnischen Gruppe im Staat. Die israelische Weigerung, die Palästinenser als staatliche nationale Minderheit anzuerkennen (vgl. auch die oben zitierte Passage aus der Unabhängigkeitserklärung), wird mit Beweggründen erklärt bzw. gerechtfertigt, welche dem zionistischen Narrativ verpflichtet sind. Smooha nennt zunächst ein Motiv historisch-rechtlicher Natur: Die Anerkennung der nationalen Rechte der Palästinenser würde das ausschließliche Recht der Juden auf *Erez Israel* unterminieren. Zweitens würde ein Minderheitenstatus den Palästinensern den Anspruch auf eine Autonomie einräumen. In letzter Konsequenz bestehe die Gefahr einer territorialen Trennung. Drittens »könnte nach Meinung vieler Juden solch eine Anerkennung der Araber in Israel als eine palästinensische nationale Minderheit deren Definition als Feind nach sich ziehen, und so quasi das Verhältnis zwischen ihr und dem feindseligen palästinensischen Volk [in den von Israel besetzten Gebieten] verstärken, somit die Palästinenser ermutigen, den Staat zu sabotieren«.[15] Hier kommt wieder der bereits aus sicherheitspolitischen Gründen verinnerlichte Diskurs der getrennten Betrachtung der zwei palästinensischen Gruppen unter israelischer Vorherrschaft zum Tragen. Smooha argumentiert weiter sicherheitspolitisch: »Die arabische Minderheit Israels stellt einen Bestandteil einer regionalen arabischen Mehrheit dar, welche von den Juden als sicherheitspolitische, kulturelle und demographische Bedrohung verstanden wird.«[16]

Im Hinblick auf die strukturbedingte Diskriminierung unterlegener Gruppen in der ethnischen Demokratie versteht sich dieses Modell als Kompromissmodell, das die zwei widersprüchlichen Elemente der israelischen Staatsdefinition, »jüdisch« und »demokratisch«, unter einen Hut zu bringen vermag. Dabei verleugnen der Begriff »ethnische Demokratie« sowie die Eigendefinition »jüdisch« und »demokratisch« die de facto existierende binationale politische Realität zweier ethnischer Gruppen; zugleich verleugnen sie die beständige Diskriminierung, auch wenn Smooha dies nicht offen tut. Denn was bedeutet diese Kombination von »jüdisch« und »demokratisch«, wenn nicht die Ausblendung der Tatsache, dass der israelische Staat nicht nur die Vorherrschaft über eine andere Nationalität als die jüdische ausübt, sondern dass es dabei zugleich recht undemokratisch zugeht. Israel bekämpft traditionell das Modell eines »Staats aller seiner Bürger«, sprich die binationale Option, da es den »Staat des jüdischen Volks« zur Staatsräson macht. Und gleichzeitig lehnt das ethnische Demokratiemodell die Gleichberechtigung im Sinne der Konkordanz-Demokratie ab. Der palästinensischen Minderheit Israels bleibt das nationale Selbstbestimmungsrecht nach wie vor verwehrt, mithin fällt die Verteilung von staatlichen Machtressourcen deutlich zu ihrem Nachteil aus. Vor diesem Hintergrund besteht das Problem von Smoohas Argumentationsweise nicht zuletzt darin, dass er die ethnische Demokratie als ein stabiles, als nachhaltiges Modell verstanden wissen will. Den Widerspruch zwischen echter demokratischer Gleichberechtigung und der Bevorzugung der *einen* Ethnie im Begriff der ethnischen Demokratie will er mit dem gedanklichen Spagat überbrücken, dass der »Dominanz der Mehrheitsgruppe« schließlich »demokratische Bestimmungen« für alle Staatsbürger gegenüberstünden.[17]

Smoohas Kriterium für die Unterscheidung der verschiedenen Arten von Demokratie ist das *konstitutionelle* Verhältnis zwischen der dominanten ethnischen Gruppe, dem Staat und den ethnischen Minderheitengruppen. In einer ethnischen Demokratie »bestimmt die ethnische Nation, nicht die Gesamtheit der Bürger, die Symbole, die Gesetze und die Politik des Staates zum Wohle der Mehrheit. Diese Ideologie unterscheidet ganz wesentlich zwischen Angehörigen und Nicht-Angehörigen der ethnischen Nation«.[18] Smooha setzt also auf verfahrensrechtliche bzw. konstitutionelle Elemente einer Demokratie, wobei das Mehrheitsprinzip und die Freiheitsrechte des Einzelnen respektiert werden sollen. Die Kernfrage bleibt dabei, wie viel rechtliche Ungleichheit eine ethnische Demokratie dulden darf. Es geht Smooha nämlich bei diesem besonderen Typus einer Demokratie in gespaltenen Gesellschaften darum, vom Modell der »Herrenvolk-Demokratie« unbedingt zu unterscheiden. Denn Letztere räume, im Gegensatz zur ethnischen Demokratie, »den beherrschten Gruppen überhaupt keine demokratischen Rechte ein«, agiere »gegen universelle Normen und die Weltöffentlichkeit«, und stelle mithin ein »nichtdemokratisches, extremes, rares und labiles Regime« dar.[19] Die ethnische Demokratie hingegen werde deshalb als Erfolgsmodell angesehen, weil sie stabil sei.[20] Diese Festigkeit wird indes mit der »demokratischen Tradition der zionistischen Bewegung bzw. des *Jischuw*«, mit der »ausgeprägten westlichen Orientierung der Juden in Israel« und mit den »äußerlichen Abhängigkeitsverhältnissen zur demokratisch-westlichen Welt« erklärt. Smooha beteuert den demokratischen Aspekt im Begriff der ethnischen Demokratie: Die demokratische Pflicht Israels und die demokratische Orientierung des Zionismus gewähre die fortwährende Inklusion der palästinensischen Minderheit in der israelischen Demokratie, weshalb »die ethnische Demokratie den realistischen Kompromiss zwischen ethnischem Nationalstaat und demokratischem Regime« darstelle.[21] Die Bezeichnung der ethnischen Demokratie als »ein realistischer Kompromiss« lässt sich zum einen damit erklären, dass der »ethnische« Aspekt in der ethnischen Demokratie als tragende Säule, als

Maxime gemäß dem zionistischen Selbstverständnis verstanden wird; zum anderen dienen hier die sicherheitspolitischen Überlegungen als rationale Methode, dieses Selbstverständnis umzusetzen und zu bewahren. Ein »realistisches Modell« im Sinne der Staatsdefinition »jüdisch« und »demokratisch« also.

Doch während Smooha sein Modell auf das souveräne Staatsgebiet Israels in den Grenzen von 1967 anwendet, wobei er eine klare Trennungslinie zu den besetzten, im linkszionistischen Jargon »umstrittenen« Gebieten zieht, legt der Geograph Oren Yiftachel seinem Modell der Ethnokratie einen anderen Untersuchungsraum zugrunde. In seiner Analyse der israelischen Staatsverfassung vor der Folie eines Demokratiebegriffs, der auch staatsbürgerliche Gleichstellung, Bürgerrechte und Minderheitenschutz umfasst, bezieht sich Yiftachel auf alle unter israelischer Kontrolle stehenden Gebiete; also das ganze Gebiet Palästina/*Erez Israel*. Für Yiftachel hat sich an dieser Machtverteilung auch während des 1993 in Gang gesetzten Oslo-Friedensprozesses noch nichts geändert, weil die beschränkten palästinensischen Selbstverwaltungsgebiete in Wirklichkeit auch israelisch-militärischer Vorherrschaft unterworfen seien.[22]

Im Modell der Ethnokratie ist die »Dominanz einer Ethnie« gegenüber den anderen ethnischen Staatsgruppen Grundlage des Staatswesens, genau wie im Modell der ethnischen Demokratie. Doch im Gegensatz zur ethnischen Demokratie gilt die Ethnokratie als undemokratisch. Die Ethnokratie setzt per definitionem die dominante Ethnie ins Zentrum ihrer Betrachtung. Mit deren Hegemonie gehen für die anderen Ethnien im Staat unweigerlich Kontrolle und Aufsicht einher. So Yiftachel: »An Ethnocracy is a non-democratic regime which attempts to extend or preserve disproportional ethnic control over a contested multi-ethnic territory. Ethnocracy develops chiefly when control over territory is challenged, and when a dominant group is powerful enough to determine unilaterally the nature of the state. Ethnocracy is thus an unstable regime, with opposite forces of expansionism and resistance in constant conflict.«[23] Im Spannungsfeld eines »jüdischen und demokratischen Staats« rückt die Ethnokratie den Vorrang des jüdisch-ethnischen Elements ins Zentrum. So demonstriert Yiftachel dies anhand der *Knesset*-Gesetzgebung, welche den jüdischen Charakter des Staats garantiert, wie das Rückkehrgesetz von 1950 und das Staatsbürgerschaftsgesetz von 1952, welche beide Juden gegenüber Nichtjuden beim Anspruch auf Staatsangehörigkeit bevorzugen. Eine Verstärkung des jüdisch-ethnischen Elements sieht Yiftachel auch in der Bestimmung des israelischen Obersten Gerichtshofes von 1964, in der das »Jüdische an dem Staat Israel konstitutionell« festgelegt wird, sowie in der 1985 vorgenommenen Ergänzung des Grundgesetzes, der zufolge keine Partei in die *Knesset* aufgenommen werden darf, welche Israels Definition als Staat des jüdischen Volks verändern will.[24] Doch das Hauptproblem bei der Definition der israelischen Demokratie liegt Yiftachel zufolge nicht alleine auf dieser *gesetzlichen* Ebene. Vielmehr gelte es hier, die *Staatspraxis* hervorzuheben: Seit der Staatsgründung sei ein Doppelprozess im Gange, einerseits der »Judaisierung« Israels und andererseits seiner »De-Arabisierung«, sprich Enteignung und Verdrängung der Palästinenser des Landes; diese Dynamik der politischen Geographie habe zu einem radikalen demographischen Wandel des Staats geführt, mithin zu einer Änderung der Strukturen ethnischterritorialer Kontrolle, zum Aufbrechen von Staatsgrenzen, zum Einschluss der jüdischen und Ausschluss der palästinensischen Diaspora sowie zur engen Verknüpfung von Religion, Territorium und Ethnizität.[25]

Haupthindernis für eine echte israelische Demokratie ist nach Yiftachel das Fehlen eines klar definierbaren israelischen *Demos*; er deutet hier die abstrakte Definition des für eine Demokratie unerlässlichen »Staatsvolks« an, also »das jüdische Volk«: Gemäß dem »Rückkehrgesetz« genießen jüdische Staatsbürger anderer Staaten mehr Rechte im Staat Israel als im israelischen Staatsgebiet geborene nichtjüdische Staatsbürger. Darüber hinaus erkennt Yiftachel das Problem der exterritorialen, nichtstaatsbürgerlichen jüdischen Organisationen, die in Israel Einfluss auf politische Entscheidungen ausüben. Zum einen ist die Rede von exterritorialen jüdischen Organisationen und Gruppen wie dem »Jewish National Fund«, der Jewish Agency und der »Zionistischen Föderation«, die vom israelischen Volk nicht gewählt werden, die aber eine effektive politische Macht in Israel ausüben. Zum anderen erwähnt Yiftachel das ausgeprägte Spenden-System durch wohlhabende Juden im Ausland sowie die Lobbys der jüdischen Gemeinden auf dem internationalen Parkett; diese seien ein integraler Bestandteil einer politischen Machtausübung exterritorialer Organisationen.[26] Aus Yiftachels Sicht steht nicht nur das Fehlen einer klaren Definition der Regierenden und Regierten einer Bezeichnung Israels als Demokratie im Wege, sondern auch die unklaren Demarkationslinien des israelischen Staatsgebiets. Yiftachels Begriff der »geographischen Dynamik« ist hier zentral. Damit spielt er auf die israelische Grenzüberschreitung durch Ansiedelung israelisch-jüdischer Staatsbürger außerhalb des souveränen, international anerkannten Staatsgebiets an. In diesem geographischen Raum der besetzten Gebiete betreibe Israel mit militärischen Mitteln eine ethnische Segregation zwischen jüdischen Staatsbürgern und entrechteten Palästinensern, was demokratischen Grundsätzen widerspreche. Yiftachel folgert: »›Israel‹, as a definable democratic-political entity, simply *does not exist*. The legal and political power of extraterritorial (Jewish) bodies and the breaching of state borders empty the notion of Israel from the broadly accepted meaning of a state as a territorial-legal institution. Hence, the unproblematic acceptance of ›Israel proper‹ in most social science writings [...] and in the public media has been based on a misnomer.«[27] Yiftachel gewinnt daraus seine Grundthese, dass der jüdische *Ethnos* und nicht der israelische *Demos* den jüdischen Staat regiere, der daher nicht als *Demo*kratie, sondern als *Ethno*kratie zu definieren sei.[28]

Der »Jewish Code« und die israelische Demokratie

In den beiden hier angeführten Staatsmodellen ist der Primat der jüdischen Ethnie in der israelischen Staatsräson nicht umstritten. Kernpunkt des Disputs um die Bezeichnung der israelischen Staatsform ist vielmehr die Frage, wie sich die beiden Komponenten der Staatsdefinition, »jüdisch« und »demokratisch«, in einer binationalen politischen Realität zueinander verhalten. Dem geht der israelische Soziologe Baruch Kimmerling in seinem Aufsatz »Religion, Nationalismus und Demokratie in Israel« nach.[29] Kimmerling entwickelt in seinem Beitrag den Begriff eines spezifischen jüdischen kulturellen Codes (»the Jewish Code«) als zentrale Säule der israelischen politischen und sozialen Ordnung, mithin der israelischen Demokratie. Seine Analyse des Verhältnisses der drei Faktoren Religion, Nation und Demokratie verschafft einen Einblick in die Besonderheiten des israelischen Demokratieverständnisses. Zentrales Argument ist die von der zionistischen Ideologie übernommene, selbstverständliche Gleichstellung von jüdischer Religions- und Nationszugehörigkeit. Somit definiere sich Israel im Gegensatz zu anderen westlichen Demokratien nicht als »Staat seiner Bürger«, sondern als Staat des gesamten jüdischen Volks. Staatliche Zugehörigkeit und die Einräumung von Rechten werden dabei auf ethnisch-religiöser Basis bestimmt, sodass Israel zwar nach demokratischen Grundsätzen funktioniere und freie Wahlen, Parteien, Gewaltenteilung und eine freie Presse vorweisen könne; doch diese demokratischen Institutionen und Vorgänge seien alleine auf den von der zionistischen Hegemonie bestimmten Rahmen beschränkt, sodass der jüdischen Ethnie Vorrang bzw. Vorrechte gesichert seien. Insofern bezeichnet Kimmerling die israelische Demokratie als eine »Theo-Demokratie« bzw. als »jüdische Demokratie«.

Um die Genese der israelischen Staatsform zu erklären, geht Kimmerling in seiner Untersuchung zunächst auf die *Jischuw*-Zeit ein. Undemokratische Entwicklungen hätten sich bereits in diesem frühen Stadium abgezeichnet, doch sei die Frage der politischen Verfasstheit zunächst noch nicht gestellt worden. Sie sei vor der Staatsgründung, in der sich eine jüdisch-säkulare Gesellschaft im Prozess der Entstehung befunden habe, eben nur zweitrangig gewesen. Denn zum einen habe es auf der Tagesordnung viel gewichtigere und dringendere politische, militärische, soziale und ökonomische Fragen gegeben. Zum anderen hätten die unterschiedlichen zionistischen Orientierungen, die liberale, sozialistische, nationalistische und nationalreligiöse, jeweils eigene Regimevorstellungen gehabt. Außerdem habe man Angst vor der Verschärfung der ohnehin bestehenden Konflikte und Spannungen innerhalb des jüdisch-zionistischen Kollektivs gehabt. Die »jüdische Basis« sei zudem als viel versprechende Grundlage einer künftigen Gesellschaft erschienen; sie habe einen breiteren Konsens genossen, und in ihr sei die Diskriminierung von Juden als unvorstellbar erschienen. Nichtjuden habe man dabei ohnehin als »out-group« verstanden. Kimmerling beschreibt des Weiteren das im *Jischuw* eingeführte Wahlsystem für die nationalen sowie andere jüdisch-zionistische Institutionen (wie Parteien, die Jewish Agency, das »Nationale Komitee« und der jüdische Gewerkschaftsapparat *Histadrut*) als Legitimationsfaktor für die Spielregeln *innerhalb* der jüdischen Gemeinde. Dabei wiesen diese Wahlen einige *äußere Zeichen einer Demokratie* auf, was

Kimmerling als »Verfahrensdemokratie« bezeichnet. In ihr blieben sowohl eine gewisse soziale Unterstützung als auch eine gewisse Autonomie des Einzelnen innerhalb der unterschiedlichen soziopolitischen Gruppen und Parteien gewährleistet.[30]

So funktionierte nach Kimmerling die *Jischuw*-Gemeinschaft auf einer jüdisch-zionistischen Basis, die nicht allein die Grundlage der kollektiven Identität gewesen sei, sondern auch Organisationsprinzip, demzufolge dem einzelnen Gemeindemitglied Rechtsschutz gewährt werde. Es wird indessen betont, dass es sich bei diesen Rechten nicht um universale Rechte im zivilen Sinne gehandelt habe, sondern dass ihr Fundament die jüdische Gemeindezugehörigkeit gewesen sei, und zwar auch, wenn innerhalb der diversen politischen Ausrichtungen keine echte Gleichberechtigung gewährleistet worden sei. Doch gegenüber der britischen Fremdherrschaft bzw. der arabischen Mehrheit verliehen diese Rechte Kollektivschutz für die Gemeindemitglieder. Dies zielte u. a. auf eine Autonomie der jüdischen Gemeinde ab, mithin auf ihre Bildung als Kollektiv innerhalb der britisch-arabisch-jüdischen Dreierkonstellation.[31]

Zum Zeitpunkt der Staatsgründung stellt sich jedoch unausweichlich auch die Frage der politischen Verfasstheit. Als Grundlage des neuen Staats betont Kimmerling die starke, untrennbare Verknüpfung zwischen religiösen und nationalen Elementen, die bis zur Verschmelzung gehen kann. Bezeichnend für dieses Charakteristikum ist die am Vorabend der Staatsgründung zwischen der Jewish Agency (die exekutive Institution im *Jischuw*) und der nichtzionistischen orthodoxen Partei *Agudat Israel* erzielte Übereinkunft, welche den religiösen Status quo zum Fundament der künftigen israelischen Ordnung macht. Hier wird zwar die jüdisch-religiöse Gesetzgebung, die *Halacha*, in ihrer Gesamtheit abgelehnt, dafür aber werden per Gesetz der *Schabbat* als Ruhetag und die Einhaltung koscherer Gebote in allen öffentlichen und staatlichen Einrichtungen gesichert. Ebenso soll das Familienrecht (Heirat, Geburt und Tod) nach halachischer Gesetzgebung bestimmt werden; de facto zieht sich der Staat nach seiner Gründung aus dem Bereich des Familienrechts zurück und überträgt ihn per Gesetz den religiösen Behörden. Diese Rechtslage stellt eine Übernahme der Rechtssituation im *Jischuw* dar, der zufolge sich die Juden als ein »religiöses *millet*« der religiösen Gerichtsbarkeit unterstellt haben (1922-1947). Dabei ist im *Jischuw* dem Einzelnen überlassen, ob er sich zivilem Recht unterordnet, eine Wahlmöglichkeit, die mit der Gründung Israels wegfällt. Und schließlich gesteht die Übereinkunft den diversen Strömungen innerhalb der jüdischen Religion volle Autonomie im Erziehungswesen zu.[32]

Die Richtungsentscheidung des neuen Staats für die westliche Demokratie ist zur Gründungszeit nicht selbstverständlich. Die dominanten politischen und sozialen Kräfte definieren sich nämlich als sozialistisch, einige sogar – wie *Mapam* und die Kommunistische Partei *Maki* – mit deutlich sowjetischer Orientierung. Zudem spricht sich die Sowjetunion 1948 für die Gründung des Staats Israel aus und stellt angesichts des amerikanischen Waffenboykotts über den Umweg der osteuropäischen Staaten einen wichtigen Waffenlieferanten dar. Kimmerling zufolge orientiert sich die israelische Führung aus folgenden Gründen nach Westen: erstens, weil sie das organisierte amerikanische Judentum als langfristigen politischen und ökonomischen Halt für Israel erachtet; zweitens, auf Grund David Ben-Gurions zunehmender Bewunderung für die Stärke und Vielfalt der amerikanischen Gesellschaft; und drittens, weil die israelischen politischen Staatseliten sich von der als »rückständig« geltenden nahöstlichen Region distanzieren wollen. Gerade vor dem Hintergrund der Aufnahme von mehreren Hunderttausend Juden aus den arabischen Ländern des Nahen Ostens und Nordafrika sieht sich die politische Führung veranlasst, die europäische Orientierung zu demonstrieren und festzuschreiben. In einem atheistisch-kommunistisch ausgerichteten Israel hätte zudem ein genuin religiöses jüdisches Selbstverständnis keinen Platz gehabt. Kimmerlings Grundthese lautet jedoch, dass das Judentum im religiösen Sinne unentbehrlich für die endgültige Legitimation des Zionismus sei, weshalb die Religiösen in das nationale Projekt miteinbezogen werden müssten. Gerade mit den ausdrücklich religiösen Symbolen und Werten gelinge es der zionistischen Bewegung, die Unterstützung der Juden sowie Nichtjuden zu gewinnen. Und gerade das Jüdischsein im religiösen Sinne sei eine Antwort auf die große Gefahr der Delegitimierung des jüdischen Staats vor allem nach 1967, die darin bestehe, dass Israel seine Gesellschaft auf Kosten einer anderen aufgebaut habe: Während Israel den palästinensischen Flüchtlingen ihre Rückkehr verweigert, fördert es massenhafte jüdische Einwanderung. Da der Zionismus aber auf die jüdische Verfolgungsgeschichte, den Holocaust, das Heroische des zionistischen Projekts und den Sieg von 1948 verweise, werde die Gefahr der Delegitimierung entschärft. Eben in dieser Geschichtsauslegung besteht nach Kimmerling der politische, kulturelle aber auch theologische Sieg der zionistischen Bewegung, die ihre Zugkraft im Anschluss an die Sowjetunion eingebüßt hätte.[33]

Kimmerling belegt, dass auch die israelische Unabhängigkeitserklärung deutlich auf die problematischen Wurzeln und die umstrittene Legitimation des neuen Staats verweist. In der Erklärung spiegelt sich die Verknüpfung und Vermischung von religiösen und säkularen Elementen, von Religion und Nation wider. Sowohl die detailliert geschilderte jüdische Geschichte, welche bis auf die biblische Epoche zurückverfolgt wird, als auch die Erwähnung der Resolution 181 der Vereinten Nationen soll das »historisch-natürliche Recht« des jüdischen Volks auf seine politische Souveränität rechtfertigen. Der Staat soll »auf Freiheit, Gerechtigkeit und Frieden«, also auf universelle Werte, gestützt sein, zugleich aber »im Sinne der Visionen der Propheten Israels« aufgebaut sein; außerdem wird an das jüdische Volk der Diaspora direkt appelliert, »auf dem Gebiete der Einwanderung und des Aufbaues zu helfen«, gleichwohl ist die Rede von dem religiös konnotierten Ziel »der Erlösung Israels«; der Staat soll gemäß der Erklärung »all seinen Bürgern ohne Unterschied von Religion, Rasse und Geschlecht, soziale und politische Gleichberechtigung verbürgen«. All dies wird mit dem religiös eingefärbten

Zusatz von »der Zuversicht auf den Fels Israels« unterstrichen. Dass David Ben-Gurion 1949 die religiös orientierten Parteien (*Hamisrachi* oder *Hapoel Hamisrachi*) der säkular-sozialistischen *Mapam* oder den liberalen »Allgemeinen Zionisten« als Koalitionspartner vorzieht, versteht Kimmerling nicht alleine im engeren parteipolitischen Zusammenhang, sprich als Entscheidung, um die Dominanz der regierenden *Mapai*-Partei aufrechtzuerhalten.[34] Vielmehr gehe es Ben-Gurion darum, der neuen Gesellschaft aus Immigranten und Siedlern durch die religiös ausgerichteten Parteien, Gruppen und Menschen eine Art Legitimation zu verleihen, auch wenn diese letztlich die Spannungen in der kollektiven Selbstwahrnehmung nie aufgelöst habe.[35]

Auch Adi Ophir bemerkt in der israelischen Unabhängigkeitserklärung die Spannung zwischen religiösen und nationalen kollektiven Identitätsmerkmalen, welche für Peres' Demokratieverständnis relevant sind. Die Erklärung hat zwar keinen rechtlich bindenden Charakter, sie erfüllt aber eine nicht zu unterschätzende symbolische bzw. legitimationsähnliche Funktion für die israelische Demokratie. Ophir weist auf die ihr zugrunde liegenden, teilweise widersprüchlichen Legitimationsmuster hin. Die Unabhängigkeitserklärung spricht einerseits von einem metaphysischen, sprich ahistorischen Verhältnis des jüdischen Volks zu *Erez Israel*; andererseits verweist sie auf die bitteren Erfahrungen der Juden in den europäischen Gesellschaften, also auf die jüdische Leidensgeschichte; und gleichzeitig verficht das Dokument das jüdische Selbstbestimmungsrecht auf einer universellen Basis und den Anspruch auf eine jüdische nationalstaatliche Normalität. Diese Textstellen versinnbildlichen für Ophir das innerisraelische politische Kampffeld, wo der Ausgang diverser Schlachten zum Zeitpunkt seiner Analyse (1988) noch »offen« ist. Die politische Entscheidung zwischen dem historisch-partikularistischen und dem universalistischen Weg, also zwischen der »Normalisierung« der Lebensverhältnisse des jüdischen Volks, mithin der Versöhnung mit den *Gojim*, und dem Festhalten am Leitspruch der Einzigartigkeit des jüdischen Volks war noch nicht gefallen.

Ophirs Anliegen ist hier, die sich 1988 auf Israels Betreiben zunehmend zementierende Besatzungssituation zu erklären. Er interpretiert die widersprüchlichen Legitimationsmuster im Text der Unabhängigkeitserklärung als Neutralisierung der ausdrücklich liberalen Botschaft durch eine latent jüdisch-nationalistische, was das israelische Besatzungsregime möglich macht. Denn diese Offenheit des auch 1988 »quasi noch zu entscheidenden bzw. einzuschlagenden israelischen Wegs« diene insofern dem jüdischen Nationalismus, als diese »offene« Lage durch einen »sich ausbalancierenden« Status quo zwischen »Rechten« und »Linken« nicht nur die Besatzung möglich mache, sondern sie noch verfestige. Denn dieser Status quo »neutralisiere« die Notwendigkeit einer Entscheidung, stehe ihr sogar im Wege.[36] Es stellt sich jedoch die Frage, inwiefern sich die Rechte und die Linke bezüglich dieser »offenen« Frage des »israelischen Wegs« 1988 voneinander absetzen. Wo steht der Anführer der israelischen Arbeitspartei in diesem Spannungsfeld der jüdischen Identitätsfindung?

Peres' Demokratiebegriff: »Demokratie für Juden«?

Für das oben behandelte Spannungsfeld eines »jüdischen und demokratischen Staats« bietet Peres im Kontext der Frage nach dem Status der palästinensischen Israelis folgende Lösung an: »Der Staat Israel ist sowohl der Staat des jüdischen Volks als solches, als auch der Staat seiner Bürger, jüdischer sowie arabischer Nationalitäten, Juden sowie Araber.«[37] Wie ist diese vermeintlich widersprüchliche Äußerung zu verstehen? Handelt es sich dabei um die Schilderung eines Zustands, oder wird hier ein Anspruch ausgedrückt? Welches Kollektiv ist Peres zufolge das Staatsvolk der israelischen Demokratie, der israelische *Demos* oder der jüdische *Ethnos*? Peres äußert sich in seinen diversen Veröffentlichungen zur Frage der politischen Verfasstheit Israels im Allgemeinen und zur Demokratie im Besonderen nur selten. Allein aus seinen schriftlichen Stellungnahmen ist die Frage nach seinem Demokratieverständnis kaum zu beantworten. Deshalb wird im Folgenden sein politischer Habitus herausgearbeitet. Es stellt sich die Frage, ob die israelische Demokratie für ihn eine Selbstverständlichkeit ist, die anzusprechen er als nicht notwendig erachtet. Oder verbirgt sich hinter diesem Schweigen ein problematisches Verständnis von Demokratie? Folgende Punkte sollen nun untersucht werden: Zunächst wird die Frage nach der geschriebenen Verfassung und Peres' Verhältnis dazu gestellt – dies betrifft die staatsbürgerliche Gleichstellung, Bürgerrechte, Minderheitenschutz. Was versteht Peres schließlich unter den politischen Schlagwörtern »Staatsvolk« und »Staatsgrenzen«? Im Bereich der politischen Kultur bzw. des politischen Habitus stehen im Folgenden zwei sicherheitspolitische Affären im Mittelpunkt, welche Aufschluss geben über Peres' Verständnis der Oppositionsarbeit, Rechtsstaatlichkeit, Gewaltenteilung bzw. der Rolle des Militärs in einer Demokratie und damit auch seiner Haltung zu Transparenz und politischer Verantwortlichkeit. Anschließend soll Peres' Verhältnis zur sozialen Frage geklärt worden, wobei seine sozioökonomische Gesinnung anhand seiner Rhetorik und Politik herausgearbeitet wird. Handelt es sich bei dem langjährigen Führer der israelischen Arbeitspartei um einen Sozialdemokraten, einen Sozialisten oder gar einen Liberalen?

Geschriebene Verfassung und die Dynamik der Nationsbildung

Peres' Position zur Frage einer geschriebenen Verfassung für Israel und zur damit verbundenen Debatte kurz nach der Staatsgründung bzw. der Formulierung des Staatsbürgerschaftsgesetzes lässt sich seinen Texten nicht direkt entnehmen, da er sich kaum dazu äußert. Peres befasst sich zudem zu besagtem Zeitpunkt kaum mit Rechtsfragen. Die politisch-ideologische Nähe zu Ben-Gurion sowie die enge Zusammenarbeit mit diesem in den formativen Jahren legen aber nahe, dass er in dieser Angelegenheit seinem politischen Ziehvater gedanklich folgt. Der »Vater der Nation« setzt sich kurz nach der Staatsgründung mit seiner Meinung gegen eine geschriebene Verfassung für

Israel durch.³⁸ Während die oppositionellen Parteien *Mapam*, die Allgemeinen Zionisten, *Herut* und die kommunistische Partei *Maki* sich aus Gründen des Minderheitenschutzes vor allem für die Palästinenser zugunsten einer Verfassung und für Bürgerrechte aussprechen, um sowohl die Macht der Regierung als auch der sie dominierenden *Mapai*-Partei einzuschränken³⁹, führt David Ben-Gurion letztlich seine *Mapai*-Partei, in welcher ebenfalls Uneinigkeit herrscht, zur Ablehnung einer Verfassung. Erstens wäre eine Koalitionsbildung mit dem von Ben-Gurion bevorzugten religiösen Parteienblock (*Agudat Israel, Poalei Agudat Israel, Hamisrachi* und *Hapoel Hamisrachi*) – der eine weltliche Staatsverfassung als solche ablehnt – politisch nicht durchsetzbar. Wie Kimmerling zeigt, ist diese Koalition als Legitimationsquelle für einen jüdischen Staat vorgesehen. Zweitens versteht Ben-Gurion eine Demokratie nach dem Mehrheitsprinzip und dem Prinzip der Rechtsstaatlichkeit als ausreichend für die israelische Staatsbildung. Eine geschriebene Verfassung hätte den Spielraum der Regierung bzw. der regierenden Partei, die gemeinsam mit ihren Koalitionspartnern über eine Mehrheit in der *Knesset* verfügt, erheblich beschränkt. Dies hätte den Machterhalt der *Mapai*-Partei gefährdet. Und drittens sieht Ben-Gurion in einer Verfassung ein erhebliches Hindernis für die noch im Entstehen begriffene Nationsbildung durch Einwanderung, Besiedlung und die Genese eines Volks. Die demographischen und geopolitischen Vorhaben des politischen und sicherheitspolitischen Establishments dieser Jahre sind alles in allem kaum mit einer geschriebenen Verfassung vereinbar. Sowohl die Grenzen Israels als auch der Status der palästinensischen Staatsbürger, mithin die Frage der Rechtmäßigkeit einer Militärregierung, hätten in einer geschriebenen Verfassung geklärt bzw. festgelegt werden müssen. Ben-Gurion: »Unser Staat ist der dynamischste der Welt und wird sich jeden Tag erneut bilden. Jeden Tag kommen neue Juden ins Land und jeden Tag wird verlassenes Land befreit. Diese Dynamik kann sich einem vorgegebenen Rahmen und künstlichen Fesseln nicht unterwerfen.«⁴⁰

Ein anderes Koalitionsmitglied, David Bar-Rav-Hei, von *Mapai* bringt es im Sinne von Yiftachels These der geographischen Dynamik auf den Punkt: »Eine Verfassung [...] wird nicht am Beginn einer Revolution erlassen, sondern an ihrem Ende. Jede Konstitution zielt auf die Einfrierung und Verewigung von bestimmten Prinzipien. Alle im Laufe einer Revolution festgelegten Verfassungen wurden meist verwandelt oder gar geändert. Man muss also zunächst eine gewisse Stabilität erreichen.«⁴¹ »Stabilität« soll kurz nach der Staatsgründung vor allem durch die Fortsetzung der jüdischen Einwanderung und Besiedlung gewährleistet werden. Die für Israel lebenswichtige Immigration hebt das religiöse Koalitionsmitglied Mordechai Norok noch in anderem Zusammenhang hervor: In Israel leben 1949 nur zehn Prozent des jüdischen Volks. Die Festschreibung einer Verfassung zu diesem Zeitpunkt sei undemokratisch, da die jüdische Mehrheit noch in der Diaspora lebe und nicht mitentscheiden könne.⁴² Eine Verfassung liefe demnach den israelischen Aufgaben und nationalen Werten wie Staatsaufbau, jüdische Immigration und Landgewinn zuwider.⁴³

Die Maxime der geographischen und demographischen Dynamik der Nationsbildung liegt auch Peres' Appell für die jüdische Einwanderung und Besiedlung des Landes in seinem Buch von 1978 zugrunde. Von einer geschriebenen Verfassung oder gar einem Minderheitenschutz lässt er nichts verlauten. Auf der ersten Buchseite umreißt der neue Vorsitzende der Arbeitspartei die Doppelaufgabe der Arbeitsbewegung: Neben der Errichtung einer sozialistisch orientierten Arbeitergesellschaft habe die israelische Arbeitsbewegung stets die Aufgabe der Nationsbildung bzw. Staatsbildung übernommen, was »bis heute noch Gültigkeit« habe.[44] Auf die Tagesordnung der israelischen Arbeitspartei setzt Peres neben die bereits ergangene Staatsgründung und die »Erlangung einer politischen Unabhängigkeit für das jüdische Volk«, die allerdings »jederzeit erschüttert werden kann«, die folgenden noch zu erfüllenden Aufträge: »die Sammlung des Diaspora[judentums] [in Israel]«, »die [jüdische] Besiedlung des Landes« [Staatsgrenzen unbenannt], »der Aufbau einer aufrichtigen Gesellschaft« und die »Erlangung des Friedens«. Des Weiteren bekräftigt er: »Historisch gesehen strebt die [jüdische] Arbeitspartei den Anschluss des [heute lebenden] jüdischen Volks bzw. seiner Geschichte an dessen Ausgangslage [die politische Souveränität] an; an den Ersten und Zweiten Tempel, sowie an den Auszug der Juden aus Ägypten und an deren anschließende Besiedlung des verheißenen Landes, und zwar als kollektive Identitätsgestaltung in Händen von Richtern, Königen und Propheten.« Weiter: »Es handelt sich hierbei nicht um eine Idealisierung der Vergangenheit, sondern darum, den Bezug zu ihr und ihren Werten herzustellen.«[45]

Noch drei Jahrzehnte nach der Staatsgründung also stehen Peres' Worte ganz in der Tradition der von seinem Ziehvater begriffenen Dynamik. Dabei will Peres die Verhältnisse zwischen »dem jüdischen und arabischen *Jischuw*« im nun ganz unter israelischer Dominanz stehenden *Erez Israel*/Palästina als fortwährenden Kampf zwischen den beiden Gemeinden um Land und Besiedlung verstanden wissen. Mit dem Begriff des »arabischen *Jischuw*« unterscheidet er 1978 kaum zwischen den palästinensischen Staatsbürgern Israels und den in den besetzten Gebieten lebenden Palästinensern. Es gilt nämlich, »Jerusalem, Galiläa und die Sinai Halbinsel« zu besiedeln.[46] Dazu hebt er die Bedeutung der Einwanderung als Staatsräson hervor. Der Frage des konkreten israelischen Staatsgebiets bzw. der notwendigen Gebietsgrundlage für die Zusammenführung des Diasporajudentums weicht er allerdings aus. Zur Notwendigkeit der »Judaisierung« des Landes erklärt er: »Das Land wartet nicht auf uns. Im Gesamtgebiet von *Erez Israel* herrscht eine unaufhaltsame Konkurrenz der Siedlungsdynamik zwischen dem jüdischen und dem arabischen *Jischuw*. [...] Die arabische Siedlungsdynamik ist zwar nicht etabliert, öffentlich [gemeint staatlich unterstützt] und daher auch ungeplant. [...] Trotzdem zeigt sie Aufschwung, Tempo und Hartnäckigkeit.«[47] Peres unterstreicht den bedeutenden Vorteil der »jüdischen Siedlungsdynamik« gegenüber der arabischen, wobei er sich dessen bewusst ist, dass Israel auf Grund seiner militärischen und politischen Kontrolle die Oberhand hat. Nichtsdestotrotz spricht der Text eine klare Sprache: Landeinnahme und Besiedlung laufen nach der Logik eines permanenten, dringend notwendigen Nullsummenspielkampfs ab. Denn die Siedlungspolitik »wird im Endeffekt die politische Karte Israels bestimmen«.[48] Schließlich stellt sich für Peres vor dem Hintergrund seiner Haltung zu den Beziehungen zwischen den beiden Völkern die Frage einer geschriebenen Verfassung kaum.[49] Sie wird wohl als große Hürde auf dem Weg zur Erfüllung der Aufgaben der Arbeitspartei verstanden, sowohl hinsichtlich der Festlegung des Staatsgebiets als auch in Bezug auf den Minderheitenschutz.

Peres' Verständnis des »Staatsvolks« der israelischen Demokratie

Spricht man von Peres' Demokratieverständnis im Kontext des jüdischen Staats, erscheint diese Demokratie als eine genuin »jüdische« Angelegenheit. Was für die zionistische Utopie gilt, nämlich die von Kimmerling konstatierte selbstverständliche Gleichstellung von jüdischer Religion und Nation, womit ein religiös-ethnisch-nationales Verständnis des Staatsvolks verbunden ist, trifft ebenso auf Peres' Begriff des Staatsvolks zu. In seinem Buch von 1978 spricht Peres von einer »Demokratisierung des jüdischen Volks«.[50] Was ist darunter zu verstehen? Im Kern tritt er für einen von Hannah Arendt begrifflich geprägten Pan-Semitismus ein, für ein weltweites jüdisches Bündnis, das im Sinne des Zionismus bzw. Israels agiert und als dessen Leitstern fungiert. Peres' Anliegen ist die »Zionisierung des Diasporajudentums«. So will er beispielsweise die Verbindung zum Diasporajudentum stärken, zwischen den Religiösen und der jeweiligen jüdischen Gemeinde der »World Zionist Organization« (WZO). Dabei ist von der »Ermutigung von nicht zionistisch-jüdischen Organisationen« die Rede, sich für eine zionistische Agitation in der jeweiligen jüdischen Gemeinde der Diaspora zu engagieren: »Die Jewish Agency sollte zum Zentrum des jüdischen Volks werden.« Peres' tief sitzende Überzeugung von der Identität der jüdischen Religion und Nation bildet die Grundlage für seine hier vertretenen pan-semitischen bzw. zionistischen Ideen. Er erhofft eine Vertiefung der Beziehungen zwischen dem Diasporajudentum und Israel: »Die Ambition der Oberhäupter der religiös-jüdischen Organisationen in den Vereinigten Staaten, sich der WZO anzuschließen, bezeugt ebenfalls, welche Zentralität Israel im jüdisch-amerikanischen Establishment einnimmt.« So erhofft er, dass in der Zukunft weitere jüdische Organisationen ebenfalls diesen Weg beschreiten. Zwar weist er zugleich darauf hin, dass diese Gruppierungen zögern würden, sich der zionistischen Organisation ganz anzuschließen, der Weg zum erwünschten jüdischen Bündnis sei deshalb noch hürdenreich. Doch zugleich zeichnet er ein »mögliches künftiges Bild einer jüdisch-zionistischen Kooperation«, welche unter dem Dach der Jewish Agency eine Kooperation mit der Regierung Israels verwirklichen würde. Dabei bemängelt er die Fähigkeit der zionistischen Organisation, das »jüdische Volk«, das »jüdische Geld«, den »jüdischen Verstand« und das »jüdische Herz« ausreichend für Israel und den Zionismus einzusetzen.[51]

Aus der Überzeugung einer politisch-organisatorischen Einheit des jüdischen Volks heraus spricht Peres von einem demokratisch gewählten »jüdischen Parlament« als Mittel zur Stärkung des sich in Peres' Augen sowohl in Israel als auch im Ausland abschwächenden Zionismus. Vor dem Hintergrund dieser Aufgabe sei die »demokratische Repräsentierbarkeit [...] lebensnotwendig für jede Organisation«. »Demokratische Verfahrensweisen«, so Peres, »fördern politische Teilnahme«. »Sie erzeugen direkt sowie indirekt politische und ideologische Debatten über Ziele und Mittel, über Strategie und Taktik.«[52] Aber das demokratische Verfahren gilt hier als Mittel zur Zusammenführung des jüdischen Volks gemäß der Vorstellung eines »demokratischen Pan-Semitismus«:

> »Es wird Zeit, die in den israelischen Parteien und Organisationen vollzogene demokratische Revolution auf die Jewish Agency und die World Zionist Organization zu übertragen. [...] die Jewish Agency soll sich aus einer exekutiven Organisation in eine Art jüdisches Parlament verwandeln, dabei eine Aufsichtsfunktion erfüllen. Das [Parlament] soll eine demokratische, territoriale und funktionale Repräsentation für die jüdischen Organisationen und Gemeinden in Israel und der Diaspora sein. [...] Eine repräsentative Zusammensetzung soll die Jewish Agency zu dem verwandeln, was sie von vorneherein hätte sein sollen: eine jüdische Kooperationsorganisation zwischen Israel und dem Diasporajudentum, allen voran dem amerikanischen. Die Jewish Agency soll als eine Art Dach-Verband für jede jüdische Zusammenarbeit verantwortlich sein: [...] für das jüdische Erziehungswesen, für die politische und PR-Arbeit, für eine finanzielle Unterstützung Israels und allem voran für die [jüdische] Einwanderung. Dies soll eine Art jüdische Konföderation darstellen [...], welche sich trotz [exterritorialer?] Autonomie über Ziel und Mittel einigen kann – den größten Teil des jüdischen Volks in der Diaspora zu vereinigen. Die Einheit eines Volks, dessen Zentrum der Staat Israel ist.«[53]

An dieser Stelle sei dahingestellt, wie ein solches Konzept einer exterritorialen Organisation in einem territorialen demokratischen Staat zu funktionieren hat, bzw. über welche Zuständigkeitsbereiche oder Herrschaftslegitimation diese Organisation verfügt; ebenso muss die Frage, inwiefern Peres a- bzw. antizionistische jüdische Organisationen in dem »jüdischen Parlament« berücksichtigen will, unbeantwortet bleiben. Diese Organisationen scheint er vielmehr kaum wahrzunehmen. Von Belang für Peres' Demokratieverständnis ist hier vielmehr, dass er, wie von Yiftachel bemerkt, nicht nur das Staatsvolk, sondern auch seine politischen Vertreter sowohl innerhalb als auch außerhalb des israelischen Territoriums religiös-ethnisch-national legitimiert sehen will. Peres' Konzept der »jüdischen Konföderation« zufolge soll im Staat Israel demokratisch verfahren werden. Dies gilt aber nur für das jüdische Volk. Dieses nach Ansicht der Autorin als »exterritoriale Demokratie für Juden« zu bezeichnende Konzept schließt nicht nur die palästinensischen Staatsbürger Israels aus, sondern hat auch zur Folge, dass jüdische Staatsbürger anderer Staaten potenzielle Vertreter der »jüdischen Demokratie« sein können. Dass dieses Konstrukt aus Schwäche und Angst vor dem Hintergrund einer als bedrohlich aufgefassten Umgebung entsteht, liegt hier auf der Hand; es erinnert etwa an Peres' Peripheriedoktrin der 1950er Jahre, die ebenfalls auf der Grundlage eines Bündnisses gegen eine regionale Isolation entsteht. Von Belang ist hier die Bedeutung eines Demokratiekonzepts, das nicht auf territorialer, sondern, wie Yiftachel dies bezeichnet, auf ethnokratischer Basis steht: Diese Demokratie richtet sich nach dem *Ethnos*, gilt dabei als eine dezidiert »jüdische Angelegenheit«.

Peres' Verständnis des Staatsgebiets der israelischen Demokratie

Peres will das jüdische Volk mittels seiner »Demokratisierung« für das zionistische Projekt gewinnen. Wie steht es um das Staatsgebiet? Welche Grenzen sieht er als die Grenze der israelisch-jüdischen Demokratie? Die Gebietsfrage ist ein zentraler Topos seines Buches von 1978. Peres vertritt hier, wie im Weiteren gezeigt werden soll, eine »Verfahrensdemokratie«. Unter »Verfahrensdemokratie« versteht man ein demokratisches Regime, das auf die äußerlichen Anzeichen einer Demokratie setzt, wie das Mehrheitsprinzip, ein Parteiensystem, regelmäßige freie und allgemeine Wahlen, Gewaltenteilung und Rechtsstaatlichkeit. Doch diese Demokratiefaktoren müssen sich für Peres den zionistischen Zielen unterordnen. Eines dieser Ziele betrifft die Gebietsfrage. Wie und wer soll diese Frage entscheiden?

Indizien für Peres' Gleichsetzung von Demokratie mit »Verfahrensdemokratie« finden sich in seinem Aufsatz »Föderalismus«.[54] Vordergründig thematisiert er darin das innerisraelische Wahlsystem. Seine eigentliche Intention, die Konsolidierung des israelisch-jüdischen Volks in den neuen Grenzen von 1967, bleibt unausgesprochen, während Peres stark für die Unterstützung der jüdischen Diaspora plädiert. Bezeichnenderweise berührt er die Frage des Staatsgebiets kaum, sodass ihm eine Stellungnahme zur Rückzugsoption Israels aus den besetzten Gebieten besonders schwer fällt. Demgemäß bezeichnet er den Staat in den Grenzen von 1967 im Jahr 1978 als ein »kleines Land«. Zu diesem Zeitpunkt ist die Halbinsel Sinai ebenso wie alle anderen 1967 eroberten Gebiete noch in israelischen Händen. Peres bezieht sich nämlich bei seinen Überlegungen, aus dem regionalen Wahlsystem Israels ein multiregionales zu machen, auf die Grenzen von 1967: »[...] von Galiläa zum Negev, vom Mittelmehr nach Jerusalem und den Judäa-Bergen, von den Golanhöhen zu den Weiten des Sinai«.[55]

Peres geht von der demokratischen Ordnung des israelischen Staats im Sinne Smoohas aus, ungeachtet der nach 1967 entstandenen neuen geopolitischen und demographischen Lage. Er geht weder darauf ein, dass die 1967 eroberten Gebiete dieses »kleinen Landes« international als besetztes Gebiet gelten, noch macht er eine Aussage zum Status der auf diesem umstrittenen Land lebenden Menschen. Israel schildert er überschwänglich als eine »demokratische Oase in der diktatorischen Wüste«, betont dabei die »Stabilität der israelischen Demokratie« angesichts der von außen kommenden, aus »Krieg und Belagerung« resultierenden Spannungen sowie der »innerisraelischen sozial-wirtschaftlichen« Verwerfungen. Den politischen Machtwechsel von 1977, in dem der *Likud*-Block nach drei Jahrzehnten *Mapai*-Regierung an die Macht kommt, nimmt er als Beweis für die Stärke der israelischen Demokratie.[56]

Die geschichtliche Entwicklung der israelischen Demokratie begreift Peres in drei Phasen. Mit »der zweitausendjährigen Selbstorganisierungstradition des Diasporajudentums in lokaler Gemeindeautonomie« erklärt er zunächst die politische Organisationsform des *Jischuw*. Dieser Tradition verdanke sich die Fähigkeit des *Jischuw*, sich trotz Bevormundung durch die britische Herrschaft zu erhalten und die jüdische Besiedlung voranzutreiben. Die zweite Phase der israelischen Demokratie lässt Peres mit der Staatsgründung und der Entwicklung des von David Ben-Gurion geprägten »staatlichen Zentralismus« beginnen. Dieser Zeitraum, bekannt auch als Phase der »Staatlichkeit«, umfasst für Peres die 1950er und 1960er Jahre. Gekennzeichnet ist er durch die Stärkung des Zentralismus vor allem im militärisch-sicherheitspolitischen sowie im volkswirtschaftlichen Bereich, ein Prozess, der als unerlässlich für die staatliche Konsolidierung der gerade erst entstehenden Siedler/ Einwanderer-Gesellschaft gesehen wird. Auch die außenpolitische Lage begünstigte eine Zentralisierung: »Vor dem Hintergrund des Kalten Krieges und der ideologischen Polarisierung zwischen den zwei Großmächten verstärkte sich der Zentralismus in der ganzen Welt«, denn dieser Zustand des Kalten Krieges führte zu einem »allgemeinen Klima der Mobilisierung«. Bezeichnende Merkmale dieser Ära sind laut Peres »die sozial-demokratische Ideologie, mithin der Wohlfahrtsstaat, bürokratischer Zentralismus und die Verstaatlichungspolitik«, »mit denen sich Israel nur kaum konfrontiert hat«.[57]

Die dritte Phase der sich entwickelnden israelischen Demokratie, der sich Peres hier ausgiebig widmet, beschreibt er unter dem Titel »die latente föderale Revolution«. Zeitlich verortet er sie in den späten 1960er und frühen 1970er Jahren. Bei dieser »Revolution« handele es sich um einen »positiven Prozess der Verstärkung von lokalen Kräften« innerhalb des neuen israelischen Staatsgebiets, dessen genaue Abmessungen hier allerdings nicht deutlich werden. Solche Kräfte, wie sie in Klein- und Entwicklungsstädten zu beobachten seien, wollten sich auch politisch zunehmend behaupten. Dies sei die Basis für einen Wandel des Wahlsystems. Peres nennt als Beispiele für diese lokalen Prozesse das »Herauskristallisieren von Metropolenblöcken« und die »Verstärkung des Gemeindewesens« in der jeweiligen »Region«. Zudem erwähnt er die »Errichtung neuer Industriedörfer sowie Gemeindesiedlungen wie dem *Ezion*-Block«, die an die Autonomietradition der 1920er und 1930er Jahre anknüpften. Dem entnimmt er eine begrüßenswerte Verstärkung der Einwanderung.[58] Peres' Hinweis auf die Verstärkung des Gemeindewesens bzw. Gemeinde-Bewusstseins passt zum einen zu Kimmerlings These, Israel habe sich nach 1967 von einem Nationalstaat zum Gemeindestaat entwickelt, und lässt sich zudem vor dem Hintergrund von Peres' These des Kampfs zwischen dem jüdischen und arabischen *Jischuw* nachvollziehen. Wie bereits gezeigt definiert Kimmerling Israel nach 1967 als Gemeindestaat, in dem aber die institutionelle, politische und symbolische Dominanz alleine in den Händen der einen Nationalgemeinde liegt, die mithin dem Staat ihre hegemoniale Identität verleiht.[59] Ist der Föderalismus ein Weg für Peres, sich mit der neuen Situation eines de facto existierenden Gemeindestaats zu konfrontieren?

Die Errichtung von »regionalen Parlamenten« soll nach Peres zur Stärkung der Demokratie, und »die regionalen Regierungszentren zur Zerstreuung der [jüdischen] Bevölkerung [über das ganze Land]« beitragen, mithin zur »Verbesserung bei der Aufnahme von Neueinwanderern« und »Hebung des regionalen Stolzes und Bewusstseins«.[60] Diese auf jüdisch-zionistische Expansion abzielende Ideologie, welche auch innerhalb der israelischen Gesellschaft umstritten ist, verpackt Peres in einen demokratischen Jargon, indem er von »regionalen Parlamenten« und der »Verstärkung der Demokratie« spricht. Auch internationale Entwicklungen führt er als Argument für den Föderalismus im israelischen Staatsgebiet von 1967 an: Er nennt dazu die »weltweite Wiederbelebung der Autonomietradition«, das Beispiel »der Europäischen Union mit ihren föderalen Grundlagen« und die Globalisierungsprozesse, sprich die Entstehung von überstaatlichen europäischen und amerikanischen Riesenkonzernen.[61] Peres sucht nach einer neuen Definition der israelischen politischen Souveränität und versucht dabei, ganz im Sinne der dritten Phase, eine Definition der Staatsgrenzen und des Staatsgebiets zu umgehen: »Der Begriff der politischen Souveränität verwandelt sich in Form und Inhalt zunehmend, ebenso wie der Begriff der politischen Staatsgrenzen; dieser relativiert sich im Laufe der Zeit und lässt sich zunehmend nur teilweise festlegen. Der Unterschied zwischen politischen und sicherheitspolitischen Grenzen sowie zwischen diesen und den wirtschaftlichen Grenzen [verwischt]«.[62] Will sich Peres 1978 wirklich vom Konzept des jüdischen Nationalstaats verabschieden und den Föderalismus im Staatswesen verankern? Angesichts seines politischen Blicks auf die regionale Situation als Kampf zweier Gemeinden um das eine Land lässt sich diese Frage wohl kaum bejahen. Peres sucht vielmehr nach neuen Wegen und Konzepten staatlicher Verfasstheit, welche sein Hauptanliegen der Konsolidierung des neuen Grenzgebiets unterstützen. Wie steht es aber um den an den modernen Demokratiebegriff gekoppelten Minderheitenschutz und um die Bürgerrechte?

Dass Peres' Demokratiebegriff wenig mit dem allgemeinen modernen Begriff der Demokratie zu tun hat, drückt sich bereits allein in seiner Sprache aus, die einen ausgesprochen jüdisch-zionistischen, israelischen Blick auf die Situation verrät. Im Sinne der »jüdischen Demokratie« Kimmerlings und der ethnischen Staatsräson Smoohas und Yiftachels beruft sich Peres auf ein alttestamentarisches Demokratieverständnis:[63]

> »Die Wiederbelebung der ›Föderation‹ in der Neuzeit entstammt zwei westlichen Zivilisationsquellen – der (Alt)Griechenlands und (Alt)Israels. Der Bund der Stämme Israels und der Bund der altgriechischen Städte waren zwei Vorläufermodelle des modernen Föderalismus; dieser wurde mit der Gründung der Vereinigten Staaten von Amerika vor 200 Jahren wiederbelebt. Es ist vielleicht an der Zeit, den alten Glanz der Vergangenheit wiederzubeleben. Die israelische Demokratie steht eventuell am

Ende ihres dritten Existenzjahrzehntes ebenfalls vor einer ›Wiederbelebung des Bundes‹, sodass sie eine hohe Stufe eines zeitgemäßen und modernen israelischen Föderalismus erreichen kann. Damit ließen sich einige Probleme in Israel besser lösen. Diese ›Wiederbelebung des Bundes‹[64] innerhalb Israels lässt sich mit der ›Erneuerung des weltjüdischen Bundes‹ verbinden, sodass sich der Bund zwischen Israel und der Diaspora verfestigen wird. Damit ist zu hoffen, dass eine *israelische Föderation* im Zentrum einer *jüdischen Konföderation* [Peres' Betonung] stehen würde, ein bereits existierendes Konglomerat von jüdischen Organisationen, für welche die Jewish Agency einen Dachverband darstellen könnte.«[65]

Zum Status der nichtjüdischen Staatsbürger Israels

Peres beruft sich in der von ihm vertretenen Staatsform des als demokratisch begriffenen Föderalismus auf eine alttestamentarische »Wiederbelebung des jüdischen Bundes«, was die Frage nach dem Status der palästinensischen Staatsbürger in einem derartigen Bund aufwirft. Sind sie Bestandteil des Staatsvolks in der israelischen Demokratie, gemäß ihrem offiziellen Status als Staatsbürger, oder kommt ihnen der alttestamentarische Status der *Gerim*[66] zu? Peres behandelt dieses Problem unter dem Untertitel »Zur aktiven Staatsbürgerschaft der Araber Israels«.[67] In seiner einführenden Bemerkung bezieht er sich auf die palästinensischen Staatsbürger im Kernland Israels unter Ausschluss der palästinensischen Bewohner der 1967 eroberten Gebiete: »Der Staat Israel ist sowohl der Staat des jüdischen Volks als solches, als auch der Staat seiner Staatsbürger, jüdischer sowie arabischer Nationalitäten.« In Peres' knapper Bezugnahme auf die Frage des Status nichtjüdischer Staatsbürger finden sich lediglich einige Indizien dafür, wie Peres mit diesen Menschen in seinem Staatskonzept wirklich verfahren will. Um die diffusen Ausführungen zu diesem unbehaglichen Thema zu verstehen, ist Peres' bereits im zweiten Kapitel untersuchte Auffassung zur Frage der Militärregierung vor Augen zu führen. Einerseits erkennt er 1978 das Problem an:

> »Der Staat [Israel] erkennt das Recht der arabischen Staatsbürger auf nationale Rechte im Kultur- und Erziehungswesen, für nationale Sprache sowie Religionsfreiheit an. […] Doch sind die arabischen Staatsbürger vom Dienst der israelischen Armee, die letztlich gegen ihr Volk vorgeht, entlassen. Die arabischen Staatsbürger genießen eine Staatsbürgerschaft und volle Gleichberechtigung vor dem Gesetz. Doch sie begnügen sich nicht damit und verlangen, dass der Staat ihnen ebenso Teilhabe an Staatsressourcen und im öffentlichen Dienst einräumt. Ebenso verlangen sie […] das Mitspracherecht in nationalen Entscheidungen (wie die Politik gegenüber der Bevölkerung der Gebiete oder die Politik Israels gegenüber den arabischen Staaten), und dazu verlangen sie politische Rechte einer nationalen Minderheit.«[68]

Peres schlägt im Weiteren den palästinensischen Israelis eine aktive statt wie bislang die passive Staatsbürgerschaft vor. Eine geschichtliche Einschätzung oder sicherheitspolitische Erklärung für die bisherige passive Staatsbürgerschaft dieser Staatsbürger unterbleibt. Sie werden hier als »Objekte« verstanden, die man zur Staatsbürgerschaft erziehen kann: »Diejenigen, die es wollen und dazu auch geeignet sind, sollen Armee- oder aber Zivildienst leisten dürfen [...]. Wir könnten den Interessierten [unter ihnen] dazu verhelfen, aktive israelische Staatsbürger zu werden und somit zu einer völligen Identifizierung mit dem Staat.« Auf welcher Basis sieht Peres Inklusionsmöglichkeiten für die palästinensischen Staatsbürger in die zionistische Utopie? Er argumentiert auf den ersten Blick demokratisch-liberal: »Verlangen wir von den arabischen Staatsbürgern aktive Staatsbürgerschaft, so müssen wir ihnen ihren Anteil an Ressourcen und am öffentlichen Dienst einräumen. Wir müssen ihnen dazu auch unsere Parteien, öffentlichen Organisationen und Industrien offenhalten. Die Unruhe bei den heutigen jungen Drusen zeigt, inwiefern eine Diskriminierung von Minderheiten gefährlich ist. In dieser Sache müssen wir alte Hemmungen und Vorurteile hinter uns lassen.«[69] Ob Peres selbst die Hemmungen und Vorurteile hinter sich lassen kann, zeigt die Fortsetzung:

> »Doch die Öffnung der Parteien für arabische Mitglieder kann nicht zu einer wirklichen arabischen Repräsentiertheit führen. Die Partei soll zwar auch weiterhin offen sein für arabische und drusische Mitglieder, doch es mag sein, dass der bessere Weg für ihre Repräsentation dies wäre: Die Gründung von zwei Schwesterparteien unter einer ›Dachpartei‹, eine im Grunde jüdische Arbeitspartei und eine im Grunde arabische Arbeitspartei. [sic!]«[70]

Peres' Konzept soll an dieser Stelle nicht auf seine Umsetzungschancen hin befragt werden. Hier interessiert vielmehr die seinem Konstrukt zugrunde liegende Maxime der getrennten Betrachtung und Behandlung der beiden verfeindeten Kollektive, welche von dem Versuch begleitet ist, den demokratischen Diskurs beizubehalten. Der demokratische Gleichberechtigungsdiskurs ist gekennzeichnet durch Schlagwörter wie »arabische Parteien«, »Einräumung von Minderheitsrechten bzw. nationalen Rechten«, Erzielung »einer wirklichen arabischen Repräsentierbarkeit«, »Ermutigung von aktiver Staatsbürgerschaft«. Diesem liegt aber der Diskurs der getrennten Betrachtung der beiden Kollektive zugrunde. Die in Sprache und Politik betriebene Trennung beider Gesellschaften – entsprechend dem Selbstverständnis eines jüdischen Nationalstaats – wird begleitet von einem um Demokratie und Versöhnung bemühten Diskurs. Beide Welten will Peres kompatibel sehen, und zwar ungeachtet der oben behandelten Frage des »Kampfs zwischen den beiden *Jischuwim*«, nämlich der de facto umgesetzten Politik der Siedlungsdynamik. Dieser Spagat verdeutlicht die Diskrepanz zwischen dem demokratischen Selbstverständnis von Peres und seiner instinktiven, politischen Überzeugung der ethnischen Demokratie im Sinne Smoohas, dessen Modell eben auf dieser Diskrepanz zwischen Politik und ihrer Wahrnehmung beruht. Dementsprechend geht Peres weiter und fügt hinzu, dass trotz der Trennung beider Arbeitsparteien »ein arabisches Mitglied weiterhin einer jüdischen Partei angehörig sein mag, wenn es dies bevorzugt, und umgekehrt«. Auch von »Brüderlichkeit und aufrichtiger Partnerschaft zwischen den beiden [jüdischen und arabischen] [Arbeits]Parteien« ist die Rede, allerdings nur in den Bereichen, über die »eine völlige Übereinstimmung herrscht«. Um die Verwirrung noch zu vergrößern, will Peres die Option der Vereinigung beider Parteien offenhalten.[71]

Welchen Status sollen also die palästinensischen Staatsbürger im israelischen Föderalismus haben? Eine klare Antwort auf diese Frage gibt Peres nicht. Aus den weiteren Ausführungen lässt sich jedoch Folgendes schließen: Im Föderalismus soll eine Art Lösung für die politischen Ansprüche der Minderheiten, Araber wie Drusen, gefunden werden. Die Schaffung von Bezirksregierungen im neuen föderalen System soll diese politischen Ansprüche in die Bezirke verlagern, sodass sie auf der nationalen Ebene gedämpft werden können. Peres geht nicht von ungefähr kaum auf die politischen Verhältnisse zwischen der Bezirksebene und der nationalen Ebene ein. Dies wird hier allein im Kontext der Gefahr eines möglichen Kontrollverlustes der nationalen Ebene über die jeweiligen Bezirke kurz erwähnt. Nach diesem Konzept sollen also die Minderheiten ihre politisch-nationalen Rechte im Bezirksrahmen des israelischen Föderalismus erhalten, allerdings beschränkt auf kommunale Belange. So Peres:»Die Bezirksregierung sollte eine wirkliche und nicht nur symbolische Mitsprache für die Araber und Drusen ermöglichen. […]. In diesem Rahmen ließen sich regionale Belange – Kultur, Erziehungswesen, Wohlfahrt und Gemeindeaktivitäten – behandeln.«[72]

Ob Peres' ambivalente Haltung gegenüber den nichtjüdischen Staatsbürgern aus einem Konflikt zwischen seinem alttestamentarischen Verständnis eines noch immer im Entstehen befindlichen jüdischen Staats für das jüdische Volk und dem demokratischen Selbstverständnis entsteht? Betrachtet er die Beziehungen des Volks Israel zu den in seinem Staatsgebiet lebenden Nichtjuden im alttestamentarischen Sinne? Es ist nicht auszuschließen, dass in dieser Frage des Verhältnisses zu dem *Ger* einerseits Peres' ausgeprägter Bezug zur Bibel und andererseits seine Rolle im Verteidigungsministerium in der Ära der Militärregierung für eine gewisse Sprachlosigkeit sorgen. Zu den palästinensischen Staatsbürgern Israels äußert er sich äußerst knapp. Ende 1996 antwortet er auf die Frage Littells, ob die 950.000 damals in Israel lebenden palästinensischen Staatsbürger »Israel treu ergeben [seien], oder […] [ob] sie es eines Tages vorziehen [werden], Teile […] von Galiläa abzutrennen und sich einer palästinensischen Körperschaft anzuschließen«, antwortet Peres: »Ich habe Vertrauen zu diesen Menschen und bin im Grunde von ihrer Treue zum Staat Israel überzeugt. Wissen Sie, die Tatsachen sprechen für sich. Die israelischen Araber haben jetzt an unserer Seite fünf Kriege gegen arabische Staaten durchgestanden, und es gab keinen einzigen oder fast keinen Fall von Verrat. Das müssen wir ihnen wirklich zugute halten.«[73]

Diese knappe Antwort auf eine grundlegende Frage zum israelischen Staatswesen und zum Status einer nationalen Minderheit zeigt, dass Peres auch weiter zu Kernpunkten der israelischen Demokratie das Schweigen wahrt. Obwohl Peres im positiven Ton von »Vertrauen« und »Treue« spricht, wird doch deutlich, dass die nationale Minderheit eben nicht zum Staatsvolk gehören soll. Ihr Platz in der zionistischen Utopie ist, wenn überhaupt definiert, marginal. Peres reduziert die Minderheit nämlich auf ihre vermeintliche Treue zu einem Staat, der ihr Volk bekämpft hat. Hier drückt sich nicht alleine die in den Texten der 1950er und 1960er Jahre zum Ausdruck gebrachte Angst vor einer »fünften Kolonne« aus, sondern auch die Unfähigkeit, sich mit dem historischen Grundkonflikt des Zionismus auseinanderzusetzen. Die palästinensischen Staatsbürger Israels konfrontieren den Zionisten Peres wieder mit diesem Grundkonflikt, gerade weil ihr Dasein als Staatsbürger *noch immer* unentwegt mit seinem Konzept des jüdischen Staats kollidiert, und zwar aus demographischen wie aus sicherheitspolitischen Gründen. Die Äußerung – »Es gab keinen einzigen oder fast keinen Fall von Verrat« – birgt in sich die Auffassung, dass Verrat trotz allem möglich ist, was die israelischen Palästinenser zu einem *potenziellen* Sicherheitsproblem macht. Gerade deswegen wird die in der liberalen Demokratie essenzielle Überzeugung, eine Minderheit müsse geschützt werden, hier auf den Kopf gestellt: Es sei gerade die Minderheit, von der Gefahr ausgehen könnte. In Peres' Konzept erscheint diese Gefahr nicht als konstruiert, sondern, wie oben von Peled dargelegt, als ein sehr aktuelles Problem. Zugleich ließe sich Peres' Sprachlosigkeit auch aus verdrängten Schuldgefühlen, einem gewissen unausgesprochenen Schuldbewusstsein wegen des von ihm selbst oft zitierten alttestamentarischen moralischen Anspruchs erklären. In diesem Sinne könnte man die von Peres häufig geäußerte, allerdings recht vage Zukunftsvision interpretieren: »Israel hat in den ersten fünfzig Jahren um seine physische Existenz gekämpft, die kommenden fünfzig Jahre wird es um seine moralische Identität kämpfen.«[74] In diesem 50-jährigen Kampf um die Errichtung einer jüdischen nationalstaatlichen Existenz in Palästina/*Erez Israel*, weiß Peres wohl, können moralische und moderne demokratische Werte nur kaum berücksichtigt werden.

Peres' Prägung der politischen Kultur: Demokratie und Militär in einem sicherheitspolitisch orientierten Israel

Im Folgenden gilt es, Peres' Demokratieverständnis anhand seines politischen Habitus und dessen Einfluss auf die politische Kultur des israelischen Staats zu untersuchen. Dabei sollen anhand einer Analyse von zwei sicherheitspolitischen bzw. innerparteilichen Affären einige zentrale Aspekte herausgearbeitet werden: Peres' Verständnis der Oppositionsarbeit, mithin der Berechtigung und Funktion öffentlicher Debatte in einer Demokratie; sein Bezug zur Rechtsstaatlichkeit und sein Verständnis der Spielregeln für einen politischen Machtwechsel. Im Mittelpunkt der beiden zu behandelnden politischen Affären steht die für die israelische Demokratie entscheidende Frage nach dem Verhältnis von Militär und Politik. Die enge Verquickung dieser beiden Bereiche hat großen Einfluss auf Peres' Demokratieverständnis, weil seine politische Karriere als *Zivilpolitiker* sich in bedeutendem Maße auf das Sicherheitsestablishment stützt. Er profitiert vom herausragenden Stellenwert dieser Eliten im israelischen demokratischen System. Es gilt zudem, die Rolle und Auffassung des Vorsitzenden der israelischen Arbeitspartei (1977-1992, 1995-1997, 2003-2005) zur sozialen Frage und Sozialpolitik herauszuarbeiten. In dieser Perspektive sollen Peres' sicherheitspolitische und sozialpolitische Akzente und Prägungen in der israelischen Demokratie beleuchtet werden.

Der Blick der Untersuchung richtet sich zunächst auf die sogenannte Lavon-Affäre. Ursprünglich eine rein sicherheitspolitische bzw. militärische Angelegenheit, weitet sie sich schließlich zu einer allumfassenden innen- und parteipolitischen Krise aus. Ihren Anfang nimmt die Lavon-Affäre 1954. Den Endpunkt markiert die Spaltung der regierenden *Mapai*-Partei 1965, herbeigeführt von ihrem langjährigen Vorsitzenden, dem Staatsgründer David Ben-Gurion. Peres, Mitglied der *Mapai*-Partei und *Knesset*-Abgeordneter, bekleidet von 1953-1965 eine hohe Position im Verteidigungsministerium, zunächst als Beamter und ab 1959 als Vize-Verteidigungsminister, und wird mit seinem Mentor gezwungen, seine Position im Verteidigungsministerium aufzugeben. Ähnlich wie die Lavon-Affäre beginnt auch der zweite zu behandelnde Konflikt, die Shin-Bet-Affäre, als sicherheitspolitisches, militärisches Problem, um sich später zu einer regelrechten Regierungs- bzw. Rechtsstaatlichkeitskrise zu entwickeln. Hauptstreitpunkt ist das demokratische Prinzip der Gewaltenteilung: Inwiefern untersteht die Exekutive – also Regierung und die Sicherheitsapparate des Staats – dem Gesetz? Die Shin-Bet-Affäre zieht sich über zwei Jahre von 1984-1986 hin und fällt so in Peres' Zeit als Ministerpräsident.

Peres stellt in seinem 1970 erschienenen Buch *David's Sling* folgende Überlegung zum Verhältnis von Militär und Politik in Israel an:

> »Gelegentlich wundern sich Beobachter, dass in Israel das Militär nie den Versuch unternahm, die zivilen bzw. demokratischen Prozesse [...] zu unterminieren. Es hat den Anschein, als gäbe es keine stabilere Demokratie auf der ganzen Welt als die israelische. [...] Sollte der israelischen Demokratie jedoch Gefahr widerfahren, so würde diese eben nicht auf das Militär, sondern auf die Politik zurückgehen. [...] Die Waffe ordnet sich in Israel nicht nur den zivilen Befugnissen unter, sie liegt buchstäblich in zivilen [gemeint: politischen] Händen. Die Notwendigkeit der Verteidigung nach außen korrespondiert mit dem [israelischen] Willen, nach innen frei und pluralistisch zu bleiben, als hätten wir keine Sicherheitsprobleme. Das Militär in Israel ist nämlich eine Folge der Situation und nicht der [israelischen] Orientierung.«[75]

Mit dieser Aussage lehnt Peres in aller Deutlichkeit die These einer Militarisierungsgefahr der israelischen demokratischen Zivilgesellschaft ab. Er schließt die Option eines militärischen Coups schlichtweg aus – getreu der Maxime des »Volks in Waffen« und der Unverzichtbarkeit des Militärs und in Anlehnung an ein essenzialistisches Verständnis der israelischen Gesellschaft als pluralistisch und demokratisch. Seine Zuversicht in die Stabilität der israelischen Demokratie ist unerschütterlich; dabei scheint er nicht einmal auf den Gedanken zu kommen, es könne einen Konflikt geben zwischen der notstandsähnlichen Situation in Israel und dem Anspruch einer pluralistisch orientierten, freien Gesellschaft.

Die Forschung versucht, das Problem der Beziehungen zwischen Militär und Politik auf zweierlei Weise zu fassen und zu erklären. Ein erster Ansatz, das Paradigma der Verschränkung der zivilen und militärischen Ebene, geht von einer grundsätzlichen Dichotomie der beiden Bereiche aus. Militärische Staatsstreiche werden demgemäß als Folge einer Art »Störung« im politisch-zivilen System bzw. in den diversen Mechanismen der zivilen Kontrolle über das Militär interpretiert.[76] Die israelische Soziologie zieht dieses Paradigma im Allgemeinen heran, um die spezifische israelische Situation zu beschreiben. Dabei folgt sie Morris Janowitz, der in der »Zivilisierung des Militärs« bzw. in der Aufhebung der strikten Separation zwischen den Bereichen eine Garantie gegen Putschversuche sieht.[77] Dan Horowitz und Moshe Lissak argumentieren, Israel ähnele eher dem antiken Athen als Sparta, da es ein Gleichgewicht zwischen partiell militarisierter Gesellschaft und zivilisierter Armee aufweise. Dabei sei es zu einem »Rollentausch« der israelischen Armee (IDF) mit zivilen Instanzen gekommen, da die Armee stark in ursprünglich nichtmilitärische Angelegenheiten wie Nationsbildung und Modernisierungsprozesse involviert sei.[78] Dieses weitgehend verinnerlichte Paradigma der Dichotomie von Politik und Militär und eine grundsätzlich apolitische Auffassung des Militärs bedingt, dass die israelische politikwissenschaftliche bzw. historische Forschung einen Militärputsch für unwahrscheinlich hält. Die IDF sei politischen und zivilen Aufgaben vielmehr abgeneigt.[79]

Eine zweite Forschungsrichtung beschreibt das Verhältnis von Militär und Politik anhand des Modells eines »Volks in Waffen«[80]. Im Gegensatz zum Paradigma der Dichotomie von Militär und Politik betont dieser Ansatz die engen Verbindungen und Gemeinsamkeiten der beiden Bereiche. Erst der Nationalstaat als Organisationsprinzip und dominante Grundstruktur, die eine hohe politische Partizipation voraussetze, befähige die Massen zum Krieg und mobilisiere sie für weitere nationale Ziele. Die Staatsarmeen stellen in diesem Sinne Massenorganisationen dar.[81] Das Modell »Volk in Waffen« stellt einen zentralistisch gelenkten Staat in den Mittelpunkt und ist einem Verständnis von Nationalstaatlichkeit verpflichtet, das aus dem späten 19. und frühen 20. Jahrhundert stammt. In diesem Sinne benennt Uri Ben-Eliezer vier Charakteristiken vom »Volk in Waffen«: erstens, die Existenz einer Staatsarmee; zweitens, eine enge Zusammenarbeit zwischen der militärischen und politischen Elite, basierend auf einer gemeinsamen Gesinnung; drittens, unklare Grenzen zwischen den zwei Bereichen; und viertens versteht sich die Nationsarmee als apolitisch und überparteiisch, die Werte der Nation vertretend. Israel stellt nach Ben-Eliezer eine Nation in Waffen dar – die von Ben-Gurion eingeführte Maxime der *Mamlachtijut*, »Staatlichkeit«, hatte eine professionelle Massenarmee zur Folge, rechtlich fixiert durch das 1949 erlassene Militärdienst-Gesetz.[82] Welches Modell entspricht Peres' Vorstellung vom Verhältnis zwischen Militär und Politik?

Die Lavon-Affäre 1954-1964: Militärisch-sicherheitspolitischer oder parteipolitischer Konflikt?

Nicht von ungefähr bezeichnet man die Ereignisse rund um den Mitte 1954 fehlgeschlagenen militärischen Einsatz in Ägypten und sein Nachspiel bis hin zum Jahre 1965 als »Die Affäre«. Diese langwierigen, verzweigten Folgewirkungen, die nicht zuletzt die Geduld des Lesers auf die Probe stellen werden, verleihen der Lavon-Affäre ihre Bedeutung. Da sich all dies in den formativen Jahren Israels ereignet hat, übte die Affäre – sowohl ihr Verlauf als auch ihr Ausgang – erheblichen Einfluss auf die politische Kultur des neuen Staats aus. Sie ist ein nicht zu unterschätzendes Exempel für das Verhältnis zwischen Politik und Militär in einem Staat, in dem die Armee zunehmend an Stellenwert gewinnt. Diese vielschichtige und facettenreiche Geschichte verfügt über alle Zutaten einer ausgewachsenen Staatsaffäre: Täuschung eines Ministerpräsidenten und Verteidigungsministers durch das Militär bei der Durchführung eines militärischen Anschlags im Nachbarland ohne politische Befugnis, Intrigen an den höchsten Stellen der Sicherheitsorgane: Dokumentenfälschung, Fehlervertuschung und Falschaussagen vor dem Untersuchungsausschuss, Verschwörung gegen einen Minister und Verrat an den eigenen Leuten. In ihrer zweiten Phase entwickelt sich die Affäre zu einer parteipolitischen Angelegenheit: Als Details über die erste Phase bei den Betroffenen bekannt werden, führt das Ringen um die Aufdeckung der Verwicklungen 1954 zu einem heftigen persönlichen Streit innerhalb der *Mapai*-Partei zwischen Ben-Gurion und Pinchas Lavon, der 1955 infolge der Ereignisse von 1954 als Verteidigungsminister abgesetzt wurde. Diese Auseinandersetzung knüpft an den ohnehin bereits brodelnden politischen Machtkampf zwischen den beiden Lagern der regierenden *Mapai*-Partei an, der »Alten Garde« und den »Ben-Gurion-Jungs«, zu denen unter anderem Ben-Gurions Ziehkind Peres gehört. Vom Zeitpunkt der gescheiterten militärischen Aktion im Juli 1954 bis hin zur Spaltung der *Mapai*-Partei 1965 kocht die Affäre immer wieder hoch. Diese Eruptionen lassen den Anfang 1955 noch ungeklärten Fall zu einer Büchse der Pandora werden. Dies erklärt, warum der Streit eine derartige Vehemenz entwickelt, was sich deutlich aus den zahlreichen, im Laufe der Jahre an die Öffentlichkeit gelangten Publikationen[83] und Zeitungsartikel[84] zur Affäre herauslesen lässt. In ihnen wird der Versuch unternommen, dem Skandal auf den Grund zu gehen und seine vielschichtigen Aspekte zu klären. Dabei ist die Parteinahme der jeweiligen Erzähler meist unverkennbar.[85]

Hintergrund der Lavon-Affäre bildet der im Juli 1954 unternommene militärische Einsatz der Einheit 131 der Informationsabteilung der IDF (*Aman*) in Ägypten, welcher die Beziehungen zwischen den USA, Großbritannien und Ägypten unterminieren soll. Der Einsatz wird ohne die Genehmigung der politischen Führung Israels vom Militär durchgeführt.[86] Premierminister und Außenminister Moshe Sharett, Verteidigungsminister Pinchas

Lavon und die weiteren Mitglieder der israelischen Regierung erfahren erst nach Festnahme der beteiligten Mitglieder der Einheit 131 durch die ägyptische Polizei vom Ausmaß der auf Hebräisch als »Schlamperei« bezeichneten Aktion. Sharett werden zudem Informationen über die besagte Einheit und ihren Spezialeinsatz sogar völlig vorenthalten. Der »Kurzschluss« im Informationsfluss ist in diesem Fall auf den politischen Machtkampf um Zuständigkeiten zwischen dem Sicherheitsestablishment und dem Auswärtigen Amt (bzw. dem Ministerpräsidenten) zurückzuführen.[87] Die Einheit 131 ist 1948 ursprünglich gegründet worden, um Sabotageakte durchzuführen und subversive Propaganda hinter den feindlichen Linien zu verbreiten. Nach dem Krieg 1948 wird sie der israelischen Armee direkt unterstellt. Ab 1950 werden die Einsätze der Einheit von einer Kommission beaufsichtigt, die aus einem Vertreter des Premierministers und einem Vertreter der Armee besteht. De facto untersteht die Einheit 131 der alleinigen Autorität der IDF, weil das Amt des Verteidigungsministers und des für den Mossad zuständigen Premierministers bis Ende 1953 von Ben-Gurion in Personalunion bekleidet werden. Mit Sharetts Amtsantritt fordert der Mossad-Chef Isser Harel vom neuen Verteidigungsminister Pinchas Lavon, die Einheit wieder einer gemeinsamen Aufsicht zu unterstellen.[88] Weiter verlangt Harel, die Verantwortung für sämtliche Auslandsoperationen dem Mossad zu übergeben Der neue Generalstabschef Moshe Dayan hält zwar nicht viel von den Aufgaben der Einheit, unterstützt Lavon aber bei der Entscheidung, Harels Forderung nicht nachzugeben.[89]

Anfang 1953 übt die in den USA neu gewählte republikanische Regierung Druck auf Großbritannien aus, seine militärischen Stützpunkte in der Suez-Zone zu räumen. Israel verfolgt mit Sorge die britisch-ägyptischen Verhandlungen, weil damit auch die Übergabe von britischen Waffenlagern und militärischen Einrichtungen an Ägypten verbunden ist. In einigen militärischen und politischen Kreisen wird spekuliert, dass eine gegen die Briten in Ägypten gerichtete Gewalttat die Verhandlungen suspendieren oder eventuell die Räumungspläne vereiteln würde. Verteidigungsminister Lavon sucht zwar Wege, die Räumung der Briten zu stoppen, dennoch lehnt er Kafkafi zufolge den Vorschlag von *Aman*-Chef Benjamin Gibli ab, Israel solle aktiv die ägyptisch-westlichen Verhältnisse destabilisieren.[90]

Die Einheit 131 wird aktiviert: *Aman*-Chef Gibli sendet im Mai 1954 den Kommandanten Mordechai Bentzur nach Paris, um dort den Verbindungsmann Avri Elad zu treffen und ihm Instruktionen zur Aktivierung der Sabotageeinheit in Ägypten zu erteilen. Die Aktion beginnt am 2.7.1954 mit kleinen Brandbomben, die in verschiedenen Briefkästen in Alexandria deponiert werden. Weiter explodieren am 14.7.1954 harmlose Sprengsätze in US-amerikanischen Kulturzentren in Kairo und Alexandria. Am ägyptischen Revolutionstag, dem 23.7.1954, ziehen Mitarbeiter der Einheit los, um Sprengkörper in Kairoer und Alexandriner Lichtspielhäusern sowie in einem Rangierbahnhof in Alexandria zu platzieren, doch ein Sprengsatz explodiert vorzeitig in der Tasche eines Mitglieds der Einheit, Philip Netansohn. Daraufhin wird dieser festgenommen. Noch in derselben Nacht verhaftet die ägyptische Sicherheitspolizei die übrigen Mitglieder der Einheit, meist Ägypter jüdischen Glaubens. Das Verfahren gegen sie beginnt am 11.12.1954 in Kairo. Ein Mitglied bringt sich im Gefängnis um, zwei werden zum Tode verurteilt und Ende Januar 1955 hingerichtet. Die übrigen Agenten erhalten Haftstrafen.[91]

Die »Schlamperei« von 1954-1955 wird in dem Moment zu einer Staatsaffäre, als hochrangige Offiziere der Armee – einschließlich des Generalstabschefs – nicht nur eine Klärung der Ereignisse verhindern, sondern auch den Vorfall vorsätzlich und eine Zeitlang auch erfolgreich vertuschen. Bei der Anfang 1955 von Sharett in Absprache mit Lavon ernannten geheimen Untersuchungskommission handelt es sich nicht um ein juristisches oder parlamentarisches Gremium, weil Israel sich offiziell nicht zu den Aktionen in Ägypten bekennt. Die vom Richter des Obersten Gerichts Jitzchak Olshen und vom ersten Generalstabschef Jacob Dori geleitete Zweier-Kommission soll ursprünglich die Frage nach dem Verantwortlichen für den Einsatz ermitteln, doch Sharett erweitert, gegen Lavons Willen, die Autorität der Kommission, um neben dieser Frage auch die allgemeinen Zustände im Sicherheitsestablishment zu untersuchen, einschließlich »Lavons Charakter«.

An dieser Stelle kommt der Beitrag des Generaldirektors des Verteidigungsministeriums ins Spiel: Während die Offiziere Gibli, Bentzur, Elad und der Generalstabschef Dayan in ihren im Vorfeld abgestimmten Aussagen und durch vorsätzlich gefälschte Dokumente jeweils das Ziel verfolgen, ihre direkte Verantwortung als Militärs zu leugnen, indem sie Lavon als den für den Befehl Verantwortlichen darstellen, besteht Peres' Aufgabe darin, eine Aussage über die »charakterliche Einschätzung« Lavons abzulegen, um dessen Schuld plausibel erscheinen zu lassen. Hasin und Horowitz bemerken dazu: »Peres war zwar in die Schlamperei nicht involviert, war aber als erster bereit, auf ›den fahrenden Wagen‹ [gegen Lavon] aufzuspringen. Vor der Olshan-Dori-Kommission legte er eine Zeugenaussage ab, welche Lavon als äußerst unverantwortlich und unglaubwürdig darstellte, somit assistierte er den eigentlichen Verschwörern.«[92] Peres' Aussage wird von Sharett als »besorgniserregend« beurteilt. Peres verfolgt die Strategie, Lavon bei Partei und Regierung, allen voran bei dem neuen Premierminister Sharett, als »falkisch« darzustellen, sodass dessen Verantwortung für den Ägypten-Einsatz naheliegend erscheint. Die Militärs scheinen sich ihrer Verantwortung zunächst insofern entledigen zu können, als die Zweier-Kommission anhand des Beweismaterials zum Schluss kommt, dass sie die Frage nach dem für den Befehl Verantwortlichen nicht beantworten kann. Peres und Dayan, denen Lavon als Minister zunehmend unbequem wird, gelingt es, Partei und Regierung gegen Lavon so zu mobilisieren, dass sie im Gefolge des Ergebnisses der Zweier-Kommission auch seine Absetzung als Verteidigungsminister unterstützen. An dieser Stelle sei erwähnt, dass Premierminister Sharett Verteidigungsminister Lavon Peres' Aussage in der Zweier-Kommission nicht vorlegt, was im Sinne Peres' ist. Diese Weigerung bewegt Lavon dazu, nicht nur Giblis, sondern auch Peres' Entlassung zu fordern, als Voraussetzung für sein Verbleiben im Amt. Sharett, der ebenfalls Peres' Entlassung anstrebt, gelingt es schließlich nicht, sich durchzusetzen.[93] Weshalb gilt Lavon für Peres als unbequemer Minister, dass er als »Erster auf den Wagen gegen ihn in der ›Schlamperei‹ aufspringt«? Was steckt hinter seiner Strategie vor der Zweier-Kommission?

Sharett, Lavon, Dayan und Peres – Das Sicherheitsestablishment in den ersten Jahren der israelischen Souveränität

Unter Vorbehalten des neuen Regierungschefs Moshe Sharett ernennt Ben-Gurion bei seinem Rücktritt als Premier- und Verteidigungsminister Ende 1953 Pinchas Lavon zum Verteidigungsminister und Moshe Dayan zum Generalstabschef. Shimon Peres erhält zeitgleich den Posten des Generaldirektors im Verteidigungsministerium. Diese drei Personalwechsel im Bereich der Verteidigungsorgane erschweren deutlich Sharetts Versuch, im Hinblick auf die Sicherheitspolitik einen gemäßigten Kurs durchzusetzen. Mit Ägypten werden im Laufe des Jahres 1954 sogar geheime Sondierungsgespräche geführt. Nicht nur Dayan und Peres, sondern auch Verteidigungsminister Lavon sehen den neuen Premier auf Grund seiner vermeintlich »schwachen Haltung« mit kritischen Augen. Zudem zweifeln sie Sharetts politische Autorität an, da dieser hinsichtlich der Vergeltungspolitik zwischen unterschiedlichen Positionen laviert.

Trotz der vermeintlich gleichen Gesinnung der drei neuen Köpfe im Verteidigungsministerium kommt es in sicherheitspolitischen Fragen bald zum Machtkampf. Zwischen Peres und Dayan entwickeln sich im Laufe der Zeit zwar Spannungen um die jeweiligen Zuständigkeitsbereiche von Ministerium und Armee, bald erkennen sie jedoch einen gemeinsamen Gegner, Lavon. Die Zeiten, als Peres und Dayan unter der Ägide Ben-Gurions nicht zuletzt wegen dessen Doppelverantwortung als Regierungschef und Verteidigungsminister großzügige Handlungsfreiheit in Ministerium und Armee genießen konnten, sind vorbei. Lavon befasst sich intensiv mit den Ministeriumsbelangen; an seine Arbeitsmethode, die gegenüber der politischen Elite Verantwortlichkeit und Transparenz beweisen möchte, wollen sich seine beiden Untergebenen kaum gewöhnen, auch können sie seine Autorität nur schwer akzeptieren. Für Peres bedeutet es eine Einschränkung der Handlungsfreiheit, die er als Vize-Generaldirektor (1952-1953) unter Ben-Gurion genossen hat. Meinungsverschiedenheiten in Ministeriumsbelangen wie beim Waffenerwerb und hinsichtlich der Strukturen der Armee nehmen zwischen Lavon und Peres zu, sodass Peres häufig mit Dayan zusammen in ministeriellen Angelegenheiten Verteidigungsminister a. D. Ben-Gurion zu Rate zieht. Kafkafi zufolge regiert Ben-Gurion de facto während seiner »Amtspause« in Sde Boker durch seine zwei Ziehkinder weiter, wodurch er auch Sharett umgeht. Man pflegt diese Konstellation die »Sde Boker-Regierung« zu nennen.[94] Inwiefern ist diese Regierung in die »Schlamperei«-Entscheidung involviert?

Dayans Agieren infolge der »Schlamperei«, einschließlich der Vertuschungsstrategie vor der Zweier-Kommission, zielt darauf ab, jegliche Verantwortung für den Fehlschlag als Generalstabschef weit von sich zu weisen. Mit seinem Auslandsaufenthalt vom 12.7.-19.8.1954 glaubt er, das nötige Alibi an der Hand zu haben. Dayan überlässt Gibli die Wahl, selbst die Verantwortung für die Militäraktion zu übernehmen oder sie dem Verteidigungsminister zu »übertragen«. Insgeheim verfolgt er die zweite Option, ohne sie ernsthaft zu überprüfen. Daher verpflichtet sich Dayan gewissermaßen, sich auch später auf Giblis Seite zu stellen, als sich die Zeichen mehren, dass Giblis Version auf wackligen Füßen steht.[95] Auch Kafkafi sieht Dayans Verhalten als Schuldzuweisung an den Verteidigungsminister an, aber sie behauptet, dass Dayan Gibli zu einer Aussage *zwingen* will, die einerseits Lavon belastet, indem Lavon als Verantwortlicher dargestellt werden soll; andererseits soll Dayan selbst von der Verantwortung befreit werden, indem Dayan und Gibli den Befehl auf den 16.7.1954 datieren, als Dayan im Ausland weilt. Die Sabotageaktionen am 2. und 14. Juli – so sagt Gibli aus – seien nicht von der Einheit 131 ausgeführt worden.[96] Für die Bestätigung dieser Version wurde ein Schreiben von Gibli an Dayan vom 19.7.1954 gefälscht, aus dem ausdrücklich Lavons Anweisung für die Aktivierung der Einheit hervorgeht.

Der Generaldirektor im Verteidigungsministerium, Peres, stellt sich bald auf Dayans Seite. Die besagten Konflikte um Zuständigkeitsbereiche im Verteidigungsministerium sind an sich bereits ein naheliegendes und ausreichendes Motiv, um in der Zweier-Kommission gegen Lavon auszusagen. Doch an den persönlichen Machtkampf sind auch grundsätzliche Meinungsverschiedenheiten über die Rolle des Militärs in einer demokratischen Gesellschaft gekoppelt. Lavon ziele auf eine nicht nur offizielle Entpolitisierung des Militärs bzw. des Stabschefs ab, was eine Einschränkung von dessen Macht bedeuten würde. Dabei soll sich das Militär der politischen Ebene auch de facto unterwerfen.[97] Lavons Reorganisationsvorschläge im Verteidigungsministerium beinhalten folgende Punkte: klare Abgrenzungen der Aufsichtsbereiche von Minister, Stabschef und Generaldirektor, um die Zuständigkeiten der drei Positionen klar zu definieren; die Bildung eines aus zivilen sowie militärischen Personen bestehenden Verteidigungsrats; die Einführung eines Vize-Verteidigungsministers (unter Ben-Gurion gibt es dieses Amt nicht, die Voraussetzung für Peres' Machtposition); die Unterordnung des Armeesprechers unter den Verteidigungsminister und nicht unter den Generalstabschef; und die Regelung aller militärischen Erwerbsangelegenheiten unter einem Dach.[98] All diese Maßnahmen haben die politische Kontrolle des Militärs zum Ziel. Im Grunde sollte Peres als höherer Zivilbeamter im Verteidigungsministerium wenig gegen dieses Konzept auszusetzen haben. Doch in den Vorhaben verbirgt sich die Beschneidung seines politischen Spielraums, da er nun nicht nur einen unabhängigen Minister, sondern auch einen Vize-Minister als Vorgesetzten akzeptieren müsste. Lavons Konzept, das Militär der Politik klar unterzuordnen, bedeutet dazu auch eine Alternative zu Peres' Konzept eines Ministeriums als »geschlossene Struktur eines getrennten Sicherheitsimperiums«.[99] Peres' Konzept ist passgenau auf Ben-Gurions Verständnis der Aufgaben und Arbeitsmethoden des Verteidigungsministers zugeschnitten; demnach bestimmt die politische Ebene allgemeine Richtlinien, überlässt deren Umsetzung jedoch den »Sicherheitsexperten«. Somit entwickelt sich das Sicherheitsestablishment zu einem geschlossenen Reich, das ein hohes Maß an Autorität und Autonomie genießt, sodass die politischen Institutionen – *Knesset*, Regierung und Judikative – wenig Möglichkeiten haben, es zu beaufsichtigen; dies stellen Hasin und Horowitz bereits 1961 fest.[100]

Der weitere Verlauf der Affäre legt nahe, dass Peres' Rivalität zu Lavon persönlich-machtpolitischer Natur ist. Sein Kalkül, Ben-Gurion 1955 erneut zur Macht zu verhelfen, um die Aussichten für seine eigene politische Karriere zu verbessern, wird zunehmend deutlich. Peres und Dayan, so Arieli, sehen ihre politische Zukunft bereits zu diesem Zeitpunkt an die politische Macht Ben-Gurions gekoppelt. Lavons Entfernung aus dem Amt sowie eine labile Regierung Sharett dürften sie ihrem Ziel näherbringen.[101] Ben-Gurion und seine »Jungs« innerhalb der *Mapai*-Partei bekämpfen Lavon Ende 1960 und Anfang 1961, bis sie dessen erneute Absetzung von seinem *Histadrut*-Posten erreichen. Peres erscheint in diesem Machtspiel als treibende Kraft. Hasin und Horowitz erklären diesen Feldzug damit, dass Lavon für seine Rehabilitierung in einer Sache kämpft, deren Klärung die noch nicht gesicherte politische Machtposition der »Jungs« innerhalb *Mapai* gefährden könnte.[102] Die Lavon-Affäre wird nämlich 1960 auf Grund einer Reihe von Ereignissen neu entfacht, als die Wahrheit Stück für Stück ans Licht gelangt. Lavon erfährt im Laufe der Jahre stückweise von der Verschwörung gegen ihn, hat aber kaum handfeste Beweise. 1957, mit der Festnahme des in die »Schlamperei« involvierten *Aman*-Offiziers Avri Elad werden Lavon weitere Indizien bekannt. Um das geheim gehaltene Verfahren gegen Elad, der sich als Doppelspion entpuppt, ranken sich Gerüchte über seinen Beitrag zu Falschaussagen vor der Zweier-Kommission, auch in Bezug auf Lavons Rolle in der Affäre. Lavon wendet sich an den Regierungschef und Parteivorsitzenden und verlangt Aufklärung, mithin seine Rehabilitierung. Ben-Gurion beauftragt seinen militärischen Sekretär Chaim Ben-David anhand des vorhandenen, einschließlich des von Lavon im Laufe der Jahre gesammelten Beweismaterials, die Sache zu untersuchen. Mitte Juni 1960 beendet Ben-David seine Untersuchung und schöpft den Verdacht, Dokumente seien gefälscht worden bzw. verschwunden.[103] Ende August 1960 ernennt Ben-Gurion eine weitere Untersuchungskommission, geleitet vom Richter des Obersten Gerichts Chaim Cohn. Die Kommission bestätigt die Ergebnisse der vorangegangenen Untersuchung und erhellt zudem, dass die Mission der Einheit 131 im Vorfeld, noch vor dem 19.7.1954, also vor dem angeblichen Tag der Befehlserteilung, ausgeführt worden sei. Dazu bestätigt sie den Verdacht auf Dokumentenvernichtung, Falschaussagen und Nötigung zu Falschaussagen vor der Zweier-Kommission. Auf Grund der Ergebnisse der Cohn-Untersuchungskommission verlangt Lavon seine politische Rehabilitierung von Ben-Gurion, doch dieser weigert sich. Die Lage gerät außer Kontrolle, bis Einzelheiten an die Öffentlichkeit dringen.[104]

Ab diesem Zeitpunkt entwickelt sich die Affäre zunehmend zu einem Duell zwischen Lavon und Ben-Gurion bzw. der »Alten Garde« und den »Jungs« der *Mapai*-Partei. Lavon wendet sich zum Missfallen Ben-Gurions an den *Knesset*-Ausschuss für Sicherheits- und Auswärtige Angelegenheiten. Lavons Aussage vor diesem Gremium am 17.10.1960 wird Lavon zum Verhängnis: Lavon berichtet von den bis dahin nur in engen Kreisen bekannten unhaltbaren Zuständen im Sicherheitsestablishment des Jahres 1954, beispielsweise erwähnt er die von Ben-Gurion in Lavons Amtszeit bei dessen Abwesenheit abgehaltene Haushaltssitzung des Verteidigungsministeriums.[105] Ben-Gurion reagiert empört und betrachtet Lavons Aussage als »ein Eindringen in sein Imperium«, als eine direkte Attacke auf das Militär: »Man darf [...] die Offiziere nicht verurteilen, solange ihre Schuld noch nicht bewiesen ist. Nur der Gerichtshof ist dafür zuständig.«[106]

Angesichts der drohenden Eskalation der Affäre zu einer umfassenden Krise strebt man in der *Mapai*-Führung an, dem *Knesset*-Ausschuss für Sicherheits- und Auswärtige Angelegenheiten die Verantwortung für die Aufdeckung der Ereignisse abzunehmen. Eine Minister-Kommission, bestehend aus sieben Ministern verschiedener Parteien, wird zum Untersuchungsausschuss ernannt. Hasin und Horowitz zufolge soll diese gründlich und intensiv das vorhandene Beweismaterial untersucht haben.[107] Im Auftrag dieser Kommission entdeckt der Staatsanwalt Gideon Hausner ein weiteres Beweisstück: Die damalige *Aman*-Sekretärin Dalia Carmel-Goldstein sagt aus, dass es sich bei dem Brief vom 19.7.1954, welcher den Befehl für den Einsatz in Ägypten erteilt, um eine Fälschung handele.[108] Auf der Basis unterschiedlicher Ergebnisse kommt die »Siebener-Kommission« am 25.12.1960 zu dem Schluss, dass Lavon den Befehl für die »Schlamperei« nicht erteilt habe und dass er von dem Einsatz keine Kenntnis gehabt habe.[109] Aber auch dieses Urteil weigert sich Ben-Gurion zu akzeptieren. Im Gegenteil: Er hält in der besagten Regierungssitzung vom 25.12.1960 eine Rede, von Hasin und Horowitz bildhaft als »erhobenes Beil« bezeichnet.[110] Ben-Gurions Sprache sei an dieser Stelle dem Leser erspart. Wichtig ist jedoch seine Argumentationsweise, welche im Folgenden bei Peres wiederzufinden ist: Er beschuldigt Lavon »gefährlich-falkischer« Neigungen, was nicht mit der »Ehre des Militärs« in Einklang zu bringen sei: Hochrangige Offiziere der IDF kämen alleine kaum auf solche Pläne wie die »Schlamperei«. Auch dass Ben-Gurion Lavon nicht direkt für die Befehlserteilung verantwortlich macht, findet seinen Niederschlag in Peres' offizieller Version der Lavon-Affäre. Für diese Version ist von Belang, dass sich Ben-Gurion stur weigert, Schlussfolgerungen der von ihm selbst ernannten Untersuchungsgremien zu akzeptieren, und zwar wider besseres Wissen. Deswegen bleibt die Büchse der Pandora geöffnet. Denn gegen den Regierungsbeschluss und die öffentliche Meinung, welche sich ausdrücklich hinter diesen Beschluss stellt, wird Lavons Rehabilitierung von den »Jungs«, allen voran Peres und Dayan, weiterhin angefochten. Harel zufolge glaube Peres, ein »Vernichtungskrieg« gegen Lavon würde den eigenen machtpolitischen Interessen dienen, weshalb er seinen Mentor in die Sache hineinziehe.[111] Ben-Gurion hat aber Autorität und politische Verantwortung, und er unterstützt die »Jungs« in der nun folgenden Kampagne für eine »juristische Kommission«, auch wenn der Hauptoffizier Gibli gute Gründe hat, sich von dieser Kampagne zu distanzieren.

Nennenswerte Fürsprecher für seine Rehabilitierung findet Lavon in Kreisen der Jerusalemer Intellektuellen, die am 11.1.1961 zusammentreffen und ihre Sorge um die demokratischen Werte in Israel in einer Petition zum Ausdruck bringen. Folgende Erscheinungen bezeichnen sie als besonders besorgniserregend: erstens, Ben-Gurions Forderung, einen Regierungsbeschluss zurückzunehmen; zweitens, den Ruf nach Lavons Absetzung, und zwar trotz seines Freispruchs – sollte dies erfüllt werden, so leide die Glaubwürdigkeit der Rechtsstaatlichkeit großen Schaden; drittens, das von Ben-Gurions »Jungs« hervorgebrachte Argument, das Land hänge von der Führung einer Person allein ab, was kaum mit demokratischen Grundsätzen vereinbar sei; und viertens, die Gefährdung der Demokratie nicht nur durch die Worte, sondern auch durch die Methoden der »Jungs«. Der von dieser Gruppe ausgeübte enorme Druck auf gewählte Institutionen, sich den Ergebnissen anerkannter Gremien nicht zu beugen, beeinträchtige deren Stabilität. Die Jerusalemer Intellektuellen verurteilen des Weiteren die Auffassung der »Jungs«, die Glaubwürdigkeit des Militärs stütze sich auf seine Unantastbarkeit, sprich »die Ehre des Militärs«. Ein solcher Gedanke sei einer Demokratie fremd.[112] All diesem öffentlichen sowie innerparteilichen Druck zum Trotz gelingt es Ben-Gurion und seinen »Jungs«, die *Mapai*-Partei dazu zu zwingen, nicht nur Lavon von seinem *Histadrut*-Posten abzusetzen, sondern auch seinen Namen von der Parteiliste zur *Knesset*-Wahl zu streichen – das sind Ben-Gurions Bedingungen, seine Ämter nicht abzulegen. Die *Mapai*-Partei büße mit dieser Kapitulation Unabhängigkeit und Würde ein, so Sharett.[113] Vergebens. Denn der so sehr erhoffte Schlussstrich unter die Affäre ist Anfang 1961 immer noch nicht gesetzt, ebenso wenig wie die Versöhnung innerhalb der regierenden Partei erreicht ist.[114]

Im Verteidigungsministerium wird unterdessen an der offiziellen Version der Affäre gearbeitet. Im Oktober 1962 wird der Journalist der Gewerkschaftszeitung *Davar* Chagei Eshed mit der Untersuchung der Affäre beauftragt.[115] Anfang 1964 befindet der mittlerweile aus seinen Ämtern geschiedene Ben-Gurion auf Grund von Esheds Untersuchungsergebnissen, dass *Lavon die alleinige Schuld für die Affäre trage*. Er fordert, die Ereignisse erneut im Rahmen einer »juristischen Untersuchung« aufzurollen, denn eine Ministerkommission sei rechtswidrig. Der Richter des Obersten Gerichts Chaim Cohn weist Ben-Gurion darauf hin, er selbst sei von einer Ministerkommission nach dem Kfar-Kassem-Massaker, das am 29.10.1956 von israelischen Sicherheitskräften an israelischen Palästinensern verübt wurde, im Rahmen seines Amtes als Verteidigungsminister freigesprochen worden. Die Regierung lehnt Ben-Gurions Anliegen daraufhin ab. Auf einem Parteitag am

11.11.1964 bringt Ben-Gurion seine Ansicht über Lavon wiederholt zum Ausdruck. Seine Worte richten sich jedoch hauptsächlich gegen seinen Nachfolger Levi Eshkol und dessen Regierung. Nachdem Lavon nun endgültig aus der Politik verbannt ist, unternimmt Ben-Gurion den Versuch, Premier- und Verteidigungsminister Eshkol abzusetzen – Dayan und Peres, die ministerielle Positionen in der Regierung Eshkol bekleiden, unterstützen ihn dabei. Doch diesmal erreicht Ben-Gurion sein Ziel nicht. Eshkol reicht am 14.12.1964 beim Staatspräsidenten seinen Rücktritt ein. Am folgenden Tag wird er vom Zentralkomitee der *Mapai*-Partei zu ihrem Kandidaten für das Amt des Ministerpräsidenten gewählt. Eshkol gelingt es auch, sich in der Frage der von Ben-Gurion wiederholt verlangten »juristischen Untersuchungskommission« innerhalb der Partei durchzusetzen: Das Anliegen wird abgelehnt. Ben-Gurions Niederlage veranlasst diesen nun, seiner eigenen Partei abtrünnig zu werden. Auf einem Treffen seiner Parteianhänger im Juni 1965 erklärt Ben-Gurion die Notwendigkeit von »Säuberungen« innerhalb der Partei auf Grund »Unsicherheit und Täuschung« sowie »Urteilsverdrehung«. Ende Juni 1965 gründet er eine neue Partei namens *Rafi*, Israels Arbeiterliste, und zwingt seine Ziehkinder Peres und Dayan, mit ihm in die Opposition zu gehen. Für Peres, wie noch zu sehen ist, bedeutet dieser Ausgang der Affäre eine sehr schmerzhafte Niederlage nach zwölf Jahren Kampf um seinen Machterhalt im Verteidigungsministerium.[116]

Kimmerling sieht in der Lavon-Affäre einen machtpolitischen Kampf zwischen zwei Generationen, die ihre Machtbasis auf unterschiedliche staatliche Institutionen bauen: Die sogenannte »Alte Garde«, bestehend aus der zweiten Generation der *Mapai*-Partei, übt Einfluss über die Partei und die starke Gewerkschaftsorganisation (die *Histadrut*) aus. Zu dieser Gruppe gehören unter anderem Lavon, Eshkol, Sharett und Golda Meir, die sich alle in ihrem sechsten Lebensjahrzehnt befinden. Die junge Generation hingegen – die von Ben-Gurion unterstützten »Jungs«, meist in ihrem vierten Lebensjahrzehnt – hat das Sicherheitsestablishment als ihre Stütze angesehen.[117] Ihre Abspaltung von der *Mapai*-Mutterpartei 1965 markiert aber nur eine vorübergehende machtpolitische Niederlage. Dayan und Peres kehren bald wieder ins Verteidigungsministerium zurück. 1967 verhilft Peres im Zuge der Mai/Juni-Krise seiner Partei *Rafi* in die Regierung der Großen Koalition. Dayans Ernennung als Verteidigungsminister geht mit Eshkols Absetzung einher, was eine Entscheidung für die militärische Auseinandersetzung des Juni-Krieges höchst wahrscheinlich macht. 1974, im Gefolge des Jom-Kippur-Krieges 1973 und der anschließenden politischen Krise, übernimmt Peres das Verteidigungsressort von Dayan bis zum Machtwechsel von 1977.

Der Kampf um die offizielle Version der Lavon-Affäre

In diesem *Mapai*-Generationenkampf spielt Esheds Buch *Wer hat den Befehl gegeben?* eine wichtige Rolle. Denn die Unterstützer dieser Version der Lavon-Affäre – also Ben-Gurion und Peres – begnügen sich nicht mit dem politischen Sieg über Lavon im Februar 1961. Sie fechten nicht nur die Ergebnisse der

Siebener-Kommission an, sondern wollen dazu auch eine Alternativversion durchsetzen. Esheds Buch wird 1964 der Eshkol-Regierung vorgelegt. Es soll als Basis für Ben-Gurions Forderung einer »gerichtlichen Untersuchung« dienen. Da dies abgelehnt wird, werden im Februar 1965 Teile des Buches in der Tageszeitung *Haaretz* veröffentlicht, als Druckmittel gegen die Regierung. Das Buch selbst unterliegt bis Juni 1979 der militärischen Zensur. Einige oben verwendete Schriften zur Affäre sind als direkte Reaktion auf Esheds Buch geschrieben. Arieli verfasst seine Abhandlung 1965 im Gefolge von Esheds Arbeit, wobei Ben-Gurion ihn Kafkafi zufolge davon abbringen wollte.[118] Arieli weist auf Esheds Methode, zentrale Fakten der Affäre zu verdrehen oder zu verschweigen und folgert, dass Esheds Untersuchung selbst einen Bestandteil der Affäre darstelle. Es sei ein Versuch, »das israelische Volk in die Irre zu leiten«, zwecks reinen Machterhalts.[119]

Auch Isser Harel, damaliger Chef des Mossad, schreibt sein Buch *Kam Ish al Ahiv* (When Man Rose Against Man, 1982) als Reaktion auf Esheds Buchveröffentlichung von 1979. Harel geht ebenfalls systematisch auf Esheds Thesen und deren problematische Grundlagen ein. Anfechtbar sei vor allem die Behauptung, bei der Affäre handele es sich um eine »Verschwörung gegen Ben-Gurion«. Im Gegensatz zu Arieli unterscheidet Harel allerdings zwischen Ben-Gurions Rolle und der seiner »Jungs«: Ben-Gurion sei einem gewissen Druck ausgesetzt, einen Journalisten mit einer »Untersuchung« beauftragen zu müssen, der das ganze Material des Verteidigungsministeriums und der Armee einsehen dürfe. Ziel der Untersuchung solle vor allem sein, die Schlussfolgerungen der Siebener-Kommission zu widerlegen.[120] »Vertraute Ben-Gurions«, womit Harel vor allem den Vize-Verteidigungsminister Shimon Peres meint, beauftragen Eshed mit der Untersuchung und gewähren ihm Zugang zum Material des Verteidigungsministeriums. Darüber hinaus bestreitet Harel, Ben-Gurion habe sich Esheds Version zu Eigen gemacht. »Dieses Buch ist nicht nur nicht Ben-Gurions ›Version‹ der Affäre, ein Buch, das die Wahrheitsfindung nicht anstrebt; es ist vielmehr eine ›Untersuchung‹, die vorsätzlich die Fakten verdreht; deren Ziel es ist, hinter dickem weißem Rauch die Verantwortung einiger Hauptschuldiger für die traurigen Entwicklungen zu verschleiern. Nicht die Enthüllung einer politischen Verschwörung will Eshed erzielen, sondern eine Geschichte über eine andere ›Verschwörung‹ erfinden, die die eigentliche Verschwörung verschleiern soll.«[121] Die »Vertrauten« Ben-Gurions hätten diesen dazu gedrängt, mit Esheds Ergebnissen den Kampf gegen Lavon erneut aufzunehmen. Auch wenn Harels These haltbar wäre, steht Ben-Gurions Verantwortung für die Entwicklung der Affäre dennoch fest. Doch wie sieht Peres' Beitrag aus? Inwiefern drängt Peres seinen Mentor zu einem »Vernichtungskrieg« gegen Lavon[122]? Und aus welchem Grund ist ein solcher Krieg gegen den Minister, der bereits 1955 zum Rücktritt aus dem für Peres so wichtigen Verteidigungsministerium gezwungenen wurde, für ihn so dienlich? Welche Rolle soll Esheds Buch spielen, und warum wird es ein derart wichtige Waffe im Kampf gegen Lavon nach dessen zweiter Absetzung?

Inwieweit hat Peres bei der Erstellung des Buches aktiv mitgewirkt? Für seine Mitwirkung spricht, dass die Freigabe von Geheimmaterial aus dem Verteidigungsministerium unter »Peres' Monopol«[123] an einen Journalisten, ohne dass Peres die Untersuchungsergebnisse kontrolliert hätte, sehr unwahrscheinlich ist. Ferner identifiziert sich der Vorsitzende der Arbeitspartei 1979 mit der Veröffentlichung des Buches voll und ganz, und zwar zu einem Zeitpunkt, als die Frage der politischen Führung bereits geklärt ist. Hinzu kommt, dass Peres und Eshed gemeinsam an Peres' drittem Buch von 1978 arbeiten, in dem auf eine »langjährige Bekanntschaft« der beiden verwiesen wird. Es liegt nahe, dass Peres und Eshed bei der 1979 veröffentlichten Version des offiziellen Berichts einige »Verbesserungen« gemeinsam vorgenommen haben. Harel ist der Meinung, dass Eshed und die »Befürworter seiner Version« erst dann eine Veröffentlichung wagten, als die meisten Protagonisten der »Alten Garde« der *Mapai*-Partei nicht mehr am Leben waren. Sie hätten, so Harel, nicht gewagt, den Vorwurf einer »Verschwörung gegen Ben-Gurion« zuvor publik zu machen.[124]

Vor allem aber trägt der offizielle Bericht zur Lavon-Affäre Peres' Handschrift – sowohl in Bezug auf die andeutungsreiche Sprache als auch seine schwer nachvollziehbare Argumentationsweise. Zahlreiche Widersprüche durchdringen den Text: Einerseits wird behauptet, es habe »keine Dokumentenfälschung und kein Dringen auf Falschaussagen« vor dem Untersuchungsausschuss von 1955 gegeben[125], zugleich aber wird Giblis falsche Darstellung als ein »Akt der Selbstverteidigung« beurteilt: Eine Lüge (von Lavon) sei mit einer Gegenlüge (seitens Gibli) bekämpft worden.[126] Es wird ausdrücklich auf die »guten Verhältnisse zwischen Lavon und Gibli« hingewiesen mit dem Ziel, eine Zusammenarbeit der beiden gegen Dayan, Sharett und Harel als plausibel erscheinen zu lassen[127]; es wird sogar behauptet, es habe eine gegen Dayan gerichtete »geheime Verbindung« zwischen Lavon und Gibli gegeben, um Dayan in wichtigen Fragen umgehen zu können.[128] Lavon wird diffamiert, ohne dass der Bericht auf die gegen Gibli erhobenen Anschuldigungen eingeht. Eshed behauptet, Lavon habe seine Rehabilitierung ohne Untersuchung und ohne Gerichtsverfahren erreichen wollen, während er seinen Gegnern die Selbstverteidigung zu verwehren gesucht habe.[129] In manchen Textstellen wird ähnlich argumentiert wie in Peres' offizieller Version (im Folgenden erörtert). In den Vordergrund rücken Lavons verdrehtes Verhältnis zum Westen, sein »gefährlicher Kurs« in der Araberpolitik, seine für manche unliebsame Haltung in der Frage der Aufsicht über die Einheit 131, sein problematisches Verhältnis zu Sharett.[130] Besonders bedeutend ist, dass Lavon als ultimativer Offiziersgegner erscheint.[131] Esheds Grundthese wird unter der Überschrift »Pinchas Lavon gab den Befehl« abgehandelt:

> »Die ›Lavon-Affäre‹ endete ohne die Beantwortung der Frage nach dem ›Verantwortlichen für den Befehl‹, denn die ›Siebener-Kommission‹ beantwortete die Frage, wer den Befehl NICHT gab. Angesichts der im Laufe der Zeit [...] ans Licht gelangten Fakten lässt sich feststellen, dass die Antwort mittels einer juristischen Untersuchung leicht herauszubekommen ist. Anhand der bereits heute bekannten Fakten, die in

diesem Buch geschildert sind, lässt sich feststellen, dass Pinchas Lavon den Befehl gab, und zwar auf Grund von zwei Briefen, die von einem ›hochrangigen Offizier‹ an den Generalstabschef gesendet wurden, einmal am 19.7.1954 und dann am 1.11.1954.«[132]

Eshed kommt zu seiner Schlussfolgerung anhand der folgenden Ergebnisse:

»1. [Avri] Elad führt Esek Habish [heb. ›die Schlamperei‹] aus, und zwar ohne Instruktion von seinem Vorgesetzten [Zvi] Benzur und ohne, dass [Benjamin] Gibli informiert worden wäre. [...]
2. Benzur gab Elad keine Instruktionen für die Ausführung der Aktionen in Ägypten und konnte nicht ahnen, dass Elad ihn missverstanden hatte. Die von Benzur an Elad erteilten Instruktionen waren alleine Instruktionen zur Organisation und Vorbereitung. [...]
3. Gibli konnte nicht ahnen, dass Benzur Elad Ausführungsinstruktionen gab, oder dass Elad ihn so hätte verstehen können. Daher konnte er nicht ahnen, dass die beiden ersten Aktionen auf Benzurs Instruktionen hin ausgeführt worden waren.
4. Gibli gab Benzur am 16. Juli 1954 die Ausführungsinstruktion, gegen britische Einrichtungen in Ägypten vorzugehen, um das britisch-ägyptische Abschlussabkommen für den britischen Rückzug aus dem Suez-Kanal zu suspendieren.
5. Der 16. Juli war der passende Befehlstag, was die Verhandlungen zwischen Großbritannien und Ägypten betrifft. [...]
6. Gibli kannte die Position Dayans, der im Ausland weilte, in Bezug auf die Aktivierung der Einheit, und hätte nicht gewagt, sie auf eigene Faust zu aktivieren.
7. Betrachtet man Lavons [sicherheitspolitische] Einstellung und das Verhältnis zwischen ihm und Gibli in diesen Tagen, so konnte es keinen Grund für Gibli geben, ohne Instruktion oder gar »volle Deckung« seitens Lavon zu agieren.
8. Giblis ganzes Verhalten und sein Handeln vor und nach dem 16. Juli sind so zu verstehen, dass er die volle Deckung Lavons hatte. [...]
9. Gibli hat keinerlei Schritte unternommen, Lavon die Aktion zu verheimlichen. Vielmehr stand er Lavon zur Seite, als es darum ging, die Maßnahmen zur Vorbereitung und Aktivierung der Einheit vor Sharett (und vor Isser Harel) sowie vor Dayan geheim zu halten.
10. Im Jahre 1954 gestand Lavon zwei Mal, wenigstens indirekt, dass er Gibli den Befehl erteilte, allerdings verurteilte er die Aktionen und bestritt das Befehlsdatum.
11. Lavon hat direkt und absichtlich alle Faktoren (Isser [Harel] und Dayan) entfernt, die für die Befehlsgewalt der Einheit 131 verantwortlich gewesen wären. Lavon hat dazu willentlich und absichtlich direkten Kontakt zu Gibli in dieser Sache sowie in anderen Angelegenheiten aufgenommen.
12. Pinchas Lavon verhinderte direkt und absichtlich, solange er konnte, jede Aufklärung, jede Untersuchung über den Befehl und seine Ausführung.
13. Moshe Dayan lehnte die Aktivierung der Einheit ab, verspottete deren Kommandanten und war nicht der Meinung, dass das Abkommen über den britischen Rückzug aus dem Suezkanal aufzuhalten wäre. [...]
14. Pinchas Lavon trägt direkt die persönliche und nicht nur die formale Verantwortung für das Aufkommen der Zweifel hinsichtlich der Frage des Verantwortlichen für den Befehl. Er alleine muss die persönliche Verantwortung für diese Frage tragen.«[133]

Bezeichnend an dieser Darstellung ist, dass der Politiker Lavon vollständig verurteilt wird, während gegenüber der militärischen Ebene eine fragwürdig erscheinende Nachsicht geübt wird. In dieser als abgeschlossene Angelegenheit geschriebenen Geschichte steht der Schuldige eindeutig fest. Alles spricht gegen ihn: Er arbeite mit Gibli zusammen, decke ihn vollkommen und pflege mit ihm »willentlich und absichtlich« direkten Kontakt (um Dayan auszuschließen); er verheimliche vor Sharett, Harel und Dayan wichtige Informationen, und zwar »direkt« und »absichtlich«; er verhindere »direkt und absichtlich« jede Aufklärung und jede Untersuchung; und letztlich trage er die alleinige Verantwortung – nicht nur für die Erteilung des Befehls, was für Eshed außer Frage steht –, sondern auch dafür, dass Zweifel hinsichtlich der Frage des Verantwortlichen überhaupt aufkamen. Lavons Handlungen werden hier nicht nur als fahrlässig oder gar unverantwortlich hingestellt. Vielmehr geht es dem Verfasser darum, zu zeigen, dass der Minister durchgehend absichtlich, direkt und willentlich agierte.

Die militärischen Akteure dieser Geschichte erhalten durch Esheds Feder eine viel nachsichtigere, sanftere, ja fragwürdige Behandlung: Der des Verrats beschuldigte Chef der Einheit – Avri Elad – wird nur kurz erwähnt, und zwar wird lediglich gesagt, dass er ohne Instruktionen agierte. Elad, der die Einheitsmitglieder in Ägypten verraten hat, widmet Eshed nur ein paar harmlose Zeilen: Elad agierte ohne Instruktion seines Vorgesetzten, und zwar in einer maßlos fehlgeschlagenen Aktion, wird aber von Eshed in keiner Weise zur Verantwortung gezogen. Auch Elads Vorgesetzter, Zvi Benzur, wird freigesprochen. »Benzur gab Elad keine Instruktionen«, und die doch von Benzur an Elad erteilten Instruktionen »waren alleine Instruktionen der Organisation und Vorbereitung«. Die später von Gibli erteilte Instruktion zur Ausführung der Aktionen habe Benzur alleine auf ausdrücklichen Befehl seines Vorgesetzten Gibli erfüllt. Benzurs Vorgesetzter, *Aman*-Chef Benjamin Gibli, wird zwar nicht ganz freigesprochen, aber auch nicht zur Verantwortung gezogen. Eshed betont zwar die guten Verhältnisse zwischen Lavon und Gibli. Doch der Offizier – der direkte Vorgesetzte der Einheit 131 – habe lediglich auf Lavons Befehl hin gehandelt, und zwar dieser Version entsprechend am 16.7.1954, wobei beide Aktionen in der ersten Julihälfte (2. und 14.) ungeklärt bleiben. Gibli habe vor Lavon nichts zu verheimlichen. Die zwei arbeiteten in »bestimmten Sachen« zusammen. Und dennoch wird Gibli nicht zur Rechenschaft gezogen.

Was den Armee-Chef betrifft, so darf es nicht überraschen, dass Generalstabschef Dayan nicht nur von jeder Verantwortung befreit wird – auch von der formalen Verantwortung als Oberhaupt der Streitkräfte –, da er »im Ausland geweilt« habe (mit der notwendigen Anpassung des Befehlsdatums); er wird zudem als Gegner der Militäraktion dargestellt: Er habe von vorneherein die Zwecklosigkeit der Aktivierung dieser Einheit kritisiert, außerdem habe er den Versuch, den britischen Rückzug aufzuhalten (der ursprüngliche Zweck dieser Aktion), für wenig Erfolg versprechend gehalten. Hier soll zum Ausdruck gebracht werden, dass Lavon nicht nur Sharett und Isser

Harel, sondern auch Dayan hintergangen habe. Dem Prinzip der »Ehre der Armee« ist bei Eshed voll gedient: Die Armee-Offiziere erhalten hier trotz aller im Laufe der Jahre ans Licht gelangten Erkenntnisse eine Behandlung mit Samthandschuhen.

In diesem Zusammenhang steht im Mittelpunkt der Debatte zwischen Giblis Nachfolger im *Aman*, Yehoshafat Harkabi (später auch Historiker), und Shabtai Teveth, dem wohlgesonnenen Biographen von Ben-Gurion und Dayan, die Frage nach der Verantwortung der Armee für die »Schlamperei«. Harkabi weist auf die Problematik hin, dass das Militär die Verantwortung für den fehlgeschlagenen Einsatz in Ägypten nie übernommen habe. In Reaktion auf den Vorwurf, allein die politische Ebene trage die Schuld an dem Desaster, betont Harkabi gerade die Verantwortung der Militärs für die von der politischen Führung getroffenen Entscheidungen: »Eine Befehlserteilung von Seiten der Entscheidungsträger gilt es als einen Dialog zwischen der politischen und der militärischen Ebene zu verstehen: Wenn die Militärs gegen einen bestimmten Befehl der politischen Ebene nichts einwenden oder ihn nicht kritisieren, so tragen sie ebenso die Verantwortung mit. [...]«[134] Teveth sieht dies zwar ein, schiebt Harkabi aber eine Teilschuld an der Affäre zu, da er nach der Ablösung Giblis im *Aman* 1955 nicht gleich dem Verdacht auf Fälschungen nachgegangen sei.[135] Harkabi weist zwar diese Verantwortung nicht von sich, sieht jedoch das Hauptproblem weiterhin darin, dass die Armee-Führung für den 1954 verübten *Esek Habish* nicht haftbar gemacht worden sei, auch nicht im Sinne einer »operationellen Verantwortung«.[136] Teveths schwer nachvollziehbare Argumentation und vage formulierte Thesen besagen, dass Dayan sich nicht damit abgefunden habe, dass 1955 weitere Untersuchungen unterlassen worden seien [sic!].[137]

Teveths anfechtbare Behauptungen und Harkabis Gedanke der »gemeinsamen Verantwortlichkeit« der politischen und militärischen Ebene für fehlgeschlagene militärische Einsätze gehen am eigentlichen Gegenstand der Lavon-Affäre in ihrer Gesamtheit komplett vorbei: Bei dieser Affäre handelt es sich nicht alleine um einen fehlgeschlagenen Einsatz, der militärisch-operationell korrigiert werden sollte; sie hat vielmehr langfristig eine kaum zu überschätzende politische und historische Bedeutung für die Geschichte des neuen Staats und dessen politische Kultur. Nicht nur, dass hochrangige Armee-Offiziere auf eigene Faust, also unbefugt, fragwürdige, dazu auch gefährliche Aktionen im Ausland durchgeführt haben, mit fatalem Ausgang für die eigenen Leute; es ist ihnen dazu auch gelungen, die politische Ebene derart irrezuführen, sodass eine Aufklärung zum Zeitpunkt der Ereignisse unmöglich ist, weshalb letztlich der Verteidigungsminister und der Premier selbst den Preis für die Taten der Militärs bezahlen müssen: 1955 und 1961 muss Lavon abdanken. Die erste Phase der Lavon-Affäre kostet letztlich auch Sharett im Juni 1956 das Amt: Denn mit Ben-Gurions Rückkehr infolge der »Schlamperei« im Februar 1955 auf den Stuhl des Verteidigungsministers und im August 1955 auf den des Regierungschefs erstarkt das Lager Ben-Gurion/Peres/Dayan im Sicherheitsestablishment wieder. Es steht für eine

Politik, die u. a. für den Krieg mit Ägypten 1956 verantwortlich ist (vgl. Kapitel IV dieser Arbeit): Mit Ben-Gurions Rückkehr an die Macht verstärken sich deutlich die Kämpfe an der südlichen Grenze, somit eskalieren die Konflikte in den israelisch-ägyptischen Beziehungen. Dies setzt Sharetts außenpolitischen Bemühungen ein Ende, sich dem ägyptischen Präsidenten über Gespräche anzunähern. Sharett als politische Alternative für den Ben-Gurionismus ist 1956 endgültig ausgeschieden. Diese Entwicklungen, gerade in den formativen Jahren, haben eine immense historische Bedeutung für die Geschichte Israels und dessen politische Kultur: Nicht nur setzen sich die Hardliner in der Sicherheitspolitik durch, sondern auch innenpolitisch gelingt es ihnen – da eine Aufklärung der »Schlamperei« vorerst unwahrscheinlich ist, weshalb es schließlich zu einer Lavon-Affäre kommt – einen gewichtigen Beitrag zu einer politischen Kultur der Streitsucht und des mangelnden Unrechtsbewusstseins zu leisten. Vor diesem Hintergrund ist auch Peres' eigene Version der Lavon-Affäre von 1995 zu verstehen.

Peres zur Lavon-Affäre

Die bisherige Darstellung könnte den Eindruck erwecken, Peres habe während der Lavon-Affäre hauptsächlich hinter den Kulissen agiert. Hasin und Horowitz meinen, Peres' Rolle in den Ereignissen sei vor allem für die »Alte Garde« der *Mapai*-Partei problematisch, was Peres' Schwäche und die Abhängigkeit von seinem Mentor verdeutliche.[138] Mit diesem Fakt lassen sich Peres' äußerst spärliche offizielle Äußerungen zur Affäre über die Jahre hinweg erklären. Muss er sich in bestimmten unvermeidlichen Situationen doch einmal positionieren, erweckt er den Eindruck, als habe er persönlich wenig mit den Vorfällen zu tun, wobei er gleichzeitig keinen Hehl daraus macht, auf wessen Seite er steht. In seiner Hommage an Ben-Gurion schreibt Peres: »Die Lavon-Affäre brachte Ben-Gurion auf einen Konfrontationskurs mit den meisten seiner Parteigenossen. Ich bin fest davon überzeugt, dass er in dieser ganzen Affäre nichts Politisches vor Augen hatte, sondern in ihr alleine eine moralische Auseinandersetzung sah. ›Die Wahrheit stand über allem‹, so betitelte Ben-Gurion seinen umfangreichsten Artikel diesbezüglich. Er argumentierte, Minister dürften sich nicht zu Richtern aufschwingen; die Wahrheit kenne keine Farben – sie sei blind in Bezug auf die vor Gericht stehenden Menschen.«[139]

Diese »Wahrheit« will Peres dennoch »finden«, hinter verschlossenen Türen, fernab vom Einfluss der Öffentlichkeit. In einer *Knesset*-Rede vom 15.12.1964 – auf einem politischen Höhepunkt der Affäre – plädiert der Vize-Verteidigungsminister für eine juristische Untersuchungskommission, welche »unter Ausschluss der Öffentlichkeit zwei oder drei Jahre lang tagen soll, und zwar in Absprache mit der Presse, die der militärischen Zensur untersteht. Dies soll die durch das Land wehenden Stürme abmildern. […] Lassen wir doch die Richter ihre Arbeit in Ruhe bewerkstelligen.«[140] Die Wahrheit gilt es für Peres 1964 also noch zu klären, unter zwei Bedingungen: im Rahmen einer »Tagung über zwei oder drei Jahre« und unter »Ausschluss der Öffentlichkeit«.

In seiner Aussage vor dem *Knesset*-Ausschuss für Sicherheits- und Auswärtige Angelegenheiten vom 23.-25.10.1960 streitet Vize-Verteidigungsminister Peres sowohl jegliche Beteiligung an der Affäre als auch persönliche Auseinandersetzungen mit Lavon vehement ab. Mit dieser Strategie will er Lavons Aussage begegnen, welche erstmals die inneren Konflikte im Verteidigungsministerium, also die tieferen Ursachen hinter der Lavon-Affäre, ans Licht bringen. Lavons Auftritt ist den Anhängern des Ben-Gurion-Lagers ein Dorn im Auge: Lavon trage den »Schmutz« nach außen, ziehe die *Knesset* mit in die Affäre hinein und somit die Öffentlichkeit. Peres sagt aus, dass er weder von Lavons Forderung von 1955, ihn zu entlassen, noch von Lavons Kritik an seinem »Wirtschaftsimperialismus« im Verteidigungsministerium gewusst habe. Außerdem seien ihm die Schwierigkeiten Lavons, die dieser dadurch, dass Ben-Gurion ihn bei einer Haushaltssitzung im Verteidigungsministerium umgangen habe, bekommen habe, unbekannt: Ben-Gurion sei auf der Sitzung nur zur Besprechung von Siedlungsbelangen dabei gewesen und habe, soweit er sich erinnere, den Raum verlassen, als über Haushaltsangelegenheiten gesprochen worden sei. Peres betont in seiner Aussage seine hohe Wertschätzung gegenüber Ben-Gurions Ratschlägen, doch es müsse »zwischen Ratschlägen und Anweisungen differenziert werden«.[141] Auf die Frage, wie eine Haushaltssitzung ohne den verantwortlichen Minister möglich gewesen sei, antwortet Peres: »Der Minister ist lediglich bezüglich großer Entscheidungen ins Bild zu setzen, denn es gibt keine klaren Richtlinien, worüber man den Minister informieren müsste. [...] Man berichtet in der Regel über Ausgaben mit Summen ab Hunderttausend israelischen Liren.«[142] Peres weigert sich, Auskunft über die Gründe für seine persönlichen Spannungen mit Lavon zu geben. Er habe vor der Zweier-Kommission kein Charakterzeugnis gegen Lavon abgelegt, betont jedoch, ein Beamter sei nicht seinem Vorgesetzten, sondern der Wahrheit verpflichtet. Im Hinblick auf die »Schlamperei« beschwört der Vize-Verteidigungsminister, es habe keine Falschaussage gegeben, nur Avri Elad habe gelogen. »Sollte Gibli tatsächlich auf eigene Faust solche Taten begangen haben, so ist er wahrscheinlich für seine Stellung ungeeignet. Doch wenn der Minister eine bestimmte Politik verfolgt und der *Aman*-Chef davon auch weiß, so ist es klar, wer die Schuld mit trägt.«[143] In der letzten Sitzung vom 25.10.1960 sagt Peres aus, dass Lavons Assistenten Efreim Evron bereits 1954 klar gewesen sei, dass Lavon den eigentlichen Befehl gegeben habe.[144]

Wie aber lautet Peres' Wahrheit? Er liefert sie erst in seiner Autobiographie.[145] Die folgende Analyse dieses Textes soll die Frage beantworten, ob Peres' Verhalten aus rein machtpolitischem Kalkül zu erklären ist oder ob sein Kampf gegen Lavon ideologischer Natur ist. Handelt es sich um einen machtpolitisch motivierten, innerparteilichen Generationskonflikt zwischen der »Alten Garde« und den »Jungs«, wie Kimmerling bemerkt, oder spielen hier auch inhaltliche Differenzen über die Sonderstellung des Sicherheitsestablishments in der israelisch-jüdischen Gesellschaft eine Rolle? Oder geht beides in den Augen Peres' Hand in Hand?

Ben-Gurions erster Rücktritt und die Suche nach einem Nachfolger

Peres beginnt seine literarische Lebenserzählung mit dem »Vater der Nation« und dessen Überlegungen, aus dem politischen Leben auszuscheiden:

> »Anfang der fünfziger Jahre zeigte Ben-Gurion erste Anzeichen von Amtsmüdigkeit. Es war schwer zu sagen, ob ihm das Alter oder ein eher philosophisches Problem zusetzte. Philosophisch betrachtet, fürchtete er, in Routine zu versinken und durch das tägliche Geschäft des Regierens abzustumpfen. Er hatte das Gefühl, sich zu wiederholen, sich tagaus tagein mit den gleichen Fragen und Aufgaben abzumühen. Ben-Gurion war im Grunde ein Revolutionär, daher fiel es ihm schwer, sich mit einem Status quo zu arrangieren.«[146]

Schon einige Jahre nach der Staatsgründung – hier bezieht sich Peres auf die Zeit Ende 1953 –, als sein Lebensziel erfüllt war, empfand Ben-Gurion die politische Arbeit als eine »Routine«. Der Revolutionär war mit dem Leben im »Status quo« der Nachkriegszeit unterfordert. Diese Wendung gegen die »Routine« oder den politischen Normalzustand bezeichnet Peres als »philosophisch«. Im Bewusstsein dieser Erkenntnis:

> »[...] dachte er an Rücktritt oder zumindest an eine Verringerung seines täglichen Arbeitspensums (er war 1953 immerhin 67 Jahre alt). Damit stellte sich sogleich die Frage, wer seine Aufgaben übernehmen würde. Ben-Gurion hielt seine Arbeit als Verteidigungsminister für mindestens ebenso wichtig wie sein Amt als Premierminister. Seiner Ansicht nach besaß das jüdische Volk genügend politische Führer mit Visionen, hingegen mangele es an realistisch denkenden Staatsmännern, womit er Männer meinte, die über den Tag hinausdachten und doch zupacken konnten. Ein Visionär, der seine Vorstellungen nicht in die Tat umsetzen kann, bleibt am Ende ein reiner Theoretiker, während ein Technokrat ohne Vision Gefahr läuft, einem prinzipienlosen Opportunismus zu verfallen.«[147]

Hier spricht Peres im weitesten Sinne über einen Nachfolger für Ben-Gurion im Verteidigungsministerium, dem wichtigsten Organ des Staats. Der gesuchte Minister muss sowohl mit Visionen als auch mit ausreichend Durchsetzungskraft ausgestattet sein, um dieses Amt bekleiden zu können. Und so nimmt die Affäre ihren Lauf:

> »An dieser Stelle muß ich gestehen, daß ich an Ben-Gurions Vorschlag für seinen Nachfolger im Amt des nächsten Verteidigungsministers Anteil hatte und damit an einer der größten Fehlentscheidungen in der Geschichte des Staates Israel. Ein Fehler, der noch Jahrzehnte später Folgen für die Politik und das gesellschaftliche Leben unseres Landes nach sich zog. Ich war es, der als erster Ben-Gurion zuredete, Pinchas Lavon zu seinem Nachfolger als Verteidigungsminister auszuwählen. Wir waren gemeinsam 1952 aus den USA zurückgekehrt, und ich hatte sofort wieder die Arbeit im Verteidigungsministerium aufgenommen, nun als stellvertretender Leiter. Ich fragte wegen Pinchas Lavon auch Moshe Dayan um Rat. Dayan war damals Leiter der operativen Abteilung beim Generalstab und rückte wenig später zum Generalstabschef auf. Weiterhin sprach ich mit Chaim Laskov, einem ebenfalls hochrangigen Stabsoffizier. Laskov und ich besuchten Lavon und befragten ihn zur Lage der Armee. Laskov zeigte sich von Lavon sehr beeindruckt, was wiederum mich darin bestärkte, in Pinchas Lavon den richtigen Mann für dieses Amt gefunden zu haben.«[148]

Der 29-jährige Peres erhält zu dem Zeitpunkt, als Lavon das Amt des Verteidigungsministers antritt, den Posten des Generaldirektors im Verteidigungsministerium. Im Rückblick auf diese Ära – es handelt sich um den Anfang seiner politischen Karriere – maßt Peres sich an, über Kompetenz und Leistungsfähigkeit seines direkten Vorgesetzten zu urteilen. Zudem hält er die Generäle des israelischen Militärs für fähig und berechtigt, Kompetenz und Leistungsfähigkeit des Kandidaten für den Posten des Verteidigungsministers zu bewerten. Sie *müssen* nach Peres sogar bei der Entscheidung mitwirken. Ranghohe Armeeangehörige werden hier als »Sicherheitsexperten« verstanden; Sicherheitspolitik fällt deshalb in ihren Zuständigkeitsbereich und nicht in den der Politik. Wer Ben-Gurions Nachfolger im Verteidigungsressort sein soll, hat das Militär zu besiegeln. Zwischen den Zeilen drückt sich hier aus, dass die Politik bei Sicherheitsfragen wie selbstverständlich vom Militär abhängig sein müsse. Daraus folgt nicht nur eine Politisierung des Militärs, sondern auch die Entpolitisierung der Sicherheitspolitik. Was befähigte Peres zufolge Lavon dennoch für den Verteidigungsposten?

> »Lavon war damals Landwirtschaftsminister. Während meiner Zeit im Sekretariat der Kibbuzbewegung Hever Hakvutzot war er der Sekretär gewesen. Ich bewunderte seine analytischen Fähigkeiten, seine Rednergabe und seine Ausdauer, für seine Ansichten zu kämpfen. Mir schien, daß Lavons Führung den fähigen jungen Männern an der Spitze der Armee guttun würde. Die Schlagkraft und der Erfolg der Armee hingen von der Moral der Offiziere und Mannschaften ab. Lavon konnte die rechte ideologische Unterstützung bieten, um die Moral in der schwierigen Zeit nach dem Unabhängigkeitskrieg, als weder Krieg noch Frieden herrschten, hochzuhalten. Er hatte außerdem ein starkes Interesse an wirtschaftlichen und strategischen Fragen. Er war immer bestens informiert und sprach mit Autorität. Ich hatte eine ausgezeichnete Beziehung zu ihm und meinte, wir – Dayan, Lavon und ich – könnten auf der Kommandobrücke des Verteidigungsressorts gut zusammenarbeiten.«[149]

Hingegen sind die Aussichten auf eine gute Zusammenarbeit mit dem Kandidaten für das Amt des Ministerpräsidenten – dem langjährigen Außenminister Moshe Sharett (1949-1956) – nicht vielversprechend. »Meine Beziehung zu Sharett war von Anfang an nicht besonders gut, und sie sollte sich noch verschlechtern. Für ihn war ich einer von Ben-Gurions Leuten, was stimmte, doch argwöhnte er auch, ich würde versuchen, mich in die Außenpolitik einzumischen, um meinen persönlichen Ehrgeiz zu stillen, was mir ganz fernlag. Für ihn war ich ein Protegé Ben-Gurions, folglich war mir nicht zu trauen. Er verstand nicht, daß ich mit meinen Bemühungen um einen geheimen Draht nach Frankreich das Waffenembargo aufzubrechen versuchte, an dem unser Land zu ersticken drohte.«[150] Hier springt die Opfersprache des Textes ins Auge. Die Debatte wird unsachlich. Seiner Meinung nach hat Sharett gute Gründe, ihm zu misstrauen – aber nicht, weil er bei seinen Frankreichkontakten die Hierarchien verletzt hat, sondern weil er zu einem anderen politischen Lager, dem Ben-Gurions, gehört. Kurz nach seinem Amtsantritt sieht Peres die beiden Lager in der Partei als sich in ihren Positionen ernsthaft unterscheidende Gegenspieler: »Ich gehörte nicht zu dem kleinen Kreis von Spitzenbeamten des Außenministeriums, die Sharett so bewunderte. Die feinen Herren hatten entweder Englisch als Muttersprache, oder sie stammten aus anderen kultivierten Ländern Mitteleuropas, jedenfalls kannten sie alle diplomatischen Finessen. Einige hatten schon vor der Staatsgründung für Israel gearbeitet, andere waren später eingestellt worden. Sharett zählte diese Männer zum Kern des Auswärtigen Dienstes, während ich als fünftes Rad am Wagen lief.«[151] Waren die heftigen Spannungen zwischen dem Sicherheitsestablishment und dem Auswärtigen Amt in den der 1950er Jahren tatsächlich kongruent mit den Gegensätzen zwischen europäischen Ost- und Westjuden in Israel? Will Peres Israels Außenpolitik im Verteidigungsministerium bestimmen, um sich gegen die »Kultivierten« mit den »diplomatischen Finessen« zu behaupten? Handelt es sich bei diesen Rivalitäten zwischen den beiden Ministerien um einen persönlich-machtpolitischen Streit zweier Immigrantengruppen, oder sind dabei sicherheitspolitische Meinungsverschiedenheiten zwischen den Vertretern unterschiedlicher Weltanschauungen im Spiel? Eines steht jedoch fest: Die Elite der *Mapai*-Partei besteht überwiegend aus osteuropäischen Juden.

Die Diskreditierung Lavons und innere Konflikte im Verteidigungsministerium

Die Art und Weise, wie Peres Lavon diskreditiert, zeigt bereits an, dass es sich bei der Gegnerschaft der beiden weniger um einen sicherheitspolitischen Grundsatzstreit als vielmehr um eine persönlich gefärbte machtpolitische Auseinandersetzung handelt. Im Folgenden sei zitiert, wie Peres Lavons politische Einstellung charakterisiert: »Was Lavon betraf, so wurde mir bald klar, daß wir uns in ihm getäuscht hatten. Allgemein hatte er bisher als ›Taube‹ gegolten, bald nach seinem Amtsantritt entpuppte er sich aber als ›Falke‹. Damit versuchte er wohl mit dem Mann zu konkurrieren, der damals jeden anderen überstrahlte: Moshe Dayan. Lavon wollte in der Armee den Eindruck erwecken, daß er es war und nicht Dayan, der den Ton angab und die große Linie in Fragen der Verteidigung bestimmte. Diese Einstellung verleitete ihn zu Beschlüssen mit verheerenden Folgen.«[152]

Soll hier ausgedrückt werden, Lavon sei deshalb ungeeignet gewesen, weil er als »Taube« gegolten, sich aber im Nachhinein als »Falke« entpuppt habe? Ginge es Peres hier um die sicherheitspolitische Debatte, so hätte er die eigentliche »Taube« dieser Geschichte beim Namen nennen müssen. Sharetts Kampf, um in seiner kurzen Legislaturperiode gegenüber dem Verteidigungsminister und Generalstabschef eine gemäßigte Politik durchzusetzen, ist Peres bestens bekannt. Doch hier steht ein anderer Gegensatz im Fokus: der Gegensatz zwischen Lavon und Dayan. Darin geht es um die Frage, wer in der Armee »den Ton angab«, wer »die große Linie in Fragen der Verteidigung bestimmte«. Wer soll Peres zufolge die Verteidigungsfragen tatsächlich bestimmen: die politische oder militärische Führung? Peres schweigt sich hier allerdings ebenso aus wie in der Falken-Tauben-Debatte. Sein Anliegen ist hier ein anderes. Um Lavons »falkische Ansichten« zu belegen, schildert Peres den Kibiya-Fall, eine verheerende Vergeltungsaktion der israelischen Armee gegen Zivilisten in Kibiya, einem Dorf im Westjordanland, im Oktober 1953:

> »Ein flagrantes Beispiel hierfür war die Vergeltungsaktion der IDF gegen die Jordanier im Oktober 1953 als Antwort auf die Ermordung einer israelischen Familie durch ein Kommando, das die Grenze verletzt hatte. Bei der Aktion wurden 69 Zivilisten im Dorf Kibiya getötet, was Israel eine geharnischte und einhellige Verurteilung durch die Vereinten Nationen einbrachte.«[153]

Welche Rolle spielt der kurz vor seiner Ernennung als Generalstabschef stehende Dayan bei der Aktivierung der Einheit 101 in Kibiya? Und wie steht Staatschef und Verteidigungsminister Ben-Gurion, der sich »im Urlaub« befindet, zu dieser Entscheidung? Welche Haltung nimmt der Stellvertreter des Ministerpräsidenten Moshe Sharett am Vorabend des Anschlages zur geplanten Vergeltung ein? Welche Bemühungen unternimmt Sharett, Ben-Gurion von der Vergeltungsaktion abzuhalten und die Sache diplomatisch zu regeln? Und welchen Hintergrund hat Ben-Gurions eklatante Leugnung, dass die israelische Armee überhaupt hinter dem Anschlag stehe? Allen diesen Fragen schenkt Peres keine Beachtung. Hier zeigt sich die Schwäche der »Vorstellungsgeschichte«: Die Aussage eines Zeitgenossen ist hier nicht ausreichend, um den Kontext des Kibiya-Falls zu beleuchten. Die Ereignisgeschichte muss herangezogen werden. Peres' Version der Ereignisse weist die alleinige Verantwortung des Stellvertreters des Verteidigungsministers zu. Auch hier bleibt im Dunkeln, wie *Peres selbst* die Militäraktion beurteilt.

Langsam nähert sich Peres dem eigentlichen Gegenstand der Kritik. Er geht noch einmal kurz auf die alte Diskussion ein, wer für die Aufsicht der in Ägypten aktivierten Einheit 131 verantwortlich sein solle – zur Erinnerung: Verteidigungsministerium und Staatschef gemeinsam, oder nur das Verteidigungsministerium? In Peres' Erzählung zeichnet sich bereits in dieser Debatte eine frühe Schuld Lavons an den folgenden Ereignissen ab. »Ein andermal bestand Lavon darauf, daß eine Spezialeinheit, die vorher dem Verteidigungsminister und dem Außenminister gemeinsam unterstellt gewesen war, nun allein unter seine Befehlsgewalt kam. Letztlich stand auch Lavons Leichtfertigkeit hinter dem verhängnisvollen Ausgang einer Affäre in Ägypten, von der noch die Rede sein wird.«[154] Nicht nur, dass Dayans Ablehnung einer gemeinsamen Aufsicht hier verschwiegen wird. Peres geht auch nicht auf *seine eigene* Meinung in der Auseinandersetzung ein. Wären gerade die beiden Positionen Dayans und Peres', die Lavon direkt unterstehen, hier nicht besonders relevant?

Doch sachliche Fragen stehen hier nicht im Zentrum. Peres weist auf die Zustände im Verteidigungsministerium hin: »Mit der Zeit entwickelte Lavon einen krankhaften Argwohn. Er bezichtigte Dayan und mich, Verschwörungen gegen ihn anzuzetteln.«[155] Weshalb sollte Lavon seinen beiden Untergebenen misstrauen? Peres geht noch weiter:

> »Kein politisches, aber gleichwohl schlagendes Beispiel für die Atmosphäre des Mißtrauens, die Lavon verbreitete, betraf eine führende amerikanische Uhrenfirma. Sie hatte in Tel Aviv eine Fabrik eröffnet, die schließlich in Konkurs ging. Bei einem Treffen mit Joe Buxenbaum, dem israelischen Repräsentanten der Firma, ergab sich die Aussicht, die Fabrik für die israelische Rüstungsindustrie, die ganz dem Verteidigungsministerium unterstellt war, zu erwerben. Selbstverständlich unterrichtete ich Lavon über diese mögliche Transaktion. Er wollte noch Bedenkzeit, doch Zvi Dar, der Direktor des Rüstungskonzerns, unterschrieb auf eigene Initiative den Vertrag mit Buxenbaum, ohne mich davon zu informieren und während Lavon noch überlegte. Ich nahm keinen Anstoß daran, denn der Handel war günstig für uns. Doch als Lavon zufällig Buxenbaum traf und von ihm erfuhr, der Vertrag mit Dar sei schon unterzeichnet, schloß Lavon sofort daraus, man habe ihn arglistig hintergangen. Er sah sich als Opfer einer Verschwörung, die von mir angezettelt worden sei. Tatsächlich hatte es nur einen bürokratischen Kurzschluß gegeben, was in jeder Verwaltung immer wieder einmal vorkommt; keiner war dafür verantwortlich zu machen, und keiner hatte falsch gespielt.«[156]

Peres berichtet hier, wie der Minister umgangen wurde, und wundert sich zugleich über die daraus resultierende »Atmosphäre des Mißtrauens«. Er beweist ein recht freizügiges Verständnis über geordnete Arbeitsteilung, wenn er schwerwiegende Verletzungen der behördlichen Hierarchie als Missverständnis und »bürokratischen Kurzschluß«, »was in jeder Verwaltung immer wieder einmal vorkommt«, verharmlost. In dieser rückblickenden Version von 1995 bestätigt Peres selbst, dass er als Generaldirektor des Verteidigungsministeriums Anfang der 1950er Jahre in Erwerbsfragen gegen die Vorschriften verstieß. Wie dies möglich war, kann hier nicht verfolgt werden. Wichtiger ist, dass Peres' der Überzeugung war, dass niemand dafür zur Verantwortung zu ziehen sei: »Keiner war dafür verantwortlich zu machen, und keiner hatte falsch gespielt.« Peres sieht offenbar seine eigene Person als direkt entscheidungsbefugt in der Kaufangelegenheit. Zudem trägt auch der Minister nach dieser Erzählung keine Verantwortung, weshalb er auch keinen Grund haben sollte, sich als »Opfer einer Verschwörung« zu wähnen. Für Peres sind diese Arbeitsmethoden üblich. Dars Verhalten wird hier nicht nur mit Nachsicht behandelt, sondern auch gutgeheißen. Denn »der Handel war günstig für uns«. Peres' Unmut gilt nicht dem Direktor des Rüstungskonzerns, sondern dem Verteidigungsminister, der auf einem ordnungsgemäßen Erwerbsverfahren insistiert. Können die Missverständnisse damit erklärt werden, dass hier zwei Vertreter unterschiedlicher politischer Vorstellungswelten aufeinander treffen? Deutlich wird jedenfalls, dass Peres die ganze Angelegenheit nicht als »politisch« betrachten will, wie er eingangs ausdrücklich sagt. Soll dies bedeuten, Erwerbsfragen seien keine Angelegenheit der politischen Ebene? Peres verrät im Weiteren:

> »Lavon verdächtigte außerdem meine Kollegen und mich, hinter seinem Rücken mit Frankreich Waffengeschäfte abzuschließen. Im Jahr 1954 drohte Dayan sogar einmal mit seinem Rücktritt, weil Lavon versuchte, einen Abschluß über den Kauf französischer Panzer rückgängig zu machen. ›Es ist Wahnsinn, uns an den französischen Wagen zu hängen‹, schimpfte Lavon. Ich entgegnete, daß sich sonst keine anderen

> Wagen anboten, an die wir uns hätten hängen können. Er hatte Dayan im Verdacht, militärische Angelegenheiten vor ihm zu verheimlichen und ohne seine Einwilligung zu handeln. Lavon hätte am liebsten die gesamte Verteidigung, sowohl die wirtschaftliche als auch die militärische Seite, selbst in die Hand genommen, da er weder Dayan noch mir Vertrauen schenkte.«[157]

Lavons Misstrauen gegenüber seinen Untergebenen ist nur die eine Seite der Geschichte. Peres schlägt die Brücke zum ägyptischen Vorfall: »Der ›Falke‹ zeigte aber auch gegenüber Engländern und Amerikanern allergische Reaktionen. Auch hier waren Verdächtigungen und Mißtrauen die Hauptzüge seiner Politik.«[158] Lavon steht als Gegner der Amerikaner und Engländer da:

> »Ich wunderte mich nicht wenig, daß ein so intelligenter Mann wie Lavon solch eine Haltung entwickeln konnte. Sein ausgemachter Verfolgungswahn trat in einer Episode aus dem Jahr 1953 zutage, als der Chef des militärischen Nachrichtendienstes des US-Heeres Israel einen Besuch abstattete und Benjamin Gibli, der Chef unseres militärischen Nachrichtendienstes, ihm zu Ehren eine Cocktailparty gab. Der Gast hob in seiner Rede hervor, wie beeindruckt er von allem sei, was er in Israel gesehen habe. Bisher habe er nicht gewußt, daß Juden so gute Bauern und Soldaten sein konnten. Für Lavon war diese Aussage ein Beweis für den Antisemitismus, der seiner Meinung nach beim amerikanischen Militär herrschte. ›Darum werden wir uns nie auf sie verlassen können‹, warnte er allen Ernstes seine Berater. […] Ich führe diesen kleinen Zwischenfall nur an, um die Haltung zu verdeutlichen, die Lavon den Westmächten gegenüber einnahm. Diese Haltung prägte auch seine Politik: Da er glaubt, daß die Amerikaner gegen uns arbeiteten, sollten wir uns ihnen ebenfalls entgegenstellen.«[159]

Weshalb aber sollte Lavon nun gegen Ägypten vorgehen wollen?

> »Der Gedanke war, in Ägypten für Unruhe zu sorgen, um damit Spannungen zwischen Ägypten und westlichen Staaten hervorzurufen. Auf diese Weise, so hoffte man, könne man die Briten vielleicht dazu bringen, auf den Abzug ihrer Truppen aus der Suezkanalzone, den sie während der Verhandlungen mit Nasser zugesichert hatten, zu verzichten oder ihn wenigstens zu verschieben. Ich war bei einigen Gesprächen anwesend, die unter anderem im Rahmen der wöchentlichen Sitzungen des Ministers und seines Stabes stattfanden. Die üblichen Teilnehmer dabei waren der Minister (Lavon), der Chef des Generalstabes (Dayan), sein Stellvertreter (General Josef Avidar), der Leiter des Ministeriums (ich selbst) und mein Stellvertreter (wenn ich gerade einen hatte). Waren einzelne Stabsoffiziere, zum Beispiel Gibli, von einem bestimmten Thema direkt betroffen, so wurden sie dazugebeten. Zwar wurde in meiner Gegenwart nie die Durchführung einer solchen Aktion beschlossen, aber es gab Diskussionen darüber, welche Schritte Israel gegen amerikanische Interessen oder Einrichtungen in Ägypten unternehmen könnte, um Spannungen zwischen den beiden Ländern zu schaffen.«[160]

Was hält Peres nun von dem Plan, gegen Ägypten vorzugehen? »Ich hielt mit meiner Meinung nicht hinter dem Berg und sagte, daß mir die ganze Richtung nicht passe.«[161] Die Frage nach den Gründen für seine ablehnende Haltung beantwortet Peres aber nicht. Ist er grundsätzlich gegen Interventionen in einem anderen Land? Oder hält er die operative Planung für unzulänglich? Dies erfährt der Leser auch vier Jahrzehnte nach den Ereignissen nicht. Von Interesse ist hier jedoch nicht nur Peres' eigene, allzu kurze Stellungnahme, sondern auch, dass der Autor nicht wiedergibt, was der Generalstab im Allgemeinen und die hochrangigen Offiziere Dayan und Gibli im Besonderen von diesem Plan halten. Für Peres heißt 1995 der Protagonist der Geschichte Lavon: »Aber es überraschte mich nicht, später von einigen Teilnehmern zu hören, daß nach Lavons Einlassungen bei den Anwesenden der Glaube entstanden sei, eine in diesem Sinne durchgeführte Sabotageaktion läge genau auf der Linie der neuen Weltanschauung des Ministers. Ich betone, daß ich Lavon nie einen dementsprechenden Befehl habe geben hören, doch die allgemeine Linie der von ihm verfolgten Politik war für alle Teilnehmer deutlich erkennbar.«[162]

In diesem letzten Satz verbirgt sich eine Lösung des Rätsels von Peres' politischer Überlebenskunst: Er baut seine ganze Version auf Lavons alleinige Verantwortung, führt seinen Leser dahin, dasselbe zu glauben, denn wer kann nach diesen Ausführungen noch Zweifel an Lavons Schuld erheben? Zugleich aber will *er selbst sich* nicht darauf festlegen, Lavon habe die Sabotageaktion befehligt. Peres fühlt sich zu keinem Zeitpunkt dazu verpflichtet, dem Leser *seine Position* zur jeweiligen Frage darzulegen. Ebenso vorsichtig ist er in Bezug auf seine eigene These: Er betont nämlich, er habe nie selbst gehört, dass »Lavon einen dementsprechenden Befehl« für die Einheit 131 gegeben habe. Suggestiv beharrt er dennoch auf seiner These. Implizit verfolgt er die Strategie, Lavon nicht auf Grund der Verantwortung für einen direkten Befehl, sondern wegen seiner »Tendenzen« bzw. »Charakterzüge« zu verurteilen – ähnlich wie 1955. In einer darauffolgenden Passage schildert Peres die Aussagen der Betroffenen vor der Zweier-Kommission von 1955, die mit der Suche nach dem für den Befehl Verantwortlichen beauftragt war: »Lavon beteuerte, nichts damit zu tun zu haben, Dayan befand sich damals im Ausland, und Gibli bestand darauf, den Befehl von Lavon bekommen zu haben.«[163] Auch hier bedient sich Peres wieder der Strategie der indirekten Schuldzuweisung, indem er den Generalstabschef von jeglicher Verantwortung freispricht. Dieser sei schließlich im Ausland gewesen. Dass Peres auf die genauen Daten nicht eingeht, sei an dieser Stelle dahingestellt. Von großem Belang ist jedoch, dass in Peres' Darstellung das Duell zwischen Minister und *Aman*-Chef ins Zentrum gerückt wird, als ginge es alleine um die Rivalität zwischen den beiden Personen. Die gleiche erzählerische Tendenz findet sich in dem von Peres zitierten Schlussbericht der Zweier-Kommission von 1955: »›Wir sind nicht restlos davon überzeugt, daß der Chef des militärischen Nachrichtendienstes den Befehl *nicht* vom Verteidigungsminister erhalten hat. Gleichzeitig können wir nicht mit Sicherheit sagen, daß der Verteidigungsminister tatsächlich den Befehl gab, der ihm zugeschrieben wird.‹ Damit blieben die Hintergründe der Affäre weiterhin im dunkeln. [sic!]«[164]

Lavon versus Ben-Gurion:
Das Gesetz, die »Ehre des Militärs« und die Wahrheit

Nachdem Peres die Entlassung Lavons durch die Parteiältesten geschildert hat, die Lavon »immer wieder misstrauisch« gegenübergestanden[165] und Ben-Gurions Rückkehr in die Politik verlangt hätten, stellt er die erneute Eskalation der Affäre nun als Zweikampf zwischen Lavon und Ben-Gurion dar.

> »Fünf Jahre später brach die Lavon-Affäre, oder einfach ›die Affäre‹, wie die Angelegenheit genannt wurde, über Politiker und die Öffentlichkeit des Landes herein. Lavon kam durch einen Offizier der Armee in den Besitz von Beweisen, die ihn seiner Meinung nach von jedem Verdacht freisprachen, den Befehl gegeben zu haben. Er verlangte von Ben-Gurion, daß er die formal nötigen Schritte unternehme, um ihn zu rehabilitieren. Ben-Gurion setzte erneut eine Untersuchungskommission ein, die aus Chaim Cohn, Richter am Obersten Gerichtshof, und zwei Armeeoffizieren bestand. Währenddessen sagte Lavon vor dem Außen- und Sicherheitsausschuß der Knesset aus. Seine Ausführungen, mit denen er Gibli für den ›Zwischenfall‹ verantwortlich machte und ihn und andere beschuldigte, die Sache vertuscht zu haben, geriet[en] in die Hände der Presse und macht[en] auf nie dagewesene Weise Furore. Die genauen Fakten über den ›Zwischenfall‹ fielen zwar immer noch der Zensur zum Opfer, doch erfuhr die Öffentlichkeit auf diesem Wege von dem Riß, der quer durch die regierende Partei ging. Lavon wurde von der Mehrzahl der alten Garde gestützt und stellte sich als Opfer Ben-Gurions und seiner ›Jungtürken‹ dar, zu denen auch ich gehörte. Ben-Gurion bestand seinerseits darauf, daß Lavon nur durch eine gerichtliche Untersuchung entlastet – oder belastet werden konnte.«[166]

Warum aber wird Lavon plötzlich von der Mehrzahl der »Alten Garde«, von denen einige ihm »immer wieder misstrauisch gegenüber« gestanden hätten, gestützt, und aus welchem Grund sieht er sich als Opfer Ben-Gurions? In welchem Zusammenhang steht diese Tatsache mit der von Ben-Gurion selbst ernannten Untersuchungskommission (und mit deren Ergebnissen)? Noch wichtiger aber: Wie lauten die Ergebnisse der vom Richter des Obersten Gerichtes geleiteten Kommission? Und warum beharrt Ben-Gurion auf der Forderung nach einer »gerichtlichen Untersuchung«, nachdem er diese Untersuchungskommission selbst ernannt hat? Auch hier hilft die »Vorstellungsgeschichte« allein angesichts der schwer nachvollziehbaren, etwas chaotischen Darstellung der im Laufe der Zeit komplex gewordenen Affäre nicht weiter. Peres' irreführende Geschichtsdarstellung, die viele Brüche aufweist, lässt den unwissenden Leser völlig ratlos zurück.

Peres' Darstellung verfolgt die zentrale Intention, das Duell Lavon gegen Ben-Gurion in den Fokus der Geschichte zu rücken: »Die Affäre erreichte Ende 1960 ihren Höhepunkt, als Ben-Gurion vom Kabinett überstimmt und eine aus sieben Ministern bestehende Untersuchungskommission gebildet wurde. Dieses Gremium entschied zugunsten von Lavon. ›Er hat den Befehl nicht gegeben‹, schrieben die sieben Minister, ›und der ›Zwischenfall‹ fand ohne sein Wissen statt‹. Wütend bestand Ben-Gurion darauf, daß ›Minister keine Richter sein können‹, dann legte er sein Amt nieder.«[167] Auf welcher

Basis arbeitet nun die Ministerkommission bzw. in welcher Phase der Ereignisse wird sie zusammengestellt? Wer ernennt sie? Und ab wann hält Ben-Gurion die Minister für nicht mehr »als Richter« geeignet für die Untersuchung? Auch hier muss sich die »Vorstellungsgeschichte« auf die Ereignisgeschichte stützen.

Für Peres' Wahrnehmung des Konflikts als existenzieller Zweikampf haben die oben aufgeworfenen Fragen wenig Relevanz. Bezeichnender ist hier die Sprache, mit der Peres Lavons Absetzung nach der Rehabilitierung durch seine Partei beschreibt: »Um Ben-Gurion wieder zu besänftigen, enthob das Zentralkomitee der Partei Lavon seines Amtes als Generalsekretär der Histadrut.«[168] Ben-Gurion *besänftigen*? Hier steht das Verhältnis zweier Kontrahenten und keineswegs eine politische Sachfrage im Vordergrund. Aus Peres' Worten spricht ein Ethos der Macht, mit dem er politischen Widersachern begegnet; für dieses Ethos spielen die beiden demokratischen Prinzipien der Transparenz und der politischen Bedeutung der Partei als Entscheidungsträger keine Rolle. Keine Rechenschaft abzulegen, nicht zu erklären, weshalb das Zentralkomitee der Partei Lavon trotz Rehabilitierung als Generalsekretär der *Histadrut* absetzt und weshalb der Parteichef von seiner Partei »besänftigt« werden soll, all dies erklärt sich aus Peres' politischem Habitus. Ein blinder Fleck entsteht durch diese Geschichtsschreibung, welche keinen Raum für eine wirkliche Debatte in einer demokratischen, offenen Gesellschaft bietet. Peres schildert Ben-Gurion im Weiteren als einen Demokraten, als überzeugten Verfechter des Gesetzes, der »Ehre des Militärs« und der Wahrheit – drei zentrale Topoi der Lavon-Affäre. Da Ben-Gurion auf einer »gerichtlichen Aufklärung« der Affäre beharrt, bleibt sie auch nach seinem endgültigen Rücktritt im Juni 1963 weiterhin Thema. Peres schreibt dies Ben-Gurions Gesetzestreue zu:

> »David Ben-Gurion war ein politischer Führer, der dem Gesetz hohen Wert beimaß. Er hatte vor dem Ersten Weltkrieg in Konstantinopel Jura studiert, und in den folgenden Jahren arbeitete er daran, die Prinzipien der angelsächsischen Demokratie und ihrer Rechtsprechung – besonders das Prinzip der Gewaltenteilung – zur Grundlage des politischen Systems des Staates Israel zu machen. Abraham Lincoln beeinflußte ihn stark, und er zitierte häufig aus dessen Rede von Gettysburg. Seine Aufgabe sah Ben-Gurion auch in der Verteidigung der Ehre der Armee. Seiner Meinung nach wäre es schwierig, von jungen Soldaten und Offizieren zu erwarten, daß sie ihr Leben aufs Spiel setzten und hohen moralischen Ansprüchen genügten, wenn die Bürger nicht hinter der Armee standen und sie respektierten. Für ihn waren die besten Offiziere nicht diejenigen, die nach Ruhm und Ehre strebten, sondern Männer, denen es wichtig war, daß sie das Vertrauen der Zivilregierung und die Bewunderung der Öffentlichkeit besaßen.«[169]

Was versteht Peres unter der »Ehre der Armee«? Und was passiert, wenn das »Prinzip des Gesetzes« mit dem »Prinzip der Ehre der Armee« kollidiert? Ist mit dem »Vertrauen der Zivilregierung« und der »Bewunderung der Öffentlichkeit« gemeint, dass die Armee sakrosankt ist, auch wenn sie das Gesetz missachtet? Sieht Peres selbst überhaupt in der »Schlamperei« – in seiner

Version als »Zwischenfall« verharmlost – eine Gesetzesübertretung seitens der Armee? Darauf sind bei Peres keine Antworten zu finden. Er verweilt bei der lobenden Beschreibung seines Mentors: »Alle seine Prinzipien waren bei der Lavon-Affäre zu bedenken. Ben-Gurion gefiel es nicht, daß Lavon versuchte, die ganze Schuld auf einen ranghohen Offizier der Armee abzuwälzen. Lavon aber bestand darauf, vollständig rehabilitiert zu werden, und verlangte, daß Gibli als Alleinschuldiger zu gelten habe, allerdings ohne die nötige vorherige juristische Untersuchung. Dies wiederum widersprach für Ben-Gurion einem der fundamentalen Grundsätze einer jeden konstitutionellen Demokratie.«[170]

Peres will Ben-Gurion nicht nur als »Verfechter des Rechtsstaats und der Wahrheit«, sondern auch als »Beschützer der Ehre der Armee« verstehen. Als solcher müsse er »alten jüdischen Traditionen« gegensteuern: »Ben-Gurions Position war noch durch einen weiteren Gesichtspunkt bestimmt, der für viele damals schwer verständlich war. Er fürchtete nämlich die unter dem jüdischen Volk verbreitete Neigung, sich unter Hintanstellung der Ehre mit etwas abzufinden, auch Lügen zu vergeben und zu vergessen. Er hielt dies für einen Zug des jüdischen Nationalcharakters und führte es auf die Barmherzigkeit des jüdischen Volkes zurück, das stets zum Verzeihen bereit war. Für Ben-Gurion barg diese Haltung jedoch die Gefahr, es mit der Wahrheit nicht so ernst zu nehmen. Was in den Zeiten der Diaspora seinen guten Sinn hatte, durfte im neuerstandenen jüdischen Staat keinen Platz mehr haben. Hier sollte die Wahrheit der höchste Wert sein, und folglich mußte die Regierung dem Volk die Wahrheit sagen. Nicht ohne Grund trug Ben-Gurions wichtigster Artikel zur Lavon-Affäre den Titel ›Die Wahrheit steht über allem‹.«[171] Man staunt, dass Peres die Lavon-Affäre 1995, trotz des Abstands von mehreren Jahrzehnten, noch in beinah den gleichen Formeln beschreibt wie zum Zeitpunkt der Ereignisse selbst, als noch ein Großteil der Affäre im Dunkeln lag. Er glaubte und glaubt jeweils fest an seine eigenen Worte. Charakteristisch ist wieder die Darstellung des Konflikts als Zweikampf: auf der einen Seite das »Gute«, das für das Gesetz, für die »Ehre der Armee« und für die Wahrheit steht, auf der anderen Seite »das Böse«, das gegen diese Prinzipien agiert. Abschließend soll hier eine gewagte These aufgestellt werden: Peres unterstellt Ben-Gurions politischen Gegnern spezifische Züge eines alten Diasporaverhaltens, sprich die Haltung, »es mit der Wahrheit nicht so ernst zu nehmen«. Was Peres zufolge in der Diaspora eine gewisse Berechtigung gehabt habe, sei im Zionismus, so interpretiert Peres seinen Ziehvater, fehl am Platze. Was ist für Peres politische Wahrheit?

Peres als Opfer der Affäre: Parteipolitischer Kampf und Machtverlust

Peres stellt sich in seiner Version tatsächlich als Opfer der Affäre dar. Seine Rolle in den Ereignissen trägt schließlich dazu bei, dass eben nicht alles ganz im Dunkeln bleibt: »Als die Festnahmen in Ägypten und die Folgen des Desasters erste Wellen im Verteidigungsministerium schlugen, war ich in zweierlei Hinsicht persönlich betroffen. Erstens sickerten im Gefolge der Affäre

Einzelheiten durch und gerieten verzerrt und aufgebauscht an die Öffentlichkeit. Anlaß war ein Gedicht des Schriftstellers Nathan Altermann in seiner vielgelesenen und überaus einflussreichen wöchentlichen Zeitungskolumne. Premierminister Sharett hielt sofort mich für den Schuldigen.«[172] Wer sollte Interesse an der Veröffentlichung der Geschichte haben? Warum hat Sharett ausgerechnet Peres verdächtigt? Dies bleibt hier offen. Peres betont jedoch, dass Sharett zur Beantwortung dieser Frage eine Untersuchungskommission verlangt habe und dass sich die »undichte Stelle« tatsächlich »nicht im Verteidigungsministerium, sondern in der Armee befunden« habe.[173]

Zweitens ist Peres durch seine Aussage vor der Zweier-Kommission in die Ereignisse involviert. Lavon habe ihn beschuldigt, »ich hätte mich ihm gegenüber illoyal verhalten; er behauptete, ich hätte ihm ›verheimlicht‹, was ich vor der aus Olshan und Dori [Zweier-Kommission] bestehenden Untersuchungskommission ausgesagt hatte. Dabei hatte mich Richter Olshan ernstlich verwarnt, daß alles, was vor der Kommission ausgesagt werde, ja selbst die Tatsache, daß ich aussagen werde, geheim bleiben müsse. Auf die gezielten und detaillierten Fragen der Kommission sagte ich alles, was ich wußte, und beschrieb auch die Sitzungen des Ministerstabes, an denen ich teilgenommen hatte. Lavon stellte dies nun so dar, als hätte ich mich freiwillig zur Aussage vor der Kommission gemeldet und würde mich nun weigern, ihm über meine Aussagen Auskunft zu geben. Er unterstellte mir, ich hätte gegen ihn ausgesagt. Übrigens hat Jizchak Olshan später in seinen Memoiren mein Verhalten restlos gerechtfertigt.«[174]

Peres' unterfüttert hier seinen ausgeprägten Opferdiskurs mit dem Eingeständnis, tatsächlich gegen seinen Vorgesetzten ausgesagt zu haben. Auf Grund seiner bruchstückhaften Erzählweise gelingt es Peres, sich selbst vom Beschuldigten zum Opfer der Ereignisse zu machen. Er macht drei Aussagen: Erstens behauptet er, Lavon würde ihn auf Grund seiner Aussage der Illoyalität beschuldigen. Zweitens deutet Peres an, er habe gegen seinen Vorgesetzten ausgesagt und ihm diese Aussage verheimlicht. »Auf die gezielten und detaillierten Fragen der Kommission sagte ich alles, was ich wußte, und beschrieb auch die Sitzungen des Ministerstabes, an denen ich teilgenommen hatte.« Drittens argumentiert Peres, sein Verhalten sei den Vorschriften der Kommission gefolgt. Alle drei Aussagen mögen der Wahrheit entsprechen, gleichwohl zeichnen sie ein Bild der Ereignisse, wonach nicht Lavon durch die Zweier-Kommission zum Rücktritt gezwungen wird, sondern Peres, dessen Verhalten vom Richter Olshan »restlos gerechtfertig« wird, als Opfer der Geschichte erscheint.

Peres' Opferdiskurs bestimmt gleichfalls die Darstellung des politischen Machtkampfs innerhalb der regierenden *Mapai*-Partei. Seine Bemerkungen zu diesem Punkt könnten sich sowohl auf die Zeit vor als auch nach Lavons Rauswurf im Februar 1955 beziehen:

> »Lavons Anschuldigungen verstärkten den politischen Druck noch, der von der Führung der Mapai auf mich ausgeübt wurden. Salman Aran etwa, ein ausgezeichneter Minister, rief mich zu sich und schlug mir frei heraus vor, ich solle ›eine Fahr-

> karte kaufen und sechs Monate in der Welt herumkutschieren‹ und dann zurückkommen und meine Arbeit wieder aufnehmen. ›Ziama‹, antwortete ich ihm, ›warum sollte ich wegfahren und mich von den anderen zum Sündenbock machen lassen?‹ Mir kam es vor, als sollte ich geopfert werden. Ich ging von Aran schnurstracks zu Moshe Dayan, und wir waren uns einig, daß wir in dieser Angelegenheit zusammenhalten wollten. Nur unter der ›Bedingung‹, daß Dayan entlassen wurde, wollte Lavon Verteidigungsminister bleiben. [...] Zwischen Dayan und mir lagen alle Karten offen auf dem Tisch. Hier gab es kein Taktieren, kein Vertuschen und keine ›Schiebereien‹. Ab und zu fuhren wir nach Sde Boker und besuchten Ben-Gurion, er war jedoch in all diese Vorgänge nicht verwickelt, weder vor dem Desaster in Ägypten noch während dessen Nachspiel. Das Gerede, Ben-Gurion habe in irgendeiner Weise auch nach seinem Rücktritt noch die Fäden in Regierung oder Armee gezogen, entbehrt jeder Grundlage.«[175]

Peres sieht die Lavon-Affäre folglich als einen politischen Kampf innerhalb der regierenden Partei, zwischen den beiden Polen der »Alten Garde« und den von Ben-Gurion protegierten »Jungtürken«. Im Rückblick erkennt auch Peres in dieser Konstellation eine unmittelbare Gefahr für sein politisches Überleben: »Für mich gehörten diese Monate zu den schwersten meines Lebens. Ich war jung, und mir wurde gefährlicher Ehrgeiz unterstellt. Ich hatte den Eindruck, das Establishment der *Mapai* habe mich als Pappkameraden aufgestellt. Alle Gegner Ben-Gurions, die es nicht wagten, ihn selbst öffentlich anzugreifen, schossen sich auf mich ein. Sie verbreiteten Gerüchte und Lügen über mich und behaupteten, wir planten eine ›Palastrevolution‹ innerhalb der Partei.«[176]

Peres sieht sich selbst und seinen Ziehvater als innerparteiliches Gegenlager zum »Establishment«. »Alle Gegner Ben-Gurions, die es nicht wagten, ihn selbst öffentlich anzugreifen, schossen sich auf mich ein.« In seinem Opferverständnis gibt es keinen Platz für die Fragen, weshalb eben dieses Establishment ausgerechnet Ben-Gurion in der Krise von 1954-1955 in die Politik zurückbestellt, und weshalb angesichts der Anschuldigung einer »Palastrevolution innerhalb der Partei« 1955 ausgerechnet Lavon und nicht der Beamte Peres ausscheidet. Peres erklärt die Grundlage der Spannungen innerhalb der Partei wie folgt:

> »Die Wahrheit sah anders aus. Wir waren eine Gruppe junger Leute, die im öffentlichen Leben aktiv war und dieselbe Sicht über Politik und Regierung teilt. Zu unserer Gruppe gehörten Dayan, Teddy Kollek (manchmal), Ehud Avriel, Abba Eban, ich selbst und andere. Gewöhnlich trafen wir uns und redeten über die laufenden politischen Ereignisse und was zu tun sei. Die Medien, besonderes das geschmacklose Magazin Haolam Hazeh, brachten völlig aus der Luft gegriffene Berichte über unsere angeblichen Pläne, die Führungsriege der Partei zu stürzen. Die ›Alte Garde‹ schenkte ihnen Glauben. Man muß wissen, daß diese damals den Verdacht hatte, Ben-Gurion habe sich mit Leuten wie Dayan und mir ›Jungtürken‹ herangezogen, die die Führung übernehmen sollten. Sie selbst würden dann zu Randfiguren degradiert werden.«[177]

Aber Peres zufolge ist »(a)uch das [...] aus der Luft gegriffen«. Denn »(n)atürlich wählte Ben-Gurion fähige junge Männer aus und gab ihnen verantwortungsvolle Positionen, dabei hatte er jedoch nie die Absicht, die alte Parteigarde zu übergehen. Ben-Gurion sah sich selbst als Teil ebendieser Politiker und hatte nie geplant, daß wir Jungen die Alten aus ihren Ämtern drängen sollten.«[178] Auch hier kann man Peres' Schilderung kaum widerlegen: Denn Ben-Gurion sucht 1953 tatsächlich Lavon als seinen Nachfolger aus, und plant zu diesem Zeitpunkt sicherlich nicht dessen letztlich demütigenden politischen Abgang 1965. Doch Peres hat keine Erklärung dafür, warum es schließlich doch soweit gekommen ist, dass Ben-Gurion seine Parteigenossen regelrecht bekämpft und den einen tatsächlich aus dem Amt verdrängt. Peres verknüpft die Lavon-Affäre 1995 in erster Linie mit seinem offensichtlich traumatischen Machtverlust 1965. Zwar versucht er, die Bedeutung seines eigenen Beitrags herunterzuspielen, Ben-Gurion ins Zentrum der Ereignisse zu rücken und sich gewissermaßen hinter diesem zu verstecken: »Auch ich war betroffen, als die Affäre Kreise zog und sich die Spaltung innerhalb der Partei vertiefte. Dennoch darf ich sagen, daß ich mir damals eine distanzierte Sicht der Dinge bewahrt habe.« Zugleich aber kann kaum die Rede von einer distanzierten Haltung sein: »Wenn ich morgens die Zeitungen durchging, war ich empört, wie sehr sich die Darstellungen der Journalisten, die größtenteils auf der Seite Lavons standen, von den tatsächlichen Haltungen und Handlungen Ben-Gurions, wie ich sie kannte, unterschieden.«[179]

Die Lavon-Affäre gerät für Peres letztlich außer Kontrolle. Peres' politische Abhängigkeit von seinem Mentor wird ihm zum Verhängnis. Die Eskalation zwischen Ben-Gurion und seiner Partei bewegt Ben-Gurion 1965 dazu, sich von der Mutterpartei zu trennen und eine neue Partei zu gründen. Peres hält dies für einen taktisch falschen Schritt, auch wenn er weiterhin Respekt und Bewunderung für seinen Mentor bewahrt.[180] Doch für Peres bedeutet Ben-Gurions Entscheidung einen bitteren Verlust seiner Machtposition im Verteidigungsministerium, welche er seit 1954 innehat. Diese zusehends schmerzlichere Erfahrung von Machtverlust ist aus dem Text deutlich herauszulesen, was sich auch als latente Kritik an seinem politischen Ziehvater ausdrückt. Peres begreift die von Ben-Gurion selbst initiierte Spaltung der Partei als einen Rausschmiss durch die »Alte Garde« der *Mapai*: »Diese Position [der Prinzipien] bezog er [Ben-Gurion] auch, als die Mapai den endgültigen Bruch vollzog und ein ›Ehrengericht‹ einberief, das Ben-Gurion und einige seiner Anhänger, darunter auch mich, aus der Partei ausschloß. Der ›Ankläger‹, Justizminister Jaacov Shimshon Shapira, ließ die ganze Rhetorik einer Gerichtskoryphäe über den Angeklagten niedergehen. Einmal verstieg er sich sogar dazu, unsere Gruppe als ›neufaschistisch‹ zu bezeichnen.«[181] Beleidigungen, Kränkungen, Ausschluss aus der Mutterpartei durch ein Ehrengericht, Charakterisierung als »neufaschistisch«: Dies ist für Peres der Ausgang der Affäre. Diese Selbstdarstellung als Opfer wird im ganzen Text fortgeführt. Als er 1995 zurückblickt, ist Peres klar, dass die Lavon-Affäre seiner politischen Laufbahn nicht wirklich im Wege stand. In dieser Perspektive rückt die traumatische Abspaltung 1965, die er als einen schweren

Fehler bezeichnet, in den Mittelpunkt der Erinnerung. Seine eigene Rolle beschreibt er als »eher traurig«. Trotzdem ist er der Überzeugung, »korrekt gehandelt zu haben«.[182] Inwiefern traurig? Die restlichen 15 Seiten des Kapitels »Staatsaffären« widmet Peres seinem persönlichen Ausscheiden aus dem Verteidigungsressort im Gefolge der Affäre.[183] Darin thematisiert er detailliert die Vorgänge der Abspaltung und die Gründung der Partei Rafi. Nach der »Wahlniederlage« 1965 schreibt er: »Ich selbst endete in der ungewohnten Rolle eines Hinterbänklers der Opposition. Ich war nun der Generalsekretär einer kleinen Partei, die tief in Schulden steckte, weit weg vom Zentrum der Macht, in dem ich mich während der letzten 15 Jahre bewegt hatte.«[184] Weiter geht er auf die Ereignisse vor dem Sechstagekrieg ein und die Bildung einer nationalen Einheit, die Rafi 1967 anlässlich der Mai/Juni-Krise in die Regierung verhilft. Dabei versucht Peres vergebens, zwischen Ben-Gurion und Premierminister Levi Eshkol eine Versöhnung zu erzielen. Beide waren wegen der Lavon-Affäre zu bitteren Rivalen geworden.[185] Die zwei Jahre in der Opposition (1965-1967) bezeichnet Peres als »erzwungene[r] Untätigkeit«.[186]

Peres' Version der Lavon-Affäre von 1995 – deren Authentizität hier nicht bezweifelt wird – macht in ihrer Funktion als Rückblick deutlich, wie stark sich der Autor an eine politische Kultur anlehnte, die auf Schweigen[187] und die beharrliche Zurückweisung von Verantwortung setzt – für eine Demokratie, die auf Transparenz und Verantwortlichkeit beruht, eine vernichtende Haltung. Peres' Schilderung ist ein Beispiel dafür, wie unfähig die politische Elite Israels war, mit der Lavon-Affäre nach demokratischen Regeln umzugehen. Über der Beschreibung seines eigenen politischen Schicksals vernachlässigt Peres die wesentlichen Hintergründe der Affäre, welche sie zur Staatsaffäre machen. Er betreibt selektive Geschichtsschreibung. Es liegt ihm nichts daran, die eigene Rolle in einem politischen Skandal zu erhellen, der vier Jahrzehnte zuvor seinen Lauf genommen hat und dem viele, hier nicht Genannte zum Opfer fielen; vielmehr geht es ihm dabei ums »Rechthaben«, darum, erneut »den Kampf mit Lavon zu gewinnen«. Dabei nimmt Peres die Perspektive eines scheinbar außenstehenden Beobachters ein, um sich im nächsten Moment wieder als Opfer zu zeigen. Diese diversen Rollen – mal als Beschuldigter, mal als nicht betroffener Außenstehender, mal als eigentliches Opfer der Affäre – verraten eine Haltung des Sich-nicht-festlegen-Wollens oder gar -Könnens. Die »Wahrheit« hat hier kaum eine Chance. Eine Wahrheitsfindung »hinter verschlossenen Türen« und unter »Ausschluss der Öffentlichkeit« und die nachträgliche Zurückweisung von politisch unliebsamen Ermittlungsergebnissen behindern einen fruchtbaren Dialog. Lavons Bestrafung nach seiner Rehabilitierung, um den Staatschef zu »besänftigen«, zeugt vom Unverständnis demokratischer Prozesse; die Vertuschung militärischer Verantwortung liefert nicht nur ein fragmentarisches Bild der Ereignisse, sondern stellt auch eine ungerechtfertigte Exkulpation der Armee dar.

Die Wahrheit über die militärischen Hintergründe der Lavon-Affäre bleibt auch 1995 bei Peres noch im Dunklen. Die Leitfrage, ob es bei Peres' Beitrag zur Affäre und dessen Darstellung alleine um einen machtpolitischen Generationenkampf geht, oder aber auch um einen ideologischen Kampf über die Rolle des Militärs, lässt sich wie folgt beantworten: Peres' Version bestätigt, dass er die Lavon-Affäre in erster Linie in ihren Auswirkungen auf seine eigene politische Karriere betrachtet. Dabei wird deutlich, dass der Machterhalt für ihn eine zentrale Motivation darstellt, und der letztlich erfolgte Machtverlust als persönliche Niederlage verstanden wird. Daraus resultiert eine irreversible Aversion gegen Lavon. Peres' Bericht gibt zugleich Aufschluss darüber, in welchem Verhältnis er Politik und Militär zueinander sieht. Die Armee bzw. das Sicherheitsestablishment genießen für ihn eine Sonderstellung, die sakrale Züge annimmt; Peres misst dem Militär mehr instinktiv denn reflektiert diesen Status zu. Er empfindet die von ihm in den ersten formativen Jahren Israels im Sicherheitsestablishment gelegten Strukturen der Sicherheitsorgane als »sein Baby«. Deshalb führt er gegen Lavon die »Ehre der Armee« ins Feld: Lavons Sünde besteht demnach darin, dass er, um seine Wahrheit ans Licht bringen zu können, Offiziere auf die Anklagebank gebracht hat. Auf diese Untat pocht Peres gegenüber seinem Mentor, gegenüber der Öffentlichkeit und, wie er 1995 offenbart, auch gegenüber sich selbst. Die Armee versinnbildlicht für ihn das »Volk in Waffen«, eine »apolitische und überparteiliche Expertensache«. Daher kann die Politik nur formelle Aufsichtsbefugnisse über den militärischen Bereich haben. In Wirklichkeit kann sie nur wenig Einfluss nehmen, wegen ihres »Unverständnisses« gegenüber den »Militär-Experten«. Das Militär wird entpolitisiert und autonom: Weil das Militär dem Staat bzw. dem Volk nicht nur unerlässliche Dienste erweist, sondern die Grundlage seiner Existenz darstellt, kommt ihm ein besonderer Stellenwert zu, der sich in sicherheitspolitischen »Sonderaufgaben« sowie »Sondergesetzen« ausdrückt. Entspricht diese Gesinnung Peres' wirklicher Überzeugung? Dies gilt es im Folgenden am Beispiel einer weiteren sicherheitspolitischen Affäre zu überprüfen.

Zuletzt soll hier noch auf Peres' Verständnis von Oppositionsarbeit in der Demokratie verwiesen werden. Peres' Bezeichnung seiner eigenen Hinterbänklerrolle im Gefolge des Machtverlusts (1965-1967) als »erzwungene Untätigkeit« offenbart einiges über seine Auffassung der Rolle und Bedeutung der Opposition in einem demokratischen Mehrparteiensystem. Peres, der als Oppositionsführer der Arbeitspartei (1977-1984; 1990-1992) fungiert, versteht sich als »Macher«, als Amtsinhaber eines Regierungspostens, während die Arbeit in der Opposition, die mit andauernden Positionierungen und öffentlichen Debatten einhergeht, ihm nach der »Schule des Verteidigungsministeriums« wenig vertraut ist. So Bar-Zohar 2006 über Peres' Haltung gegenüber der Oppositionsarbeit im Allgemeinen: »In dieser Ära [1965 nach dem Ausscheiden aus dem Verteidigungsministerium] gelangt Shimon [Peres] zu der Erkenntnis, dass die Oppositionsarbeit frucht- und wertlos ist. Er war ein Macher der anstrengenden Arbeit, der spektakulären Projekte – nicht etwa ein Mann der Rhetorik auf der *Knesset*-Bühne. Er attackierte zwar die Regierung, wusste auch stichelnd, kränkend und sarkastisch zu sein; […]

Doch sein Herz war nicht da. [...] [So Peres] ›Bloß nicht in der Opposition bleiben. Ich bin da [in der Regierung], so existiere ich, bin ich nicht da, so existiere ich nicht‹.«[188] Bar-Zohar interpretiert: »Peres begriff, anders als [Menachem] Begin, der 18 Jahre aus der Opposition kämpfte, bis er an die Macht durfte [1977-1983], die Oppositionsarbeit als Zeit- und Energieverschwendung. Deshalb wird er im Laufe seiner politischen Laufbahn alles in seiner Macht Stehende tun, um sich an der Regierung zu beteiligen. Es scheint, als ob ihm jede beliebige Regierungszusammensetzung oder alle möglichen Verbündeten lieber wären, als die frustrierende Erfahrung zu machen, [von der Oppositionsbank aus] als Macher ansehen zu müssen, dass andere die Arbeit machen, wohl wissend, dass er diese viel besser erledigen kann. [sic!]«.[189] Lässt sich Peres tatsächlich als »ideologiefreier« Politiker bezeichnen, der sich »jeder beliebigen Regierungszusammensetzung« anschließen würde, um seine Fähigkeiten unter Beweis zu stellen? 1984-1986 erlangt Peres zum ersten Mal nach sieben Jahren in der Opposition das Amt des Regierungschefs in der Großen Koalition mit dem *Likud*-Block. 1986-1988 hat er den Posten des Außenministers inne, 1988-1990 den des Finanzministers. In seiner ersten Legislaturperiode erreicht er einen hohen Beliebtheitsgrad: Der Teilrückzug aus dem Libanon im Jahre 1985 nach der israelischen Invasion 1982 (vgl. Kapitel IV dieser Arbeit) und der einschneidende Wirtschaftsplan vom Juli 1985 zur Bekämpfung der Anfang der 1980er Jahre einsetzenden Wirtschaftskrise (vgl. Kapitel III dieser Arbeit) werden dem neuen Staatschef allgemein zugute gehalten. Wie prägt die sich ebenfalls in seiner Legislaturperiode ereignende, im Folgenden zu analysierende sicherheitspolitische Shin-Bet-Affäre die israelische Demokratie bzw. politische Kultur?

Die Shin-Bet-Affäre 1984-1986: Sicherheit versus Rechtsstaatlichkeit?

In den Jahren 1984-1987, also zwei Jahrzehnte nach dem Ende der Lavon-Affäre, muss sich Shimon Peres als Regierungschef mit weiteren sicherheitspolitischen bzw. rechtsstaatlichen Affären auseinandersetzen. Im Mittelpunkt stehen diesmal die illegalen Methoden sowohl des israelischen Inlandsgeheimdienstes Shin-Bet als auch des Auslandsnachrichtendienstes Mossad. Im April 1987 werden zunächst Details der Nafsu-Affäre bekannt: Der Shin-Bet hat Izzat Nafsu, Leutnant der israelischen Armee, gefoltert, woraufhin dieser des Verrats und der Spionage beschuldigt worden ist. Als die Öffentlichkeit davon erfährt, hat Nafsu bereits sieben von 18 Jahren Haftstrafe verbüßt. In Reaktion darauf nimmt die Landau-Kommission ihre Arbeit auf, um die Ermittlungsmethoden des Shin-Bet in Fällen »feindlicher terroristischer Aktivitäten« zu überprüfen und Empfehlungen für die Zukunft auszusprechen.[190] Im Zentrum eines zweiten Skandals, der Pollard-Affäre vom November 1985, steht Jonathan Pollard, Amerikaner jüdischen Glaubens und überzeugter

Zionist, der für die US-Marine bzw. das »Anti-Terrorist Alert Center« (ATAC) gearbeitet hat, Israel seine Spionagedienste angeboten hat und den Mossad seit Anfang 1985 bis zum Zeitpunkt seiner Festnahme mit Unmengen wertvoller, geheimer Unterlagen beliefert hat.[191] Auch bei der Ende 1986 bekannt gewordenen Iran-Gate-Affäre, deren Aufdeckung die heimlichen Waffengeschäfte zwischen den USA und dem Iran Ayatollah Khomeinis ans Licht bringt, hat Israel bzw. der Mossad seine Hand im Spiel. Durch die Vanunu-Affäre im Jahre 1986, welche in dieser Arbeit in einem anderen Zusammenhang behandelt wird (vgl. Kapitel IV dieser Arbeit), gerät die israelische »Politik der Zweideutigkeit« in Bezug auf die Nuklearkapazität ins Wanken.

Die Skandale der 1980er Jahre geben einen tiefen Einblick in die politische Kultur Israels, weil sie charakteristische Strukturen der »israelischen Ordnung« freilegen. Die im Folgenden behandelte Shin-Bet-Affäre exemplifiziert dies besonders eindrücklich, denn sie macht deutlich, was geschieht, wenn sich nicht alle an die »israelische Ordnung« halten. Avraham Shalom, einer der Protagonisten des Skandals, sagt sogar, die Affäre habe den Shin-Bet »entzaubert«.[192] Am Beispiel der Shin-Bet-Affäre (1984-1986) soll die Frage beantwortet werden, welche Bedeutung Peres der Sicherheit im Gefüge der israelischen Ordnung zumisst und auf welche Weise er diese Ordnung durch sein Verhalten beeinflusst. Der Begriff »israelische Ordnung«, den es in dieser Arbeit zu beleuchten gilt, bezeichnet hier die durch die israelische Staatsräson bzw. das zionistische Projekt geprägten Verhältnisse zwischen den jeweiligen staatlichen Institutionen, mithin die politische Kultur des Landes. Dabei handelt es sich um den Habitus der politischen und militärischen Eliten im Hinblick auf das nationalstaatliche Projekt der »Judaisierung« des Landes und die eng daran gekoppelte Aufgabe der Staatssicherheit. Die Shin-Bet-Affäre bietet einen Einblick in das Verhältnis von Gesetz und Sicherheit in dieser Ordnung.

Ähnlich wie bei der Lavon-Affäre geht es bei der Shin-Bet-Affäre um das gesetzwidrige Verhalten des Chefs einer Sicherheitsbehörde – in diesem Fall Avraham Shalom –, welcher, um die eigene Verantwortung zu vertuschen, die Ermittlungen staatlicher Untersuchungskommissionen unterminiert. Unschuldige werden zur Verantwortung gezogen, die Schuldigen scheinen davonzukommen. Die Angelegenheit löst trotz der Versuche, sie unter den Teppich zu kehren, politische Diskussionen und schließlich Nachforschungen von Seiten der Staatsanwaltschaft aus. Der Konflikt zwischen Politik und Gesetz bzw. zwischen sicherheitspolitischen Interessen und Rechtsstaatlichkeit zieht bei der Shin-Bet-Affäre weite Kreise. Der Brennpunkt des Skandals ist nicht, wie bei der Lavon-Affäre, in der regierenden Partei bzw. der Regierung zu suchen, sondern in den Auseinandersetzungen zwischen der Exekutive, vertreten durch die Protagonisten der Sicherheitspolitik und den Shin-Bet, und der Judikative, allen voran der Staatsanwaltschaft. In dieser Affäre bekämpft das Gesetz die Politik, um seine Gültigkeit der Exekutive, einschließlich der besagten Sicherheitsbehörde, aufzuzwingen, und es verbucht dabei einen für israelische Verhältnisse nicht zu unterschätzenden Erfolg.

Zur Shin-Bet-Affäre sind, nachdem sie publik wurde, zahlreiche Zeitungsartikel erschienen.[193] Besonders nennenswert ist hier der »*Maariv*-Spezialbericht – Shin-Bet-Affäre« in der Tageszeitung *Maariv* vom 18.7.1986, in dem die unterschiedlichen Aspekte der Affäre behandelt werden: die operationelle, politische, rechtliche, mediale Ebene und die der politischen Kultur. Auch der Journalist Nahum Barnea liefert in seinen Beiträgen für die Zeitung *Koteret Rashit*, »Der Shin-Bet-Weg« vom 4.6.1986, und später für *Yedioth Ahronoth*, »Wir befanden uns im Krieg« vom 25.6.2004, brisante Informationen zur Affäre.[194] Ian Black und Benny Morris geben in ihrem Werk *Mossad, Shin Bet, Aman, die Geschichte der israelischen Geheimdienste* einen prägnanten Überblick über die Ereignisse.[195] Michael Keren behandelt in seinem Versuch, Peres' Legislaturperiode von 1984-1986 politikwissenschaftlich unter die Lupe zu nehmen, ebenfalls die Shin-Bet-Affäre. In seinem Buch *Professionals Against Populism, The Peres' Government and Democracy* weist Keren auf Peres' Dilemma hin und erklärt dessen Sicht der Dinge im Kapitel »Gesetz und Demokratie«.[196] Auch Bar-Zohar widmet Peres' Verhalten im Laufe der Affäre in seiner Biographie einige Seiten.[197] Eine detaillierte und trotzdem eingängige Schilderung liefert Yechiel Gutman in seinem Buch von 1995 *A Storm in the G.S.S.*

Die Shin-Bet-Affäre, die am 24.5.1986 an die Öffentlichkeit dringt, nimmt ihren Anfang zwei Jahre zuvor mit einem Attentat auf eine Gruppe Israelis. Am Abend des 12.4.1984 entführen vier palästinensische Jugendliche aus dem Gazastreifen einen Bus der Linie 300, der sich auf dem Weg von Tel Aviv nach Ashkelon befindet. Sie zwingen den Busfahrer, Richtung Gaza zu fahren, mit der Absicht – wie sie die Fahrgäste wissen lassen –, Kameraden aus den israelischen Gefängnissen freizupressen. Eine schwangere Businsassin darf in der Nähe von Ashdod aussteigen, woraufhin sie die Polizei alarmiert. Den israelischen Sicherheitskräften gelingt es schließlich, am Stadtrand des südlich von Gaza-Stadt gelegenen Deir al-Balah den Bus zum Stehen zu bringen. Bei der Blitzaktion des Sturmkommandos sterben eine Insassin und einige Angehörige der Sicherheitskräfte, sieben Fahrgäste werden verletzt. Zwei der Entführer werden während der Befreiungsaktion erschossen, die beiden anderen überwältigt. Nach einer kurzen Befragung durch den Brigadegeneral Jitzchak Mordechai werden sie an den Shin-Bet übergeben und auf gesetzwidrigen Befehl des ebenfalls vor Ort anwesenden Shin-Bet-Chefs Avraham Shalom getötet, und zwar im Beisein der Presse.[198]

Die photographischen Beweise, auf denen die noch lebenden Entführer zu sehen sind, lassen sowohl in der Armee als auch in der Presse Fragen zum Hergang der Ereignisse aufkommen. Verteidigungsminister Moshe Arens leitet schließlich die Aufklärung des Falls in die Wege und ernennt eine geheime Kommission unter der Leitung des Reservegenerals Meir Zorea, welche den Vorfall untersuchen soll. Arens erkennt, dass er selbst in Verdacht geraten kann, den Befehl gegeben zu haben, da er als ranghöchste Person am Abend der Erschießung vor Ort anwesend war. Shalom, der vergebens die Ermittlungen zu verhindern sucht, gelingt es letztlich, bei Regierungschef Jitzchak Shamir und Arens ein eigenes Kommissionsmitglied als Vertreter des Shin-Bet, Yossi Genossar, durchzusetzen. Shalom hält dies auf Grund der Spannungen zwischen Armee und Shin-Bet für angemessen – Staatsanwalt Jitzchak Zamir jedoch ist das neue Mitglied des Untersuchungsgremiums höchst suspekt. Shalom benutzt Genossar in diesem Aufklärungsverfahren als trojanisches Pferd, um die Wahrheit nicht ans Licht kommen zu lassen.[199] Der Shin-Bet-Chef will letztlich seine eigene Verantwortung für die Tötungsanordnung vertuschen, was ihm auch gelingt. Die Zorea-Kommission ermittelt, dass die beiden palästinensischen Entführer infolge von Schädelfrakturen gestorben seien, und dass nicht genauer bezeichnete Angehörige der Sicherheitskräfte sich in diesem Zusammenhang strafbar gemacht hätten. Die Kommission empfiehlt dem Staatsanwalt, den Fall weiterzuverfolgen, woraufhin Shalom erheblichen Druck auf Zamir ausübt, die Nachforschungen einzustellen. Doch Zamir ernennt am 4.6.1984 ein Untersuchungsteam unter der Leitung des staatlichen Anklagevertreters Yonah Blatman.[200] Diesmal gelingt es dem Shin-Bet, den Tötungsverdacht auf den IDF-Brigadegeneral Jitzchak Mordechai zu lenken, weil er als einziger vor der Zorea-Kommission zugegeben hat, die Bus-Entführer nach ihrer Festnahme geschlagen zu haben. Letztendlich stellt der Shin-Bet Mordechai durch seine Angaben als Hauptverdächtigen hin. Die Blatman-Kommission gelangt am 12.8.1985 zu dem Ergebnis, dass nicht ausreichend Beweise vorlägen, um Mordechai des Mordes an den Entführern anzuklagen, empfiehlt aber, ihn und weitere Mitarbeiter des Shin-Bet und drei Polizeibeamte wegen Körperverletzung vor Gericht zu stellen. Mordechai muss sich auf Zamirs Beschluss hin einem Disziplinarverfahren der Armee unterziehen, in dem er am 18.8.1985 nach einer siebenminütigen Anhörung freigesprochen wird; kurz darauf wird er zum Generalmajor befördert.[201] Auch die fünf weiteren in den Fall verwickelten Angehörigen des Shin-Bet werden in einem Sonderdisziplinarverfahren vom Vorwurf der Körperverletzung an den Entführern freigesprochen.[202]

Peres, seit Oktober 1984 Premierminister der Großen Koalition, gerät in den Strudel der Shin-Bet-Affäre, nachdem einige Mitarbeiter des Shin-Bet ihn auf die Vertuschungsmanöver in den Untersuchungsgremien aufmerksam gemacht haben. Shaloms Stellvertreter Reuven Hazak wird in die Verschleierungsvorhaben des Shin-Bet eingeweiht und bekommt von Shalom zu verstehen, dies sei mit dem damaligen Premierminister Jitzchak Shamir abgesprochen. Hazak findet jedoch bald heraus, dass Shalom auf eigene Faust gehandelt hat, und fordert ihn deshalb am 14.10.1985 auf, zurückzutreten. Zwei hochrangige Shin-Bet-Vertreter, Rafi Malka, der Leiter der Einsatzabteilung, und Peleg Radai, der Chef der Schutz- und Sicherheitsabteilung, schließen sich Hazak an. Sie sind nach Black und Morris der Meinung, »daß die innerhalb des Dienstes hochgehaltene Tradition korrekter Berichterstattung für die Gewährleistung der Effizienz des Shin-Bet sowohl intern als auch extern – d. h. in seiner Beziehung zum Justizministerium und zu den Gerichten – unabdingbar sei«.[203] Da sich Shalom weigert, der Forderung von Hazak nachzukommen, wendet sich Hazak an den neuen Premierminister.

Peres berichtet über sein Treffen mit Hazak, den Shalom Peres gegenüber bereits als »allzu ehrgeizigen Stellvertreter«[204] bezeichnet hat, am 29.10.1985: »Er [Shalom] sagte, dass man innerhalb des Dienstes gegen ihn agiere. Naturgemäß muss man den Kopf unterstützen. [...] Es gibt immer wieder Verschwörungen gegen den Kopf. [...] Es gab einen Versuch, von den dreien innerhalb der Organisation gegen das Haupt vorzugehen. Ich kann in einer solchen Organisation solches Verhalten nicht zulassen.«[205] Peres interpretiert Hazaks Vorwürfe gegen Shalom als »Putschversuch« innerhalb des Shin-Bet, obwohl er zugleich von Shalom erfährt, dass Hazak bereit sei, seinen eigenen Rücktritt in Kauf zu nehmen.[206] Peres' Putsch-These ist deshalb haltlos, weil Hazak Shaloms Posten ein paar Monate später angetreten hätte, hätte er die Sache nicht nach außen getragen.

Der *Maariv*-Journalist Avi Betelheim erklärt, Peres habe sich angesichts des Treffens mit Hazak große Sorgen um den Geheimdienst gemacht, den er über Jahrzehnte politisch begleitet habe, und so habe er es aus patriotischen Abwägungen vorgezogen, statt der Sache auf den Grund zu gehen, »das Feuer möglichst schnell zu löschen«.[207] Peres teilt Hazak einige Tage nach dem ersten Gespräch mit:

> »Ich habe mir die Sache überlegt, ich habe keine gerichtliche Autorität [...]. Nach den verschiedenen, bereits vollzogenen Justizverfahren komme ich zum Schluss, dass ich dem Haupt Glauben schenke. Da Ihr Euch [Shalom und Hazak] im Streit befindet, und dies in einer solchen Organisation nicht gehen kann, müssen Sie gehen. [...] Ich verurteile Sie natürlich nicht; ich erkenne Ihre Rechte an. Doch auf Grund des Streits zwischen dem Haupt und seinem Stellvertreter, und da ich keinen Grund habe, das Haupt zu entlassen, schlage ich vor, Sie gehen auf Bildungsurlaub. Damit ist die Sache erledigt.«[208]

Die Kontroverse zwischen Premierminister und Staatsanwalt

Die Ereignisse münden bald in eine heftige Kontroverse zwischen dem Premierminister und dem Staatsanwalt, die sich zu einer ernsten Staatsaffäre ausweitet. Im Kern des Streits steht die Frage, ob die bestehenden Gesetze ausreichen, um den speziellen Sicherheitsbedürfnissen Israels zu dienen, oder ob es Fälle gebe, die in einem stillschweigenden Arrangement zwischen den jeweiligen Staatsinstitutionen jenseits des Gesetzes geregelt werden müssten. Während Staatsanwalt und Juraprofessor Jitzchak Zamir das Gesetz hochhält und es als ausreichend für die Sicherheitsbedürfnisse des Staats ansieht, nimmt Premierminister Peres eine äußerst unkritische Haltung zum Shin-Bet ein. Für ihn hat der Geheimdienst, wie alle anderen staatlichen Institutionen zur Wahrung der israelischen Sicherheit auch, nahezu sakralen Charakter und darf unter keinen Umständen angetastet werden. Während Zamir den Shin-Bet für die mutmaßlichen Straftaten zur Rechenschaft ziehen will, tut Peres alles in seiner Macht stehende, um den Shin-Bet vor dem Gesetz zu schützen. Dass der Geheimdienst möglicherweise unrecht gehandelt hat, blendet er dabei völlig aus. In Zamirs Augen ist die Affäre viel mehr als eine rein sicherheitspolitische Angelegenheit. Nicht allein die Tötung der palästinensischen Gefangenen (die »Buslinie-300-Affäre«) bereitet ihm Sorgen, sondern auch das Verhalten der Shin-Bet-Mitarbeiter vor den Untersuchungskommissionen. Für Peres aber – wie zu sehen ist – ist oberstes Gebot, jegliche Ermittlungen in der Shin-Bet-Affäre zu verhindern. Sein Anliegen lässt ihn immer wieder aufs Neue in Konflikt mit dem Gesetz geraten. Sein Habitus, mit kodifizierten rechtsstaatlichen Regelungen umzugehen, steht im Vordergrund der Analyse.

Peres setzt zunächst darauf, die Affäre intern durch Personalentscheidungen zu regeln. Doch damit löst der Regierungschef eine Lawine von Ereignissen aus, über die er kaum Herr werden kann. Nach Hazak wird auch Malka entlassen. Dieser wendet sich an den Obersten Gerichtshof, um mit einer Klage die eigene Wiedereinstellung sowie Shaloms Entlassung durchzusetzen. Radai reicht wenig später aus freien Stücken seinen Rücktritt ein, weil er die Politik des Shin-Bet nicht mehr mittragen will. Diese Begebenheiten dringen noch nicht an die Öffentlichkeit, sorgen aber im Shin-Bet selbst und bei der Staatsanwaltschaft für Unruhe.[209] Schließlich wendet sich Hazak selbst an Staatsanwalt Zamir und dessen Mitarbeiter, um ihn aus erster Hand über die Vertuschungsmanöver zu informieren. Nachdem die drei Shin-Bet-Dissidenten tagelang heimlich verhört worden sind, ist Zamir von der Aufrichtigkeit ihrer Aussagen überzeugt, dass Shalom die zwei Untersuchungsgremien vorsätzlich in Irre geführt habe, um seine Verantwortung für die Anordnung der Tötung der zwei palästinensischen Gefangenen zu leugnen. Zamir wendet sich an Peres und fordert ihn auf, die vier direkt in die Vertuschungsversuche Involvierten – Shalom, Ginossar und die beiden Rechtsberater des Geheimdienstes – zu entlassen. Peres weigert sich jedoch. Er beharrt auf einer internen Beilegung des Konflikts und schlägt dem Staatsanwalt vor, einen ehemaligen Shin-Bet-Mitarbeiter – Josef Harmelin (Shin-Bet-Chef 1963-1974, und schließlich Shaloms Nachfolger von Juni 1986 bis März 1988) – zum Ermittler zu ernennen. Zamirs Ablehnung liegt darin begründet, dass Harmelin als Parteigänger des Shin-Bet wenig zur Wahrheitsfindung beitragen kann.[210] Kurz bevor Zamir, wie im Februar 1986 angekündigt, aus dem Amt scheidet, fasst er den Beschluss, in der Affäre weitere Ermittlungen anzustellen.

Diese Entscheidung bringt ihn erneut in Konflikt mit dem Premierminister, der jegliche Nachforschungen strikt ablehnt: Während der Staatsanwalt weitere Nachforschungen anstellen will, ist Peres der Überzeugung, durch Ermittlungen werde die Staatssicherheit gefährdet, weil mit dem Shin-Bet eine der Säulen des israelischen Sicherheitssystems ins Visier geraten würde. Peres begegnet Zamirs Forderung mit einer Hinhaltetaktik: Als oberster Chef des Shin-Bet zögert Peres einige Wochen, auf Zamirs Forderung einzugehen und ein Treffen mit den Dissidenten des Shin-Bet zu genehmigen. Seinen Entschluss, eine Untersuchung um jeden Preis zu verhindern, begründet er mit der »Staatssicherheit« und dem »Wohle des Staats«.[211] Gutman zufolge ist Peres regelrecht entsetzt von der Vorstellung, den Geheimdienst in eine polizeiliche Untersuchung verwickelt zu sehen; dies sei für ihn Ketzerei. Peres schreibt:

>»Es ist meine Pflicht als Regierungschef, diese Organisation [den Shin-Bet] in Schutz zu nehmen, welche sich mit geheimen, komplexen Angelegenheiten befasst und daher diesen Schutz nötig hat. Denn seine Leute – anders als andere Uniformträger – agieren in der rechtlichen Grauzone, weshalb ich ihm [dem Dienst] die nötige Verteidigung gewährleisten muss. [...] Das ist eine ausgezeichnete Organisation. Ich glaube dem Chef und musste ihn verteidigen, weil er nicht vor der Öffentlichkeit auftreten darf. [...] Sollte es zum Gerichtsverfahren kommen, so müssten ihm Rechtanwälte zur Verfügung gestellt werden. Außerdem müsste dann auch über frühere Fälle gesprochen werden. Daher ist es mein sicherheitspolitisches Anliegen, die Sache nicht anzutasten. [...] Das könnte dem Dienst erheblichen Schaden zufügen.«[212]

Zentrales Motiv dieser Argumentation ist die Sicherheit Israels, in diesem Fall verkörpert durch den israelischen Inlandsgeheimdienst, welcher trotz der gegen ihn erhobenen Anschuldigungen unantastbar bleiben soll. Ähnlich wie in Peres' 1995 erschienener Stellungnahme zur Lavon-Affäre rücken hier die eigentlichen Ereignisse in den Hintergrund. Stattdessen bezieht Peres seinen Opferdiskurs auf den Shin-Bet: Gerade dessen Stärken – sein geheimes Vorgehen und die Arbeit in der Grauzone – stellt Peres als Schwächen dar, um den besonderen Schutz des Shin-Bet vor dem Gesetz zu rechtfertigen. Er fürchtet, ein Verfahren könnte fragwürdige Methoden aus der Vergangenheit des Geheimdienstes enthüllen. Seine Schlussfolgerung ist daher, »die Sache nicht anzutasten«. Gegenüber Zamir führt Peres außerdem ins Feld, dass ein gerichtliches Verfahren gegen Shalom die Terrorismusbekämpfung erheblich beinträchtigen würde: »Ich habe hier die Aufgabe, die Terroristen zu bekämpfen, und dafür brauche ich den besten Mann. Das ist Abrum [Avraham Shalom], lassen Sie ihn doch.« Mit dem Hinweis, eine gerichtliche Untersuchung gefährde »die eigenen Leute« und lege wichtige sicherheitspolitische Strukturen lahm, werden Zamir und sein Team unter enormen Druck gesetzt.[213]

Im April und Mai 1986, bis hin zur Absetzung des Staatsanwaltes am 1.6.1986, entbrennt zwischen Zamir einerseits und Peres, seinem engsten »Ministerkabinett« (Außenminister Shamir und Verteidigungsminister Rabin) und der israelischen Regierung auf der anderen Seite eine beispiellose Auseinandersetzung um den Status der israelischen Geheimdienste und deren Verhältnis zum Gesetz. Sollen die Todesumstände der palästinensischen Entführer weiter untersucht werden? Oder genießen die Mitglieder des Shin-Bet auf Grund von dessen nationaler Aufgabe der Terrorismusbekämpfung eine stillschweigende Immunität vor dem Gesetz und sollten daher auch von Ermittlungen verschont bleiben, die zivile Delikte wie die vorliegenden mutmaßlichen Tötungsfälle betreffen? Der Staatsanwalt besteht zunächst auf einer Fortführung der Untersuchung, lenkt aber im Laufe des Streits ein und ist bereit, auf eine Untersuchung zu verzichten, vorausgesetzt, die vier Shin-Bet-Verdächtigen würden ihrer Ämter enthoben. Letztere beharren jedoch mit Unterstützung ihrer politischen Anhänger auf ihrer Immunität, sowohl angesichts der Ermittlung als auch jeglicher weiterer Konsequenzen. Zamir erklärt: »Es wurden Taten begangen, für die jemand belangt werden müsste, damit sie sich nicht wiederholen. Derartige Vertuschungsmanöver gegenüber der Judikative dürfen keinesfalls wieder vorkommen.«[214] Peres bleibt unnachgiebig. Er erklärt am 30.6.1986 anlässlich des durch die Shin-Bet-Affäre ausgelösten Vertrauensvotums gegen seine Regierung in der *Knesset*:

> »Rechtsstaatlichkeit bedeutet Rechte nicht nur für die Ankläger, sondern auch für den Angeklagten. Jeder darf sich so verteidigen, wie das Gesetz es erlaubt. […] Ich kam zu dem Schluss, dass es schwerwiegende sicherheitspolitische Gründe [gegen die Untersuchung] gibt. Bei einer Untersuchung hätte ich dem Dienst erlauben müssen, Präzedenzfälle vorzubringen, die der ganze Staat [gemeint ist die israelische Gesellschaft] als geheime Angelegenheit betrachten will. […] Da die Regierung dem Angeklagten [dem Shin-Bet] nicht die gleiche Stellung einräumen kann wie dem Ankläger [Staatsanwalt], entsteht eine Situation der Ungleichheit [vor dem Gesetz] zuungunsten des Angeklagten. Daher glaube ich allen Ernstes, dass Terrorismusbekämpfung ohne Geheimhaltung kaum durchführbar ist. Hierbei handelt es sich keineswegs darum, das Sicherheitsargument lediglich vorzuschieben.«[215]

Peres behauptet, der Rechtsstaatlichkeit könne in Fällen wie diesem nicht Genüge getan werden, weil die Angeklagten sich auf Grund ihrer besonderen Aufgabe nicht verteidigen lassen könnten: Die Regierung dürfe nämlich einen solchen Prozess nicht zulassen, weil dadurch Staatsgeheimnisse preisgegeben würden. Geheimdienstarbeit hat für Peres vor dem Gesetz einen Sonderstatus, auch wenn er dies nicht explizit ausspricht. Er beschreibt diesen Sonderstatus zudem nicht näher. Strikte Geheimhaltung stellt für ihn jedoch das einzige Mittel dar, um die nationale Sicherheit zu gewährleisten, die in seinem politischen Denken oberste Priorität hat. Die Sicherheitsbehörden samt ihren Arbeitsmethoden ließen sich demzufolge weder dem Grundsatz der Rechtsstaatlichkeit noch dem allgemeingültigen Gesetz unterordnen.[216] Der Geheimdienst mit seiner »Sonderaufgabe der Terrorismusbekämpfung« gilt für Peres als eine Angelegenheit eines sehr engen Kreises der Exekutive, der »Sicherheitsexperten«.

Zamir, der geheimdienstliche Methoden am eigenen Leib zu spüren bekommt[217], vertritt gegen Peres die Auffassung, hier werde das Sicherheitsargument lediglich vorgeschoben und dazu missbraucht, zweifelhafte geheimdienstliche Vorgehensweisen zu vertuschen. Er sieht sich verpflichtet, die Sache vor Gericht zu bringen und reicht bei der Polizei eine Anklage samt Beweismaterial gegen Shalom und weitere Shin-Bet-Mitarbeiter ein. Am 30.5.1986, einen Tag vor seiner Absetzung und kurz nach dem Bekanntwerden der Affäre, präsentiert Zamir seine Positionen in der Presse, welche zum Großteil bald auf seiner Seite steht:

> »[…] Peres sagte, keinerlei Druck würde auf mich ausgeübt, [die Untersuchung zu unterlassen]. Man muss ihn fragen, was er genau unter ›Druck auf den Staatsanwalt‹ meint? Muss dieser erst geschlagen werden oder muss man ihm eine Pistole an den Kopf halten? In der jetzigen Lage kann man mich nicht bedrohen. Ich habe bereits angekündigt, dass ich ausscheide. Der Druck auf mich hält sich daher in Grenzen.

> Ich sehe nicht ein, warum die [militärische] Zensur die Veröffentlichung dieser Affäre verboten hat. [...] Ich glaube nicht, dass eine Veröffentlichung, die das ganze Bild der Affäre wiedergibt, die Staatssicherheit gefährden würde. Sie kann vielleicht einige Leute in Verlegenheit bringen. Ich denke, es wäre angebracht, die Öffentlichkeit zunächst über die Fakten zu informieren, um eine intelligente Diskussion führen zu können. Ich bin fest davon überzeugt, dass auch dann einige behaupten würden, dass gegen diese Leute nichts unternommen werden dürfte, gegen die solche schwerwiegenden Anschuldigungen vorliegen. Doch es steht außer Frage, dass durch das Vorenthalten von Fakten gegenüber der Öffentlichkeit ein wesentlicher Teil der demokratischen Spielregeln verletzt wird.
> Der Vorsitzende der Konstitutionskommission der *Knesset* bat mich um meine Aussage, um Details über die Affäre mitzuteilen. [...] Der Premier stand im Wege. Das ist doch unakzeptabel. [...] Ich halte das Beweismaterial schon seit einigen Monaten in Händen und hätte es schon längst an die Polizei übergeben können. Doch aus Sicherheitsabwägungen hielt ich es zurück. Ich wollte die Affäre nicht öffentlich machen und vermied es zunächst, mich an die Polizei zu wenden. Es war mir aber klar, dass angesichts des vorliegenden Materials dieses keineswegs ignoriert werden dürfte. Wenn man es doch täte, dann würde dies bedeuten, dass sich bei uns die Vorstellung eingenistet hätte, man dürfe vor Gericht lügen.«[218]

Hier zeigt sich die Kluft zwischen Peres' und Zamirs politischen Überzeugungen, vor allem in Bezug auf ihr Sicherheitsverständnis. Während für Zamir demokratische Werte wie Informationsfluss und Gewaltenteilung mit dem israelischen Primat der Sicherheit vereinbar sind, begreift Peres Sicherheitspolitik und geheimdienstliche Aktivitäten als etwas, das hinter verschlossen Türen erledigt werden soll. Die nationale Sicherheit sieht er bereits dadurch gefährdet, dass der Shin-Bet durch die Affäre überhaupt in den Mittelpunkt des öffentlichen Interesses rückt. Ein Charakteristikum der »israelischen Ordnung« ist für ihn der stillschweigende Ausschluss der Gesellschaft, der Judikative und der *Knesset* aus dem Bereich der Sicherheit. Wie sehr diese politische Kultur des Ausschlusses in Israel zu diesem Zeitpunkt etabliert ist, zeigt die bereits zitierte Bemerkung Peres': »Bei einer Untersuchung hätte ich dem Dienst [Shin-Bet] erlauben müssen, Präzedenzfälle vorzubringen, die der ganze Staat [gemeint ist die israelische Gesellschaft] als geheime Angelegenheit betrachten will.« Die Annahme, es gebe einen gesellschaftlichen Konsens, über bestimmte Themen zu schweigen, und die gleichzeitige Identifikation von Gesellschaft und Staat belegen, in welchem Maße Peres die Sicherheit als umfassende nationalstaatliche Aufgabe begreift. Diese Aufgabe können in seinem Verständnis letztlich nur die Sicherheitsorganisationen mit den ihnen eigenen Arbeitsmethoden erfüllen. Aus diesem Habitus erklärt sich auch Peres' Ausschluss der *Knesset*, der eigenen Partei und sogar der eigenen Regierung bis zu dem Zeitpunkt, als die Affäre unverhofft ans Licht kommt.

Einige Jahre nach dem Höhepunkt der politischen Verwicklungen rund um die Shin-Bet-Affäre weist Zamir darauf hin, bei dem Skandal sei es keineswegs um den Gegensatz Sicherheit versus Rechtsstaatlichkeit gegangen, weil die israelische Gesetzgebung wie in anderen demokratischen Staaten ausreichend juristische Mittel geschaffen habe, um solche sicherheitspolitischen Krisen im Rahmen des Gesetzes zu bewältigen. Was er damit sagen will, ist, dass Peres und Shalom der Überzeugung gewesen seien, zum Wohle des Staats zu handeln, als sie sich über das Gesetz hinweggesetzt hätten, doch in Wirklichkeit hätten sie Interessen anderer Natur vertreten.[219] Vor diesem Hintergrund sieht Zamir den Ausschluss der Öffentlichkeit als besonders schädlich für eine demokratische Debatte. Peres' kompromissloses Beharren auf dem eigenen Standpunkt ist aber nicht alleine, wie Gutman behauptet, auf politische Kurzsichtigkeit zurückzuführen. Peres' Verhalten in der Affäre liegt vielmehr die Logik des Sicherheitsdenkens und der israelischen Ordnung zu Grunde. Peres prägt und vertritt den Grundsatz der Unantastbarkeit der Sicherheitsbehörden. Staatsanwältin Dorit Beinish berichtet rückblickend von der Auseinandersetzung zwischen Staatsanwaltschaft und dem Premier: »Peres erklärte allen Ernstes, für den Shin-Bet sollen andere Gesetze gelten. Die Disziplin innerhalb des Dienstes sei nämlich wichtiger als alle Grundsätze der Rechtsstaatlichkeit.«[220] Doch nicht nur Weltanschauung und ein formales Verständnis der Rechtsstaatlichkeit erklären Peres' Position, sondern auch seine ausgeprägte Elitenorientierung: Er setzt sich für den Shin-Bet und seinen Chef ein, um mit der sicherheitspolitischen Führungsschicht auch sich selbst zu schützen. Er ist nämlich selbst in mehrere sicherheitspolitische Affären verwickelt, die nicht ans Licht der Öffentlichkeit geraten dürfen. Deshalb greift er zu zweifelhaften Maßnahmen: Er sorgt zunächst für die Absetzung des Staatsanwalts, um Ermittlungen zu verhindern. Später, als sich herausstellt, dass diese Maßnahme ihren Zweck nicht erfüllt, setzt er sich für ein umstrittenes Begnadigungsverfahren ein.

Die Absetzung des Staatsanwalts und die Begnadigung der Shin-Bet-Verdächtigen

Vor dem am 1.6.1986 erfolgten »eleganten Vorgang« der Absetzung Zamirs lässt Peres mehrere Gelegenheiten vorüberziehen, die Shin-Bet-Affäre noch vor ihrem Bekanntwerden in Absprache mit dem Staatsanwalt zu beenden. Ebenso wie der Kompromissvorschlag von Anfang April verlaufen auch weitere Vorstöße im Sande.[221] Am 13.5.1986 reicht Zamir die Anklageschrift gegen die vier Shin-Bet-Verdächtigen persönlich bei dem Polizeichef David Kraus ein und weist ihn an, die Ermittlungen aufzunehmen. Mitte Mai unternimmt der neue Justizminister Jitzchak Modai einen weiteren Versuch, den Konflikt auf der Grundlage des Vorschlags vom April beizulegen. Die Vertreter des Shin-Bet verweigern sich dem jedoch. Gutman attestiert Peres und Shalom in diesem Zusammenhang politische Kurzsichtigkeit, denn trotz ihrer politischen Erfahrung hätten die beiden ihre letzte Chance versäumt, ohne viel öffentliches Aufsehen davonzukommen: Kurz darauf wird die Affäre publik gemacht, wodurch sich ihr Handlungsspielraum deutlich einschränkt. Shalom lehnt den Vorschlag Zamirs und Modais ab, weil ein Einlenken einem eigenen Schuldbekenntnis gleichkommen würde.[222] Weshalb aber macht Peres mit?

Peres kann Shalom offensichtlich nicht zwingen, auf den Vorschlag einzugehen. Black und Morris sind der Meinung, Shalom habe Peres unter Druck gesetzt und ihm gedroht, der Presse Unterlagen zuzuspielen, die sowohl Peres als auch Staatspräsident Chaim Herzog, dem in dieser Affäre ebenfalls eine gewisse Rolle zukommt, belastet hätten.[223] Barnea weist im Laufe der Ereignisse auf Peres' Schwäche gegenüber dem Shin-Bet hin: Die vier Verdächtigen hätten Peres »vergewaltigt«, in ihrem Interesse zu agieren. »Der eigentliche Putsch«, betont Barnea, »droht nicht seitens Hazaks, Radis und Malkas gegenüber ihrem Chef, wie Peres beharrlich behauptet, sondern seitens Shaloms und seiner Mitläufer gegen ihre politischen Vorgesetzten.« Denn sie hätten Peres Zamirs Absetzung aufgezwungen, wie Barnea nur drei Tage nach Zamirs Ausscheiden veröffentlicht.[224] Diese These wird von der damaligen Beraterin des Staatsanwalts Dorith Beinish bestätigt: »Die Macht [des Shin-Bet] drückte sich höchstwahrscheinlich in Shaloms Drohung gegenüber dem Ministerkabinett, den Ministern, *Knesset*-Abgeordneten und der Judikative aus, denn, sollte gegen ihn oder einen seiner Leute vorgegangen werden, so würde Israels Sicherheitssystem zusammenbrechen.« Beinish erklärt weiter, Shalom und seinen Leuten sei jedes Mittel, das ihnen durch ihre Arbeit für den Geheimdienst zur Verfügung gestanden habe, recht gewesen, einschließlich der Absetzung des Staatsanwalts; der Zweck, die eigene Haut zu retten, habe diese Mittel geheiligt.[225]

Zamirs Absetzung am 1.6.1986 erfolgt nur ein paar Tage nach der Veröffentlichung der Affäre. Dieser Zeitpunkt scheint die Erpressungsthese zu bestätigen. Dass Peres aus eigenem Antrieb gehandelt haben soll, scheint fragwürdig, zum einen angesichts der scharfen Kritik an diesem unpopulären Schritt seitens Presse und Öffentlichkeit, die sich bald auf die Seite des Staatanwalts stellen[226], und zum anderen vor dem Hintergrund einer Kompromisslösung, die in diesen Tagen Gestalt annimmt: Am 30.5.1986 trifft sich Peres mit Shalom und einigen Ministern seiner Fraktion. Das Ministertreffen erzielt eine Regelung, die bereits seit einiger Zeit im Raum steht – sie einigen sich darauf, die vier Shin-Bet-Männer aus dem Geheimdienst auszuschließen und dafür die Ermittlungen einzustellen. Ein Ausweg scheint möglich, wie sich einen Tag später im Gespräch mit dem Staatsanwalt herausstellt.[227] Doch weil Justizminister Jitzchak Modai und Außenminister Jitzchak Shamir, beide aus der *Likud*-Fraktion, weder zum Treffen eingeladen noch über dessen Ausgang informiert werden, wird die gefundene Regelung nicht in die Tat umgesetzt. Shamir, der als Regierungschef selbst unter Verdacht geraten kann, als damaliger Premierminister von Shaloms Tötungsbefehl gewusst zu haben, setzt seinerseits den Justizminister unter Druck, Zamir auszuwechseln. Modai macht sich sogleich auf die Suche nach einem neuen Staatsanwalt und präsentiert seinem Regierungschef kurz vor der wöchentlichen Regierungssitzung am 1.6.1986 einen Kandidaten. Peres signalisiert dem Justizminister Bereitschaft, den Wechsel anzukündigen und gleich zur Abstimmung zu bringen. Hat Peres diesen Schritt geplant, ist er eine Kurzschlussreaktion oder gar das Ergebnis politischen Kontrollverlusts? Steht

Peres nicht wirklich hinter der im Ministertreffen erzielten Regelung, welche mit Shaloms Ausscheidung einhergeht? Hofft er, ein neuer Staatsanwalt würde die Affäre in seinem Sinne behandeln? Zamir sowie mehreren Ministern ist das Blitzverfahren der Absetzung nicht ganz geheuer. Gutman interpretiert auch diesen Schritt als Indiz für die Kurzsichtigkeit der politischen Führung, vermeidet es aber in diesem Zusammenhang, Namen zu nennen.[228]

Zur Frage der Absetzung des Staatsanwalts wird Peres später behaupten: »Er [Zamir] wurde von niemandem abgesetzt, ich hätte ihn doch nicht abgesetzt. Ich habe ihm mitgeteilt, dass ich mit ihm nicht einer Meinung bin, aber ich respektiere ihn. […] Trotz unserer Differenzen zweifelte ich nicht an seiner Meinung und seinem Recht auf eine eigene Meinung. […] Ich wollte keineswegs, dass er geht. Er teilte mir seinen Ausscheidungswunsch mit und bestand darauf, zu gehen, und insofern hatte ich keine andere Wahl.«[229] Peres berührt mit seinen Worten nur die Oberfläche der Ereignisse. Hier zeigt sich Peres' erzählerische Raffinesse, mit Halbwahrheiten umzugehen, einen Gegenstand aus seinem Kontext zu lösen, sodass eine versöhnliche Darstellung entsteht. Das heißt nicht, Peres glaube selbst nicht an das, was er schreibt. In seiner Darstellung kommt vielmehr zum Ausdruck, wie er die politische Realität, die er selbst gestaltet, wahrnimmt: Die unangenehmen Aspekte werden ausgeblendet und Halbwahrheiten zu einer Geschichte geformt. Das wird deutlich angesichts des Umstands, dass alle Beteiligten das Ende Zamirs als Staatsanwalt als eine beispiellose Absetzung ansehen. Gutman beginnt sein Buch zur Shin-Bet-Affäre mit dem Satz: »Am 1. Juni 1986 setzte die [israelische] Regierung zum ersten Mal in der Geschichte ihren Staatsanwalt ab.«[230] Auch Presse und Öffentlichkeit fassen diesen Schritt sehr wohl als Absetzung eines unbequemen und gewissenhaften Staatsanwalts auf. Akademisch-juristische Kreise und das Justizministerium (bis auf den Minister) reagieren empört auf den Regierungsbeschluss.[231] Sogar Peres' Biograph spricht von einer Absetzung.[232]

Doch auch wenn Zamirs Entmachtung unterschiedliche Lesarten zulässt, so kann der nächste Schritt, den die Gegner der polizeilichen Ermittlungen unternehmen, wohl kaum als einem Rechtsstaat angemessene Vorgehensweise bezeichnet werden. Zamirs Nachfolger Josef Harisch muss sich bald mit dem heiklen Erbe seines Vorgängers auseinandersetzen. Am 22.6.1986 teilt er Peres und seinem Kabinett zu deren Enttäuschung sein juristisches Gutachten mit: Der Staatsanwalt habe nicht die Befugnis, die der Polizei bereits vorliegende Anklage zurückzuziehen und so die polizeiliche Ermittlung zu verhindern.[233] Der Druck auf die politische Führung erhöht sich weiter, weil Shalom und seine Anhänger angesichts dieser neuen Lage signalisieren, sie würden den polizeilichen Ermittlungen eine staatliche Untersuchungskommission vorziehen. Ein neuer Vorschlag rückt nun in den Mittelpunkt der Diskussion: die Begnadigung der Angeklagten durch den Staatspräsidenten unter Verzicht auf einen vorhergehenden Prozess bzw. Schuldspruch. Unterstützt wird diese Lösung vor allem von Peres' Rechtsanwalt Ram Caspi, der Peres als persönlicher juristischer Berater in mehreren heiklen Angelegenheiten wie beispielsweise der Pollard-Affäre zur Seite steht, ohne dabei ein offizielles Amt zu bekleiden.[234] Als Präzedenzfall für die neue Lösung dient die Begnadigung des amerikanischen Präsidenten Richard Nixon kurz nach seinem Rücktritt durch seinen Nachfolger Gerald Ford im September 1974, wodurch ein juristisches Verfahren zur Untersuchung des Watergate-Skandals verhindert wird. Wie soll dies nun auf den Shin-Bet-Fall angewendet werden? Staatspräsident Chaim Herzog (1981-1993), Jurist, ehemaliger *Aman*-Chef (1959-1962) und Mitbegründer von *Rafi*, ist bereit, auf Grund der persönlichen und politischen Beziehungen zu Peres und seiner sicherheitspolitischen Gesinnung einen Beitrag zur »Rettung des Sicherheitsdienstes sowie der Staatssicherheit« zu leisten. Herzogs Bedingungen lauten: erstens, Einvernehmen des ganzen Kabinetts; zweitens, ein juristisches Gutachten des Staatsanwalts, dass der Staatspräsident in diesem Fall Begnadigungsbefugnis hat; drittens, Shaloms Rücktritt; viertens, eine Kommission zur Überprüfung der Shin-Bet-Verordnungen; und fünftens, eine Bestätigung des Justizministers über die Rechtmäßigkeit der Begnadigung. Auf Genossars Vorbehalt hin, dass eine Begnadigung einem Schuldeingeständnis der vier Shin-Bet-Angehörigen gleichkomme, schlägt Harisch vor, im Begnadigungsantrag die Formulierung »von mir vollzogene Straftaten« durch die Worte »von Straftaten, die man mir vorwirft« zu ersetzen. So können die Shin-Bet-Verdächtigen begnadigt werden, ohne sich schuldig bekennen zu müssen. Im Folgenden erstellt Caspi für den Staatspräsidenten ein Gutachten, um das Begnadigungsverfahren ohne Gerichtsprozess juristisch zu ermöglichen. Präsident Herzog ist sich der Problematik dieser Lösung durchaus bewusst. In seiner Pressemeldung betont er, dass seine Entscheidung zwar als problematisch erscheinen könne, doch »in den Abwägungen müsste ich in diesem Ausnahmefall die Verantwortung für das Wohl der Öffentlichkeit übernehmen, wie sie mir nach bestem Wissen und Gewissen erscheint«. Nach Gutman sind weder der Staatsanwalt noch die Kabinettsmitglieder im Vorfeld über die Begnadigung informiert, zeigen aber kaum Widerstand, als sie davon erfahren. In der Nacht vom 24.6.1986 vollzieht Peres die Begnadigung, am frühen Morgen des 25.6.1986 bringt er dies in einer Kabinettssitzung zur Abstimmung.[235]

Wie zu erwarten, löst die Amnestie der Shin-Bet-Verdächtigen in der israelischen Presse eine Woge der Kritik aus, die besonders die politische Führung ins Visier nimmt, da sie das Gesetz mit »billigen Tricks« verbogen habe.[236] Die Empörung im Land erreicht einen Höhepunkt. Aber auch die Begnadigung kann letzten Endes die polizeilichen Ermittlungen nicht aufhalten. Schließlich treten alle vier Begnadigten bis Ende des Jahres 1986 zurück. Im August bestätigt der Oberste Gerichtshof die Gültigkeit der Begnadigungen, sodass eine Regierungskrise verhindert wird. Das Ergebnis der polizeilichen Ermittlungen wird Mitte September Harish vorgelegt und von drei hohen Beamten des Justizministeriums ausgewertet. Es besteht kein Zweifel mehr daran, dass die beiden palästinensischen Entführer auf Befehl Shaloms getötet wurden. Shalom behauptet, seinen Befehl auf eine Unterredung mit Shamir vom November 1983 hin gegeben zu haben, in welcher es um die Behandlung gefangener Terroristen ging. Shamir gibt gegenüber der Polizei an, er erinnere sich zwar an das Gespräch, fügt aber hinzu, dass er in der Unterhaltung keinerlei Handlungserlaubnis erteilt habe. Shamir wird vom Justizausschuss weder für die Tötung der Entführer noch für deren Vertuschung verantwortlich gemacht. Ende Dezember 1986 schließt Harish den Fall ab.[237]

Sicherheit, Rechtstaatlichkeit und die »israelische Ordnung«

Peres' Verhalten in der Affäre ist in höchstem Maße der »israelischen Ordnung« verpflichtet. Bei dieser Ordnung handelt es sich um eine etablierte politische Kultur der »Sicherheit«, welche sich im Laufe der Jahre auf Grund der Spannung zwischen der zionistischen Aufgabe der Nationsbildung und dem immer wieder eskalierenden israelisch-arabischen Konflikt herausgebildet hat. Die starke Fixierung auf die Sicherheit wird zum Kennzeichen der israelischen Gesellschaftsordnung und zu einem ihrer unantastbaren Glaubenssätze. Diese Entwicklung erklärt sich daraus, dass die israelische Nationalstaatlichkeit in den Augen vieler Israelis erst im Entstehen begriffen und noch nicht voll ausgebildet ist – sie muss durch Siedlungen konsolidiert und schließlich überhaupt erst gesichert werden. Sicherheit ist also die absolute Grundvoraussetzung für die nationalstaatliche Existenz und dadurch aufs Engste mit ihr verbunden. Da diese Haltung eine Lösung des arabisch-israelischen bzw. palästinensisch-israelischen Konflikts verhindert, behält die Sicherheit ihren hohen gesellschaftlichen Stellenwert. Die Shin-Bet-Affäre und ähnliche Fälle spiegeln die bestehenden Verhältnisse deutlich wider: Der im Namen der Sicherheit agierende und argumentierende Premierminister kann sich auf Grund der fest etablierten politischen Kultur des Ausschlusses der Öffentlichkeit aus sicherheitspolitischen Belangen gegen den Widerstand der Presse und des Gesetzes durchsetzen. Zu dieser für die israelische Ordnung entscheidenden Entpolitisierung der Sicherheit trägt Peres in seinen unterschiedlichen Ämtern und Funktionen seit Anfang der 1950er Jahre bis in die Mitte der 1990er Jahre maßgeblich bei.

Am Beispiel der Shin-Bet-Affäre zeigt sich, dass der Politiker Sicherheit als elementare Grundlage für die endgültige Nationswerdung der israelischen Siedler/Einwanderer-Gesellschaft versteht. Rechtstaatlichkeit, Moral und Wahrheit haben angesichts dieses Ziels untergeordnete Bedeutung. Um den Terrorismus zu bekämpfen und dadurch die zionistische Utopie zu sichern, sind nach Peres auch geheimdienstliche Arbeitsmethoden zulässig, über die nicht öffentlich gesprochen werden sollte. Peres' aussagekräftige Bemerkung – »Israel hat in den ersten fünfzig Jahren um seine physische Existenz gekämpft, die kommenden fünfzig Jahre wird es um seine moralische Identität kämpfen.«[238] – ist vor dem Hintergrund der Annahme zu verstehen, dass moralische, rechtsstaatliche und gesetzliche Werte im Prozess der Bildung der jüdischen Nationalstaatlichkeit zurücktreten müssten. Dies gilt auch im innenpolitischen Kontext: In dieser Ordnung haben sich letztlich nicht nur die Öffentlichkeit und ihre Vertreter, sondern es hat sich auch das Gesetz dem obersten Gebot der nationalen Sicherheit unterzuordnen. Auch wenn Peres die Rechtsstaatlichkeit als solche nicht ablehnen will[239] – ihm liegt daran, die Autorität des Staatsanwalts nicht offen in Frage zu stellen, im Gegensatz zu Shamir, der aus seiner Haltung keinen Hehl macht[240] –, löst er in dieser Affäre »das Dilemma« zwischen Sicherheit und Gesetz auf seine Weise.

Ehud Sprinzak sieht das Verhalten der politischen Führung in der Shin-Bet-Affäre als beispielhaft für die fest etablierte politische Kultur des »elite illegalism«:

> »When viewed against the background of the successive illegal affairs that brought down the Labor hegemony in the 1970s and characterized the second Likud administration (1981-1984), the Shin-Bet scandal appears to be more than an unfortunate accident. It shows that Israel's political culture contains a strong dimension of elite illegalism, an instrumental orientation of the nations' leadership toward the law and the idea of the rule of law. Israeli leaders, so it seems, do not appear to be antidemocratic in principle, or have an alternative model of government to the democratic order. But their conception of democracy is limited, and their commitment to universal legal principles, recognized today as an integral part of the modern democracy, is very low. [...] Israeli democracy has always been very weak on the question of legalism, and [...] recent governments have not been an exception to this phenomenon. Legalism in the Western sense of the term never was an integral part of the democratic system established in Israel by the Zionist parties and their leaders. Israel's illegalism has therefore been an elite illegalism. Instead of curtailing grassroot illegalistic orientations brought in by immigrants from nondemocratic societies, it has nourished them from above and continues to do so to the present.«[241]

In seiner ausführlichen Darlegung der Entwicklung der Tradition des »elite illegalism« seit der *Jischuw*-Zeit merkt Sprinzak an:

> »The political psychology of Yitzhak Shamir, Shimon Peres, and Yitzhak Rabin, the ministers involved in the Shin Bet Affair, was shaped when almost everything was permissible. They all grew up in Palestine of the 1940s, when it was prestigious to cheat on the British and to engage in ›illegal‹ settlement, ›illegal‹ defense, and ›illegal‹ immigration; [...] The Zionist founding fathers of Israel were not vicious or corrupt. They were great idealists and daring dreamers. They wished to build a better society and set an example for the rest of the world. Eager to do so as fast as they could, they ignored legalistic details and procedures. All they wanted was political power, free of constraints, to make the dreams come true.«[242]

Peres' Darstellung der Shin-Bet-Affäre von 1995 belegt die Auffassung, die israelische Ordnung sei unabdingbar für die Existenz des Staats und daher unbedingt aufrechtzuerhalten. Peres hält auch ein Jahrzehnt später an seiner Wahrheit von 1986 fest, und zwar nicht allein aus Gründen der Selbstgerechtigkeit. Er weiß zwar, dass die Shin-Bet-Affäre nicht unbedingt ein Ruhmesblatt in seiner politischen Laufbahn ist; in seinen Memoiren versteckt er sie im Kapitel »Die Hintergründe der ›Iran-Contra-Affäre‹«.[243] Doch er unterstützt den Shin-Bet in seiner sorgfältig konstruierten Geschichtserzählung und erweckt den Eindruck, als sei die Schuld des Shin-Bet nie eindeutig festgestellt worden. Als der mit den Details der Affäre vertraute Journalist Nahum Barnea ihn auf seine »selektive Erzählweise« anspricht, antwortet Peres: »Fakten sind eben eine subjektive Sache«, woraufhin Barnea bemerkt, dies sei »Peres' Weg, seine beschämende Rolle und die seiner Kollegen in der Shin-Bet-Affäre zu erklären. Für Peres sind eben das politische Überleben und eigene Interessen von größter Priorität. […] der Rest sei für ihn zweitrangig«.[244]

Gerade in diesem Fall greift Barneas These, Peres habe lediglich aus Gründen des Machterhalts gehandelt, zu kurz. Für ihn steht mehr auf dem Spiel. Zwar ist die Annahme, Peres' habe darauf verzichtet, aus der Affäre politischen Gewinn zu ziehen, um sein Image als unglaubwürdiger Politiker nicht noch mehr zu belasten, freilich nicht ganz von der Hand zu weisen[245]; es hätte ihm in der Tat geschadet, wenn er den Koalitionsvertrag mit Shamir auf Grund der Affäre nicht eingehalten und neue Wahlen ausgerufen hätte. Zudem ist ihm bekannt, dass »niemand jemals in Israel Stimmen gewonnen hat, indem er aus zwei toten Terroristen eine Staatsaffäre gemacht hätte«.[246] Aber für Peres sind die »zwei toten Terroristen« eben auch keine ausreichende Grundlage für eine Staatsaffäre und er unternimmt deshalb alles, damit es nicht zu einer wird. Zwar sieht er sich 1986 massivem Druck ausgesetzt, sich nach Bekanntgabe der Affäre »den Guten« anzuschließen, also für eine Ermittlung in der Shin-Bet-Affäre einzutreten, um womöglich politisch davon zu profitieren. Doch letztlich handelt er nach seiner eigentlichen innersten Überzeugung, um den Shin-Bet zu schützen und somit die israelische Ordnung aufrechtzuerhalten. Damit nimmt er in Kauf, dass er einen Teil seiner Autorität einbüßt und sein moralisches Ansehen in der Öffentlichkeit mit Makeln behaftet wird.

Drei Aspekte von Peres' politischem Handeln und Denken schlagen sich in seinem Text zur Shin-Bet-Affäre von 1995 nieder: sein Diskurs des Verantwortungsentzugs, die daran geknüpfte Sprache der Schuldzuweisung an seine Gegner (Hazak und Zamir) und drittens seine Strategie, sein Handeln als notwendig im Sinne der Staatssicherheit bzw. der israelischen Ordnung zu rechtfertigen. Peres' Darstellung zeugt vom entpolitisierten Verständnis der Affäre, weil diese sehr wohl politische Affäre gerade die israelische Ordnung – die in Peres' Überzeugung selbstverständlich und apodiktisch richtig ist – zu verändern drohte: Wie es war, muss es auch heute und in Zukunft sein. Die israelische Ordnung soll präserviert werden, darin sieht Peres seine Pflicht in der Affäre, auch wenn er dies mehr instinktiv als reflektiert zum Ausdruck bringt. Zu seinem ersten Gespräch mit den Protagonisten der Affäre aus dem Shin-Bet schreibt Peres:

> »Hazak behauptete bei dieser Besprechung [im Oktober 1985], es habe massive Vertuschungsversuche gegeben. Die beiden Untersuchungsausschüsse seien vorsätzlich durch falsche Zeugenaussagen von Shin-Bet-Mitarbeitern irregeführt worden. [Jitzchak] Mordechai sei Opfer einer Verleumdung geworden, während Shalom persönlich in die Affäre verstrickt sei. Hazak sprach für zwei weitere hohe Geheimdienstmitarbeiter, Peleg Radai und Rafi Malka. Das kam mir sonderbar vor. Warum

> hatte Hazak mit der Enthüllung der angeblichen Vertuschung ein ganzes Jahr gewartet, und wieso hatte er nicht darum gebeten, vor Zorea oder Blatman auszusagen? Weshalb rückt er erst mit seinen Anschuldigungen heraus, als Shalom einmal außer Landes war?«[247]

Hazaks Motivation und seine Aussagen werden von Peres in Frage gestellt. Der Autor will nicht die Anschuldigungen selbst, sondern Hazaks Glaubwürdigkeit in den Fokus rücken. Deshalb verwendet er den Begriff »angebliche Vertuschung« und lenkt das Interesse auf den Zeitpunkt der Enthüllungen. Er will erklären, warum er als Staatschef und Verantwortlicher für den Shin-Bet Hazaks Beschwerde nicht berücksichtigt hat. Dabei nimmt er Bezug auf die Lavon-Affäre:

> »Ich sprach als Premierminister, als Mitglied der Exekutive, und konnte und wollte nicht als Vertreter der Jurisdiktion fungieren. Die gerichtlichen Untersuchungen hatten ihren ordentlichen Gang genommen, und der Exekutive stand es nicht zu, ihre Ergebnisse aufzuheben. Ich glaube die mahnende Stimme Ben-Gurions zu hören. Er hatte sich immer für die Gewaltenteilung starkgemacht und stets für das grundlegende demokratische Prinzip gefochten, daß Mitglieder der Exekutive nicht gleichzeitig als Richter auftreten dürfen.«[248]

Peres argumentiert ausgerechnet mit der Gewaltenteilung, deren Interpretation ja den Knackpunkt der Affäre bildet. Die Vorstellungsgeschichte stößt hier völlig an ihre Grenzen. Der ahnungslose Leser würde anhand von Peres' Darstellung nur schwer die zentralen Probleme der Shin-Bet-Affäre identifizieren können. Deutlich wird jedoch Peres' Taktik: Er will den imaginären Gesprächspartner durch den Rückgriff auf die Rechtsstaatlichkeit zum Schweigen bringen. Er drückt seine Überzeugung aus, gemäß rechtsstaatlichen Prinzipien gehandelt zu haben und weigert sich somit, die Rechtmäßigkeit dieses Handelns zur Diskussion zu stellen. Der Fokus seiner Erzählung setzt vielmehr auf seine Wahrheit von 1986, allerdings auf suggestive Art. So bleibt er beispielsweise bei der Putsch-These:

> »Hazaks Aussage erinnert mich daran, daß Shalom mir von der Verschwörung seiner Untergebenen berichtet hatte. Mir schien es erste Pflicht zu sein, dem bedrängten Leiter einer für die nationale Sicherheit wichtigen Behörde beizustehen und jede Revolte in ihren Reihen zu ersticken. Ich sagte Hazak, er solle entweder seine Anschuldigungen in Gegenwart Shaloms wiederholen oder aber gerichtlich gegen ihn vorgehen. Ich persönlich würde nichts gegen den Chef des Shin Bet unternehmen, der auch weiterhin mein uneingeschränktes Vertrauen habe.«[249]

Peres fühlt sich nicht verantwortlich dafür, nicht auf Hazaks Beschwerde eingegangen zu sein. Er bekräftigt vielmehr sein »uneingeschränktes Vertrauen« gegenüber Shalom. Hazak wird diskreditiert, indem ihm indirekt rebellische Intentionen und Verschwörungsabsichten unterstellt werden. Peres will unter allen Umständen eine Erschütterung der bestehenden Ordnung vermeiden. Seine Aversion Hazak gegenüber zeigt sich darin, dass Peres sich auch 1995 weigert, ihm Glauben zu schenken. Schließlich behandelt Peres den zentralen Aspekt der Affäre, die Staatssicherheit. Er beschreibt die kritische Lage aus seiner Sicht: »[…] Shalom, […] gab zu verstehen, daß er im Falle eines Gerichtsverfahrens nicht klaglos die Schuld auf sich nehmen würde. Er würde sich einen fähigen Rechtsanwalt nehmen und den Schleier der Geheimhaltung zerreißen, der sonst die Vorgänge beim Shin Bet verhülle.«[250] Shalom wird von Peres trotz dieser Drohung nicht kritisiert. Darüber hinaus finden hier die Anschuldigungen der Vertuschungen gegen Shalom – was die Affäre letztlich ausmacht – keine Erörterung, er redet daher von einer »angeblichen Vertuschung«. Damit kann Shalom weiter die Rolle des Opfers der Affäre einnehmen. Eigenes Verhalten rechtfertigt Peres rückblickend eben auf dieser Grundlage der Drohung Shaloms:

> »Die Vorstellung, daß es zu einem solchen Prozeß kommen könnte, mußte ich als Bedrohung der Staatssicherheit ansehen. Bei einer gerichtlichen Überprüfung der Operation des Shin Bet würde es nicht bei einem pauschalen und bloß historischen Überblick bleiben, sondern aktuelle Geheimdienstusancen kämen an den Tag, womit die Effizienz des Shin Bet, der wichtigsten Instanz bei der Bekämpfung des palästinensischen Terrorismus, gefährlich eingeschränkt würde. Shalom behauptete, er habe mit Shamirs Einverständnis gehandelt. Bei einer Untersuchung hätte ich darauf bestehen müssen, auch Shamir zu befragen. Das wiederum hätte zwangsläufig eher wie eine politische Abrechnung und nicht wie eine juristische Überprüfung ausgesehen. Ich wäre in den Verdacht gekommen, meine Stellung als Premierminister für politische Ziele zu missbrauchen. Das war freilich nie meine Absicht. Ich betrachtete die Angelegenheit als juristisches Problem und war entschlossen, die Politik herauszuhalten. Während der Shin-Bet-Affäre vermied ich es, auf Shamir oder andere Likud-Minister anzuspielen oder gar Anschuldigungen zu formulieren. Die ›Premierrunde‹, also Shamir, Rabin, und ich, überstand unbeschadet diese schwierige Zeit. Wir kamen regelmäßig zusammen und sprachen miteinander ohne falsche Untertöne. Entscheidungen trafen wir wie immer einstimmig und verteidigten sie gemeinsam.«[251]

Dass Peres diese Entwicklung der Affäre wahrlich Sorge bereitet, wird hier nicht bezweifelt. Er fürchtet eine Erschütterung der ihm vertrauten Ordnung: »Bei einer gerichtlichen Überprüfung der Operation des Shin Bet würde es nicht bei einem pauschalen und bloß historischen Überblick bleiben, sondern aktuelle Geheimdienstusancen kämen an den Tag, womit die Effizienz des Shin Bet, der wichtigsten Instanz bei der Bekämpfung des palästinensischen Terrorismus, gefährlich eingeschränkt würde.« Peres' feste Überzeugung, die Sicherheitsorganisation sei ein unverzichtbarer Wächter des Staats, lässt ihn die Shin-Bet-Affäre nicht als parteipolitisches, nicht als politisches, sondern als nationalstaatliches Problem behandeln. Die Politik will er heraushalten: Er erlaubt weder eine öffentliche Debatte, noch hat er im Sinn, für sich selbst aus den Ereignissen politisches Kapital zu schlagen, indem er seinen Rivalen Shamir durch Ermittlungen in Bedrängnis bringt. Dies führt dazu, dass er im Verlauf der Affäre das Gleichgewicht verliert. Er greift zu immer drastischeren Mitteln und pflegt seine subtilen Aversionen gegen die »Nestbeschmutzer« Zamir und Hazak[252], die er für die Shin-Bet-Affäre verantwortlich macht:

> »In zahlreichen Gesprächen mit Zamir vertrat ich die Auffassung, daß wir als Minister in erster Linie für Sicherheitsfragen zuständig seien, während er als höchster Vertreter der Jurisdiktion für die rechtlichen und gesetzgeberischen Aspekte der Entscheidungen der Exekutive einzustehen habe. Ich räumte ein, daß in einem Rechtsstaat selbstverständlich das Gesetz immer an erster Stelle stehen müsse. Damit gab ich Zamir zu verstehen, daß er das letzte Wort haben werde, aber ich versuchte ihm auch meine Sichtweise begreiflich zu machen. Die Männer des Shin-Bet seien in jeder Hinsicht Frontsoldaten und sollten deshalb nach militärischen Kriterien verurteilt werden. Die Militärgerichtsbarkeit berücksichtige erschwerte Bedingungen und außerordentliche Maßnahmen im Krieg. Die Busentführung komme einer Militäroperation gleich. Daß Shalom und seine Männer keine militärische Uniform getragen hatten, stelle keinen hinreichenden Grund dar, ihr Recht, wie Soldaten behandelt zu werden, einzuschränken.«[253]

Dass Peres die Beschuldigten der Militärgerichtsbarkeit unterstellen will, zeigt, dass er die Aufmerksamkeit weg vom eigentlichen Gegenstand der Shin-Bet-Affäre – sprich der Vertuschung der Ereignisse vor zwei staatlichen Untersuchungsausschüssen durch die Shin-Bet-Führung und somit seinem eigenen Beitrag zur Verhinderung von Ermittlungen – hin zur Tötung der beiden Palästinenser lenken will. Diese gesetzwidrige Tötung der palästinensischen Entführer will Peres hier als Zentrum der Affäre verstanden wissen, um sein Argument für die Militärgerichtsbarkeit anbringen zu können. Peres' Angst vor der Erörterung der Taten drückt sich in diesem Text deutlich aus. Sein selektiver Erzählstil spiegelt seine Wahrheit wider, und insofern ist seine Bemerkung: »Fakten sind eben eine subjektive Sache« hier wortwörtlich auch hinzunehmen. Peres kann weder 1986 noch 1995 Shaloms Delikte als solche wahrnehmen.[254]

Im Zentrum der Affäre sieht Peres das problematische Verhältnis zwischen Gesetz und Sicherheitsinteressen: »Bei den Rollen, die sie [Shalom und Zamir] besetzten, ist der Konflikt beinah unausweichlich: Der eine tritt für das Gesetz, für ein ordnungsgemäßes Gerichtsverfahren und für das Recht der Öffentlichkeit auf Informationen ein, der andere ist mit Fragen der Staatssicherheit, mit der Arbeit der Geheimdienste und ihrer Einsatzfähigkeit befaßt. Beide Posten sind wichtig, aber sie reiben sich, daher sind Auseinandersetzungen unvermeidlich.«[255] Peres löst »das Dilemma« zwischen den beiden Instanzen nicht, er lässt es so stehen. Das bedeutet jedoch nicht, dass er keine Meinung dazu hat. Diese ist mit den Methoden der Vorstellungsgeschichte aber nicht zu erschließen. Die Vorstellungsgeschichte führt hier in eine Sackgasse, denn sie stößt auf die Grenzen des Autors, der selbst wiederum an seine eigenen Grenzen gelangt. Welche Erkenntnis kann aus Peres' Schweigen dennoch gewonnen werden? Gerade im Schweigen drückt sich Peres' Verständnis von Sicherheit und Sicherheitspolitik aus: Bestimmte Aspekte dieser Themen gehören nicht an die Öffentlichkeit, also auch nicht in seine Publikationen. Der 63-jährige Premierminister 1986 ebenso wie der 72-jährige Autor 1995 wollen sicherheitspolitische Angelegenheiten im kleinen Kreis der Eingeweihten verhandelt wissen, abseits der Öffentlichkeit, wenn nötig auch gegen das Gesetz. So schreibt Peres zum umstrittenen Begnadigungsverfahren rückblickend:

»[...] Die polizeiliche Ermittlung war in Gang gekommen und konnte Harish zufolge jetzt nicht mehr gestoppt werden. Shalom und seine Männer mußten mit einer Klage vor Gericht rechnen. An diesem Punkt verfiel Ram Caspi auf den Ausweg einer Amnestie durch den Staatspräsidenten. Obwohl ich mir denken konnte, daß hierdurch weitere Kritik und Kontroversen heraufbeschworen würden, unterstützte ich die Idee uneingeschränkt und mit mir fast das gesamte Kabinett. Dieser beispiellose Schritt – insgesamt elf Shin-Bet-Männer wurden von Präsident Chaim Herzog begnadigt – löste heftige Kritik an der Regierung und am Präsidenten aus.

Im Rückblick bereue ich jedoch mein Vorgehen in dieser Affäre nicht. [...] Ich war weder Richter noch gehörte ich zu den Geschworenen, sondern war Chef der Exekutive. Vielleicht lag ich mit meiner Einschätzung der beteiligten Personen falsch, aber ich hatte sicher richtig gehandelt mit meiner Weigerung, als Richter aufzutreten. Damals wie heute bin ich der Ansicht, daß die juristischen Maßstäbe, die bei Soldaten im Kampf angelegt werden, auch für Shin-Bet-Männer gelten sollten. Sie haben Anspruch auf ein Verfahren nach den Vorschriften der Militärgerichtsbarkeit.«[256]

Uri Ben-Eliezer antwortet auf die Frage, ob in Israel eine militärische Machtübernahme möglich sei:

»The common denominator of the two cases, French Algeria and Israel, which lends this article its sociological importance, is that under certain circumstances, which involve a devaluation of the nation-in-arms concept, armed forces may develop an actual or potential praetorian orientation even though the country in question is not ›backward‹ and has a democratic regime. In general, the research literature has depicted military coups as a pathological phenomenon in conflict with the state and its arrangements. The conception is that an army that is separated from the society turns to direct political intervention through the exploitation of governmental weakness and deficient democratic procedures. This article, however, has presented a different type of praetorianism, one in which the army (or segments of it) is outraged when the close relations with society, and the centrality and influence it enjoyed, begin to disintegrate. The potential praetorians, in this case, are motivated neither by vested professional interests, nor by narrow party interests. In fact, the potential for praetorianism that is reflected in this article is a state-spawned praetorianism. It was the state that brought into being the militaristic nation-in-arms and an armynation, which is involved in both external wars and domestic social roles; with their decline came the rise of praetorianism.«[257]

Peres' Beitrag zum israelischen »state-spawned praetorianism« kann nicht genug betont werden: Die hier eingehend behandelten sicherheitspolitischen Affären sind exemplarisch für eine vom Staat ausgehende Verstärkung und letztlich Zementierung der Sonderstellung des Militärs. Gerade aus seiner zivilen politischen Position heraus – zunächst als Beamter im Verteidigungsministerium und später in einer beispiellosen langen politischen Laufbahn in zentralen Machtpositionen – ist Peres auf Grund seiner äußerst unkritischen Haltung gegenüber den Sicherheitsbehörden für diesen Sakralisierungsprozess mit verantwortlich. Gerade weil er nicht vom Militär kommt, dafür aber umso intensiver die Sicherheitsbehörden in ihrer Funktion als identitätsstiftende Existenzgrundlage des Staats unterstützt, ist sein Beitrag zum »state-spawned praetorianism« äußerst effektiv. Dies bekommt er selbst in seiner politischen Karriere zu spüren. In den Jahren 2001-2003 kann sich der Außenminister Peres beispielsweise kaum gegenüber dem Militär behaupten, das de facto die Politik in den besetzten Gebieten bestimmt.[258]

Die Option einer militärischen Machtübernahme, also die »Feindschaft« des »Volks in Waffen« gegen die eigene Regierung, ist für Peres schlicht unvorstellbar. Seine Aussage aus dem Jahr 1970 – »Sollte der israelischen Demokratie Gefahr widerfahren, so würde diese nicht aus dem Militär, sondern aus der Politik entstehen.«[259] – verdeutlicht, wie sehr Peres das Militär bereits sakralisiert hat, und wie suspekt ihm die Politik ist – eine verblüffende Aussage ausgerechnet aus dem Mund eines Berufspolitikers. Doch wie hier gezeigt wurde, entspricht dies durchaus Peres' Weltanschauung. In der Lavon-Affäre ist es die »Alte Garde« der *Mapai*-Partei bzw. einige politische Entscheidungsträger des ersten Jahrzehnts, später, in der Shin-Bet-Affäre, sind es die Staatsinstanz – die Judikative –, die Presse und die Öffentlichkeit, welche Peres als Gegner der zu schützenden sakralen Sicherheitsbehörde bekämpft. Peres' Betonung, »die Waffe in Israel ordnet sich nicht nur zivilem Befugnis unter, sie liegt buchstäblich in zivilen [gemeint: politischen] Händen«, und seine Überlegung: »Die Notwendigkeit der Verteidigung nach außen stimmt mit dem [israelischen] Willen überein, nach innen frei und pluralistisch zu bleiben, als hätten wir keine Sicherheitsprobleme. Das Militär in Israel ist nämlich eine Folge der Situation und nicht der [israelischen] Orientierung«[260] – illustrieren seine essenzialistische Auffassung der israelischen Demokratie. Beide Elemente – die Sonderstellung des Militärs und das gleichzeitige Verständnis einer demokratischen, sprich offenen und pluralistischen Gesellschaft – will Peres als vereinbar, als integralen Bestandteil der israelischen Ordnung verstanden wissen. Welche Rolle spielt für den sicherheitsorientierten Peres, den langjährigen Führer der israelischen Arbeitspartei, in dieser Ordnung die Sozialpolitik?

Peres und die sozialpolitische Frage

Ende 2005 muss Peres den Vorsitz der Arbeitspartei an Amir Peretz abgeben, nachdem er 1977-1992, 1995-1997 und schließlich seit 2003 an der Spitze der Partei gestanden hat. Nach seiner Abwahl wechselt der Politiker, der seit 1959 als *Knesset*-Abgeordneter zunächst *Mapai* und *Rafi*, seit 1968 *Maarach* und später *Haavoda* vertreten hat, zu *Kadima* (heb. »Vorwärts«), einer von *Likud*-Chef und Premierminister Ariel Sharon kurz nach der Auflösung der Großen Koalition Ende 2005 neu gegründeten Partei. In der Regierung von Sharons Nachfolger Ehud Olmert behält Peres seine Ämter als Stellvertreter des Premierministers und Sonderminister für Entwicklung von Negev und Galiläa bei, bis zu seiner Ernennung zum Staatspräsidenten im Juli 2007. Kurz nach seinem Austritt aus der Arbeitspartei sagt Peres in einer Rede vor Studenten in Ramat-Gan:

»Die [israelische] Arbeitspartei wollte sich seit je weder als sozialistisch noch als sozialdemokratisch verstanden wissen. Wir [das jüdische Volk] benötigen weder Lenin noch Marx noch Engels. Unsere Grundsätze entnehmen wir der Bibel: Die Zehn Gebote stellen eine wesentliche Basis der menschlichen Zivilisation dar, mithin unserer Moral. Prophet Amos inspiriert unsere sozialpolitische Lehre, Prophet Jesaja – unsere [sicherheits-] politische Vision.«[261]

Die Rede zieht erhebliche Kritik aus den Reihen der Arbeitspartei nach sich. Diese definiert sich nämlich durchaus als »sozialdemokratisch, pluralistisch und egalitär«; außerdem vertritt sie »seit Beginn der 1990er Jahre eine freie Marktwirtschaft mit ›einer Seele‹«.[262] Ein Mitglied der Arbeitspartei fragt sich erstaunt, wie Peres sich in seiner Funktion als Vorsitzender der Arbeitspartei und seit 1977 auch als Vizepräsident der Sozialistischen Internationale solche Auslassungen erlauben könne. Aus Peres' engem Umfeld verlautet bald eine Erklärung, um seine Aussage zu entschärfen: »Man muss keine Fremdwörter wie Sozialdemokratie importieren, um die [israelische] Arbeitspartei zu definieren. Ben-Gurion bezeichnete die [Arbeits-]Partei nämlich nie als sozialdemokratisch. Sollte die Arbeitspartei Lenin, Marx und Engels, mithin den Sozialismus unterstützen, so wollen wir uns auf [unsere alttestamentarischen] Quellen stützen.«[263] Wie lassen sich Peres' Rede und der anschließende Relativierungsversuch interpretieren? Spricht da der auf Grund seiner Abwahl enttäuschte ehemalige Parteichef, oder geben seine Worte seine innersten sozialpolitischen Überzeugungen wieder? Welchen Einfluss hat Peres auf die sozialpolitische Programmatik seiner Partei ausgeübt?

Anfang der 1980er Jahre stellt der *Knesset*-Abgeordnete der Arbeitspartei (1981-1999) Shevah Weis fest, dass der im Gefolge der Lavon-Affäre 1965 gegründeten *Rafi*-Partei die Eroberung zentraler Machtpositionen letztlich deshalb gelinge, weil sie »sich in der breiten politischen Mitte so zu positionieren wussten, dass sie sich dank ihrer virtuosen Flexibilität in der Sozialpolitik zwischen Sozialdemokratie und neokapitalistischem Liberalismus bewegen konnten«.[264] »Wofür steht Ihr?«, pflegte Premierminister Levi Eshkol (1963-1969) die unermüdliche *Rafi*-Opposition (1965-1967) zu fragen, womit er vor allem die sozial- und wirtschaftspolitische Ausrichtung der neuen »Arbeiterpartei« von Ben-Gurion und seinen »Jungs« meint. Dies lässt sich anhand einer Untersuchung des sozialpolitischen Einflusses von *Rafi* innerhalb der neuen israelischen Arbeitspartei beantworten, die 1968 durch die historische Vereinigung der drei Arbeiter-Parteien *Mapai*, *Ahdut Haavoda* und *Rafi* – 1969 schließt sich auch die linksmarxistische *Mapam*-Partei an – gegründet wird. Weis zufolge ist *Rafi* eine ideologiefreie Partei, deren junge Mitglieder allein an politischer Macht interessiert seien. Dass diese These nicht haltbar ist, zeigen die vorangehenden Erläuterungen zum politischen Habitus der Führungseliten und den spezifischen politischen Ordnungsvorstellungen, welchen sich diese Eliten verpflichtet fühlen. Doch gilt Weis' Annahme möglicherweise für Peres' sozialpolitische Ansichten, eine Schlüsselperson der *Rafi*-Partei?

In Peres' zahlreichen Veröffentlichungen über die Jahrzehnte hinweg verschwindet die Sozialpolitik nahezu hinter die den die Tagesordnung bestimmenden sicherheitspolitischen Fragen. Äußert sich Peres dennoch zu sozialpolitischen und ökonomischen Themen, bleiben seine Aussagen diffus, woraus man schließen könnte, sie lägen ihm weniger am Herzen. Diese Tendenz spiegelt sich in den drei Biographien wider: Golan (1982) schildert ausschließlich Peres' sicherheitspolitischen Werdegang; Azoulay-Katz widmet der Wirtschaft nur wenige Zeilen, bezogen auf den von Peres durchgesetzten Wirtschaftsplan von 1985[265]; Bar-Zohar geht zwar kurz auf diesen Plan ein, ohne jedoch Inhalt und sozialpolitische Bedeutung deutlich zu machen. Er konzentriert sich auf die Rolle Peres' bei der Genese des Plans, der von den Amerikanern maßgeblich beeinflusst wird, und dessen Zustandekommen US-Präsident Ronald Reagan als »besonders erfolgreich« bezeichnet. Er stellt dabei fest, dass Peres' Interesse am Wirtschaftsplan nach dessen Durchsetzung 1985 deutlich nachlässt.[266] Der Biograph hält zudem Peres' Zeit als Finanzminister (1988-1990) für so unwichtig, dass er überhaupt nicht darauf eingeht; er bemerkt hierzu: »Peres hat ein für ihn ungeeignetes Amt übernommen.«[267]

Erste Anzeichen einer Abkehr von einer sozialismusnahen Orientierung bei Peres: Nationalstaatlicher versus sozialpolitischer Primat?[268]

Bis zu dem Zeitpunkt, als Peres 1977 die Führung der israelischen Arbeitspartei übernimmt, finden sich nur wenige Anzeichen seiner sozialpolitischen Orientierung. Dennoch lässt sich aus seinen sporadischen Bemerkungen eine gewisse Distanz zu den sozialistischen Traditionen der Arbeiterbewegung herauslesen. 1965, im Jahr des erzwungenen Ausscheidens aus dem Verteidigungsministerium infolge der Lavon-Affäre, spricht Peres sich für die Modernisierung und Öffnung der israelischen Volkswirtschaft aus und kritisiert den Sozialismus der anderen Arbeiterparteien (*Mapam* und *Ahdut Haavoda*) sowie der »Alten Garde« von *Mapai*:

> »Ich bin Sozialist nur insofern, als mich die Lage der in Israel lebenden Arbeiter interessiert. Ich bin ein Sozialist, der davon überzeugt ist, die Wissenschaft könne den Arbeitern helfen. Sozialismus und Wissenschaft sollen Hand in Hand gehen. Ich lehne die sozialistische Doktrin à la Mapam und Ahdut Haavoda ab. [...] Für mich ist Marx' Lehre nicht wichtiger als die von Moses. [...] Meine Loyalität gegenüber dem Arbeiter im Jahre 1965 überwiegt bei weitem meine Einschätzung von Marx' Lehre [...]. Es gibt keinen Widerspruch zwischen einer modernen Wirtschaft und dem Wohle des Arbeiters. Im Gegenteil: Modernisierung heißt die Verbesserung der Lebensqualität des Arbeiters.«[269]

Peres bleibt vage: Weder der Sozialismus seiner politischen Gegner noch sein eigener Rekurs auf Moses werden näher erörtert; die Verknüpfung von Wissenschaft und Sozialismus bleibt eine leere Formel; ist die moderne Wirtschaft – damit ist hier der Kapitalismus gemeint – tatsächlich mit dem Wohl des Arbeiters ohne Weiteres verträglich? Der Begriff Sozialismus wird hier mit antimodern und unwissenschaftlich assoziiert. Peres' Abneigung gegen die klassischen sozialistischen Lehren erklärt sich zunächst daraus, dass diese seinem zionistischen Projekt der nationalstaatlichen Einigung entgegenstehen. Ein innerisraelischer Klassenkampf wäre der Nationsbildung abträglich; vielmehr stehen Aufgaben zur Förderung der nationalen Einheit wie Einwanderung, Besiedelung und Sicherheit im Mittelpunkt:

> »Als sozialistische Partei [*Mapai*] strebten wir weniger den Klassen*kampf* innerhalb des Volks an, vielmehr den *Bau einer Klasse*, die die Aufgabe der Volksbildung bzw. Nationsbildung übernimmt. Es ging uns nämlich bei unserem sozialistischen Kriterium weniger um die bessere [gerechtere] Aufteilung des [nationalen] Reichtums zwischen Reichen und Armen, vielmehr müsste zunächst eine Gesellschaft gebildet werden, die diese Kluft [noch] nicht hat. [...] Unser Sozialismus war nicht historisch aus der Klassenstruktur des jüdischen Volks gewachsen. [...] In Israel gab es kein Proletariat im klassischen Sinne, die vor uns liegende Aufgabe war in erster Linie, ein Volk zusammenzuschweißen.«[270]

Diese Zeilen blenden die sehr wohl sozialistische Ausprägung wichtiger zionistischer Parteien aus, inklusive der *Mapai*-Partei. Dass Peres die Nationsbildung als oberste Aufgabe seiner Partei begreift, erklärt sich aus dem im Folgenden kurz skizzierten politischen Machtkampf dieser Jahre zwischen der *Histadrut*, der *Mapai*-Partei und dem Sicherheitsestablishment, den Protagonisten der Lavon-Affäre. Peres' Darstellung von 1965 muss vor dem Hintergrund der (vorläufigen) Niederlage der »Jungs« von Ben-Gurion innerhalb der *Mapai*-Partei gesehen werden. *Mapai* wird zu diesem Zeitpunkt noch von der »Alten Garde« dominiert, deren Macht wiederum von der mächtigen Gewerkschaftsorganisation abhängig ist.

Die *Histadrut* entsteht 1920 durch den Zusammenschluss mehrerer Arbeiterparteien. Ihre politische Macht im *Jischuw* wächst rasch. Das ursprüngliche Ziel der Gewerkschaft ist es, eine disziplinierte Arbeiterklasse für die Besiedelung Palästinas aufzubauen. Ihre Hauptaufgabe besteht darin, die jüdischen Immigranten mit dem Lebensnotwendigen zu versorgen: Sie kümmert sich um Arbeit und Wohnraum für die Neuankömmlinge und fördert Erziehungs-, Gesundheitswesen und Kultur. Beabsichtigt ist, Juden und Palästinenser mittels der Definition »hebräischer Arbeit« zu trennen. Im Laufe der Jahre bringt die straff organisierte, von der *Mapai*-Partei kontrollierte *Histadrut* Unternehmen und Banken in ihren Besitz. Sie verfügt zudem über eine Anzahl wirtschaftlicher, sozialer und kultureller Einrichtungen. Lev Luis Grinberg beschreibt in seinem Buch *The Histadrut Above All*, wie das Verhältnis zwischen dem von der *Mapai*-Partei geführten Staat und der *Histadrut* gegen Ende der 1950er Jahre immer spannungsreicher wird: *Histadrut*-Chef Pinchas Lavon (1957-1961) reformiert die Gewerkschaftsorganisation, stärkt sie als Staatsinstitution und vergrößert somit auch den Einfluss von *Mapai* auf die Volkswirtschaft. Staatschef und Verteidigungsminister Ben-Gurion hingegen verfolgt in dieser Zeit das Ziel, das Militär zur wichtigsten identitätsstiftenden Instanz der neuen Siedler/Einwanderer-Gesellschaft zu machen, im Sinne des Prinzips der Staatlichkeit (*Mamlachtijut*).[271] Daher strebt er die Aufhebung der engen Verflechtung von Partei und *Histadrut* an, um mehr Macht beim Militär zu konzentrieren.[272]

Den Kampf zwischen Staat, Sicherheitsestablishment und *Histadrut* gewinnen Grinberg zufolge die beiden Letzteren. Dies führt er auf die geopolitischen, demographischen, sozialen und ökonomischen Veränderungen infolge der Gebietsgewinne von 1967 zurück. Das vergrößerte Territorium bedeutet auch einen neuen Markt und einen Zuwachs an billigen Arbeitskräften. Es kommt zur engen Kooperation von Militär und *Histadrut*, in deren Folge beide ihre Macht gegenüber dem Staat ausbauen können, der trotz der Stärke der beiden mit ihm verbundenen Institutionen an Einfluss verliert. Grinberg erklärt dieses sogenannte »Macht-Paradox« mit folgender Dialektik: Einerseits tritt der Staat 1967 nach außen hin gegenüber den Nachbarstaaten sowie gegenüber den einzelnen Staatsbürgern gestärkt auf. Andererseits gerät er gegenüber Militär und *Histadrut* in eine geschwächte Position, weil es diesen beiden gelingt, ihre partikularen Ziele als Interessen im Sinne der Allgemeinheit darzustellen. Damit setzen sie sich gegen den Staat durch. Sie sind zudem in der regierenden Partei gut vertreten: Das Sicherheitsestablishment wird einerseits von *Rafi*-Männern – 1953-1965 von Peres und Ben-Gurion, 1967-1974 von Dayan und später 1974-77 wieder von Peres – kontrolliert; die *Histadrut* bleibt meist in der Hand von *Ahdut Haavoda*-Leuten; Resultat ist, dass die *Mapai*-Fraktion zunehmend an Durchsetzungskraft verliert. Nach dem Oktober-Krieg von 1973 übernimmt das stark sicherheitspolitisch akzentuierte Duo Jitzchak Rabin (gestützt von *Ahdut Haavoda*) und Peres die Führung der Partei. Nach Grinberg ist die Schwächung des Staats 1967 zudem darauf zurückzuführen, dass die Regierung unter Eshkol die neue Lage politisch nicht erörtert und somit verschiedenen Interessengruppen das Terrain überlassen habe. Das Sicherheitsestablishment gewinnt nach dem Sechstagekrieg enorm an Einfluss, da es auf Grund seiner Kontrolle über die neuen Gebiete und die Palästinenser quasi die Macht mit der offiziellen israelischen Regierung teilt. Die *Histadrut* ihrerseits wird durch ihre Rolle in der Entwicklung der Sicherheitsindustrie und durch die Kontrolle über die palästinensischen Arbeiter immer gewichtiger.[273]

Peres vertritt in den ersten drei Jahrzehnten seines politischen Lebens ausdrücklich die Interessen des Sicherheitsestablishments. Seine eigene politische Macht beruht auf den damit verbundenen Netzwerken. Die Sicherheit beherrscht sein Denken. Fragen der Wirtschafts- und Sozialpolitik sind in diesen Jahren für ihn Terra incognita. Erst in seinem Buch von 1978, das kurz nach seinem Amtsantritt als Vorsitzender der Arbeitspartei erscheint, unternimmt der Politiker den Versuch, seine Position zu Fragen der Wirtschafts- und Sozialpolitik zu formulieren. Zu berücksichtigen ist, dass das Werk in einem Wahlkampfjahr entsteht. Bemerkenswert ist die Rezeption dieses Buches: Zwei Rezensenten, Nahum Barnea[274] und Meir Avizohar[275], gehen kaum auf Peres' Ausführungen zu sozialpolitischen bzw. wirtschaftlichen Fragen ein; wahrscheinlich auch, weil sie so vage und diffus formuliert sind. Eyal Kafkafi hingegen macht sich die Mühe und erschließt Peres' »hartes Verständnis der Sozialpolitik«; der Verfasser beschwöre die Eigenschaften

»Fleiß und Effektivität« und predige »den Sozialstaat alleine für die sozial Schwachen der Gesellschaft«.[276]

Peres vertritt in diesem Buch tatsächlich die von Ben-Gurion geförderte Idee »From Class to Nation«, wobei sein Augenmerk nach wie vor hauptsächlich auf die Aufgabe der Nationsbildung gerichtet ist. Er erklärt den spezifischen israelischen Sozialismus aus dessen besonderen historischen und politischen Entstehungsbedingungen heraus, so etwa im Eingangskapitel:

> »Der israelische Sozialismus unterscheidet sich von [anderen sozialistischen Bewegungen] auf der Welt in vielerlei Hinsicht: Während andere sozialistische Bewegungen – ob sie sich einer Fremdherrschaft oder auch dem Kapital im eigenen Land widersetzen müssen – sich aus bereits bestehenden Elementen, Land und Volk, entwickelten, musste der zionistische Sozialismus von Grund auf Volk, Land und Staat neu errichten. Es gab kaum eine ähnliche Arbeiterbewegung, die sich zur Aufgabe machte, einen Staat vollständig neu zu gründen, ein in aller Welt zerstreutes Volk zusammenzuführen, eine Arbeiterklasse und überhaupt ein arbeitendes Volk zu schaffen – ein Volk, das nämlich in der Diaspora Arbeit nicht gewöhnt war. [sic!]«[277]

Die israelische Arbeiterbewegung muss demnach die doppelte Aufgabe erfüllen, »einen Staat und ein Volk zu bilden« und »dem Willen eines arbeitenden Volks in einem sozialistisch gefärbten Staat gerecht zu werden«.[278] Wie soll diese »sozialistische Färbung« aussehen? Unter den Überschriften »Egalität und Kooperation« und »Nationsbildung – Aufbau der israelischen Volkswirtschaft« behandelt Peres die ethnischen und sozioökonomischen Spannungen innerhalb der jüdisch-israelischen Gesellschaft.[279] Angesichts der unterschiedlichen ethnisch-kulturellen Herkunft der jüdischen Einwanderer (beispielsweise die *Aschkenasim* aus Ost- und Westeuropa und die orientalischen Juden, genannt *Mizrahim* oder *Sephardim*) und der daraus entstehenden ethnischen und sozialen Gräben spricht sich Peres für »Chancengleichheit« und die »Förderung« sozial schwacher Mitglieder der Gesellschaft aus – »Erziehungswesen« und »Bildung« sind seine zentralen Schlagwörter.[280] Peres' These von 1978 lautet: Die Demokratisierung der staatlichen sowie gewerkschaftlichen Institutionen soll die soziale Diskrepanz zwischen den ethnischen Gruppen aufheben, welche überhaupt erst durch die Segregationspolitik der (sich meist in aschkenasischen Händen befindenden) Bürokratie zustande gekommen sei:

> »Die Arbeitsbewegung hat sich bislang nur unzureichend für die Aufhebung sozialer Unterschiede und die Verfestigung egalitärer Grundsätze in der israelischen Gesellschaft eingesetzt. Die Wirtschaftspolitik der Histadrut fand kaum die passenden Mittel, die Spannungen zwischen den Kibbuzim-Industrien und den Arbeitern der Entwicklungsstädte aufzulösen; es wurde außerdem viel zu wenig unternommen, um die Arbeiter an der Führung, Aufsicht und am Profit in den Betrieben teilhaben zu lassen.«[281]

Identifiziert Peres die Bewohner der Randsiedlungen bzw. der Entwicklungsstädte mit den *Mizrahim*, welche die israelische Arbeiterklasse ausmachen, und die Oberschichten mit den aschkenasischen Kibbuzim? Wie stellt er sich die Aufteilung von »Führung, Aufsicht und Profit« zwischen Arbeitgeber und Arbeitnehmer vor? Eine klare Antwort auf diese Fragen liefert der Text von 1978 nicht. Peres spricht vielmehr in Parolen, formuliert eine kaum konkret nachvollziehbare Wirtschafts- bzw. Sozialpolitik. Der Text baut in erster Linie eine Gegenposition zum Hauptgegner des Wahlkampfs auf – der *Histadrut*, die damals die israelische Volkswirtschaft beherrscht. Die Gewerkschaft wird zunehmend für die ethnischen Spannungen, die auch die Ordnung des israelischen Sozialstaats bestimmen, verantwortlich gemacht. Da es zu diesem Zeitpunkt einen engen Konnex zwischen der von ihm geführten Partei und der *Histadrut* gibt, kann Peres seine Kritik und seine Vorschläge jedoch nur vage formulieren. Er reiht Stichworte aneinander: »Exportzuwachs, Bekämpfung der Inflation, Maximierung menschlichen Potentials, Investitionswachstum, Sparpolitik, Verbesserung der Steuerpolitik gemäß gerechter und effizienter Prinzipien, Koppelung der Lohnpolitik an Wachstum«. Darüber hinaus spricht er unter der Überschrift »Nationsbildung – Volkswirtschaftsaufbau« von »der Beeinträchtigung des Wertes der Arbeit« und von »der Notwendigkeit einer Investition in den Arbeiter«. Offen bleibt, was er mit der erwähnten »Beeinträchtigung« meint. Auf das Tarifsystem, das von der *Histadrut* geregelt wird, geht er ebenfalls nicht näher ein. Er geht über Floskeln nicht hinaus und plädiert für »Wachstumspolitik« und die »Notwendigkeit des Marktwachstums, mithin Exportwachstums, kontrollierten Importwachstums und der Einschränkung des Haushaltsdefizits«.[282]

Doch auch wenn Peres sein Verständnis der Sozialpolitik nur vage formuliert, ist seine Haltung zum israelischen Sozialstaat recht eindeutig: Er will ihn in der bestehenden Form abschaffen. Er fordert eine »Überprüfung der Sozialstaatspolitik, sprich der staatlichen Subventionen bei Gütern des täglichen Bedarfs«; es gebe »subsidiäre Produkte und Dienstleistungen, welche den unteren Schichten kaum helfen. Gleichwohl gibt es notwendige, deshalb als unantastbar geltende staatliche Subventionen im Sinne der Schwachen und Bedürftigen der Gesellschaft«. Auch hier bleibt unklar, was genau unantastbar bleiben soll. Wer sind die »Schwachen und Bedürftigen der Gesellschaft«? Im Weiteren tritt er für eine »gemeinsame staatliche und private Finanzierung des Erziehungs- und Gesundheitswesens« ein, wobei auch hier »die Schwachen unangetastet bleiben sollen«. Alles in allem verlangt er die »Einschränkung des öffentlichen Haushaltes und Beschränkung der Regierungsverantwortung auf die notwendigen Staatsaufgaben, sprich Sicherheit, Einwanderung und Garantie des Wirtschaftswachstums«. »Trotz aller sozialen und bürokratischen Hindernisse muss die Regierung ihre Ausgaben und Aufgaben alleine auf das Notwendigste beschränken.« Peres' Ausführungen von 1978 vermitteln nicht den Eindruck eines konsistenten Konzepts zur Wirtschafts- bzw. Sozialpolitik. Sie legen aber offen, dass er eine Liberalisierung des Systems anstrebt: Er scheint ein Modell zu propagieren, das staatliche Almosen verteilt, ohne sich den sozial Schwachen gegenüber allzu sehr zu verpflichten, und das sich kaum weiterführenden sozialstaatlichen Prinzipien verschreibt.[283]

Zu den Arbeitsverhältnissen: Erste Anzeichen der Liberalisierung?

Peres bringt in seinen Darlegungen seine Kritik an den bestehenden, durch die *Histadrut* geregelten Arbeitsverhältnissen bzw. an der Lohnpolitik in der Volkswirtschaft zum Ausdruck. Seine Sprache verrät einerseits seine liberalen bzw. neoliberalen Tendenzen, andererseits ein entpolitisiertes Verständnis der Thematik: Er fordert die Anpassung der Gehälter an Wirtschaftswachstum und Inflationsrate, will aber gleichzeitig den Grundsatz der »Lohngleichheit für gleiche Arbeit« verwirklicht sehen und »Diskriminierung jeder Art, nationaler sowie geschlechtsspezifischer Natur« vermeiden. »Bis die *Knesset* das Mindestlohngesetz erlässt, [...] soll jedem Arbeiter in jedem Arbeitsvertrag und ohne Ausnahme Mindestlohn garantiert sein.«[284] Mit keinem Wort erwähnt Peres den bedeutenden Einfluss der *Histadrut* sowohl auf diese Lohnregelungen wie überhaupt auf die gesamte Wirtschafts- und Sozialpolitik. Peres' Darstellung lässt damit einen wichtigen Akteur außen vor.

Der Wille zur Liberalisierung der Volkswirtschaft und die entpolitisierte Auffassung des Gegenstandes durchziehen den gesamten Text. Peres' kurzer Kommentar zur »Verbesserung der Arbeitsverhältnisse« verrät vor allem seine Position zum Streikrecht:

> »Die meisten Arbeitsstreitigkeiten haben nichts mit gewöhnlichem Klassenkampf zu tun. Die meisten Dispute gehen nicht um die Frage des Profits für den – auch reichen – Unternehmer einerseits oder um die Lebensqualität des kämpfenden Arbeiters andererseits. Vielmehr geht es dabei um einen Kampf zwischen den diversen [organisierten] Arbeitergruppen [unter dem Dachverband *Histadrut*] und der gesamten Öffentlichkeit, dem eigentlichen ›Arbeitgeber‹. Im Falle eines Streiks ist meist die Öffentlichkeit und nicht der [jeweilige] Arbeitgeber betroffen; nicht er [der jeweilige Arbeitgeber], sondern die Öffentlichkeit wird [im Falle eines Streiks] zum Kapitulieren gebracht werden, [...] mit anderen Worten, im Falle von stürmischen Arbeitsverhältnissen ist es nicht der einzelne Arbeitgeber, welcher zu verlieren hat, sondern die gesamte Volkswirtschaft wird aus der Bahn geworfen. Es gibt keine Grenze für die an die Öffentlichkeit zu stellenden Forderungen. Es gibt auch keine Forderung, welcher [der Staat] nicht mit Gelddrucken begegnen könnte. Doch was hat diese Art von Behebung für einen Wert – das wiederum ist eine andere Frage: Die ganze Bevölkerung hat unter [solchen Streiks sowie Lösungen] zu leiden.«[285]

Welche Botschaft vermittelt Peres hier? Wer ist mit den »Arbeitergruppen« gemeint? Und welche Interessen verfolgen diese? Wie steht Peres zum Streikrecht? Zunächst behauptet er, die üblichen Interessengegensätze in der Lohnpolitik spielten in Israel keine Rolle: weder die Forderung der Arbeiter nach angemessenen und sicheren Arbeitsbedingungen (»Lebensqualität«), noch die der Unternehmer nach Profitmaximierung. Er überträgt den Konflikt zwischen Arbeitgeber und Arbeitnehmer auf eine andere Ebene: nämlich auf den Gegensatz zwischen der »gesamten Bevölkerung«, also »dem Volk«, vertreten durch die Regierung, und den gewerkschaftlich organisierten »Arbeitergruppen«, die in der israelischen Gewerkschaftslandschaft von 1978 über 85 Prozent der Arbeiter umfassen. Wie ist diese Aussage zu verstehen? Worauf will Peres hinaus? Er fährt fort:

»[...] Wenn die Arbeitsverhältnisse stürmisch sind, leidet nicht alleine ein einzelner Arbeitgeber, sondern die ganze Volkswirtschaftspolitik geht dabei in die Brüche. Daher gilt die Verbesserung der Arbeitsverhältnisse im Allgemeinen und besonders im öffentlichen Dienst als unabdingbar für eine gelungene Volkwirtschaftspolitik. Die eigentlichen Arbeitsverhältnisse werden nicht in den hochrangigen Stellen bestimmt, also zwischen Histadrut, Industrieverband, Regierung und öffentlichen Institutionen. Die wirklichen Arbeitsverhältnisse werden vielmehr an dem jeweiligen Arbeitsplatz, im jeweiligen Büro und in der jeweiligen Industrie gestaltet. Diesem muss unser Augenmerk gelten.«[286]

Es ist unwahrscheinlich, dass Peres in dieser Passage die tatsächlich bestehenden Verhältnisse beschreibt. Seine Worte erscheinen vielmehr als ein Appell für eine neue Arbeitsmarktpolitik. Er steuert auf eine »Privatisierung des Arbeitsmarktes« hin und damit auf die Auflösung einer gut etablierten, mächtigen Gewerkschaft wie der *Histadrut*. Aus dem Munde eines frisch gewählten Führers der Arbeitspartei muss dies revolutionär klingen. Peres' Wunschszenarien werden seinerzeit jedoch kaum wahrgenommen. Welche Absichten verfolgt der Parteichef? Handelt es sich hier um die Rebellion eines Vertreters des Sicherheitsestablishments bzw. von *Rafi* gegen die als bürokratisch verrufene *Histadrut* und gegen deren Einfluss auf die Gestaltung der Arbeitsverhältnisse? Oder lassen sich hier erste Ansätze einer noch nicht bis ins Letzte ausformulierten Wirtschafts- und Sozialpolitik herauslesen, welche Liberalisierungstendenzen in der Volkswirtschaft begünstigt? Im Weiteren spricht Peres von dem »übertriebenen Zentralismus [der *Histadrut*] in den Verhandlungen, was das [an die Inflationsrate gekoppelte] Lohn-Arbeitsverhältnis so rigide macht«.[287]

Peres propagiert die Reformierung und Liberalisierung der Arbeitsverhältnisse: Zum einen verlangt er »die Reduzierung dieser [Arbeitsverhältnisse] auf der lokalen Ebene, auf den Arbeitsplatz selbst«. Im Privatsektor sollen »Kooperation und Vertrauen zwischen Unternehmer und Betriebsrat auf dem [gemeinsamen] Willen basieren, den ›Kuchen‹ zu vergrößern, damit sich was teilen ließe; im öffentlichen Dienst bedarf es eines Identifikationsgefühls zwischen dem Beamten und seiner Dienstleistung«. Zum anderen fordert Peres die »Wiederherstellung des Vertrauens zwischen den Arbeitern, der Histadrut, den landesweiten Betriebsräten und den Industrieverbänden; die Hürde zwischen ›wir‹ und ›sie‹ soll aufgehoben werden, und zwar mittels Wahlsystemveränderung in den diversen Histadrut-Verbänden«. Wie soll dies erreicht werden? »Durch die Verstärkung der direkten Repräsentation der Arbeiter [in der *Histadrut*?] ließe sich eine bessere Vertretung erzielen, die Arbeiter würden sich wirklich vertreten fühlen, somit von der Öffentlichkeit als glaubwürdig anerkannt; denn schließlich muss jeglicher Arbeitsvertrag von ihr mitgetragen werden [sic!]. [...] Und drittens muss sich die neue Struktur [der Arbeitsverhältnisse] auf die Stärkung der Glaubwürdigkeit der Regierung stützen, beschlossene Verträge umsetzen zu können. [...] Und all dies geschieht im Bewusstsein der Arbeiter, dass die gewählte Regierung sie und ihre Interessen wirklich vertritt.«[288]

Diese knappe Skizze gibt zwar wenig Aufschluss über das Wesen der hier vorgeschlagenen Struktur der Arbeitsverhältnisse: Es ist unklar, welchen rechtlichen Status die »lokalen Arbeitsverhältnisse« haben sollen und wie »Kooperation und Vertrauen zwischen Unternehmer und Betriebsrat« auszusehen haben. Auch die Frage, wie der »Kuchen« nach dessen Vergrößerung zu verteilen sei, stellt sich Peres nicht. Sein Augenmerk gilt, wie später noch zu sehen ist, der Unternehmer-Ebene; diese habe die nationalstaatliche Aufgabe der Volkswirtschaft in die Hand zu nehmen. Was ist unter »Identifikationsgefühl« im öffentlichen Dienst zu verstehen? Wie soll das Vertrauen zwischen »den Arbeitern, der *Histadrut*, den landesweiten Betriebsräten« wiederhergestellt werden, wenn diesen Verbänden in Peres' Konzept so wenig Einfluss eingeräumt wird? Der Leser erfährt auch nichts Näheres zum Gegensatz zwischen »wir« und »sie«. Ist hier der Gegensatz Volk versus Arbeiter gemeint, somit Regierung versus Gewerkschaft oder gar Zionismus versus Sozialismus? Peres konkretisiert sein Konzept der Arbeitsverhältnisse zwar unzureichend, doch seine Kritik an der bestehenden, gewerkschaftlich organisierten Arbeit lässt sich deutlich herauslesen: »Die Entwicklung der letzten Jahre veranlasste viele, in den Betriebsräten eine Art Horror, eine Pfeilspitze der Anarchie zu sehen.«[289] Seine nicht ganz zu Ende gedachten Reformvorschläge – Peres beschließt seinen Aufsatz mit einem Appell für die »vermehrte Zuständigkeit und Verantwortung der Betriebsräte« – zeigen, dass er in wirtschafts- und sozialpolitischen Fragen ausgesprochen unsicher ist. Er denkt auch hier ausschließlich in Kategorien der Nationsbildung und Nationalstaatlichkeit. Die sozioökonomischen Verhältnisse sind für ihn schlicht ungewohntes Terrain:

> »Wie in anderen Bereichen zu sehen ist, gibt es [auch in diesen sozialen und wirtschaftlichen Bereichen] keinen Widerspruch zwischen dem Wohle der Allgemeinheit und dem des Einzelnen. Im Gegenteil, eine vertiefte Demokratisierung der Lebensstruktur soll dem Einzelnen eine wirkliche Teilnahme an der Gesellschaft bieten und diese [Teilnahme des Einzelnen] wird wiederum der Allgemeinheit helfen, ihre Ziele zu erreichen.«[290]

Inwiefern spiegeln diese 1978 publizierten, höchstwahrscheinlich zu Wahlkampfzwecken verfassten Überlegungen Peres' genuine sozialpolitische Gesinnung wider? Handelt es sich hier um einen Profilierungsversuch des neuen Führers der Arbeitspartei, der den sich zunehmend im Lande verbreitenden Unmut gegen eine starke *Histadrut* nutzen will, obwohl ihm gleichzeitig bewusst ist, wie bedeutend der Einfluss der Gewerkschaft auf seine eigenen machtpolitischen Ziele ist? Kafkafi zufolge versucht Peres, sich zwischen der überwiegend sozialistisch und siedlungspolitisch gefärbten Arbeitspartei und seiner »eigentlichen Meinung« zu positionieren.[291] Die Frage bleibt jedoch, ob Peres hier seine »virtuose Flexibilität« unter Beweis stellt, ganz im Sinne der »ideologiefreien« Partei *Rafi*, wie Weis meint? Unternimmt Peres den Versuch, sich in der »breiteren Mitte« einzurichten? Oder lässt sich diese 1978 verfasste Stellungnahme als erstes Anzeichen für einen wirtschaftspolitischen Richtungswechsel der Arbeitspartei deuten, die ohnehin nur beschränkt als sozialistisch bzw. sozialdemokratisch einzustufen ist?

Peres und die Wirtschaftspolitik 1985: Der Anfang vom Ende eines sozialistischen bzw. sozialdemokratischen Israel?

Im September 1984, kurz nach seinem Amtsantritt als Regierungschef, muss sich Peres erstmals eingehend mit Problemen der Wirtschafts- und Sozialpolitik auseinandersetzen, sieht man einmal von seiner Verantwortung für das umfangreiche Verteidigungsressort in den Jahren 1953-1965 und 1974-1977 ab. Die akute Wirtschaftskrise, die in den frühen 1980er Jahren begonnen hat, drängt mehr und mehr auf die politische Tagesordnung. Auf ihrem Höhepunkt 1984 steigt die Inflationsrate auf 445 Prozent.[292] Im Juli 1985 beschließt Peres' Regierung der Großen Koalition (1984-1990) einen umfassenden Wirtschaftsplan, auch als »Notstandsplan zur Stabilisierung der Wirtschaft« (ESP)[293] bekannt, um die Geldentwertung so schnell wie möglich unter Kontrolle zu bekommen. Peres gelingt es, den mit drastischen Maßnahmen verbundenen Wirtschaftsplan gegen den Willen der meisten *Likud*-Kabinettsmitglieder durchzusetzen. Die Inflationsrate stabilisiert sich. Dieser Erfolg gilt als eine der wichtigsten politischen Leistungen der Legislaturperiode.[294] Peres' Beliebtheitsgrad in der israelischen Bevölkerung erreicht einen einmaligen Höhepunkt. Bar-Zohar hält fest, dass die Methoden des israelischen Wirtschaftsplans »weltweit gelehrt« würden.[295] Was sind die Grundlagen dieses Plans? Welchen sozial- und wirtschaftspolitischen Stellenwert räumt Peres ihm ein? In seiner Autobiographie von 1995 beschreibt Peres ausführlich die Entstehung und Umsetzung des Notstandsplans, die Geburtswehen des Regierungsbeschlusses und die diversen Interessen von Unternehmern, Gewerkschaftern und Wirtschaftsexperten. Detailliert behandelt wird auch der Streit um die Urheberschaft des Plans mit dem zur *Likud*-Partei gehörenden Finanzminister Jitzchak Modai. Diese Passagen sind Peres' einzige Stellungnahme zur Wirtschaftspolitik in der gesamten Autobiographie. Die These von Peres' entpolitisiertem Verständnis der Wirtschafts- bzw. Sozialpolitik wird hier insofern bestätigt, als er seine Politik nicht nur nicht zur Disposition stellt, sondern sie auch als unverzichtbaren Beitrag zum Wohl der Allgemeinheit darstellt. Er referiert zunächst den Inhalt des ESP:

> »1. Eine beträchtliche Abwertung des Schekel, verbunden mit der Verpflichtung der Regierung, den neuen Kurs bis auf weiteres nicht zu ändern. Damit endete die bisherige Praxis, die Währung fast täglich abzuwerten.
> 2. Kräftige Preiserhöhungen, verbunden mit der staatlichen Verfügung, die Preise bis auf weiteres einzufrieren. Verstärkung bestehender Preiskontrollmechanismen, um die strikte Einhaltung des Preisstopps zu garantieren.
> 3. Kürzung der staatlichen Zuschüsse für Artikel des täglichen Bedarfs um insgesamt 750 Millionen Dollar. Das Staatsdefizit wurde durch Ausgabenreduzierung in den jeweiligen Ministerien abgebaut.
> 4. Aussetzen der Teuerungszulage, die den Arbeitnehmern zum Ausgleich des monatlichen Anstiegs der Lebenshaltungskosten gewährt wurde und die dafür verantwortlich war, daß die Löhne an die steigenden Preise gekoppelt wurden. Ein Absinken der Reallöhne wurde in Kauf genommen.
> 5. Verordnung einer restriktiven Geldpolitik.«[296]

Im Anschluss daran schildert Peres, wie er versuchte, die Kooperation der *Histadrut* zu gewinnen, die den Großteil der Arbeitnehmer repräsentiert:

> »Nachdem ich mich selbst den Argumenten der Wirtschaftsexperten geöffnet hatte, versuchte ich nun die Gewerkschaften davon zu überzeugen, daß jede Stabilisierung der Wirtschaft mit einer massiven Preiserhöhung und einer beträchtlichen Abwertung beginnen müsse. Tatsächlich wurde der Schekel um 33 Prozent abgewertet, die Preise stiegen um bis zu 28 Prozent, während die Gehälter um bis zu 15 Prozent angehoben wurden. Dann wurden Preise und Gehälter eingefroren. Für den durchschnittlichen Israeli brachten diese Maßnahmen einen beträchtlichen Kaufkraftverlust. Ohne solche vorübergehenden Einbußen hätte der ESP indes keine Wirkung gezeigt. Den Arbeitnehmern einen vollen Ausgleich für die Preissteigerungen zu gewähren, hätte die Inflation nur weiter in die Höhe getrieben. Die Kürzung der staatlichen Subventionen bei Gütern des täglichen Bedarfs traf gerade die schwächsten Glieder der Gesellschaft. Bisher waren Grundnahrungsmittel wie Brot, Milch, Eier und Zucker sowie Ausgaben für öffentliche Verkehrsmittel, was im Haushaltsbudget vieler Durchschnittsfamilien einen der größten Posten ausmacht, vom Staat subventioniert worden. Ich schloß vor diesen sozialen Härten nicht die Augen und machte mich auf massive Proteste gefaßt.«[297]

Aus jedem Satz spricht Peres' Überzeugung, für wie absolut notwendig er den Plan hält.

> »Nach zweiwöchigen intensiven Verhandlungen hatte ich die Gewerkschaftsleitung der Histadrut davon überzeugt, daß der ESP der einzige Weg aus der Wirtschaftskrise war. Wir einigten uns darauf, die Löhne am Jahresende wieder steigen zu lassen, damit der Lebensstandard im Lauf des darauffolgenden Jahres wieder den Stand erreichte, den er vor den Notstandsmaßnahmen hatte. Viele konnten kaum fassen, daß ich zu solch drastischen Maßnahmen griff. Bisher hatte ich nicht im Ruf der Hartherzigkeit gestanden. Doch ich war überzeugt, daß nur durch einschneidende Maßnahmen das Vertrauen der Nation in die Wirtschaft wiederhergestellt werden konnte. Häufige Besuche in Geschäften und Fabriken bestärkten mich nach dem Anlaufen des Notstandsplans noch in meiner Überzeugung und gaben mir Mut, den eingeschlagenen Weg fortzusetzen. [...]
> Gespannt verfolgten die Wirtschaftsexperten, die an der Konzeption des Plans maßgeblich beteiligt waren, nun seine Durchführung [...] Heute wird der Plan in wirtschaftspolitischen Seminaren an führenden Universitäten behandelt. Der israelische ESP war jedoch nicht revolutionär; er baute auf klassischen wirtschaftlichen Grundüberlegungen auf. Sein Erfolg lag darin begründet, daß er alle wirtschaftspolitischen Probleme gleichzeitig anpackte: Wechselkurspolitik, Lohnpolitik, Staatsausgaben und Geldpolitik. Doch letztlich hat der ESP deshalb funktioniert, weil es uns gelang, das Vertrauen der israelischen Öffentlichkeit zu gewinnen. Die Bürger betrachteten die wirtschaftliche Entwicklung wieder mit Zuversicht, weil sie die Kompetenz der Regierung in Wirtschaftsfragen anerkannten. Sie waren bereit, Opfer zu bringen, nicht weil die Regierung sie von ihnen forderte, sondern weil die Regierung in Gesprächen mit den Gewerkschaften und den Unternehmern neue Entschlossenheit und die Fähigkeit zu kühnem, rationalem Denken bewiesen hatte.«[298]

Innerisraelischer Gesellschaftskonflikt versus die nationalstaatliche Utopie – »Ein Volk, eine Nation«

Peres misst der Wirtschaftspolitik ein anderes Gewicht zu als der Sozialpolitik. Die wirtschaftliche Stabilisierung hat oberste Priorität. Die mit dem ESP einhergehenden sozialen Einschnitte versteht er als unvermeidliche Begleiterscheinungen. Während dem sozialen Diskurs – »sozial« kommt bei ihm nur ein Mal vor –, wenig Raum zugestanden wird, gibt der wirtschaftliche Diskurs den Ton an. Dem sozialen Aspekt des ESP werden nur wenige Überlegungen gewidmet, die zudem breit interpretiert werden können. Peres weist zwar auf die »sozialen Härten« des Plans hin und prognostiziert »massive Proteste« – von welcher Seite diese Proteste kommen könnten, welche Menschen dahinter stehen werden, diskutiert er nicht, auch wenn er behauptet, »vor diesen sozialen Härten nicht die Augen« zu verschließen.

Dass die Sozialpolitik nicht Peres' Terrain ist, wird an weiteren Aspekten sichtbar: Über die Perspektive der »Arbeitnehmer« geht er beispielsweise allzu schnell hinweg, obwohl die »schwächsten Glieder der Gesellschaft« und die »Durchschnittsfamilien« von den Lohnkürzungen und der Beschneidung der staatlichen Subventionen bei Gütern des täglichen Bedarfs stark betroffen sind. Er lässt diese negativen Auswirkungen rasch beiseite und betont das »Vertrauen der Nation in die Wirtschaft«, das ihm bei »häufigen Besuchen in Geschäften und Fabriken« entgegengebracht worden sei, wobei unklar bleibt, ob er dort mit Arbeitgebern oder Arbeitnehmern gesprochen hat; auch die »israelische Öffentlichkeit« habe »Vertrauen«, die israelischen »Bürger« betrachteten »die wirtschaftliche Entwicklung wieder mit Zuversicht«. Peres sieht den ESP auch 1995 noch als den einzig richtigen Wirtschaftsplan und hält seine Meinung mit der des »Volks« und der *Histadrut* für identisch: »Sie [die israelischen Bürger] waren bereit, Opfer zu bringen, nicht weil die Regierung sie von ihnen forderte, sondern weil die Regierung in Gesprächen mit den Gewerkschaften und den Unternehmern neue Entschlossenheit und die Fähigkeit zu kühnem, rationalem Denken bewiesen hatte.«[299] Dies knüpft an Peres' Maxime von 1978 an: »Die [israelische] Regierung sei die wirkliche Repräsentantin der gesamten [israelisch-jüdischen] Bevölkerung.« Sie hebt alle sozialen Spannungen auf.

Der ESP markiert einen ideologischen Wendepunkt im sozialen Diskurs der ökonomischen und akademischen Eliten Israels. Bis Anfang der 1980er Jahre herrscht ein Konsens über die Notwendigkeit staatlicher Eingriffe in die Volkswirtschaft und über die Neuverteilung der Einkommen; Ziele, die einem relativ entwickelten Sozialstaat entsprechen und in der Tradition gewerkschaftlichen Mitspracherechts auf dem Arbeitsmarkt stehen.[300] Mit der Annahme des durch die umstrittene Unterstützung[301] der Reagan-Regierung durchgesetzten ESP kristallisiert sich jedoch zunehmend ein neoliberaler Diskurs heraus. Während im Laufe der 1970er Jahre Wachstum stets an Werte wie Solidarität und Egalität gekoppelt ist, gewinnt ab den 1980er Jahren ein rein ökonomischer Diskurs die Oberhand. In diesem Diskurs genügen sich die Ziele des Wachstums und der Stabilisierung der Volkswirtschaft selbst, ohne die Anbindung an ihre soziale Bedeutung suchen zu müssen. Peres' Beschreibung des ESP in seiner Autobiographie zeigt, wie stark der ökonomische Diskurs bereits verinnerlicht ist. Bar-Zohar bemerkt, dass Peres den amerikanischen Bedingungen für den Plan, u. a. den einschneidenden Kürzungen der Leistungen des Sozialstaats, nicht unbedingt kritisch gegenübersteht.[302]

Peres' begrenzter Blick auf die Sozialpolitik zeigt sich nicht zuletzt in seiner allgegenwärtigen romantischen Überzeugung, das jüdische Volk sei im Nationswerdungsprozess erst noch zusammenzuführen. Dieses Volk ist für ihn eine metaphysisch existierende Einheit; dabei schenkt er den diversen Konflikten, Schichten, Interessengruppen und Spaltungen der in Israel lebenden jüdischen Gesellschaft wenig Beachtung. Dass der ESP letztlich funktioniert, führt Peres auf den politischen und sozialen Konsens des israelischen Volks zurück, an den er fest glaubt. In seinem Verständnis handelt er rational, richtig, und schließlich im Sinne der gesamten Nation, deren Überzeugungen er zu kennen angibt. Dass der ESP sehr wohl von den Gewerkschaften abgelehnt und letztlich per Notstandsgesetz aufoktroyiert wird – das einzige Mal, dass die an sich für sicherheitspolitische Angelegenheiten geschaffene Notstandsgesetzgebung im wirtschaftlich-sozialen Bereich zur Anwendung kommt –, verschweigt Peres.

Der ESP von 1985 und das »Volkswirtschaftsregulierungsgesetz« – Schwächung der legislativen Instanz in Wirtschafts- und Sozialpolitik

Der ESP hat durch Etatkürzungen, Beschneidung des Sozialstaats, Steuerreform, Privatisierungsprozesse und Lockerung der Arbeitsverhältnisse die Struktur der Wirtschafts- und Sozialpolitik Israels nachhaltig verändert.[303] Im Folgenden wird der konstitutionell-rechtliche Aspekt des Plans zu thematisieren sein, der einschneidende strukturelle Veränderungen der Sozial- und Wirtschaftspolitik des Landes nach sich gezogen hat. Das sogenannte Volkswirtschaftsregulierungsgesetz wird 1985 mit dem ESP erlassen und gilt seitdem als bedeutsames und effektives Hilfsmittel der Regierung gegenüber der *Knesset* zur Durchsetzung der Wirtschafts- und Sozialpolitik. Das Volkswirtschaftsregulierungsgesetz wird als Ergänzungsgesetz zum ESP mittels Aktivierung von Notstandsverordnungen durchgesetzt.[304] Regierungschef Peres und der neoliberale Finanzminister aus dem *Likud* Jitzchak Modai[305] legen am 30.6.1985 dem Kabinett das »Entscheidungsdokument« vor, wonach der ESP nur als Gesamtpaket – also in Kombination mit dem »Volkswirtschaftsregulierungsgesetz im Notstand« – angenommen werden kann. Sie machen dem Kabinett deutlich: »Aufgrund der Komplexität des ESP und der Notwendigkeit von dessen umgehender und umfassender Durchsetzung ist die Aktivierung von Notstandsgesetzen [für die Durchsetzung des ESP und des Volkswirtschaftsregulierungsgesetzes] unabdingbar.« Der daraufhin vereinbarte Regierungsbeschluss ermächtigt den Regierungschef, die notwendigen Notstandsverordnungen zu aktivieren, um in der *Knesset* das erste »Volkswirtschaftsregulierungsgesetz im Notstand« erlassen zu können.[306] Peres schildert die Atmosphäre der Kabinettssitzung vom 30.6.1985, in welcher der ESP samt dem Volkswirtschaftsregulierungsgesetz beschlossen wird:

> »Jeder erhielt von mir Rederecht, ganz gleich wie langatmig sein Beitrag ausfiel. Die Sitzung wollte kein Ende nehmen, aber zur Vertagung war ich nicht bereit. Ich drohte sogar, zum Staatspräsidenten zu gehen und meinen Rücktritt einzureichen, falls der Notstandsplan nicht genehmigt werden sollte. Es wurde Nachmittag, es wurde Abend, aber ich harrte am Kabinettstisch aus und hörte mir eine Rede nach der anderen an. Im Aussitzen war ich allemal so gut wie meine Gegner, ja sogar noch hartnäckiger. Der Montagmorgen kam herauf und immer noch mauerten die Likud-Minister mit ihren kritischen Bedenken. Doch die Mehrheitsverhältnisse hatten sich mittlerweile zugunsten des ESP verändert, und ich war entschlossen, die Sitzung erst nach der Abstimmung zu beenden.«[307]

Nahmias und Klein schreiben, der ESP sei auf Grund der akuten Wirtschaftskrise von 1985 notwendig, doch mit den bis dato bestehenden Gesetzen und Verträgen im Bereich der Arbeitsverhältnisse, Gehälter und Steuern nicht durchsetzbar gewesen. In ihrer Analyse *Das Volkswirtschaftsregulierungsgesetz – zwischen Wirtschaft und Politik* erklären Nahmias und Klein dessen Entstehung wie folgt: Um den ESP rechtmäßig durchsetzen zu können, sammelt die Regierung 1985 eine Reihe von Gesetzen und Verordnungen aus unterschiedlichen Bereichen und bringt sie als Paket vor die *Knesset*. Da es sich bei diesem Paketvorschlag um eine einschneidende strukturelle Veränderung der Volkswirtschaft handelt, die nur mit der Veränderung von Gesetzen durchsetzbar ist, greift die Regierung zur Notstandsgesetzgebung, unter Ausschluss des Justizministeriums, das an der Formulierung des mit dem ESP verbundenen Volkswirtschaftsregulierungsgesetzes nicht beteiligt ist und erst zu einem späteren Zeitpunkt eingeweiht wird. Die Geheimhaltung des Gesetzes vor dem Ministerium habe nicht zuletzt wegen Inhalt und Verfahren für Unmut gesorgt: Staatsanwalt Jitzchak Zamir lehnt außerdem die Anwendung von Notstandsgesetzen für wirtschaftliche Zwecke entschieden ab, somit die gesamte Konstellation des Volkswirtschaftsregulierungsgesetzes. Doch Regierungschef Peres setzt sich schließlich durch. Das 1985 erlassene Volkswirtschaftsregulierungsgesetz ist bis heute in Kraft. Jedes Jahr wird es als Gesetzentwurf, der eine Reihe von Gesetzen und Verordnungen beinhaltet, zusammen mit dem Haushaltsgesetz zur Abstimmung vor die *Knesset* gebracht. Dieses Procedere gilt als elementare Vorraussetzung, um die nationale Wirtschaftspolitik umsetzen zu können.[308]

Das Volkswirtschaftsregulierungsgesetz unterscheidet sich von den von der *Knesset* erlassenen Gesetzen sowohl in Bezug auf den Inhalt als auch das Verfahren. Es handelt sich um ein Gesetzespaket, das eine Reihe von Gesetzen und Verordnungen zu unterschiedlichen Themen beinhaltet. Ein normaler Gesetzentwurf bezieht sich hingegen auf ein einziges, definiertes Thema. Verfahrensmäßig durchläuft das Volkswirtschaftsregulierungsgesetz bei seiner Bestätigung nicht wie ein gewöhnlicher Gesetzentwurf das parlamentarische Gesetzgebungsverfahren, wird somit nicht an den jeweils zuständigen parlamentarischen Ausschuss geleitet, sondern an den Finanzausschuss der *Knesset*, und zwar gemeinsam mit dem jährlichen Haushaltsgesetz. Die Zeit für eine Debatte zum Gesetzesinhalt ist stark beschränkt. Die *Knesset* erhält das gesamte Gesetzespaket mit dem Haushaltsplan kurz vor Jahresende und hat kaum eine Chance, beides eingehend zu studieren. Im Kern ist das Volkswirtschaftsregulierungsgesetz ein Instrument der Regierung, Gesetzgebungsverfahren deutlich zu beschleunigen.

Befürworter des Konzepts des Volkswirtschaftsregulierungsgesetzes, insbesondere Regierung und Finanzministerium, begründen ihre Position damit, ein derartiges Verfahren mache das Land überhaupt erst regierbar. Denn die politische Landschaft Israels erschwere das Regieren auf Grund der zur Koalitionsbildung notwendigen zahlreichen Parteien, welche konträre Interessen verträten. Weitere Argumente beziehen sich auf die Kohärenz der Wirtschaftspolitik, die politische Kultur, die Effizienz und die Defizite des regulären Gesetzgebungsverfahrens; man müsse die *Knesset*-Abgeordneten von diversen kostspieligen Gesetzentwurfsvorschlägen abhalten.[309]

Kritiker betonen, das Gesetz beeinträchtige das demokratische Prinzip der Gewaltenteilung, da die Legislative durch die Exekutive effektiv eingeschränkt werde. Zum einen sei das beschleunigte Gesetzgebungsverfahren – der Hauptaspekt des Volkswirtschaftsregulierungsgesetzes – deshalb problematisch, weil die »endgültige Bestätigung« durch die *Knesset* auf Grund der äußerst beschränkten Zeit, die den *Knesset*-Abgeordneten zur Verfügung stehe, um das Gesetz überprüfen zu können, letztlich auf ein formales parlamentarisches Verfahren hinausläuft. Mit Sorge betrachtet werden müsse zweitens die Schwächung der fachbezogenen *Knesset*-Ausschüsse, denn das Volkswirtschaftsregulierungsgesetz bedeute die Übertragung der Zuständigkeit vom jeweiligen *Knesset*-Ausschuss an den *Knesset*-Finanzausschuss, der letztlich den Haushalt zu genehmigen hat. Da in der Regel der Finanzausschuss aus Mitgliedern der Koalition besteht, gilt die Bestätigung des Gesetzes als gesichert.

Weitere Argumente gegen das Volkswirtschaftsregulierungsgesetz betonen dessen undemokratischen Charakter: Das Gesetzverfahren ermögliche keine angemessenen Debatten und Erörterungen der im Volkswirtschaftsregulierungsgesetz enthaltenen Verordnungen und Gesetze; dies widerspreche dem »Geist der *Knesset*-Verordnung« und den Aufgaben der *Knesset*; auch politischer Druck auf die Parlamentarier wegen der Verquickung des Volkswirtschaftsregulierungsgesetzes mit dem Gesamthaushaltsgesetz spreche gegen das Selbstverständnis des Parlaments. Eine derartige Koppelung fördere die politische Kultur einer »Gesetzgebung in letzter Minute«. Darüber hinaus sei sie nicht immer im Sinne des jeweiligen Ministeriums bzw. Kabinetts, womit das Prinzip der Kollektivverantwortlichkeit beschädigt werde. Doch vor allem heben Gesetzeskritiker die Beeinträchtigung zweier demokratischer Prinzipien hervor: Verantwortlichkeit und Transparenz. Nicht nur die Schwächung der legislativen Instanz und der Öffentlichkeit gegenüber der

Exekutive sei ein Merkmal des Volkswirtschaftsregulierungsgesetzes. Auf der exekutiven Ebene gebe es ebenfalls eine Machtverschiebung bei der Gestaltung der Wirtschaftspolitik sowie Sozialpolitik zwischen dem Finanzministerium und den anderen Ministerien.[310] Obwohl die *Knesset* und diverse gesellschaftliche Organisationen seit 1985 zunehmend auf diese Problematiken hingewiesen haben[311], hat das Volkswirtschaftsregulierungsgesetz in der politischen Kultur des Landes längst Fuß gefasst; in der Forschung findet es bemerkenswerterweise nur wenig Beachtung.[312]

Der Bezug zwischen dem allgemeinhin als erfolgreich eingestuften Wirtschaftsplan von 1985 und dem per Notstandsgesetz durchgesetzten, sehr wohl umstrittenen Volkswirtschaftsregulierungsgesetz bleibt auch bei Peres meist vage. Dieser bezieht 1995 weder zum Notstandsgesetz noch zum Volkswirtschaftsregulierungsgesetz Stellung. Sein Biograph vermittelt ein verzerrtes Bild der Ereignisse: Bar-Zohar schreibt, dass bei der Durchsetzung des ESP »überlegt wurde, das Notstandsgesetz zu aktivieren«, doch »letztlich war es nicht notwendig«, weil sich »die Histadrut den Wandel der israelischen [öffentlichen] Meinung gegen sie [auf Grund deren Ablehnung des ESP]« bewusst gemacht und schließlich mit der Regierung kooperiert habe. Peres »hatte ja von Beginn an nicht vor, von diesem Notstandsgesetz Gebrauch zu machen« – auch, wenn er damit gedroht habe.[313] Keren, der der Schilderung des ESP beträchtlichen Platz einräumt, umgeht die Umsetzungsfrage elegant: Einerseits erwähnt er Peres' Motto »Verhandlungen statt Machtwort«. Andererseits weist er darauf hin, dass Peres, um den Widerstand der *Histadrut* zu brechen, »einen gemeinsamen Sonderrat zwischen Regierung, Histadrut und Industrieverband« als Plattform für die Diskussion des ESP einberufen habe. Unter welchen Zwängen genau der ESP schließlich durchgesetzt wurde, schreibt Keren jedoch nicht.[314] Er stellt vielmehr die These auf, der ESP sei ein erfolgreicher und professioneller, aber eben unpopulärer Wirtschaftsplan, erzielt durch einen effektiven »Verbund von politischer Macht und wirtschaftlichem Wissen«. Die sozialpolitischen sowie rechtlichen Aspekte des ESP werden in Kerens Kapitel zu diesem »Gesellschaftsvertrag« nicht diskutiert.[315] Ist diese lückenhafte ESP-Geschichtsschreibung aus der Feder Peres', Bar-Zohars und Kerens Kalkül? Verrät sie Fahrlässigkeit und Desinteresse? Oder haben die Autoren die von ihnen beschriebene Wirtschaftspolitik derart verinnerlicht, dass sie deren rechtliche und sozialpolitische Aspekte automatisch ausblenden?

1989 – Das Jahr im Finanzministerium: Fortsetzung des Liberalisierungskurses in der Wirtschaftspolitik

Bar-Zohar, Azoulay-Katz sowie Keren bemerken im Zusammenhang mit dem ESP, die Wirtschaftspolitik (von Sozialpolitik ist dabei kaum die Rede) sei für Peres Terra incognita.[316] Bar-Zohar erwähnt nebenbei, dass Peres nach der Durchsetzung des ESP im Kabinett an »den technischen Plandetails Interesse verloren hat«.[317] Alle drei Autoren machen kaum den Versuch, Peres' sozial- und wirtschaftspolitische Ansichten näher zu untersuchen. Inwiefern lässt sich die These von Peres' mangelndem Bezug zur Wirtschafts- bzw. Sozialpolitik bestätigen? Peres' kurze Amtszeit als Finanzminister von Ende 1988 bis Anfang 1990 gibt weiteren Aufschluss über seine wirtschafts- und sozialpolitischen Überzeugungen. Peres nimmt dieses Amt in der Großen Koalition nur ungern an. Er ist nämlich selbst die treibende Kraft hinter der Auflösung der alten Großen Koalition mit dem *Likud*-Block im März/April 1990, da er eine Regierung unter seiner Führung bilden will. Seine Legislaturperiode im Finanzressort berührt er in seiner Autobiographie kaum. Bar-Zohar sowie Azoulay-Katz tun es ihm gleich. Bar-Zohar beschränkt sich auf die Bemerkung, Peres sei für das Amt des Finanzministers ungeeignet gewesen.[318] Für die folgende Analyse wurden andere Quellen herangezogen.

Peres' Äußerungen als Finanzminister, meist in Form von Interviews, ergeben folgendes Bild: Es entsteht der Eindruck, als habe Peres allenfalls gemäßigtes Interesse an seinem Aufgabenbereich gehabt und als betrachte er seinen Posten nur als Übergangsstation zu einer anderen Position, wo er sich mit den eigentlichen »politischen Angelegenheiten«, sprich »Verhandlungen über den Friedensprozess«, befassen könne. In vielen dieser Interviews äußert er sich zu außenpolitischen Fragen, während die Wirtschafts- und Finanzpolitik zweitrangig behandelt wird.[319] In manchen Interviews werden diese Themen erst gar nicht erwähnt.[320] So bemerkt beispielsweise der Wirtschaftsjournalist der Tageszeitung *Yedioth Ahronoth*, Sever Plotzker: »Dem neuen [Finanz]Minister ist die Wirtschaft eine Fremdsprache, seine Formulierungen diesbezüglich klingen wie ein Husten. [...] Für Peres ist das Finanzministerium einige Nummern zu klein.«[321] Azoulay-Katz merkt dazu an, Peres wolle sich umgehend den »politischen Angelegenheiten« [dem Friedensprozess] widmen.[322]

Peres' Stellungnahmen lassen schließlich erkennen, dass er den 1985 eingeschlagenen Weg der Marktwirtschaft weitergehen will. Der Politiker verschreibt sich damit dem wirtschaftsliberalen Geist, dem zufolge der Staat sich aus der Volkswirtschaft zurückzuziehen hat, um sie den Privatinvestoren und Unternehmern zu überlassen.[323] Staatlicher Besitz soll demnach privatisiert, Unternehmer sollen finanziell und per Gesetz gefördert werden.[324] Damit entzieht sich der Staat bis zu einem gewissen Grad seiner Verantwortung gegenüber dem einzelnen Bürger: Das Ergebnis ist die schrittweise Auflösung des Sozialstaats. Finanzminister Peres setzt beispielsweise Schulgebühren für Kinder im Alter von drei bis 18 Jahren durch. Zwar ist anfangs die Rede von »kleinen Summen«, die allein den »finanzstarken Schichten« aufgebürdet werden sollen, bald aber etabliert sich dieses Schulgebührensystem und stellt eine finanzielle Belastung für alle Familien dar.[325] Peres erklärt dies 1989 damit, dass das privat finanzierte Erziehungswesen nicht im Aufbau begriffen sei: »Es gibt keinen Grund, weshalb jemand, der 6.000 Schekel verdient und ohnehin Privatstunden für seine Kinder finanziert, 30 oder 40 Schekel [für die staatlichen Schulgebühren] für die Erziehung seiner Kinder nicht bezahlen sollte.«[326] Weitere staatliche Kürzungen, wie dies auch im Staatsetat für das Jahr 1990 zum Ausdruck kommt, gibt es bei den sozialen

Diensten und im Erziehungs- und Gesundheitswesen. Als Folge der Lockerung der Arbeitsverhältnisse entsteht indes Arbeitslosigkeit. Die Gehälter werden gekürzt.[327] Der israelische Forscher der Arbeitsbewegung Elkana Margalit betont 1989, dass die Politik des Finanzministers und Führers der Arbeitspartei deutlich kapitalistische Züge aufweist.[328]

Peres entwickelt einen Diskurs der getrennten Betrachtung der Wirtschafts- und Sozialpolitik. Er spricht relativ offen von der Privatisierung staatlichen Besitzes, von Betrieben, Banken und Diensten. Staatlichen Besitz und Verwaltung assoziiert er mit »umständlicher Bürokratie« und »Ineffizienz«. Privatisierung und Liberalisierung des Marktes unterstützt er: »Die Regierungsintervention in der Volkswirtschaft verläuft unangemessen, was einer gut funktionierenden Wirtschaft im Wege steht. Ich versuche, den Bankenverkauf zu beschleunigen; die Aktien der Banken liegen nämlich im Keller des Finanzministeriums so rum, verlieren dabei an Wert. Dies ist aber ein öffentlicher Besitz, [der angemessen gehandhabt werden muss]. Ich bin gegen die Bürokratisierung der Banken, [deshalb] werden wir auch andere Betriebe verkaufen. Für meine Begriffe hat die Regierung ebenso wenig Grund, Krankenhäuser zu besitzen.« Über vermehrte Privatisierung im Gesundheitswesen sagt er: »Ich habe nichts gegen Praxisgebühren, ebenso wenig wie gegen Kürzungen staatlicher Subventionen im Bereich Erziehungswesen in gut betuchten Gegenden.« Hier bekräftigt er seine 1978 formulierte Maxime des »Sozialstaats für Bedürftige«: »Tel Aviv ist attraktiv genug, in Dimona [eine Entwicklungsstadt im abgeschotteten Negev] sollte das Erziehungssystem staatlich bezuschusst werden.«[329] Gegenüber der *Jerusalem Post* erklärt der Finanzminister angesichts der fortschreitenden Privatisierungspolitik: »[…] in general, I am for a pluralistic economy. I very much admire private initiative. I am for privatization. Above all I want to get the government out of the system because excluding the fact that government has bureaucratic tendencies, what's happening in Israel is that the companies have become a target for the political parties, who have politicized them. [sic!]«[330]

Bei sozialpolitischen Themen wie »Arbeit« und »Arbeitslosigkeit« bzw. »Armut« zeigt sich Peres hingegen weniger zuversichtlich, wenn nicht distanziert. Er stellt keinen Zusammenhang zwischen diesen Entwicklungen und der Wirtschaftspolitik her. Die stark gestiegene Arbeitslosigkeit führt er auf die »geburtenstarken Jahrgänge« und die »Bereitschaft von Frauen«, sich auf dem Arbeitsmarkt zu bewerben, zurück.[331] Zur Armut in der israelischen Gesellschaft äußert sich Peres selten direkt. Im Zusammenhang mit seiner »ausgesprochenen Verehrung von Männern des Kapitals« erklärt der Finanzminister und Führer der Arbeitspartei aber: »Ich werde häufig gefragt, weshalb ich reichen Juden hinterher bin: Ich bin durchaus bereit, auch armen Juden zu ersuchen, vorausgesetzt, dass sie bereit wären, 250 Millionen Dollar hier [In Israel] zu investieren.«[332] Konkrete Stellungnahmen zum Verhältnis von Wirtschaftspolitik und sozialer Lage bleiben aus. Lösungsvorschläge bietet Peres ebenso wenig an. Sozialpolitischen Fragen stellt er sich überhaupt nicht, er entpolitisiert sie höchstens, wie seine Aussage zu den »reichen« und den »armen« Juden illustriert. Zwei Merkmale kennzeichnen Peres' Äußerungen als Finanzminister: Marktwirtschaftsideologie, die er zutiefst verinnerlicht hat, und Schweigen, oder bestenfalls unverbindliche Parolen, zu den brennenden sozialpolitischen Fragen.

Dass Peres nicht auf die komplexe Verbindung von Wirtschafts- und Sozialpolitik eingeht, belegt eine Formel, die er häufig zur Erklärung seiner (neo-)liberalen Wirtschaftspolitik benutzt: »I tell my party members: if you want to distribute money along socialist principles, you first have to make money as capitalist.«[333] Dahinter steht die Überzeugung, dass der Markt sich selbst reguliert und »effektiver« als der Staat funktioniert; und schließlich drückt sich darin der sozialpolitische Verantwortungsentzug des Staats aus. Denn wer soll die Verantwortung für die Verteilung des »vergrößerten Kuchens« übernehmen? Wie soll »die Verteilung entsprechend sozialistischer Prinzipien« zustande kommen, nachdem der Staat selbst sich den Spielregeln der freien Marktwirtschaft angepasst und die sozialpolitische Frage beiseite geschoben hat? Peres stellt sich diese Fragen nicht, eben weil er der Wirtschafts- und Sozialpolitik unterschiedliche Bedeutung beimisst. Seine Aussagen bezeugen immer wieder, dass er die kapitalistische Marktwirtschaft für den einzig richtigen Weg zu erfolgreicher Geldbeschaffungs-, Investitions- und Wachstumspolitik hält. Zu Problemen der Sozialpolitik hält er hingegen Distanz.[334]

In einem Interview von 1989 fragt der israelische Autor und Dramaturg Aharon Meged Peres nach seinem Sozialismusbegriff. Peres antwortet:

> »Die Grundfrage lautet, ob der Sozialismus eine Doktrin oder eine Zivilisation darstellt. [...] Der Sozialismus ist ein moralisches System, das sich nach Frieden, Egalität, Solidarität und gegen rassistische, nationale und religiöse Diskriminierung richtet. Doch es erfolgten andere Veränderungen. Heute wird nicht nur Geld, sondern auch Wissen als ›Kapital‹ bezeichnet. Und Wissen soll verteilt werden. Die von Sozialisten bejahte Verstaatlichung[sideologie] galt zu Zeiten, als es kein [entwickeltes] Steuereinkommen[ssystem] gab, womit gegen die [soziale] Schere gekämpft wurde.«[335]

Heißt das, dass das moderne Steuersystem die Sozialpolitik des Staats ersetzt? Wo liegt dann die Verantwortung des Staats, und wie ist sie politisch umzusetzen? Wie verhält sich der von Peres hier ins Feld geführte Sozialismusbegriff, der »Frieden, Egalität, Solidarität« anstrebt, zu dem Schaden, den die Ideologie der freien Marktwirtschaft in Israel angerichtet hat, wie Ende der 1980er Jahre nicht mehr zu übersehen ist? Die Diskrepanz zwischen Peres' Funktion als Führer der Arbeitspartei und seiner »wirklichen Meinung«, nach der er seine liberale, wenn nicht neoliberale Wirtschaftspolitik im Finanzministerium betreibt, wird immer größer. In einem weiteren Interview zu den sozialpolitischen Grundsätzen sagt er:

> »Ich bin für Gleichheit, vorausgesetzt, dass diese nicht per Gewalt [meint per Gesetz] erzielt wird. Die sozialen Klüfte sind bei uns eine Folge der großen Einwanderungs-

wellen [von Juden aus arabischen Ländern nach der Staatsgründung], welche im Vergleich mit den [europäischen bzw. osteuropäischen Juden] des alten *Jischuw* weit hinterher standen. Nur Erziehung und Bildung können diese [ethnisch-sozialen] Klüfte überbrücken. Kostenloser Anspruch auf Hochschulbildung würde dies erzielen. Der Reichtum unserer Ära besteht im Wissen, nicht im Materiellen, in Bildung, Forschung, Entwicklung und Verbreitung des Wissens. Der wahre Reichtum besteht im Potential [des Wissens]: Die Wissenschaftler reden von Energieproduktion durch Kernschmelzung. Das würde eine enorme Revolution bedeuten. Jeder Staat, der sich dieses Wissen aneignet, könnte sich ohne natürliche Ressourcen Reichtum verschaffen.«[336]

Peres' Abweichen vom modernen Sozialismusbegriff geht aus der oben angeführten Fülle von Texten deutlich hervor. Gerade als langjähriger Führer der Arbeitspartei muss er zu solch verwirrenden Argumenten greifen, um den Gegensatz zwischen seiner wirklichen sozialpolitischen Gesinnung und seiner Funktion halbwegs zu überbrücken. Erst nach seinem Ausscheiden aus der Arbeitspartei kann er seine wirkliche Meinung äußern. Sein eingangs zitierter Ausspruch von 2006, die Arbeitspartei sei weder sozialistisch noch sozialdemokratisch, spiegelt seine wahre Überzeugung wider. Der sozialistische bzw. sozialdemokratische Diskurs scheint ihm fremd zu sein. Er ist viel zu sehr im sicherheitspolitischen und nationalstaatlichen Diskurs gefangen, auch 1995. So erklärt der langjährige stellvertretende Vorsitzende der Sozialistischen Internationale im 15. Kapitel seiner Memoiren, das er mit »Genossen und Freunde« überschrieben hat, sein »nicht unkompliziertes« Verhältnis zu der Organisation: »Einerseits empfanden die Mitglieder der Internationale, die ja eine überwiegend europäische Organisation war, Schuldgefühle gegenüber dem jüdischen Volk und eine große Bewunderung für die eigenständige und dynamische sozialistische Bewegung, die sich in Israel herausgebildet hat. Andererseits hegten sie starke Sympathien für die Dritte Welt und nahmen lebhaft Anteil am Schicksal der Palästinenser.«[337] Peres widmet tatsächlich einen Großteil seiner Ausführungen in »Genossen und Freunde« dem israelisch-arabischen Konflikt bzw. seinem eigenen Kampf innerhalb der Sozialistischen Internationale gegen die Anerkennung der PLO und ihre Aufnahme in die Internationale[338] – obwohl der Oslo-Friedensprozess zum Zeitpunkt des Erscheinens seiner Erinnerungen 1995 im vollen Gange ist. Näheres zum Anliegen der Sozialistischen Internationale erfährt der Leser nicht. Peres vermittelt in Anlehnung an seinen Mentor Ben-Gurion vielmehr den Gedanken, die sozialistischen Ideale Gerechtigkeit, Brüderlichkeit und Frieden stützten sich auf jüdische Quellen, allen voran auf die Bibel.[339] Zu Altbundeskanzler Helmut Schmidt sagt er zu den Wurzeln des israelischen Sozialismus:

> »[...] Sie wissen, daß wir von der israelischen Arbeiterpartei uns nicht eine sozialistische Partei nannten, weil wir unsere Wurzeln nicht im ›Kapital‹ von Marx, bei Trotzki oder Lenin sahen. Unserem Empfinden nach wurzelt unser Sozialismus in der Bibel. Drei oder vier unserer Propheten waren ganz und gar Sozialisten. Amos zum Beispiel sagte: ›Verkauft nicht einen Armen für ein Paar Sandalen.‹ Er sprach über die Bourgeoisie, die auf den Bergen von Samaria wohnte, Wein trank, Fleisch aß und sich

nicht um die Armen kümmerte. Das ist eine sehr kraftvolle politische Stellungnahme. [...] Dann haben wir Jesaja, der für den Frieden eintrat: ›Da werden sie ihre Schwerter zu Pflugscharen machen und ihre Spieße zu Sicheln machen, denn es wird kein Volk wider das andere ein Schwert aufheben und werden fortan nicht mehr kriegen lernen.‹ Und dann Moses, der das Mehrheitsprinzip vertrat, etwas ganz Außergewöhnliches damals. Also gibt es viele sozialistische Elemente in der Bibel.«[340]

Peres und die ethnischen Konflikte in der israelischen Gesellschaft

Mit dieser etwas schwärmerischen, alttestamentarischen Auffassung des modernen Israel ließe sich erklären, warum Peres die diversen real existierenden sozialpolitischen Konflikte innerhalb der jüdisch-israelischen Gesellschaft kaum wahrzunehmen scheint. Seine Veröffentlichungen der 1990er Jahre bestätigen diese Vermutung. Die imaginäre Reise durch sein Land (*Zurück nach Israel. Eine Reise mit Theodor Herzl*), die er 1998 mit dem Begründer des Zionismus ein Jahrhundert nach dem Ersten Zionistischen Kongress unternimmt, zeigt, dass er den Judenstaat nicht nur als eine spektakuläre historische, sondern auch als gesellschaftliche und wirtschaftliche Erfolgsgeschichte betrachtet. Dabei tendiert Peres dazu, die mannigfachen sozialen, ethischen und ökonomischen Konflikte, welche die israelische Gesellschaft zutiefst prägen, zu verdrängen. Aussagen wie diese zeugen von seinem verzerrten Blickwinkel: »Israel ist tatsächlich der einzige Ort der Welt, dessen Bevölkerung nicht nur aus seinen heutigen Einwohnern besteht, sondern die vergangenen und künftigen Generationen mit einschließt.«[341] Dreh- und Angelpunkt der Geschichte ist für Peres das abstrakte jüdische Volk, zeitlich wie räumlich, und weniger die in Israel tatsächlich existierenden Menschen. Auch fünf Jahrzehnte nach der Staatsgründung steht in der fiktiven Reiseerzählung unverändert die noch nicht abgeschlossene nationalstaatliche Aufgabe, das zionistische Projekt zur Erfüllung zu bringen, im Vordergrund: »Diese ›Einsammlung der Verstreuten‹ ist noch längst nicht beendet. Solange ein Jude, nur ein einziger Jude, weiterhin in der Diaspora lebt, wird der zionistische Traum nicht vollendet sein.«[342] Die Vielfalt der Herkunftsländer der Israelis ist für den langjährigen Führer der Arbeitspartei ein romantisch-exotisches Element der jüdischen Geschichte – und nicht Ursache etwa für die die sogenannte »ethnische Schere«, die scharfen sozialen Spannungen zwischen den ost- bzw. westeuropäischen (*Aschkenazim*) und den arabischen Juden (*Mizrahim*, orientalische Juden oder *Sephardim*)[343]:

> »Die Tatsache, daß die Juden Israels aus allen Ecken und Enden des Planeten kommen, verleiht unserem Volk eine ganz eigene Identität. Israel ist der einzige Staat der Welt, dessen Bevölkerung fünfzig Jahre nach seiner Gründung zur Hälfte im Ausland geboren wurde und deren Muttersprache nicht die offizielle Landessprache ist. Eine andere Folge dieser zumindest paradoxen Situation ist, daß die israelischen Juden ein echtes Mosaik aller vorstellbaren Menschentypen bilden. Man findet unter ihnen ebenso Blonde mit blauen Augen wie Schwarze mit geflochtenen Haaren, Dunkelhaarige mit kastanienbraunen Augen wie Inder mit kupferfarbener Haut. Ich könnte Herzl immer noch lachend erklären, wie ich es mit zahlreichen ausländischen Ge-

> sprächspartnern mache, daß wir in dem gigantischen Bevölkerungslaboratorium Israel ein einziges Problem haben: die Hautfarbe. Es ist uns nicht gelungen, uns für eine einzige Farbe zu entscheiden und es wird uns wahrscheinlich niemals gelingen, was man an den Sabras, den in Israel geborenen Juden, sehen kann.«[344]

Diese halb im Scherz gemeinte Aussage über die Unfähigkeit der Israelis, sich der – hier auf die Hautfarbe reduzierten – Hauptursache der innergesellschaftlichen Spannungen wirklich bewusst zu werden, zeugt von einem entpolitisierten Verständnis der damit verbundenen Probleme. Das Kapitel »Generationen«, in dem Peres Entstehung und Herkunft des israelischen Volks behandelt, ohne die daraus resultierenden Probleme ernsthaft zu thematisieren, verdeutlicht auf besondere Weise das Unvermögen, sich mit den ethnisch-sozialen Verhältnissen auseinanderzusetzen.[345] Rubik Rosenthal bringt in seiner Rezension zu Peres' *Zurück nach Israel* mit dem Titel »Ein Traum voller Glück« diesen Gedanken auf den Punkt: Peres blende alle Konflikte, Spaltungen und Ängste der israelischen Gesellschaft so gut wie komplett aus, und »macht sie zu einer duftenden Seifenblase«. Die ethnisch-soziale Spaltung vermöge Peres schlichtweg nicht zu verstehen. Dies zeige sich, so Rosenthal, »an der Wahl der Orte, zu denen Peres seinen Reisebegleiter führt: Tel Aviv, Jerusalem, Haifa, Sde Boker und Tiberia. Dabei würden alle möglichen wunden Punkte wie z. B. die unterentwickelten, meist von *Mizrahim* bewohnten ›Entwicklungsstädte‹ oder auch die jüdischen Siedlungen in den palästinensischen Gebieten gemieden. Sie erhalten keinen Platz im Bild der »neuen Gesellschaft«.[346]

In den seltenen Fällen, in denen Peres die Konflikte in der israelischen Gesellschaft anspricht, geschieht dies gemäß dem Diskurs der getrennten Betrachtung der Wirtschafts- und Sozialpolitik, losgelöst von volkswirtschaftlichen Zusammenhängen.[347] Zögerlich und vorsichtig lässt sich Peres in seinen Memoiren auf ein besonders heikles gesellschaftliches Thema ein, die »ethnisch-soziale Schere«: die Benachteiligung der *Mizrahim* durch das zionistisch-aschkenasische Establishment.[348] Peres bettet dieses Problem weniger in einen sozialen als vielmehr in einen parteipolitischen Kontext ein. Er assoziiert es nämlich mit seinen sich beständig wiederholenden Wahlniederlagen. Peres' Analyse des Verhältnisses der beiden Bevölkerungsgruppen muss vor dem Hintergrund der Abwahl der Arbeitspartei 1977 gesehen werden. Die *Mizrahim* bezeichnet Peres als »*Sephardim*« oder »nordafrikanische Juden«, was sich auf die namentlich nicht genannten marokkanischen Juden bezieht.[349] Die anderen israelischen *Mizrahim*-Gruppen, wie z. B. irakische, ägyptische oder jemenitische jüdische Immigranten, werden nicht direkt erwähnt. Zu den *Mizrahim* sagt Peres:

> »Selten ist eine Liebesgeschichte unglücklicher verlaufen als die zwischen dem israelischen Staat und den nordafrikanischen Juden. [...] Die Beziehung war von Anfang an durch Missverständnisse gestört. Und die Schwierigkeiten nahmen mit der Zeit nicht ab, sondern zu.«[350]

Worin bestehen diese Missverständnisse, und wo liegen nach Peres' Ansicht ihre Ursachen? Wie wird die Zuspitzung dieser Spannungen im Laufe der

Zeit erklärt? Peres macht zunächst die kulturellen Unterschiede zwischen den Bevölkerungsgruppen für die Auseinandersetzungen verantwortlich:

> »Wir wußten, daß die nordafrikanischen Einwanderer aus jüdischen Gemeinschaften kamen, die sich stark von den osteuropäischen unterschieden, denen wir selbst entstammten. Die Sephardim waren einerseits viel stärker in der religiösen Tradition verwurzelt als wir Aschkenasim; andererseits neigten sie viel weniger zu inneren Streitigkeiten ideologischer oder politischer Natur. Sie lebten in friedlicher Koexistenz zwischen religiöser Orthodoxie und säkularer Weltsicht.« Peres vermutet: »[…] diese tolerante Atmosphäre hatte wahrscheinlich viel mit dem französischen Einfluß zu tun, von dem ihre Gesellschaften stark geprägt waren. Viele sprachen Französisch als zweite Sprache.«[351]

In seiner Erklärung für die *Aliya* der *Sephardim* weicht der Zionist Peres hier interessanterweise vom zionistischen Narrativ ab, dem zufolge auch die orientalischen Juden aus den arabischen Staaten nach Israel immigrierten, weil sie in ihren Herkunftsländern Verfolgung und Leid hätten ertragen müssen. Peres vermutet hinter der *Aliya* einen religiös-messianischen Beweggrund:

> »Kamen sie [die Sephardim] doch aus Gemeinschaften, in denen das Leben seit Generationen relativ stabil und problemlos gewesen war. Sie hatten ihren spezifischen kulturellen und religiösen Charakter bewahren können und ihre eigenen großen Rabbis, Gelehrten, Dichter und Sprachgelehrten hervorgebracht. Und doch brachen sie plötzlich auf, als hätte sie ein unsichtbarer Messias gerufen, kehrten dem vergleichsweise bequemen Leben in der nordafrikanischen Diaspora den Rücken und suchten die Härte des Pionierdaseins im Heiligen Land. Jedenfalls war dies das Bild, das wir von ihnen hatten. Wir verstanden sie eigentlich überhaupt nicht, sondern gingen einfach davon aus, daß sie von denselben Einflüssen und Werten geprägt seien, die auch uns geprägt hatten: Zionismus, Sozialismus und Pioniergeist.«[352]

Inwiefern soll diese an sich recht versöhnlich formulierte Aussage die ethnisch-sozialen Spannungen zwischen arabischen und osteuropäischen Juden in Israel erklären? Eine Lesart wäre, dass Peres die unterschiedlichen Entwicklungsstufen der beiden Gemeinschaften als ursächlich für den Konflikt betrachtet: Die einen sieht er noch in der Vormoderne verhaftet und hält sie für politisch und ideologisch desinteressiert, weshalb sie in seinen Augen eine stabile und tolerante Gemeinschaft sind; die anderen, die osteuropäischen Juden, verortet Peres mit ihren Prägungen »Zionismus, Sozialismus und Pioniergeist« hingegen politisch und ideologisch in der Moderne. Die nordafrikanischen Juden sind in dieser Perspektive religiös motiviert:

> »Sie [die *Sephardim*] betraten ein Land, das überhaupt nicht ihren Erwartungen entsprach. Sie hatten geglaubt, ins Heilige Land zu kommen, und diesen Begriff ganz wörtlich genommen. Stattdessen trafen sie auf eine weitgehend säkulare (in mancher Hinsicht sogar aggressiv säkulare) Gesellschaft. Während die *Aliya* der europäischen Juden hauptsächlich durch wirtschaftlichen, politischen und sozialen Druck verursacht worden war, wurde die Einwanderungsbewegung der nordafrikanischen Juden durch messianische Erwartungen ausgelöst.«[353]

Ist der Judenstaat für die *Sephardim* somit nicht religiös genug? Erklärt Peres die ethnisch-sozialen Spannungen innerhalb der israelischen Gesellschaft mit der »Moderne des Staats und seiner säkularen Orientierung«, der die arabischen Juden nicht gewachsen seien? Jehuda Shenhav zeigt die konstitutive Funktion der beiden Diskurskategorien des »Religiösen« und »Säkularen« bei der Orientalisierung der *Mizrahim* im Nationswerdungsprozess Israels.[354] Dazu weist Shenhav zunächst auf die ambivalente Auffassung der jüdischen Religion hin: Sie spiele zwar eine unabdingbare Rolle zur Einigung aller Juden im zionistischen Projekt, werde aber trotzdem dazu benutzt, um im Falle der *Mizrahim* ethnische Differenz zu konstruieren, indem man dieser Gruppe eine andere Form der Religiosität zuschreibe. Indem das aschkenasisch-zionistische Establishment, das auf Grund seiner gesellschaftlichen Hegemonie die zionistische Historiographie bestimmt, die *Mizrahim* als besonders religiös markiere, baue es sich in Abgrenzung zu seiner Selbstbeschreibung als »säkular« sein eigenes »Anderes« auf und verschaffe sich dadurch innerhalb der jüdisch-israelischen Gesellschaft eine Sonderstellung. Durch die Klassifizierung der *Mizrahim* als »religiös« und somit als »vormodern« lasse der dominante zionistische Diskurs nur wenig Raum für einen »mizrahischen Säkularismus«.[355] Shenhav beschreibt, wie das sogenannte »säkular-aschkenasisch-liberale Lager« für sich selbst einen »säkularen liberal-demokratischen jüdischen Nationalismus« als Gegenpol zu dem »religiös-fundamentalen vormodernen jüdischen Nationalismus« der *Mizrahim* formuliert. Dabei insistiere das »säkulare« Lager auf einer Trennung zwischen Judentum und säkularer Weltanschauung, obwohl sich der jüdische Nationalismus letzten Endes auf die jüdische Religion stütze.[356]

Diese widersprüchliche Haltung zur jüdischen Religion erklärt Peres' folgende Äußerung: »[...] Die weltliche Wahrheit ist stärker an die Bibel gekoppelt, und die religiöse Wahrheit stärker an den Talmud. Denn die Bibel wurde geschrieben, als wir ein unabhängiges Volk in unserem eigenen Land waren. Der Talmud wurde geschrieben, als wir in der Diaspora lebten, im Exil. Er ist eine Art Verfeinerung. Der Talmud ist eindeutig ein Teil unserer Kultur, unserer Herkunft, aber grundsätzlich gilt, daß die Zionisten und die weltlichen Juden sich eher an die Bibel halten als an den Talmud.«[357] Als Angehöriger des »säkular-aschkenasisch-liberalen Lagers« unterscheidet Peres zwei Formen des Judentums: zum einen das in der Diaspora gelebte, sich auf den »verfeinerten« Talmud stützende Judentum und zum anderen das national-ethnisch unabhängige, biblische, weniger elaborierten Wertvorstellungen verpflichtete Judentum mit seinem säkularen Charakter. Dieses Verständnis baut einen Gegensatz auf zwischen einem religiösen und einem säkularen jüdischen Nationalismus. Doch, um mit Achad Haam zu fragen: Was ist so »jüdisch« an Herzls Judenstaat? Was ist so »jüdisch« am säkularen jüdischen Nationalismus? Soll der Judenstaat nach Gesetzen der jüdischen Religion gestaltet werden, oder nach dem europäischen Modell der Trennung von Staat und Religion? Auf dieses Dilemma geht Peres nicht wirklich ein. Er folgt vielmehr seinem Mentor Ben-Gurion, der bereits in der Gründungsära die Weichen für eine Mischform aus den beiden Modellen stellt. Peres stellt diese Struktur keineswegs in Frage. Deshalb bietet er auch keine

Erklärung dafür an, in welcher Hinsicht die religiösen Erwartungen der *Sephardim* im »säkularen Staat« nicht erfüllt werden.

Peres berührt die sozioökonomische Grundlage der »ethnisch-sozialen Schere« nur an der Oberfläche: »Wer sich für Israel entschied, siedelte an Orten wie Ashdod, Migdal Haemek, Kiryat Shmona, Dimona oder in dem landwirtschaftlich genutzten Lachischgebiet um Ashkelon. Viele trafen dort ein, ohne für ihr neues Leben – in der Stadt oder auf dem Land – vorbereitet gewesen zu sein, ja sie wußten oft nicht einmal genau, wo sie waren und was sie erwartet.« Peres unterstellt den Einwanderern Ahnungslosigkeit und macht die Haltung der »alteingesessenen« Israelis verantwortlich für die »missverständlichen« Begegnungen. Diese Israelis, »sofern es sie überhaupt interessierte –, [hatten] keine Vorstellung davon, welche Anstrengungen die Assimilation erforderte und mit welchen Leiden sie verbunden war. Ja, sie entwickelten sogar ziemlich schnell eine spöttische, verächtliche und herablassende Haltung gegenüber den Neuankömmlingen, ein Phänomen, das sich leider bei jeder neuen Einwanderungswelle beobachten läßt. Tatsächlich haben die Immigranten, obwohl wir mit der Assimilationsfähigkeit unseres Staates gern prahlten, schon immer selbst für ihre Integration sorgen müssen, besonders was den kulturellen und sozialen Bereich betraf.«[358]

Peres' bemerkenswert einsichtige Aussage über die »Arroganz, das mangelnde Feingefühl und die Inkompetenz, mit der die marokkanischen Einwanderer empfangen wurden, [welche] bleibende Narben in ihrem kollektiven Gedächtnis hinterließen«, klärt allerdings nicht die Frage, welche Rolle der *Staat bzw. seine Institutionen* selbst bei der Diskriminierung spielen. Mangelnde »kulturelle und soziale« Integration und die arrogante Haltung der alten gegenüber den neuen Einwanderern, die sich etwa in verächtlichen Spitznamen ausdrückt, welche sich die Kinder geben, erklären noch lange nicht das tief sitzende Ressentiment der *Mizrahim* gegenüber der damals regierenden *Mapai*-Partei und der späteren Arbeitspartei.[359] Die vom Staat praktizierte Segregation in der Siedlungspolitik (*Mizrahim* wurden meist in den Randsiedlungen und Entwicklungsstädten angesiedelt) und der Wirtschaftspolitik – Grundlage der sozialen und ökonomischen Marginalisierung der *Mizrahim*[360] – bringt Peres nicht direkt zur Sprache. Im Gegenteil, er lenkt ab: »Die Ressentiments waren nicht in jeder Hinsicht berechtigt. Die Juden nordafrikanischen Ursprungs grollen beispielsweise bis heute über das traumatisierende Erlebnis, als sie oder ihre Eltern und Großeltern bei ihrer Ankunft mit DDT besprüht wurden. Dieser Prozedur, die noch aus der Zeit des britischen Mandats stammte, wurden jedoch ausnahmslos alle Immigranten unterzogen.«[361] Peres weist die Anschuldigung, dass der Staat die »nordafrikanischen Juden« marginalisiere, mit einem schwer widerlegbaren Argument zurück:

> »Auch ihr Zorn, daß sie zunächst in Zelten untergebracht wurden, ist nicht berechtigt, denn jeder Israeli hat irgendwann in seinem Leben im Zelt leben, und fast jeder hatte zumindest vorübergehend körperlich arbeiten müssen, ganz unabhängig von seinen Fähigkeiten und Qualifikationen.« Peres insistiert: »Solche Erfahrungen ge-

> hörten bei jedem von uns zur persönlichen Biographie; sie stellen also keine Diskriminierung dar. Trotzdem faßten viele afrikanische [sic!] Neuankömmlinge die Tatsache, daß sie auf dem Feld oder in der Fabrik arbeiten mußten, als bewusst zugefügte persönliche Demütigung auf.«[362]

Bestreitet Peres, dass eine Politik der Marginalisierung praktiziert wird, oder dass bewusst zugefügte persönliche Demütigungen seitens des Establishments Realität sind, die mit dieser Politik verbunden sind? Zumindest drängt sich bei der Lektüre seiner Gedanken der Eindruck auf, dass der Unmut der *Mizrahim* durchaus gerechtfertigt sein könnte: »Außerdem waren, als afrikanische Einwanderer in großer Zahl eintrafen, die meisten leitenden Positionen in Institutionen wie dem öffentlichen Dienst, der Armee oder den Kommunalbehörden bereits besetzt, und niemand war bereit, auf seine Stelle zu verzichten.« Schuld ist laut Peres aber nicht der Staat, sondern die auf der ethnischen Segregation basierende Vetternwirtschaft: »Auch zeigten viele Bürokraten keine Neigung, sich für die Immigranten ein Bein auszureißen. Die Einwanderer bekamen nicht ganz zu Unrecht den Eindruck, daß man bei den meisten staatlichen Stellen rascher und höflicher bedient wurde, wenn man Rabinowitz [typisch aschkenasischer Name] hieß, als wenn der Name Bozaglo [typisch marokkanischer Name] lautete. Wer Hebräisch mit aschkenasischem Akzent sprach, fand in der Bürokratie in der Regel eher ein geneigtes Ohr als derjenige, der seinen sephardischen Akzent nicht verbergen konnte.«[363] Die dem Staat und dessen Politik zukommende Verantwortung wird auf abstrakte »Bürokraten« abgewälzt.

Und welche Verantwortung übernimmt der langjährige Führer der Arbeitspartei für solche Entwicklungen? Welche Politik befürwortet er? Seiner Autobiographie ist nicht zu entnehmen, wie er die Konflikte zwischen den *Mizrahim* und dem Establishment lösen will. Er sieht die Spannungen nicht als ethnisch-soziales Problem: »Damals gehörte ich zu den ersten, die das Ausmaß der sich entfaltenden Krise verstanden. Ein großer Teil meines politischen Wirkens galt der nordafrikanischen Bevölkerung. So gründete ich Vereine und Freizeitclubs, um die Immigranten in das gesellschaftliche Leben einzubinden, und ich fand für viele qualifizierte und begabte Neuankömmlinge Arbeit im Verteidigungsministerium. Außerdem entwickelte ich besonders enge Beziehungen zu einigen Bürgermeistern der neu gegründeten Städte, und diese haben mich im Gegenzug immer als ihren politischen Verbündeten betrachtet.«[364] Peres schlägt keine umfassende, die Wurzeln des Problems beseitigende Lösung vor. Stattdessen geht er die Spannungen auf einer persönlichen Ebene an, was für einzelne Betroffene sicherlich auch dienlich ist. Ein reflektiertes sozialpolitisches Konzept lässt der Vorsitzende der Arbeitspartei dabei jedoch vermissen. Gute Kontakte zwischen ihm als Vertreter des Establishments und einigen *Mizrahim*-Bürgermeistern von Entwicklungsstädten sind kaum eine Grundlage für eine konsistente Sozialpolitik.

Peres betrachtet das hier behandelte Konfliktfeld letzten Endes aus der Perspektive der Parteipolitik bzw. aus der seines persönlichen politischen

Schicksals am Wahltag. Er zieht eine klare Linie von der ethnischen Frage zur persönlichen bitteren Erfahrung der Wahlniederlage von 1977 und 1981 gegen den *Likud*: »Wie oben erwähnt, war ich jedoch nicht der einzige Politiker, der die Anzeichen tiefer sozialer Unzufriedenheit und Rebellion erkannte. Auch Menachem Begin [*Likud*-Chef] waren sie nicht entgangen. Es war Begin, der den Argwohn der Nordafrikaner nährte, daß ihre teils objektiven, teils subjektiven Probleme nicht Folge unglücklicher oder selbstverschuldeter sozialer Notlagen waren, sondern auf Diskriminierung beruhten. Alle rationalen Erklärungen fruchteten nichts mehr, nachdem sich dieses Vorurteil einmal verfestigt hatte. Begin war zynisch genug, diese Bewußtseinslage auszunutzen und sogar noch zu verschärfen.«[365]

Die nordafrikanischen Juden erscheinen als beliebig manipulierbare Manövriermasse in den Händen Begins. Die Diskriminierungen, die sie in ihrem Alltag zu erleiden haben, gehen in diesem Argument unter. Peres unterstellt den marokkanischen Juden ein falsches Bewusstsein, da sie sich dazu verleiten ließen, ihre »teils objektiven, teils subjektiven Probleme« eben nicht als »Folge unglücklicher oder selbstverschuldeter sozialer Notlagen« zu sehen, sondern sie auf eine durch das politische Establishment verursachte Diskriminierung zurückzuführen. Gerade bei den hier behandelten Protestwahlen von 1977 und 1981 will der Mann des Establishments der rebellischsten *Mizrahim*-Gruppe unter den arabischen Juden Israels mangelnde Souveränität attestieren. Dass die Arbeitspartei mitverantwortlich ist für die Verfestigung der diskriminierenden Strukturen, sieht er nicht. Peres propagiert die Fortsetzung des bereits beschrittenen Wegs der nationalstaatlichen Einigung und erinnert dabei an die Lebensaufgabe Ben-Gurions, das »Einsammeln der Verstreuten« und deren »Einschmelzen in den jüdischen Staat«: »Er [Ben-Gurion] reagierte fassungslos, als er in diesem Zusammenhang angegriffen wurde. Manchmal fällt es einem Politiker schwerer, sich gegen völlig grundlose Anschuldigungen zu wehren, als wenn diese einen wahren Kern enthalten.«[366] Peres ist wirklich davon überzeugt, dass der politisch mächtige Mann haltlosen Anschuldigungen ausgesetzt ist. Dieses Empfinden zeigt, wie orientierungslos er bereits in sozialpolitischen und ethnischen Fragen ist. Er schließt seinen Mentor einfach in sein »Wir« ein, das er als Gegensatz zum »Sie« konstruiert. Dieser parteipolitische und wahltaktische Blickwinkel ist die Erklärung dafür, dass Peres die große Gruppe der marokkanischen Juden mit den *Sephardim* identifiziert, denn sie haben vergleichsweise großen Einfluss auf das Wahlergebnis.[367] Seine eigene Verantwortung als politische Führungspersönlichkeit und somit auch als Mitgestalter der diskriminierenden Verhältnisse blendet er völlig aus:

> »Das tiefverwurzelte Unverständnis, das die Beziehungen zwischen der alten Pioniergeneration und den neuen Einwanderern aus Nordafrika prägte, hängt bis heute wie ein dunkler Schatten über der israelischen Gesellschaft. Wer die israelische Politik wirklich verstehen will, darf dieses Kernproblem nicht außer acht lassen. In kultureller Hinsicht gab es unüberbrückbare Gegensätze. Versuche, dennoch ein harmonisches Zusammenleben zu gestalten, blieben unzulänglich. Wirtschaftlich gesehen,

> bestanden Ungleichheiten. Die meist aschkenasischen Einwanderer der ersten Alijot besaßen hinsichtlich ihrer Integration in Israel einen zeitlichen Vorsprung gegenüber den nordafrikanischen Neuankömmlingen.«[368]

Die abschließenden Bemerkungen zur »neuen Gesellschaft« zeigen, wie stark Peres das Problem der ethnisch-sozialen Spannungen entpolitisiert und wieder seinem für ihn paradigmatischen Diskurs der getrennten Betrachtung verschiedener gesellschaftlicher, wirtschaftlicher und kultureller Kernbereiche und Zusammenhänge folgt. Der Politiker behandelt zunächst die Wahlniederlage von 1977 und kommt zu der düsteren Einsicht, dass die zionistische Idee der israelischen Gesellschaft als »Schmelztiegel« gescheitert sei. Sein eigenes Schicksal sieht er 1995 allerdings im positiven Licht:

> »In der Tat glaube ich manchmal, daß die entscheidenden Trennungslinien, die die israelische Gesellschaft durchziehen, nicht durch politische Haltungen wie Rechts und Links bedingt sind, sondern eher durch die verschiedenen Einwanderungswellen. Nichts hat die israelische Gesellschaft und die Gestaltung ihrer demokratischen Institutionen so stark beeinflußt wie die Einwanderung. Heute, wo Unmut und Protest über die neue massive Einwanderung von Juden aus der ehemaligen Sowjetunion zunehmen, verraucht vielleicht endlich der Zorn der Nordafrikaner. Der Regierungswechsel nach den Wahlen von 1992, der die Arbeiterpartei nach jahrelanger Likud-Herrschaft [sic!] wieder an die Macht brachte, ist zu einem nicht geringen Teil auf die neue Einwanderungswelle zurückzuführen.«[369]

Zum Demokratieverständnis – Fazit

Peres hat durch seine Überzeugungen und Handlungen die israelische Demokratie und damit die politische Kultur seines Landes entscheidend geprägt. Über sechs Jahrzehnte befand er sich in meist hochrangigen und einflussreichen Positionen. Sein Demokratieverständnis muss vor dem Hintergrund seiner osteuropäischen Herkunft gesehen werden: Er gehört zu der Gründungsgeneration des Staats Israel, welche ihre Aufgabe in erster Linie in der Nationsbildung bzw. Förderung des nationalstaatlichen Zusammenwachsens sieht, mit der demokratischen Kultur aber wenig vertraut ist. Die israelische Demokratie, die durch die Zeit des *Jischuw* geprägt und später von der in den formativen Jahren regierenden *Mapai*-Partei stark beeinflusst ist, weist Elemente einer »Verfahrensdemokratie« (»Procedural Democracy«) auf. Sie ordnet dem nationalstaatlichen Projekt der »Judaisierung« des Landes alles andere unter. Die von *Mapai* ins politische System getragenen demokratischen Akzente wie das Mehrheitsprinzip, regelmäßige bzw. allgemeine Wahlen und Rechtsstaatlichkeit im Sinne der Gewaltenteilung folgen der zionistischen Utopie des »jüdischen und demokratischen Nationalstaats«. Demgegenüber werden Bürgerrechte, Minderheitenschutz, die Trennung von Staat und Religion, die Festlegung der Staatsgrenzen und eine geschriebene Verfassung abgelehnt, weil sie als Hindernis für die Erfüllung der noch unvollendeten Aufgabe der Nationsbildung gesehen werden. Die *Mapai*-

Hegemonie der ersten Jahrzehnte schuf dementsprechend eine politische Kultur der Disziplinierung und Mobilisierung der sich im Entstehen befindenden Nation. Eine effektive Opposition gilt als Hürde auf dem Weg zur Nationswerdung und wird unterdrückt.[370]

Peres' Politik zielt auf eine Disziplinierung des sich bildenden Volks im Sinne der Sicherheitsfrage ab, die als zunehmend existenziell empfunden wird. Er absolviert seine »politisch-demokratische Schule« im Verteidigungsministerium, zunächst als Generaldirektor (1953-1959) und später als Vize-Verteidigungsminister (1959-1965) und Verteidigungsminister (1974-1977). In dieser »Schule« werden demokratische Prinzipien wie Minderheitenschutz, die Rechte von Individuen oder Transparenz kaum beachtet. Oberstes Gebot ist die Bewahrung der israelischen Sicherheitsordnung durch eine Politik der Geheimhaltung und die damit verbundene »Agitation hinter den Kulissen«. Einen dementsprechenden Habitus entwickelt Peres zunächst in den USA, als er während des Embargos nach dem Krieg von 1948 Waffen für Israel erwirbt, dann in den 1950er Jahren bei seinen Verhandlungen mit den Franzosen und Ende der 1950er und Anfang der 1960er Jahre in seinen Kontakten mit der Bundesrepublik.[371]

Darüber hinaus muss sich der junge Peres bereits zu einem frühen Zeitpunkt nicht direkt mit den demokratischen Prozessen auf parteipolitischer sowie nationaler Ebene auseinandersetzen. Im ersten Jahrzehnt nach der Staatsgründung hat er als hochrangiger Beamter im Verteidigungsministerium auf Grund seiner Vertrautheit mit dem mächtigen Staatsoberhaupt Ben-Gurion einen relativ großen Handlungsspielraum. Er nutzt ihn, um das zum mächtigsten Ministerium des Landes avancierende Verteidigungsressort nach eigenem Gutdünken zu gestalten, ohne dafür der Partei, Regierung und Öffentlichkeit Rechenschaft ablegen zu müssen. Peres ist alleine dem Staatchef verantwortlich. Unter dessen Protektion meistert er die sicherheitspolitischen und – wie die zweite Phase der Lavon-Affäre zeigt – auch die parteipolitischen Herausforderungen, mit denen er immer wieder aufs Neue konfrontiert wird. Macht übt er auf dem Weg über seinen Mentor aus, sein eigener Beitrag bleibt dabei verborgen. Diese Haltung verinnerlicht Peres, wie in den beiden oben behandelten sicherheitspolitischen Affären deutlich wird. Mangelnde Transparenz kennzeichnet Peres' politisches Handeln ebenso wie seine Gewohnheit, keine direkte Verantwortung zu übernehmen. Diese Haltung erklärt sowohl seine Schwächen als auch seine Stärken.

Peres' politische Schwäche kommt regelmäßig am Wahltag zum Vorschein. Darin liegt ein Paradox von Peres' politischer Karriere: Der »ewige Politiker« bewegt sich de facto seit 1953, formell seit 1959, auf der politischen Bühne Israels, ohne vom Volk direkt gewählt zu werden. Peres übt durchgehend politische Macht aus, erhält jedoch in den Abstimmungen von der israelischen Bevölkerung keine Bestätigung – für Peres zweifelsohne eine traumatische Angelegenheit. Vom Zeitpunkt der Übernahme des Parteivorsitzes im Jahre 1977 bis hin zu seiner Abwahl von diesem Posten 1992 gelingt es Peres zwar nicht, ein direktes Mandat vom Volk zu erhalten, im Rahmen der Großen Koalition mit dem *Likud* hat er jedoch zwischen 1984 und 1990 drei wichtige Ämter (Regierungschef, Außenminister und Finanzminister) inne, sodass er, wie oben dargelegt, sehr wohl seine politischen Prägungen einfließen lassen kann. Auch im weiteren Verlauf seiner politischen Karriere in den 1990er Jahren und im neuen Jahrtausend wiederholt sich das Muster: Er beharrt auf seinem Anspruch, Regierungsgewalt auszuüben, ungeachtet eines fehlenden Mandats von Seiten der Bevölkerung.

Gegen Oppositionsarbeit empfindet Peres eine tiefe Abneigung. Sein Drang, ein politisches Amt auszuüben, durchzieht seine gesamte politische Laufbahn. Wie hier am Beispiel der Lavon-Affäre gezeigt wird, hat der Machterhalt für ihn oberste Priorität. Sein Ausscheiden aus dem Amt 1965 infolge der Affäre erlebt er als bitteres Trauma. Im weiteren Verlauf seiner Karriere zeigt sich Peres bereit, wie sein Biograph anmerkt, mit jedem beliebigen politischen Partner eine Regierung zu bilden. 1967 nutzt Peres die sicherheitspolitische Krise im Mai 1967, um Eshkol die Bildung einer Einheitsregierung mit *Rafi* und *Herut* aufzudrängen. Nach sieben Jahren Opposition (1977-1984) teilt Peres sechs Jahre die Macht mit dem *Likud*-Block (1984-1990). 1990 trägt Peres zur Auflösung der Großen Koalition bei und versucht, eine kleine Koalition unter seiner Führung zu bilden, doch ohne Erfolg. Den Machtverlust und die Arbeit in der Opposition begreift er als eine erzwungene Untätigkeit: »Ich habe kaum Geduld für die Tatenlosigkeit. [...] ich bin einen bestimmten Arbeitsrhythmus gewöhnt. [...] Es wird mir schwer fallen, [in der Opposition zu sitzen].«[372] Nach der Wahlniederlage von 1996 versucht Peres nach vier Jahren Regierung (1992-1996) erneut, eine Große Koalition mit dem neuen *Likud*-Chef Benjamin Netanjahu zu bilden, ohne Resultat.[373] Nachdem er den Parteivorsitz 1997 an Ehud Barak abgibt, gründet er das *Peres Center for Peace*. Nach dem Wahlsieg der Arbeitspartei unter Barak 1999 kehrt er zurück auf den Ministerstuhl. Durch die Eskalation des israelisch-palästinensischen Konflikts 2000-2003 und die damit einhergehende Krise der Arbeitspartei erlangt Peres wieder den Parteivorsitz. Daraufhin koaliert er mit dem *Likud*-Chef Ariel Sharon und seinem Nachfolger, bis er 2007 das Amt des Staatspräsidenten übernimmt.

Angesichts des fehlgeschlagenen Versuchs von 1990, eine Koalition unter seiner Führung zu bilden, erklärt der Journalist Rubik Rosenthal Peres' Verhältnis zur Oppositionsarbeit: »Peres trägt das schwere Erbe seiner Vorgänger in der Arbeitspartei: das Unvermögen, in der Opposition zu sitzen. [...] Peres gerät in eine tiefe Depression und in ein Stottern, immer wieder, wenn er in die Opposition gehen muss. [...] Er verkörpert nämlich diese ›Oppositionsunfähigkeit‹. Diese verlangt eine klare Erörterung der eigenen Richtlinien, eine gute Rhetorik und eine deutliche Darlegung der eigenen Positionen.«[374] Dass es ihm an diesen Fähigkeiten mangelt, erweist sich im Laufe der Jahre zunehmend als Schwäche. Er hat nur einen geringen Bezug zu demokratischer Transparenz und Verantwortung. Weil er seine politischen Positionen nicht artikulieren kann, um sie zur Debatte zu stellen, muss für ihn die Arbeit in der Opposition als Zeitvergeudung erscheinen. Er sieht sich als »Macher« und nicht als Herausforderer und Kritiker des Systems und kann daher die Opposition nur als Demütigung sehen. Peres fühlt sich zum Regieren berufen[375], und zwar jenseits von Erfolg oder Misserfolg.

Peres' Anliegen ist nicht die Kritik an der »israelischen Ordnung«, sondern deren Bewahrung. Seine politische Stärke beruht auf dem Einfluss der Staatseliten, allen voran dem des Sicherheitsestablishments. In seinen diversen politischen Funktionen prägt Peres ein spezifisches Verhältnis zwischen den Sicherheitsapparaten des Staats und der politischen Ebene: Den Sicherheitsbehörden kommt eine Sonderrolle zu, sodass sie Macht und Einfluss innerhalb der demokratischen Ordnung effektiv ausüben können. Bereits im ersten Jahrzehnt seiner politischen Karriere gelingt es Peres mit Unterstützung seines Mentors, das Verteidigungsministerium zu einem innen- und außenpolitisch einflussreichen »Imperium« auszubauen. Das Außenministerium wird in Fragen, welche die Verhältnisse zu den arabischen Nachbarstaaten und den Erwerb von Waffen aus Europa betreffen, erfolgreich umschifft. Innenpolitisch schafft Peres dem Verteidigungsressort eine starke Machtbasis, was ihm später (1974-1977) zur Schlüsselposition in der Arbeitspartei verhilft. Mit seinem Handeln stärkt er die Position des Militärs, sei es aus Gründen des Machterhalts oder auch, wie in beiden hier behandelten Affären gezeigt wird, aus der festen Überzeugung heraus, die Staatssicherheitsbehörden seien für die Existenz Israels unverzichtbar. Damit trägt er zur Schwächung der zivilen politischen Instanzen bei, und zwar von »oben«. Als symptomatisch gelten kann, dass er einen unbequemen Minister entfernt (Lavon-Affäre), einen Staatsanwalt absetzt und das fragwürdige Begnadigungsverfahren in der Shin-Bet-Affäre unterstützt. Peres hat ein geradezu sakrales Verständnis der Sicherheitsinstanzen des Staats. Er hält sie für eine tragende Säule in Staat und Gesellschaft. Das Sicherheitsestablishment entwickelt sich im Laufe der Jahre zu einer der politisch und ökonomisch einflussreichsten Schichten der israelischen Gesellschaft.[376] Diesen Schichten fühlt sich Peres verpflichtet, sie bilden gewissermaßen seine Klientel.

Neben Peres' Sicherheitspolitik dient auch seine Wirtschaftspolitik den Staatseliten, vor allem 1985 und 1988-1990. In dem Versuch, die Wirtschaftskrise Anfang der 1980er Jahre zu bewältigen, setzt Peres in der israelischen Volkswirtschaft strukturelle Reformen in Gang und trägt somit im Sinne der Unternehmer und Großunternehmer zu ihrer Liberalisierung bei. Den Wirtschaftsplan vom Juli 1985 setzt er mit umstrittenen Mitteln durch. Er bedient sich mit dem ausgesprochen antidemokratischen Volkswirtschaftsregulierungsgesetz der Notstandsgesetzgebung. Damit leistet er einer weiteren Liberalisierung Vorschub und bremst gleichzeitig die im Interesse der Sozialpolitik handelnden Kräfte in der Legislative, der *Knesset*. Peres treibt die Liberalisierung der Volkswirtschaft auch während seines kurzen Aufenthalts im Finanzministerium 1989 voran. Dabei ist er der festen Überzeugung, im Dienst der Entwicklung der Volkswirtschaft und somit der »zionistischen Utopie« zu handeln. Peres' mangelnder Blick für die ethnischen und sozialen Spannungen innerhalb der israelischen Gesellschaft erklärt sich aus einem ideologisierten Verständnis des noch zu vereinigenden jüdischen Volks.

Es wurde nachgewiesen, dass Peres stark zu einer Entpolitisierung der sicherheitspolitischen, sozialpolitischen und ethnisch-sozialen Fragen neigt. Er hat die Tendenz, den Kern der politischen Debatte rhetorisch zu meiden und das Problem auf eine andere Ebene, meist eine nebensächliche, zu verlagern – wie wichtig ihm diese selbst auch immer erscheinen mag. Darin liegt wohl das Geheimnis seiner ausgeprägten politischen Überlebenskunst. Peres nimmt zwar Stellung zu den hier behandelten Themen, doch er rührt nur an ihrer Oberfläche. Er wagt es aber nicht, ihnen auf den Grund zu gehen. Damit wird effektiv der Eindruck vermittelt, er würde sich mit der jeweiligen Frage auseinandersetzen. Doch ein näherer Blick auf Peres' Texte offenbart die Unfähigkeit des Verfassers zur politischen Auseinandersetzung. Sein Ziel ist die Entpolitisierung der sehr wohl politischen Themen, die Bestätigung der herrschenden Ordnung, nicht deren politische Erörterung. Diese Dialektik des entpolitisierten Schreibens macht aus Peres einen Anwesenden, der dennoch in gewissem Sinne von der Debatte abwesend bleibt. Er ist immer da, in irgendeiner Machtposition, seine jeweilige Politik und seine Meinung bleiben aber dezidiert unausgesprochen. Selbst in seiner eigenen Schilderung der Lavon-Affäre bleibt seine Rolle darin im Dunkeln. Er besetzt im Laufe der Affäre eine hochrangige Position, ist sogar persönlich involviert. Doch gleichzeitig bemüht er sich, seine Ansichten zu Kernfragen der Affäre zu verschweigen und sogar die Tatsache, dass er selbst eine Rolle spielte, zu verschleiern. In der Shin-Bet-Affäre wiederholt sich dieses Muster: Er setzt seine Linie durch, wäscht aber seine Hände in Unschuld. Er weicht dem eigentlichen Sachverhalt der Affäre aus, sodass eine politische Erörterung unmöglich wird. Diese Anomalie, keine Antworten auf brennende Grundsatzfragen zu geben, weil diese nicht wirklich gestellt werden, scheint auch in seinen Texten zur Sozialpolitik durch. Noch nicht einmal als Vorsitzender der israelischen Arbeitspartei fühlt er sich zu einer klaren Position verpflichtet. Zwar praktiziert er de facto eine liberale Wirtschaftspolitik und setzt mit seiner politischen Macht und Autorität drastische Maßnahmen durch, hat aber, wie sein Biograph bemerkt, wenig Interesse an deren Auswirkungen. Von einer gründlichen Reflexion über sozialpolitische Probleme kann kaum die Rede sein, wie das Beispiel des Konflikts zwischen den unterschiedlichen jüdischen Einwanderergruppen gezeigt hat.

Peres' Bemerkung von 2005: »Die Arbeitspartei wollte sich seit je weder als sozialistisch noch als sozialdemokratisch verstanden wissen«, ist durchaus ernst gemeint. Es handelt sich dabei um die authentische Meinung eines elitären Sicherheitspolitikers, der seit je mit dem »altsozialistischen Denken« des Zionismus wenig vertraut ist. Ein Mythos der stark sicherheitspolitisch orientierten zionistischen Linken besagt, dass die schwelenden sozialen Konflikte und Spannungen erst dann ins Blickfeld der Politik rücken würden, wenn die Sicherheitsfrage gelöst sei; mit dem Frieden, so heißt es, werde die Sozialpolitik am Zug sein. Peres' Texte bestätigen dies. Er ignoriert Frauenrechte, Menschenrechte, Bürgerrechte und Minderheitenschutz. Auch die Frage des Staatsgebiets der israelischen Demokratie lässt der letzte Gründungsvater Israels auch sechs Jahrzehnte nach der Schöpfung des Nationalstaats in der Schwebe. Peres hat ein eher dynamisches Verständnis der noch zu gestaltenden Realität. Regelmäßige Wahlen, das Mehrheitsprinzip und das Prinzip der Gewaltenteilung werden als ausreichend für eine stabile Demokratie angesehen, und zwar auch, wenn diese Prinzipien auf Grund der besonderen sicherheitspolitischen Lage Israels nur bedingt eingehalten werden können – wie die Shin-Bet-Affäre zeigt. In Peres Augen gilt die israelische Demokratie als eine gegebene, unbestreitbare und daher auch kaum widerlegbare Sache.

»Demokratie«, in welcher Form auch immer, gehört für Peres zum Zionismus dazu, der eine westliche, moderne und somit fortschrittliche Utopie sein soll. Demokratie soll der Zugang zu Moderne, Entwicklung und Prosperität sein. Auf diese Weise soll sich Israel von seinen arabischen Nachbarn abheben können. Peres' spärliche direkte Bezugnahmen zum Thema »Demokratie« haben selten die israelische Demokratie zum Inhalt, sondern meist die fehlende Demokratie in der arabischen Welt. »Der größte Fehler der arabischen Völker im 20. Jahrhundert – ein Fehler, der noch nicht entsprechend korrigiert wurde – ist der, totalitären, militaristischen oder präsidialen Regierungen blind nachzulaufen. In diesen Systemen wird viel von der Nation und von ihrem Wohl gesprochen, es wird aber wenig für die Bevölkerung getan.« Die Demokratisierung der arabischen Welt soll den Frieden ermöglichen zwischen Staaten, »die sich in ihrer nationalen Identität und in ihrer historischen Tradition unterscheiden«.[377]

Summa summarum verleitet Peres' ideologisiertes Verständnis der Demokratie ihn dazu, die demokratischen Spielregeln beliebig auszulegen und anzuwenden. Hier sei nur ein Beispiel genannt: Um seine Chancen bei der Kandidatur für das Amt des Staatspräsidenten zu verbessern, strebt der Kandidat Peres Ende 2006 – letztlich erfolglos[378] – die Änderung von Paragraph 7 des Grundgesetzes an, der das Amt des Staatspräsidenten betrifft. Dabei soll das im Grundgesetz festgelegte »geheime Wahlverfahren des Staatspräsidenten durch die *Knesset*-Abgeordneten« aufgehoben werden.[379] Peres und seine Anhänger in Regierung und *Knesset* glauben, seine Wahlchancen zu verbessern, indem sie die jeweiligen *Knesset*-Abgeordneten unmittelbar beeinflussen, was eben das Grundgesetz verhindern will. Da dies misslingt, werden die anderen Kandidaten nun unter Druck gesetzt, ihre Kandidatur zurückzuziehen.[380] Und letztlich gelingt es Peres am Wahltag, dem 13.6.2007, nachdem in der ersten Wahlrunde keine Entscheidung erzielt wird, seine beiden Herausforderer zum Rückzug zu bewegen; als Alleinkandidat erhält er 86 der 120 Stimmen der *Knesset*-Abgeordneten.[381] Peres' ideologisiertes Demokratieverständnis zeigt sich gleichfalls auf der rhetorischen Ebene:

> »Das 20. Jahrhundert bewies die moralische Überlegenheit der Demokratie und ihre soziale Tragfähigkeit. Alle totalitären Tyranneien, die die Demokratie bedrohen, sind zusammengebrochen. Die Demokratie gewinnt an Boden, sie ist im Vormarsch. Das

> demokratische System ist am ehesten geeignet, wirtschaftliche Prosperität, stabilen Frieden und Freiheit für jeden zu ermöglichen, im Norden oder Süden, im Osten oder Westen, ob schwarz oder weiß oder gelb, *ungeachtet dessen, was in der Geschichte geschah*, Sieg oder Niederlage. Letztendlich entspringt die Zukunft aus dem Schritt in die Zukunft.«[382] (meine Betonung, TA).

Diese Diskrepanz zwischen einer real existierenden »israelischen Demokratie«, welche ja den Politiker Peres im Laufe seiner langen Laufbahn nicht gerade begünstigt – und von seiner Politik wiederum nicht gerade gestärkt wurde –, und Peres' ideologisiertem Verständnis der Demokratie als nicht hinterfragter Siegkarte des Westens ist für Peres' Wahrnehmung und Prägung der israelischen Demokratie zentral. Es ist diese Leerstelle zwischen Sprache und Handeln, zwischen Selbstverständnis und Habitus, die Kluft zwischen der bitteren politischen Realität, in der soziale und nationale Diskriminierung Alltag sind und sehr wohl politisch (haus-)gemacht, und dem entpolitisierten Verständnis der zionistischen Utopie als einer »gerechten, modernen und fortschrittlichen« Demokratie für Juden, die Peres' Prägung der israelischen Demokratie und der politischen Kultur des Landes auszeichnet. Welche Prägungen Peres in Bezug auf Krieg und Frieden hinterlässt, gilt es in den beiden folgenden Themenkomplexen zu beantworten.

IV. Vom Kriege: Peres und die Frage der nationalstaatlichen Gewalt

Von Beginn an ist die Haltung der zionistischen Bewegung zur Frage, ob ihre Anhänger Gewalt anwenden dürfen, um ihre Ziele durchzusetzen, ausgesprochen ambivalent. Anita Shapira vertritt in ihrem Buch *Das Schwert der Taube*[1] die These, dass der Politik im *Jischuw* zunächst ein »defensives Ethos« zu Grunde gelegen habe, das sich notwendigerweise, wenn auch zögerlich, mit der Zeit zu einem »offensiven Ethos« entwickelt habe. Den entscheidenden Wendepunkt sieht Shapira in der »arabischen Revolte« von 1936-1939, als die organisierte arabisch-palästinensische Gemeinde gegen die zunehmende jüdische Besiedlung des Landes protestierte. Ab dann habe sich im Zionismus die offensivere Haltung herausgebildet, welche im Krieg von 1948 ihren Höhepunkt erreichte.[2] Shapira identifiziert im jüdischen Nationalismus zwei unterschiedliche Auffassungen zum Problem der Gewalt: Für eine erste Gruppe ist die von Juden ausgeübte Gewalt unverzichtbar, um das jüdische Leben im Nationalisierungsprozess zu »normalisieren«; sie spielt sogar eine positive Rolle. Jüdische Autoren wie Micha Josef Berdichewsky und Max Nordau predigten ein »Muskeljudentum« als Voraussetzung zur Schaffung des »neuen Juden«, der dem Judentum zurück in die Geschichte verhelfen solle. Kritisiert wird der körperlich schwache, jeglicher Gewaltanwendung abgeneigte Exiljude – er sei ein Hindernis für die Anpassung der Juden an die jeweilige Umwelt und somit ein Hindernis für die »Normalisierung« des jüdischen Lebens. Emil L. Fackenheim und Eliezer Schweid begreifen die von Juden ausgeübte Gewalt als eine Form der Gegengewalt, weil die Juden machtlos seien bzw. ultimative Opfer einer gegen sie gerichteten Gewalt. Damit wollen die Autoren jegliche Gewalt gegen die *Gojim*, wie ungezügelt auch immer, als legitimiert verstanden wissen.[3] Der Kulturzionist Achad Haam und seine Anhänger plädieren hingegen für die Aufrechterhaltung der »moralischen Überlegenheit« des jüdischen Volks und lehnen jegliche Gewalt ab. Nach Achad Haam kenne der »echte Jude« keine Scham auf Grund physischer Schwäche; er achte diese vielmehr als Quelle seiner Einzigartigkeit und moralischen Überlegenheit gegenüber dem *Goj*. Achad Haam versteht den Zionismus eben nicht als Projekt der politischen und nationalstaatlichen Anpassung der Juden an die nichtjüdische Welt, sondern vielmehr als ein Projekt zur Bewahrung der geistigen und kulturellen jüdischen Singularität. Sein Kulturzionismus wendet sich gegen die Maxime, ein jüdischer Staat müsse bestimmten Vorbildern folgen und sich über physische Stärke und Macht definieren.[4]

Ungeachtet dieser diversen Haltungen zur Gewaltanwendung im Zionismus steht außer Frage, dass das Militär in der israelischen Politik und Gesellschaft einen herausragenden Platz einnimmt. Der israelische Staat ist im Krieg geboren und befindet sich seither in einem permanenten Kriegszustand, und zwar politisch, rechtlich und mental. In Israel existiert seit der

Ausrufung des jüdischen Staats im Mai 1948 juristisch gesehen ein Ausnahmezustand, Notstandsverordnungen sind seither in Kraft. Dennoch weigert sich die traditionelle israelische Politik- und Sozialwissenschaft, von einem israelischen Militarismus zu sprechen.[5] Man stellt zwar die Frage, weshalb in einem Land, in dem das Militär, dessen Offiziere und Soldaten hohes Prestige genießen, einen derart zentralen Stellenwert hat und über einen umfangreichen Etat verfügt, sich kein Militarismus herausbildet; auch auf den einflussreichen, vom Verteidigungsministerium kontrollierten militärisch-industriellen Komplex Israels wird hingewiesen.[6] Abgelehnt wird, dass von diesen Faktoren eine Gefahr für das demokratische Regime ausgehen könnte, oder Israel auf dem besten Weg sei, sich zu einem »modernen Sparta« zu entwickeln; die demokratische Kultur im Land sei dafür zu ausgeprägt, das politische System zu stabil.[7] Außerdem sei die israelische Armee eine »Volksarmee« aus Reservisten und Zivilisten, sodass sich keinesfalls eine abgeschlossene militärische Klasse bilden könne. Auch die institutionelle und mentale Trennung zwischen der Armee und dem »zivilen«, also politischen Bereich soll belegen, dass sich das Militär allein den Sicherheitsproblemen des Staats widmet und daher keinen Militarismus entwickeln kann.[8] Militärs und Offiziere seien in nationale Entscheidungsprozesse stark eingebunden und würden daher nicht gegen demokratische Regeln verstoßen, von denen sie selbst profitierten.[9]

Eine andere Gruppe von Sozialwissenschaftlern thematisiert ausdrücklich einen ausgeprägten »israelischen Militarismus«.[10] Uri Ben-Eliezer vertritt die These, dass sich in Israel allmählich eine politische Kultur des Militärischen herauskristallisiert und schließlich verselbstständigt habe, die nahezu alle politischen Entscheidungen grundlegend beeinflusse. Den gesellschaftlich-kulturellen Kontext bilde das »Volk in Waffen«. Ben-Eliezer stellt sich hier gegen das »rationalistische Paradigma« Michael Howards (*The Causes of Wars*, 1983), dem zufolge ein Krieg die Folge bewusster, rationaler Entscheidungen beider Seiten sei. Der israelische Soziologe Baruch Kimmerling argumentiert in seinem Aufsatz »Militarismus in der israelischen Gesellschaft«, der israelische Militarismus habe sich seit der Staatsgründung Schritt für Schritt zu einem gestaltenden Grundprinzip der israelischen Gesellschaftsordnung entwickelt. Dieser Militarismus sei zwar hauptsächlich in Reaktion auf den israelisch-arabischen Konflikt entstanden, stelle mittlerweile jedoch selbst einen Grund für die Aufrechterhaltung des Konflikts dar – eines Konflikts, der integraler Bestandteil der israelischen Realität und fest im gesellschaftlichen Bewusstsein verankert sei.[11]

Kimmerling spricht allgemein von drei zentralen Dimensionen des Militarismus: Die erste Dimension ist die *politisch-gewalttätige*, die erst dann entsteht, wenn eine direkte oder indirekte Militärregierung über einen längeren Zeitraum hinweg Macht ausübt, wie dies bei den militärischen Regimes in Afrika oder Südamerika der 1970er Jahre der Fall gewesen ist.[12] Die zweite Dimension des Militarismus – der *kulturelle* Militarismus – entwickelt sich Kimmerling zufolge in Gesellschaften, in denen das Militär im öffentlichen Leben und kollektiven Selbstverständnis eine zentrale Rolle spielt; hier ist das Militär ein wichtiges Symbol des Kollektiven, es verkörpert den Patriotismus. Kimmerling stützt sich dabei auf Alfred Vagts' Begriff des Militarismus der Zivilisten im Gegensatz zum soldatischen Militarismus[13]: Im zivilen Militarismus werden die meisten kollektiven Ziele im Zusammenhang mit Krieg definiert. Die Kriege gelten als ein zentraler Bestandteil des kollektiven Lebens und werden von zivilen Führungspersönlichkeiten eingeleitet. Die dritte Dimension des Militarismus ist nach Kimmerling im Bereich des *Kognitiven* angelegt. Der strukturelle und kulturelle Militarismus werden so stark verinnerlicht, bis daraus ein kollektiver Geisteszustand (state of mind) wird. Auf dieser kognitiven Ebene wirkt der Militarismus besonders stark, denn er wird von Regierenden und Regierten als selbstverständlich begriffen und nicht mehr in Frage gestellt. Vor diesem Hintergrund ist das gesamte Kollektiv sowohl institutionell (Politik, Militär, Gesellschaft, Wirtschaft, Industrie und Rechtssystem) als auch auf der mentalen Ebene auf Krieg fixiert: Kriegsvorbereitungen werden zum gesellschaftlichen Dauerzustand, der nächste Waffengang erscheint als unvermeidlich. Kriege und militärische Einsätze werden zur Routine.[14]

Diese letzte Dimension des Militarismus definiert Kimmerling als »zivilen Militarismus«. Israel sei davon zutiefst geprägt, denn die Stützen des israelischen Militarismus seien eben die zivile Regierung, die akademischen, juristischen und wirtschaftlichen Eliten und nicht zuletzt die israelische Gesellschaft selbst. Das Militär müsse nicht im Zentrum der politischen Macht stehen, um einflussreich zu sein – es sei ausreichend, dass militärische Herangehensweisen bzw. Weltanschauung oder militärisches Bewusstsein von den meisten Entscheidungsträgern sowie der breiten Öffentlichkeit über die Partei- sowie Klassenzugehörigkeit hinaus systematisch verinnerlicht werden. Das Charakteristikum des »zivilen Militarismus« sei, dass das Militär als Garant der »nationalen Sicherheit«, also der staatlichen Existenz, begriffen werde, und damit fast immer Vorrang vor allen anderen Lebensbereichen habe. Dies sei das Organisationsprinzip des israelischen Kollektivs.[15] Die israelische Wahrnehmung des israelisch-arabischen bzw. israelisch-palästinensischen Konflikts spielt bei der Verfestigung des zivilen Militarismus eine bedeutende Rolle. Dies geht nahezu exemplarisch aus der Trauerrede hervor, die Generalstabschef Moshe Dayan am 30.4.1956 am offenen Grab des Soldaten Ro'i Rotberg hält. Seine Worte haben sich tief ins kollektive Gedächtnis Israels eingeprägt.[16] Die Rede wird hier deshalb vollständig wiedergegeben:

>»Gestern im Morgengrauen ist Ro'i gemordet worden. Die Ruhe dieses Frühlingsmorgens hat ihn, und er sah jene nicht, die ihm in der Furche auflauerten. Lasst uns heute die Schuld nicht den Mördern geben. Was steht es uns zu, ihren unbändigen Hass gegen uns zu verurteilen? Acht Jahre hocken sie in ihren Flüchtlinslagern in Gaza, und vor ihren Augen machen wir uns den Boden und die Dörfer zu eigen, in denen sie und ihre Vorväter heimisch waren.
>
>Nicht von den Arabern in Gaza, sondern von uns selbst haben wir Ro'is Blut zu fordern. Wie haben wir die Augen vor unserem Schicksal verschließen können, um nicht

die Bestimmung unserer Generation in ihrer vollen Grausamkeit zu sehen? Haben wir etwa vergessen können, dass diese Gruppe von Jünglingen, die hier in Nachal-Oz siedelt, auf ihren Schultern die schweren Tore von Gaza trägt, Tore, hinter denen sich Hunderttausende von Augen und Händen drängen, die beten, unsere Schwäche möge kommen, damit sie uns in Stücke reißen können – haben wir das etwa vergessen? Wir wissen doch, dass, damit die Hoffnung, uns zu vernichten, erstirbt, wir gezwungen sind, von morgens bis abends bewaffnet und bereit zu sein. Wir sind die Generation der Siedler, ohne Stahlhelm und Geschützmündung werden wir keinen Baum setzen und kein Haus bauen können. Unsere Kinder werden nicht leben können, wenn wir nicht Schutzräume ausheben, und ohne Stacheldraht und Maschinengewehr werden wir keine Straße pflastern und nicht nach Wasser bohren können. Die Millionen von Juden, die vernichtet wurden, weil sie kein Land hatten, sehen uns aus der Asche der israelischen Geschichte zu und befehlen uns, zu siedeln und ein Land für unser Volk zu errichten.

Doch jenseits der Grenzlinie schäumt ein Meer aus Hass und Rachegelüsten, das den Tag erwartet, an dem die Sorglosigkeit unsere Gespanntheit wird abstumpfen lassen, den Tag, an dem wir den Botschaftern der hinterhältigen Verlogenheit Gehör schenken, die uns aufrufen, unsere Waffen niederzulegen. Doch zu uns schreit Ro'is Blut aus seinem geschundenen Körper. Denn obgleich wir tausend Schwüre taten, dass unser Blut nicht umsonst vergossen wird, haben wir uns gestern erneut verführen lassen, haben zugehört und geglaubt. Die Rechnung mit uns selbst werden wir heute aufmachen. Wir werden nicht davor zurückschrecken, den entfachten Hass zu sehen, der das Leben Hunderttausender Araber erfüllt, die uns umgeben und des Moments harren, in dem sie uns zur Ader lassen können. Wir werden unsere Augen nicht abwenden, auf dass unsere Hand nicht schwach wird. Dies ist die Bestimmung unserer Generation. Dies ist die Wahl unseres Lebens – gefasst und bewaffnet zu sein, stark und unnachgiebig. Denn sollte das Schwert aus unserer Faust gleiten – wird unser Leben ausgelöscht werden.

Ro'i Rotberg, der schmächtige blonde Jüngling, der aus Tel Aviv auszog, um sein Haus vor den Toren Gazas zu erbauen und uns eine Mauer zu sein; Ro'i – das Licht in seinem Herzen hat seine Augen geblendet, so dass er den verzehrenden Blitz nicht sah. Die Sehnsucht nach Frieden hat seine Ohren taub werden lassen, so dass er nicht den Klang des lauernden Mordes hörte. Die Tore Gazas waren zu schwer für seine Schultern und haben ihn in die Knie gezwungen.«[17]

Dieser Text enthält nach Kimmerling sieben Codes der israelischen Gesellschaft: Erstens ist der israelische Staat ein Siedler- und Einwandererstaat, dessen Existenz in der Region weder gesichert noch selbstverständlich ist. Der zweite Code lautet, die »Araber« – eine undifferenzierte und allgemeine Kategorie – hassen »uns«. Drittens entnimmt Kimmerling dem Text den Code der Unveränderbarkeit der eigenen Lage; alles ist Schicksal. Der israelischen Gesellschaft allein obliegt es, ihre Existenz zu sichern. Diese Existenz lässt sich viertens lediglich »mit der Faust und dem Schwert« sichern. Der fünfte Code besteht in der Dominanz des gesellschaftlichen Ziels der Sicherheit über alle anderen Bereiche (»Security Code«), der sechste Code in der Dauermobilisierung der israelischen Gesellschaft, für Besiedlung und Kampf. Und schließlich spricht Dayan auch von unvermeidlichen »Menschenopfern«.[18]

Immer wieder haben verschiedene Stimmen die konstitutive Kraft dieser Codes in Frage gestellt. Doch deren prägender Einfluss bei der Gestaltung der neuen Gesellschaft bleibt im Großen und Ganzen unbestritten. Vor diesem Hintergrund erscheint der Konflikt als ein »ewiger Konflikt«, weil die ablehnende Haltung der »neuen *Gojim*« gegenüber den »Juden« als konstant bzw. jenseits historischer Entwicklungen aufgefasst wird. Gleichzeitig wird die arabische Ablehnung der israelischen Existenz in der Region in eine Reihe mit den jüdischen Gewalterfahrungen in Europa gestellt. Denn auch wenn zugegeben wird, dass die arabische Haltung nachvollziehbar ist, also das Historische mit einbezogen wird, wird der arabisch-israelische Konflikt letztlich doch nur als eine neue Version der gewohnten Ablehnungshaltung gegenüber Juden begriffen. Der Konflikt wird enthistorisiert. Kimmerling zufolge führte die Auffassung eines »ewigen« Konflikts zu dessen fester Integration in die Institutionen der Gesellschaft, die sich auf eine langfristige Konfrontation einstellen müssten. Es sei zu einer Routinisierung des Krieges gekommen, sodass die israelische Gesellschaft von Krieg zu Krieg ihre Fähigkeit zur Mobilmachung verbessert habe, bis der Krieg schließlich den gesamten Alltag durchdringe. Die Folge ist, der Konflikt sei zu einem konstitutiven Faktor des israelischen Kollektivs und Bewusstseins geworden. Infolge dessen seien die Grenzen zwischen Politik und Militär fließend, die Politik unterwerfe sich in der Regel dem Militär und dem ultimativen Argument der nationalen Sicherheit. Diese Unterordnung diene wiederum einer bestimmten Politik, welche durch die Verwischung der Grenzen im »zivilen Militarismus« ihr Monopol aufrechterhalte. Dies geschehe mittels bestimmter Ideen, welche die Realität »erklären« bzw. definieren, und dabei alternative Interpretationen verdrängten.[19]

Reuven Pedezur erläutert die Genese der nationalen Sicherheitsdoktrin Israels: Führende politische Persönlichkeiten hätten in den Gründungsjahren des Staats, zwischen 1949 und 1956, eine ausgeprägte Sicherheitskultur entwickelt. Besonderes Gewicht kommt dabei Staatschef und Verteidigungsminister David Ben-Gurion zu, der auf Grund seiner politisch-parteilichen Sonderstellung das Fundament der nationalen Sicherheitspolitik gelegt habe. Seine Parteimitglieder habe er aus diesem Entscheidungsprozess ausgeschlossen und sich und dem Sicherheitsestablishment de facto unbeschränkte Freiheit bei der Gestaltung der Sicherheitspolitik verschafft. Ben-Gurion sei es gelungen, sich innerhalb der regierenden *Mapai*-Partei duchzusetzen, indem er die Sicherheit von anderen »politischen« Belangen getrennt habe, um so die Sicherheit in Partei und Regierung nicht zur Debatte zu stellen. Das Sicherheitsestablishment in Verteidigungsministerium und Militär, sprich die »Sicherheitsexperten«, hätten de facto die Entscheidungsgewalt gehabt.[20] Infolge dieser Trennung von Sicherheit und Politik setzt eine kleine Gruppe aus Politik und Militär unter der schützenden Hand Ben-Gurions erfolgreich ein »offensives Ethos« durch. Moshe Sharett (Außenminister 1949-1956) wehrt sich erfolglos gegen die Hardliner.[21] Verdrängt ist das »defensive Ethos«, welches in erster Linie die Diplomatie als Mittel der Konfliktlösung vorsieht, womit Shapiras eingangs vorgestellte These bestätigt wäre. Die 1950er Jahre sind auch für Motti Golani entscheidend für die Geschichte des israelischen Militarismus: Jene »offensive Haltung«, die sich in den 1930er Jahren herausgebildet und im folgenden Jahrzehnt eine aggressive Dimension angenommen habe, werde in den 1950er und 1960er Jahren endgültig zementiert.[22]

Wie entsteht nun der gesellschaftliche Konsens für den Kurs der politischen Hardliner? Welche Rolle spielt dabei Shimon Peres, zunächst Ben-Gurions rechte Hand im Verteidigungsministerium während der 1950er Jahre, später einflussreicher Politiker in diversen Regierungsämtern? Wie hat der Zivilist Peres im Laufe seiner politischen Karriere den israelischen Militarismus geformt? Und inwiefern lässt sich in Bezug auf seine Person von einem »zivilen Militarismus« im Sinne Kimmerlings sprechen? Im Vordergrund dieses Kapitels steht die Frage nach Peres' Verständnis militärischer Einsätze bei der Lösung von Konflikten. Dabei soll sein Verhältnis zum Krieg und sein Beitrag zur Konsolidierung der jüdisch-israelischen Nationalstaatlichkeit ergründet werden. Der Begriff »Krieg« wird hier nicht im völkerrechtlichen Sinne des erklärten konventionellen Krieges angewendet. »Krieg« bezeichnet im Folgenden auch regelmäßige militärische Einsätze als Bestandteil der Sicherheitspolitik, ob diese Einsätze nun als Vergeltungspolitik, Verteidigungs-, Eroberungs-, Zermürbungs- oder Geheimkrieg bezeichnet werden. Ziel ist es, den starken Konnex zwischen Sicherheits- und Kriegespolitik deutlich zu machen. Dazu soll die Bereitschaft der israelischen Politik, Gesellschaft und Armee, diesen Konnex zu akzeptieren, erörtert werden.

Auch Peres' Rolle bei der Beschaffung des nichtkonventionellen Waffenarsenals Israels ist Gegenstand der folgenden Analyse; außerdem sein Verständnis konventioneller militärischer Einsätze und die Bedeutung, die er dem Besitz der ultimativen, mit dem perversen Begriff der »Versicherungswaffe« belegten Atomwaffe beimisst. Drei militärische Konfrontationen stehen im Mittelpunkt: zunächst der Konflikt mit Ägypten 1956, als Peres Generaldirektor im Verteidigungsministerium ist. Diese Auseinandersetzung ist deshalb aussagekräftig, weil sie in den formativen Jahren stattfindet; sie illustriert, wie eine günstige Gelegenheit von israelischer Seite für einen Krieg genutzt wird. Der Einsatz ist, wie bislang wenig bekannt wurde, eng mit Israels Anfängen als Atommacht verknüpft. Historisch betrachtet liegt auf diesem Gebiet Peres' entscheidender Beitrag zu »Israels Sicherheit«. Im Libanon-Krieg vom Juni 1982, der zweiten hier zu behandelten Konfrontation, ist Peres Oppositionsführer und Parteivorsitzenden der Arbeitspartei: Wie sieht er diesen Krieg und welche Rolle spielt er dabei? Abschließend wird der militärische Einsatz vom April 1996, ebenfalls im Libanon, unter die Lupe genommen, der von Peres als Staatsoberhaupt und Verteidigungsminister befehligt wird.

Peres und der erste israelische »Krieg der günstigen Gelegenheit« – Der Sinai-Suez-Feldzug 1956

Von der Vergeltungspolitik zu einem konventionellen Krieg

Der Sinai-Suez-Feldzug gilt als ein Höhepunkt der sogenannten »kleinen Grenzkriege«, die nach dem Krieg von 1948 zwischen Israel und den arabischen Nachbarstaaten bzw. den palästinensischen Flüchtlingen ausgefochten werden.[23] Die israelische Führung und Armee bekämpfen erbittert die Versuche der palästinensischen Flüchtlinge, im israelischen Kernland in ihre Häuser und auf ihre Besitzungen zurückzukehren. Im Laufe der ersten Jahre entwickelt Israel auf die als »Infiltration« bezeichneten Rückkehrversuche der palästinensischen Flüchtlinge hin neben anderen Verteidigungsstrategien (wie z. B. die Gründung jüdischer Siedlungen an den Grenzen, die Gründung einer Grenzwehrpolizei, Vertreibung bzw. Tötung der »Eindringlinge«[24]) auch eine offensive militärische Reaktionsform, die Politik der Vergeltung. Diese Praxis reicht bis in die 1930er Jahre zurück: Bereits die *Hagana* (heb. »Verteidigung«), eine paramilitärische jüdische Organisation, die der Jewish Agency untersteht, reagiert auf arabische Überfälle mit Gewalt, wobei sie neben den Tätern auch deren Familie und Stamm zwecks Abschreckung ins Visier nimmt. Nach der Gründung des Staats setzt die politische Führung die Vergeltungspolitik fort, dementiert dies aber offiziell bis 1953; der verheerende Fall Qibiya, in dem 69 palästinensische Zivilisten in einem jordanischen Dorf im Westjordanland von der israelischen Armee getötet werden, ist ein bekanntes Beispiel für die öffentliche Dementierung durch den Staatschef und Verteidigungsminister David Ben-Gurion.[25] Rache ist ein wichtiges Motiv dieser Vergeltungspolitik, aber auch die Demonstration der militärischen Überlegenheit Israels. Die arabischen Nachbarstaaten und die Palästinenser sollen abgeschreckt werden, Israel zu attackieren. Außerdem wollen Staatschef und Verteidigungsminister Ben-Gurion und Generalstabschef Dayan, welche Mitte der 1950er Jahre die sogenannte »aktivistische Haltung« – sprich den harten militärischen Kurs – durchsetzen, die arabische Welt dazu veranlassen, Israels Stärke anzuerkennen und somit seine Existenz in den Grenzen von 1949 zu akzeptieren. Morris weist zudem darauf hin, dass die Vergeltungspolitik, die einen permanenten Ausnahmezustand nach sich zieht, die regierende *Mapai*-Partei stärke. Der aktive Kampf sei zudem geeignet, die junge Immigrationsgesellschaft zu einer Einheit zu verschmelzen.[26]

Die israelische Vergeltungspolitik der 1950er Jahre – so Morris – erschüttert die arabischen Nachbarstaaten, verletzt ihre territoriale Souveränität, und bringt damit ihre Machtlosigkeit zum Vorschein. Die immer wiederkehrenden palästinensisch-arabischen Gewalttaten auf Israelis und die israelischen militärischen Überfälle überschreiten ab einem bestimmten Punkt die Grenze zu einem konventionellen Krieg. Die Vergeltungspraxis, die sich ursprünglich gegen die Rückkehrversuche der Palästinenser richtete, führt zu einer Ausweitung des Konflikts, denn die israelischen Einsätze wenden sich immer weniger gegen die palästinensischen Verantwortlichen und immer mehr gegen die arabischen Nachbarstaaten. Der israelisch-palästinensische und der israelisch-arabische Konflikt gehen ineinander über, da Israel zudem die Verantwortung für die palästinensischen Flüchtlinge von sich weist und den sie aufnehmenden Staaten (Ägypten, Syrien, Jordanien und Libanon) anlastet. Die Verquickung der beiden Auseinandersetzungen hat weitere Auswirkungen. Die verheerende Eskalation der Gewalt an der südlichen Grenze Israels ruft 1955 palästinensische Kampfeinheiten gegen Israel auf den Plan. Die »Fedayeen« (arab. »Befreiungseinheiten«), welche 1952-1953 am Suezkanal gegen die Briten vorgehen, werden nun von Ägyptens Präsident Nasser gegen Israel eingesetzt, vor allem nach den schweren Angriffen der israelischen Armee im Gazastreifen im Februar und August 1955. Sie fügen den Israelis trotz militärischer Unterlegenheit schwere Verluste zu und verängstigen die Siedler an der südlichen Grenze Israels. Die Bekämpfung der Fedayeen wird Ende 1956 als ein Kriegsziel im Konflikt mit Ägypten angeführt.[27]

Zu Peres' Auffassung der Vergeltung: der Fall Kalkilia

Selten finden sich direkte Stellungnahmen des Generaldirektors im Verteidigungsministerium zur Vergeltungspolitik der 1950er Jahre und ihrer politischen Bedeutung. Einige Hinweise auf Peres' Haltung gibt seine kurze Rede mit dem Titel »Vergeltungsaktion«, die er am 11.10.1956 vor einem nicht namentlich genannten Publikum hält – wahrscheinlich handelt es sich um eine geschlossene Gesellschaft im Verteidigungsministerium.[28] Hintergrund bildet der verheerende Angriff der israelischen Armee am 10.10.1956 auf die jordanische Polizeistation in der Stadt Kalkilia im Westjordanland. Am 9.10.1956 dringen zwei Palästinenser in die israelische Kleinstadt Eben-Jehuda ein und töten zwei israelische Arbeiter. Die israelische Armee macht die jordanische Regierung für die Morde verantwortlich. Generalstabschef Moshe Dayan schlägt vor, die Getöteten durch einen Angriff auf das Polizeirevier von Kalkilia im Westjordanland zu rächen. Die israelische Regierung billigt in einer Sondersitzung die Eroberung und Zerstörung des Reviers und die Tötung der Belegschaft. Der Angriff wird ausgeführt, die Situation eskaliert jedoch und fordert viele Opfer: Auf der israelischen Seite sterben 18 Soldaten, 68 weitere werden verletzt; die Jordanier haben zwischen 70 und 90 getötete Polizisten und Soldaten zu beklagen. Die Aktion Kalkilia gilt als eine der verheerendsten Vergeltungsaktionen und löst in der israelischen Armee und Regierung tiefste Bestürzung aus.[29]

Peres' Rede *Vergeltungsaktion* gibt exemplarisch das Paradox der Vergeltungspolitik als Mittel der aktiven Verteidigung wider. Dieses Paradox kann auch als »unlösbares Dilemma« der israelischen Abschreckungsdoktrin bezeichnet werden: Die militärischen Einsätze sollen dazu dienen, »den Feind« davon abzuhalten, Israel anzugreifen, um den Konflikt nicht mit diplomatisch-politischen Mitteln lösen zu müssen. Doch gleichzeitig führen diese Einsätze dazu, dass eigene Leute getötet werden und die Gewalteskalation unaufhaltsam fortschreitet. Die Befürworter der Vergeltungspolitik sehen in ihr das ausschließliche Mittel der Verteidigung. Sie setzen sich damit schließlich nicht zuletzt auf Grund ihrer Hegemonie im Sicherheitsestablishment bei der Gestaltung der Sicherheitspolitik durch. Peres' Text von 1956 zeigt, dass er die Grenzen der Vergeltungspolitik durchaus sieht, aber keine Alternative anzubieten hat. Er hält an der Logik, sie sei die einzig mögliche Verteidigung, fest; gerade angesichts des jüngst erlittenen herben Rückschlags für die Vergeltungspolitik will er diese als allein wirksame Sicherheitspolitik legitimieren.

Die Rede nimmt in erster Linie militärische Aspekte in den Blick. Peres beginnt mit einem Vergleich zwischen den beiden Armeen, die der IDF gegenüberstehen: Er lobt den Mut der jordanischen Soldaten und die Stärke der jordanischen Legion, um sie positiv gegen die ägyptischen Streitkräfte abzuheben, die zwar gut ausgestattet seien, deren Soldaten jedoch »unterlegen« seien und sich daher den Kämpfen mit den Israelis entzögen.[30] Dabei weist Peres auf einige militärische Probleme hin: die Stärke der jordanischen Legion, die sich im Kampf offenbare; die beschränkte Zeit, die der israelischen Kampfeinheit zur Verfügung stehe, weil die Vergeltungsaktionen – so wird hier angedeutet – meist in der Nacht ablaufen. Damit verknüpft er eine weitere militärische Problematik, die Israel auf Dauer beschäftigen wird: »Wir können da [in Kalkilia infolge der Vergeltung] nicht bleiben. Hätten wir die Möglichkeit, Kalkilia oder Hussien[31] zu erobern und dort auch zu bleiben, so wäre es viel besser. Doch wir wissen ganz genau: Sollten wir unsere Eroberungen halten, so würde der [UN-]Sicherheitsrat tagen und uns darum bitten, uns zurückzuziehen. Die Frage bleibt, ob Israel dort unter diesen Umständen bleiben kann oder den Krieg beginnen würde. Wenn wir aber Krieg führen wollen, bin ich mir nicht sicher, ob wir ihn in Kalkilia oder Hussein beginnen sollen.«[32] Diese Aussage macht Peres zu einem Zeitpunkt, als die geheimen Vorbereitungen für den Krieg gegen Ägypten bereits laufen. Drei Elemente, nämlich Vergeltung, Krieg und Landgewinn, sind für Peres gleichermaßen Bestandteile der Verteidigung. Die Rede macht jedoch deutlich, dass Israel zu diesem Zeitpunkt nicht in der Lage ist, gegen Jordanien, welches das Westjordanland beherrscht, einen Krieg zu führen.

Im Anschluss erörtert Peres ein weiteres militärisch-operationelles Problem: Israel habe alles getan, um bei der Vergeltung »[palästinensisch-jordanische] Zivilisten nicht zu Schaden kommen zu lassen. […] Hätten wir diese Restriktion nicht auf uns genommen, so hätten wir Verluste unter unseren Jungs vermeiden können […]. Nicht nur wurden unsere Kräfte angewiesen, Häuser und Zivilisten in der Stadt Kalkilia nicht zu treffen, wir haben auch befürchtet, dass innerhalb des Polizeireviers Familien der Polizisten leben. Es gab auch einen Befehl, zu prüfen, ob sich Frauen und Kinder im Gebäude befinden, bevor es dem Erdboden gleich gemacht wird. [Hätten wir diese Restriktionen nicht auf uns genommen], so wären uns auf unserer Seite viele Opfer ersparen können.«[33]

Setzt sich Peres dafür ein, diese militärische Moral aufrechtzuerhalten, oder will er sie abschaffen? Im Weiteren zieht er einen Vergleich zum verheerenden Vergeltungsschlag vom Oktober 1953 im jordanischen Dorf Qibiya (ebenfalls im Westjordanland), der gegen Zivilisten gerichtet war und weltweit für heftige Kritik an Israel sorgte. So beteuert er, dass der Qibiya-Anschlag zwar »negativ ausfiel, doch letztlich einen effektiveren Einfluss auf [die Regierung] Jordaniens nahm, als der Anschlag auf [das Polizeirevier] Hussein. [...] Denn die Aktion in Qibiya setzte die jordanische Regierung aus zweierlei Richtungen unter Druck: zum einen militärisch, da die Legion und die Nationale Garde keinen Ausweg mehr wussten; zum anderen spielte auch der Druck der Bevölkerung eine Rolle. Da können die jordanischen Zivilisten ihrer Regierung sagen, ›Was könnt ihr tun, um die Tötung unserer Kinder und Frauen Nacht für Nacht zu verhindern?‹«[34] Peres deutet hier den sicherheitspolitischen Grundsatz an, nicht auf die politische Lösung des Konflikts zu setzen, sondern die Zivilisten der Nachbarstaaten in die militärischen Planungen mit einzukalkulieren, als seien sie beliebig beeinflussbare Manövriermasse. Wieder muss das Argument der Selbstverteidigung herhalten: »Es soll klargestellt werden, dass das zentrale politische Ziel der Vergeltungsschläge darin besteht, die jordanische Regierung zu zwingen, die Verantwortung für die Aktionen zu übernehmen.«[35] Mit den »Aktionen« sind die mörderischen »Infiltrationen« von Palästinensern in Israel gemeint. Das politische Ziel der Vergeltung, sprich die Verteidigung der Grenzen, wird in dieser Rede lediglich angerissen; schon zu diesem frühen Zeitpunkt ist die Vergeltungspolitik ein selbstverständliches Mittel der Verteidigung, sodass Peres sich nicht verpflichtet fühlt, auf den Konnex von Vergeltung und Verteidigung einzugehen. Vielmehr spricht er sich für eine Verschärfung der aktiven Verteidigung aus, für die Miteinbeziehung der Zivilisten: Der Druck auf die Zivilisten soll die Nachbarstaaten dazu bringen, die Verantwortung für das palästinensische Flüchtlingsproblem zu übernehmen und so selbst die »Infiltrationen« zu verhindern.

Vergeltungsschläge, die auch Zivilisten treffen, sind nach Qibiya eingestellt worden. Peres fordert nun, wieder zu dieser Praxis zurückzukehren, denn diese Form der Abschreckung ist für die Sicherheitspolitik ausgesprochen bedeutsam. Der Redner befürchtet, einen Teil dieser Abschreckungswirkung einzubüßen, gerade nach dem Kampf von Kalkilia: »Aus der Sicht [der Jordanischen Legion] handelt es sich bei dieser Aktion um einen Sieg. Denn angesichts des gelungenen Schlags gegen eine als unschlagbar geltende Macht [...] haben sie wenig Anlass, bestürzt zu sein.«[36] Auch wenn Peres die militärische Leistung der israelischen Armee lobt, um die Moral in den eigenen Reihen aufrechtzuerhalten – »es gibt schließlich auch zerstörte Polizeistationen, 100 Tote und 100 Beerdigungen und eine gedrückte Moral [auf der jordanischen Seite]«[37] –, hat er Angst vor der Niederlage: »Wir hatten diese Nacht 18 Soldaten und 50 Verletzte zu beklagen, wobei es sich um eine Spezialeinheit der Armee handelt. Wir können uns auf Dauer [einen solchen Preis] nicht leisten.« In Peres' Fazit zur *Vergeltungsaktion* kommt das Dilemma der »aktiven Verteidigung« deutlich zum Ausdruck:

»Wir werden die jordanische Regierung vor die Wahl stellen [müssen]: Entweder werdet ihr die Grenzen bewachen, oder wir werden es selbst übernehmen müssen. Ihr werdet die Morde an den Bewohnern des Staats Israel verhindern [müssen] oder wir werden dafür sorgen, dass die Bürger Jordaniens nicht im Frieden leben werden. Denn wir werden es niemals zulassen, auf Dauer solche Opfer bringen zu müssen, wie wir es letzte Nacht getan haben.«[38]

Der Text zeigt, wie stark der 33-jährige Peres die politischen Probleme ausschließlich in militärischen Kategorien begreift. Auch wenn die Vergeltungspolitik das Gegenteil dessen bewirkt, was sich ihre Befürworter davon erhofft haben, außerdem schwere Verluste verursacht und die Abschreckungswirkung beeinträchtigt hat, kommt sie nicht auf den Prüfstand. Der Glaube an ihre Effizienz als Mittel zur Einschüchterung und somit der Verteidigung bleibt ungebrochen. Israelische Opfer werden in Kauf genommen, gemäß des alten Grundsatzes David Ben-Gurions, dass die Bewahrung jüdischen Lebens eben ihren Preis verlange, auch wenn dafür noch mehr jüdisches Leben gefordert werden müsse. Für Peres sind auch die gefallenen israelischen Soldaten gemäß der Auffassung des »Volks in Waffen«[39] Opfer, die ihrerseits gerächt werden müssen; gleichzeitig sind sie Mitglieder der »unbesiegbaren Armee«, welche die Aktion ja überhaupt erst initiiert hat. Juden erscheinen also gleichzeitig als Opfer und Täter: Das Opfer-Sein wird als im jüdischen Schicksal angelegt betrachtet, woraus die Logik resultiert, sich aktiv verteidigen zu müssen, um dem eigenen Schicksal zu entrinnen. Das Zusammenspiel dieser beiden Wahrnehmungen ist von großer Bedeutung für die innenpolitische Legitimierung der Gewalt, und zwar auch ungezügelter Gewalt. Opferhaltung und Vergeltungspolitik sind zwei Seiten einer Weltanschauung, die sich sowohl der Sprache des Leidens als auch der Sprache des Angriffs bedient. Die toten israelischen Soldaten sind demnach sowohl »Opfer«, mit denen die Fortführung des Kampfs im Sinne der israelischen Sicherheitsdoktrin begründet wird, als auch »notwendiger Preis« des gegenwärtigen Kampfs. Da das palästinensische Flüchtlingsproblem weiter ungelöst bleibt und für weitere Spannungen an den Grenzen sorgt, gleichzeitig Israel allein in der aktiven Verteidigung eine Lösung sieht, gibt es keinen Ausweg aus der Gewaltspirale. Welchen Vorteil kann die sicherheitspolitische Führung aus der möglichen Eskalation ziehen?

Zum Hintergrund des Sinai-Suez-Feldzuges

Die historische Forschung bewertet die Rolle der Vergeltungspolitik bei den Gewaltausbrüchen der Jahre 1955-1956, insbesondere beim Suez-Krieg im Oktober 1956, unterschiedlich. Morris betrachtet die zahlreichen Grenzscharmützel und Konflikte dieser Jahre zwischen Israel und seinen Nachbarstaaten, Ägypten und Jordanien allen voran, als wichtigen Eskalationsfaktor, der letztlich zum Krieg geführt habe. Die israelische Führung selbst begründet ihren ersten Präventivkrieg unter anderem damit, dass sie die Fedayeen-Stützpunkte auf der Sinai-Halbinsel beseitigen will. Es gelingt der israelischen Armee schließlich im Sinai-Suez-Krieg, den Gazastreifen sowie die Sinai-Halbinsel einzunehmen und die Stützpunkte zu zerstören.[40] David Tal argumentiert hingegen, dass die französisch-britisch-israelische Zusammenarbeit gegen Ägypten im Oktober 1956 auf der israelisch-französischen Allianz beruht: »For Israel, it was a ›fee‹ collected by France as a price for the nascent alliance between the two states, which was so important to the Israelis; it also offered an opportunity to extract a price from Egypt under optimal conditions.«[41] Tal wendet sich gegen die geläufige Forschungsmeinung, die einen engen Zusammenhang zwischen den Grenzkriegen und dem Sinai-Suez-Krieg sieht[42], wodurch auch Letzterer als »Selbstverteidigungsgang« erscheint. Tal behauptet, die Situation an den Grenzen sei eine lokale Angelegenheit, beide Seiten (Israel und Ägypten) hätten einen konventionellen Krieg eher als ungünstig betrachtet, und zwar trotz des durch die kleinen Grenzkriege erzeugten explosiven Klimas. Ein direktes Verhältnis von Ursache und Wirkung zwischen den Grenzkriegen und dem Sinai-Suez-Krieg schließt er aus.[43]

Motti Golani vertritt ebenfalls die These, es gebe eine Verbindung, wenn auch eine lose, zwischen den Grenzkriegen und dem Sinai-Feldzug. Israel sei in den Jahren 1955 und 1956 regelrecht auf der Suche nach einem Krieg – »in search of a war« – gewesen. Dabei bezieht sich Golani vor allem auf Moshe Dayan, den politischen Generalstabschef der israelischen Armee, der einen Krieg ausdrücklich angestrebt und die Vergeltungs- bzw. Eskalationspolitik der 1950er Jahre dazu auch instrumentalisiert habe:

> »My research led me to conclude that Israel had been ›in search of a war‹ before the onset of the Suez Crisis and without any connection to it. It was not by chance that some in Israel began to entertain the possibility of an Israeli-initiated war upon Ben-Gurion's return to the government. The option of such a war had been raised by the army. [...] Dayan maintained that Israel's survival was contingent on its defeating Egypt, the leader of the Arab world, in a ›second round‹. A victorious Israel could then enter peace talks from a position of strength. [...] Dayan won BG's [Ben-Gurions] support for his approach. However, this was not enough. Despite Israel's unsteady security situation, it was not possible to muster a Cabinet majority for the policy espoused by Dayan and Ben-Gurion until the spring of 1956.«[44]

Dayans Sekretär Mordechai Bar-On schildert in seinem 1992 erschienenen Buch zur israelischen Außenpolitik der Jahre 1955-1957 die Beweggründe des Sicherheitsestablishments für den Krieg: Maßgeblich sei unter anderem der Wunsch gewesen, die ägyptische Armee zu besiegen. Mit diesem Argument habe Ben-Gurion die Zustimmung der Regierung für den Krieg gewinnen können. Bar-On umreißt das sicherheitspolitische Konzept der Hardliner und argumentiert mit der sich zu diesem Zeitpunkt verfestigenden israelischen Sicherheitsdoktrin: Demnach lasse sich allein durch die demonstrative Überlegenheit des eigenen Militärs über einen arabischen Führungsstaat eine wirksame Abschreckung erzielen, durch die auch andere potenzielle Feinde davon abgebracht würden, die Waffen gegen Israel zu erheben. Das Konzept der Abschreckung bildet seither einen wesentlichen Grundstein im Sicherheitsverständnis der Hardliner. Demnach erweise sich militärische Passivität langfristig als gefährlich für die Existenz des Staats, weil sie als

Schwäche interpretiert werden kann und Israel somit angreifbar macht. Die
»aktivistische« Politik sieht im Krieg einen »Bestandteil der Verteidigungsstrategie«, wobei militärische Stärke nicht zuletzt deshalb demonstriert werden soll, um »dem Feind klar zu machen, dass er sich in Gefahr begibt, sollte er Israel angreifen«. Bar-On ist davon überzeugt, dass der Sinai-Suez-Krieg die israelische Abschreckungsmacht entscheidend gestärkt und somit die Ruhejahre an der südlichen israelischen Grenze 1957-1967 überhaupt erst ermöglicht hat.[45] Doch dieses Abschreckungskonzept birgt zwei Probleme. In einer »Demonstration der Stärke« steckt immer auch die Gefahr einer Eskalation, die es eigentlich zu verhindern gilt. Denn auch im Falle der militärischen Überlegenheit Israels ist eine militärische Reaktion des betroffenen Staats nicht auszuschließen. Die Geschichte der Grenzkriege, wie Morris sie darstellt, zeigt dies deutlich, und auch Ben-Gurions Bedenken im Vorfeld der Kriegsentscheidung gründen sich auf die Furcht vor einem Gegenschlag. Der Begriff »Präventivkrieg« verdeutlicht diese Problematik: Er folgt der Logik, dass man, um einen Angriff von außen zu verhindern, selbst einen Krieg beginnen muss. Nur – und das ist das zweite Problem – ist Israel 1956 noch nicht eindeutig militärisch überlegen, weshalb Ben-Gurion den Sinai-Suez-Krieg nur mit Unterstützung zweier europäischer Mächte wagt. Israel erzielt den militärischen Sieg von 1956 nicht aus eigener Kraft, wie Bar-On selbst einräumt.[46]

Krieg im Tausch gegen ein Bündnis?

Weshalb also zieht Israel in den Sinai-Suez-Krieg? Israel muss sich in diesen Jahren bei den westlichen Mächten um Waffen bemühen. Aufrüstung und Waffenerwerb sind ein wichtiger Faktor bei der Kooperation Israels mit den westlichen Mächten bis hin zum Sinai-Suez-Feldzug. Die USA, Großbritannien und Frankreich stehen Anfang der 1950er Jahre offiziell den israelischen Bemühungen jedoch kritisch gegenüber, da sie den Nahen Osten befrieden und die Region nicht freizügig mit Waffen beliefern wollen. Insgeheim gründen sie das »Near East Arms Coordinating Committee« (NEACC), um den Waffenverkauf zu regulieren.[47] Angesichts des palästinensischen Flüchtlingsproblems und dessen Auswirkungen auf die Grenzsituation, und in Anbetracht der gescheiterten Annäherungsversuche zwischen Israel und seinen Nachbarn (vgl. Kapitel V dieser Arbeit), gehen die USA nur zögerlich auf die israelischen Versuche ein, Waffen zu erwerben. Der amerikanische Außenminister John Foster Dulles will Israel lediglich Waffen für Verteidigungszwecke zukommen lassen, direkt oder über eine dritte Seite (Kanada, Frankreich und Großbritannien).[48] Außerdem ist er entschlossen, die Lieferungen von der Grenzpolitik Israels abhängig zu machen und seiner Zusammenarbeit mit UNTSO (»UN Truce Supervisory Organization«), die u. a. für die Einhaltung des Waffenstillstandsabkommens zuständig ist. Das am 27.9.1955 bekannt gewordene ägyptisch-tschechische Waffenabkommen[49] versetzt die israelische Führung nun in eine neue bedrohliche Situation. Für Dayan ist dies der Anlass für einen Krieg gegen Ägypten. Er setzt Staatschef Ben-Gurion unter Druck, der zunächst die Kriegsoption ausschlägt, sich jedoch für die Aufrüstung der IDF entscheidet.[50]

Die israelischen Versuche, über die USA und Großbritannien Waffen zu erwerben, scheitern. Nur in Frankreich kann Noch-Premierminister und Außenminister Moshe Sharett im Gespräch mit dem französischen Premierminister Edgar Faure die Grundlage für das große, schließlich unter Peres' Federführung zustande kommende Waffengeschäft vom Juni 1956 legen.[51] Nach der politischen Entmachtung von Sharett und seiner Absetzung Anfang Juni 1956[52] wird Peres von Ben-Gurion beauftragt, die Verhandlungen mit Frankreich fortzuführen. Peres hat seine Expertise für den Waffenerwerb im Laufe seines Aufenthalts in den USA 1949-1952 entwickelt, in den Zeiten des amerikanischen Waffenembargos gegen Israel; alle Waffengeschäfte mussten illegal und auf Umwegen abgeschlossen werden.[53] Zum Embargo sagt Peres: »Das Embargo der großen Mächte dauert noch [1956] an. Daher müsste ein unabhängiges und souveränes Israel noch immer seine Waffen über Vermittler erwerben, diese im Untergrund nach Israel liefern lassen und dies überhaupt geheim halten.«[54]

Peres versucht schon Anfang 1954 sein Glück in Frankreich, wo er die politische Instabilität der Vierten Republik (1944-1958) nutzen will, um sich auf persönlicher Ebene Zugang zu einzelnen Personen der militärischen und politischen Führung zu verschaffen. Ihm gelingt es allmählich, Ben-Gurion davon zu überzeugen, trotz des amerikanischen Waffenembargos Verhandlungen mit Frankreich aufzunehmen.[55] Unter Ausschluss des israelischen Außenministeriums gelingt es Peres als Ben-Gurions persönlichem Vertrauten, Kontakt zur neuen sozialistischen Regierung unter Guy Mollet aufzunehmen, besonders zum Verteidigungsminister Maurice Bourgès-Maunoury, dem Vorsitzenden der *Parti radical*. Dieser ist vor allem daran interessiert, Algerien für Frankreich zu sichern und die »Front de Libération Nationale« (FLN) zu zerschlagen. Da der ägyptische Präsident Nasser als Unterstützer der FLN gilt, wäre seine Entmachtung durchaus auch im Sinne Frankreichs. Angesichts dieses gemeinsamen Feindes nähern sich Frankreich und Israel nun an. Schon im März 1956 finden Gespräche zwischen Vertretern der beiden Verteidigungsministerien statt mit dem Ziel, ein gemeinsames Vorgehen gegen Nasser zu planen. Die Außenministerien bleiben dabei jeweils außen vor.[56]

Auch die Verhandlungen mit Frankreich über die Beschaffung von Waffen sorgen für Spannungen zwischen dem israelischen Außenministerium und dem Verteidigungsministerium. Die beiden Köpfe dieser Ministerien, Ben-Gurion und Sharett, sind sich in Kernfragen der Sicherheitspolitik uneinig. Vor allem hinsichtlich der außenpolitischen Bedeutung der Vergeltungspolitik gehen ihre Meinungen auseinander. Ziel der Verantwortlichen im Verteidigungsministerium ist es, allein über den Waffenerwerb im Ausland zu entscheiden. In einer Sondersitzung am 10.4.1956 setzt sich Ben-Gurion durch und überträgt die ganze Angelegenheit des Waffenerwerbs vom Außenministerium auf das Verteidigungsministerium, was die Spannungen zwischen beiden nur noch vertieft.[57] Peres erhält grünes Licht für die inoffizielle Beschaffung von Waffen. In besagter Sitzung deutet Peres die Möglichkeit einer Kooperation mit Frankreich an, um Israels Rüstungsbedürfnisse zu befriedigen: »[...] unser Hauptproblem [besteht darin], Frankreich zu signalisieren, dass wir bereit sind, zu kooperieren. [...] Dafür ist es notwendig, auch Schritte in Betracht zu ziehen, die eventuell dramatisch aussehen mögen.«[58] Peres verwendet hier eine Code-Sprache, da eine Kooperation mit Frankreich und damit verbundene Waffengeschäfte vor allem für das Außenministerium ausgesprochen problematisch sind. Außenminister Sharett würde ein Übereinkommen, das Waffen gegen militärische Kooperation eintauscht, nicht mittragen. Im Gegenteil: Er würde höchstwahrscheinlich alles tun, um dies zu verhindern. Um Gegenwehr von seiner Seite unmöglich zu machen, müsste Sharett zunächst von den Verhandlungen mit Frankreich ausgeschlossen und später, vor dem geplanten Krieg, auch entmachtet werden.

Peres agiert in Paris – so Tal – schon zu diesem Zeitpunkt (Mitte April 1956) inoffiziell auf der Grundlage einer Kooperation im Sinne der Regierung Guy Mollets gegen den ägyptischen Präsidenten. Das französische Verteidigungsministerium signalisiert Peres, dass es Israels militärische Kooperation für die Bekämpfung Nassers gewinnen will. Peres gibt diese Information am 31.5.1956 an Ben-Gurion weiter, der zehn Tage später die Zusage erteilt, »to conduct negotiations with the French, [and said he was] ready to go as far as possible in cooperation with them, even in acts of war, as long as the French are ready to share responsibility with us«.[59] Am 23. und 24.6.1956 trifft eine israelische Delegation unter Peres mit hochrangigen Vertretern der französischen Regierung in einer streng geheimen Konferenz in Vermars Vereinbarungen über umfangreiche Waffenlieferungen an Israel. Während die französische Seite die gesamte israelische Erwerbsliste billigt – 200 AMX Panzer und 72 Mystère Mark IV Kampfflugzeuge im Wert von 80 Millionen US-Dollar[60] –, erwarten sie als Gegenleistung sowohl die Lieferung von geheimdienstlichen Informationen über die Unterstützung der algerischen Rebellen durch Ägypten als auch die Ausführung von Geheimoperationen gegen Ägypten sowie gegen weitere Kräfte, die in den Algerienkrieg verwickelt sind.[61]

Bar-Zohar, Kafkafi und Tal sehen in dieser Übereinkunft eine über Waffenlieferungen hinausgehende politisch-militärische Basis für eine israelisch-französische Kooperation gegen Nasser. Die israelischen Vertreter in Vermars haben offenbar nicht damit gerechnet, dass all ihre Wünsche umstandslos akzeptiert werden. Peres unterzeichnet die Vereinbarungen noch vor Ort, was die anderen Delegationsmitglieder in Erstaunen versetzt. Kafkafi ist überzeugt, Peres habe unautorisiert gehandelt und hätte Rücksprache halten müssen, vor allem auf Grund der Kampfverpflichtungen, die Israel mit der Unterschrift eingegangen sei[62], während Bar-Zohar es problematischer findet, dass Peres sofort seine Zustimmung zu finanziell derart bedeutenden

Waffengeschäften gegeben habe.[63] Kafkafi erklärt Peres' Vorgehensweise mit der Atmosphäre im Verteidigungsministerium, die sie als »Klima der mangelnden Rechtmäßigkeit«, als »Klima der Ungezogenheit« bezeichnet.[64] Peres' »unautorisiertes Vorgehen« steht zweifelsohne mit diesen Zuständen in Zusammenhang. Doch Peres rechnet mit Ben-Gurions Unterstützung für die Genehmigung des Waffenerwerbs, was Ben-Gurion letztlich auch leistet, auch wenn ihm das »gefährliche Abenteuer« des Deals nicht ganz entgeht.[65] Bei ihm liegt letztlich die politische Verantwortung sowohl für den Waffenerwerb als auch für die damit verbundene militärische Kooperation, Peres dient hier als sein Gesandter, der seine Aufgabe in erster Linie in der Aufrüstung der IDF sieht. Peres' Reaktion auf den Vorwurf seiner Begleiter, seine Unterschrift unter den großen Waffendeal sei zu gewagt und zudem unautorisiert lautet, er würde lieber seinen Hals riskieren, als diese einmalige Gelegenheit verpassen.[66] Dies zeigt, welche Bedeutung er seiner Funktion in den Waffengeschäften beimisst.[67] Den Preis dieses Deals in Geld oder in einer militärischen Gegenleistung bzw. die endgültige Entscheidung darüber, die naturgemäß mit Verantwortung einhergeht, schiebt Peres den »befugten Stellen« zu.

Der Weg in den Krieg

Golani zufolge suchen Dayan und Peres im Vorfeld des Sinai-Suez-Krieges nach Argumenten für einen Krieg gegen Ägypten, um Ben-Gurion dafür zu gewinnen.[68] Seit Ende 1955 spricht der Generalstabschef ausdrücklich von einem Präventivkrieg. Dayan schlägt erneut einen Angriff vor, nachdem Nasser am 26.7.1956 den Suez-Kanal als Reaktion auf die zurückgezogene Hilfe der USA für den Bau des Aswan-Staudamms verstaatlicht hat. Ben-Gurion lehnt einen Krieg ohne fremde Unterstützung Israels jedoch weiter ab. Diese Unterstützung rückt nunmehr durch Peres' Vermittlung in greifbare Nähe. Nach der Verstaatlichung des Suez-Kanals streben die französischen Verantwortlichen verstärkt Nassers Absetzung an. Sie finden in Großbritannien, wo Nassers Vorgehen ebenfalls heftig kritisiert wird, einen Verbündeten, und sehen in Israel einen weiteren bequemen Partner im Kampf gegen Nasser. Die französische Seite ergreift schließlich die Initiative für die Verhandlungen zum Militärpakt zwischen den drei Staaten. Peres trifft sich im August 1956 mit seinem französischen Kollegen Abel Thomas, Directeur Général im französischen Verteidigungsministerium, der ihn informiert: »[...] the English and French have decided in principle on a joint military operation to capture the canal.« Tal sieht dieses Gespräch als Bestandteil des strategischen Dialogs zwischen den beiden Staaten und als ersten Schritt Israels auf dem Weg in den Suez-Krieg.[69]

Was nunmehr noch fehlt, ist ein unmittelbarer Anlass für einen französisch-britischen Waffengang gegen Nasser. Großbritannien, das der israelischen Vergeltungspolitik kritisch gegenübersteht, zögert weiter, mit Israel offen an einem Strang zu ziehen. Darüber hinaus ist das Land über einen Verteidigungspakt mit Jordanien und über die sogenannte »Tripartite Declaration« vom Mai 1950 zwischen Frankreich, Großbritannien und Ägypten auch mit Ägypten verbunden.[70] Die Lösung kommt schließlich von französischer Seite. Sie wird später als »Challe Szenario« bezeichnet: General Maurice Challe, Stellvertreter des französischen Generalstabschefs, begleitet von Albert Gazier, dem Stellvertreter des Außenministeriums, schlägt dem britischen Premierminister Sir Anthony Eden in einer Unterredung am 14.10.1956 einen Angriff auf Ägypten auf folgender Grundlage vor: Israel soll die ägyptische Armee im Sinai angreifen. Ein Konflikt zwischen Ägypten und Israel soll Frankreich und Großbritannien wiederum einen Anlass geben, den durch die Kampfhandlungen gefährdeten Suez-Kanal zu erobern (Operation »Musketier«), um diesen zu verteidigen und die kämpfenden Parteien auseinanderzuhalten.[71] Eden stimmt grundsätzlich zu. Er signalisiert Mollet und Außenminister Christian Pineau in einem am 16.10.1956 geführten Gespräch, dass Großbritannien bei einem Angriff auf Ägypten untätig bleiben werde, nicht wie im Falle einer israelischen Attacke auf Jordanien. Und zwar ungeachtet der Tripartite Declaration vom Mai 1950, der zufolge im Falle einer Attacke Ägyptens sowohl Frankreich als auch Großbritannien beistehen sollen.[72] Ben-Gurion gibt seine Zustimmung zum Challe Szenario auf der Konferenz von Sèvres vom 22. bis 24.10.1956 schweren Herzens. Bar-Zohar bringt Peres' Rolle in Sèvres auf den Punkt: Er sei der Regisseur, nicht der Hauptdarsteller gewesen. »Er mischt sich nicht in die Verhandlungen ein, sondern führt lediglich kurze und informelle Gespräche mit seinen französischen Freunden, um praktische Dinge zu klären.«[73] Von Anfang an scheint Peres auf den erfolgreichen Ausgang der Konferenz gesetzt zu haben: »Während Ben-Gurion beispielsweise seine Besorgnis vor möglichen Luftangriffen Ägyptens auf israelische Städte kundtut, geht Peres auf Guy Mollet zu und fragt, ob Frankreich Israel dabei vor Beginn der Operation sichern kann.«[74] Erst Peres' Regiearbeit erzielt die Zustimmung Ben-Gurions zum Krieg. Daran lässt Bar-Zohar keinen Zweifel.

Ben-Gurion misstraut dem Challe Szenario deshalb, weil es sein Land in eine ausgesprochen unangenehme Lage versetzt: Israel greift einen arabischen Staat an, um Frankreich und Großbritannien den Weg zu ebnen, und nimmt dabei einen großen Teil der Verantwortung auf sich. Israel ist der Aggressor. Das Land setzt sich zudem der Gefahr aus, selber Angriffsziel zu werden. Während Ben-Gurion von einer gleichberechtigten Partnerschaft zwischen den Verbündeten ausgeht, sieht das Challe Szenario für Israel eher eine untergeordnete Söldnerrolle vor. Dies alles ist der israelischen Delegation voll bewusst. Um die frischen Vereinbarungen über französische Waffenlieferungen nicht zu gefährden, darf Frankreich jedoch nicht brüskiert werden. Die israelische Delegation und allen voran Ben-Gurion sprechen daher in den Diskussionen über das für Israel so heikle Challe Szenario stets vom »britischen Plan«, obwohl dessen wahre Herkunft sehr wohl bekannt ist. Diese Sprachregelung gibt Ben-Gurion die Möglichkeit, auf das mit dem Szenario verbundene Risiko für Israel hinzuweisen und sich gegen Großbritannien zu stellen, das Israel in den ersten 72 Stunden nach dem Angriff alleine vorgehen lassen will, bis zu dem von Großbritannien und Frankreich eingereichten Ultimatum an Israel. Der israelische Staatschef plädiert hingegen dafür, die »Royal Air Force« solle die ägyptische Luftwaffe bereits zerstören, bevor die israelischen Truppen in den Sinai vorrücken.[75]

Am zweiten Tag, in Abwesenheit der britischen Vertreter, schlägt Challe eine alternative Inszenierung vor. Er will einen Angriff auf die israelische Stadt Beersheva vortäuschen, um ihn Ägypten in die Schuhe zu schieben. Nach Peres' Darstellung reagiert Ben-Gurion mit äußerster Empörung: Israel sei deshalb so stark, weil es für einen gerechten Zweck kämpfe, und daher werde er weder die Weltöffentlichkeit noch sonst jemanden anlügen können. »[...] Es wurde allen klar, dass es sich bei Ben-Gurion nicht um einen professionellen Politiker oder opportunistischen Taktiker handelt. So schwierig die Lage auch sein mag, wird er auf die moralischen Werte nicht verzichten.«[76] Peres versucht nun, Ben-Gurion zu beschwichtigen und schlägt die Entsendung eines israelischen Test-Schiffes in den Suez-Kanal vor, in der Annahme, dass es von Ägypten aufgehalten würde, woraufhin man ein Ultimatum stellen könne, um Israel den Anlass für einen Angriff zu liefern.[77]

Letztlich bildet Dayans Acht-Punkte-Plan die Grundlage der Kooperation, die Ben-Gurion schließlich absegnet. Israel kann selbst entscheiden, wie es seinen Angriff auf den Sinai initiiert. Zweitens, Israel soll eine militärische Operation ausführen, welche einer Kriegsaktion ähnelt, sodass sowohl die französische als auch die britische Regierung dies als Gefährdung des Kanals darstellen können. Drittens, die französische und britische Luftwaffe sollen spätestens 36 Stunden nach dem Beginn des Angriffs aktiv werden. Viertens, einen Tag nach dem israelischen Angriff sollen die französischen und britischen Regierungen getrennte Botschaften an Ägypten und Israel richten, sodass Israel eher ein Appell erreicht denn ein Ultimatum, sich aus der Kanalzone zurückzuziehen. Fünftens, um die israelischen Städte nach Beginn der Operation bis zur Intervention der Alliierten zu schützen, soll Frankreich für die Stationierung von Kampfbombern in Israel sorgen, ohne dass die Herkunft der Maschinen ersichtlich ist. Der letzte Punkt legt das Datum des Angriffs auf Montag, den 29.10.1956 um 19:00 Uhr israelischer Zeit fest.[78]

Ben-Gurions Plan für eine neue Ordnung des Nahen Ostens

Schließlich müssen Ben-Gurions Bündnispartner die territorialen Forderungen Israels zur Kenntnis nehmen. Er ergänzt Dayans Plan um einen weiteren Punkt, der jedoch nicht in das letztlich unterzeichnete Protokoll von Sèvres aufgenommen wird.[79] Dabei handelt es sich um folgende Forderung:

> »Israel declares its intention to keep her forces for the purpose of permanent annexation of the entire area east of the El Arish-Abu Ageila, Nakhal-Sham al-Shaykh, in order to maintain for the long term the freedom of navigation in the Straits of Eilat and in order to free herself from the scourge of the infiltrators and from the danger posed by the Egyptian army bases in Sinai. Britain and France are required to support or at least to commit themselves not to show opposition to these plans. This is what Israel demands as her share in the fruits of victory.«[80]

Eden lehnt dies ab. Auch am dritten Tag, nach seiner Zustimmung zum gemeinsamen Angriffsplan, appelliert Ben-Gurion an die französische und britische Regierung, Israels territoriale Forderungen zur Kenntnis zu nehmen, auch wenn sie diese nicht offiziell unterstützen können. »France and Britain have a vital interest in the Suez Canal, […] ›The Straits of Tiran are the State of Israel's Suez Canal‹ […] We intend to capture the straits of Tiran and we intend to stay there and thus ensure freedom of navigation to Eilat.«[81] Die territorialen Ansprüche, die Ben-Gurion am Ende der Konferenz von Sèvres festgehalten haben will, bleiben deutlich hinter den Forderungen seines Plans zur Neuordnung des Nahen Ostens, den er seinen Verhandlungspartnern in der ersten Sitzung vorlegt, zurück.[82] Da Peres den Plan zu einem späteren Zeitpunkt in Teilen aufgreift, soll er hier dargelegt werden. Ben-Gurion selbst bezeichnet seinen eigenen Plan als »fantastisch«, so Shlaim:

> »Jordan, he [Ben-Gurion] observed, was not viable as an independent state and should therefore be divided. Iraq would get the East Bank in return for a promise to settle the Palestinian refugees there and to make peace with Israel while the West Bank would be attached to Israel as a semi-autonomous region. Lebanon suffered from having a large Muslim population which was concentrated in the south. The problem could be solved by Israel's expansion up to the Litani River, thereby helping to turn Lebanon into a more compact Christian state. The Suez Canal area should be given an international status while the Straits of Tiran in the Gulf of Aqaba should come under Israeli control to ensure freedom of navigation. A prior condition for realizing this plan was the elimination of Nasser and the replacement of his regime with a pro-Western government which would also be prepared to make peace with Israel. Ben-Gurion argued that his plan would serve the interests of all the Western powers as well as those of Israel by destroying Nasser and the forces of Arab nationalism that he had unleashed. The Suez Canal would revert to being an international waterway. Britain would restore its hegemony in Iraq and Jordan and secure its access to the oil of the Middle East. France would consolidate its influence in the Middle East through Lebanon and Israel while its problems in Algeria would come to an end with the fall of Nasser. Even the United States might be persuaded to support the plan for it would promote stable, pro-Western regimes and help to check Soviet advances in the Middle East. Before rushing into a military campaign against Egypt, Ben-Gurion urged that they take time to consider the wider political possibilities. His plan might appear fantastic at first sight, he remarked, but it was not beyond the realm of possibility given time, British goodwill and good faith.«[83]

Das Verhältnis Israels zur westlichen und arabischen Welt ist Dreh- und Angelpunkt dieser neuen geopolitischen Ordnung. Getreu Herzls Vorstellung eines Judenstaats als Brückenpfeiler des Westens in der Region dominiert der Gedanke eines natürlichen Bündnisses mit dem Westen auf der Basis vermeintlich gemeinsamer Interessen. Die Orientierung am Westen erscheint unerlässlich für Israels vitale Interessen. Der Westen selbst wird indes als pauschaler Gegner der arabischen Welt begriffen. Die Projektion des eigenen Feindbildes auf die westlichen Mächte spiegelt sich in diesem Plan deutlich wider. Der Vorschlag, Jordanien, einen Verbündeten Großbritanniens, zu teilen, um den israelisch-palästinensischen Konflikt zu regeln, zeigt zudem, wie wenig Israel Willens ist, sich in die Region zu integrieren. Dem Plan liegt die Überzeugung zu Grunde, dass die westliche Kontrolle der Region auch israelischen Interessen diene, denn Ben-Gurion glaubt, so den gefürchteten arabischen Nationalismus eindämmen zu können. Er verfolgt mit seinem Plan zur Neuordnung des Nahen Ostens zwei Ziele: Israel soll expandieren und sich damit zugleich seiner bittersten Feinde entledigen. Sein Vorhaben, die israelischen Interessen an die Interessen des Westens zu knüpfen, zeigt zweierlei: die ausgeprägte Isolationsangst der israelischen Entscheidungsträger in den 1950er Jahren und die Herablassung und Arroganz, mit der die israelische Führung den Bewohnern der Region begegnet. Diesem Denken liegt ein bipolares Weltbild zu Grunde, das die Menschen aufteilt in die »Guten«, Starken und Zivilisierten und schließlich die Zurückgebliebenen und Schwachen, in diesem Fall die arabisch-moslemische Bevölkerung. Eine aktive »Umstrukturierung« der Region und ihrer Menschen soll dadurch plausibel erscheinen. Der arabische Raum als solcher steht der Existenz Israels im Wege, denn »die Araber«, und nicht alleine »die Palästinenser«, gelten als »der Andere« – der arabische Nationalismus ist somit der Feind des jüdischen Nationalismus. In diesem Modell ist die Logik des ewigen Krieges angelegt. Dass Ben-Gurion sich bereits zu diesem frühen Zeitpunkt des israelisch-arabischen Konflikts für diesen Blickwinkel entscheidet, vertieft die Feindschaft zwischen den Gegnern und trägt dazu bei, den »Araber« noch stärker als zuvor als »neuen *Goj*« abzustempeln.

Den israelischen Entscheidungsträgern ist zum Zeitpunkt des Suez-Krieges bewusst, dass sie Gefahr laufen, als Helfer des westlichen Imperialismus dazustehen – eine Anschuldigung, von der eine unmittelbare Gefahr für die Anerkennung des israelischen Existenzrechts in der Region ausgehen könnte. Ben-Gurion sorgt sich laut Peres sogar um das israelische Ansehen bei den Feinden: Ob »die Araber uns und unseren Nachkommen je verzeihen werden, dass wir einen Brückenpfeiler der Aggression und Vernichtung darstellen?«[84] Peres hingegen ist bar jeder Zweifel, wie aus seiner Beschreibung des letzten Konferenztages (24.10.1956) hervorgeht:

> »Alle hatten das Gefühl, eine außerordentlich große, ja sogar historische Entscheidung gefällt zu haben, die das Schicksal von Menschen und Völkern bestimmt. […] Der Beschluss sieht die Mobilmachung von Völkern vor, um das Böse zu beseitigen. Ein prahlerischer, kriegslüsterner levantinischer Diktator soll bekämpft werden. Wir hatten das Gefühl, es handele sich bei dieser Entscheidung nicht um eine geheime Verschwörung, sondern vielmehr um die Erfüllung der Devise ›Du solltest demjenigen zuvorkommen, der Dich töten will‹.«[85]

Das Feindbild eines »prahlenden, kriegsdurstigen Levantiner-Diktators« lässt kaum Platz, über Alternativen zum Krieg nachzudenken. Nasser wird als unberechenbar und gefährlich beschrieben, allerdings auch als machtlos. Der Begriff »prahlend« soll Nassers mangelnde Fähigkeit, die eigene Macht richtig einzuschätzen, charakterisieren. Sowohl Nassers Unberechenbarkeit hinsichtlich seiner Politik gegenüber Israel als auch seine faktische Schwäche dienen als Rechtfertigung für die »Beseitigung des Bösen«. Völker müssen mobilisiert werden, weil Nassers Feindschaft nicht alleine Israel gilt. Bar-On bezeichnet diese Stellungnahme Peres' als rhetorisch, phrasenreich und bewertet sie somit als Übertreibung angesichts des Erfolgs.[86] Inwiefern stimmt Bar-Ons Interpretation? Bedient sich Peres lediglich einer Argumentationstaktik, die noch Unentschlossene überzeugen soll, oder spiegeln Peres' Worte seine Gesinnung wider? Kurz nach Kriegsbeginn hält Peres eine Rede, die eben diese Frage aufwirft.

Peres' Darstellung des Sinai-Suez-Feldzugs

Während die Ereignisse, die zum Sinai-Suez-Krieg von 29.10.1956 führen, lediglich einzelnen Personen des Sicherheitsestablishments bekannt sind, müssen sich die regierende *Mapai*-Partei, die *Knesset,* die Regierung und Teile des Militärs mit bruchstückhaften Informationen zufriedengeben. Auf Grund der strengen Militärzensur erreichen nur wenige Informationen die israelische Öffentlichkeit. Was nach außen dringt, bestimmt im Wesentlichen die israelische Regierung bzw. das Verteidigungsministerium. Vor diesem Hintergrund muss Peres' Rede vom 16.11.1956 verstanden werden. Er hält sie nach dem militärischen Sieg der israelischen Streifkräfte und der Einnahme der Sinai-Halbinsel, und zwar vor dem Volksrat in Tel Aviv im Rahmen einer Pressekonferenz. Der Text trägt den Titel: »Der Feldzug – Ziele und Folgen«.[87]

Hintergrund der Rede ist der diplomatische Kampf um die von Israel eroberten Gebiete. Unmittelbar seit der Aufnahme der Kampfhandlungen bemüht sich die überraschte internationale Gemeinschaft unter Führung der Vereinigten Staaten zunächst um eine sofortige Beendigung des Krieges. Erst am 7.11.1956 gelingt es dem UN-Sicherheitsrat, die Gegner dazu zu bringen, das Feuer einzustellen. Der eigentliche Widersacher Israels wird nun die internationale Staatengemeinschaft. Die zermürbenden Verhandlungen zwischen den UN, unterstützt von den Vereinigten Staaten und der Sowjetunion, und Israel ziehen sich vom Ende des Krieges bis Anfang März 1957 hin. Israel muss sich letztendlich vollständig aus Ägypten zurückziehen. Ben-Gurion zeigt sich während der Gespräche bereit, dem Druck nachzugeben, und meidet in dieser Zeit seine Vertrauten Peres und Dayan, welche die eroberten Gebiete behalten wollen.[88] Der israelische Staatschef akzeptiert schließlich die Forderung nach dem israelischen Rückzug. Dayan hält dies für Schwäche.[89] Zum Zeitpunkt von Peres' Rede ist die Entscheidung allerdings noch nicht gefallen, die Euphorie des Sieges noch deutlich spürbar. Welches Narrativ liegt Peres' Darstellung zu Grunde? Nicht der Wahrheitsgehalt der Worte, sondern das durch sie vermittelte Bild, das Selbst- und Feindbild, soll ins Zentrum der Analyse gerückt werden. Ob die Rede Peres' persönliche Ansichten wiedergibt, bzw. ob er selbst überhaupt der Autor des Textes ist, bleibt an dieser Stelle offen.

Der Krieg als Selbstverteidigung

Peres' beschreibt den Sinai-Suez-Feldzug als einen unvermeidlichen, Israel aufgezwungenen Verteidigungskrieg. Das *Ein-Brera*-Motiv (heb. »keine Wahl«), demnach Israel keine andere Wahl habe, als aufzurüsten und zur Selbstverteidigung Krieg zu führen, durchdringt den Text.[90] Peres zeichnet das Bild eines zivilen, demokratischen und friedensstiftenden Israel: »Die israelischen Staatsbürger und ihre [legitim gewählten] Führer [...] haben geschworen, all ihre Kraft dem Leben in Frieden, Gerechtigkeit und Würde zu widmen, und zwar sowohl innerhalb Israels als auch gegenüber den Nachbarstaaten. Doch bedauerlicherweise wurde Israel dazu gezwungen, seine Bürger von den Arbeitsplätzen, Schulen, Ländereien und Häusern zu verweisen [...] und sie in die Sinaiwüste zu schicken, um die gegen das Herz des Landes gerichtete Pfeilspitze zu zerstören.«[91] Betont wird hier die Kluft zwischen Israels friedlichen Absichten und der bitteren Notwendigkeit des Kampfs. Der Friede rückt in weite Ferne. »Um den Frieden, [...] die Sicherheit und die gegenseitige Würde aufrechtzuerhalten, bedarf es nämlich zweier Parteien.«[92]

Peres will die Bedrohung für Israel deutlich machen[93], indem er Parallelen zwischen Nasser und Adolf Hitler zieht, wenn auch vorsichtig. Nasser sei zwar nicht Hitler, doch die Ähnlichkeiten seien größer als die Unterschiede.[94] Peres kündigt außerdem an, Beweise für die Gefährdung Israels durch Ägypten vorzulegen, denn schließlich will er hier einen Präventivkrieg rechtfertigen: »Erst nach dem Krieg wurde uns klar, wie sehr wir mit unseren Befürchtungen [einer bevorstehenden Attacke gegen Israel] richtig lagen. Und wenn wir uns geirrt haben, dann nur darin, dass wir die Gefahr unterschätzt hatten.« Welche Beweise meint er? »Wir haben befürchtet [...], dass Nasser einen zweistufigen Plan hatte. Sein erster Schritt war neben dem Aufbau einer militärischen Macht die Schwächung Israels sowohl ökonomisch [per Boykott] als auch [sicherheitspolitisch] mittels Terror; der zweite Schritt sollte [...] der Angriff auf Israel und dessen Vernichtung sein.«[95] Peres weiß zwar nur von Befürchtungen hinsichtlich eines solchen Plans zu berichten, in denen sich die Befindlichkeit der politischen Kreise Israels unmittelbar vor dem Krieg ausdrückt, gleichzeitig aber lässt er keinen Zweifel aufkommen, dass der soeben beendete Krieg diesen Plan bewiesen hat: »Der Sinai-Feldzug bewies, dass die düstersten Absichten [Nassers] bereits konkret wurden.« Mit zu diesem Plan hätten die Fedayeen-Aktivitäten gehört, die »keineswegs eine private Initiative waren, sondern dem [ägyptischen] Regierungskommandanten unterstanden«. Die ägyptische Regierung soll die palästinensischen Flüchtlinge, die einen großen Teil der Fedayeen-Einheiten ausmachen, im Gazastreifen gegen Israel instrumentalisiert haben.[96] Peres' Darstellung rückt die Geschichte ein wenig zum Vorteil Israels zurecht: Ägypten kommt die Rolle des ultimativen Feindes zu, aus welchen Gründen, bleibt unklar. Warum Nasser den Wunsch haben sollte, Israel zu vernichten, ist dem Text nicht zu entnehmen. Die Fedayeen, die direkten Opfer der israelischen Staatsgründung – welche ein Verschwinden Israels von der Landkarte womöglich tatsächlich gutheißen –, erscheinen in diesem Kampf als Söldner Ägyptens.

Die erste Stufe des Plans, die Vernichtung der israelischen Volkswirtschaft, habe Nasser mit der Blockierung der Seewege vor Tiran für israelische Schiffe angehen wollen, welche »die Hauptaufgabe der ägyptischen Marine« gewesen sei: »Nassers einziges Ziel bei diesem Schritt war es, die israelische Volkswirtschaft zu ruinieren, wobei er nicht zögerte, große Vermögen und beträchtliches Personal dafür einzusetzen.« Peres geht darauf ein, wie viel es die ägyptische Gesellschaft gekostet habe, Nassers Plan der »Vernichtung Israels« auszuführen, und zieht Parallelen zwischen der israelischen und der ägyptischen Gesellschaft: Ebenso, wie die Israelis genötigt sind, ihr friedliches Leben für die Verteidigung aufzugeben, muss die ägyptische Gesellschaft gezwungenermaßen ihre eigenen Bedürfnisse zurückstellen, um sich Nassers Plan der Vernichtung Israels unterzuordnen.[97]

Peres fährt mit der zweiten, »schwerwiegendsten und bedrohlichsten Stufe« von Nassers Plan fort. Peres spricht hier von einem »mächtigen Apparat, dessen Mittel, Menschen und Ziel auf die Vernichtung Israels ausgerichtet sind«. Auf die großen militärischen Investitionen Ägyptens bezogen, fährt er fort: »Nasser hat beinah alle ägyptischen Devisen in Waffenerwerb investiert. Nicht nur einen Waffendeal mit der Tschechoslowakei hat er abgeschlossen, sondern gleich fünf.« Peres beschreibt detailliert die Waffenkäufe, um die Bedrohung zu veranschaulichen. »Die hoch entwickelte Waffe wurde zum Symbol von Nassers Regierung.«[98]

Um feindliche Waffenkäufe zu schildern, braucht Peres nicht viel Phantasie. Auf diesem Gebiet hat er selbst genug Erfahrung. Wie sehr er jedoch die eigenen politischen Erfahrungen auf den Feind projiziert, wird deutlich an der Stelle, wo er über die ägyptischen Kriegsvorbereitungen spricht; die ägyptischen Bemühungen um Bündnispartner gleichen allzu sehr den israelischen in Sèvres: »Um sich des Sieges zu vergewissern, ist es Nasser gelungen, durch diverse Verschwörungen seinen Stellvertreter Abed-al-Hakim Amar zum Oberkommandanten der syrisch-jordanisch-ägyptischen Streitkräfte zu machen. Nasser glaubte nämlich, er könne auch diese beiden Staaten [Jordanien und Syrien] für seine aggressiven Bemühungen gewinnen.« Aber hat Nasser sein Ziel erreicht? »Am Abend des 25.10.[1956] strahlte das jordanische Radio eine Meldung aus, der zufolge ein militärischer Pakt zwischen den drei Staaten unterzeichnet worden sei, um sich gegenseitig zu unterstützen, ihre militärischen Pläne zu koordinieren und die arabische Front gemeinsam zum verteidigen. Und [...] der junge [neue] jordanische Generalstabschef fügte hinzu: ›Wir werden den Ort und den Zeitpunkt der Attacke gegen Israel selbst bestimmen‹.«[99]

Peres verfolgt zwei Strategien, um die israelische Gewaltanwendung zu legitimieren: Einerseits sagt er, militärische Einsätze seien zur Verteidigung der israelischen Existenz absolut notwendig. Damit rechtfertigt er nicht nur Investitionen in die Sicherheit des Landes, sondern auch den Präventivgedanken gemäß dem Grundsatz: »Du solltest demjenigen zuvorkommen, der

Dich töten will.« Andererseits betont er, Israel reagiere damit lediglich auf eine gegen es gerichtete Vernichtungsgefahr. Israel füllt demnach zwei Rollen aus: die des Initiators, des klugen und mutigen David, der sich gegen den groben und gewalttätigen Goliath stellt und ihm rechtzeitig zuvorkommen muss; gleichzeitig bleibt es Opfer, das ständig seine Vernichtung fürchten muss. Man darf diese doppelte Konstruktion nicht unterschätzen, will man die Sicherheitspolitik Israels nachvollziehen.

Ob Peres in der Rede seine eigenen Ansichten vermittelt oder aber den Krieg politisch rechtfertigen will, bleibt hier offen. Unbestritten ist jedoch die Auswirkung seines Narrativs: Hier wird eine Argumentation entwickelt, die bei späteren Gelegenheiten von israelischen Politikern immer wieder verwendet wird, um diplomatische Konfliktlösungen zu torpedieren. In diesem Fall soll der zweistufige Plan Nassers die Absichten und Methoden des Feindes wiedergeben. Diplomatie bzw. Verhandlungen haben angesichts eines solchen Konfliktverständnisses keinen Sinn – Zugeständnisse erst recht nicht. Gespräche könnten »den Feind bei der Verwirklichung seines Plans« insofern stärken, als sie ihm die Möglichkeit geben könnten, »sich einen besseren Standpunkt zu verschaffen«. Angesichts solcher ultimativen Feindbilder bleibt die militärische Herangehensweise die einzige »rationale« und ist schließlich allein »den Interessen der nationalstaatlichen Existenz dienlich«.[100] In einer Rede, die Peres im März 1957 nach dem israelischen Rückzug aus den eroberten Gebieten hält, beharrt er auf der Doktrin der Abschreckung durch den militärischen Einsatz:

> »Wir haben die arabische Einstellung uns gegenüber geändert. […] der Sinai-Feldzug bewies den Arabern, dass wir nicht nur eine gute Armee haben, sondern dass wir auch davon Gebrauch machen würden, wenn die [arabische] Provokation einen Höhepunkt erreicht. […] Ihnen [den Arabern] muss inzwischen klar geworden sein, dass sie nicht auf die Passivität der israelischen Armee zählen können; jede [israelische, militärische] Operation schwächt die arabischen Vernichtungspläne [gegenüber Israel] und trägt somit entschieden zur Erzielung von Friedensbedingungen im Nahen Osten bei.«[101]

Zur Notwendigkeit der Militarisierung

In diesem Kapitel soll am Beispiel von Peres' Rede »Der Feldzug – Ziele und Folgen« beschrieben werden, wie Peres die Militarisierungsprozesse in Israel und Ägypten bewertet. Während er die Militarisierung der ägyptischen Gesellschaft gleichermaßen fürchtet und tadelt, nimmt er zum Prozess der Militarisierung der israelischen Gesellschaft eine ambivalente Haltung ein: Einerseits hält er ihn für unerlässlich, andererseits behandelt er ihn nur knapp und meidet Begriffe wie *Militarisierung* oder *Militarismus*. In Bezug auf die Militarisierung der ägyptischen Gesellschaft führt er an: »In den Gazastreifen kamen arabische Flüchtlinge, die auf Befehl des Jerusalemer Mufti geflohen sind. Und nachdem sich die [palästinensischen] Eindringlinge im Gazastreifen angesiedelt haben, verfolgten wir mit großem Interesse die Sache, um herauszufinden, was sie [die ägyptische Verwaltungsmacht] dort machen würden. Würden sie die Flüchtlinge einbürgern? Würden sie den Gazastreifen in eine blühende Landschaft voller Schulen und Obstgärten verwandeln oder wird der Gazastreifen weiterhin alleine vom Militarismus beherrscht?«[102] Da Peres an seinem Diskurs der getrennten Betrachtung der israelischen Geschichte und derjenigen der »Anderen« festhält, betrachtet er die ägyptische Militarisierung losgelöst und unabhängig von der israelischen Agitation. Weder die Verantwortung Israels für diese »arabischen Flüchtlinge«, die »auf Befehl des Jerusalemer Mufti geflohen« seien, noch die mit den »Eindringlingen« verbundenen Grenzkriege, werden in Bezug zum Prozess der Militarisierung des Gazastreifens gebracht. Hier wird zwar die Militarisierung Ägyptens implizit auf die Ereignisse von 1948 zurückgeführt, aber zugleich Israels Rolle aus dem Flächenbild verdrängt. Vielmehr wird dieser Prozess auf die »Grundtendenz« der neuen Herrscher des Gazastreifens zurückgeführt. Peres sieht im Phänomen der Fedayeen eine Instrumentalisierung der palästinensischen Flüchtlinge für die militärischen Zwecke Ägyptens.

Der Militarisierungsvorwurf beschränkt sich aber nicht nur auf das palästinensische Verwaltungsgebiet. Hier ist die Rede von einer großen Investition der ägyptischen Regierung im Militärbereich auf Kosten der gesamten ägyptischen Gesellschaft: »Die enorme Geldverschwendung eines armen Volks machte sich im Laufe des Sinai-Feldzugs in jeder Hinsicht bemerkbar. […] Nassers Waffenerwerb entbehrte jeder ökonomischen Überlegung.«[103] Auf die Prioritäten des ägyptischen Präsidenten wird in einer recht simplifizierten, unmissverständlichen Art hingewiesen: dass Nasser selbst »in einer seiner Reden zugibt, dass Schulgelder für militärische Zwecke eingesetzt wurden«. Hierzu Peres' Interpretation: »Das ist anscheinend der Unterschied zwischen einer Diktatur und einer Demokratie, denn [alleine in der Diktatur wie] in Kairo spart man an Schulgeldern und baut großzügig militärische Befestigungen in Scharam al-Schech, um ein Imperium aufzubauen.«[104] Nassers Vorhaben eines »militärischen Imperiums«, sein Plan eines »ägyptischen Sparta« steht dem »armen« ägyptischen Volk im Wege. Der israelische Militarisierungsprozess wird hingegen in positiven Begriffen dargestellt. Im Anschluss an die Ausführungen über Ägypten schildert Peres knapp die Lage der israelischen Armee:

> »Dieses Jahr [1956] zeichnet sich durch eine unaufhörliche Verstärkung unserer Streitmacht aus: Wir rüsteten mit hoch entwickelten Materialien auf; das Kampfbewusstsein sowie die Organisationsfähigkeit unserer Kräfte verstärkten sich bedeutend; [und] wir verfügen über mehr Informationen über den uns gegenüber stehenden Feind. All diese [Entwicklungen] festigten den Glauben sowie die seelische Bereitschaft, die Attacke [gegen Ägypten] zu wagen; [und all dies] sorgte für die allgemeine Unterstützung [der Gesellschaft] für dieses Gebot.«[105]

Die Attacke als Gebot, der Krieg als Machtzuwachs, die allgemeine Unterstützung der Gesellschaft für diesen Krieg – all dies wird hier lobend erwähnt. Peres bejaht die Militarisierung der israelischen Gesellschaft sowohl auf materieller als auch auf »seelischer« Ebene. Der Krieg erscheint im israelischen

Kontext als selbstverständliches Phänomen und wird nicht mehr hinterfragt. Die Frage der Vorbereitung von Militär und Gesellschaft auf den Krieg rückt ins Zentrum, wird positiv bewertet. Aber dies bleibt bei Peres unausgesprochen, oder wird nur knapp behandelt. Diese aussagekräftige Passage wird bezeichnenderweise kleingeredet und nicht weiter ausgeführt. Wie gesagt, verwendet Peres auch nicht den Begriff *Militarisierung* oder *Militarismus* für die israelische Seite, was wiederum die These von Peres' ambivalenter Haltung zur Gewalt bestätigt.

Peres stellt in seiner Rede die Forderung auf, die israelischen Streitkräfte weiter auszubauen, und zwar durch eine verstärkte Mobilmachung der israelischen Gesellschaft und steigende Investitionen ins Militär, auch wenn dadurch das zivile Leben eingeschränkt würde.[106] Aufrüstung gilt als einzige Antwort auf ein »ägyptisches Sparta«. Peres betrachtet es jedoch nicht mehr als ausreichend, dass Israel stark genug ist, um sich in der Region zu behaupten. Vor dem Hintergrund der diplomatischen Auseinandersetzungen zwischen Israel und der Weltgemeinschaft über die Frage der Räumung der 1956 eroberten Gebiete plädiert Peres für den Grundsatz der militärischen Selbstständigkeit Israels. Die Streitkräfte sollen die politische Unabhängigkeit des Landes ermöglichen: »[…] wir dürfen [angesichts des internationalen Drucks] nicht in Panik geraten bezüglich der Folgen des politischen Kampfs; wir müssen uns vielmehr dem militärischen Aufbau für die Zukunft widmen. […] Unsere Chance, aus diesem politischen Kampf stark herauszukommen, hängt in erster Linie von unserer Fähigkeit ab, die unmittelbaren, militärischen Gefahren zu zerschlagen.«[107] Unklar bleibt, inwiefern der politische Kampf auf dem internationalen Parkett mit militärischen Mitteln ausgefochten werden soll. Peres' Code-Sprache verbirgt mehr, als sie verrät. Peres' Schlussfolgerung aus dem Sinai-Suez-Konflikt lautet: »Im Suezfeldzug war bekanntlich eine fremde Luftwaffe aktiv. Wir müssen die Lehre daraus ziehen, dass heutzutage allein ein Staat mit einer starken Luftwaffe existenzfähig ist. Daher müssen wir alles daran setzen, um unsere Luftwaffe zu stärken. Der Sinai-Feldzug war ein Bewegungskrieg; wir müssen dafür sorgen, dass unsere Armee mobilisierungsfähig ist.« Die Zukunft des Staats sieht Peres von der »beispiellos kompetenten und waghalsigen Jugend« abhängig, die alleine die Last der militärischen Verteidigung auf sich nehmen könne.[108] Hier manifestiert sich der Aufruf zur Militarisierung Israels noch einmal: im Gebot, die Armee auszubauen, besonders die Luftwaffe, was mit beträchtlichen Investitionen verbunden ist; aber auch im Gedanken des »Volks in Waffen«, hier bezogen auf die junge Generation: »Diese wunderbare, leistungsfähige und mutige Jugend, welche mit hoher Moral und Aufopferungsbereitschaft ausgestattet ist, lässt sich aus dem Ausland nicht erwerben.«[109] Peres' Verständnis vom »Volk in Waffen« als »Quelle der Moralität des Kampfs« zeigt sich auch in folgender Unterscheidung:

> »Im Sinai-Feldzug trat Israels Volksarmee dem Nasser'schen Militär gegenüber. Bei uns kämpfte das ganze Volk, weil es vor einer umfassenden und unmittelbaren Gefahr stand. Bei Nasser hingegen kämpfte allein die Armee, weil kein ägyptisches Volk als

solches existiert [sic!]. Wenn es soweit wäre, dass die Ägypter zum Volk werden, dann würden sie – wie wir – die Diktatur, jede Diktatur, abstoßen. Solange aber dieses Regime intakt bleibt, müssen wir der Gefahr mit offenen Augen stark und vorbereitet gegenüberstehen.«[110]

Die Botschaft dieser Abschlusspassage besteht in der Legitimierung des Sinai-Suez-Krieges. Um den Gewalteinsatz zu rechtfertigen, spricht Peres den Ägyptern ihr »Volk-Sein« ab: »Volksarmeen« im Gegensatz zu »diktatorischen Armeen« führten als solche »Selbstverteidigungskriege«, weil sie, so wird angedeutet, das Volk und seine »wirklichen Interessen« vertreten und somit nur »notwendige«, sprich »gerechte« bzw. »legitime« Kriege akzeptierten. »Diktatorische Armeen« wie die ägyptische, von Peres herablassend als »Nasser'sches Militär« bezeichnet, seien per definitionem nicht legitim, weil sie das Volk nicht repräsentierten. Das Wesen des Feindes, nicht sein Handeln, legitimiert den Krieg. Die Logik: »wir haben eine Demokratie« und »sie eine Diktatur« – dies macht »unsere« Taten legitim und »ihre« wiederum verwerflich. Die Ägypter haben ihre Diktatur noch nicht abgeschafft und existieren deshalb in Peres' Augen noch nicht als Volk. In der Konfrontation mit politischen Systemen wie Ägypten ist Israel der ultimative Opfer-Staat, weshalb es beständig auf der Hut sein müsse: »Wir bekämpften Ägypten, weil es kurz davor stand, uns zu attackieren, und es hat dies auch getan.«[111] Ägypten muss Israel nicht tatsächlich attackieren. Es tut dies laut Peres bereits mit seiner »diktatorischen« Existenz bzw. seiner Absicht, anzugreifen.[112]

Krieg und Geschichtsbewusstsein

Hinter dieser Vorstellung von einer festen, unverrückbaren Opferrolle Israels gegenüber Staaten wie Ägypten steht ein spezifisches Geschichtsbild: die ewige Auseinandersetzung zwischen Juden und Nichtjuden bzw. der Code, »die Welt ist gegen uns«. Peres eröffnet seine Rede mit folgenden Worten: »Die Sicherheitslage des Staats Israel erforderte bislang große Anstrengungen des Staats [in Sicherheitsbelangen], und das wird auch künftig der Fall sein. […] Die Regime der Nachbarstaaten streben den Krieg und die Expansion an.«[113] Die aktuelle »Machtaufteilung in der Welt«, der Kalte Krieg, ist Peres zufolge ein weiterer Faktor, der die Sicherheit Israels gefährde. »Solange die arabischen Staaten nicht die Regierungen wählen, die bereit sind, den Kriegszustand aufzuheben und in den Friedenszustand zu wechseln, und solange die Vereinten Nationen weiterhin die Arena der Gewaltpolitik und keine Weltregierung der Gerechtigkeit darstellen, solange stehen Israel schwerwiegende Kämpfe, keineswegs leichte Siege, bevor.«[114] Wie würden diese »richtigen arabischen Regierungen« aussehen? Was ist unter einer »[UN]-Weltregierung der Gerechtigkeit« zu verstehen? Wie so häufig belässt es Peres bei schlagwortartigen Aufzählungen, die er nicht weiter erläutert.

Peres lehnt die Forderung der Vereinten Nationen, Israel solle die 1956 besetzten Gebiete zurückgeben, ab. Die Weltgemeinschaft, verkörpert durch die UN, würde jedem regionalen militärischen Erfolg Israels im Wege stehen, weil sie ihm die Früchte des Krieges, die territorialen Gewinne, verweigern kann.¹¹⁵ Die UN ist somit der eigentliche Gegner Israels. Zu den UN-Resolutionen über den israelischen Rückzug fragt er rhetorisch: »Weshalb darf man bestimmte [UN-]Resolutionen ignorieren, während auf der Einhaltung von anderen insistiert wird? Inwiefern gelten Israels Luft- und Wasserpassierrechte weniger als andere Empfehlungen [UN-Resolutionen]?«¹¹⁶ Peres versucht gar nicht erst, auf den Inhalt der UN-Forderung von 1956 einzugehen, nämlich Israel aus den eroberten Gebieten zurückzuziehen, um die israelische Öffentlichkeit von deren »Unrechtmäßigkeit« zu überzeugen. Sein Ziel scheint, UN als den israelischen Interessen gegenüber feindselig eingestellte Institution darzustellen. Peres macht ihr den Vorwurf, Israels Selbstverteidigungsrecht nicht anzuerkennen. Er fragt rhetorisch-polemisch: »[…] Ob die UN, besser als Israel, den Raub, die List und den Mord vergelten könne, die gegen Israel gerichtet worden waren? Wenn dem so wäre, weshalb ist dies bislang nicht geschehen?« Und weshalb, fragt Peres weiter, seien die Vereinten Nationen nicht bereit, Israels Willen nachzuvollziehen, seine Verteidigung selbst in die Hand zu nehmen?¹¹⁷

Große Besorgnis erregt in Israel, dass auch die beiden Großmächte USA und UdSSR starken Druck auf Israel ausüben, sich aus den 1956 eroberten Gebieten zurückzuziehen. Die israelischen Entscheidungsträger haben die Ereignisse Anfang November 1956 in Ungarn, als die sowjetischen Truppen den Aufstand gegen das kommunistische Regime brutal niederschlagen, noch deutlich vor Augen. Die Angst vor dieser Bereitschaft, auch militärisch gegen Widerstand vorzugehen, drückt sich darin aus, dass die sowjetische Position in Peres' Rede nicht angesprochen wird.¹¹⁸ Gegenüber den USA betont Peres zwar die bestehenden »tiefen Freundschaftsverhältnisse«, doch seine Botschaft lautet, die Amerikaner seien nicht in der Lage, Israels Sicherheitsbedürfnisse zu verstehen. »Wir müssen ihnen [den Amerikanern] erklären, dass unser Volk die Uniform nicht angezogen hätte, wäre es nicht davon ganz überzeugt gewesen, dass eine wirkliche, unmittelbare Gefahr bevorstand.«¹¹⁹ Daran schließt Peres einen knappen Kommentar zur Haltung der afrikanischen und asiatischen Staaten an, die weniger aus Ablehnung Israel gegenüber als vielmehr wegen Frankreich und Großbritannien den Angriff auf Ägypten verurteilten. Diese Staaten sollten »sich, bei allem Respekt, auch hinsichtlich anderen Unrechts ebenso lautstark erheben [wie gegenüber Israel]«.¹²⁰

Am Ende sieht Peres nahezu die ganze Welt gegen sich. Peres projiziert die alten Ängste der Diasporajuden, sich der jeweiligen Mehrheitsgesellschaft untergeordnet zu sehen, auf das Verhältnis zwischen Israel und der Staatengemeinschaft. Die Aversionen gegenüber der »feindseligen Außenwelt« bzw. Züge einer »Wagenburgmentalität« sind hier offensichtlich. Der Text verweist auf das Geschichtsbewusstsein seines Autors: Auf der einen Seite interpretiert Peres den Konflikt zwischen Israel und der Staatengemeinschaft als Fortsetzung der alten Auseinandersetzung zwischen Juden und Nichtjuden. Israel werde, wie die Diasporajuden der jeweiligen Gastgesellschaften, ungerecht behandelt. Somit entkontextualisiert er den konkreten israelischenägyptischen Konflikt und bezieht ihn auf die ewig andauernde Leidensgeschichte der Diasporajuden.¹²¹

Auf der anderen Seite verfolgt er das Ziel, das israelische Schicksal durch seine Politik neu zu bestimmen und somit den Judenstaat von diesen Erzählungen zu emanzipieren. Peres argumentiert vom Standpunkt der nationalstaatlichen Souveränität zwar mit der Leidensgeschichte und denkt in ihren Begriffen, hat also ein vergangenheitsorientiertes Gegenwartsverständnis; er begreift den politischen Zionismus aber auch als aktiven und mühseligen Kampf zur Befreiung von eben dieser Vergangenheit, verfügt also gleichzeitig über ein starkes gegenwartsorientiertes Vergangenheitsbewusstsein. Der Kampf kann nur durch militärische Unabhängigkeit gewonnen werden. Er meint, sich in einer historischen Phase zu befinden, in der zwar die formale politische Souveränität bereits erzielt, doch die nationalstaatliche Existenz noch nicht gesichert ist. Dazu ist militärische Unabhängigkeit notwendig, die der Krieg von 1956 bringen soll. Denn das »Schicksal der Juden« sieht er nicht im formalen Akt der Staatsgründung bzw. der Anerkennung durch die Staatengemeinschaft geklärt, auch wenn beides unverzichtbar ist, um dem Zustand des Exils zu entrinnen. Nationalstaatliche Existenz und Unabhängigkeit sind vielmehr unmittelbar an militärische Stärke gebunden. Darunter versteht er nicht nur die Zahl der Truppen und die Abschreckungsmacht, sondern auch die israelische Herrschaft über Territorium.

Krieg und die Frage der eroberten Gebiete

Wenn Peres in seiner Rede vom 16.11.56 auf die Frage des Rückzugs der israelischen Armee aus den im Sinai-Suez-Feldzug eroberten Territorien zu sprechen kommt, bedient er sich einer Code-Sprache. Er verzichtet darauf, genau darzustellen, unter welchen Bedingungen die von den Vereinten Nationen geforderte Gebietsaufgabe vollzogen werden soll. Zur Abstimmung des Sicherheitsrats in dieser Frage schreibt er: »Ein Teil der Wähler [im Sicherheitsrat] irrte sich im Bezug auf das Thema. Sie dachten, es ginge [bei der Abstimmung im Sicherheitsrat] um die Wahl zwischen Krieg und Frieden, [währenddessen es sich eigentlich] bei diesem Thema um die Entscheidung zwischen einem aggressiven, diktatorischen Regime und einem demokratischen Regime, das für Frieden und Sicherheit steht, handelt.«¹²²

Über die eigentliche Debatte kann sich Peres' Publikum somit kein Bild machen. Der Redner will glauben machen, die Besetzung der eroberten Gebiete durch Israel sei nicht das Ziel, sondern die Folge des Krieges gewesen: »Der Sinaifeldzug war nicht darauf angelegt, Gebiete zu annektieren.«¹²³ Der eigentliche Beweggrund des Krieges sei rechtlicher Natur gewesen: »Wir haben nicht um eine geographische [gemeint ist geopolitische bzw. territoriale] Angelegenheit gekämpft, sondern um eine rechtliche – und zwar um die Passierrechte [Israels am Golf von Akaba bzw. an der Straße von Tiran] zu gewährleisten.«¹²⁴ Israel habe im Krieg Gebiete besetzt und behalte sich deren Annexion vor, um sich freie Durchfahrt zu verschaffen. Hinter der

Besetzung hätten außerdem sicherheitspolitische Abwägungen gestanden. Peres bezieht sich bemerkenswerterweise alleine auf den Gazastreifen:

> »Es ist eine Lüge, dass die israelische Armee den Gazastreifen eroberte, weil wir zusätzliches Land begehren. Die israelische Armee ist in den Gazastreifen gegangen, weil wir todmüde sind vom Regime der Molotowcocktails und Plastikminen [...] und von dem Straßenterror im ganzen Land. Wir haben prächtige Siedlungen den Streifen entlang. Aber sie wurden beinah jeden Tag [...] attackiert, ihre Wasserleitungen wurden gesprengt, die Brunnen zerstört, Pflanzen ausgerissen und die Siedler ermordet. Die Mord-Kommandantur saß im Polizeirevier von Gaza, und um das Morden aufzuhalten, war es notwendig, die Gesandten Nassers in diesem Gebiet auszurotten.«[125]

Landgewinn ist somit ein Sicherheitsfaktor. Doch wie soll Israel nun mit diesem Land verfahren? Welchen Status sollen es bzw. seine Bewohner haben? »Der Gazastreifen ist zwar nicht menschenleer und Israel ist nicht gerade enthusiastisch, 250.000 Araber aufzunehmen. Doch wir haben ihn deshalb eingenommen, um die dort befindlichen Fedayeen-Nester vernichten zu können, und zwar in Vergangenheit, Gegenwart und Zukunft.«[126] An dieser Stelle sei erneut betont, dass die Vereinten Nationen den Rückzug zum Zeitpunkt der Rede noch nicht beschlossen haben. Geht Peres noch davon aus, dass die Annektierung des Gazastreifens erreichbar sei? Eine Lösung für den Status des Gebiets und seiner Bewohner hält er jedenfalls nicht bereit. Die Verteidigung der Besatzung steht zunächst im Vordergrund.[127] Als Israel schließlich im März 1957 dennoch zum Rückzug gezwungen ist, begründet Peres dies wie folgt:

> »Wären wir in Gaza geblieben, hätte die UN uns gesagt, wir sollten die arabischen Flüchtlinge [im Gazastreifen] aufnehmen. Wir hatten die Wahl zwischen der Aufnahme von 100.000 jüdischen Einwanderern, [...] und der Aufnahme von 300.000 Arabern. [...] Hätten wir die UN-Resolutionen nicht angenommen, wäre Nassers Traum in Erfüllung gegangen: Israel wäre weltweit ausgestoßen gewesen. Wir hätten keinen Beistand [der Welt], keine Passierrechte [am Golf von Akaba], keine [jüdische] Einwanderung [verzeichnen können], wir hätten dazu auch die Flüchtlinge von Gaza [aufnehmen müssen]; darüber hinaus hätten wir uns mit einem feindseligen Amerika, Asien und Afrika [auseinandersetzen müssen] und Nasser hätte infolgedessen die Möglichkeit gehabt, uns jederzeit [...] zu attackieren.«[128]

Vertritt hier Peres seine eigentliche Meinung oder die der Regierung? Die internationale Isolation Israels, die Abkehr des Westens vom jüdischen Staat wäre Mitte der 1950er Jahre ein viel zu hoher Preis gewesen. Auch die ägyptisch-sowjetische Annäherung bereitet der israelischen Führung mitten im Kalten Krieg beträchtliche Sorgen. Doch findet sich Peres mit diesem Gebietsverzicht wirklich ab? In seiner politischen Laufbahn bieten sich ihm reichlich Möglichkeiten, sich mit dieser Frage auseinanderzusetzen. In seinen Texten der 1950er Jahre ist seine Haltung zur Gebietsfrage ausgesprochen vage. Er kommentiert sie nur knapp. Die Eroberung von Gebieten als Kriegsziel dementiert er. In seinen Memoiren von 1995 schreibt er:

»Ben-Gurion stellte klar, daß er keine territorialen Ansprüche mit diesem Feldzug [von 1956] verknüpfte, außer vielleicht den auf einen kleinen Streifen Landes entlang der Küste des Sinai nach Sharm el-Sheik. Bei der Kabinettsitzung am folgenden Tag setzte er sich in diesem Punkt ebenfalls durch. Die IDF würde über den Gazastreifen und die gesamte Halbinsel Sinai hinwegfegen, doch sie würde nicht dort bleiben. Unsere Kriegsziele waren nicht die Einnahme von Gebieten, sondern die Durchsetzung unseres Rechts auf freie Passage durch eine internationale Wasserstraße und die Beendigung terroristischer Einfälle in unser Hoheitsgebiet.«[129]

Der Preis des Krieges und die jüdische Nationalstaatlichkeit

Die israelischen Kriegsopfer erhalten in Peres' Rede keinen Platz. Aufgezählt werden nur »ca. 3.000 ägyptische Gefallene« sowie »über 7.000 Gefangene«, die den »prächtigen Sieg« Israels symbolisieren.[130] Wie viele Israelis sterben, erscheint angesichts der »realen Existenzgefahr« des jüdischen Staats zweitrangig. Peres will schließlich die Unterstützung der israelischen Bevölkerung gewinnen; außerdem liegt die Vermutung nahe, dass die Opfer angesichts des schnell erzielten militärischen Sieges über eine gefürchtete Streitmacht zunächst wenig Beachtung finden, vor allem, da eine ägyptische Gegenoffensive auf israelische Städte und Siedlungen ausgeblieben ist. Im Vergleich zu den 3.000 ägyptischen Toten scheinen die 171 israelischen Gefallenen in den Hintergrund zu rücken. In seiner Rede *Nach dem Sturm, Fazit und Schlussfolgerungen* vom 26.4.1957[131], die er vor dem Volksrat in Ramataim hält, resümiert Peres den Feldzug nach dem israelischen Rückzug aus dem Sinai und geht dabei auch auf die Opferfrage ein:

»Bevor wir uns den Vorteilen des Sinai-Feldzugs zuwenden, soll sein Preis angesprochen werden: Unsere Siedlungen wurden nicht bombardiert, ebenso wenig wie unsere Städte; unsere Schiffe wurden nicht versenkt und unsere Volkswirtschaft nicht erschüttert; und das Wichtigste: die Liste unserer kostbarsten Gefallenen war die kleinste, die in der Geschichte solcher militärischen Konfrontationen bekannt ist. Ich weiß nicht, ob der Sinai-Feldzug den Fedayeen-Aktivitäten ein Ende gesetzt hat, doch wenn wir ihn als erweiterte Vergeltungsaktion betrachten – und was die Opferzahl betrifft, so war dieser Feldzug nicht mehr [als ein erweiterter Vergeltungsschlag] – so hat er uns bereits fünf Monate Ruhe gebracht, Ruhe auf den Straßen, Ruhe in den Obstgärten und bei der Fischerei am See Genezareth; indessen wurde der Golf von Elat erweitert und eine Ölpipeline [von Elat] bis nach Beer Sheba und von Beer Sheba bis nach Sharm el-Sheik gelegt, in der Öl und Hoffnung fließen.«[132]

Peres scheut davor zurück, die Opferfrage zu berühren. Die Errungenschaften des Krieges haben Vorrang und rechtfertigen die Opfer, deren Zahl hier nicht angegeben wird; sie wird vielmehr heruntergespielt. Peres legitimiert den Krieg als Vergeltungsaktion und geht davon aus, dass sich die Israelis an diese Praxis bereits gewöhnt haben, und sie als rechtmäßig, ja als selbstverständlich betrachten. Der Tod erscheint als unvermeidbarer Preis der jüdischen Nationalstaatlichkeit. Ariella Azoulay ist der Überzeugung, die »gerechtfertigte Tötung« von Feinden sei Glaubenssatz der israelischen Gesellschaftsordnung.[133] Idith Zertal beschreibt in ihrem Werk *Nation und*

Tod (2003) den engen Bezug zwischen der israelisch-jüdischen Nationalstaatlichkeit und Rechtfertigungen des Tods. Der Tod auch in den eigenen Reihen wird als unerlässlicher, daher hinzunehmender »Preis« des als heilig begriffenen zionistischen Projekts der jüdischen Nationalstaatlichkeit gesehen. Peres spricht nicht von ungefähr im Zusammenhang mit der Frage nach dem Einsatz von Menschenleben die »nationalen Interessen Israels« an, die mit diesem Einsatz gesichert werden: »Ruhe auf den Strassen«, »Erweiterung des Golfs von Elat«, »Erweiterung der Ölpipeline«, und schließlich »Sicherheit«. Für diese Interessen wird immer wieder gekämpft und getötet, und dazu werden auch in den eigenen Reihen Opfer in Kauf genommen.[134]

Von Krieg und Atomwaffen: Peres' Rolle bei der Beschaffung der Nuklearkapazität Israels

Kaum bekannt ist, dass Israel die Militärallianz mit Frankreich im Sinai-Suez-Krieg 1956 nutzte, um mit der Entwicklung von Atomwaffen zu beginnen. Shimon Peres, der zu diesem Zeitpunkt Generaldirektor im israelischen Verteidigungsministerium ist, spielt dabei eine Schlüsselrolle. Er gilt als die treibende Kraft hinter dem Versuch, französische Starthilfe für die Schaffung eines Nuklearreaktors zu erlangen. Avner Cohen zufolge besteht Peres' wichtigster Beitrag zu Israels Aufrüstung mit Atomwaffen in dieser Kontaktaufnahme mit den Franzosen. Als rechte Hand des Staatschefs und auf Grund seiner Position im Verteidigungsministerium ist Peres der Mann, der im Folgenden über ein Jahrzehnt lang dieses streng geheime Projekt vorantreibt.[135] Der Besitz von Atomwaffen hat fortan für sein Sicherheitsverständnis zentrale Bedeutung. Avner Cohen befasst sich mit der politischen Geschichte des israelischen Nuklearprogramms.[136] Drei Personen rufen das Projekt letztendlich ins Leben: Ernst David Bergman, David Ben-Gurion und Shimon Peres. Bergman, Ben-Gurions wissenschaftlicher Berater in Nuklearangelegenheiten, gelingt es, den Staatschef davon zu überzeugen, dass Israel in der Lage sei, eigene Nuklearwaffen zu entwickeln. Peres erhält in der Folge die Aufgabe, die israelischen Möglichkeiten auf internationalem Parkett zu sondieren, um »Ben-Gurions Vision zu verwirklichen«.[137] Da Israel unter der Führung Ben-Gurions seit der Staatsgründung militärische Überlegenheit als wichtigstes Mittel zur Sicherung der eigenen Existenz ansieht, erscheint der Besitz von Atomwaffen zunehmend als Allheilmittel.[138] Peres überzeugt seinen Mentor, sich auf dieses äußerst kostspielige, international schwer durchsetzbare Projekt einzulassen. Er sieht Frankreich als passenden Ansprechpartner für die ersten Schritte: Die politische Instabilität der Vierten Republik bietet ihm eine einmalige Chance an, die er im Sommer 1956 bis zum Herbst 1957 schließlich aufgreift.[139]

Folgende Fragen stehen nun im Vordergrund: Wie gelingt es dem Generaldirektor, 1956 den Atomreaktor zu beschaffen? Welche Bedeutung haben Atomwaffen in Peres' Sicherheitsverständnis? Welche Rolle spielt der langjährige Politiker bei der Gestaltung der israelischen Atomwaffenpolitik? Ebenfalls beantwortet werden soll, welches Verständnis von staatlicher Gewaltausübung sich in dieser Politik ausdrückt. Da Israel sich offiziell nicht zu seinen Atomwaffen bekennt, stehen nur wenige Primärquellen zur Verfügung. Die relevanten Archive in Israel sind nicht zugänglich. Dennoch lassen sich viele Fragen mit Hilfe der Sekundärliteratur und anhand von Peres' Texten beantworten.

Krieg im Tausch gegen den Reaktor?

In der Forschung wird kontrovers diskutiert, ob die französische Unterstützung für ein israelisches Nuklearprogramm bereits fester Bestandteil der israelisch-französischen Militärallianz war, wie sie auf der Konferenz von Sèvres erzielt wurde. Erkaufte Frankreich sich die israelische Kooperation mit einem Reaktor? Stimmt Ben-Gurion dem Sinai-Suez-Krieg aus diesem Grund zu? Avner Cohen zufolge nutzt Peres die israelisch-französische Annäherung von 1956 als einmalige Chance, um die »nukleare Vision zu verwirklichen«. Die Zusage Frankreichs zum Reaktor sei allerdings nicht der »Preis« gewesen für die Intervention Israels in der Suez-Krise: »Aus der Sicht beider Staaten [Frankreich und Israel] handelt es sich bei dieser Kooperation um einen ›zusätzlichen Ansporn‹ [...] Hätte Ben-Gurion die politischen und militärischen Bedingungen für die Kooperation abgelehnt, hätte der Erwerb des Reaktors auch nicht den Ausschlag geben können.«[140] Avner Cohen bekräftig jedoch, dass Peres' Motivation für die Zusammenarbeit mit Frankreich in der Suez-Krise unmittelbar mit der Aufrüstungshilfe Frankreichs, auch in Bezug auf Atomwaffen, in Zusammenhang stehe.[141]

Avi Shlaim stellt ebenfalls die Behauptung auf, dass der israelische Erwerb des französischen Reaktors nicht direkt mit der israelischen militärischen Kooperation mit Frankreich in der Suez-Krise verbunden sei. Israel, behauptet Shlaim, »did not join the Franco-British war plot in order to get a French nuclear reactor. The sensitive question of nuclear power was raised only towards the end of the conference and after the basic decision to go to war had been taken.« Shlaim fügt jedoch hinzu:

> »Nevertheless, the nuclear deal concluded at the private meeting at Sèvres is interesting for at least three reasons. In the first place, it shows that the French were determined to go to war at almost any price and for their own reasons, not, as Abel Thomas later claimed, in order to save Israel. Second, it reveals the full extent of the incentives that the French were prepared to give Israel in order to induce it to play the part assigned to it in the war plot against Egypt. Third, it confirms the impression that Israel did not face any serious threat of Egyptian attack at that time but colluded with the European powers to attack Egypt for other reasons. Taken together, the two private conversations at Sèvres thus drive a coach and horses through the official version which says that Israel went to war only because it faced an imminent danger of attack from Egypt.«[142]

Einen allzu engen Konnex zwischen Krieg und Reaktor lehnt Shlaim trotzdem ab, auch wenn er die Bedeutung des israelischen Erwerbs nicht bestreitet: »For Ben-Gurion the high-level French political commitment to assist Israel in the nuclear field was one of the greatest achievements of the gathering at Sèvres. It would be wrong to suggest that participation in the war against Egypt was the price he paid for this assistance because by this stage he had decided to go to war for his own reasons. The reactor was an added bonus. His overall aim at this time was to consolidate the alliance with France. He already had an intimate political partnership with France, French military hardware, and French air cover in the coming war. The nuclear reactor reinforced the value of the alliance with France in his eyes.«[143] Shlaims Ausführungen legen nahe, dass Ben-Gurion letztlich wegen der militärischen Allianz und somit auch wegen des Atomreaktorerwerbs in den Krieg ziehen musste, in der Hoffnung, Israels territoriale Forderungen zu befriedigen und den ägyptischen Präsidenten zu schwächen oder gar abzusetzen. Gegen die Konstellation von Sèvres hegt er jedoch erhebliche Bedenken:

> »It was the French who issued the invitation to the conspiracy and it was they who wooed, cajoled and applied subtle pressure on their partners to participate in what was bound to be a risky joint venture. [...] The Suez Canal was not his [Ben-Gurions] prime concern and ideally he would not have wished the attack to take place then, or there, or in that way. He badly wanted to join the Great Powers club and he found that subscribing to the Suez campaign at the end of October was the only way of doing it. [...] Although he was pompous and prolix about the moral issues involved, his abrupt change of position regarding Israel's participation in the campaign against Nasser was dictated exclusively by practical considerations. Initially, he opposed the Challe scenario because it did not treat Israel as an equal member of the club, but he ended up by joining the club essentially on the basis of this scenario. Three days of bargaining at Sèvres improved the conditions offered to Israel but its role in enacting the Challe scenario remained fundamental unchanged.«[144]

Peres' Stellungnahme zu Sèvres lässt eine andere Interpretation zu:

> »Vor der abschließenden Unterzeichnung bat ich Ben-Gurion, die trilateralen Gespräche für eine kurze Zeit zu unterbrechen, damit ich mich mit Mollet und Bourgès-Maunoury allein treffen konnte. Mit den beiden Franzosen schloß ich ein Abkommen über den Bau eines Atomreaktors in Dimona im Süden Israels sowie über die Lieferung des für seinen Betrieb notwendigen Naturuans. Ich machte dazu eine Reihe von detaillierten Vorschlägen, die zunächst diskutiert und daraufhin von den Herren angenommen wurden. *Erst dann wurde das Protokoll von Sèvres unterzeichnet.*«[145] (meine Betonung, TA)

Diese letzte Bemerkung Peres', in der englischen Version: »Eventually, the protocol was signed«[146], klammert Shlaim trotz ihrer Bedeutung aus.[147] Anders als Avner Cohen und Avi Shlaim unterstützt Peres' Biograph Bar-Zohar die These, die militärische Unterstützung durch Israel sei mit dem Reaktor erkauft worden. Er gibt eine Bemerkung Peres' wieder, welche dieser im Zusammenhang mit der Unterzeichnung des Protokolls gegenüber einem französischen Freund gemacht habe, und die zum Inhalt gehabt habe, der Reaktor sei eine Bedingung Israels gewesen: »Sollte Israels Antrag [für nukleare Starthilfen] nicht angenommen werden, dann könnte es seine Zusage [zum Krieg] überdenken.«[148] Peres habe in dem Gespräch darauf hingewiesen, welche Risiken für Israel mit einem militärischen Einsatz gegen Ägypten verbunden seien, etwa die Gefahr »des Anstiegs arabischer Feindseligkeit Israel gegenüber« und die damit »verbundene Existenzgefahr«. Israel bedürfe, so Peres, eines Abschreckungspotenzials, das Frankreich geben könne. Den französischen Entscheidungsträgern sollte, so Bar-Zohar, durch diese Bemerkungen mitgeteilt werden, dass die Kooperation Israels in Ägypten mit Frankreichs Beistand in jener »heiklen Angelegenheit« des Atomreaktors gekoppelt sei.[149] Peres erzielte schließlich in Sèvres die französische Zusage für einen Abkommensentwurf für die Zusammenarbeit beim Bau eines Reaktors in Israel und eine französische Verpflichtung für die regelmäßige Uran-Lieferung.[150] Diese Übereinkunft sieht Bar-Zohar als entscheidende Errungenschaft für Israels Sicherheit. Er lobt Peres' Verhandlungsstrategie. Für Bar-Zohar, der den Krieg 1956 gutheißt, ist die Beteiligung Israels am Angriff auf Ägypten aber kein zu zahlender »Preis« für den Reaktor – er sieht in der Absprache eine klare »Win-Win-Situation«.[151]

An dieser Stelle kann nicht der gesamte Prozess der Entstehung der israelischen Atommacht in den 1950er und Anfang der 1960er Jahre geschildert werden.[152] Wichtig ist, dass Peres in diesem streng geheimen Vorgang eine entscheidende Rolle als Koordinator im Verteidigungsministerium spielt. Sein Beitrag zur Konferenz von Sèvres bis hin zum letztlich erzielten Abkommen über die »nukleare Kooperation« mit Frankreich Ende September 1957, in den letzten Tagen der Regierung Bourgès-Maunourys, ist entscheidend. Bar-Zohar erklärt Peres' Erfolg mit den persönlichen Kontakten zum »Club der Freunde Israels« in Frankreich.[153] Peres' typische Art, auf unüblichen Wegen direkt mit einflussreichen Persönlichkeiten Kontakt aufzunehmen, ist dabei nicht zu unterschätzen. Bar-Zohar schildert einen unermüdlichen Peres, der sich auch »Methoden der Fürbitte« sowie »Methoden der implizierten Erpressung« bedient, um an sein Ziel zu kommen.[154]

Schließlich werden bis Ende 1957 drei Verträge unterzeichnet: Der Vertrag vom 12.12.1956 sieht Frankreichs Hilfe bei der Errichtung eines Kernreaktors für Nuklearforschung vor. Demnach verpflichtet sich Frankreich, Israel einen 40- (anderen Quellen zufolge nur 25) Megawatt-Atomreaktor zu liefern und 385 Tonnen natürlichen Urans auszuleihen. Der zweite Vertrag vom 23.8.1957, unter strengster Geheimhaltung zwischen Peres und dem französischen Premierminister Bourgès-Maunoury verhandelt, sieht die Zusammenarbeit bei der Forschung und Herstellung der Nuklearwaffen vor.[155] Das dritte Abkommen vom Oktober 1957 regelt alle Aspekte des Reaktorbaus sowie der Plutoniumgewinnung; Peres erreicht hier nur unter größten Anstrengungen in den letzten Tagen der Regierung Bourgès-Maunoury eine Einigung. Sowohl Außenminister Pineau als auch der Parteivorsitzende Mollet haben zu diesem Zeitpunkt Bedenken, die endgültige, für den Abschluss des Abkommens unerlässliche Zusage zu erteilen, denn damit wären sämtliche Grundlagen für die Entwicklung von Atomwaffen in Israel gelegt. Bar-Zohar ist der Meinung, die von Frankreich betonten »friedlichen Ziele«

seien ein Lippenbekenntnis, um dem Vorwurf der arabischen Staaten, Israel zu einer Nuklearmacht gemacht zu haben, den Wind aus den Segeln zu nehmen.[156]

Bar-Zohar lobt Peres' Herangehensweise bei der Beschaffung der israelischen Atomwaffenkapazität mit den Begriffen der »Hingabe« und »Unermüdlichkeit«. Bar-Zohars Schilderungen machen deutlich, was Peres unter Politik versteht. Er bringt dazu ein Zitat von Peres selbst, das stellvertretend für seine Lebensphilosophie stehen kann:

> »In Sachen Waffenerwerb muss man zehn Angeln auswerfen, um irgendwas fangen zu können. Wo auch immer man hin muss, [um Waffen zu erwerben] soll man es durch die Tür probieren. Doch wenn wir [durch die Tür] rausgeschmissen werden, sollen wir es durch das Fenster erneut probieren. Ist das Fenster wiederum geschlossen, soll irgendein Riss in der Wand ausfindig gemacht werden, [um hineinzugelangen]. Hauptsache, man gelangt schließlich herein.«[157]

Diese Verhandlungsstrategie ist 1957 erfolgreich. Der Pakt mit Frankreich bahnt Israel den Weg nach Dimona, dem Standort des Atomreaktors, der bald ein Synonym wird für das israelische Geheimnis, das die militärische Überlegenheit des Landes sichern soll. Peres' Beitrag zum Projekt, aus Israel eine Atommacht werden zu lassen, steht nunmehr außer Frage. Aber steht er auch politisch-ideologisch hinter diesem Projekt? Die Hingabe, mit der er sich der Umsetzung von »Ben-Gurions Vision« widmet, scheint dies zu bejahen. Aus Bar-Zohars Hinweisen auf Peres' unermüdlichen Einsatz lässt sich zudem schließen, dass Peres die Annahme, Israel brauche Atomwaffen, nicht hinterfragte – er kümmerte sich vielmehr allein um die praktischen Probleme beim Erwerb. In seiner Autobiographie taucht die Grundsatzfrage ebenso wenig auf.[158] Er beschreibt lediglich, wie er die faktischen Hürden bis zu seinem Ziel überwunden hat. Die kurzen Bemerkungen, auf die Peres sich beschränkt, und die pragmatische Behandlung einiger Details zeigen seine Berührungsängste mit dem Thema. Das Wichtigste ist rasch gesagt: »Ich war von der Atomkraft eingenommen wie Ben-Gurion und begeistert wie Bergmann.«[159] Welche Haltung nimmt Peres nun aber zum Thema ein? Ist er nichts als die rechte Hand Ben-Gurions bei der Verwirklichung von dessen Vision? Muss Peres als reiner Technokrat in dieser Sache gesehen werden, oder handelt er auch aus politischer Überzeugung?

Atomwaffenkapazität als Bestandteil des Sicherheitskonzepts

David Ben-Gurion trifft die Entscheidung für Dimona aus seiner politisch-charismatischen Sonderposition heraus. Eingeweiht ist nur ein kleiner, exklusiver Kreis an Vertrauten. Das Entscheidungsverfahren nimmt nicht den rechtmäßigen Weg durch Einbeziehung der Regierung und der *Knesset*. Ben-Gurion gelingt es, die ganze Angelegenheit von der politischen Tagesordnung fernzuhalten. Die Bauarbeiten an dem Reaktor in den Jahren 1958-1960 unterliegen von Beginn an strengster Militärzensur. Dennoch können politische Debatten in der *Mapai*-Partei, der Regierung und im Parlament nicht verhindert werden, auch wenn viele nicht eingeweiht werden. Angesichts der bevorstehenden Fertigstellung des Reaktors Anfang 1962 stellt sich zunehmend die Frage, was man mit den nun vorhandenen Kapazitäten machen soll: Sollen sie für friedliche Zwecke oder für die Produktion von Atomwaffen eingesetzt werden? Diese Debatte wird unter Ausschluss der Öffentlichkeit geführt.[160]

Zur Debatte zwischen den »Konventionalisten« und der »Nukleartechnologie-Schule«

Im Laufe des Jahres 1962 zeichnen sich in engen sicherheitspolitischen Kreisen zwei militärische Denkschulen ab, die sich mit der Frage des israelischen Sicherheitskonzepts und der Struktur des Militärs auseinandersetzen. Avner Cohen bezeichnet die eine als »Nukleartechnologie-Schule«, die andere als die »Schule der Konventionalisten«.[161] Hauptanhänger der »Nukleartechnologie-Schule« sind Vize-Verteidigungsminister Peres (1959-1965) und Moshe Dayan (ab 1959 Mitglied der *Mapai*-Partei, der *Knesset* und des Kabinetts). Ben-Gurions Position schwankt zu diesem Zeitpunkt noch.[162] Als Verantwortlicher muss das Staatsoberhaupt dem wachsenden Druck aus den USA standhalten, Dimona unter internationale Aufsicht zu stellen, was bedeuten würde, Israels eigentliche Ziele preiszugeben. Die Anhänger der Nukleartechnologie-Schule gehen von einem nicht lösbaren israelisch-arabischen Konflikt aus, der eine endlose konventionelle Aufrüstung zur Folge haben werde. Deshalb sprechen sie sich für die Entwicklung hoch technologischer Waffensysteme aus. Atomwaffen sollen als »endgültige« Waffen die konventionelle Aufrüstung langfristig überflüssig machen, indem sie eine ultimative Abschreckungswirkung erzeugen, um die arabischen Staaten von ihren Angriffsplänen abzubringen.[163]

Diese der »Nukleartechnologie-Schule« zu Grunde liegende pessimistische Einschätzung hat auch einen überregionalen Aspekt. Angesichts der bitteren Erfahrung der Jahre 1956-1957, als Israel von den Vereinten Nationen gezwungen wird, auf seine territorialen Eroberungen zu verzichten, soll das Konzept der Abschreckung auch die westlichen Mächte davon abhalten, gegen Israels Interessen zu handeln. Evron bezeichnet die Atomwaffenkapazität Israels als »unerklärte Trumpfkarte«, als »Druckmittel« gegenüber den USA, damit diese Waffenlieferungen an Israel gewährleisten.[164] Der Besitz von Abschreckungswaffen kommt Peres' Doktrin der Unabhängigkeit Israels entgegen. Israel kann sich mittels moderner Waffen militärisch und politisch größeren Spielraum verschaffen – ein verlockender Gedanke angesichts des Waffenembargos gegen Israel in den ersten Jahren seiner staatlichen Existenz und vor dem Hintergrund des Rückzugs von der Sinai-Halbinsel 1956-1957. Wenn Peres in seinen zahlreichen Veröffentlichungen den Vorteil der hoch entwickelten Technologie preist, so ist damit deren politisch-militärische Funktion für die Unabhängigkeit Israels gemeint, auch wenn er harte Begriffe wie »Atomwaffe« dezidiert meidet und stattdessen Ersatzformulierungen wie »technologischer Vorteil« und »selbst gemachte Abschreckung« benutzt.[165]

Dieser nuklearen Lobby stehen im sicherheitspolitischen Kabinett die »Konventionalisten« gegenüber. Sie sind in erster Linie durch den *Mapai*-Koalitionspartner *Ahdut Haavoda* vertreten. Deren Führer Yigal Alon und Israel Galili gehen zwar ebenso wie die Anhänger der Abschreckungsdoktrin von einem Dauerkonflikt mit den arabischen Nachbarn aus, der eine schlagkräftige Streitmacht notwendig macht. Doch ihr Anliegen ist es, den Vorrang der konventionellen Streitkräfte Israels aufrechtzuerhalten. Die konventionelle Armee Israels, basierend auf einem modernen und mobilen Panzerkorps und einer starken Luftwaffe, müsse erhalten bleiben. Die »Konventionalisten« glauben nicht, dass alleine die Abschreckung durch Atomwaffen Israels Sicherheit langfristig garantieren könne. Sie sehen die Stärke der konventionellen Kräfte als sicherheitspolitischen Vorteil an, der durch die Einführung von Massenvernichtungswaffen gefährdet wäre. Die Folge der Politik der Nukleartechnologie-Anhänger sei eine »Nuklearisierung des israelisch-arabischen Konflikts«. Dies könne jedoch kaum im Sinne eines kleinen Staats sein, der von Feinden eingeschlossen sei. Die »Konventionalisten« bestreiten also die naive Annahme, Israel könne auf Dauer sein Monopol bei Nuklearwaffen halten.[166] Nuklearwaffen würden die Araber auf Grund ihrer demographischen und geopolitischen Vorteile dazu anspornen, Israel zu bekriegen.[167]

Beide Richtungen zeichnet ein pessimistisches Konfliktverständnis aus. Die gesamte Führung des Sicherheitsestablishments befasst sich zudem lediglich mit engen militärisch-technischen Fragen. Diplomatisch-politische Optionen zur Lösung der Konflikte in der Region werden partout ausgeschlossen. Die Auseinandersetzung zwischen den beiden Schulen spiegelt deren Ratlosigkeit und Verwirrung angesichts der Zukunft Israels wider. Nicht von ungefähr können sich sowohl die »Konventionalisten« als auch die Befürworter der Nukleartechnologie schließlich durchsetzen. Sowohl in die konventionellen Streitkräfte als auch ins Atomprogramm wird mächtig investiert. Avner Cohen und Evron zeigen, dass es sich bei dem innenpolitischen Streit kaum um eine richtige politische Debatte handelt, denn die Kontrahenten lehnen die jeweils andere Position nicht ab. Peres und Dayan, beide Befürworter der Nukleartechnologie, sprechen sich nicht dagegen aus, die Ausgaben für die konventionelle Bewaffnung zu reduzieren. Und die »Konventionalisten« lehnen ihrerseits nukleare Forschung und Entwicklung nicht grundsätzlich ab.[168] Beide Denkschulen setzen sich durch ihre gemeinsame Beschwörung des Worst-Case-Szenarios daher durch.

Abschreckungswaffen als unausgesprochene Grundlage der Existenz Israels?

Peres' veröffentlichte Texte behandeln die Atomwaffenfrage kaum, denn das Thema unterliegt strengster militärischer Zensur. Dennoch lassen sich seine

Texte vom Anfang der 1960er Jahre vor dem Hintergrund des heutigen Wissenstandes neu lesen. Einem 1965 erschienenen Sammelband sowie einigen von Peres' Äußerungen vor der Presse[169] lassen sich mehrere Hinweise auf die Sicherheitspolitik entnehmen. In seinem Aufsatz »Aspekte der Qualität« plädiert Peres dafür, dass Israel sich der modernen Technologie mutiger stellen solle und betont die Bedeutung des israelischen Abschreckungspotenzials:

> »[...] Der Weg zu Sicherheit und Frieden umfasst drei Etappen: erstens – die Vergeltungsmacht; zweitens – die Abschreckungsmacht; und drittens – die Waffenabrüstung. [...]
>
> Lange Zeit haben wir für die Aufstellung einer Verteidigungsmacht in *Erez Israel* gekämpft, um uns nach einer [auf uns gerichteten] Attacke verteidigen zu können, jedoch mit nur teilweisem Erfolg. [...] im Unabhängigkeitskrieg organisierten wir eine Streitkraft und erwarben Waffen, jedoch nur in unzureichender Menge, sodass wir die von uns erwünschten Kriegsziele nicht diktieren konnten. [...]
>
> Heute gehen wir über zur zweiten Phase, zum Aufbau einer Abschreckungsmacht. Denn hier – und das sage ich mit aller Aufrichtigkeit trotz der Anwesenheit von Journalisten – streben wir nicht den Krieg an, sondern alleine die *Abschreckung* unserer Feinde. Wir wollen eine Macht aufstellen, eine [Abschreckungs-]Macht herbeiführen, damit Nasser sich dazu veranlasst sieht, eine Attacke gegen den Staat Israel zu unterlassen. Wir verkünden hiermit mit aller Aufrichtigkeit unseren Willen bezüglich der dritten Phase: der Abrüstung des Nahen Ostens.«[170]

Peres will die Möglichkeit einer Abrüstung der Region (sprich eines Friedens) vom Abschreckungspotenzial Israels abhängig verstanden wissen. Auch wenn er hier den Begriff »Atomwaffe« nicht verwendet und lediglich von »nuklearer Technologie« spricht, besteht kaum Zweifel, worum es ihm dabei wirklich geht. Doch die Atomwaffen sind nicht für den Einsatz gedacht, sondern lediglich zur Abschreckung der Feinde, als Absicherung gegen Angriffe.

Ein wichtiges Argument Peres' für den Bau von Atomwaffen ist, dass die Sicherheitsprobleme Israels nicht allein mit der Vergeltungspolitik und konventioneller Rüstung gelöst werden können. Die damit verbundenen negativen ökonomischen Auswirkungen und die Verluste an Menschenleben sieht Peres als Gefährdung der »zionistischen Utopie«. Abschreckungswaffen hingegen würden den ersehnten Frieden bringen. Sagt Peres dies aus taktischen Gründen, oder glaubt er wirklich an diese Entwicklung? Im späteren Verlauf seiner politischen Karriere bleibt er dieser religiös-messianischen Denkstruktur jedenfalls treu (vgl. 5. Kapitel dieser Arbeit). Peres' Gedankengang beruht auf der Annahme, dass Israel in der Region als Fremdkörper angesehen wird. Seine Nachbarn werden es beständig bekämpfen und danach trachten, es zu vernichten. Frieden kann es nur geben, wenn Israel sich Respekt verschafft, indem es die arabischen Staaten von seiner Stärke und Unbesiegbarkeit überzeugen kann. Erst dann werden sie sich von ihren Plänen verabschieden und den Kampf aufgeben. Da dies ein langer Prozess sein wird, ist Israel in der Zwischenzeit gezwungen, aufzurüsten. Frieden, den Peres sich zu diesem Zeitpunkt wohl kaum vorstellen kann, ist nur durch militärische Stärke zu erzielen. Die Maxime des 1990 beginnenden »Friedensjahrzehnts« lautet: »Der Weg zu Oslo geht über Dimona.« »Betrachtet man die Verteidigungsmacht [die konventionelle Armee] als unverzichtbar, und die Abschreckungsmacht als eine Chance, so lässt sich die Abrüstung als eine Hoffnung bezeichnen. Im Staat Israel gehen Chance und Hoffnung Hand in Hand.«[171]

Nach dieser Logik ist der Frieden erst eine Folge der Sicherheit. Sicherheit ist für Peres gleichbedeutend mit nationalstaatlicher Existenz. Der Politiker vertritt einen erweiterten Sicherheitsbegriff, der sich nicht alleine auf die Verteidigung bezieht, sondern auf den Komplex von »Einwanderung, Siedlung und Sicherheit«. Gemäß Peres' Auffassung, dass das zionistische Projekt noch nicht vollendet ist, hat Sicherheit absoluten Vorrang. Die Entwicklung moderner Waffen, um den arabischen Nachbarstaaten militärisch überlegen zu sein, ist in diesem Denken die folgerichtige Konsequenz. Peres' Wahrnehmung der politischen Realität im Nahen Osten in den formativen Jahren des Staats Israel ist daher eng an die beschriebene Sicherheitsdoktrin gekoppelt. Dies bringt er in seinem Aufsatz »Lehren für die Sicherheitspolitik« vom Mai 1962 auf den Punkt.[172] Verfasst ist der Text unter dem Eindruck der Debatte zwischen den »Konventionalisten« und den Anhängern der Nukleartechnologie und vor dem Hintergrund der relativen Ruhe an den israelischen Grenzen nach dem Sinai-Suez-Krieg:

> »Diskutiert man sicherheitspolitische Fragen, so gilt es zweierlei zu erörtern: Kann ein Krieg ausbrechen, und wann? Kann es Frieden geben, und wann wird er eintreffen? [...]
>
> Die eigentlichen Fragen, die wir uns stellen müssen, lauten: Wie lässt sich ein Krieg verhindern oder [wenn er bereits ausgebrochen ist] wie gewinnt man einen Krieg? Wie lässt sich der Frieden herbeiführen – also, was unternimmt man, bis er kommt bzw. bis der Krieg ausbricht. Darüber hinaus stehen wir weniger vor der Wahl zwischen Krieg und Frieden. Vielmehr befinden wir uns in einer Lage, die sich als ›Nichtfrieden und Nichtkrieg‹ bezeichnen lässt. Und diese Lage ist dem Kriegszustand vorzuziehen. Denn die mit dieser Lage des ›Nichtfriedens und Nichtkrieges‹ verbundenen *möglichen* Gefahren sind den mit einem Kriegszustand einhergehenden *unvermeidlichen* Gefahren vorzuziehen.
>
> [...] Angesichts der Abwesenheit [des Friedens] müssen wir uns alleine auf unsere [militärische] Macht verlassen. Der Aufbau dieser Macht muss rechtzeitig zwecks [israelischer] maximaler Unabhängigkeit vonstatten gehen. Doch der Aufbau militärischer Macht bedarf einer langen Ausdauer, vor allem angesichts der sich stets verändernden politischen und sicherheitspolitischen Situation. Diese Aufgabe des Machtbaus [gemeint der Aufrüstung] darf also nicht von vorläufigen Veränderungen der politischen Lage beeinflusst werden. Sie muss vielmehr vom Standpunkt einer pessimistischen Lageeinschätzung gemeistert werden, um den kompliziertesten und schwerwiegendsten Konstellationen begegnen zu können. Vor diesem Hintergrund muss die relative Erleichterung, welche durch vorübergehende politische Verbesserungen erzielt wird, komplett ignoriert werden. [...]
>
> Wir befinden uns in einer neuen Phase in der Geschichte des Waffenerwerbs. Es handelt sich hierbei nicht um einen politischen, sondern um einen technologischen

Wandel. Da ist die Rede von einer Waffenart, von der wir uns früher kaum etwas vorstellen konnten, welche aber heute in unserer Region eingeführt wird.«[173]

Peres' Text von 1962 illustriert einen weiteren Aspekt seiner Sicherheitsdoktrin: deren Entpolitisierung. »Entpolitisierung« bezeichnet hier den Ausschluss der Öffentlichkeit aus der Diskussion zu einem bestimmten Thema. Diese Aussperrung wird im Hinblick auf die nichtkonventionellen Waffen als besonders wichtig erachtet. Die Ironie ist: Peres nimmt mit seiner Code-Sprache an einer öffentlichen Debatte teil, aber nur, um zu argumentieren, dass die Abschreckungsmacht unverzichtbar sei und dass über sie nicht diskutiert werden könne. Peres' Argument, die relative Ruhe von 1962 sei trügerisch und eine pessimistische Lageeinschätzung für die Sicherheit vonnöten, ist letztlich ein Appell, die Sicherheitspolitik nach dem Worst-Case-Szenario zu gestalten. Eine politische Debatte erübrigt sich damit für ihn. Gerade hinsichtlich des hier besprochenen Gegenstandes ist eine derartige Diskussion geradezu unmöglich, vor allem, weil das Projekt Dimona Anfang der 1960er Jahre in einer heiklen Phase ist.

Ende 1960 erfahren die USA schließlich vom Reaktor in Dimona. Ben-Gurion gerät unter massiven Druck der amerikanischen Regierung, die Atomanlage unter internationale Aufsicht zu stellen und Israels Pläne offenzulegen. Da die israelische Führung nicht willens ist, sich in die Karten schauen zu lassen, entwickelt sie nach und nach eine sicherheitspolitische Strategie, um ihr Atomwaffenpotenzial weder bestätigen noch dementieren zu müssen: die »Politik der Zweideutigkeit«. Avner Cohen schreibt, sie sei nicht geplant gewesen, sondern auf Umwegen als improvisierte Antwort auf den wachsenden Druck von außen und innen zustande gekommen.[174] Er sieht den Zeitpunkt der Geburt der »Politik der Zweideutigkeit« in einem Gespräch zwischen Peres und dem amerikanischen Präsidenten John F. Kennedy am 2.4.1963. Letzterer soll Peres nach Israels nuklearen Zielen gefragt und folgende Antwort bekommen haben: »Ich kann Ihnen deutlich sagen, dass wir Atomwaffen nicht in die Region einführen werden. Auf jeden Fall werden wir nicht die ersten sein. Dies liegt nicht in unserem Interesse. Im Gegenteil: Unser Anliegen besteht vielmehr in der Reduzierung der Aufrüstung oder gar in der kompletten Abrüstung.«[175] Im Nachhinein erklärt Peres, diese Stellungnahme sei provisorisch gewesen und aus der Not entstanden: »Ich wollte weder den Präsidenten belügen, noch konnte ich ihm eine direkte [ehrliche] Antwort auf seine Frage liefern. Um mich jedoch aus der verzwickten Lage zu befreien, versuchte ich etwas zu sagen, das im Nachhinein Israels formelle Politik über Jahre hinweg wurde.«[176]

Yoel Cohen vermutet hingegen, dass ein Treffen zwischen Ben-Gurion und dem französischen Präsidenten Charles de Gaulle im Juni 1960 den Startschuss für die »Politik der Zweideutigkeit« gab. Auf de Gaulles Frage, wozu Israel überhaupt einen Atomreaktor benötige, soll Ben-Gurion erwidert haben, dass »Israel in diesem Meiler keine Kernwaffen herstellen und auch nicht als erstes Land Atomwaffen im Nahen Osten einführen werde«.[177] Ob die eine oder die andere Version der Wahrheit entspricht, ist nicht mit Sicherheit zu sagen. Fest steht jedoch, dass die »Politik der Zweideutigkeit« in den Kreisen des israelischen Sicherheitsestablishments entwickelt wurde bzw. im Verteidigungsministerium. Was bedeutet die »Politik der atomaren Zweideutigkeit«, bekannt auch als »Politik der Doppeldeutigkeit« sowie als »Politik der Undurchsichtigkeit«? Wie steht Peres hierzu?

Peres und die »Politik der atomaren Zweideutigkeit«

Zum Begriff der »Politik der Zweideutigkeit«

Angesprochen auf das Atomprogramm, lautet die allgemein verwendete Standardantwort Israels: »Israel wird nicht als erstes Land Atomwaffen im Nahen Osten einführen.« Die israelische Führung dementiert weder den Nuklearwaffenbesitz, noch bestätigt sie ihn. Innenpolitisch ist das Thema tabu. Avner Cohen setzt sich in seinem 2005 erschienenen Buch *The Last Taboo*[178] mit der israelischen »Politik der Zweideutigkeit« auseinander, die er »Politik der Undurchsichtigkeit« nennt. Er definiert diese Politik als »extremsten Fall einer Spannung zwischen Nuklearpolitik und Demokratie«: Das Thema Atomwaffe existiere im öffentlichen Bereich [Regierung, *Knesset*, Judikative] nicht, somit erkläre sich der gesellschaftliche Druck, es weiterhin als Tabu zu behandeln. Die Tabuisierung bestimmter Fragen versteht Avner Cohen als gesamtgesellschaftliches Phänomen, das er »Kultur der Undurchsichtigkeit« nennt, eine Kultur, die mit der »israelischen Ordnung« verknüpft ist: »Die Kultur der Undurchsichtigkeit [bezüglich der Atomwaffenfrage] führt zu extremen Spannungen der liberalen Demokratie, vor allem in der Aufsichtsfrage.«[179] Die Politik der Undurchsichtigkeit bringe es mit sich, dass Israel zwar weltweit als Nuklearmacht angesehen werde, während die Atomwaffen in Israel selbst jedoch verdrängt und totgeschwiegen werden würden, und zwar sowohl auf der politischen Ebene (*Knesset* und Regierung) als auch auf der juristischen sowie auf derjenigen der Medien.[180]

Avner Cohen führt diese »[politische] Kultur der Undurchsichtigkeit« auf das Zusammenspiel aus drei Faktoren zurück: das Tabu als gesellschaftlicher Code innerhalb des »Stammes«; die militärische Zensur als staatliches Instrument, um das Tabu durchzusetzen; und die Politik der Undurchsichtigkeit als politische Strategie. Dabei wäre die Politik der Undurchsichtigkeit ohne die strenge Militärzensur und später die gesellschaftliche Tabuisierung nicht so erfolgreich gewesen, und die gesellschaftliche Tabuisierung wäre nicht aufrechtzuerhalten gewesen ohne das Wissen der Öffentlichkeit, dass es sich bei der Atomwaffenpolitik um eine Sache der nationalen Sicherheit handele.[181] Es stellt sich die Frage, inwiefern angesichts der Politik der Undurchsichtigkeit und einer Informationssperre davon gesprochen werden kann, dass die israelische Öffentlichkeit Kenntnis von den Vorgängen hatte. Avner Cohen selbst weist schließlich auf die Politik der Undurchsichtigkeit und ihre Mittel hin, mit denen jegliche öffentliche Diskussion verhindert wird und auf die Haltung der Israelis, die das Thema nicht berühren wollen: »Aus beinahe mythischer Angst gelingt es der Öffentlichkeit, sich vom Thema und dessen eigentlicher Bedeutung fernzuhalten, es voll zu verdrängen und sich so zu verhalten, als ob die [mit den Atomwaffen verbundenen] schwerwiegenden strategischen und moralischen Dilemmata sie kaum angingen.«[182]

Das gesellschaftliche Tabu zu brechen – das ist das Anliegen von *The Last Taboo*, das von der Militärzensur nur unter Schwierigkeiten genehmigt wird[183] –, ist in Israel nach wie vor strafbar. Avner Cohen stellt folgende These auf: Das Tabu, über Atomwaffen zu diskutieren, sei der Öffentlichkeit zwar aufoktroyiert worden, gleichzeitig gebe es in dieser Öffentlichkeit aber auch »ein tief sitzendes Bedürfnis«, erst gar nichts über das heikle Thema wissen zu wollen. Das Tabu sei »ein Echo für den authentischen Willen der Israelis, das Thema öffentlich nicht zu diskutieren und es komplett den ›autorisierten Experten‹ zu überlassen«.[184] Er plädiert zwar für eine offene Diskussion über Atomwaffen, stellt deren Notwendigkeit jedoch kaum in Frage. Damit stellt er sich gegen Zeev Maoz, der den Nutzen von Atomwaffen für die Sicherheit Israels anzweifelt.[185] Avner Cohen vermutet, dass die Akzeptanz Israels durch die arabische Welt auf die Atomwaffen Israels zurückzuführen sei, auch wenn arabische Staaten wie Iran und Irak Massenvernichtungswaffen anstrebten, um Israel entgegentreten zu können. Der Autor sieht den »gewaltigen Erfolg des nuklearen Unterfangens« darin, dass es »Israel in eine regionale Macht verwandelte und ihm Stellung und Prestige unter seinen Feinden sowie Freunden verliehen« habe. Zudem beruft sich Avner Cohen auf den vermeintlichen Konsens in der israelischen Gesellschaft, dass Israels Atomwaffen der nationalen Sicherheit dienten. Zugleich weist er auf die gewollte, beinah komplette, Ignoranz der israelischen Öffentlichkeit in diesem Bereich hin, ein als Störung bezeichnetes Phänomen.[186]

Doch wie entsteht ein derartiges Tabu? Woher kommt der »vermeintlich authentische Wille«, etwas nicht wissen zu wollen? Wie ist dieser gesellschaftliche Konsens in der Atomfrage zustande gekommen? Gilt die hier angedeutete rückhaltlose Unterstützung der Israelis nur der Beschaffung von Atomwaffen, oder kann dieses politische Verhalten auch auf andere Aspekte der Sicherheitspolitik wie die konventionelle Rüstung übertragen werden? Im Folgenden gilt es vor allem der Frage nachzugehen, welche Position Peres zur »Politik der Zweideutigkeit« in der Frage der Atomwaffen vertritt und welchen Beitrag er zum Prozess der Tabuisierung dieses Themas leistet und somit zur Verfestigung der »politischen Kultur der Undurchsichtigkeit«.

Zur Entstehung und Durchsetzung der »Politik der Zweideutigkeit«

Die Kultur der Geheimhaltung in Sicherheitsfragen hat ihre Wurzeln im vorstaatlichen *Jischuw*. Das Prinzip der Geheimhaltung bildet im britischen Palästina die ideologisch-kulturelle Grundlage für die Zionisten, um eigene Sicherheitsinteressen zu vertreten. Sowohl die ersten Waffenkäufe als auch die provisorische Herstellung von Waffen in den 1930er und 1940er Jahren unterliegen strengster Geheimhaltung. Die zionistischen Untergrundmilizen sind als solche illegal, sie sind das Fundament der Geheimhaltungskultur. In der Gründungsära Israels in den 1950er Jahren hat dieses Element der politischen Kultur weiter Bestand und etabliert sich vor allem in der Sicherheitspolitik. Demnach trifft Ben-Gurion in kleinem Kreis die Entscheidung, von Frankreich einen Atomreaktor zu erwerben, und beschließt, das Projekt geheimzuhalten. Bezahlt wird das Vorhaben zunächst durch nichtstaatliche Quellen, meist Spenden. Erst Anfang der 1960er Jahre regelt eine geheime parlamentarische Kommission die Finanzierung. Ben-Gurions politische Mentalität der Geheimhaltung bzw. der Undurchsichtigkeit kommt auch dadurch zum Ausdruck, dass er nicht gewillt ist, langfristige Ziele zu setzen. Peres verteidigt Ben-Gurions Zögern zu diesem Zeitpunkt damit, dass man mit zu raschen Entscheidungen konkrete Ziele allzu früh und allzu schnell fixiert hätte. Avner Cohen meint, dass Ben-Gurion und Peres diese Scheu, sich festzulegen, den Politikern der französischen Vierten Republik abgeschaut hätten: Dort habe Peres all die Tricks gelernt, »Entscheidungen zu treffen, ohne dabei wirklich Entscheidungen zu treffen«. In diesem Sinne habe die israelische Atomwaffenpolitik zweideutig und unbestimmt erscheinen sollen, um gefährliche innenpolitische Debatten sowie außenpolitische Auseinandersetzungen zu vermeiden.[187]

Als die USA Ende 1960 den Atomreaktor in Dimona entdecken, verkündet Ben-Gurion am 21.12.1960 in der *Knesset*, dass Israel keine Nuklearwaffen entwickele und Dimona allein friedlichen Zwecken diene. Diese formelle Erklärung wird stillschweigend und kritiklos hingenommen. Selbst den Atomwaffengegnern im Parlament ist das Thema zu heikel. Ben-Gurions Autorität und der gesellschaftliche Druck verhindern jeglichen Widerstand.[188] Die meisten *Knesset*-Abgeordneten der großen Parteien lehnen im Kern die Aufrüstung mit Nuklearwaffen ab, doch sie wagen es mit Ausnahme der Vertreter der kommunistischen Partei *Maki* kaum, dies auszusprechen und sich mit Ben-Gurion anzulegen. Um Parlament und Öffentlichkeit außen vor zu lassen, setzt Ben-Gurion eine bestimmte Strategie ein: Um parlamentarische Debatten zu umgehen, ermöglicht der Staatschef jedem Vorsitzenden der *Knesset*-Fraktionen, sich direkt an ihn zu wenden. Im Rahmen des *Knesset*-Ausschusses für Verteidigung und Auswärtige Angelegenheiten wird Ende 1962 zudem eine geheime Kommission gegründet, welche die finanziellen Aspekte von Dimona regeln soll. Avner Cohen behauptet, diese Geheimhaltungspolitik sei eine »bequeme Lösung« für die legislativen sowie exekutiven Instanzen gewesen. Auch Atomwaffengegner innerhalb der *Mapai*-Partei sprechen ihre pragmatischen sowie moralischen Vorbehalte in der Partei nicht an. Das Geheimhaltungsgebot erstreckt sich also auf das ganze parlamentarische System und trägt damit zur Entpolitisierung der Atomwaffenfrage bei.[189] Doch es gibt auch Atomwaffengegner, die ihren Protest offen äußern, um das Projekt rechtzeitig zu stoppen. Wie geht das Duo Ben-Gurion/Peres damit um?

Das Beispiel des Intellektuellen Eliezer Livneh, einem ehemaligen Mitglied der *Mapai*-Partei, demonstriert, wie gut die vom Verteidigungsministerium bestimmten Zensurregeln greifen. Noch bevor die Entscheidung fällt, wie die Nuklearkapazität Israels genutzt werden soll, spricht sich Livneh dafür aus, den »wahren Zweck des nuklearen Unterfangens« öffentlich zu diskutieren. In seinem am 12.1.1962 in *Haaretz* erschienenen Artikel mit dem Titel »Die letzte Warnung« äußert Livneh seine Besorgnis hinsichtlich der israelischen Sicherheitspolitik. Er befürchtet, dass eine Sicherheitsdoktrin, die auf Atomwaffen und ballistischen Raketen basiert, zu einer Nuklearisierung des Konflikts führen würde, für die Region eine desaströse Entwicklung. Ein paar Monate später gründet er eine kleine Gruppe, zu der israelische Persönlichkeiten wie Martin Buber, Efreim Orbach und Yeshayahu Leibowitz gehören sowie die ehemaligen Mitglieder der israelischen Atomenergiekommission Gabriel Stein und Franz Olendorf. Gemeinsam reichen sie eine Petition an die Regierung ein mit dem Appell, die Einführung von Atomwaffen in der Region zu verhindern. Im Verteidigungsministerium macht sich Verwirrung breit. Eine offizielle Antwort bleibt aus. Stattdessen wird gegen die Gruppe um Livneh hinter den Kulissen agiert: Um die Atomgegner mundtot zu machen, werden sie als Gefahr für die Staatssicherheit dargestellt. Dazu beginnt Peres (bei Avner Cohen mit dem Code-Namen »Regierungsmann« im Verteidigungsministerium bezeichnet), den israelischen Presse-Verein unter Druck zu setzen, er solle die von Livneh angekündigte Pressekonferenz zum Thema »Die Atomwaffen im Nahen Osten« absagen, mit Erfolg. Als Rechtfertigung dient das Argument, Livneh und seine Anhänger beeinträchtigten die Staatssicherheit.[190] Peres unternimmt im Sommer und Herbst 1962 den Versuch, den Standpunkt der Befürworter der »Abschreckungsmacht« über die Presse – soweit es geht – darzulegen.

Peres' mediale Stellungnahmen erweisen sich jedoch als kontraproduktiv. Die Gruppe der Atomwaffengegner sieht durch seine öffentlichen Äußerungen ihren Verdacht bestätigt, dass Israel seine Nuklearkapazität zur Produktion von Waffen einsetzen will. Livneh, Stein, Orbach und andere gründen im Sommer 1962 mit Unterstützung des Präsidenten der Zionistischen Weltorganisation Nahum Goldman das »Komitee für die nukleare Abrüstung des Nahen Ostens«. Das Komitee appelliert an die Eliten des Landes, um auf die Gefahr der Atomwaffen aufmerksam zu machen. Sein Anliegen ist, die Atomwaffenfrage zum Politikum ersten Ranges zu machen. In den Vordergrund stellt die Gruppe das Argument, dass die Einführung von Massenvernichtungswaffen in der Region das gesamte zionistische Projekt gefährden könnte. Das kleine Israel sei auf Grund seiner nachteiligen geopolitischen und demographischen Lage im Falle einer Nuklearisierung des Nahostkonflikts einer totalen Vernichtungsgefahr ausgesetzt. Israel solle in seinem eigenen Interesse ein absolutes Verbot der Einführung derartiger Waffen in der Region anstreben. Auch wenn es Israel gelingen würde, in naher Zukunft technisch überlegene Nuklearwaffen herzustellen, sei dies nicht von Dauer. Das Komitee spricht sich für Verhandlungen mit den anderen Staaten der Region aus, um die Gefahr der Aufrüstung mit Atomwaffen zu bannen. Es sei an Israel, in dieser Frage aktiv zu werden. Die Mitglieder des Komitees betonen des Weiteren, dass sowohl die Beschaffung der Waffen als auch die damit verbundene Geheimhaltungspolitik undemokratisch sei.¹⁹¹ Der kritische israelische Philosoph Yeshayahu Leibowitz erkennt bereits zu dieser Zeit die Problematik des Nuklearprogramms, bezeichnet es als »Staat im Staat«, in dem Sinne, dass es außerhalb der israelischen Gerichtsbarkeit und jenseits der Aufsicht der Öffentlichkeit stehe.¹⁹²

Doch die Atomwaffengegner werden bald mundtot gemacht. Die Regierung macht von der Militärzensur Gebrauch. Avner Cohen weist auf die entscheidende Rolle der Zensur bei der Durchsetzung des Schweigegebots und später bei der Zementierung der Zweideutigkeitspolitik hin.¹⁹³ Die Militärzensur verbietet jegliche faktische Bezugnahme auf Israels Nuklearprogramm; sie erlaubt lediglich Stellungnahmen über ausländische Quellen oder aber Veröffentlichungen, die als eigene Meinung bzw. hypothetische Überlegungen des Verfassers gekennzeichnet sind. Einer möglichen öffentlichen Debatte ist der Gegenstand genommen. Es ist strafbar, Informationen über das israelische Atomprogramm zu veröffentlichen. Das Komitee gerät somit in die Zwickmühle: Um sein Anliegen verfolgen zu können, begeben sich die Mitglieder in die Gefahr, des Verrats von Staatsgeheimnissen angeklagt zu werden.¹⁹⁴ Yoel Cohen weist darauf hin, dass Livneh von »Regierungsvertretern einbestellt und verwarnt [wurde], er könne angeklagt werden«.¹⁹⁵

Zu den beiden zitierten Autoren ist anzumerken, dass sie selbst Gebrauch von der Code-Sprache der Sicherheitspolitik machen, um die Rolle Peres' bei der Durchsetzung des Tabus darzulegen. Aus ihrer Schilderung der »Abschreckungspolitik nach innen«, die maßgeblich vom Verteidigungsministerium ausgeht, lässt sich kaum entnehmen, wer dort die Fäden in der Hand hat. Es wird nicht deutlich genug, dass Peres als rechte Hand Ben-Gurions und Vize-Verteidigungsminister eine der politischen Hauptfiguren hinter dieser Abschreckungspolitik ist. Die Folge ist, dass Peres einerseits als für den Erwerb der Atomwaffenkapazität zentrale Gestalt wahrgenommen wird, seine Verantwortlichkeit hinsichtlich der Politik der Undurchsichtigkeit auf der anderen Seite jedoch in den Hintergrund rückt.

Die Vanunu-Affäre: Ein Rückschlag für die »Politik der Undurchsichtigkeit«?

Nach dem kurzen, erfolglosen Widerstandsversuch des »Komitees für die nukleare Abrüstung des Nahen Ostens« Anfang der 1960er Jahre setzt sich die Politik der Undurchsichtigkeit mehr und mehr durch. Peres' Position zu dieser Politik bleibt jedoch über die Jahrzehnte hinweg nicht konsequent. Wie bereits gezeigt, leistet er zwar einen entscheidenden Beitrag zu ihrer Etablierung, doch zugleich gibt es Indizien dafür, dass er nicht vollständig von ihr überzeugt ist. Im weiteren Verlauf der Geschichte der Politik der Undurchsichtigkeit äußert Peres seine Zweifel immer deutlicher. Avner Cohen zufolge macht Peres am Vorabend des Sechstagekrieges den Vorschlag, die Strategie der Zweideutigkeit aufzugeben und Israels Position als Nuklearmacht der Öffentlichkeit zu präsentieren. Premierminister Levi Eshkol lehnt dies jedoch ab.¹⁹⁶ Tom Segev sagt in seinem Buch zum Sechstagekrieg,

Peres sei in der Krise im Mai und Juni 1967 dafür eingetreten, den nahenden Krieg zu verhindern, indem Israel sein Abschreckungspotenzial demonstrieren sollte.[197] Einige Jahre später, in den ersten Tagen des Jom-Kippur-Krieges von 1973, gerät Verteidigungsminister Moshe Dayan auf Grund der schweren Verluste an der südlichen Front in Panik. Er macht Premierministerin Golda Meir den Vorschlag, die unkonventionellen Waffen einzusetzen. Doch auch zu diesem Zeitpunkt begnügt sich Israel mit seinen konventionellen Streitkräften. Wichtig ist aber, dass sowohl Peres 1967 als auch Dayan 1973 daran glauben, Israel könne sich in einer Notsituation tatsächlich der Atomwaffen bedienen, um den konventionellen Krieg zu verhindern bzw. durch den Einsatz der Atomwaffen den Krieg zu entscheiden.[198] Doch weder Peres (Verteidigungsminister 1974-1977) noch Dayan (Peres' Vorgänger 1967-1974) geben die Politik der Zweideutigkeit in ihrer Amtszeit im Verteidigungsministerium auf.

Erst Mitte der 1980er Jahre bekommt das Konzept der »Undurchsichtigkeit« Risse. Am 5.10.1986 veröffentlicht die Londoner »Sunday Times« einen exklusiven Bericht auf ihrer Titelseite: »Enthüllt: Die Geheimnisse von Israels Nuklear-Arsenal«. Der Artikel stützt sich auf Informationen eines ehemaligen Technikers am Nuklearforschungszentrum bei Dimona Mordechai Vanunu, der dort von 1977-1985 in einer streng geheimen unterirdischen Bunkeranlage arbeitet. Der Artikel, dessen Inhalt vom Sunday Times-Rechercheteam »Insight« vor der Veröffentlichung gründlich überprüft worden ist, sorgt weltweit für großes Aufsehen. Die von Insight konsultierten Atomwissenschaftler schließen aus dem von Vanunu gelieferten Beweismaterial und dessen Aussagen, dass Israel nicht nur über die Atombombe verfüge – was schon seit langem vermutet worden ist –, sondern auch, dass sich das Land zu einer der wichtigsten Nuklearmächte entwickelt habe. Das Fazit des Artikels: Israel befinde sich unter den Nuklearmächten der Welt an sechster Stelle, gewinne in unterirdischen Anlagen heimlich Plutonium, und in Dimona seien bereits zwischen 100 bis 200 Kernwaffen produziert worden.[199]

Im August 1986 informiert der israelische Geheimdienst den Premier Peres über Kontakte zwischen Vanunu und der Sunday Times. Der Mossad sucht Vanunu zunächst in Australien, erfährt aber später vom britischen Geheimdienst MI6, dass der Techniker sich in London aufhält. Peres, sein Stellvertreter, Außenminister Jitzchak Shamir und Verteidigungsminister Jitzchak Rabin beschließen gemeinsam am 21.9.1986, Vanunu nach Israel zu entführen.[200] Angesichts der Spannungen zwischen den israelischen und britischen Geheimdiensten seit Anfang der 1980er Jahre soll Peres den Mossad jedoch angewiesen haben, bei der Entführung Vanunus keine britischen Gesetze zu übertreten. Der Mossad entwickelt einen Plan, Vanunu zunächst aus England wegzulocken und dann mit Gewalt nach Israel zu bringen.[201] Schließlich geht Vanunu der Mossad-Agentin Cheryl Hanin-Bentov ins Netz, der es gelingt, ihr Opfer nach Rom zu bringen, von wo er auf dem Seeweg nach Israel entführt wird. Dort wird Vanunu unter Ausschluss der Öffentlichkeit der Prozess gemacht. Die Anklage umfasst drei Punkte:

Verrat, Spionage in einem besonders schweren Fall sowie Sammeln von geheimen Informationen mit dem Ziel der Beeinträchtigung der staatlichen Sicherheit. Am 24.3.1988 wird er der Spionage und des Landesverrats für schuldig befunden und zu 18 Jahren Freiheitsstrafe in Einzelhaft verurteilt.[202] Auf den Druck des Auslands hin wird die Einzelhaft nach elf Jahren aufgehoben. Am 21.4.2004 wird Vanunu schließlich entlassen, bleibt aber in seiner Bewegungsfreiheit stark eingeschränkt.[203]

Peres' Verhalten im Laufe der Affäre kann einerseits so interpretiert werden, als sei er von der Politik der Zweideutigkeit überzeugt, andererseits ist es aber auch möglich, es als panische Reaktion auf die Veränderung dieser »atomaren Ordnung« auszulegen. Als Staatschef Mitte der 1980er unternimmt er alles, um diese Ordnung aufrechtzuerhalten. Andere Faktoren, etwa politische Erwägungen, demokratische Vorbehalte oder das internationale Recht, sind zweitrangig. Die Entscheidungen in der Vanunu-Affäre unterliegen strenger Geheimhaltung und werden im kleinsten Kreis getroffen. Peres zieht nur wenige Mitglieder des Ministerkabinetts heran, informiert die *Knesset* nicht und konsultiert seine Berater nicht. Erst am 16.11.1986, sieben Wochen nach dem Verschwinden Vanunus aus England (1.10.1986), als das Ausland Israel unter Druck setzt, den Aufenthaltsort des Gejagten preiszugeben, wird bestätigt, dass Vanunu in Israel sei und unter Arrest stehe. Yoel Cohen ist der Ansicht, dass Peres' Entscheidung, das Schweigen zu brechen, ein entscheidender Fehler gewesen sei. Dadurch sei ans Licht gekommen, dass Peres die Entführung im kleinen Kreis heimlich geplant habe, ohne die Konsequenzen abzuwägen. Außerdem habe er eine Todsünde der geheimdienstlichen Arbeit begangen, als er öffentlich eine verdeckte Operation bestätigte.[204] Ob Peres tatsächlich die Möglichkeit gehabt hätte, Vanunus Aufenthaltsort bzw. die mit der Entführung einhergehende Verletzung des internationalen Rechts auf Dauer geheim zu halten, bleibt umstritten. Wenigstens hat er über mehrere Wochen lang versucht, zu schweigen. Oder hat Peres geahnt, dass er die Entführung zugeben muss, und dies in Kauf genommen? Was verspricht sich Peres überhaupt von der Entführung? Yoel Cohen behauptet, dass Peres zwar richtig eingeschätzt habe, dass »die westlichen Regierungschefs die Notwendigkeit der Entführung Vanunus ›verstehen‹ würden«. Dennoch will Yoel Cohen die Geheimdienstaktion wegen der negativen Reaktionen im Ausland nicht als »vollen Erfolg« bezeichnen. Peres habe im Laufe der Jahre »eine regelrechte Sicherheitsneurose« entwickelt und schließlich auch deswegen, weil er keine direkte geheimdienstliche Erfahrung habe, eine Entscheidung getroffen, die auf Kritik in der Weltöffentlichkeit und in diversen ausländischen Parlamenten gestoßen sei. Peres sei zudem darauf bedacht gewesen, einen Präzedenzfall zu schaffen.[205] Ist die Entscheidung, zum drastischen Mittel der Entführung zu greifen, tatsächlich auf eine »Sicherheitsneurose« der Entscheidungsträger zurückzuführen oder bedient sich Peres nur gängiger Praktiken, um die »israelische Ordnung« zu wahren, ungeachtet der Konsequenzen?

Peres, der sich nur selten zu der Affäre äußert, sagt über die Entscheidung zur Entführung: »Auch wenn Vanunus Informationen über die Atomwaffen nicht stimmen, so sollte Israel ihn doch verfolgen, weil er nicht das Recht hat, über solche Angelegenheiten zu sprechen. Er hat Staatsgeheimnisse preisgegeben.«[206] Yoel Cohen hält dies für eine »kosmetische Ausrede«. Patriotismus und das Schweigegebot in Bezug auf Staatsgeheimnisse seien in Israel viel zu stark in der politischen Kultur verankert, sodass es sich erübrige, ein abschreckendes Exempel zu statuieren. Yoel Cohen ist überzeugt, dass Vanunu entführt wurde, weil die israelischen Behörden verhindern wollten, dass Vanunu noch mehr Informationen preisgibt.[207] Diese Behauptung ist deshalb plausibel, weil die Entscheidung, Vanunu außer Gefecht zu setzen, fällt, bevor die Enthüllungen publik werden. Man hofft, Vanunu rechtzeitig zu stoppen. Aber ist Peres' Begründung, man habe mit der Entführung ein abschreckendes Beispiel geben wollen, wirklich als »kosmetische Ausrede« abzutun? Ist diese Abschreckung nicht vielmehr Bestandteil der politischen Kultur Israels?

Peres' unmissverständliche Bemerkung über Personen, die Staatsgeheimnisse preisgeben, gibt Aufschluss über das Fundament der exklusiven »israelischen Ordnung«: das ausgeprägte Sicherheitsdenken. Jeder Versuch, die Ordnung zu erschüttern, soll entschlossen bekämpft werden. Vanunu habe kein Recht, Informationen zu verraten, weil niemand ein Recht darauf habe, »über solche Angelegenheiten zu sprechen« (mit Ausnahme von Personen, die als befugt erachtet werden). Daher soll »Israel« ihn verfolgen.[208] Avner Cohen erklärt die harte Bestrafung[209] Vanunus mit der gesellschaftlichen Bedeutung seiner Tat: Vanunu habe die »eigentliche gesellschaftliche Funktion der Undurchsichtigkeit« nicht begriffen. Diese ziele darauf ab, »die ganze nukleare Thematik zu verschweigen«. Vanunu sei entgangen, dass »jenseits der Fiktion der Undurchsichtigkeit wir alle genau wissen, was sich dort in Dimona abspielt. Aber wir tun so, als ob wir es nicht wüssten […] damit wir uns mit den damit einhergehenden, strategischen und moralischen Dilemmata nicht auseinandersetzen müssen«. Vanunu habe »mit an Dummheit grenzender Naivität« geglaubt, so Avner Cohen, dass er mit seiner Tat eine tief schürfende nationale Debatte in Gang hätte setzen können.[210] Avner Cohen kämpft selbst mit seinem Buch *The Last Taboo* dafür, die »anachronistische Politik der Undurchsichtigkeit« aufzuheben und gerät deshalb in Konflikt mit den militärischen Behören und Zensurbestimmungen.[211] Er will das Ausbleiben einer Atomwaffen-Debatte allein damit erklären, dass die israelische Gesellschaft von den Waffen erst gar nichts habe wissen wollen. Dass diese »schizophrene Lage« allerdings stärker im Kontext eines von der israelischen Führung mit aller Härte aufoktroyierten Redeverbots gesehen werden muss, verliert Avner Cohen zuweilen aus den Augen. Dieses Redeverbot ist mit eine Bedingung dafür, dass die israelische Gesellschaft ihre Augen so sehr verschließt. Die Reaktionen der israelischen Regierung, der Sicherheitsapparate und des Justizsystems auf die Vanunu-Affäre zeigen, wie gut das Prinzip des »Nicht-Reden-Dürfens« greift. Auch die Presse hält sich an die Spielregeln: Als Peres von der bevorstehenden Veröffentlichung der brisanten Informationen Vanunus in der Sunday Times erfährt, wendet er sich an das »Editors' Committee«, in dem sich einige Leiter von Fernseh- und Rundfunkanstalten sowie israelische Zeitungsredakteure zusammengeschlossen haben. Das Editors' Committee wird regelmäßig von hochrangigen Kabinettsmitgliedern über heikle militärische und diplomatische Angelegenheiten informiert, als Gegenleistung vertritt es in bestimmten Fällen die politische Linie der Regierung. Peres berichtet dem Editors' Committee von der bevorstehenden Veröffentlichung in der Sunday Times. Da die israelischen Zensurbestimmungen sich nicht auf die ausländischen Medien erstrecken, appelliert er an den Patriotismus der Journalisten und bittet sie, für eine Zeitspanne von 48 Stunden nach dem Erscheinen des Artikels keine lokale Berichterstattung oder Kommentare zuzulassen.[212] Außerdem fordert Peres das Editors' Committee auf, bei der Berichterstattung nicht auf die Details der Sicherheitspannen einzugehen. Die Presse soll sich allein auf das in der Sunday Times veröffentlichte Material stützen. Peres geht selbstverständlich von einer Kooperation des Editors' Committee aus. Avner Cohen sieht darin eine Bestätigung, wie fest das Tabu in der Gesellschaft verankert ist.[213]

Die Pressepolitik bestätigt Avner Cohens Urteil, das politische System sei schizophren. Die Nachricht von der Sitzung zwischen Peres und dem Editors' Committee erreicht ja auch das Insight-Team der Sunday Times, das Vanunus Geschichte somit bestätigt sieht. Noch in dem Moment, als die Fiktion bloßgestellt ist, setzen Peres und die Presse ihre »Politik der Undurchsichtigkeit« fort. Die Wächter der »israelischen Ordnung« sind die ersten, die so tun, »als ob sie nicht wüssten, was sich in Dimona abspielt« – die Gesellschaft folgt ihnen schließlich. Eine langjährige Politik der Informationssperre und die Kooperation der Presse sind die Ursachen dafür, dass das Thema nicht öffentlich diskutiert wird und die Israelis sich desinteressiert zeigen. Die Schizophrenie der »Politik der Undurchsichtigkeit« besteht darin, dass sie auf der Diskrepanz zwischen Sein und Schein basiert, eine Diskrepanz, die in solchen Fällen wie der Vanunu-Affäre die Stabilität der »israelischen Ordnung« zu gefährden droht.

Im Januar 1988 macht Peres, inzwischen Außenminister, seine Aussage im Verfahren gegen Vanunu. Er wird ausgerechnet von der Verteidigung des Angeklagten vorgeladen, weil er im November 1986 in einer nichtöffentlichen Sitzung mit *Knesset*-Abgeordneten der Arbeitspartei hat verlauten lassen, der Artikel in der Sunday Times habe Israels Sicherheit kaum geschwächt.[214] Vanunus Verteidiger Avigdor Feldman baut seine Verteidigungsstrategie eben darauf auf, zu widerlegen, dass Vanunus Tat der Sicherheit des Landes Schaden zugefügt habe, und dass Vanunu diese böse Absicht gehabt habe. Peres beharrt im Prozess jedoch darauf, Vanunus Informationen hätten die Staatssicherheit gefährdet. Er begründet seine Behauptung nicht, ebenso wenig wie seine Bemerkung vor den Mitgliedern seiner Partei, die er höchstwahrscheinlich deshalb gemacht hat, um die Anwesenden zu beruhigen und davon zu überzeugen, dass das Abschreckungskonzept keinen Schaden genommen habe. Bei seiner Aussage im Prozess hält er sich nun strikt an die Regierungsanordnung, wonach im Gerichtssaal bestimmte Fragen nicht diskutiert werden dürfen; etwa die Frage, ob der Artikel in der Sunday Times Schaden verursacht oder ob er überhaupt der Wahrheit entsprochen habe. Peres weigert sich, auf Feldmans Fragen zu antworten, und sagt lediglich, dass die veröffentlichten Informationen »Israels Sicherheit« geschadet hätten.[215] In den Protokollauszügen des Vanunu-Prozesses, die Ende 1999 veröffentlicht werden, lautet Peres' Aussage: »Die Veröffentlichungen der Sunday Times spornen einige arabische Staaten dazu an, diverse, für Israel unerwünschte, Richtungen einzuschlagen.«[216]

Wie lässt sich Peres' Behauptung nachweisen oder widerlegen? Woran misst man den Schaden für die nationale Sicherheit? Haben die arabischen Staaten vor dem Bericht in der Sunday Times tatsächlich nichts vom israelischen Atomwaffenarsenal gewusst? Oder verstärkt der Artikel gar die erwünschte Abschreckungswirkung? Was sind das genau für unerwünschte Reaktionen, die Peres bei seinen arabischen Nachbarn beobachtet? Diese Fragen öffentlich zu stellen und zu erörtern, ist das Anliegen von Vanunu und den wenigen Mitgliedern des »Israelischen Komitees für die Befreiung Mordechei Vanunus und für die atomare, biologische und chemische Abrüstung des Nahen Ostens«. Sie empfinden die »Politik der Undurchsichtigkeit« und die anhaltende Informationssperre als undemokratisch und wollen eine politische Diskussion über die Atomwaffen anstoßen. Sie gehen davon aus, dass die israelische Bevölkerung gegen die nukleare Aufrüstung zu mobilisieren wäre, wenn sie erst erfahren würde, was sich in Dimona abspielt. Darüber hinaus hoffen sie, auf ein verändertes Sicherheitsdenken hinwirken zu können mit dem Ziel, die Massenvernichtungswaffen abzuschaffen. Im Gegensatz zu Avner Cohen, der zwar auch dafür eintritt, die Politik der Undurchsichtigkeit aufzugeben, Atomwaffen zur Abschreckung aber für nützlich hält, sehen die Befürworter der Abrüstung und die israelischen Atomwaffengegner der 1960er Jahre bereits in der bloßen Existenz der Anlage von Dimona eine Gefahr für das zionistische Projekt oder auch für die Umwelt.[217] Das israelische Gesetz macht es der Regierung leicht, eine Angelegenheit als Staatsgeheimnis zu deklarieren. Vanunus Verteidiger sagt im Prozess: »Alles, was die Regierung als Staatsgeheimnis einstufen will, gilt für das Gesetz als Staatsgeheimnis.« Sie sei indessen nicht verpflichtet, ein Staatsgeheimnis zu definieren.[218] Dies alles ist jedoch nur möglich, weil die *Knesset* sich den Vorgaben auch fügt und schweigt. Diese Unterordnung der *Knesset* ist fest in der israelischen politischen Kultur verankert. Unter den meisten Abgeordneten herrscht ein Konsens, demzufolge bestimmte Aufgaben den »Sicherheitsexperten« überlassen werden sollten. Das Parlament wirkt also daran mit, die Debatte über Atomwaffen zu blockieren.[219]

Die »Politik der atomaren Undurchsichtigkeit« als Ausdruck der ambivalenten Haltung zur Gewalt und der Legitimierung extremer Gewalt

In der »Politik der atomaren Undurchsichtigkeit« treffen die beiden eingangs vorgestellten Perspektiven auf den Einsatz von Gewalt im Dienst des zionistischen Projekts aufeinander: zum einen die ambivalente Haltung zur Gewalt, zum anderen die Rechtfertigung des Gewalteinsatzes, wie extrem auch immer. Die Politik der atomaren Undurchsichtigkeit hat insofern ambivalenten Charakter, als die Undurchsichtigkeit eine Leerstelle darstellt zwischen dem faktischen Besitz der ultimativen Waffen einerseits und der erklärten Absicht andererseits, die Waffen seien lediglich zur Abschreckung als »Versicherungsschein« und nicht zum Einsatz gedacht. Die Möglichkeit des tatsächlichen Einsatzes als letztes Mittel wird dezidiert ausgeblendet. Denn angesichts der geographischen und demographischen Situation Israels würde der Einsatz von Atomwaffen wahrscheinlich das Ende des zionistischen Projekts bedeuten. Zum anderen drückt sich in der Politik der Undurchsichtigkeit die im Konzept der Abschreckung enthaltene Bereitschaft aus, von den »extremen Mitteln« auch tatsächlich Gebrauch zu machen. Legitimiert wird dies als Gegengewalt der »ultimativen Opfer« im Sinne Fackenheims und Schweids.

In Peres' Bezugnahme zum Thema Atomkraft finden sich beide Haltungen wieder. Peres beschränkt sich nämlich auf die Darstellung der Beschaffung von Israels Atomreaktor in den 1950er Jahren. Die Politik der Undurchsichtigkeit wird nicht mehr beschrieben. Seine Geschichte endet an einem Punkt, an dem noch offen ist, wie Israel die Atomkraft nutzen wird. Aus Peres' Memoiren allein erfährt der Leser nicht, wofür das Land sich entscheidet:

> »Mit dem Abkommen, das am Rande des Geheimtreffens von Sèvres zwischen Mollet, Bourgès-Maunoury und mir getroffen wurde, sah ein kleiner Kreis von Israelis seine jahrelangen Bemühungen von Erfolg gekrönt. Nun begann die entscheidende und nervenaufreibende Phase der Ausführung. Die Frage ›Atomkraft ja oder nein?‹ hatte Israel seit der Staatsgründung fasziniert, zugleich aber auch in Unruhe versetzt. Eine solch weitreichende und noch unbekannte Problematik mußte einen politischen Führer von der intellektuellen Neugier eines Ben-Gurion begeistern. Tatsächlich war er von der Materie eingenommen und brannte darauf, mehr darüber zu wissen.
>
> Ben-Gurion glaubte, die Wissenschaft könne uns für das entschädigen, was die Natur uns an Ressourcen und Rohstoffen vorenthalten hatte. Die Natur hat uns wahrhaftig stiefmütterlich behandelt. Anders als Jordanien und der Libanon ist Israel das einzige Land der Region, das über keine Ölvorkommen verfügt. Es besitzt kaum Wasser und, abgesehen von Kali und Phosphaten, keine nennenswerten Bodenschätze. Die Hälfte des Landes, der Negev, besteht aus Wüste. Auch für die Verteidigung mit konventionellen Waffen ist die geographische Wirklichkeit Israels ungünstig. Das Land bildet einen schmalen Streifen und bietet auf beinahe der gesamten Länge keine strategischen Vorteile. Seine äußersten Enden, die Landenge von Galiläa und die tief im Süden gelegene Gegend um Eilat, sind relativ isoliert und nicht leicht zu verteidigen. Das israelische Kernland wird vom bergigen Westjordanland überragt und bedroht.

Die Atomkraft wurde daher von Ben-Gurion als eine Option gesehen, die sich ein Land ohne natürliche Ressourcen und umgeben von Feinden unbedingt offen halten müsse. Er meinte, wir könnten durch den vernünftigen Einsatz von Atomkraft elektrischen Strom ohne Kohle oder Öl erzeugen und Meerwasserentsalzungsanlagen zur Vergrößerung unserer Wasservorräte betreiben.«[220]

Die isolierte Lage Israels in den 1950er Jahren ist Peres bewusst. Seiner Ansicht nach legitimiert diese Unterlegenheit extreme Maßnahmen, auch wenn er dazu nichts Näheres sagt. Er bleibt bei seiner Code-Sprache und geht dem eigentlichen Gegenstand der Diskussion aus dem Weg. Peres praktiziert in diesem Text von 1995 immer noch die Politik der Undurchsichtigkeit: Er erwähnt die Argumente seiner Gegenspieler aus Wissenschaft und Politik der 1950er und 1960er Jahre, ohne auf sie einzugehen. Er wahrt Distanz. Noch rückblickend entpolitisiert Peres dieses Thema, zu einem Zeitpunkt, als dem informierten Leser längst klar ist, was sich in Dimona abspielt. Er konzentriert sich ausschließlich auf technisch-operationelle Fragen und setzt somit den Tabuisierungs- bzw. Entpolitisierungsdiskurs fort:

»Die meisten führenden Physiker des Landes unterstützten die Idee, junge israelische Wissenschaftler in Israel und im Ausland Kernphysik studieren zu lassen, hielten es aber nicht für angebracht, daß ein kleines Land wie Israel den Ehrgeiz entwickeln sollte, solche theoretischen Erkenntnisse in praktische Anwendungen umzusetzen. [...]

Ein international angesehener Wissenschaftler wie Professor Joel (Giulio) Racah wandte sich gegen jeden Versuch Israels, ins Atomzeitalter einzutreten, und auch ein junger und brillanter Kopf wie Amos de Shalit, der Leiter der kernphysikalischen Forschung am Weizmann-Institut in Rehovot, hielt es für nicht zu verantworten, daß Israel diesen gefährlichen Weg einschlage. Ben-Gurion ließ sich nicht beirren. Er warb weiter um die besten wissenschaftlichen Köpfe und ermutigte sie, auch über Projekte nachzudenken, die den Rahmen des Herkömmlichen sprengten. [...]

Während dieser Zeit hatten wir mit dem Mangel an Enthusiasmus zu kämpfen, der uns von seiten der meisten Regierungsmitglieder bis zu Ben-Gurion entgegengebracht wurde. Golda Meir opponierte instinktiv gegen alles, was mit mir zu tun hatte, und Pinchas Sapir neigte dazu, sie zu unterstützen. Finanzminister Levi Eshkol schreckte natürlich vor den hohen Kosten des Reaktorbaus zurück. Abba Eban [...] bezeichnete den Reaktor als ›riesigen, auf dem Trockenen gestrandeten Alligator‹. Sogar David Hacohen, ein führender Kopf der Mapai und einer meiner wenigen treuen Gefolgsleute, befürchtete, daß sich das Atomprogramm als so teuer erweisen würde, daß wir am Ende kein Geld mehr für Reis, geschweige denn für Brot übrig behielten.

So mußte ich schließlich auch noch ›nebenher‹ Geld für den Reaktor auftreiben. Wir starteten eine vertrauliche Spendenaktion, die eine Summe von mehr als 40 Millionen Dollar erbrachte, was die Hälfte der Kosten für den Reaktor und eine damals recht beträchtliche Summe bedeutete.«[221]

»Fluch des Nordens« – Peres und der konventionelle militärische Einsatz in den beiden Libanon-Kriegen 1982 und 1996

Trotz des Abschreckungspotenzials der Atomwaffen sind konventionelle Kriege für Israel bekanntlich noch immer bittere Realität. Peres' sicherheitspolitische Vorstellung, militärische Einsätze ließen sich durch den Besitz von Atomwaffen vermeiden, hat den israelisch-arabischen Konflikt nicht lösen können. Krieg beherrscht seit der Staatsgründung den Alltag in Israel: Eroberungskriege wie der Sinai-Suez-Krieg 1956 und der Sechstagekrieg 1967; ausdrückliche Verteidigungskriege wie der »Abnutzungskrieg« 1968-1970 und der Jom-Kippur-Krieg 1973; militärische Auseinandersetzungen für den Erhalt von Gebieten wie der Libanon-Krieg 1982 oder die Bekämpfung der ersten und zweiten Intifada 1987-1992 und 2000 bis heute; außerdem Kriege, in die Israel militärisch nicht direkt involviert ist, aber in denen das Land dennoch attackiert wird, wie der Zweite Golfkrieg von 1991. Die Militärregierung in den palästinensischen Gebieten, Terroraktionen gegen israelische Einrichtungen und die israelischen Vergeltungsaktionen verstärken noch den Sog des Strudels aus Gewalt und Gegengewalt. Angesichts dieser Ereignisse wird nun die These, dass das Konzept der militärischen Überlegenheit und Selbstständigkeit Israels Sicherheitsbedürfnissen zugute gekommen sei, angezweifelt werden. Im Mittelpunkt der folgenden Analyse steht die Frage, welche Einstellung Peres gegenüber dem Einsatz militärischer Gewalt hat. Dies soll am Beispiel der beiden Konflikte im Libanon 1982 und 1996 untersucht werden. 1982 ist Peres noch Oppositionsführer, 1996 muss er jedoch die Aussendung der Truppen als Premierminister und Verteidigungsminister verantworten.

Der Libanon-Krieg 1982 – Hintergründe

Die israelische Invasion im Libanon am 6.6.1982 ist in das politische und gesellschaftliche Bewusstsein Israels als erster Krieg eingegangen, den die sicherheitspolitische Führung des Landes frei gewählt hat. Israel unter der Führung des *Likud*-Chefs Menachem Begin und Verteidigungsminister Ariel Sharon entsendet die israelische Armee in den Libanon, um »Frieden für Galiläa« zu erzielen, so die offizielle Begründung. Black und Morris sehen den Libanon-Krieg als Resultat zweier Entwicklungen: Zum einen mischt sich Israel im Libanon ein, weil PLO-Chef Jassir Arafat und seine Kampfeinheiten den Schwerpunkt ihrer Aktivitäten nach Beirut und in den Südlibanon verlegt haben, nachdem sie von jordanischen Truppen im sogenannten »Schwarzen September« 1970 aus Jordanien vertrieben worden sind. Den zweiten Entwicklungsstrang bilden der libanesische Bürgerkrieg von 1975 (und die damit einhergehende instabile Lage im Land) und die israelisch-falangistische Allianz.[222] Israel unterstützt seit den 1950er Jahren die Christen im Libanon gemäß der »Randstaaten-Doktrin«, um nichtmoslemische Minderheiten in der Region zu stärken. Diese Verbindungen werden als »natürliche Allianz« bezeichnet.[223] 1982 hält die israelische Führung den richtigen Zeitpunkt für gekommen, um mit Krieg eine neue politische Ordnung in der Region durchzusetzen.

Black und Morris sehen den Zustrom von PLO-Kämpfern nach dem »Schwarzen September« als wichtigen Faktor, der zum allmählichen Zerfall des Libanon in der ersten Hälfte der 1970er Jahre führt:

> »Die Übergriffe der [PLO-]Organisation auf israelische Siedlungen handelten der gesamten Bevölkerung des Südlibanon die Rache der IDF ein, was wiederum viele Schiiten zur Flucht in die südlichen Vororte Beiruts veranlaßte. Sie waren voller Ressentiment gegen die von den Christen beherrschte libanesische Oberschicht und wandten sich zunehmend dem religiösen Fundamentalismus zu. Die Schiiten hatten erheblichen Anteil am Destabilisierungsprozess, der schließlich im April 1975 in den Bürgerkrieg mündete. Bei dessen Ausbruch standen die christlichen Gemeinden des Landes, angeführt von den Maroniten und deren Milizen […] einer losen und sich verändernden Koalition aus Moslems und Linken gegenüber.«[224]

Israel steht den christlichen Maroniten im libanesischen Bürgerkrieg 1975 bei. Die israelischen Truppen marschieren am 15.3.1978 in den Libanon ein. Für die nun folgende Operation »Litani«, ein Vergeltungsakt für von Palästinensern begangene Überfälle im israelischen Kernland, werden mehrere IDF-Brigaden eingesetzt, insgesamt 7.000 Mann. Ziel ist die Zerstörung von Einrichtungen der PLO nördlich der Grenze. Dabei sollen vier von Israel dominierte Enklaven gebildet werden, um die militärische Kontrolle des christlichen Verbündeten von Israel, der Freien Libanesischen Armee (FLA) von Major Saad Haddad, über diese Enklaven zu sichern.[225]

Israels Sicherheitspolitik wird seit dem Antritt der zweiten *Likud*-Regierung im August 1981 von Premierminister Menachem Begin, Verteidigungsminister Ariel Sharon und IDF-Generalstabschef Refael Eitan bestimmt. Doch Sharon ist die treibende Kraft: Er setzt alles daran, die PLO an der Nordgrenze Israels zu schwächen, damit seine Gesamtstrategie erfolgreich sein kann; er glaubt, »daß es Israel nach einer Demütigung der PLO leichter fallen wird, den dann führungslosen Palästinensern des Westjordanlands und des Gazastreifens eine israelische Administration aufzunötigen und damit letztlich einer Annektion durch Israel den Weg zu ebnen«.[226] Sharon hofft, nach der Zerschlagung der politisch-militärischen Macht der Palästinenser und der Moslems im Libanon einen »neuen« libanesischen Staat unter der »Phalange« schaffen zu können, der mit Israel Frieden schließen wird. Um sein Ziel zu erreichen, erweitert Sharon den im April 1981 entworfenen Plan der IDF für den Einmarsch in den Libanon, die »Operation Pinien«. Der ursprüngliche Plan sieht den Einmarsch der israelischen Armee bis nach Sidon vor, in Sharons Variante sollen die Truppen bis zu einer Linie nördlich von Beirut vordringen. Von Beginn an bevorzugt Sharon seinen sogenannten »Großen Pinien-Plan« gegenüber dem »Kleinen Pinien-Plan«.[227] Der Große Pinien-Plan sollte die PLO aus dem Libanon zurück nach Jordanien bringen, um dort das haschemitische Königshaus zu stürzen und einen palästinensischen Staat zu gründen.[228] Black und Morris betonen, dass der Verteidigungsminister »seinen Kollegen im Kabinett nur noch selten einen vollständigen Einblick in seine Gedanken« gewährt habe.[229] Am 10.5.1982 legt Premierminister Begin dem Kabinett eine verkürzte Version des Großen Pinien-Plans vor. Sharon spricht von einer »begrenzten Operation«. Er und Begin wollen den Ministern weismachen, es handele sich bei dem Vorhaben um einen Angriff im Stil des »Kleinen Pinien-Plans«. Den Anlass zum militärischen Einmarsch Israels in den Libanon im Juni 1982 liefert ein Vorfall in London. Der Botschafter Israels in Großbritannien Shlomo Argov wird von einem Palästinenser der abtrünnigen Gruppe Abu Nidals[230] angeschossen und schwer verletzt. Verteidigungsminister Sharon und Ministerpräsident Begin entsenden daraufhin die israelische Armee in den Libanon. Begin begründet den Krieg mit der Bekämpfung der »Terroristen«. In einer 40 Kilometer langen Zone im Südlibanon sollen nun die Kanonen- und Raketenwerfer der PLO zerstört werden, die in Reichweite der galiläischen Siedlungen aufgestellt sind. Sharon spricht von einer »24-stündigen« Operation, die den »Frieden für Galiläa« herbeiführen werde.[231]

Peres und die Invasion der israelischen Armee in den Libanon 1982

Peres' Schilderung der israelischen Invasion in den Libanon 1982 vermittelt den Eindruck, als habe der Politiker dem Krieg kritisch gegenübergestanden.[232] Er befürwortet zwar zunächst die Allianz mit den Christen im Libanon, denen seine Sympathie zu gehören scheint. Ihre bedrohliche Situation verleitet Peres sogar dazu, von einem »drohenden Holocaust«[233] zu sprechen, um die israelische Pflicht zum Beistand deutlich zu machen. Doch zugleich kritisiert er die israelische Invasion:

> »Führende Vertreter der Likud-Regierung glaubten nach 1977, Israel könne ein militärisches Bündnis mit den libanesischen Christen gegen alle Kräfte eingehen, die die Vorherrschaft der Christen in Frage stellten. Die Likud-Politiker, allen voran Menchem Begin, ließen sich von den selbstbewußt auftretenden Christen hinters Licht führen. Gleichzeitig täuschten sie aber auch die Christen, indem sie ihnen etwas versprachen, was sie dann nicht hielten oder gar nicht halten konnten. Diese falsche Einschätzung lag dem im Juni 1982 gefaßten Regierungsbeschluß zugrunde, mit einem massiven Truppenaufgebot tief in den Libanon einzudringen. Die gleiche falsche Einschätzung war auch dafür verantwortlich, daß sich Begin von den libanesischen Christen so täuschen lassen konnte. Hatten sie schon vor Verrat und Betrug nicht zurückgeschreckt, so gipfelte ihr selbstherrliches Verhalten in den Massakern von Sabra und Shatilla im September desselben Jahres. Der blutige und unnötige israelische Libanonkrieg zog sich über drei Jahre hin und schwächte die Disziplin und den moralischen Konsens der israelischen Gesellschaft stark. Die Soldaten wussten nicht mehr, warum sie kämpften und wofür sie ihr Leben hingeben sollten.«[234]

Die Methode der Vorstellungsgeschichte gelangt hier an ihre Grenzen: Der Leser erfährt weder von dem israelisch-christlichen Bündnis von vor 1977 noch davon, dass der Libanon-Krieg 1995 nicht wirklich beendet ist. Im Vordergrund der Analyse steht aber zunächst Peres' Position am Vorabend der Invasion und in der ersten Phase des Krieges, um herauszufinden, was er von dem Krieg erwartet. Die Oppositionsführer – Peres und Rabin – werden kurz nach Einmarsch der israelischen Truppen in den Libanon von Begin und Sharon über die Invasion unterrichtet. Bei dieser Unterredung legt Sharon dar, dass das offizielle Ziel der Operation die Bekämpfung der PLO im Südlibanon sei und dass die im Libanon stationierten syrischen Truppen vermutlich in die Kampfhandlungen einbezogen werden würden, auch wenn es dafür keine konkreten Pläne gebe. Die Oppositionsführer sagen daraufhin ihre Unterstützung für das offizielle Kriegsziel zu.[235] Doch zu diesem Zeitpunkt (6.6.1982) habe Peres längst von hochrangigen Militärs erfahren, dass es sich bei diesem vorgegebenen Ziel um ein verstecktes Kriegsziel handelte.[236] Evron gibt drei mögliche Erklärungen für die Mitarbeit der Opposition: »They believed Begin but suspected Sharon – knowing his *modus operandi*; they did not believe the whole presentation but were ready to go along with it covered their public flank; and finally, they did not believe the presentation, but in political terms it was impossible for them to base their public reaction on the assumption that the Prime Minister was deliberately lying to them.«[237] Evrons letzte Erklärung zeigt wieder, wie stark Sicherheitsfragen in der politischen Kultur Israels als Angelegenheit der Exekutive verstanden werden. Auch bei solchen schwerwiegenden Beschlüssen ist somit keine wirkliche Opposition zu erwarten.

Oppositionsführer Peres verteidigt die Invasion zwei Tage (8.6.1982) nach Kriegsbeginn gegen das von der kleinen jüdisch-arabischen *Knesset*-Fraktion *Hadasch* (»Demokratische Front für Frieden und Gleichheit«) initiierte Misstrauensvotum gegen Begins Regierung bzw. den Kriegsbeschluss. Peres' Unterstützung in der *Knesset* sichert Begin die Mehrheit der Stimmen.[238] Eine grundsätzliche Abstimmung des Parlaments über den Kriegsbeschluss hat zuvor nicht stattgefunden. Warum stellt sich Peres bei dem Misstrauensvotum hinter Begin, obwohl er den Krieg später offenbar ablehnt, wie er in seiner Autobiographie sagt? Weshalb vertritt die Geschichtsschreibung die These, Peres sei »einer der schärfsten Gegner der 1982er-Invasion der IDF in den Libanon«[239]?

Unmittelbar nach der Invasion erscheinen die Äußerungen zum Krieg, die Peres vor der Presse macht, unentschlossen und diffus. Er vermittelt nicht den Eindruck, als gehöre er zu den großen Befürwortern des Krieges. Diese Zurückhaltung zeigt wieder sein ambivalentes Verhältnis zum Gewalteinsatz. Hier soll die These vertreten werden, dass Peres den Krieg de facto unterstützt, damit jedoch hinter dem Busch hält. Die Schlagzeilen der Zeitungen bezeugen dies: »Peres und Rabin verlangen: keine Auseinandersetzung mit Syrien«[240]; »Bloß keine weitere Westbank«[241]; »Peres: Die Abrechnung mit [Begins] Regierung wird nach den Trauertagen [für die israelischen Gefallenen] und nach der Rückkehr der Soldaten stattfinden«[242]; »Israelischer Einmarsch in West-Beirut kann ein historischer Fehler werden«[243]; »Der Einmarsch in West-Beirut wird einen hohen Preis haben, obwohl die Versuchung groß ist [in West-Beirut einzumarschieren]«[244]; »Peres fragt: Warum musste Beirut bombardiert werden?«[245]. Peres selbst verfasst anlässlich des Libanon-Krieges einen Artikel mit der Überschrift »Für den politischen Weg«.[246] Kurz nach dem vom 16.-19.9.1982 von Falangisten verübten Massaker an Palästinensern in Sabra und Shatila veröffentlicht der Oppositionsführer den Zeitungsartikel: »Öffentliche Plätze und Bulldozer – aber kein Ausweg«.[247] Was erwartet Peres eigentlich vom Krieg?

Peres und die Kriegsziele

Im Folgenden soll anhand des genannten Quellenmaterials herausgearbeitet werden, was Peres sich vom Krieg erhofft. Wie verhält er sich in der öffentlichen Debatte, an welcher er als Oppositionsführer teilnehmen muss? Begreift er den Krieg und seine Ziele überhaupt als einen Gegenstand öffentlicher Diskussion? In einem Interview mit dem Titel »Bloß keine weitere Westbank« wird Peres gefragt, warum er den Kriegsbeschluss unterstützt habe. Die Kämpfe sind zu diesem Zeitpunkt bereits seit einer Woche im Gange, das von der Regierung offiziell verkündete Kriegsziel längst überholt.[248]

> »In meiner *Knesset*-Rede [anlässlich des Mistrauensvotums] billigte ich bestimmte Dimensionen und Ziele der Operation ›Frieden für Galiläa‹. Zugleich betonte ich, dass es sich dabei um eine Operation handelt, die weder die Verschiebung der Grenzen noch die Eskalation bzw. einen Krieg zum Ziel hat. Diese Operation soll des Weiteren auch nicht die palästinensische Frage lösen; wir haben weder Interesse an einem Krieg mit Syrien noch territoriale Absichten im Libanon. Die Zustimmung der Arbeitspartei gilt einzig und alleine dem Bedarf, die 40 Kilometer [des Südlibanon] von den Kanonen- und Raketenwerfern, die den Frieden in Nord-Israel und Galiläa bedrohten, zu säubern. Wir [die Opposition] wurden bei der Planung der Operation faktisch nicht zu Rate gezogen und erst eine Viertelstunde vor Kampfbeginn informiert. Jedenfalls jetzt, wo sich das Volk in einem Krieg befindet, sehe ich keinen Sinn in einer Debatte diesbezüglich, geschweige denn in einem Misstrauensvotum. In einer solchen Situation lässt sich wenig unternehmen; man soll lediglich möglichst die für diese Zeit nötige Einheit [des Volks] herbeiführen.«[249]

Peres entzieht sich mit dieser Erwiderung jeglicher Verantwortung. Außerdem gibt die Aussage exemplarisch sein ambivalentes Verhältnis zum Einsatz von Gewalt wieder. Er befürwortet das Vorhaben, mit dem Krieg Israel zu verteidigen, aber andere Kriegsziele wie Landgewinn, Grenzverschiebungen oder die Lösung der Palästinenserfrage dementiert er ausdrücklich. Dass der Krieg nicht nur Verteidigungszwecke erfüllt, ist jedoch bereits längst bekannt. Die IDF ist im Laufe der ersten Kriegswoche bereits weiter vorgedrungen, als die offiziellen Pläne es vorgesehen haben. Darauf geht Peres nicht ein, da dies Stoff für eine öffentliche Debatte liefern könnte. Stattdessen spricht er sich dafür aus, über den Krieg nicht weiter zu diskutieren. Er will öffentliche Auseinandersetzungen verhindern. Warum? Unterstützt er insgeheim die Pläne Sharons?

Peres vermittelt im Interview widersprüchliche Botschaften. Er spielt den Krieg als »Operation« herunter, die beschränkte Verteidigungsziele verfolge, geht aber detailliert auf die offensiven Kriegsziele Sharons ein und dementiert sie gleichzeitig; er verwendet die Sprache der Selbstverteidigung, zugleich beschreibt er aber, wie machtlos die Opposition vor den Umwälzungen stehe.

Auch seine Genugtuung über die Bombardierungen syrischer Militäreinrichtungen durch die israelische Luftwaffe in der Bekaa-Ebene kann er kaum verhehlen; bei dem Angriff sind mehr als 100 israelische Jets im Einsatz, 23 syrische MiGs werden abgeschossen. Israel hat dabei keinerlei Verluste zu verzeichnen.[250] Gleichzeitig spricht Peres von der unerwünschten Einbeziehung Syriens in den Krieg, obwohl dies längst im Gange ist und auch als »eine notwendige Entwicklung der Kampfhandlung« bezeichnet wird. Das Interview macht insgesamt einen äußerst verwirrenden Eindruck. Der Titel »Bloß keine weitere Westbank«, ein Peres-Zitat, ist ausgesprochen zweideutig. Er suggeriert einerseits, Peres sei mit Sharons Plänen, den Nahen Osten neu zu ordnen und die Palästinenserfrage in Jordanien zu lösen, einverstanden und unterstütze deshalb den Krieg. Das kann Peres jedoch kaum in aller Deutlichkeit sagen, da unklar ist, welche Realisierungschancen ein derartiger Neuordnungsplan hat. »Bloß keine weitere Westbank« gibt zugleich *Wunsch* und *Alptraum* wieder. Auf der einen Seite steht der Wunsch, Land im Südlibanon zu erobern und dort präsent zu sein, auch wenn dies im Interview ausdrücklich geleugnet wird; auf der anderen Seite ist mit diesem Wunsch ein hoher Preis verbunden. Der Widerstand der Palästinenser/Libanesen fordert Opfer. Der Konflikt im Westjordanland wird hier in Zusammenhang mit dem libanesischen Kriegsschauplatz gebracht. Diese Äußerung kann nicht nur als politisches Alibi für den Fall einer neuen Westbank-Konstellation im Libanon interpretiert werden. Die Aussage verkörpert auch das ungelöste Dilemma Peres' im Hinblick auf die Demonstration militärischer Stärke: Sie ist für ihn eine unverzichtbares Mittel der Sicherheitspolitik, er erkennt aber gleichzeitig ihre Grenzen, wenn es um die Verwirklichung der Nationalstaatlichkeit geht. Peres unterstützt noch 1982 Ben-Gurions »neue Ordnung des Nahen Ostens« von 1956, die auch im großen Plan Sharons enthalten ist. Doch fürchtet Peres gleichzeitig eine neue Front, eine weitere »Westbank-Konstellation« im Norden. Zum Zeitpunkt des Interviews, das kurz nach Kriegsbeginn geführt wird, ist die Situation für Peres aber noch offen: »[...] das Interview würde aller Wahrscheinlichkeit nach zum Zeitpunkt seines Erscheinens nicht mehr aktuell sein.«[251] Der Glaube, der Krieg ändere die politische Lage im Sinne Israels, drückt sich zudem im Versuch aus, Kritik in jeglicher Form zu unterbinden. Wohin soll nach Peres die Reise führen?

Zwei Monate nach Kriegsbeginn, die Kampfhandlungen dauern noch an, veröffentlicht Peres einen Zeitungsartikel mit dem Titel »Für den politischen Weg«.[252] Dabei spricht er mal mehr, mal weniger verklausuliert die Kriegsziele an. In einer gezähmten militärischen Sprache spricht sich Peres dafür aus, die militärische Überlegenheit der israelischen Streitkräfte sollte als Rahmenbedingung für die UN-Vermittlerrolle bzw. für die politische Lösung dienen, womit Peres letztlich die Vertreibung der PLO aus dem Libanon meint:

> »Die Amerikaner verbergen nicht, dass die Präsenz der IDF an den Toren Beiruts eine wichtige Trumpfkarte bei den Verhandlungen mit den Terroristen [PLO] bedeutet.

> Philipp Habib [der US-Vertreter] steht also nicht mit leeren Händen auf den Bergen Beiruts. Die ihm zur Verfügung stehenden Überlegungen [gemeint ist militärische Überlegenheit der IDF] sind beeindruckend, so dass er davon nicht wirklich Gebrauch machen müsste.«[253]

Peres will alleine die Abschreckung, also die Existenz der israelischen Truppen im Libanon – und zwar ungeachtet der tatsächlichen verheerenden militärischen Intervention der IDF im Libanon und der Belagerung der Hauptstadt – als zureichend für die Vertreibung der PLO aus dem Libanon verstanden wissen: »Wie absurd auch immer es aussehen mag, die politische Option ist überzeugender als die militärische. In erster Linie spricht für die politische Option ihr niedriger Preis: Keine der beiden Seiten soll in dieser Auseinandersetzung, deren Ausgang von vornherein fast feststeht, Blut vergießen. Sicher kann Israel West-Beirut militärisch stürzen, doch jeder Israeli würde alles Mögliche tun, um diesen Preis zu verhindern.« Weiter erklärt er die Probleme des militärischen Einsatzes: »[...] das Eindringen ins dicht besiedelte Zentrum, wo ausländische Botschaften ihren Sitz haben, stellt ein wirkliches Problem für das Militär dar. Es ist zweifelhaft, ob eine militärische Aktion unter diesen Umständen effektiver für die Säuberung der Stadt von Terroristen ist, als eine diplomatische Vorgehensweise.«[254]

Klares Kriegsziel Israels ist die Vertreibung der PLO aus dem Libanon. Peres erklärt, dies liege nicht nur im israelischen Interesse, sondern komme auch dem Libanon zugute. Die IDF handele im Sinne der libanesischen Regierung, welche »weiß [...], dass die Zerstörung Beiruts nicht mit dem Einmarsch der israelischen Armee begann, sondern sie wurde vielmehr in verblüffendem Rhythmus seit 1975 von den Syrern und der PLO vollzogen«. In Peres' Argumentation ist der Krieg somit gut, denn er schafft Unrecht aus der Welt. Auch »die muslimischen Bewohner Beiruts« sollten sich Peres zufolge besser die Vertreibung der »PLO-Terroristen« wünschen, auch wenn sie sich im Moment noch von ihnen vertreten fühlten; mit der moslemischen Bevölkerung der libanesischen Hauptstadt meint Peres nämlich die Palästinenser, die 1948 vor dem Krieg, der die Staatsgründung Israels begleitet hat, geflüchtet sind und sich u. a. in West-Beirut niedergelassen haben. Indem Peres die Flüchtlinge mit der religiösen Bezeichnung versieht, spricht er ihnen ihre politische Identität ab. Ihre Unterstützung der PLO führt er auf »mangelnde Urteilskraft« zurück; sie würden nämlich verkennen, dass »die PLO letztlich für ihr bitteres Schicksal verantwortlich« sei. In Peres' Augen erweist die israelische Armee den Palästinensern in Beirut somit einen wichtigen Dienst. An dem Tag (30.7.1982), an dem der UN-Sicherheitsrat Israel dazu aufruft, die Belagerung Beiruts aufzuheben, damit die Menschen dort mit Nahrungsmitteln und Medikamenten versorgt werden können[255], stellt Peres die Ereignisse so dar, also ob die IDF im Libanon im Grunde ein gutes Werk vollbringe.[256] Er konstruiert nicht nur einen Konflikt zwischen der PLO und ihren Anhängern in Beirut, sondern beschreibt die israelische Armee auch noch als Erlöserin. An ihr bleibt kein Makel haften, auch wenn der Krieg durch Diplomatie ersetzt werden soll.

Ein weiteres Kriegziel, das Peres im Artikel »Für den politischen Weg« nennt, ist die Wahl eines neuen Präsidenten im Libanon:

> »Es wäre naiv zu meinen, dass die ganzen [israelischen] Anstrengungen in Beirut [...] alleine die Räumung der Terroristen zum Ziel hätten. Ein weiteres Ziel – meines Erachtens von beträchtlicher Bedeutung – stellt die Bildung einer libanesischen Regierung dar, oder besser gesagt, die Wahl des nächsten Präsidenten für den Libanon, im Parlamentsgebäude. [...] und zwar ohne fremde Intervention. Daher ist die Entfernung der Terroristen nicht nur ein Ziel an sich, sondern ein wichtiges Mittel für den Libanon, ihm wieder zu sich selbst zu verhelfen.«[257]

Peres vertritt an dieser Stelle nicht zum ersten Mal die Position, Israel habe das Recht, auf die Bildung neuer Regierungen in einem Nachbarland Einfluss zu nehmen. Bereits der Sinai-Suez-Feldzug von 1956 hatte u. a. zum Ziel, den ägyptischen Präsidenten abzusetzen. Als 1963 in Jordanien Unruhen ausbrechen, macht Peres Ben-Gurion den Vorschlag, dass Israel im Falle des Sturzes von König Hussein »einen israelischen Araber [einen palästinensischen Staatsbürger] an dessen Stelle ernennen soll«.[258] 1982 betont Peres, die Wahl des neuen libanesischen Staatsoberhauptes solle »ohne fremde Intervention« erfolgen. Ist ihm die Widersprüchlichkeit seiner Aussagen bewusst? Möglicherweise ist für ihn die israelische Armee derart positiv besetzt, dass er ihre Handlungen niemals als »fremde Intervention« bezeichnen würde. Oder er ist der Meinung, dass das Eingreifen Israels auf Grund der Allianz mit den Christen des Libanon, die zu den herrschenden Schichten im Land gehören, eine Art Hilfe zur Selbsthilfe ist, und nicht mehr. Fest steht, dass er allein die israelischen Interessen vor Augen hat. Sie sollen 1982 durch die militärische Invasion im Nachbarland gewahrt werden. Auch wenn er bei der diplomatischen Rhetorik bleibt, ist dem Artikel zu entnehmen, dass er das Militär als entscheidendes Instrument für die Gestaltung der regionalen Politik betrachtet. Es geht nicht alleine um die Vertreibung der PLO. Israels strategische Ziele gehen weit über dieses Ziel hinaus. Aber welche libanesische Regierung und welchen libanesischen Präsidenten wünscht sich Israel nun? Welche Chancen hat das Vorhaben, eine Konstellation zu schaffen, die den Interessen Israels dient? Peres geht auf diese Fragen nicht ein. Seine Code-Sprache und die knappen Worte zeigen, wie heikel und unsicher die ganze Angelegenheit auch für ihn ist. Denn zu diesem Zeitpunkt ist noch alles offen.

Wie steht Peres zu Sharons eigentlichem Kriegsziel, der Lösung der Palästinenserfrage in Jordanien? Sharons Plan sieht vor, die PLO-Führung nach Jordanien zu vertreiben, wo sie einen Staat gründen sollen. Der internationale Druck auf Israel, die palästinensischen Gebiete zu räumen, würde dann, so die Hoffnung, nachlassen. Auf der israelischen Rechten ist dieser Plan unter der Formel »Jordanien sei Palästina« bekannt. Sharon sagt jedoch nicht, was beim Gelingen des Plans mit den Palästinensern geschehen soll, die noch in Israel leben. Müssen sie nach Jordanien ziehen? Sharon glaubt jedenfalls nicht, dass die israelische Militärregierung in den palästinensischen Gebieten lange aufrechtzuerhalten ist. Und eine Gebietsaufgabe kommt keinesfalls in Frage. Unklar bleibt auch, wie er die Zustimmung der PLO und des jordanischen Königshauses zu erzielen gedenkt. Vorauszusehen ist, dass die Umsetzung des Sharon-Plans auch im Falle einer Kooperation Arafats erhebliche Spannungen an der israelisch-jordanischen Grenze nach sich ziehen würde.[259] Zu dem Zeitpunkt, als Peres seinen Artikel zum »politischen Weg« verfasst, ist Sharon-Plan noch nicht an die Öffentlichkeit gedrungen. Deshalb kann der Oppositionsführer nur vorsichtig Stellung zum Zusammenhang zwischen der Palästinenserfrage und dem Krieg im Libanon beziehen und verwendet eine Code-Sprache.

> »Bei der Auseinandersetzung mit der PLO handelt es sich nicht lediglich um eine Angelegenheit der Vergangenheit, vielmehr ist dies eine Frage der Zukunft. Ich sehe für die Zukunft kein israelisches Mandat, demzufolge irgendjemand in Israels Namen entscheiden kann, einen Rückzug aus den Gebieten von 1967 [gemeint sind die 1967 eroberten palästinensischen Gebiete] zu erzwingen, Jerusalem zu teilen und einen palästinensischen Staat [im Gazastreifen und Westjordanland] zu errichten. Dieser Staat würde versuchen, mal Israel zu erschüttern, mal Jordanien zu beherrschen.
>
> Zumal wir eine viel überzeugendere Alternative haben, nämlich mit den gewählten Vertretern der Gebiete und mit Jordanien zu verhandeln. Insofern ist es bedauerlich, dass die europäische Initiative die [UN-]Resolutionen 242 und 338 an die PLO-Capricen anzupassen versucht. Resolutionen wie 242 und 338 könnte man widerrufen, doch es ist unwahrscheinlich, dass sich ein akzeptabler Ersatz dafür bei der arabischen sowie israelischen Seite finden lässt. [...] Die europäische Intervention erschwert also nicht nur die amerikanische Vermittlung, sondern gießt auch unnötiges Öl in das Feuer der Wünsche der PLO.«[260]

Peres vermeidet einen direkten Bezug zwischen dem Krieg und der Palästinenserfrage bzw. zu Sharons Lösungsvorschlag. Ebenso wie Sharon lehnt er die beiden UN-Resolutionen 242 und 338 ab. Den Befürwortern dieser Resolutionen, wie der EU, steht er ausgesprochen kritisch gegenüber. Die Resolutionen sehen den israelischen Rückzug aus den palästinensischen Gebieten vor. Genau das will Peres verhindern. Er bespricht nicht, inwiefern die Vertreibung der PLO aus dem Libanon diesem territorialen Interesse dient, und er geht auch nicht auf den Konnex zwischen dem Krieg und *seiner* Lösung der Palästinenserfrage ein. Ebenso unklar bleibt, ob er die Idee eines palästinensischen Staats in Jordanien unterstützen würde. Doch sein eigentliches Anliegen bringt er deutlich zum Ausdruck: kein israelischer Rückzug aus den palästinensischen Gebieten. Auch wenn Peres hier wenig Konkretes zur Lösung der Palästinenserfrage anzubieten hat, verrät der Subtext des Abschlusssatzes einiges über den unausgesprochenen Konnex zwischen Krieg und der Palästinenserfrage:

> »Die israelische Armee erfüllte die unmittelbare Mission der Befreiung Nord-Israels vom PLO-Terrorismus. Nun wird es Zeit für die große Politik: für die Befreiung Libanons von dem Gordischen Knoten der ungeladenen Gäste und für die umfangreiche Lösung der Palästinafrage, und zwar mit friedlichen Mitteln.«[261]

Peres und die Kriegsfolgen

Nach dem israelischen Einmarsch in den Libanon werden Jassir Arafat und ca. 11.000 PLO-Kämpfer bis Ende August 1982 nach Tunesien evakuiert. Die Vorbereitungen zur Umsetzung von Sharons Großem Plan für eine »neue Ordnung« im Libanon laufen an: Israel verhilft dem 34-jährigen Phalange-Führer Bashir Gemayel bei der Präsidentenwahl mit militärischem Beistand zum Erfolg. Nach der libanesischen Verfassung benötigt ein Kandidat eine Zweidrittelmehrheit im Parlament. Die israelische Besatzungsmacht verhindert, dass die Gegner Gemayels ihre Stimmen abgeben können. Am 23.8.1982 wird Gemayel mit den Stimmen von 57 der 62 erschienenen Abgeordneten zum Präsidenten des Libanon gewählt. Am 14.9.1982 wird er bereits ermordet.[262] Eine Eskalation ist vorprogrammiert: Sharon befürchtet, dass die verbliebenen PLO-Kämpfer in Beirut die politische Kontrolle übernehmen könnten und weist die israelische Armee an, in das von der PLO noch beherrschte West-Beirut vorzurücken. Die Phalangisten dringen in die palästinensischen Flüchtlingslager Sabra und Shatila in Süd-Beirut ein, um sie »von versteckten Terroristen zu säubern«. Vom 16.-18.9.1982 richten die Phalangisten unter dem wachsamen Auge der israelischen Armee ein Massaker unter den Palästinensern an. Nach israelischen Angaben werden zwischen 700 und 800, nach palästinensischen mehr als 2000 Menschen abgeschlachtet.[263]

Bar-Zohar sagt 2006 über Peres' Unterstützung des Libanon-Krieges von 1982: »Shimon ist zwar zu einem Mann geworden, der Frieden und Versöhnung mit den Arabern erreichen will; doch neben der Entschlossenheit und dem aufrichtigen Glauben eines Friedensmannes blieb er im Kern seines Wesens ein Mann der Sicherheit, der sich der Verteidigung Israels verpflichtet fühlt und für den die sicherheitspolitische Überlegung immer wieder vor allem anderen den Vorrang hat.« Peres habe sich im Laufe der Ereignisse im Libanon als »Rechtsanwalt der Regierung Israels« verstanden und daher die Operation »Frieden für Galiläa« energisch unterstützt.[264] Bei Bar-Zohar finden sich keine Hinweise darauf, wie sich Peres zu den Kriegszielen Sharons verhalten hat. Er versucht, den Gegensatz zwischen Krieg und Frieden zu überbrücken und Peres' als »moralisch und menschlich« darzustellen. Vielen möge Peres' Haltung im Laufe des Krieges seltsam erscheinen, so Bar-Zohar. Einerseits sei er entschlossen, Wege zu den Feinden von gestern zu suchen, um einen Frieden zu schließen. Andererseits sei er stets bereit, Abschusslisten (im Rahmen der geheimen Liquidierungspolitik) oder militärische Operationen zu billigen. »In Peres' Welt gibt es keinen Widerspruch zwischen den beiden Haltungen – Frieden anzustreben und gleichzeitig der Sicherheit [im Sinne der Sicherheitsdoktrin der Abschreckung, welche letztlich mit Kriegspolitik einhergeht] treu zu bleiben.« Schließlich habe Peres sein »Grundstudium« im Verteidigungsministerium (heb. »Ministerium für Sicherheit«) absolviert, das über Jahrzehnte Peres' ganze Welt gewesen sei.[265] Bar-Zohars These bestätigt Peres' zweideutiges Verhältnis zum Einsatz militärischer Gewalt: Diese sei für Peres unverzichtbar, jedoch kein Selbstzweck, sondern diene dem Frieden.

Peres' Reaktion auf das Massaker an den Palästinensern offenbart wieder einmal das Dilemma zwischen der als notwendig erachteten Gewalt und deren Folgen. In seinem Artikel »Öffentliche Plätze und Bulldozer – aber kein Ausweg«[266] greift er zwar die Kriegspolitik von Begin und Sharon an, bezieht aber nicht unmittelbar Stellung zu den Morden. Er spricht nur allgemein über die »Verzerrungen des Krieges«, welche er nicht direkt auf Israels Kriegspolitik, sondern auf die »Lage im Libanon« zurückführt. Wenn er die Opfer des Krieges erwähnt, meint er damit nur die israelischen, und selbst die werden mit Schweigen belegt. »Ich werde von den Opfern dieses Krieges nicht sprechen, obwohl dies in Kriegszeiten das Schwerwiegendste ist, was ein Volk einbüßen muss.« Diese Selbstbezogenheit wird durch Formulierungen wie »unsere zerrissene Seele« bestätigt. Peres bezieht sich nicht auf das Unheil, das die israelische Invasion im Libanon angerichtet hat. Kriegsziele werden ebenso wenig erörtert, sodass dem Text eine nachvollziehbare Schlussfolgerung aus dem Desaster nur schwer entnehmbar ist.[267] Die Schuld wird zwar der *Likud*-Regierung aufgebürdet, die hier am Pranger steht; es liegt auf der Hand, dass Peres versucht, hieraus politisches Kapital zu schlagen. Aber der wirre Text verrät viel mehr: Orientierungslosigkeit. Es gelingt Peres immer noch nicht, eine klare Position *gegen* den Krieg zu beziehen, auch als deutlich ist, dass er nicht die erhofften Resultate erzielt.

Erst drei Jahre nach Kriegsbeginn zieht sich die israelische Armee teilweise aus dem Libanon zurück. Premierminister Peres kann dies Anfang 1985 gegen den Widerstand des *Likud*-Koalitionspartners im Kabinett durchsetzen. Der von Verteidigungsminister Jitzchak Rabin vorgelegte Rückzugsplan sieht eine schrittweise Räumung des Landes vor, wobei eine »schmale Sicherheitszone« im Südlibanon entlang der israelisch-libanesischen Grenze weiterhin von der IDF kontrolliert werden soll, und zwar gemeinsam mit der Armee des Süd-Libanon (SLA) unter der Befehlsgewalt von General Antoine Lahad.[268] Dieser Plan wird bis Juni 1985 vollzogen. Die im israelischen Jargon sogenannte »Sicherheitszone«, eine militärische Besatzung aus libanesischer Sicht, bedeutet de facto die Fortsetzung des Libanon-Krieges. Die im Gefolge der israelischen Invasion gegründete und von Iran finanziell und ideologisch unterstützte islamistisch-libanesische Organisation Hisbollah beginnt einen Guerillakrieg gegen die israelische Besatzung des Südlibanon. Es gelingt ihr nach 18 Jahren erbitterten Kampfs, Israel zum sogenannten »einseitigen Rückzug« aus dem Libanon zu zwingen. Staatschef Ehud Barak setzt den Rückzug gegen den heftigen Widerstand der israelischen Armeeführung durch.[269] Bis dahin kommt es in der »Sicherheitszone« immer wieder zu Gefechten. In seiner zweiten Amtszeit als Staatschef genehmigt Peres selbst im Frühjahr 1996 einen dieser militärischen Einsätze.

Die militärische Operation »Früchte des Zorns« im April 1996 und die »Sicherheitszone« im Südlibanon

Peres' Beitrag als Premierminister (1984-1986) zur Schadensbegrenzung des von der *Likud*-Regierung geführten Libanon-Krieges wird allgemein positiv bewertet.[270] Im Hintergrund bleibt dabei jedoch die Tatsache, dass der von ihm durchgesetzte Plan lediglich einen Teilrückzug vorsieht. An der »Sicherheitszone« wird festgehalten. 1984, noch als Oppositionsführer, schildert Peres seine sicherheitspolitische Lösung für den noch immer andauernden Krieg im Nachbarland: »Libanon – eine andere Politik«.[271] Die israelischen Truppen sollen sich demnach zwar aus dem Großteil des Landes zurückziehen, doch die militärische Vorherrschaft Israels soll aufrechterhalten werden. Peres will, dass »die [israelische] Luftwaffe weiterhin im Himmel des Libanon fliegt und die [israelische] Marine an seinen Küsten weiterhin patrouilliert; auch die Streitkräfte [der israelischen Verbündeten unter der Führung] von Haddad [Major Saad Haddad, Vorgänger von General Antoine Lahad] sollen verstärkt werden und als reguläre Kraft die Dörfer im Südlibanon vor der Rückkehr der Terroristen schützen«. Im Grunde soll »Israel den Südlibanon als einen flexiblen Raum betrachten«. Peres erklärt weiter: »Solange diese [Gegend] frei von Terroristen ist, wird die IDF sich nicht einmischen. Sollten sie [die Terroristen] sich dort [im Südlibanon] jedoch verschanzen, so wird die IDF die Grenze für eine beschränkte Zeit überqueren [müssen], um sie von dort zu vertreiben.« Peres erhebt den Anspruch, seine Verteidigungsstrategie könne die Sicherheit Israels garantieren, und zwar ohne »dass die IDF auf einem fremden Territorium« agieren müsse. Um Missverständnisse auszuräumen, betont er, dass es sich bei der israelischen Armee um »eine Verteidigungs-, keineswegs um eine Besatzungsarmee« handele, es also im Südlibanon »keine wirkliche Besatzung« geben werde. Auf der Grundlage dieses Plans zur »aktiven Verteidigung von außen« wird schließlich die »Sicherheitszone« errichtet. Sie bestimmt die Libanon-Politik Israels de facto bis Mai 2000.

Der Kampf in der »Sicherheitszone« wird im Laufe der Jahre zur Routine und unterschiedlich intensiv geführt. Im Juli 1993 eskaliert die Lage jedoch. Hisbollah-Kämpfer töten sechs israelische Soldaten. Die Regierung der Arbeitspartei unter Premier- und Verteidigungsminister Jitzchak Rabin beschließt einen militärischen Einsatz, der am 25.7.1993 unter dem Namen »Abrechnung« in die Tat umgesetzt wird. Die IDF unter Generalstabschef Ehud Barak bombardiert Dörfer im Südlibanon. Ziel ist es, die Dorfbewohner zur Flucht nach Norden zu veranlassen, sodass die libanesische Regierung die Hisbollah bekämpfen und entwaffnen kann. Bis zum Waffenstillstand am 31.7.1993 fliehen ca. 300.000 Südlibanesen aus ihren Häusern. 118 libanesische Zivilisten und acht Hisbollah-Kämpfer (nach israelischen Angaben »über 50«) werden getötet. Auf israelischer Seite kommen zwei Zivilisten durch Raketenangriffe der Hisbollah auf Nordisrael ums Leben, außerdem ein Soldat. Die siebentägigen Kampfhandlungen verheeren den Südlibanon.

Amerikanische Vermittler erreichen schließlich eine Waffenstillstandsregelung, in der alle Seiten erklären, das Feuer einzustellen. Syrien verspricht, die Hisbollah und die palästinensischen Organisationen bei einem Angriff auf Israel nicht zu unterstützen.[272]

Die »Sicherheitszone« bleibt bestehen. Der Kampf zwischen Hisbollah, Südlibanon-Armee und IDF geht weiter, wenn auch weniger intensiv. Dieser Krisenherd ist schließlich der Grund für den Einsatz von 1996. Im Frühjahr 1996 erklärt Premierminister Peres kurz vor Beginn der Operation »Früchte des Zorns«, warum die »Sicherheitszone« im Südlibanon bestehen bleiben müsse:

> »Es gab Versuche [seitens der Hisbollah], an die [israelisch-libanesische] Grenze zu gelangen. Ohne die Sicherheitszone würde alles, was dort passiert, an der Grenze passieren. Viele Infiltrationen wurden nämlich [durch die Sicherheitszone] verhindert. Die Lage ist zwar weiterhin angespannt, doch es gibt keine Lösung für den Krieg [der Hisbollah], der an sich ein Guerillakrieg ist. Das ist ein Krieg, der weiter andauern wird, es sei denn, es gäbe eine umfassende politische Lösung. Libanon ist Israels größtes Experimentierfeld für die Terrorismusbekämpfung. Was haben wir nicht alles probiert, von einer Invasion bis hin zum Frieden mit Libanon. Das alles hat nicht geholfen. Das endgültige wahrhaftige Mittel ist der Frieden.«[273]

Peres' Dilemma ist weiter ungelöst: Er beschwört militärische Stärke, die nicht wirklich zu etwas führt, aber trotzdem als unverzichtbar erscheint und daher auch immer wieder eingesetzt wird. Diesem Zirkel kann er kaum entrinnen. Militärische Stärke wird in diesem Fall durch die Besatzung des Südlibanon gezeigt, was als »Verteidigung« begriffen wird. Die »Sicherheitszone« gehört für Peres ebenfalls zur Verteidigungsstrategie, weshalb die militärische Besatzung aufrechterhalten wird. Gleichzeitig ist diese Besatzung für die Hisbollah der Grund, einen Guerillakrieg gegen die IDF zu führen. Die Folge ist ein Zermürbungskrieg. Für Peres ist die Hisbollah (sowie jahrelang die PLO und später die Hamas) eine »terroristische Organisation«, mit der partout nicht verhandelt werden dürfe, sondern die man vielmehr erbittert bekämpfen müsse. Verhandlungen mit dem Erzfeind sind unvorstellbar, eine politische Regelung wird daher erst gar nicht angestrebt. Das ist die Logik des immerwährenden Krieges, die Peres' Dilemma zu Grunde liegt. Krieg wird zur Routine. Erst eine zivile israelische Widerstandsbewegung gegen die israelische Präsenz im Südlibanon, die »Vier-Mütter-Bewegung«, kann die israelische Regierung zum »einseitigen Rückzug« bewegen, der erst 2000 erfolgt. Die israelische Armee bleibt jedoch der Auffassung, der Rückzug beeinträchtige die Abschreckungsmacht Israels.[274]

Die »Politik der gezielten Tötung« und ihre Bedeutung im israelischen Sicherheitsverständnis

Mit der Operation »Früchte des Zorns« im Libanon im April 1996 reagiert Israel auf eine weitere Gewalteskalation, die ihren Anfang im Gazastreifen nimmt. Am 6.1.1996 tötet der israelische Inlandsgeheimdienst (Shin-Bet) den Palästinenser Yihya Ajjasch. Israel macht ihn für einige Hamas-Selbstmordattentate verantwortlich. Die Selbstmordanschläge stellen eine neuartige Form des Kampfs gegen Israel dar. Hamas und Islamischer Dschihad antworten damit auf das im Februar 1994 vom jüdischen Siedler Baruch Goldstein verübte Massaker an 29 betenden Palästinensern in Hebron. Goldsteins Tat wiederum richtet sich gegen die Ende 1993 aufgenommenen israelisch-palästinensischen Friedensgespräche. Das Massaker weist ebenfalls Züge eines Selbstmordattentates auf: Goldstein schießt blind in eine Menschenmenge und hat kaum eine Chance, dies zu überleben. Er wird schließlich von einem israelischen Soldaten getötet.

Shlaim führt den Mord an Ajjasch darauf zurück, dass der Chef des Shin-Bet Carmi Gilon seine Amtszeit mit einer spektakulären Tat habe beenden wollen, auch um die von seinem Geheimdienst zu verantwortenden Sicherheitslücken vergessen zu machen, die am 4.11.1995 den Mord an Jitzchak Rabin ermöglichten. Ajjasch, der sich im Gazastreifen versteckt, wird schließlich auf Anordnung von Staatschef und Verteidigungsminister Peres getötet.[275] Daraufhin erklärt die Hamas Ajjasch zum Märtyrer. Nach dem Ende des Ramadan beginnt der Rachefeldzug, der im Frühjahr 1996 Israel erschüttert. In den Monaten Februar und März werden in den israelischen Städten Jerusalem, Aschkelon und Tel Aviv durch Hamas-Selbstmordattentate insgesamt 60 Israelis getötet und viele andere verletzt. Daraufhin stellt Peres die Friedensgespräche mit der palästinensischen Autonomiebehörde unter der Führung der PLO ein und lässt die Grenzen zum Gazastreifen und zum Westjordanland absperren.

Weshalb genehmigt Peres die Liquidierung Ajjaschs kurz nach dem Mord an Rabin, der das Land ohnehin aus der Bahn geworfen hat? Shlaim vermutet dahinter zwei Motive: Zum einen habe der Premierminister die Vergeltung für »harte Gerechtigkeit« gehalten, zum anderen sei er der Meinung gewesen, »im Dienst der Moral der Nation und der Sicherheitskräfte« zu handeln.[276] In der Tat wird die Tötung Ajjaschs in Israel zunächst enthusiastisch begrüßt. Robert Littell gegenüber erklärt Peres, die Tötung sei als Präventivangriff zu verstehen. Denn es lägen Beweise dafür vor, dass »Ajjasch aktiv mit der Vorbereitung eines weiteren Anschlags« beschäftigt gewesen sei. »Mit der Entscheidung, ihn zu liquidieren, wurde der [von Ajjasch geplante] Anschlag verhindert.«[277] Das Motiv der Rache, das Daniel Ben-Simon in den Vordergrund stellt, weist Peres zurück: Israel habe diese Tat nicht aus Rache ausgeführt, »obwohl er [Peres] zufrieden ist, dass ein Judenmörder verschwunden sei«.[278]

Diese Darstellung hat zum Ziel, jegliche öffentliche Debatte im Keim zu ersticken, da die Tötung Ajjaschs als notwendige Verteidigung der israelischen Sicherheit erscheint. Peres stellt diese Politik nicht in Frage. Getreu seiner Sicherheitsdoktrin, Vergeltung als Mittel zur Abschreckung einzusetzen – »Judenmörder« müssen demnach sterben –, führt er die Liquidierungspolitik seiner Vorgänger routinemäßig fort.[279] Trotz der Spirale der Gewalt und Gegengewalt, die sie immer wieder auslöst, gilt ihr sicherheitspolitischer

Nutzen als unbestritten. Doch hat Peres angesichts der bevorstehenden Wahlen und des anlaufenden Oslo-Friedensprozesses keine Bedenken wegen Ajjaschs Tötung? »Harte Gerechtigkeit«, das biblische Prinzip »Auge um Auge, Zahn um Zahn«, und das nationalistische Element der »Moral der Nation« und ihrer Sicherheitsapparate haben offensichtlich Vorrang. Rabins Mord hat nicht nur für Spannungen innerhalb des Shin-Bet gesorgt, sondern auch die israelische Gesellschaft gespalten. Eine überzeugende Tat gegen einen »deutlich identifizierten Feind Israels« soll das Volk nun wieder vereinen. Nach Ajjaschs Tötung breitet sich im ganzen Land eine patriotische Stimmung aus, gepaart mit Genugtuung über die Leistungsfähigkeit des Shin-Bet. Doch werden Kriege von Israel nur aus rein nationalstaatlichen bzw. sicherheitspolitischen Gründen geführt?

»Früchte des Zorns« – Die Fortsetzung der Kämpfe im Libanon

Die Selbstmordattentate vom Frühjahr 1996 erschüttern Peres' Regierung und verdüstern seine Wahlaussichten. Sogar der amerikanische Präsident William Clinton versucht, den Oslo-Friedensprozess bzw. Peres' Regierung zu retten. Clinton initiiert einen Antiterrorismus-Gipfel, der am 13.3.1996 in Sharm el-Sheikh stattfindet. Der internationale Gipfel hat aber nicht die erhoffte Wirkung, der Popularitätsverlust des Premierministers bleibt dramatisch. Peres' Biograph schreibt dazu: »Eine militärische Aktion gegen die Infrastruktur des Terrors wäre sicherlich viel effektiver« als Friedensgipfel.[280] Will Peres mit dem am 11.4.1996 beginnenden militärischen Einsatz im Libanon seine Wahlaussichten verbessern, wie Bar-Zohar andeutet?[281] Shlaim zufolge sei der Libanon vor dem Hintergrund der Terrorwelle in Israel so kurz vor den Parlamentswahlen ein »verführerisches Vergeltungsziel« gewesen: Denn die israelische Öffentlichkeit »sehnt sich nach Vergeltung«.[282] Ob die israelische Öffentlichkeit einen weiteren militärischen Einsatz im Libanon wirklich will, bleibt offen. Die sicherheitspolitischen Eliten in Militär, Regierung und Presse gehen jedenfalls in die nächste Runde.[283]

Die Armeeführung und einige Kabinettsminister, allen voran Außenminister Ehud Barak – Generalstabschef und Architekt der Operation »Abrechnung« im Juli 1993 – sprechen sich angesichts der Spannungen in der »Sicherheitszone« für ein militärisches Vorgehen gegen die Hisbollah im Südlibanon aus. Passivität würde Peres' sicherheitspolitischem Ansehen schaden. Andere Stimmen in der Regierung warnen Peres hingegen, auch in Hinblick auf seine Wahlaussichten, dass »wir alle [in der zionistischen Linken] so einen Krieg noch bedauern« würden.[284] Doch der Premier- und Verteidigungsminister genehmigt die militärische Operation »Fürchte des Zorns«. Sie soll alleine gegen die Hisbollah-Kämpfer gerichtet sein.[285] Die Militärführung und Außenminister Barak setzen sich aber dafür ein, einen Großteil der Zivilbevölkerung des Südlibanon durch Bombardements zur Flucht in den Norden zu veranlassen, damit die israelische Armee der Hisbollah im Südlibanon einen massiven Schlag versetzen kann. Weiter hofft man, dass die libanesischen Flüchtlinge ihre Regierung unter Druck setzen, damit diese und Syrien die Hisbollah zügeln, um der israelischen Armee in der Sicherheitszone Immunität zu verleihen.[286] Am 11.4.1996 beginnen die Luftangriffe auf den Südlibanon, Beirut und die Bekaa-Ebene. Ca. 400.000 Zivilisten müssen fliehen. Dennoch gelingt es der Hisbollah, Nordisrael mit Katjuscha-Raketen zu beschießen. Ein Teil der dort lebenden Israelis muss ebenfalls fliehen.[287]

Peres' Äußerungen vor der Presse am Vorabend des Krieges zeigen, dass der Premierminister die Eskalation des Krieges mit rhetorischen Mitteln vorantreibt: »Iran schmuggelt Waffen und Sprengstoff an die Hisbollah mittels diplomatischer Post«[288]; »Syrien denkt, es sei klug, uns zu ärgern. Wir werden die Eskalation im Norden nicht dulden«.[289] Ein paar Tage vor Kampfbeginn weist Peres öffentlich darauf hin, dass »der IDF-Nachrichtendienst neue Beweise hat, Iran sei im Begriff, die ›Friedens-Regierung‹ [Peres' Regierung] zu stürzen«.[290] Welchen Nutzen sieht er im Krieg? Peres klärt die israelische Öffentlichkeit nicht genau über die politischen Ziele der neuen Operation im Libanon auf, »um sich nicht hohe, unerreichbare Ansprüche zu setzen«.[291] Ein langer Kampf könne notwendig werden, um eine nachhaltige Regelung zu erzielen. Sein Volk bittet er um Ausdauer und Geduld.[292]

Das Ausland kritisiert die Verheerung des Libanon heftig. Peres muss seine Kriegspolitik rechtfertigen. Gegenüber dem französischen Außenminister sagt er, Israel beabsichtige mit dem Kampf »einen langfristigen Vertrag«.[293] Dem jordanischen Premierminister Abed al-Cerim, der bei Peres nach Antworten über Israels eigentliche Ziele nachfragt, erklärt er:

> »›Sie wissen, dass wir keine andere Wahl hatten. Wir haben uns zunächst zurückgehalten. Aber die Hisbollah hat uns beschossen und ist gegen unsere Soldaten [in der »Sicherheitszone«] vorgegangen. Später nahm sie Kiryat Shmona unter Beschuss. Auch dann haben wir nicht reagiert. Wir haben sie nur weiterhin gewarnt, dass wir vergelten werden, sollte der Beschuss weitergehen. Wir haben es [die Vergeltung] nun allmählich praktiziert [...] Ich weiß, dass die Hisbollah sich mit dem Iran abspricht. Die Iraner wiederum beherrschen die Hisbollah und den Islamischen Dschihad, und drängen sie, Israel weiterhin zu attackieren. Sie wollen den Friedensprozess beenden. Sollte Kiryat Shmona ein Ziel sein, so werden auch sie [die Hisbollah] ein Ziel werden.‹ Auf Cerims Anmerkung hin, dass es letztlich die libanesischen Dorfbewohner seien, die unter den Bombardements zu leiden hätten, und nicht die Hisbollah, erwidert Peres: ›Wir geben den Dorfbewohnern Bescheid, bevor wir bombardieren. [...] Was hättet Ihr denn gemacht, wenn man Euch unter Beschuss genommen hätte?‹«[294]

Was sind Peres' tatsächliche Motive? Zunächst lässt sich Peres überzeugen, in den Krieg zu ziehen, weil er wiedergewählt werden will. Dies würde den Zeitpunkt des Angriffs sechs Wochen vor den Parlamentswahlen erklären. Shlaim zufolge hofft Peres, sich im Krieg stärker als Hardliner zu profilieren, um die »israelisch-jüdische Mitte« zu erreichen. Azoulay-Katz und Peres' Biograph sind ebenfalls dieser Meinung.[295] Azoulay-Katz zitiert Peres' Assistenten im Außenministerium, der die Entscheidung zum Krieg mitten im Oslo-Friedensprozess für einen Fehler hält: »Der Weg zu ›Früchte des Zorns‹

ist ein Schritt der Feigheit. [...] Peres entschied sich für die ›Früchte des Zorns‹ aus Gründen des öffentlichen Drucks sowie des Drucks einiger Generäle und ehem. Generäle und von zwei, drei PR-Beratern, die meinten, das würde ihn [Peres] aufbauen [zur Wiederwahl]. Peres vergaß, dass man im Libanon nur untergehen kann.«[296] Ob Peres tatsächlich vergessen hat, dass man durch eine Intervention im Libanon den Konflikt nur noch weiter vertieft, bleibt dahingestellt. An der »Sicherheitszone« hält er jedenfalls fest, und auch die Rabin-Peres-Regierung 1992-1996 unternimmt wenig, um den Libanon zu verlassen.

Peres ist sich unsicher, wie der Libanon-Konflikt 1996 sich auf die kommenden Wahlen auswirken wird. Nachdem etwa bekannt wird, dass am 18.4.1996 bei der Bombardierung eines UN-Lagers im südlibanesischen Dorf Kana, wo libanesische Flüchtlinge vor der israelischen Attacke Zuflucht gefunden haben, hundert Zivilisten ums Leben gekommen sind, gesteht Israel einen Fehler ein. Peres ordnet zunächst an, das Feuer sofort einzustellen. Seine Berater lassen ihn seine Entscheidung jedoch rückgängig machen. Die Begründung lautet, dass Peres ansonsten vor der israelischen Öffentlichkeit als »schwacher Mann« bloßgestellt werde. Er solle als Hardliner auftreten und den Kampf fortsetzen: »Sie kennen doch den lausigen Charakter der Israelis, sie mögen keine schwachen Leute. Diese Entscheidung würde als eine Kapitulation den Arabern gegenüber aufgenommen werden. [...] Auf keinen Fall dürfen Sie sich entschuldigen.«[297] Dass es Peres um den Machterhalt geht, ist auf den ersten Blick eine banale Feststellung. Doch entscheidend ist, weshalb er ausgerechnet diesen Weg beschreitet. Warum glaubt er, seine Macht durch Krieg erhalten zu können, und zwar mitten im Oslo-Friedensprozess? Weshalb lässt er sich davon überzeugen, die israelisch-jüdische Wahlklientel durch einen militärischen Einsatz gewinnen zu können, und zugleich die Stimme der wahlberechtigten israelischen Palästinenser außer Acht zu lassen – weshalb er letztlich am Wahltag auch verliert?

Peres lässt sich zu diesem heiklen Zeitpunkt überzeugen, in den Krieg zu ziehen, weil er die Meinung der Hardliner in Kabinett und Armee teilt: Die militärische Abschreckungsmacht sei Grundlage der israelischen Ordnung und müsse daher immer wieder demonstriert werden. Gerade weil die Politik keine wirkliche Lösung der sicherheitspolitischen Brennpunkte im Südlibanon und in den Palästinensergebieten anzubieten hat, liegt der Einsatz des Militärs nahe. Der Konflikt wird als militärisches Problem verstanden, deshalb muss ihm auch mit militärischen Mitteln begegnet werden. Hier kommt der in der politischen Kultur Israels fest verankerte zivile Militarismus deutlich zum Vorschein: Der Politiker Peres, der sicherlich wiedergewählt werden will, lässt sich von Ex-General Ehud Barak im Handumdrehen von einer weiteren militärischen Operation überzeugen. Beide führenden Politiker agieren ihr ganzes Leben lang gemäß dieser Sicherheitsdoktrin der militärischen Abschreckung. Mittels Krieg glauben sie, alles wieder herzurichten. Auch wenn Peres zunächst zögert[298], kann nicht bezweifelt werden, dass er fest daran glaubt, mit dem Krieg ließe sich der im Frühjahr 1996 außer Kontrolle geratenen Lage wieder Herr werden. Der Krieg gilt als Heilmittel zur Wiederherstellung von Moral und Prestige angesichts des zermürbenden Guerillakampfs gegen die Hisbollah und der mörderischen palästinensischen Attentate in israelischen Städten. Der Krieg soll die beeinträchtigte Abschreckungswirkung wieder herstellen und Israels militärische Hegemonie unmissverständlich demonstrieren. Daher unterstützt Peres letztlich Ehud Barak mit seinem Plan, die Zivilbevölkerung im Südlibanon, die libanesische Regierung und letztlich auch Syrien, das ebenfalls Einfluss im Libanon hat, dahin zu bewegen, die israelische Präsenz im Südlibanon gegenüber der Hisbollah zu sichern. Er ist von der Notwendigkeit dieses Konzepts überzeugt, auch wenn es immer wieder scheitert. Die Politik erweist sich für den Politiker Peres immer wieder als außerstande, die Sicherheitspolitik politisch und nicht militärisch anzugehen. Peres predigt sein ganzes Leben lang gegen Verhandlungen mit »Terroristen«, zunächst mit der PLO und später mit der Hamas oder der Hisbollah. Die Schwäche der Politik zeigt sich gerade am Beispiel des ewigen »Zivilpolitikers« Israels, der dem israelischen Militarismus so stark verhaftet ist – dass auch seine persönlich-politischen Interessen diesem Militarismus 1996 zum Opfer fallen.

Die Kampfhandlungen enden schließlich auf amerikanischen Druck hin am 27.4.1996. Vom militärischen Standpunkt aus sind sie ergebnislos verlaufen. Weder wird die israelische Präsenz im Südlibanon verfestigt, noch die Unterstützung dessen Bewohner für diese Präsenz erzielt.[299] Die Hisbollah wird nicht zerschlagen. Ihr Guerillakampf geht weiter, bis zum Rückzugsbeschluss der Regierung Ehud Baraks im Jahr 2000. Das Militär kritisiert Baraks Entscheidung als »erhebliche Beeinträchtigung der Abschreckungsmacht« Israels. Es plädiert im Sommer 2006 für einen weiteren militärischen Einsatz und kann ihn schließlich durchsetzen.[300]

Vom Kriege – Fazit

Peres' sicherheitspolitisches Denken bietet einen Schlüssel zum Verständnis des spezifischen Militarismus Israels im Sinne des zivilen Militarismus à la Kimmerling. Träger dieses Militarismus sind die zivile Regierung, die zivilen akademischen, juristischen und wirtschaftlichen Eliten und der Großteil der Gesellschaft. Der israelische Militarismus beruht somit auf einem ausgeprägten sozialen Konsens. Die israelische Gesellschaft ist stark von diesem militärischen Bewusstsein durchdrungen, das deshalb so mächtig ist, weil der israelische Militarismus gut in der politischen Kultur verankert ist; deshalb wird er als selbstverständlich hingenommen und nicht mehr reflektiert. Bei dem zivilen Militarismus handelt es sich im Kern um die in weiten gesellschaftlichen Kreisen verinnerlichte Haltung, dass der militärische Weg – sprich: der Krieg, in welcher Form auch immer – unabdingbar für die Sicherung der nationalstaatlichen Existenz (Sicherheit) sei. Daraus entsteht der gesellschaftliche Code der Abschreckung – der Security Code[301]: Israel sieht seine nationalstaatliche Existenz nur durch militärische Überlegenheit gesichert. Dies hat nicht nur stetige Aufrüstung zur Folge, sondern auch die permanente Demonstration des militärischen Potenzials. Auf diese Weise werden auch unkonventionelle Waffen und »unverhältnismäßige« militärische Einsätze legitimiert. Die Abschreckungswirkung darf nie nachlassen, auch wenn parallel über Frieden verhandelt wird.

Kehrseite dieser auf Abschreckung basierenden Sicherheitsdoktrin ist die Panik, in die Politik, Armee und Gesellschaft immer wieder versetzt werden, wenn sich Risse in der Abschreckungswirkung zeigen. Wann auch immer die israelische Armee Niederlagen einstecken muss – auch gegen deutlich unterlegene Kräfte wie die Hisbollah und den palästinensischen Widerstand zunächst der PLO und später auch der Hamas –, wächst der Drang, die Abschreckungsmacht durch das Militär wieder aufzubauen. Dieser militärische Weg stößt in der Regel deshalb auf breiten gesellschaftlichen Konsens, weil die Sicherheitsdoktrin der Abschreckung als Grundlage der Existenz des Staats Israel verinnerlicht ist. Deshalb, auch wenn diese Sicherheitsdoktrin so offensichtlich die Eskalation in sich birgt und immer wieder die jeweiligen Konflikte verschärft – anstatt sie zu entschärfen, wie es die Abschreckung verspricht –, verliert sie kaum an Gültigkeit. Darin besteht der spezifische zivile Militarismus Israels: Er wird von der Gesellschaft unterstützt, auch wenn er sich so offensichtlich als ungeeignet erweist, sicherheitspolitische Grundfragen zu lösen. Wie entsteht ein derartiger gesellschaftlicher Konsens?

Eine Antwort auf diese Frage ist im Prozess der Entpolitisierung der Sicherheitspolitik zu suchen, wie am Beispiel des »Zivilpolitikers« Peres in diesem Kapitel gezeigt wurde. Die Entpolitisierung der Sicherheitspolitik meint, dass die Gesellschaft und ihre Vertreter aus dem eigentlichen Entscheidungsprozess über die Sicherheitspolitik zwar inoffiziell, aber effektiv ausgeschlossen werden; die exekutive Gewalt, also das Sicherheitskabinett und die Sicherheitsapparate, treffen de facto alle Beschlüsse in der Sicherheitspolitik. Im Laufe der Jahre etabliert sich dieses innenpolitische Verfahren und wird kaum in Frage gestellt. Die Grundlagen dafür sind bereits in den frühen Jahren des Staats Israel angelegt, als das Staatsoberhaupt über genügend Macht und Autorität verfügte, um den ganzen Komplex der Sicherheitspolitik vom politischen Alltag fernzuhalten. Seitdem wird die Sicherheit einem beschränkten Kreis von Entscheidungsträgern überlassen. Damit stellte David Ben-Gurion die Weichen für die politische Kultur der Entpolitisierung der Sicherheit. Sein Ziehsohn Peres verfestigt diese Strukturen später. Während der Staat seine exekutive Gewalt auf diese Weise stärkt, wird die neue Einwanderer-Gesellschaft »von oben« geschwächt. Die Folge ist, dass weite Kreise der israelischen Gesellschaft die Entpolitisierung der Sicherheit hinnehmen mussten und schließlich verinnerlicht haben. Ernsthafte Grundsatzdebatten finden nicht mehr statt.

Peres trägt auf Grund seiner langen politischen Laufbahn gerade als Zivilpolitiker effektiv zur Entpolitisierung der Sicherheitspolitik bei. Wie in diesem Kapitel an mehreren Beispielen dargelegt wurde, setzt Peres in den jeweiligen politischen Ämtern seine Sicherheitspolitik gemäß der Sicherheitsdoktrin durch, die er zweifelsohne für richtig und dienlich hält. Gleichzeitig gelingt es ihm, jegliche öffentliche Diskussion über Sicherheit im Keim zu ersticken. Ironischerweise nimmt Peres durchaus selbst teil an einer solchen Debatte, denn er ist durchgehend medial präsent und veröffentlicht seine Positionen über die Jahre hinweg. Doch ob dabei von einer aufklärerischen Diskussion die Rede sein kann? Peres' medialer und literarischer Beitrag zur Debatte besteht darin, dass er immer wieder seine alten Argumentationsmuster wiederholt. Insofern nimmt nicht nur die Gesellschaft Schaden an der Entpolitisierung der Sicherheit, sondern auch die Politik und schließlich Peres selbst. Denn wie kontraproduktiv der Krieg auch immer ist, weigert Peres sich, die Sicherheitsdoktrin auf den Prüfstand zu stellen. Eine nennenswerte Revision der Sicherheitsdoktrin der 1950er Jahre gelingt ihm trotz seiner langjährigen politischen Erfahrung nicht.[302] Weil er seine politischen Lehrjahre im Verteidigungsministerium absolviert und fernab der Öffentlichkeit hinter den Kulissen Sicherheitspolitik betrieben hat, bleibt er dieser Verfahrensweise treu.

Der erste israelische »Krieg der günstigen Gelegenheit« gegen Ägypten kann für den Prozess der Entpolitisierung der Sicherheitspolitik als exemplarisch gelten. 1956 bereiten drei Personen auf der israelischen Seite den Krieg gegen Ägypten vor: David Ben-Gurion, Moshe Dayan und Shimon Peres, wobei die beiden Letzteren eine Vorreiterrolle übernehmen und dem israelischen Staatschef politisch den Weg bereiten. Weder die *Mapai*-Partei noch die Regierung oder die *Knesset*, geschweige denn die israelische Öffentlichkeit, können Einfluss nehmen. Das ganze Unterfangen muss deshalb zunächst streng geheim bleiben, weil der eigentliche Hintergrund des Krieges, die Festigung der militärischen Allianz mit Frankreich, nur schwer vermittelbar wäre. Auch wenn für Peres außer Frage steht, dass der Krieg im Sinne der Sicherheit Israels geführt wird und nur die Allianz mit Frankreich die Aufrüstung Israels in Embargo-Zeiten voranbringen kann, ist er davon überzeugt, der israelischen Öffentlichkeit den wahren Kriegsgrund verheimlichen zu müssen, um einen Konsens hinsichtlich des Einsatzes zu erzielen. Er vermittelt den Israelis ein Narrativ des Sinai-Suez-Krieges, das für die Entpolitisierung des Themas von entscheidender Bedeutung ist: Er schildert die umstrittene Kooperation mit Großbritannien und Frankreich als notwendige Maßnahme für einen Präventivkrieg, der die israelische Existenz retten soll. Außer Frage steht, dass Peres an seine eigene Erzählung fest glaubt, der Krieg diene langfristig der Sicherheit Israels. Entscheidend ist, dass er nicht davor zurückschreckt, an die Existenzängste der neuen Einwanderer-Gesellschaft zu appellieren, um einen Angriffskrieg als Präventivkrieg darzustellen und ihn somit als Verteidigungskrieg zu legitimieren. Der Krieg wird noch nach seinem Ende entpolitisiert: Die israelische Gesellschaft ist auch Jahre später nicht über die eigentliche Motivation des Einsatzes informiert. Mit dem Selbstverteidigungsnarrativ als Grundlage der Kriegspolitik erübrigt sich jede Debatte. Der Krieg wird als ein Muss begriffen. Das Narrativ: »*Die*

Feinde wollen uns vernichten und wir müssen uns verteidigen« kann weder bewiesen noch widerlegt werden; das ist das Axiom der Sicherheitsfrage, weshalb sie ideologisiert und letztlich entpolitisiert wurde. Das ist der Stoff, aus dem die Kriege in Israel gemacht werden, und der Grund, warum zu militärischen Einsätzen immer wieder ein Konsens hergestellt werden kann. Die konkreten Umstände eines jeden Krieges werden immer wieder verdrängt, Debatte und Kritik bleiben aus, was den nächsten Krieg möglich macht.

Auch 1967, am Vorabend des Sechstagekrieges, wiederholt sich das Szenario von 1956: Der Krieg wird als existenzsichernde Maßnahme dargestellt, es herrschen regelrecht Vernichtungsängste im Lande. Hinter den Kulissen zwingen die Militärs der Politik die Kriegsentscheidung auf.[303] Israel gelingt ein militärischer Sieg, der, in Umkehrung des politischen Klimas am Vorabend des Krieges, in eine Siegeseuphorie mündet. Auch hier bleibt eine nennenswerte öffentliche Debatte über Ursache, Verlauf, Ziele und vor allem den verheerenden politisch-demographischen und geopolitischen Ausgang des Krieges für Politik und Geschichte weitgehend aus. Peres' Beitrag zum Sechstagekrieg zeigt exemplarisch, was unter zivilem Militarismus zu verstehen ist: Er fürchtet zwar den Krieg, da Israel diesmal keinen westlichen Verbündeten an seiner Seite hat, und schlägt deshalb vor, von der Abschreckungswirkung der israelischen Atomwaffen Gebrauch zu machen, um den Krieg zu verhindern. Doch mit seinem politischen Handeln macht er den konventionellen Krieg wahrscheinlich: Er bemüht sich nämlich um die Bildung einer Großen Koalition, um der *Rafi*-Partei an die Regierung zurück zu verhelfen. Verteidigungsminister Levi Eshkol – der zunächst den Krieg auf diplomatischem Wege zu verhindern sucht – wird durch Peres' Parteigenossen, den Ex-General Moshe Dayan, den »Helden« des Sinai-Suez-Feldzuges, ersetzt. Somit erübrigt sich eine politische Debatte, ob Israel in den Krieg ziehen soll oder nicht.[304]

Einen weiteren Beitrag zur Entpolitisierung des Krieges, somit zur Verfestigung des zivilen Militarismus, leistet Peres 1982 von der Oppositionsbank aus. Peres – wie oben dargelegt wurde – stimmt anfangs nicht nur dem Kriegsbeschluss der Regierung zu, die israelische Armee in den Libanon ziehen zu lassen, sondern unterstützt auch den politischen Architekten des Libanon-Krieges bei der Irreführung von Politik, Gesellschaft und Militär. Verteidigungsminister Ariel Sharon – übrigens einer der Militärs, der den Krieg 1967 Eshkol aufgezwungen hat – führt die israelische Armee in den Libanon, ohne die Regierung, die *Knesset* und schließlich die Öffentlichkeit darüber in Kenntnis zu setzen, worum es ihm in diesem Krieg eigentlich geht. Oppositionsführer Peres kooperiert insofern, als er die politische Debatte über die eigentlichen Motive eines gewagten militärischen Einsatzes im Nachbarland letztlich verhindert, als der Krieg seinen Lauf genommen hat. Er glaubt – wie hier gezeigt wurde –, dass die israelische Armee die neue Ordnung im Libanon und in der Region herbeiführen könne. Das tut er auch, indem er den Krieg als einen Verteidigungskrieg gegen den Erzfeind PLO darstellt. Im Laufe der Ereignisse fühlt er sich dem Militär, General Sharon und dessen

Plan stärker verpflichtet als der eigenen Partei, der Öffentlichkeit und der *Knesset*. Der Führer der Arbeitspartei setzt sich für einen Angriffskrieg ein, stellt ihn als Verteidigungskrieg dar und verhindert somit jegliche politische Debatte. Peres stärkt den zivilen Militarismus gerade aus seiner Position als ziviler Politiker heraus, der Kriege gerade auf Grund der Schwäche der Politik und ihrer Instanzen unterstützt. Erst nachdem die gewünschte neue Ordnung ausbleibt, zieht der auf Machterhalt bedachte Politiker elegant seine Unterstützung zurück, bezieht dann aber immer noch eine äußerst unklare Position, was zu einem weiteren unverarbeitet gebliebenen Waffengang führt.

Am deutlichsten zeigt sich die Entpolitisierung der Sicherheit in der Frage der israelischen Atomwaffenkapazität. Hier wird die Entscheidung für die Aufnahme des israelischen Atomprogramms unter komplettem Ausschluss der Öffentlichkeit und ihrer Vertreter getroffen, und die »Politik der Undurchsichtigkeit« setzt sich schließlich durch. Peres spielt bei diesen Entwicklungen eine zentrale Rolle: Mitte der 1950er Jahre nutzt er beispielsweise die Instabilität der französischen Vierten Republik, um Vorteile für Israel herauszuschlagen. Er nutzt seine politischen Ämter stets, um die öffentliche Debatte zu vereiteln und die Politik der Undurchsichtigkeit zu zementieren. Durch sein Vorgehen sieht er israelischen Sicherheitsinteressen und der Politik der Abschreckung gedient.

Peres' zentraler Beitrag zur Verfestigung des israelischen zivilen Militarismus besteht darin, dass er die Sicherheitsdoktrin der Abschreckung zur Grundlage der Sicherheitspolitik macht und Sicherheitsfragen entpolitisiert. In diesem Prozess wird die Sicherheitspolitik als eine selbstverständliche Angelegenheit des Staats und nicht der Gesellschaft gesehen. Damit prägt Peres eine politische Kultur des Ausschlusses der Gesellschaft aus sicherheitspolitischen Entscheidungen. Der Staat, weniger die Gesellschaft, steht bei Peres im Mittelpunkt. Die Stärke und Autonomie des Staats bilden für ihn den Schlüssel zur Erfüllung der zionistischen Utopie. Der Staat sichert sich politischen Handlungsspielraum durch den Einsatz der Militärzensur, von Notstandgesetzen, durch die Kontrolle über den »militärisch-industriellen Komplex« und die sogenannte Dementierungspolitik in der Geheimkriegsführung – all diese Maßnahmen zielen auf die Disziplinierung der Gesellschaft ab. Der Staat kann auf diesem Weg seine Politik durchsetzen und die leicht einzuschüchternde, da in Sicherheitsfragen längst entpolitisierte Gesellschaft für die Unterstützung dieser Politik immer wieder mobilisieren. Anders könnte sich die Sicherheitsdoktrin kaum halten, da sie auf Grund ihrer Kriegslogik gegen die Interessen der israelischen Gesellschaft verstößt. Peres' Handeln ist in diesem Zusammenhang so wichtig, weil er fest an die Sicherheitsdoktrin glaubt und erfolgreich an ihrer Durchsetzung arbeitet. Er weigert sich hartnäckig, die Doktrin in Frage zu stellen und sich mit ihren Konsequenzen auseinanderzusetzen. Daraus folgt Peres' ambivalente Haltung zur Gewalt: Er hält sie für unverzichtbar, stellt sie aber nicht zur Disposition, somit werden sie bzw. ihre Bedeutung gewissermaßen geleugnet. Sie ist Grundprinzip der israelischen Ordnung. Denn Peres kann im Grunde das Dilemma nicht wirklich lösen zwischen dem Selbstverständnis eines David, der dazu verdammt ist, sich stets zu verteidigen, und einem Israel, das sich zur Gewalt, auch extremer Gewalt, genötigt sieht, um eben diese Verteidigung zu gewährleisten. Damit führt es sich zuweilen sehr wohl als Goliath auf. Peres bleibt nämlich der Vorstellung, die arabische Welt sei der Erzfeind Israels, im Grunde fest verhaftet, weshalb er die Sicherheitspolitik auch ideologisiert und das durch diese angerichtete Unheil kognitiv kaum wahrnehmen kann.

Ständige Angst, begleitet von Ignoranz und Arroganz gegenüber den Nachbarstaaten, ist zugleich Ursache und Konsequenz dieser Sicherheitsdoktrin. Die *splendid isolation* Israels – finanziell und mental unterstützt vom Westen, allen voran den USA – soll nicht nur die regionale Vorherrschaft des Landes sichern. Die *splendid isolation* soll auch die beiden als grundsätzlich verschieden begriffenen arabischen und jüdischen Nationen separieren – das ist Peres' Umsetzung von Herzls Idee eines »Bollwerks für Europa vor den Barbaren«. Diese Trennung soll die »zionistische Utopie« ermöglichen und letztlich sicherstellen. Die Abschreckungspolitik bedeutet de facto das Verbarrikadieren des Judenstaats. Eine Integration in die Region ist nicht gewollt. Abschreckung setzt auf die Verfestigung und nicht die Auflösung der Konflikte. Resultat ist eine neue Form der Ghettoisierung der Juden in ihrem eigenen Staat. Insofern ist die Abschreckungslogik Ausdruck politischer Schwäche. Sie steht dem zionistischen Anspruch der Normalisierung des jüdischen Lebens eigentlich im Wege. Sie ist eine säkulare, moderne Form der Segregation der Juden gegenüber den »neuen *Gojim*«. Die Kriegspolitik Israels von den 1950er Jahren bis heute verfolgt diese Grundsätze: »Man soll demjenigen zuvor kommen, der Dich töten will« und »Judenmord verlangt seinen Preis«. Peres bringt dies in seinem archaisch-biblischen Gerechtigkeitssinn immer wieder auf den Punkt, in den 1950er Jahren in Bezug auf Nasser, 1996 im Zusammenhang mit der Tötung von Ajjasch. Dass diese Sicherheitsdoktrin der aktiven Selbstverteidigung die Eskalation in sich birgt und nach weiterem »Judenmord« verlangt, dürfte auch dem ideologisch denkenden, sicherheitspolitisch orientierten Peres im Laufe der Jahre klar geworden sein. Weshalb hält er an ihr fest? Die eine Antwort wäre, dass diese Sicherheitsdoktrin eine Grundlage der »israelischen Sicherheitsordnung« darstellt, in der die Kriegspolitik ein zentraler Faktor ist. Die politisch mächtigsten Institutionen leben vom Krieg und streben ihn an, etwa das Militär und der »militärisch-industrielle Komplex«. Dass Peres diese Institutionen durch seine Politik erheblich gestärkt hat, ist Grundthese dieser Arbeit.

Kriegspolitik in Israel ist aber auch deshalb zur Routine geworden, weil die ungeklärte Frage des Staatsgebiets immer wieder für Unruhe und Unsicherheit sorgt. Der Staat Israel ist im Krieg geboren. Diesem Krieg hat Israel es zu verdanken, dass es seinen nationalstaatlichen Zielen erheblich nähergekommen ist, als ihm die UN-Resolution 181 von 29.11.1947 hat erlauben wollen.[305] Mittels weiterer Kriege hat es schließlich sein Staatsgebiet erweitert und somit (wie 1956) auch seine Abschreckungswirkung aufgebaut, mit der es wiederum seine militärischen Eroberungen sichert. Der Krieg ist in diesem Sinne positiv konnotiert; er sichert die Nationalstaatlichkeit. Peres' Haltung zur Frage der palästinensischen Gebiete wird im fünften Kapitel dieser Arbeit im Zusammenhang mit seinen Friedensvorstellungen näher erörtert. Doch hier gilt anzumerken, dass für ihn Landgewinn bzw. Landerhalt zur Kriegslogik gehört: Da Israel 1949 sein Staatsgebiet nicht festlegt, sondern vielmehr auf dessen Erweiterung aus ist, muss dies zwangsläufig zu Konfrontationen mit den Nachbarstaaten führen. Landgewinn bzw. Landerhalt ist ein zentraler Beweggrund hinter den militärischen Einsätzen. Nicht nur die Eroberungskriege (wie 1956 und 1967), sondern auch die weniger glorreichen Zermürbungskriege (1967-1970, 1985-2000) und die Verteidigungskriege (wie 1973) werden um Land geführt. Auch die Versuche 1982 und 1996, politische Fragen mit Waffengewalt zu lösen, haben in letzter Konsequenz Landerhalt bzw. Landgewinn zum Ziel. Der Krieg von 1982 wird nach einem Friedensschluss mit Ägypten begonnen, der mit der Rückgabe ägyptischen Territoriums einhergegangen ist, um auf die 1967 eroberten palästinensischen Gebiete nicht auch noch verzichten zu müssen. Sharons »Großer Plan«, die Palästinenserfrage in Jordanien zu lösen, hat zum Ziel, einerseits die palästinensischen Gebiete für Israel zu sichern und andererseits Land im Südlibanon zu gewinnen. Die »Sicherheitszone« im Südlibanon und der erneute Angriff auf den Libanon 1996 sind ebenfalls auf Landerhalt ausgerichtet. Der Krieg erscheint als unverzichtbares Instrument, um die Existenz Israels zu sichern, und hat die Auffassung zur Grundlage, dass das israelische Staatsgebiet weiter ausgedehnt werden kann, unter Missachtung international anerkannter Grenzen. Da die Grenzfrage spätestens nach 1967 offen ist, erfolgt die Perpetuierung des Krieges, als wäre er das Natürlichste auf der Welt. Dennoch wird Shimon Peres bis heute nicht mit dem Krieg, sondern mit dem Frieden assoziiert.

V. Vom Frieden: Peres und der Frieden im Nahen Osten

»Die jetzt fünfzig Jahre meines öffentlichen Lebens lassen sich in zwei Hälften teilen. In der ersten Hälfte galt meine Arbeit der Verteidigung, in der zweiten dem Frieden. […] Von der Verteidigung hinüberzuwechseln in die Domäne des Friedens, das war für mich, als verließe ich eine reale Welt im Tausch gegen eine irreale.«[1]

Diese Ende der 1990er Jahre gemachten Bemerkungen vermitteln einen vielsagenden Einblick in die Vorstellungswelt des 76-jährigen Altpolitikers. Peres beschreibt in prägnanten Worten das Spannungsfeld von Verteidigung und Frieden, von Sicherheit und Versöhnung, in dem er sich während seiner gesamten politischen Laufbahn bewegen und zurechtfinden muss: Auf Krieg will er nicht verzichten, weil er ihn für eine Existenzbedingung Israels hält, und zwar nicht nur in der »ersten Hälfte« seines politischen Lebens; andererseits gilt es gerade wegen des andauernden Kriegszustands, den Frieden anzustreben. Der Frieden soll eine konsequente Folge der »Sicherheit« sein – Sicherheit bedeutet dabei die Schaffung und Absicherung der nationalstaatlichen Existenz Israels. Diese müsse der Versöhnung vorangehen. Wie diese Versöhnung genau aussehen soll, wird nicht näher bestimmt. Peres ist sich nämlich durchaus bewusst, dass er mit dem Handwerk der »Verteidigung« viel vertrauter ist als mit der weniger greifbaren Welt des »Friedens«. Über die Sphäre des Friedens sagt er fünf Jahrzehnte nach der Gründung Israels und nach mehreren Jahren der »Friedensgespräche« mit den Palästinensern, wohlgemerkt noch vor dem endgültigen Scheitern des Oslo-Friedensprozesses: »Der Frieden ist wie ein Traum: beim Erwachen ist er noch da, fahl zwar und schemenhaft wie die Dämmerung, aber je mehr es Tag wird und die Stunden vergehen, desto mehr gewinnt die Realität die Oberhand.«[2] Taugt Israels politische Realität rund fünfzig Jahre nach der Staatsgründung in den Augen seines letzten verbliebenen Gründervaters nicht für den Frieden?

Seit Mitte der 1980er Jahre spricht sich Peres als Führer der Arbeitspartei zunehmend für die Aufnahme von Friedensgesprächen aus. Seine Partei prägt dabei die Formel »Frieden und Sicherheit«. In den zahlreichen Reden dieser Jahre nennt er diese beiden Begriffe in einem Atemzug; Peres' Stimme gilt mehr und mehr als Befürworter von Verhandlungen. Als Premierminister in der Großen Koalition setzt Peres 1985 gegen den Widerstand der meisten *Likud*-Kabinettsmitglieder den Teilrückzug der israelischen Truppen aus dem Libanon durch. Dieser Entscheidung vorausgegangen waren der Friedensschluss mit Ägypten 1979, womit die Kriegsgefahr im Süden zunächst gebannt war, und der gescheiterte Versuch, die Palästinenserfrage 1982 mit einem Krieg im Libanon zu beheben. Peres' Politik sorgt in Israel, das sich in einen aussichtslosen Krieg hineinmanövriert hat, für Erleichterung. Der Führer der Arbeitspartei profiliert sich als verantwortungsbewusster, besonnener Politiker, als »Befreier der israelischen Armee aus dem libanesischen Sumpf«, und zwar trotz der »Sicherheitszone« im Südlibanon. Dabei geht es ihm nicht nur darum, den Schaden zu begrenzen, den die Begin-Regierung mit ihrer Entscheidung zum Krieg verursacht hat. Peres positioniert sich zunehmend als Befürworter der Aufnahme von Verhandlungen bzw. des Friedensprozesses. Sein versöhnliches Auftreten bildet einen deutlichen Kontrast zur Blockadehaltung des *Likud*, der sich auf Grund der Ideologie des »verheißenen Landes« gegen Friedensgespräche sperrt. Jitzchak Shamir, Chef des *Likud* und Premierminister 1986-1990, erweist sich bald als Peres' politischer Hauptgegner in dieser Frage. Dieses Verhalten des Koalitionspartners trägt dazu bei, dass Peres zunehmend als »Stimme des Friedens« wahrgenommen wird. Die Diskussion um den Frieden spaltet schließlich die zionistische Rechte und Linke. Während die Rechte sich aus ideologischen Gründen gegen Verhandlungen mit den Palästinensern ausspricht, ist die Arbeitspartei dafür.[3] Außenminister Peres (1986-1988) nimmt schließlich Gespräche mit Jordaniens König Hussein auf, um die Palästinenserfrage zu regeln. Das Ergebnis, das »Londoner Dokument« von 1987, wird in der Großen Koalition jedoch vom *Likud*, allen voran von Shamir, blockiert. Ob diese Vereinbarung eine Lösung für die Palästinenserfrage gewesen wäre, sei dahingestellt. Ihre innenpolitische Bedeutung ist jedoch unumstritten, denn sie legt Zeugnis ab von Peres' Absicht, sich als Mann des Friedens und damit als Alternative zum *Likud* zu profilieren. Peres betreibt also Oppositionspolitik von der Regierungsbank aus. Diese Oppositionshaltung innerhalb der Koalition legt Peres auch 1990 nicht ab: Der Finanzminister (1988-1990) und Parteichef arbeitet am Sturz der Großen Koalition in der Hoffnung, eine »kleine Regierung« mit der religiösen Friedensbefürworter-Partei *Schas* bilden zu können. Diesen Schachzug rechtfertigt Peres im Namen des Friedens: »Große Entscheidungen ließen sich bislang allein in kleinen Regierungen fällen.«[4]

Seit den 1990ern hat Peres das Image eines »Friedenspolitikers«. 1993 erzielt er als Außenminister (1992-1995) in der »kleinen« Regierung der Arbeitspartei (1992-1996) einen Durchbruch in den Verhandlungen mit der PLO. Israel erkennt diese erstmals als legitime Vertreterin der Palästinenser an. Der Grundstein für den Oslo-Friedensprozess ist gelegt. 1994 schließt Israel auch mit Jordanien Frieden. 1994 wird Peres zusammen mit dem israelischen Regierungschef Jitzchak Rabin und Palästinenser-Chef Jassir Arafat mit dem Friedensnobelpreis ausgezeichnet. In den 1990er Jahren festigt Peres seinen Ruf als Friedenspolitiker auf nationalem, vor allem aber auf internationalem Parkett: Er publiziert Bücher über den vermeintlichen Frieden. Noch im September 1993 erscheint *Der Neue Nahe Osten – Rahmen und Prozesse für die Friedensära* (dt. *Die Versöhnung – Der Neue Nahe Osten*). 1995 veröffentlicht er seine Autobiographie unter dem englischen Originaltitel *Battling for Peace. Memoirs* (dt. *Shalom – Erinnerungen*). Ein Großteil des Buches beschäftigt sich mit dem Frieden mit Ägypten, Jordanien und den Palästinensern. 1998 gibt der amerikanische Autor Robert Littell seine *Gespräche mit Shimon Peres – Arbeit für den Frieden* heraus, französisch: *Conversations avec Shimon Peres*, englisch *For the future of Israel* (1998). 1999 erscheint *Man steigt nicht zweimal in denselben*

Fluß. Politik heißt Friedenspolitik, dessen französischer Titel lautet *Que le soleil se lève*. Das 1998 in hebräischer Sprache veröffentlichte Buch *Neuer Anfang* beschreibt den Beginn einer neuen Friedensära. Im neuen Jahrtausend führt der politisch noch immer aktive Peres seine literarische Friedensmission weiter: 2003 erscheint das hebräische Photo-Buch *Viele Leben*; 2004 wird *Eine Zeit des Krieges, eine Zeit des Friedens. Erinnerungen und Gedanken* veröffentlicht. In allen Publikationen manifestiert sich das Spannungsfeld von Krieg und Frieden und das daraus resultierende Dilemma von Peres' Politik, das es noch zu erläutern gilt.

Bar-Zohar unterstützt mit seiner Darstellung die Peres-Friedenslegende.[5] Auch das 1996-1997 vom Friedensnobelpreisträger gegründete *Peres Center for Peace* in Tel Aviv hat neben seiner erklärten Aufgabe – »to build an infrastructure of peace and reconciliation by and for the people of the Middle East that promotes socio-economic development, while advancing cooperation and mutual understanding«[6] – den Auftrag, das Bild Peres' als Mann des Friedens zu verteidigen. Der *Haaretz*-Journalist Akiva Eldar bringt diesen Gedanken der Imagepflege in seiner Rezension über Bar-Zohars Peres-Biographie auf den Punkt:

> »Über die Frage nach dem [politischen] ›Erbe‹ des unermüdlichsten Politikers in Israels Geschichte werden seine zahlreichen Anhänger nicht zu debattieren brauchen. Peres gründete bereits zu seinen Lebzeiten sein eigenes Denkmal: das ›Peres Peace Center‹. Eben so will er erinnert werden: als der Mann, der sein ganzes Leben dem Frieden gewidmet habe. [Er will] weder ein ›Peres Sicherheitszentrum‹, noch ein ›Peres Siedlungszentrum‹, noch ein ›Peres Zentrum für Wirtschaft‹ [gegründet haben]. Des Weiteren will er auch nicht alleine in die Geschichte eingehen, für seinen Beitrag zum [israelischen] Reaktorbau in Dimona bzw. für die guten Beziehungen mit Frankreich [in den 1950er Jahren]. Den Siedlungsbau [von den 1950er bis zu 1990er Jahren], den Rückzug aus dem Libanon [1985] sowie die Rettung der Volkswirtschaft vor einer dreistelligen Inflationsrate [Wirtschaftsplan vom Juli 1985] möchte Peres lediglich als Randkapitel seiner dichten politischen Biographie verstanden wissen. ›Meine größte politische Errungenschaft‹, meinte Peres einmal, sei, dass ›Israel stark genug ist, um Frieden [mit seinen Nachbarn] zu schließen‹.«[7]

Eldars Interpretation zufolge will Peres als Mann des Friedens in die Geschichte eingehen. Die anderen Aspekte seines politischen Handelns, von der Aufrüstung über die Verteidigung bis hin zur Siedlungspolitik, sollen lediglich als »Randkapitel seiner dichten politischen Biographie« erscheinen. Seine historische Rolle in dieser »realen Welt« der Sicherheitspolitik ist Peres dabei sehr wohl bewusst, und er ist nach wie vor der Überzeugung, damit einen bedeutenden Beitrag zur Existenz Israels geleistet zu haben. Dennoch möchte er wegen anderen Aspekten erinnert werden – seinen Einsatz für den Frieden, den er nicht nur nicht erreicht hat, sondern an dessen Realisierungschancen er Zweifel hegt. Wie ist dieses zwiespältige Verhältnis zum Frieden zu erklären? Welches Friedensverständnis prägt Peres? Um diesen Fragen auf den Grund zu gehen, werden im Folgenden drei Phasen unter die Lupe genommen: Die erste Phase umfasst die Gründungsjahre Israels, als Peres eine Schlüsselposition im Verteidigungsministerium innehat. In der zweiten Phase am Ende der 1970er Jahre, als sich die Option eines Friedensschlusses mit Ägypten herauskristallisiert, beobachtet der Führer der israelischen Arbeitspartei die historischen Ereignisse aus der Opposition. Drittens soll der von Peres Anfang der 1990er Jahre selbst in Gang gesetzte Oslo-Friedensprozess betrachtet werden. Schließlich wird der Versöhnungsprozess mit den Palästinensern aus der Sicht Peres' beleuchtet. Hierfür sollen Peres' Schlüsseltexte aus dem zahlreich vorhandenen Quellenmaterial in Form von Büchern, Zeitungsartikeln und Zeitungsinterviews analysiert werden.

Die Sprache des Friedens: »Friedensideologie«, »Imaginärer Frieden«, »Sicherheitsmythos« und »Frieden ohne Araber«

Zunächst sollen vier Schlagworte geklärt werden, mit denen die israelisch-zionistische Forschung das Friedensverständnis der zionistischen Linken, die als »Friedenslager« gilt, beschreibt: »Friedensideologie«, »Imaginärer Frieden«, »Sicherheitsmythos«, und »Frieden ohne Araber«. Diese Begriffe werden als Reaktion auf den Oslo-Friedensprozess bzw. dessen Scheitern geprägt, der den ersten ernsthaften Versuch Israels darstellt, die Palästinenserfrage mit diplomatischen Mitteln anzugehen. Der 1993 initiierte Versöhnungsprozess gilt als politischer Sieg der zionistischen Linken über die zionistische Rechte, die zuvor in der Regierung dem Frieden über Jahre hinweg im Wege gestanden hat.

Moshe Zuckermann spricht von einer der politischen Kultur Israels inhärenten »psycho-kollektiven Angst vor dem Frieden«.[8] Am Beispiel des Scheiterns der israelisch-palästinensischen Gespräche 2000 zeigt er, dass Israel seine »Friedenssehnsucht« immer wieder pathetisch beschwört, gleichzeitig aber unfähig ist, den Frieden in der eigenen Gesellschaft politisch zu legitimieren, um ihn auch umzusetzen. Zuckermann verweist auf eine in der israelischen politischen Kultur seit der Gründungsära vorhandene »Friedensideologie«, also ein entpolitisiertes Friedensverständnis: Es sei ständig die Rede vom »Frieden« und dem »Friedenswunsch«, auch davon, »mit den Nachbarn in Frieden leben zu wollen«. Außerdem seien die Friedenslieder, die politische Rhetorik sowie die israelische Diplomatie angefüllt mit solchen Friedenserklärungen, »sodass man von einem fetischistischen Bezug zum Begriff ›Frieden‹ ebenso wie von einer Friedensideologie reden kann«. Das interpretiert er als »falsches Bewusstsein zur eigentlichen Absicht«: Bezogen auf die kollektiven Auffassungen sowie auf die tatsächliche Politik sei in Israel »der Frieden in aller Munde geläufig, doch niemand hat ihn je wirklich auf die Probe gestellt, mithin die Bereitschaft gezeigt, ihn mit dem notwendigen Preis auch umzusetzen«. Auch wenn im Laufe der Jahre alternative Denkansätze in der Friedensfrage mit berücksichtigt werden müssten, bezieht Zuckermann seine These der Friedensideologie auf das vorherrschende »kollektive Subjekt« Israels.[9]

Die »Friedensideologie« ist für Zuckermann die Kehrseite der »Sicherheitsfrage«. Die »Sicherheitsfrage« diene als »Kitt der konfliktträchtigen Gesellschaft«.[10] Sie bilde über Jahre hinweg die israelisch-jüdische Einheitsmatrize, einen unumstrittenen Konsens bezüglich der Grenzen und Entwicklungen der israelischen Gesellschaft und ihres politischen Rahmens.[11] Die zentrale Funktion der »Sicherheitsfrage« oder des »Sicherheitsmythos« für den Zusammenhalt der jüdisch-israelischen Gesellschaft habe sich erst dann gezeigt, als ihre einheitsstiftende Wirkung nachzulassen schien: zu dem Zeitpunkt, als sich infolge des Friedensprozesses mit der PLO die israelische Gesellschaft zutiefst gespalten habe. »Man muss nicht daran glauben, dass die seit 1993 in Gang gesetzten israelisch-palästinensischen politischen Gespräche einen wirklichen Frieden mit sich gebracht hätten, um einzusehen, dass sie ausreichend den von der Ideologisierung der ›Sicherheitsfrage‹ abhängigen ›Einheits‹-Effekt tatsächlich zu schwächen drohten.«[12] Diese Schwächung sei zum einen an der beispiellos scharfen Kritik ablesbar, welche die israelische Rechte ausgerechnet gegen den Sicherheitspolitiker Jitzchak Rabin gerichtet habe, welcher, wie zögerlich auch immer, den Friedensweg zu beschreiten wagte, weshalb er als »Mörder des Zionismus« und »Verräter« verunglimpft wurde. Andererseits sei die Reaktion der zionistischen Linken auf Rabins Ermordung ein Indiz für die zentrale Funktion der »Sicherheitsfrage«: Kurz nach dem Mord am 4.11.1995 wird dieser so entpolitisiert, dass die Debatte über die Tat und ihren politischen Hintergrund auf die Frage der »Spaltung der israelischen Gesellschaft« bzw. der »Einheit des jüdischen Volks« verlagert wird. Nach Zuckermann handelt es sich hierbei um den Versuch, die divergenten ethnischen, sozioökonomischen, religiösen und politischen Kräfte der israelischen Gesellschaft nicht hochkommen zu lassen.[13]

Einen ähnlichen Bezug zwischen der Ideologisierung der Sicherheitsfrage, Israels Friedens[un]fähigkeit und den der israelischen Gesellschaft innewohnenden Gräben stellt auch Lev Grinberg in seiner Forschung über den Oslo-Friedensprozess her.[14] Der »Mythos der Sicherheit« hat nach Grinberg eine unabdingbare Regulierungsfunktion sowohl für die innerisraelischen als auch für die israelisch-palästinensischen Zerwürfnisse. Den »Sicherheitsmythos« definiert Grinberg als einen bereits zur Gründungszeit infolge des Holocaust und des »Unabhängigkeitskrieges« von 1948 verfestigten Glauben, dass es sich bei der neuen Feindschaft mit der arabischen Welt um eine Inkarnation der als Leid- und Verfolgungsgeschichte begriffenen jüdischen Historie handele. In diesem Glauben stecke die Angst, die *Gojim* wollten die Juden vernichten, in welcher historischen Epoche auch immer. Die Folge ist, dass die ethnisch-nationale Armee zu einer »Verteidigungsarmee« stilisiert wird, um die von ihr ausgeübte Gewalt zu legitimieren. Die Konsequenz des Sicherheitsmythos ist die Entpolitisierung des Konflikts, weil dieser auf eine nicht zu tilgende Erzfeindschaft der »neuen *Gojim*« gegenüber den Juden zurückgeführt wird: »Der Sicherheitsmythos kommt aus einem tief in der jüdischen Geschichte verwurzelten Gefühl einer Existenzgefahr sowie aus der in Folge des jüdischen Holocaust eingeprägten Antisemitismus-Erfahrung, weshalb der Sicherheitsmythos einer Klarheit über die realpolitische Lage Israels samt der konkreten Gefahren im Wege steht.«[15] Der Sicherheitsmythos wird allerdings nicht immer widerstandslos hingenommen. Vor dem Hintergrund der palästinensischen Erhebung 1987-1992 mehren sich beispielsweise die Zweifel in Gesellschaft, Politik und Armee, die Intifada habe alleine die Vernichtung Israels zum Ziel bzw. sie könne mit militärischen Mitteln besiegt werden. Solche Zweifel erschüttern die Legitimation militärischer Gewalt und beschädigen den Glauben an den Sicherheitsmythos.

Alternativ zum Sicherheitsmythos existiert der Mythos von »Frieden und Sicherheit«. Dieser Mythos wird meist von der zionistischen Linken propagiert, um der Vorstellung des im Sicherheitsmythos enthaltenen ewigen Krieges zu entrinnen. Dem Mythos von Frieden und Sicherheit gemäß soll die Besatzung der palästinensischen Gebiete von 1967 vorübergehend sein, wobei die Gebiete in künftigen Verhandlungen eine Trumpfkarte sein sollen, bzw. gegen den seit je ersehnten Frieden eingetauscht werden sollen.[16] Was diese Parole »Frieden und Sicherheit« zum Mythos macht, ist die Tatsache, dass eben die Anhänger dieser Kombination von Frieden und Sicherheit in der zionistischen Linken gleichzeitig, wenn auch stillschweigend, die jüdische Besiedlung der palästinensischen Gebiete politisch unterstützen, somit die »Trumpfkarte« de facto verspielen. Der Mythos von »Frieden und Sicherheit« bildet die Grundlage für den politischen Friedenprozess der 1990er Jahre, welcher durch eine linkszionistische Regierung in Gang gesetzt wird.

Inwieweit aber diese Grundlage von »Frieden und Sicherheit« sich im Nachhinein als Mythos erwiesen hat, zeigt Grinbergs Untersuchung des Oslo-Friedensprozesses: Er prägt den Begriff »imaginären Frieden« und weist auf die in besagtem Mythos enthaltene Spannung zwischen Frieden und Sicherheit bereits im Titel seines Buches hin: *Imagined Peace, Discourse of War*. Bei dem imaginären Frieden handelt es sich nach Grinberg um ein entpolitisiertes, ahistorisches Friedensverständnis. Der Frieden wird demnach losgelöst von den konkreten politischen Handlungen imaginiert. Einerseits löst allein eine symbolische Aktion wie die Unterzeichnung der Prinzipienerklärung vom 13.9.1993 eine Friedenseuphorie aus, als halte der Frieden alleine durch die Zeremonie im Weißen Haus bereits Einzug; andererseits wird der Oslo-Friedensprozess so konzipiert, dass die Kernfragen des israelisch-palästinensischen Konflikts vorerst ungeklärt bleiben; es wird nämlich zunächst auf den Vertrauensaufbau zum neuen palästinensischen Gesprächspartner gesetzt. Diese Konstellation bewirke nach Grinberg, dass man sich der Illusion eines immer näher rückenden Friedens hingeben könne, da man nun auf die stattfindenden politischen Gespräche verweisen könne; gleichzeitig gibt es aber keinerlei Fortschritte bei der Modifikation der alten politischen Ordnung der militärischen Besatzung, einschließlich des Siedlungsausbaus. Grinberg spricht von einem Friedensdiskurs, in dem der Frieden, ohne dass konkrete Differenzen und reale politische Lösungen diskutiert werden, abstrakt vorgestellt wird; die Besatzung werde als beendet, die Grenzen von

1967 als endgültige Staatsgrenzen imaginiert. Dabei werden die alten Besatzungspraktiken und die Notwendigkeit der Dekolonialisierung der palästinensischen Gebiete nicht nur ausgeblendet, sondern gerade in der Konstellation des Oslo-Abkommens verfestigt. Der linkszionistische Diskurs der entpolitisierten, messianisch begriffenen »Irreversibilität des Friedensprozesses«[17] sorgt zudem dafür, dass die Debatte verlagert wird: sie dreht sich nicht mehr um den sehr wohl noch zu klärenden israelisch-palästinensischen Konflikt, sondern wird zu einer innerisraelischen, von zahlreichen sozialen Rissen geprägten Auseinandersetzung, wandert damit von einer konfliktträchtigen auf eine post-konfliktträchtige Tagesordnung. Anhand dieser Verlagerung, so Grinberg, »gelang es den Israelis, sich den Frieden deshalb vorzustellen, ihn zu einer Illusion zu machen, weil es ihnen gelang, sich davon ›abzukoppeln‹, was sich hinter der Grünen Linie tatsächlich abgespielt hat. Doch drei Gruppen konnten sich wohl kaum abkoppeln, um sich der Friedensillusion hinzugeben: die Palästinenser, die [jüdischen] Siedler und die israelische Armee«.[18]

Amnon Raz-Krakotzkin weist auf den »Grundsatz der Separation« als Charakteristikum des Friedensverständnisses im gesamten zionistisch-israelischen politischen Spektrum hin: Die Trennung der zwei Gemeinschaften sei Ziel jeglichen Friedens.[19] Ausgehend von der traditionellen Auffassung des zionistischen Projekts als einer a-politischen Utopie, losgelöst vom realen Raum und den real existierenden Menschen in Palästina und deren Geschichte, beschreibt Raz-Krakotzkin das im zionistischen Bewusstsein innewohnende Trennungsprinzip auch hinsichtlich des Friedensverständnisses: Die zionistische Friedensvision beruhe auf einer Separation der beiden Völker, weshalb den Palästinensern und ihren Rechten wenig Aufmerksamkeit geschenkt worden sei, auch wenn viele Israelis aufrichtig an das Ende der Besatzung glaubten. Die grundsätzliche Verdrängung der Palästinenser aus dem israelischen Bewusstsein bleibe demnach auch nach Beginn des Oslo-Prozesses bestehen:

> »This vision emphasises the principle which determined the core of the Oslo accords and which constitutes the Israeli consensus, namely the concept of ›separation‹. The principle of separation was the essence of the logic of the Oslo Agreement from the Israeli point of view and is grounded in the [Zionist-Israeli] consciousness. […]. The idea of separation is evident both in the negotiations with the Palestinians and in the internal debate. Both ›right‹ and ›left‹ accept the desire for separation as a starting point. The debate was about how to achieve it. Groups in the radical right wing demanded a transfer of the Arabs, claiming that there is no possibility of the two nations living together. On the left the same arguments were used to justify a Palestinian state. Between these two solutions, there is a moral and political divide, yet it is important to understand that they both accept the same presumptions. The growing increase in support of the idea of a Palestine state was thus not the consequence of the realisation of the Palestinian rights for self-determination, but of the will to ignore Palestinian existence. The legitimacy given to the process stems from the fear of a bi-national state.«[20]

Das Prinzip »Separation« zeigt sich allemal darin, dass sich die Politik der Abriegelung der palästinensischen Gebiete gerade in der Oslo-Ära verfestigt. Das Passsystem, das 1991 für die Palästinenser der besetzten Gebiete eingeführt wurde, signalisiert das Ende der relativen Bewegungsfreiheit für die Palästinenser im israelischen Staatsgebiet. Die seit 1967 von Verteidigungsminister Moshe Dayan betriebene Politik der »wirtschaftlichen Integration« räumte den Palästinensern aus dem Westjordanland und dem Gazastreifen trotz einiger sicherheitspolitisch bedingter Einschränkungen das Grundrecht auf Bewegungsfreiheit im israelischen Staatsgebiet ein, meist zu Arbeitszwecken. Mit dem Oslo-Prozess wird das Passsystem etabliert, die Bewegungsfreiheit der breiten palästinensischen Bevölkerung erheblich eingeschränkt und zu einem Privileg, welches von Fall zu Fall von Israel bzw. der Palästinensischen Autonomiebehörde (PA) vergeben wird.[21] Die Abriegelungspolitik versteht Raz-Krakotzkin als Ergebnis des Separationsdenkens noch im Akt des Friedens.[22]

Eine weitere Folge dieses Denkens ist nach Raz-Krakotzkin, dass weder die Geschichte des israelisch-palästinensischen Konflikts noch die verschiedenen politischen Positionen im Oslo-Prozess diskutiert werden. In den Grundlagen der Oslo-Abkommen (Oslo I und II) werden die Kernfragen des historisch gewachsenen Konflikts aus den Verhandlungen und schließlich der öffentlichen Debatte ausgeklammert; dem Grundsatz folgend, Vertrauen aufzubauen, sollen diese Fragen auf einen späteren Zeitpunkt verschoben werden. Doch dieser Haltung, so erklärt Raz-Krakotzkin unter dem Untertitel »A Peace without History«, liegt das Festhalten an der eigenen »alten Geschichtsschreibung« und somit am konfliktträchtigen Geschichtsbewusstsein zu Grunde. Ohne die Revidierung des eigenen Geschichtsverständnisses ließe sich ein Frieden kaum umsetzen; ohne die Aufarbeitung des historisch gewachsenen Konfliktgegenstandes – was zur Annäherung der beiden Geschichten führen soll – ließe sich ein für den Frieden unabdingbarer Bewusstseinswandel kaum herbeiführen.[23]

Vor dem Hintergrund des »Sicherheitsmythos«, des Mythos von »Frieden und Sicherheit« bzw. der »Friedensideologie« sowie des »imaginären Friedens« gilt es, Peres' Friedensverständnis herauszuarbeiten. Es muss hinterfragt werden, ob und inwiefern Peres im Laufe seiner politischen Laufbahn diese Überzeugungen mitträgt oder gar selbst prägt. Ebenso ist zu fragen, ob und inwiefern der für den Oslo-Prozess mitverantwortliche israelische Außenminister den »Grundsatz der Separation« mitträgt und ob sich sein Konfliktbewusstsein wirklich gewandelt hat.

Das junge Israel: Nationalstaatliche Existenz ohne Frieden?

Nach dem Ende des verheerenden Krieges von 1948 wird der israelischen Führung deutlich, dass mit den arabischen Nachbarstaaten nur Frieden geschlossen werden kann, wenn zwei Problemkomplexe geregelt sind: die

Staatsgrenzen und die Frage der palästinensischen Flüchtlinge. Die israelische Führung schließt in beiden Punkten Kompromisse aus.[24] Staatschef David Ben-Gurion vereitelt bereits zu diesem frühen Zeitpunkt eine politische Regelung. Eine Äußerung, die er diesbezüglich gegenüber dem Kommentator der *New York Herald Tribune* Kenneth Bilby macht, ist um die Welt gegangen: »I am prepared to get up in the middle of the night in order to sign a peace agreement – but I am not in a hurry and I can wait ten years. We are under no pressure whatsoever.«[25] In diesem Sinne lehnt Ben-Gurion Friedensgespräche zunächst ab, sowohl mit dem ägyptischen König Farouk im September 1948 als auch mit dem syrischen Präsidenten Husni Zaim im Frühling 1949. Shlaim zufolge ist Ben-Gurion davon überzeugt gewesen, dass Israels Ausgangsposition für Verhandlungen sich zu einem späteren Zeitpunkt verbessern könnte. Der Zeitfaktor spielt also für den Vater der Nation, der 1949 die enormen demographischen und geopolitischen Veränderungen sicher erst einmal verdauen muss, eine wichtige Rolle; die friedenlose Zeit arbeite für Israels nationalstaatliche Interessen. Doch gleichzeitig praktiziert Ben-Gurion die Sprache der Friedensideologie, wie beispielsweise in einer Debatte des Kabinetts am 29.5.1949:

> »It is true that these things [die Differenzen zwischen Israel und den arabischen Nachbarstaaten] should not prevent us from accelerating the peace, because the issue of peace between us and the Arabs is important, and it is worth paying a considerable price for it. But when the matter is dragged out – it brings us benefits, as the mufti helped us in the past. [...] But in general we need not regret too much that the Arabs refuse to make peace with us.«[26]

Die Begriffe »Frieden« bzw. »Versöhnung« kommen in Peres' Veröffentlichungen und Stellungnahmen während seiner Zeit als rechte Hand Ben-Gurions im Verteidigungsministerium kaum vor. Seine Aufgabe im ersten Jahrzehnt nach der Gründung Israels ist die Aufrüstung des jungen Staats. Der Sicherheitsmythos bestimmt seine Sicht auf die israelisch-arabischen Beziehungen. Am 29.9.1955 erscheint sein Aufsatz »Versöhnung bedeutet keine Sicherheit«[27], einer der wenigen frühen Kommentare des Politikers zum Thema. Zu diesem Zeitpunkt befindet sich in Israel die politische Debatte zwischen Verteidigungsministerium und Außenministerium über Krieg und Frieden, Vergeltung und Annährung auf einem Höhepunkt. Hauptakteure des Streits sind Premier- und Verteidigungsminister Ben-Gurion und Außenminister Moshe Sharett (1949-1956). Sharett, von Dezember 1953 bis August 1955 gleichzeitig Staatschef, versucht in seiner kurzen Amtzeit, den Dialog mit Nasser anzustoßen. Seit Ben-Gurions Rückkehr in das Verteidigungsministerium im Februar 1955 verschlechtern sich jedoch die israelisch-ägyptischen Beziehungen merklich. Mit Unterstützung Ben-Gurions setzt Generalstabschef Moshe Dayan seine aggressiven politischen Pläne gegen Premierminister Sharett durch. Schon am 28.2.1955 verübt die IDF in Gaza eine ihrer verheerendsten Vergeltungsaktionen, »Black Arrow«.[28] Ägyptens Präsident Nasser nimmt dies zum Anlass, palästinensische Flüchtlinge aus dem Gaza-Streifen zu rekrutieren, die Fedayeen, die er gegen israelische Einrichtungen einsetzt.[29] Eine weitere Folge der Vergeltungsaktion ist das ägyptisch-sowjetische Waffenabkommen vom September 1955, das wiederum Israel in Panik versetzt und dazu verleitet, seinerseits über Frankreich Waffen zu kaufen. Und drittens setzt »Black Arrow« den Anfang 1954 aufgenommenen inoffiziellen Gesprächen zwischen Nasser und Sharett ein Ende. Die Lavon-Affäre vom Juli 1954 und ihre Folgen haben zwar bereits die Fortsetzung dieser Treffen erschwert, doch erst die israelische Vergeltungsaktion veranlasst Nasser zu der Entscheidung, die Gespräche mit Sharett abzubrechen. Hierzu Shlaim: »And that was the end of the dialogue between Israel's moderate prime minister and Egypt's hitherto moderate president.«[30]

Die Westmächte geben in diesen Jahren ihre Versuche, den Nahen Osten zu befrieden, nicht auf. Zwei Pläne, der »Alpha-Plan« und der »Johnston-Plan«, sorgen für Diskussionsstoff. Mit dem Alpha-Plan vom Februar 1955 verfolgen Großbritannien und die USA Anfang der 1950er Jahre das Ziel, ihre strategischen Interessen im Nahen Osten mittels eines Friedensschlusses zwischen Israel und seinen arabischen Nachbarn durchzusetzen. Das Projekt Alpha sieht folgende Punkte vor: die Schaffung einer Landverbindung zwischen Ägypten und Jordanien, wobei Israel auf zwei Drittel des Negev verzichten soll, ohne allerdings die Verbindung nach Elat aufgeben zu müssen; eine Aufteilung der in den Waffenstillstandsabkommen von 1949 festgelegten Entmilitarisierungszonen zwischen Israel und seinen Nachbarn; die Rückführung einer beschränkten Zahl von palästinensischen Flüchtlingen und die Entschädigung weiterer; ein Abkommen über die Verteilung des Jordan-Wassers; die Aufhebung des arabischen Wirtschaftsboykotts gegen Israel; und eine Sicherheitsgarantie des Westens für die neuen Grenzen. Israel lehnt dies kategorisch ab.[31]

Der Johnston-Plan von 1955 (benannt nach Eric Johnston, dem persönlichen Beauftragten des amerikanischen Präsidenten Dwight D. Eisenhower) soll die Aufteilung der Wasservorräte des Jordan-Beckens zwischen den Staaten Libanon, Syrien, Jordanien und Israel nach dem Vorbild der »Tennessee Valley Authority« regeln. Er sieht die Entwicklung eines Bewässerungs-Netzwerks zu Gunsten aller Staaten vor. Das Projekt soll auch Boden im Westjordanland fruchtbar machen, um die dort lebenden palästinensischen Flüchtlinge zu unterstützen. Der Johnston-Plan beruht auf der Hoffnung, die Regelung der Wasserverteilung könnte eine Grundlage für die Lösung der Grenzfrage bieten und somit einen Versöhnungsprozess anstoßen.

Shlaim beschreibt die israelische Reaktion auf den Johnston-Plan: »The attitude of the defense establishment was typically negative and suspicious: it was believed that Johnston's purpose was to look for incriminating evidence against Israel and to curtail its rights. Sharett's attitude was characteristically flexible and constructive. He mastered the water brief as only he knew how to, and he conducted the negotiations himself.«[32] Sharett verspricht sich mehrere Vorteile von der Unterstützung des Plans: Er geht ebenfalls davon aus, dass eine Beilegung des Wasserstreits mit amerikanischer Unterstützung die Basis für weitere Gespräche mit den benachbarten arabischen Staaten schaffen könnte. Er ist erstens der Ansicht, dass die Zuteilung der Wasservorräte, wie der Plan sie vorsieht, den Bedürfnissen Israels entspreche (letztlich 45 Prozent für Israel und 55 Prozent für die arabischen Staaten); zweitens sollte dieses Projekt angesichts der Israel beschränkt zur Verfügung stehenden Wasserressourcen ihm einen großen Spielraum für die weitere Entwicklung von Wasserplänen eröffnen. Drittens sei es möglich, sich durch eine Kooperation weitere amerikanische Wirtschaftshilfe zu sichern. Viertens könnte der Johnston-Plan der Beginn einer Zusammenarbeit mit den arabischen Staaten sein. Obwohl das Sicherheitsestablishment unter Lavon den ersten Entwurf des Plans vom Juni 1954 im Grunde abgelehnt hat, gelingt es Sharett, dem Kabinett den Plan doch noch schmackhaft zu machen. Schließlich weisen die arabischen Staatschefs den Johnston-Plan zurück, weil sie laut Shlaim mit einer Zustimmung Israel anerkannt hätten.[33] Andere Interpretationen weisen darauf hin, dass die Arabische Liga den Johnston-Plan deshalb ablehnt, weil die Wasserfrage und das Flüchtlingsproblem darin getrennt gelöst werden sollten.[34] Israel vertritt letztlich eine ambivalente Haltung zum Johnston-Plan. Es stimmt ihm nicht offen zu, verwirft ihn aber auch nicht explizit.[35]

In den vehementen Auseinandersetzungen um den Johnston-Plan und andere sicherheitspolitische Fragen wie die Grenzkriege, die Vergeltungspolitik und den Waffenerwerb Anfang der 1950er Jahre stehen sich das Sicherheitsestablishment und das Außenministerium immer wieder als politische Gegner gegenüber. Ursache dieser Differenzen ist, dass sie zwei unterschiedliche Perspektiven auf die komplexen politischen Realitäten nach 1949 vertreten. Sharett reflektiert diesen Disput und fasst seine Gedanken 1957, ein Jahr, nachdem er aus dem Außenministerium ausscheiden musste, in seinem Artikel »Israel und die Araber – Krieg und Frieden: Gedanken über die Jahre 1947-1957«[36] zusammen. Sharett beleuchtet die diversen politischen Lager Anfang der 1950er Jahre in Israel, unter anderem das israelische Sicherheitsestablishment:

> »Die eine [Haltung] besagt, die Araber verstünden nur die Sprache der Macht. Der Staat Israel sei so klein und so isoliert; er sei so schwach im geographisch-demographischen Sinne, dass er seine Macht durch demonstrative militärische Aktionen [nämlich Vergeltungspolitik] verdoppeln müsse, um der aus der Schwäche entstehenden Gefahr zuvorzukommen. Daher solle Israel den Arabern von Zeit zu Zeit deutlich beweisen, dass es stark und jeder Zeit in der Lage sei, seine Macht effizient und unerbittlich auszuüben. Wenn Israel dies nicht täte, könne es dem Erdboden gleich gemacht werden. Nach dieser Auffassung ist der Friede ohnehin fraglich, auf jeden Fall liegt er weit entfernt. Friede werde nur dann eintreten, wenn sich die Araber davon überzeugt hätten, dass dieser Staat unbesiegbar sei. Es sei wahrscheinlicher, dass er durch die Überzeugungskraft israelischer Gewalt eintrete als durch die aufrichtige Überzeugung, dass Israel ehrlich und wirklich den Frieden wünscht. Frieden solle also nicht in Betracht gezogen werden, wenn das alltägliche Sicherheitsproblem immer wieder mit Gewalt gelöst werden müsse. Wenn Vergeltungsaktionen den Hass erneut anfeuern, so gebe es keinen Grund, abgeschreckt zu werden;

> denn das Feuer sei sowieso angefacht. Sollten wir Vergeltungsaktionen vermeiden, um die Feuer des Hasses abzuschwächen, würden wir verlieren.
>
> Wenn wir zudem folgende Faktoren in Betracht ziehen – nämlich die allgemeinmenschliche Tendenz, sich zu wehren, die besondere Empfindlichkeit der historisch stets für schwach gehaltenen Juden, die zeitliche Nähe des großen Sieges der israelischen Armee [1948] – werden wir verstehen, in welcher Atmosphäre und in welchem Zeitgeist diese Position gepflegt wurde.«[37]

Dieser Position des Sicherheitsestablishments stellt Sharett im Weiteren »die andere Haltung« zum Frieden gegenüber, der er selbst anhängt. Sie weise darauf hin, »[...] dass wir unaufhörlich nach dem Frieden streben müssen. Das begründet sich nicht nur aus politischer Überlegung. Es ist, langfristig betrachtet, eine entscheidende sicherheitspolitische Abwägung. Wir müssen den Frieden als unser Grundinteresse verstehen und daher unsere Vergeltungsreaktionen drastisch zügeln. Denn die Frage, ob Vergeltungsakte das Sicherheitsproblem wirklich lösen, bleibt nach wie vor offen«.[38] Wo auf dieser Skala befindet sich Peres in den 1950er Jahren?

Generaldirektor im Verteidigungsministerium Shimon Peres: »Versöhnung bedeutet keine Sicherheit«

Peres hat das Friedensverständnis des Sicherheitsestablishments verinnerlicht, vor allem die Ansicht, dass ein Friede von Israels Stärke abhängig sei. In »Versöhnung bedeutet keine Sicherheit« vertritt Peres sogar die These, Frieden sei zum gegenwärtigen Zeitpunkt überhaupt nicht möglich. Die einleitenden Worte des Aufsatzes lauten: »Israels Sicherheitsproblem ist im Kern so akut und einzigartig geblieben, wie es sich nach dem Ende des Unabhängigkeitskrieges entwickelt hat. Die Einstellung der Welt – allen voran der westlichen Welt – ist zu liberal, um den Staat Israel mit Gewalt zu vernichten, aber auch materialistisch genug, um die arabischen Forderungen nicht ganz zu ignorieren, Israels Schritte zu zügeln.«[39] Peres schließt den Aufsatz mit folgendem Postulat: »Israels Sicherheit liegt weder in der Versöhnung der [westlichen] Welt [mit sich selbst] noch in der Versöhnung der Araber [mit sich selbst]. Vielmehr liegt unsere Sicherheit [alleine] in unserer Bereitschaft und Fähigkeit, das zu verteidigen, was wir mit viel Blut erreicht haben.«[40]

Zwei zentrale Elemente des Sicherheitsmythos sind hier enthalten: Dem Text liegt erstens die Annahme zu Grunde, die Juden bzw. der Staat Israel seien einer permanenten Vernichtungsgefahr ausgesetzt. Die »westliche Welt« wird beschuldigt, Israels Interessen der »arabischen Forderungen« wegen mutwillig aufs Spiel zu setzen. Ihr wird Angst und Misstrauen entgegengebracht. Zweitens steckt in Peres' Aussagen die Überzeugung, dass Israel sich nur auf sich selbst verlassen könne, gemäß der Maxime »die Welt ist gegen uns«. Versöhnung ist nach diesem Verständnis nicht möglich. Verhandlungen, ob mit der arabischen oder der westlichen Welt, sind der israelischen »Bereitschaft und Fähigkeit«, sich zu verteidigen, kaum dienlich. Peres' Sorge gilt zu dem Zeitpunkt, als er seinen Text verfasst, mehr den westlichen Großmächten als seinen arabischen Nachbarn:

> »Die Forderung [der Großmächte] nach einer [israelisch-arabischen] Versöhnung übersieht die Tatsache, dass für den Konflikt alleine eine Seite verantwortlich ist. Diese Forderung an Israel und die arabischen Staaten [sich zu versöhnen], erweckt den verzerrten Eindruck, als wäre der Enthusiasmus für Frieden (oder der fehlende Wille zum Frieden) bei beiden Seiten gleich vorhanden. Jedem Unvoreingenommenen ist klar, dass die Spannungsfaktoren im Nahen Osten folgende sind: die Aufrüstung der Araber für eine gezielte ›zweite Runde‹ [einen weiteren regionalen Krieg]; ein organisiertes sowie sporadisches Eindringen [von palästinensischen Flüchtlingen in das israelische Staatsgebiet]; die Blockade von Seerouten [für israelische Schiffe] in Suez und Elat; die Verhinderung der Entwicklung der israelischen Wasserquellen; [arabischer] wirtschaftlicher Boykott gegen den Staat Israel; die Nichtanerkennung von Israels Staatsgrenzen [die Waffenstillstandsgrenzen von 1949]. Wären die Großmächte darauf bedacht, besagte Spannungsfaktoren aufzuheben, so wäre Israels Position zweifelsohne diese: Israel wäre bereit, eine ›zweite Runde‹ zu verhindern [sic!]; Israel würde die Nutzung seiner Seerouten sowie Häfen [den arabischen Staaten] ermöglichen; Israel würde sich verpflichten, gegen arabische Staaten keinen wirtschaftlichen Boykott zu verhängen; Israel würde die Verantwortung übernehmen, dass israelische Infiltranten [sic!] nicht in arabische Staaten eindringen; Israel wäre bereit, die Staatsgrenzen [der arabischen Staaten] anzuerkennen; und schließlich wäre Israel auch dazu bereit, bei der Lösung der arabischen Flüchtlingsfrage zu helfen und diplomatische Beziehung mit den Arabern aufzunehmen. Doch diese Forderungen [seitens der Großmächte an Israel] werden seltsamerweise nicht gestellt. Denn der Frieden ist nicht das Hauptziel. Vielmehr erscheint die Beschwichtigung der Araber als das eigentliche Ziel dieser Forderungen für eine Befriedung.«[41]

Peres lehnt die Forderungen nach Versöhnung ab, weil er fürchtet, durch einen Ausgleich die demographischen und geopolitischen Errungenschaften Israels von 1948 zu gefährden. Zudem behauptet er, allein die arabischen Gegner seien für den Konflikt verantwortlich. Ganz im Sinne des Sicherheitsmythos führt er die Feindseligkeiten auf ahistorische Aversionen der arabischen, ja der ganzen Welt gegen Juden zurück. Er löst somit den Konflikt aus seinem historischen und politischen Kontext und beschreibt ihn als Resultat ultimativer Feindschaft. Die politisch-historischen Entwicklungen von 1948 werden hier ausgeblendet. Israel ist für Peres das Opfer der Situation, weshalb Zugeständnisse ausgeschlossen sind. Friede ist nur möglich, wenn die Hassgefühle gegen Israel verschwinden. Ein Ende der Feindschaft – das ist für Peres Mitte der 1950er Jahre jedoch schier unvorstellbar. In der Logik des Sicherheitsmythos legitimiert dies den Griff zu den Waffen.

Peres' Absicht, Israel in der fragilen Situation von 1955 als Goliath darzustellen, verrät die reale Machtlosigkeit des isolierten Israel. Es muss ständig ein Friedensdiktat der Großmächte fürchten. Die Sprache der Friedensideologie soll nun einen innenpolitischen Konsens herstellen, um Kompromisse im Sinne des Alpha-Plans zu verhindern. Peres will von den eigentlichen Problemen der Grenzen, des Territoriums, der Flüchtlinge und des Wassers ablenken; nicht von ungefähr finden weder der Alpha-Plan noch der Johnston-Wasserplan Erwähnung. Im Vordergrund steht die grundsätzliche Schuldfrage: Wer für die Spannungsfaktoren verantwortlich ist und einen weiteren Krieg anstrebt, wer wen boykottiert, wer wen nicht anerkennt. Peres' Darstellung des Konflikts setzt auf die Verdrängung der Komplikationen, welche die politische Entwicklung Israels seit 1948 mit sich gebracht haben. Das Land wird 1955 als ein immer schon da gewesenes, unumstrittenes politisches Gebilde dargestellt. Peres pessimistische Botschaft ist ganz den beiden Maximen des Sicherheitsmythos verpflichtet, dass Israel ganz alleine dastehe und sich nur auf sich selbst und seine militärische Stärke verlassen könne:

> »In einer versöhnlichen Welt [bezogen auf die Bemühungen der Großmächte um einen Frieden in der Region] befindet sich Israel in einer merkwürdigen Situation: Es geht nicht nur darum, dass die [westliche] Welt von Israels Nachbarn nicht fordert, die Hürden auf dem Weg zum Frieden abzuschaffen; die Großmächte tragen vielmehr dazu bei, dass diese Hürden noch höher werden. Denn die Belieferung der Araber mit Waffen, deren Ziel ja Israel ist, ermutigt zwangsläufig die Araber, eine Politik des Nicht-Friedens zu betreiben. Israel kann also nicht den für sich gewünschten Weg einschlagen, nämlich den Friedensweg. Die Forderung [seitens der Großmächte an Israel] nach einer Versöhnung zielt nämlich eher darauf ab, den Arabern zu gefallen, als dass sie dem Frieden dient.«[42]

Hier trifft der Sicherheitsmythos, demzufolge die Welt als solche eine Gefahrenquelle für die Juden darstellt, auf die »Friedensideologie«, die besagt, dass Israel sich nach Frieden sehne, jenseits aller politischen und historischen Realitäten. Gleichzeitig jedoch fürchtet sich Israel vor dem Frieden, denn er könnte mit einer Schwächung einhergehen. Peres kritisiert die im AlphaPlan vorgesehenen territorialen Regelungen: »Die Forderung nach Frieden beinhaltet beispielsweise nicht eine Regelung der [israelischen] Schifffahrt in der Meerenge von Elat, es wird aber vorgeschlagen, die Staatsgrenzen Israels ›neu zu bedenken‹.«[43] Mit territorialen Zugeständnissen tut sich Peres in seiner gesamten Laufbahn schwer. Besonders in den 1950er Jahren sind Gebietsverzichte tabu, weil das Sicherheitsestablishment offen davon spricht, das Staatsgebiet Israels noch zu erweitern. Frieden kommt für Peres fast einer Kapitulation Israels gleich: »Somit [durch Kompromissbereitschaft] entsteht eine absurde Situation, dass einerseits der Geist der Versöhnung den Willen der einen [arabischen] Seite verstärkt, die den Krieg anstrebt; andererseits macht [dieser Geist der Versöhnung] Israel Friedensvorschläge, welche eher Bedingungen ähneln, die in der Regel der besiegten Seite in einem Krieg gestellt werden.«[44] Der »Geist der Versöhnung« ist in Peres' Augen gefährlich, denn Israel könnte durch ihn verlieren, was es 1948 unter großen Opfern erkämpft hat. An erster Stelle steht dabei die israelische Souveränität: »[...] der ganze Negev ist ein Bestandteil des Staatsgebiets Israel, und nichts – mittelbar und unmittelbar – kann das israelische Militär dazu bringen, im eigenen Staat seine Bewegungsfreiheit zu beschränken.«[45] So gelangt Peres zu seiner Hauptthese, Versöhnung bedeute keine Sicherheit:

> »Diese Lage zwingt uns dazu, zum Ausgangspunkt zurückzukehren, nämlich zu Israels Sicherheit: Wir sollten den illusionären Gedanken abschreiben, dass Fremde

oder irgendwelche Situationen in der großen Welt [historische Konstellationen] je einen Rettungsanker für Israel darstellen werden. Vielmehr ist und bleibt der Verlass auf unsere eigene Macht unsere realistischste Sicherheitspolitik.«[46]

Nicht der Friede, sondern das israelische Militär ist daher am Zug. Peres macht dabei keinen Hehl aus seinem Unmut über die Friedensinitiativen des Westens und der Vereinten Nationen. Besonders der von der UN kontrollierte Waffenstillstand von 1949 ist ihm ein Dorn im Auge: Die Verträge zwischen Israel und seinen Nachbarstaaten bestimmen, dass an den umstrittenen Grenzen UN-Beobachter als Vermittler anwesend sein müssen. Peres vertritt den Standpunkt, die Beobachter sollten sich aus den arabisch-israelischen Beziehungen heraushalten, weil die Waffenstillstandsverträge nicht wie vorgesehen den Friedensschluss nach sich gezogen hätten.[47] Er teilt die Position Dayans, der sich offen für einen größeren Spielraum des israelischen Militärs an den Grenzen ausspricht und dementsprechend handelt. »Die Waffenstillstandsregelung«, so Peres, »birgt in sich eine Gefahr für Israels Souveränität.« Inwiefern? Die UN wird beschuldigt, den arabischen Aggressor zu bevorzugen, was das benachteiligte Israel wieder zum Opfer macht: »Die UN beschloss die freie Fahrt im Suez-Kanal [für israelische Schiffe], dies wird von Ägypten nicht eingehalten. Die UN beschloss die Freilassung der vier israelischen Soldaten [welche bei einem Spionageakt in Syrien festgenommen wurden]. Dies wurde ebenfalls von Syrien nicht eingehalten. Doch die UN-Beobachter erwecken den Eindruck, als wäre kein Unterschied zwischen Angreifern und Angegriffenen; mehr als dass sie – mit ihrer bloßen Anwesenheit in der Region – den Geist des Friedens stärken, wurden sie zu einer Last besonderer Art und zum großen politischen Problem für Israels Sicherheit.«[48] Die UN-Beobachter seien nämlich »wenig darauf bedacht, ob einige Juden sterben, vielmehr haben sie Angst um Nassers Regime«.[49] Peres gelangt auch hier zu dem Ergebnis, dass Israel sich auf sich selbst verlassen muss, mit anderen Worten, auf die israelischen Streitkräfte: »Die Verstärkung unserer [militärischen] Macht ist eine absolute, keineswegs eine relative Angelegenheit.«[50] Fazit ist, dass der Gedanke an Frieden Unbehagen auslöst. Er bleibt fremdes, gefährliches Terrain, das man besser nicht betritt.[51]

Die These, der Frieden sei unrealisierbar, obwohl Israel sich danach sehne, vertritt Peres in einem weiteren Aufsatz »Abrüstung und Frieden«.[52] Zu den Atomwaffen sagt er: »Die eigentliche Frage ist nicht, was wir wollen – Abrüstung oder Aufrüstung von Atomwaffen. Vielmehr lautet die wirkliche Frage, was möglich, realistisch für uns wäre. Sprechen wir davon, ›was wir wollen‹, so ist klar: Wir alle in Israel wollen nicht nur die Abrüstung der atomaren Waffen, sondern auch der konventionellen, nicht nur die konventionelle Abrüstung wollen wir, sondern die Abschaffung der schrecklichen Feindseligkeit; kurzum, wir wollen den Frieden. Doch die Lage sieht ganz anders aus, wenn wir den Bereich der akademischen Sprache verlassen und uns der komplizierten Realität zuwenden, in der man eine wirkliche [politische] Wahl zu treffen hat.«[53] Die Rhetorik der Friedensideologie prägt den Text. Die Friedenssehnsucht wird gar nicht in Frage gestellt, als selbstverständlich vorausgesetzt. Dennoch kann Peres sich auch 1965 noch immer keinen Frieden vorstellen, zu unrealisierbar erscheint er angesichts der politischen Wirklichkeit. Frieden ist nach Peres vor allem deshalb nicht zu erreichen, weil Israel in der arabischen Welt der Gesprächspartner fehle. Diese Position vertritt er auch nach dem Sechstagekrieg angesichts dessen erheblicher geopolitischer Bedeutung[54]:

> »Der Sechstagekrieg verdeutlicht in aller Schärfe die Problematik der Verhältnisse zwischen uns und den Arabern. Wie lässt sich der militärische Sieg in eine vernünftige, normale und friedvolle Koexistenz zwischen den Arabern und uns übersetzen? Dafür bedarf es einer realen Chance. [...] Für eine friedliche Regelung fehlt es nicht am *Weg*, sondern an einem [Gesprächs]*Partner*. ›Wege‹ zum Frieden wurden bereits in der Vergangenheit zu Genüge vorgeschlagen, es gab aber niemanden, der sie zu betreten vermochte. Außerdem, hätte sich überhaupt ein Kandidat für den Frieden gefunden, so wäre dies an sich der Weg zum Frieden. Die [arabischen Nachbar-] Staaten hinter den Waffenstillstandslinien [...] weigern sich, über den Frieden zu sprechen, geschweige denn auf einen Frieden hin zu handeln.«[55]

Peres behauptet weiter, dass die potenziellen Gesprächspartner in den arabischen Staaten auf Grund der Instabilität der arabischen Welt einen Frieden politisch kaum durchsetzen könnten. Jordaniens König Hussein sei zu schwach, repräsentiere kaum die eigene Bevölkerung und stoße in der arabischen Welt auf Misstrauen[56]; Ägypten würde kaum mit Israel Frieden schließen, »obwohl der Bedarf an Frieden sowohl für Ägypten als auch für Israel himmelschreiend groß ist«.[57] Nasser sei dazu nicht in der Lage, »selbst wenn Israel alles Territorium zurückgeben würde. Denn was Nasser verlor und wiedergewinnen will, ist nicht Territorium, sondern Prestige. Sein Motto lautet nämlich ›Was mit Gewalt abgenommen wird, wird nur mit Gewalt wiedergewonnen‹. Er verlor im Sechstagekrieg Prestige innerhalb seiner Armee, seine Glaubwürdigkeit und die Führungskraft in der arabischen Welt. All dies will er auch mit Gewalt zurückgewinnen.«[58] Ob Peres hier nur taktisch argumentiert, um Verhandlungen auszuschließen, oder ob er wirklich fest davon überzeugt ist, dass es keinen glaubwürdigen, friedenswilligen Gesprächspartner auf der arabischen Seite gebe, sei dahingestellt. Von Bedeutung ist, dass Peres die Debatte vom zentralen Konfliktgegenstand, dem Territorium, auf die Frage des Gesprächspartners verlagert. Die Behauptung, ein solcher Partner fehle, wird im Laufe der Jahre zu einer wichtigen Standardformel Israels. Eine politische Regelung erscheint somit unmöglich. Peres verwendet wieder seinen »Diskurs der getrennten Betrachtung«: Er koppelt Zusammenhänge voneinander ab, um sie seiner Argumentation besser unterordnen zu können. Nasser gehe es nicht um das Territorium, die von Israel eroberte Sinai-Halbinsel, sondern um seinen Prestigeverlust. Wie verhält sich Peres, als sich 1977 unter einem neuen ägyptischen Präsidenten Chancen auf einen Frieden abzeichnen?

Friedensschluss mit Ägypten 1978-1979: Frieden ohne Preis?

Den ersten Friedensvertrag mit einem arabischen Staat erzielt Israel, nachdem die *Mapai-* bzw. später die Arbeitspartei die Regierung nach drei Jahrzehnten im Mai 1977 an den *Likud* abgeben muss. Ausgerechnet der neu gewählte Ministerpräsident Menachem Begin, der Führer der *Likud*-Partei, welche offen den Mythos vom »verheißenen Land« vertritt, unterschreibt den ersten Friedensvertrag mit einem arabischen Staat, in dem Israel auf Territorium verzichtet. Kurz nach seinem Amtsantritt signalisiert Begin dem amerikanischen Präsidenten Jimmy Carter, dass er bereit sei, Friedensgespräche mit den arabischen Nachbarstaaten aufzunehmen, vor allem mit Ägypten. Im Laufe der nun folgenden Verhandlungen besucht der ägyptische Präsident Anwar Sadat am 19.11.1977 sogar Israel, ein Schritt, der überall als hoffnungsvolles Zeichen gedeutet wird. Der Gipfel von Camp David (5.-17.9.1978) endet schließlich mit der Unterzeichnung der »Camp David-Accords« während einer feierlichen Zeremonie im Weißen Haus. Das Abkommen umfasst zwei Teile: Es soll zum einen »ein[en] Rahmen für den Frieden im Nahen Osten« bieten, zum anderen »ein[en] Rahmen für den Abschluß eines Friedensvertrages zwischen Ägypten und Israel«. »Die anerkannte Grundlage für eine friedliche Regelung des Konflikts zwischen Israel und seinen Nachbarn«, so in der Präambel, »ist die Resolution 242 des Sicherheitsrates der Vereinten Nationen in all ihren Teilen.«[59]

Erstens sollen Ägypten, Israel, Jordanien und Vertreter der Palästinenser gemeinsam das Palästinenserproblem in all seinen Aspekten lösen. Eine Einigung soll in drei Phasen verhandelt werden: Zunächst ist vorgesehen, dass die Konfliktparteien eine Vereinbarung über eine frei gewählte palästinensische Selbstverwaltungskörperschaft im Westjordanland und im Gazastreifen und über deren Zuständigkeiten treffen. Anschließend soll eine Periode des Übergangs beginnen, in dem Israel aus den palästinensischen Gebieten abziehen und seine dortige Militärregierung und Zivilverwaltung beenden soll. Sicherheitszonen für Israel, über deren Ausdehnung noch Unklarheit herrscht, sollen errichtet werden. In der dritten Phase muss schließlich eine endgültige Regelung erreicht werden. »Die aus den Verhandlungen hervorgehende Regelung muß ferner den legitimen Rechten des palästinensischen Volkes und seinen rechtmäßigen Bedürfnissen Rechnung tragen.«[60]

Zweitens sind Israel und Ägypten angehalten, innerhalb von drei Monaten nach der Unterzeichnung der Vereinbarungen von Camp David einen Friedensvertrag auszuhandeln, der innerhalb von zwei bis drei Jahren auch umgesetzt werden soll. Der Vertrag soll folgende Punkte beinhalten: den Rückzug Israels von der 1967 eroberten Sinai-Halbinsel; die Anerkennung der ägyptischen Souveränität über dieses Territorium durch Israel; die Entmilitarisierung der Sinai-Halbinsel; die Stationierung von UN-Streitkräften zur Sicherung der Entmilitarisierung und der freien Schifffahrt [für Israel] im Golf von Suez, im Suez-Kanal, im Golf von Akaba und in der Straße von Tiran; abschließend soll der Friedensvertrag die Verhältnisse zwischen Israel und

Ägypten normalisieren.⁶¹ Im März 1979 kommt der Friedensvertrag zustande. Den Hauptkonfliktpunkt in den Verhandlungen bildet die Palästinenserfrage. Hier ist der ägyptische Präsident bestrebt, den Frieden mit Israel an eine Regelung der Palästinenserfrage, wie sie das Camp-David-Abkommen vorsieht, zu knüpfen. Dadurch will Sadat vermeiden, die Position Ägyptens in der arabischen Welt aufs Spiel zu setzen. Dem israelischen Staatschef geht es hingegen in erster Linie darum, einen separaten Friedensvertrag mit Ägypten abzuschließen, das viele israelische Politiker für den gefährlichsten arabischen Staat halten. Begin kann sich durchsetzen, und die Palästinenserfrage bleibt außen vor. Der Friedensvertrag zwischen Israel und Ägypten legt den israelischen Rückzug bis hinter die international anerkannte Südgrenze fest, sodass Ägypten seine Souveränität auf der Sinai-Halbinsel wiedererlangt. Nach der ersten Phase des Rückzugs der israelischen Truppen sollen diplomatische Beziehungen zwischen den beiden Staaten aufgenommen werden; weitere Punkte regeln u. a. die Sicherheit im Sinai, die Stationierung von UN-Truppen und die Schifffahrt. In einem Begleitmemorandum werden Israel von Ägypten Öllieferungen für die nächsten 15 Jahre zugesichert und amerikanische Unterstützung im Falle einer Vertragsverletzung durch Ägypten; zudem soll Israel auch im militärischen und wirtschaftlichen Bereich amerikanische Hilfe erhalten. Nachdem das israelische Kabinett dem Friedensvertrag zugestimmt hat, wird er von der *Knesset* in einer 28-stündigen Sitzung am 22.3.1979 mit 95 Ja- und 18 Nein-Stimmen ratifiziert. Am 26.3.1979 wird im Weißen Haus der erste Friedensschluss zwischen Israel und einem arabischen Staat feierlich unterzeichnet und bereits im Laufe der Jahre 1979 und 1980 großenteils umgesetzt.⁶²

Für seinen Alleingang mit Israel erntet Ägypten in der arabischen Welt allerdings heftige Kritik und wird aus der Arabischen Liga ausgeschlossen. Obwohl sich Begin und Sadat im Laufe der Verhandlungen dem amerikanischen Präsidenten gegenüber verpflichten, im Anschluss an ihre Einigung auch Verhandlungen über eine palästinische Autonomie im Sinne der Camp-David-Verträge aufzunehmen, zeigt sich Begin nunmehr äußerst unwillig. Shlaim zufolge ist er an einem Erfolg der Palästina-Gespräche nicht interessiert, weil er die israelische Souveränität in den palästinensischen Gebieten – für ihn Judäa, Samaria und der Gazastreifen – auch nach Ablauf der vorgesehenen fünfjährigen Übergangszeit getreu dem Mythos des »verheißenen Landes« aufrechterhalten will.⁶³ Als deutlich wird, dass Begin keine weiteren Verhandlungen will, treten Außenminister Moshe Dayan und Verteidigungsminister Ezer Weizmann zurück. Daraufhin wird Jitzchak Shamir Außenminister, während Begin selbst das Verteidigungsressort übernimmt; nach seiner Wiederwahl im Juni 1981 ernennt er Ex-General Ariel Sharon zum Verteidigungsminister. Mit diesen zwei Personen an der Spitze Israels formuliert Begin nun seine Absichten hinsichtlich der Palästinenserfrage.⁶⁴

Begins Kompromissbereitschaft gelangt rasch an ihre Grenzen: Auf eine jüdische Souveränität in Teilen des »verheißenen jüdischen Landes« zu verzichten, steht offensichtlich außer Frage. Im Juni 1982 versucht der neue

Verteidigungsminister, das Palästinenserproblem durch einen Krieg im Libanon zu lösen. Nicht nur der militärische Einsatz ist verheerend, sondern auch die politischen Konsequenzen. Begin muss im September 1983 zurücktreten. Dies bedeutet das Ende seiner politischen Laufbahn. Dennoch geht er in die Geschichte ein als erster israelischer Politiker, der eine Einigung auf der Basis von Gebietsverzichten wagt und es schließlich zu einem Friedensvertrag bringt, der zum großen Teil auch realisiert wird. Knapp drei Jahrzehnte war der einst berüchtigte Anführer der Untergrund-Miliz *Etzel*, eine für ihre terroristischen Aktionen in den Gründungsjahren Israels bekannte nationale Militärorganisation, in der Opposition (mit Ausnahme von 1967-1970). Kurz nach seinem Wahlsieg 1977 gelingt Peres' Herausforderer ein historischer Friedensschluss, für den er sogar den Nobelpreis erhält (zusammen mit Sadat). Wie steht der Oppositionsführer Peres zu dem 1978 von seinem politischen Rivalen erzielten Vertrag mit Ägypten? Was hält er vom mit der Einigung einhergehenden Gebietsverzicht? Welche Haltung zum »Frieden« lässt sich seinen Texten dieser und späterer Jahre entnehmen? Bevor diese Fragen behandelt werden, soll zunächst auf Peres' Position zu den israelisch-ägyptischen Beziehungen von 1974-1977 eingegangen werden. In dieser Zeitspanne bekleidet er das Amt des Verteidigungsministers in der Regierung Jitzchak Rabins.

Frieden oder Interims-Regelung mit Ägypten nach dem Jom-Kippur-Krieg? Die Perspektive des Verteidigungsministers Shimon Peres 1974-1977

Das Kapitel »Die lange Suche« in Peres' Memoiren widmet sich den israelisch-ägyptischen Beziehungen von der Staatsgründung bis zu den Camp-David-Verhandlungen 1977-1979.[65] Die Zeit der ersten Rabin/Peres-Regierung zwischen 1974-1977 klammert der Autor allerdings aus, ebenso wie die Politik Israels gegenüber Ägypten kurz nach dem verheerenden Oktober-Krieg von 1973 und die im September 1975 erzielte Interims-Regelung zwischen Israel und Ägypten (Sinai II). Die Phase von 1974-1977 wird in einem anderen Zusammenhang behandelt, im 13. Kapitel mit der Überschrift »Landesverteidigung«.[66] Weshalb schweigt Peres über diesen Zeitraum, als er 1995 die »lange Suche« beschreibt? Welches Narrativ der israelisch-ägyptischen Friedenssuche will er vermitteln?

Die Vorstellungsgeschichte allein hilft bei der Analyse von Peres' Text nicht weiter: »Die lange Suche« beginnt mit einem knappen Hinweis auf den Versuch David Ben-Gurions, sich Nasser Anfang der 1950er Jahre anzunähern, lässt aber die Sharett-Nasser-Verhandlungen aus. Des Weiteren erwähnt Peres die Friedensbemühungen von Außenminister Moshe Dayan Ende der 1970er Jahre, lässt aber die Tatsache aus, dass Dayan Mitglied in der Begin-Regierung ist.[67] Wie bereits gesagt geht Peres nicht auf seinen eigenen Beitrag als Verteidigungsminister zur Gestaltung der israelisch-ägyptischen Verhältnisse kurz nach dem Oktober-Krieg ein. Seine Hauptfrage lautet: »Hätte der Frieden schon vor dem Jom-Kippur-Krieg geschlossen werden können?« Dabei bezieht sich Peres auf einen Vorschlag des UN-Vermittlers Dr. Gunnar Jarring vom Februar 1971, den Israel abgelehnt hat: Jarring hatte vorgeschlagen, Israel solle sich gemäß der UN-Resolution 242 hinter die international anerkannten Grenzen von 1967 zurückziehen. Im Gegenzug sollte Israel anerkannt und mit ihm Frieden geschlossen werden.[68] Peres' Antwort auf seine eigene Frage lautet:

> »Aber der damaligen Premierministerin Golda Meir schienen Sadats Bedingungen für einen Frieden völlig unannehmbar. Er verlangte tatsächlich sehr viel. Das Hauptproblem lag aber nicht in der Stationierung mehrerer hundert ägyptischer Soldaten oder Polizisten auf der Sinai-Seite des Kanals – auch wenn sich der damalige Generalstabschef Generalleutnant Chaim Bar-Lev heftig dagegen stemmte. Das Problem für Israel bestand vielmehr in Sadats Forderung nach einem Zeitplan. Demzufolge hätten die israelischen Streitkräfte innerhalb von sechs Monaten von der gesamten Sinai-Halbinsel abgezogen und innerhalb weiterer sechs Monate dann auch das Westjordanland und der Gazastreifen vollständig geräumt werden müssen. Golda und ihr enger Berater [...] lehnten diese Bedingungen rundweg ab.«[69]

Peres verknüpft die israelisch-ägyptischen und israelisch-palästinensischen Konfliktfelder, um gegen eine territoriale Lösung des israelisch-ägyptischen Konflikts zu argumentieren. Die Verbindung dieser beiden später im Kern der Camp-David-Abkommen stehenden Fragen soll hier benutzt werden, um zu zeigen, dass auch mit Ägypten keine Verhandlungen auf territorialer Basis möglich gewesen seien. Hier impliziert Peres, die ägyptische Forderung nach dem sogenannten umfassenden Frieden – also nach einem Frieden Israels mit seinen Nachbarstaaten auf der Basis der Grenzen von 1967 bzw. auf der Basis der Errichtung eines palästinensischen Staats in den palästinensischen Gebieten – stelle ein Haupthindernis dar für einen getrennten israelisch-ägyptischen Friedensschluss. Ein umfassender Frieden hätte später beinahe tatsächlich den israelisch-ägyptischen Friedensschluss gefährdet, hätte Sadat sich nicht für einen Alleingang entschieden.

Peres bemerkt weiter: »Heute läßt sich schlecht sagen, ob ein Frieden mit Sadat zu den Bedingungen, unter denen er fünf Jahre später zustande kam, schon zu diesem Zeitpunkt [1971-1972] möglich gewesen wäre. Es hat wenig Sinn, die damalige Situation aus der bequemen Sicht von heute zu beurteilen.«[70] Und doch wagt er ein Urteil: »Dennoch glaube ich noch immer, wie schon damals, daß die ersten Vorschläge für ein vorläufiges Abkommen ein Anfang waren. Ich wäre glücklicher gewesen, wenn damals intensiver nach einer Lösung gesucht worden wäre, muß aber einräumen, daß Sadat die Regierung [Meirs] mit seinen damaligen Bedingungen praktisch gezwungen hat, seine Vorschläge abzulehnen.«[71] Worauf will Peres hinaus? Von welchen »ersten Vorschlägen« bzw. »vorläufigen Abkommen« spricht er? Welche Rolle spielt er selbst als Verteidigungsminister in Rabins Regierung 1974-1977? Weshalb betreibt er eine so lückenhafte Geschichtsschreibung?

Nach dem Oktober-Krieg von 1973 unterzeichnet Israel unter der Regierung Golda Meirs das militärische Truppenentflechtungsabkommen vom 18.1.1974 mit Ägypten (Sinai I), Ende Mai 1974 auch mit Syrien.[72] Jitzchak Rabins Regierung (ab Juni 1974) muss die Verhandlungen mit den benachbarten Staaten infolge der territorialen Verschiebungen von 1967 und der darauf folgenden traumatischen ägyptischen und syrischen Überraschungsattacke gegen Israel ausgerechnet am heiligen jüdischen Jom-Kippur im Oktober 1973 übernehmen. Während mit Jordanien, trotz direkter und relativ intensiver Kontakte der israelischen Führung zu König Hussein, eine Regelung als unwahrscheinlich gilt, und zwar wegen der Palästinenserfrage[73], übernimmt bei den Verhandlungen mit Ägypten der amerikanische Außenminister Henry Kissinger die Vermittlerrolle. Im Frühjahr 1975 pendelt Kissinger zwischen Jerusalem und Kairo hin und her mit dem Ziel, mit Israel und Ägypten eine Interims-Regelung zu erreichen. Eine umfassende Regelung mit allen arabischen Staaten scheint zu diesem Zeitpunkt schwer erzielbar.

Kissingers Mission erweist sich wegen Israels Position in der Rückzugsfrage als äußerst mühselig. In Israel spricht sich ausgerechnet Generalstabschef Mordechai Gur für einen Teilrückzug der israelischen Truppen aus dem Sinai auch ohne eine Regelung mit Ägypten aus, und zwar bis zur El Arish-Ras Muhammad-Linie. Den harten Kurs vertritt in diesem Fall die politische Ebene. Der Ex-General Rabin erachtet die Pässe vom Sinai sowie die Station Um Hashiba als strategisch wichtig. Zudem folgt die Rabin-Regierung dem Grundsatz, dass für jeglichen israelischen Rückzugsschritt ein ägyptisches politisches Zugeständnis erfolgen müsse.[74] Nach den gescheiterten Versuchen Kissingers im Frühjahr 1975, eine Interims-Regelung zu erzielen, erreichen die amerikanisch-israelischen Beziehungen einen neuen Tiefpunkt, woraufhin amerikanische Sanktionen bezüglich militärischer Hilfsmittel verhängt werden.[75] Nach weiteren Verhandlungen, unter massivem Druck der USA, gelingt Kissinger schließlich ein Vertragsschluss; am 4.9.1975 unterzeichnen Israel und Ägypten einen Interims-Vertrag (Sinai II).[76] Mit Sinai II verzichtet Israel auf ein Siebtel des von ihm 1967 eroberten ägyptischen Territoriums, einschließlich strategischer Übergänge und Ölfelder. Dafür sichert sich Israel eine drei Jahre währende »Atempause«, in denen es keine drastischen politischen Entscheidungen fällen muss.[77] Wie steht Peres zu diesem Prozess? Was denkt er über den Frieden mit Ägypten und den Preis, den Israel dafür zahlt?

Betrachtet man Peres' Stellungnahmen als Verteidigungsminister in den Jahren 1974-1977, so lässt sich seine Position mit einer von ihm selbst gemachten Aussage resümieren. Peres wird in einem Interview im westdeutschen Nachrichtenmagazin Der Spiegel vor dem Hintergrund der frustrierenden Verhandlungen mit Henry Kissinger im Frühjahr 1975 gefragt, ob er sich bewusst sei, dass er in der Welt als »Falke« gelte. Peres' Antwort lautet:

> »Das ist eine Dramatisierung, die der Presse passen mag. Ich betrachte mich nicht als Vogel, weder als Falke noch als Taube, sondern als einen israelischen Bürger in einer besonders komplizierten Lage. Ich gehöre einem Volke an, das in seiner Geschichte oft von Illusionen verlockt wurde und dafür teuer bezahlen mußte. Dennoch bleibt unsere Weltanschauung eine Philosophie des Friedens. Wenn ein Hafen des Friedens in Sicht kommt, möchte ich unter den Seeleuten sein, die das Schiff ans sichere Ufer bringen.«[78]

Der Spiegel-Redakteur erhält somit eine klassische Peres-Antwort, in welcher ein paradoxer Wunsch steckt: »to eat the cake and keep it«. Peres' Worte spiegeln sein entpolitisiertes Verständnis der Lage wider: Er will die Anwendbarkeit der beiden Bezeichnungen »Falke« und »Taube« auf die israelische Politik gar nicht erst diskutieren, da er die Situation ohnehin nur aus der einen Perspektive des Sicherheitsmythos sehen kann. Ihre Verfolgungsgeschichte habe die Juden gelehrt, dass ihnen stets Vernichtung drohe. Charakteristisch ist wieder, dass Peres dem Sicherheitsmythos die Friedensideologie an die Seite stellt: »Dennoch bleibt unsere Weltanschauung eine Philosophie des Friedens.«

Kurz nach Peres' Amtsantritt als Verteidigungsminister 1974 befindet sich Israel infolge des Jom-Kippur-Krieges in einer politischen und militärischen Führungskrise, sodass der Frieden in weite Ferne rückt und sich eine weitere bewaffnete Auseinandersetzung anzubahnen scheint. In allzu frischer Erinnerung sind noch der Überraschungsangriff von 1973, der in Israel Spuren eines Traumas hinterlassen hat, und die darauf folgenden staatlichen Untersuchungen, um in der politischen und militärischen Führung die Verantwortlichen für die fehlende Verteidigungsbereitschaft zu finden. Zwar spricht der vom Richter des Obersten Gerichts Dr. Shimon Agranat geleitete Untersuchungsausschuss die politische Ebene von jeder Verantwortung frei und macht das Militär für das Debakel verantwortlich. Doch schließlich wird auch die politische Führung durch den wachsenden Unmut der Öffentlichkeit gezwungen, zurückzutreten. Dieser Hintergrund ist bei der Analyse von Peres' Stellungnahmen zu berücksichtigen. Peres' Worte vermitteln den Eindruck, als befinde sich das Land im Belagerungszustand. So Peres im Juli 1974: »Ich sehe im kommenden Halbjahr bzw. Jahr die Möglichkeit einer Neuauflage des Krieges. [...] Die Nordfront beginnt, Waffen und Soldaten anzusammeln. Und wie immer ist sie die extremste [Front] in ihrer Feindseligkeit Israel gegenüber geblieben [...].«[79] Im August 1974 erklärt Peres: »Aus Syrien kommen Meldungen über Kriegsabsichten. [...] Der ägyptische Außenminister lässt uns wissen, Israel sei ein verängstigtes Schaf. [...] Solange sie [die Araber] von unserer [militärischen] Bereitschaft überzeugt sind – wird ihr Angriffswille gegen Israel abnehmen.«

Zum jüdischen Neujahr *Rosh Hashana* im September 1974 gibt der Verteidigungsminister zahlreiche Presse-Interviews. Im Mittelpunkt stehen die israelisch-arabischen Beziehungen. Gegenüber der IDF-Zeitung *Bamachane* erklärt er: »Da Ägypten keinen umfassenden Frieden anstrebt, müsste man mit ihm einen Kompromiss auf halbem Wege finden; mit dem König von Jordanien lässt sich eine umfassende Regelung, ein wahrer Frieden erreichen; Syrien gegenüber müssen wir stark und gewappnet sein.« Dem Text lässt sich nicht entnehmen, wie der Kompromiss mit Ägypten aussehen soll. Die Sprache des Friedens legt sich nicht fest. Aber sie vermittelt, dass der Friede unerreichbar ist: »Die Araber wollen einen gerechten Frieden. Das ist ja ein schöner Ausdruck. Wenn sie aber vom gerechten Frieden sprechen, so meinen sie, dass wir uns ihre Position zu Eigen machen sollen; das ist ihr

Begriff vom ›gerechten Frieden‹. Wenn sie also Frieden sagen, bedeutet es keinen Frieden. Deshalb, wenn sie ›gerechten Frieden‹ sagen, bedeutet es in Wirklichkeit weder Frieden noch Gerechtigkeit.« Der Frieden ist nach dieser Lesart nicht realisierbar, weil die Konfliktparteien unterschiedliche Vorstellungen vom »gerechten Frieden« haben. Was »gerecht« bedeuten soll, darauf geht Peres ungern ein. Er verweilt lieber bei der Friedensrhetorik: »Wenn ich aber gefragt werde, was ich mir wünsche, so würde ich sagen: einen vollständigen, wahren, nicht gelogenen Frieden, basierend auf einem Kompromiss zwischen uns und jedem der arabischen Staaten. Doch heute ist dies ein unrealisierbarer Traum.«[80] Weiter verrät Peres sein alttestamentarisches Konfliktverständnis in der mythologischen Sprache der Sicherheit:

> »Eine Großmacht hat eine Außenpolitik; ein kleiner Staat wie Israel hat eine Existenzpolitik. [...] Was bedeutet Existenzpolitik? Er [der Staat Israel] tastet niemanden an, es sei denn, man wolle ihn antasten, ihn angreifen. [...]. David [der kleine Staat Israel] kann zwar nicht Goliath [die arabische Welt] werden, nicht mal halb [so stark wie] Goliath. Doch David hat die Wahl, entweder armselig, schwach und wirr zu sein, oder aber ein entschlossener, mutiger und kühner David. [...] David verteidigt lediglich sein Lager und strebt eben nicht an, Goliath zu werden.«[81]

Wie also soll David politisch handeln? Anlässlich der gescheiterten Vermittlung Kissingers umreißt Peres in einem Interview für *Al Hamishmar* mit dem Titel »Ich bin nicht bereit, eine Entwarnungspille zu verabreichen« die israelische Position in der Gebietsfrage:

> »Ich sehe in den Gebieten im Sinai eine Garantie für den Frieden. Ich würde aber [die Rückgabe] dieser Gebiete nicht für vage Dinge riskieren. Das ist die wahre Probe. Ich will nicht, dass wir auf so ein großes Gebiet verzichten, nur um uns getäuscht zu finden. Als Israeli würde ich die endgültige Beendigung des Kriegszustands fordern, sogar den Friedensschluss, gegen sehr bedeutsame Kompromisse. Doch wenn die Ägypter dies nicht wollen, dürfen wir wohl kaum verschwenderisch mit unseren vitalen Verteidigungsressourcen umgehen.«[82]

Peres bringt die problematische Logik der sich auf den Sicherheitsmythos stützenden Sicherheitsdoktrin selbst auf den Punkt:

> »Israels Widerspruch besteht darin, dass militärisch [also sicherheitspolitisch] gesehen, diese Gebiete unerlässlich sind, doch politisch [im Sinne der Friedenspolitik] wäre es wichtig, dass Israel auf einige von ihnen verzichten würde.«[83]

Doch der sicherheitspolitisch orientierte Verteidigungsminister muss politische Entscheidungen treffen, was ihm wiederum schwer fällt: »Im Falle eines militärischen Zwischenfalls empfehle ich die besten Verteidigungslinien, bei einer politischen Sache hingegen, schlage ich vor, auf einen Teil der Gebiete im Sinai zu verzichten.«[84] Peres will eine Regelung mit Gebietsverzicht kaum akzeptieren, doch gleichzeitig die Friedensoption nicht ganz ausschlagen. Er entwickelt eine Strategie der »kreativen Lösungen«, zu der er auch später greifen wird: »Mein Modell für den Frieden wäre ein komplexes. Ich glaube nicht an simple Lösungen, da die Lage nicht so einfach ist. Mein Modell beinhaltet eine Neuorganisation in den [eroberten] Gebieten, unterschiedliche Regimeformen, föderale Elemente und eine wirtschaftliche Kooperation à la [West-] Europa [...] Ich sehe kaum die Möglichkeit einer Grenzlinie, die sowohl den Arabern als auch den Juden gerecht sein würde. Wer dies will, schlägt damit einen neuen Konflikt vor.« Gebietsrückgaben werden hier also nicht nur als Friedensgrundlage abgelehnt, sondern sogar als eine Verschlechterung der sicherheitspolitischen Lage begriffen. Dennoch bleibt Peres' Sprache versöhnlich: »Im Grunde aber darf die territoriale bzw. militärische Frage nicht die Oberhand gewinnen, man muss den politischen Verhandlungsweg auch beschreiten.« Aber auch hier schließt er gleich wieder die Tür: »Doch im Moment scheint die Option wie ein fern liegender Traum.«[85]

Peres' ungelöstes Dilemma, welches als die »Falle des Sicherheitsmythos« bezeichnet werden kann, findet sich in einer ganzen Reihe von Texten über die Jahre hinweg, auch noch nach dem endgültigen Verzicht auf den Sinai. Denn Peres hat in den 1970er Jahren nicht alleine die ägyptisch-israelischen Probleme vor Augen, sondern die gesamte Situation im Nahen Osten. Israel, wie auch immer es sich mit Ägypten schließlich versöhnen würde, ist stets mit dem gesamten Konfliktgeflecht konfrontiert. Nicht nur der Streit um Gebiete macht eine Lösung so schwierig, sondern auch das tiefe Misstrauen Israels den »neuen«, aber auch den »alten« *Gojim* gegenüber:

> »Die eigentliche Frage ist nicht, ob wir eine Regelung mit Ägypten erzielen oder nicht, sondern welche Gesamtlage eine solche Regelung im Nahen Osten nach sich ziehen würde. Denn eine solche Regelung ist in Zeit und Raum beschränkt; auch wenn wir diese erzielen würden, sehe ich Israels Probleme damit nicht beendet. Es mag eine Aussicht [auf eine endgültige Lösung] geben, doch eine Regelung zwischen uns und Ägypten würde die syrische Frage offen lassen. Ebenso würde diese die russischen Interessen in der Region nicht verschwinden lassen. Eine Entspannung [in unserem Verhältnis] zu Ägypten würden wir erreichen, doch nicht eine Entspannung in der Region. [...] In Israels Lage ist eine Regelung mit Ägypten doch vorzuziehen.«[86]

Solche Schlussfolgerungen werden von den überwiegend pessimistischen und widersprüchlichen Aussagen dieser stürmischen Zeit überlagert. In der Tageszeitung *Maariv* veröffentlicht Peres reichlich Kommentare zur internationalen Situation. Der Tenor bleibt gleich. Israels vitale Interessen dürften trotz des amerikanischen Drucks nicht aufgegeben werden. Denn: »Ein kleines Volk darf nicht kapitulieren.« Oder: »Hätten wir Ägyptens Diktat nachgegeben, hätten wir uns weiterem amerikanischen Druck ausgesetzt, der wiederum weitere Rückzüge der IDF nach sich gezogen hätte.«[87] Peres nimmt angesichts des Scheiterns von Kissingers Vermittlungsmission im Frühjahr 1975 eine regelrechte Abwehrhaltung ein, mit allen ihm zur Verfügung stehen rhetorischen Fertigkeiten: »Wir haben Ägypten viel angeboten, sehr viel. Ich wäre sogar bereit, noch mehr anzubieten, ja noch viel mehr. Doch es wurde uns klar, dass das, was sie wollen, ein weitreichender Rückzug [Israels] innerhalb des Sinai ist, und zwar ohne jegliche Gegenleistung [Ägyptens]. Dies war für uns schier unakzeptabel. Und trotzdem haderten wir mit dem endgültigen Nein [an Kissinger].«[88]

Auch hier sei dahingestellt, ob diese Darstellung der Verhandlungslage taktischer Natur ist oder Peres' wirkliche Sicht widerspiegelt. Entscheidend ist das Narrativ, vermittelt aus dem Munde einer sicherheitspolitischen Autorität: Die deutliche Trennung zwischen den »Guten«, die bereit sind, »viel mehr anzubieten«, und den »Bösen«, die diesem Wohlwollen nicht zu begegnen wissen, zeugt von einem fatalen Konfliktverständnis. Die andere Seite ist immer die, welche sich Kompromissen verschließt. Die Prämisse des Sicherheitsmythos, das scharfe Gegeneinander der Rivalen, zwingt zur Selbstverteidigung. Auch als David muss Israel mutig und entschlossen sein. Seine Schwäche darf er nicht zeigen. »Hätten wir die Ölfelder an Ägypten zurückgegeben, so hätten wir nicht nur unsere Abhängigkeit von den USA, sondern auch unser Image als bedürftiges Volk verstärkt.« Auch wenn Peres betont, dass Israel »zwischen Frieden und Öl lieber den Frieden aussuchen würde«, befürchtet er gleichzeitig ein Israel aufgezwungenes Regelungsdiktat.[89]

Auch nach dem mit Mühe erzielten Interims-Abkommen Sinai II im September 1975 hält Peres an seinem Pessimismus fest. In der Zeitung *Haaretz* beurteilt er die Chancen, aus der Interims-Regelung einen Friedensvertrag zu machen:

> »Ägyptens Problem mit einem Friedensschluss mit Israel besteht darin, dass dieser Ägypten dazu zwingen würde, sich von der arabischen Welt abzukoppeln. Hätte man mich vor die Wahl gestellt: [den Staat Israel] von der jüdischen Welt zu trennen, und zwar als Preis für einen Frieden, oder aber den Anschluss [Israels] zur jüdischen Welt aufrechtzuerhalten, dafür aber keinen Frieden zu schließen – hätte ich ohne Zögern den Kontakt zu der jüdischen Welt gewählt.«[90]

Diese aussagekräftige Passage stellt Peres' problematisches Friedensverständnis zutreffend dar. Der Frieden scheint hier nur schwer mit der nationalen Identität vereinbar. Peres gibt zu verstehen, dass er den Zeitpunkt für den Frieden noch nicht gekommen sieht. Für ihn befindet sich Israel noch im nationalstaatlichen Entstehungsprozess, sein Staatsgebiet ist erst noch zu konsolidieren, die Nachbarstaaten müssen an die neue geopolitische Lage nach 1967 überhaupt erst gewöhnt werden. Das sind auch die Hauptthesen in Peres' Büchern von 1970 und 1978. Gebietsverzichte passen nicht in diese Phase der israelischen Geschichte. Der Frieden liegt daher in weiter Ferne. Hinhalten, abwarten, schwerwiegende Entscheidungen möglichst auf einen späteren Zeitpunkt verschieben, sich verschanzen, amerikanischem oder auch dem Druck der Vereinten Nationen standhalten – das sind die Erfordernisse der Stunde. Gemäß der altzionistischen Praxis des *fait accompli* sagt er: »Ich sehe in den nächsten drei oder vier Jahren keine Aussicht auf einen Friedensvertrag [mit Ägypten], denn schließlich kann kein Vertrag eine nicht existierende Situation repräsentieren, Verträge sind nicht stärker als Situationen.«[91]

In diesem Sinne begreift Peres die Situation Mitte der 1970er Jahre als politisch unveränderbar. Wie üblich weist er die Schuld daran der anderen Seite zu und leugnet dabei, dass im Zentrum des Konflikts die Sache, also das Territorium steht: »Es ist eine Illusion anzunehmen, dass der arabisch-israelische Konflikt von uns ausgehe bzw. von einem territorialen Kompromiss [unsererseits] abhängig sei [...] Der Frieden liegt deshalb so fern, nicht weil die Juden ihn nicht wollen, sondern weil die Araber noch immer nicht in der Lage sind, ihn zu wollen.« Die Lage muss akzeptiert werden: »Unser Problem besteht deshalb darin, wie wir mit dem [jetzigen] Zustand zwischen Notstand und Ruhe leben sollen – also wie können wir [unseren Staat] aufbauen, als würde es keine Kriegsgefahr geben; gleichzeitig aber uns auf den [nächsten] Krieg vorbereiten, ohne dabei auf andere [nationalstaatliche] Ziele zu verzichten.« Der Frieden lässt sich demnach mit der nationalstaatlichen Entwicklung politisch nicht vereinbaren. »Ich glaube fest an unsere Macht, einen gläubigen, nationalen Kern [bezogen auf die nationalreligiöse Siedler-Bewegung – *Gusch-Emunim*] aufrechtzuerhalten.«[92] Dieses Beharren auf dem Status quo wird Peres' Credo als Verteidigungsminister, das er in zahlreichen Pressemeldungen und Interviews verbreitet.[93]

Wie schätzt Peres das Interims-Abkommen zwischen Israel und Ägypten Ende 1975 ein? Dass Sinai II sein Unbehagen hervorruft, verrät er in seinen Memoiren. Im Kapitel »Die lange Suche« erwähnt er nur kurz den »Abschluß des Truppenentflechtungsabkommens nach dem Jom-Kippur-Krieg von 1973«[94] und lässt offen, auf welches der beiden Abkommen (Sinai I oder Sinai II oder beide) er sich bezieht. Er beschreibt Kissingers Rolle in der Region Mitte 1975: »Der ›Friedensprozeß‹, wie man ihn inzwischen nannte, kam in Gang, noch ehe die Waffen schwiegen. Henry Kissinger bemühte sich vornehmlich um zwei Dinge: Er wollte vermeiden, daß sich die Sowjets in den Konflikt einschalteten, und er wollte für ein rasches Ende des Krieges sorgen, damit der begrenzte Konflikt nicht zur globalen Katastrophe eskalierte. [...] Gegen Ende des [Oktober-] Krieges bemühte sich Kissinger als Vermittler aktiv um eine Entlastung der Dritten Ägyptischen Armee, die von den israelischen Streitkräften auf der westlichen (ägyptischen) Seite des Suezkanals eingeschlossen worden war. Zudem versuchte er, ein Abkommen zur Truppenentflechtung zwischen Israel und Ägypten zustande zu bringen.«[95] Von Sinai II und seiner Bedeutung für die Gebietskonflikte fehlt hier jede Spur. Die Phase von 1974-1977 wird ebenso ausgeklammert, als wäre sie für die »lange Suche« nach dem Frieden nicht relevant: keine Spur von den Gesprächen und Kontroversen zwischen Jerusalem und Washington 1975, der innerisraelischen Debatte zwischen Militär und Politik oder gar der Debatte innerhalb des Kabinetts. Jitzchak Rabin ist in Peres' Erzählung ebenfalls abwesend. Obwohl er Peres' langjähriger persönlicher und politischer Rivale gewesen ist, hat sich seine Position oft nur wenig von der seines Verteidigungsministers unterschieden.[96]

Peres behandelt die Phase 1974-1977 in seinen Memoiren im Zusammenhang mit der »Landesverteidigung«.[97] Ohne seine eigene Position zu Sinai II darzustellen, beschreibt er ausführlich Kissingers Verhandlungsstil und dessen *Shuttle*-Diplomatie. Über das Ergebnis sagt er: »Daß die Verhandlungen im März 1975 an einen toten Punkt gerieten, lag am Streit über den Verlauf der Pufferzone im Sinai. Wir waren entschlossen, die

Kontrolle über die strategisch wichtigen Pässe von Mitla und Gidi, von wo aus der Weg vom Suezkanal in den Sinai und weiter nach Israel beherrscht werden konnte, nicht den Ägyptern zu überlassen, da die angestrebte Übergangslösung in unseren Augen von einem wirklichen Frieden noch weit entfernt war. Die Gespräche konnten jedoch, nicht ohne zahlreiche amerikanisch-israelische Differenzen, noch im gleichen Jahr wieder aufgenommen werden.«[98]

Diese Differenzen sind Peres' Darstellung zufolge durch seinen Vorschlag, ausländische Truppen im Sinai zu stationieren, überbrückt worden: »Solche Krisenmomente stimulieren mich oft zu politischem Erfindungsreichtum. Mir kam die Idee, einen kleinen Teil des Mitla-Gidi-Gebiets unter die Aufsicht einer multinationalen Truppe zu stellen [...]. Kissinger äußerte zwar die Befürchtung, daß die öffentliche Meinung in Amerika meinen Plan für den Versuch halten könnte, amerikanische Bodentruppen in den Nahostkonflikt zu verwickeln. Dennoch wollte er meinen Vorschlag einigen meinungsführenden Senatoren und Kongreßabgeordneten unterbreiten. Tatsächlich stieß er bei der Mehrzahl der Angesprochenen auf ein positives Echo für eine genau umrissene und begrenzte Operation. So konnte schließlich die Sinaitruppe an den Pässen stationiert werden, wo sie die Einhaltung des Truppenentflechtungsabkommens [Sinai II] überwachen sollte. Um innenpolitische Bedenken in Amerika zu zerstreuen, wurden hauptsächlich amerikanische Zivilisten rekrutiert.«[99]

Dass Peres Sinai II eher als Zugeständnis denn als Errungenschaft sieht, verrät seine Analyse über den Einfluss des Jom-Kippur-Krieges auf Ägypten. »Der Jom-Kippur-Krieg veränderte die Situation in zwei zentralen Punkten. Sadat war immerhin so erfolgreich, daß er sich in der Lage sah, mit Israel ein Abkommen auf der Grundlage eines Kompromisses auszuhandeln. Andererseits hatte der Krieg für ihn auch soviel von einer Niederlage, daß er einsehen mußte, daß Ägypten keine realistischen Aussichten hatte, Israel mit militärischen Mitteln seinen Willen aufzuzwingen. Ägypten errang einen Achtungserfolg, aber den Krieg gewann keiner: Das Land am Nil verfehlte den militärischen, Israel den politischen Sieg.«[100]

Diese Aussage erlaubt eine Lesart, der zufolge Macht ein wichtiger Aspekt von Peres' Konflikt- und Friedensverständnis ist: Der Oktober-Krieg habe Sadat dazu verholfen, »mit Israel ein Abkommen auf der Grundlage eines Kompromisses auszuhandeln«. Hinter dieser Formulierung steht der Gedanke, dass erst infolge von Israels Verletzbarkeit durch die traumatische Überraschungsattacke Ägyptens Stärke zutage treten konnte. Anders wäre es Ägypten niemals möglich gewesen, Sinai II zu erzielen. Doch Israels Abschreckungsmacht sei durch den Oktober-Krieg nicht soweit beeinträchtigt worden, dass Ägypten alle seine Ziele hat durchsetzen können. Dennoch ist Sinai II für Peres »ein verfehlter politischer Sieg«. Was er damit meint, lässt sich aus seiner Analyse der Friedenspolitik von Menachem Begin und Anwar Sadat kurz nach dem historischen Machtwechsel von 1977 in Israel erfahren.

Peres und der Friedensschluss mit Ägypten 1978-1979

Peres' schriftliche Verarbeitung der Jahre vor dem Abkommen von Camp David 1977-1979 veranschaulicht, wie sehr der Politiker mit sich hadert, die sich abzeichnende Friedensregelung mit Ägypten und die damit verbundenen Gebietsverzichte zu akzeptieren[101], die ausgerechnet eine »rechte Regierung«[102] ausgehandelt hat. Zwei Punkte bereiten Peres besonders Sorgen: Er fürchtet eine Veränderung des territorialen Status quo, da sie Israel sicherheitspolitisch schaden könnte. Und er will vermeiden, dass ein Friedensschluss mit Ägypten einen Präzedenzfall für weitere Verhandlungen mit den arabischen Nachbarstaaten schafft, was unliebsame Gespräche zur Lösung der Palästinenserfrage nach sich ziehen könnte.[103]

Das Kapitel »Die lange Suche« in Peres' Memoiren von 1995 gibt sein Dilemma zwischen Frieden und jüdischer Nationalstaatlichkeit dieser Jahre treffend wieder. Für die Analyse muss vor Augen geführt werden, dass für Peres sicherheitspolitische Erwägungen gleichbedeutend sind mit nationalstaatlicher Existenz. *Alija* (heb. »jüdische Einwanderung«), Besiedlung und *Bitahon* (heb. »Sicherheit«) gehen für die unterschiedlichen Flügel der Arbeitspartei Hand in Hand, vor allem für die expansionistisch orientierte *Rafi*-Fraktion und die *Ahdut Haavoda*, welche noch offener der Ideologie von *Erez Israel* verpflichtet ist. Die alte *Mapai*-Fraktion ist innerhalb der israelischen Arbeitspartei inzwischen erheblich geschwächt.[104] Nur ein gewissermaßen »Außenstehender« wie *Likud*-Chef Menachem Begin, der sich nicht in diesem sicherheitspolitischen Milieu bewegt und nicht selbst um Gebiete gekämpft hat, kann es übers Herz bringen, auf die ganze Sinai-Halbinsel zu verzichten. Peres hingegen, der als eingefleischter Sicherheitspolitiker selbst die Erfahrung von Gebietseroberung und Gebietsverlust gemacht hat, empfindet diesen erneuten Verlust, wie sein Text von 1995 verrät, als äußerst schmerzhaft.

Zunächst drückt sich Peres' Unbehagen darin aus, dass er den Erfolg von Camp David alleine dem amerikanischen Präsidenten zuschreibt; die Rolle Israels und Ägyptens erscheint als zweitrangig: »Ich bin sicher, daß das Camp-David-Abkommen ohne den engagierten Beitrag Jimmy Carters nicht geschlossen worden wäre. Carter befaßte sich bis in kleinste Details mit dem Verhandlungsgegenstand, legte das Verfahren fest und drängte die Parteien zu Zugeständnissen. Dabei war er ein ebenso einsatzfreudiger Vermittler wie umsichtiger Gastgeber. Er sorgte dafür, daß die Parteien in Camp David ihre Verhandlungen fast ohne jede Störung von außen vorantreiben konnten, was für ihren Erfolg von entscheidender Bedeutung war. Der Durchbruch zum Vertragsschluß war Carters größte Leistung als Präsident.«[105] Wie schätzt Peres den Vertragsschluss selbst ein? »Das Abkommen von Camp David bedeutet allerdings nur die Lösung einer der zahlreichen Verhandlungsfragen: einen Frieden zwischen Israel und Ägypten. Bewußt oder unbewußt strebten die Unterhändler nur dieses im Augenblick erreichbare Ziel an und klammerten andere Probleme – das Problem der Palästinenser, Jerusalem und

den Frieden zwischen Israel und den anderen arabischen Staaten – vorerst aus.«[106] An wen richtet Peres diesen Einwand? Ist die Loslösung des ägyptisch-israelischen von den anderen Teilkonflikten hier als Kritik oder lediglich Feststellung gemeint? Weiß Peres nicht, dass das Camp-David-Abkommen auch die Lösung der Palästinenserfrage im Sinne einer Autonomie vorsieht? Peres weist wohl auf den ersten Teil des Camp-David-Abkommens hin:
»Die anderen Fragen wurden in verschiedenen unverbindlichen Absichtserklärungen und Randbemerkungen abgehandelt. Sadat legte Wert darauf, daß das Camp-David-Abkommen auch Aussagen zur Zukunft der Palästinenser enthielt. Das Modell einer palästinensischen Autonomie, die in diesem Abkommen detailliert vorgesehen war, erfüllte seine Forderung.«[107] Weshalb aber diese Autonomie aus Peres' Sicht nicht umgesetzt wurde, beantwortet er nicht. Er deutet nur an: »Meiner Meinung nach ging es ihm [Sadat] dabei eigentlich weniger um eine Autonomie für die Palästinenser als vielmehr um eine Rechtfertigung des ägyptischen Friedensabkommens mit Israel. Ebenso war die Präambel, die das Abkommen als Modell für einen Frieden mit den anderen arabischen Ländern vorsieht, wohl eher als eine notwendige Beschwichtigung Syriens denn als eine bindende Verpflichtung gedacht.«[108]

Peres' charakteristischer Diskurs der getrennten Betrachtung der israelischen und der arabischen Geschichte hält Israels Rolle im Konflikt so klein wie möglich. Zunächst wird auf Sadats Forderung in der Palästinenserfrage hingewiesen. Dann aber wird Sadats Alleingang mit innerarabischen bzw. ägyptischen Überlegungen begründet, und zwar losgelöst von Israels Position in dieser Frage. Und dann zieht er wiederum in Zweifel, dass ein umfassender Frieden realisierbar wäre: »Sadat hatte mit seiner Absicht, keinen Friedensschluß über das Abkommen zwischen Israel und Ägypten hinaus anzustreben, letztlich recht. Nach einer alten rabbinischen Weisheit geht derjenige, der zuviel will, am Ende leer aus. Hätte Sadat die israelisch-ägyptischen Verhandlungen durch Abkommen mit Syrien, Jordanien und den Palästinensern verknüpft, wäre der Frieden mit Ägypten nicht zustande gekommen.«[109]

Der Text suggeriert, als hätte nicht Israel, sondern allein Ägypten ein Interesse an einer umfassenden, möglichst viele Parteien einschließenden Friedenslösung. Dabei steht Israel im Brennpunkt des Nahostkonflikts, nicht Ägypten. Israel, und nicht Ägypten, steht nach dem Friedensschluss von 1978 vor der Frage, wie die Beziehungen mit den anderen arabischen Staaten verbessert werden könnten. Doch Peres besteht auf einem Narrativ, das Israel und die Kernfragen des Konflikts aus dem Zentrum des Geschehens an den Rand rückt. Weshalb entschließt sich Sadat letztlich zum Alleingang? Welche Position vertritt Israel 1979 in punkto Syrien, Jordanien und, vor allem, der Palästinenserfrage? Außerdem gilt es zu fragen, ob Ägypten und gerade Sadat selbst nicht einen hohen Preis für diesen Alleingang mit Israel bezahlten? Diese Fragen beachtet Peres 1995 kaum: »Ich glaube, ich habe in meinen zahlreichen Begegnungen mit Sadat seine Absicht schließlich verstanden. Er wußte, daß ein Frieden weder für Ägypten noch die übrigen betroffenen Staaten erreichbar gewesen wäre, wenn er versucht hätte, die übrige arabische Welt in seine Bemühungen einzubeziehen. Stattdessen entschloß er sich für einen Alleingang, bei dem ihm die anderen bald nachfolgen würden.«[110] Wie Peres Sadats Alleingang wirklich bewertet, lässt sich anhand seiner Darstellung der Verhandlungen aufzeigen, die dem Camp-David-Abkommen vorangegangen sind.

Der gesamte Camp-David-Friedensprozess ist in Peres' Augen davon überschattet, dass Israel sich dabei zur Abgabe von Gebieten überreden lässt: »Was den ersten Teil des Abkommens [zwischen Israel und Ägypten] angeht, so mußte Begin [hier erstmals erwähnter israelischer Premierminister Menachem Begin] die gesamte Sinai-Halbinsel bis zum letzten Sandkorn abtreten. Er [Begin] hatte den israelischen Siedlern im Norden des Sinai öffentlich versprochen, sich nach seinem Rückzug aus der Politik bei ihnen niederzulassen. Das Versprechen, das als Beruhigung der Siedler gedacht war, war gleichsam das Gegenstück zu Ben-Gurions Entscheidung, sich den Pionieren des Kibbuz Sde Boker anzuschließen. Aber es stellte sich einmal mehr als hohles wahltaktisches Versprechen heraus.«[111] Der vorwurfsvolle Ton, den Peres Begin gegenüber anschlägt, ist nicht zu überlesen. Begin wird zum ersten Mal in »Die lange Suche« namentlich genannt, und das gleich im Zusammenhang mit den Gebieten, die zurückgegeben worden sind. Die Räumung von jüdischen Siedlungen im Sinai kommt für Peres einer Sünde gleich, sie schmerzt ihn unentwegt: »Nach Abschluß des Abkommens vertrieb Begins Regierung die letzten hartnäckig ausharrenden Siedler mit Gewalt von dem durch sie beanspruchten Boden.«[112] Peres wählt seine Worte – »Vertreibung«, »hartnäckige Siedler« und »durch sie beanspruchten Boden« – 1995 mit Bedacht: Zu diesem Zeitpunkt befindet sich Israel mitten im Oslo-Friedensprozess mit den Palästinensern, in dem die Gebietsfrage ebenfalls ein zentraler Streitpunkt ist. Peres' Ausführungen zu Camp David in den 1970er Jahren veranschaulichen, was der 1995 als Außenminister amtierende Peres von der Formel »Land für Frieden« hält:

> »Wahrscheinlich ist nur eine rechte Regierung zu solch einer Aktion fähig. *Und ich bin bis heute nicht davon überzeugt, daß sie wirklich notwendig war.* Ich habe mich mit Moshe Dayan lange über diesen wunden Punkt des Abkommens mit Ägypten unterhalten. Dayan glaubte, Sadat hätte überredet werden können, die Siedlungen wenigstens fünfundzwanzig oder dreißig Jahre stehenzulassen, wenn Israel bei den Verhandlungen darauf abgehoben hätte, daß es um die landwirtschaftliche Erschließung der Region gegangen wäre. Sadat, der selbst aus einem Dorf stammte, wäre zu Zugeständnissen vielleicht bereit gewesen. Ich glaube, die Regierung Begin hat in diesem Punkt bei den Verhandlungen einen kapitalen Fehler begangen.«[113] (meine Betonung, TA.)

Peres' Vorwurf gilt aber weniger Außenminister Dayan oder gar Ariel Sharon, dem Mann, der Begin bei der Räumung der Siedlungen in Sinai zur Seite stand. Beide waren zwar sehr wohl mitverantwortlich für die Bestimmungen von Camp David, dennoch gilt Peres' Kritik hier vielmehr der Begin-Regierung und vor allem Begin selbst:

»Ich habe das Camp-David-Abkommen stets nüchtern und realistisch bewertet. Ich war mir bewußt, daß es im wesentlichen eine Übereinkunft zwischen Israel und Ägypten war. *Zugleich war mir klar, daß Begin mit seiner Zustimmung, Sinai den Ägyptern bis zum letzten Sandkorn zurückzugeben, für künftige Verhandlungspartner ermunternde Signale gesetzt hatte. Ebenso klar war aber auch, daß ein Präzedenzfall für einen bedingungslosen Truppenabzug und die Aufgabe von Siedlungen geschaffen worden war.*«[114] (meine Betonung, TA.)

Angesichts dieser harschen Kritik am israelischen Premierminister stellt sich die Frage, weshalb der Oppositionsführer Peres 1978 die Camp-David-Abkommen in der *Knesset* unterstützt. Diese Entscheidung ist Peres nicht leichtgefallen, dennoch hat er sich zu ihr gezwungen gefühlt. 1978 hat er die Wahl zwischen einem Friedensschluss mit dem Verzicht auf die gesamte Sinai-Halbinsel und der Ablehnung des gesamten Abkommens, womit der erste Friedensschluss Israels mit seinem gefährlichsten Nachbarstaat hätte vereitelt werden können. Dieses Dilemma schlägt sich deutlich in den Texten dieser Jahre nieder, bzw. in den heftigen Debatten innerhalb der Arbeitspartei.[115] Das Echo seines Zwiespalts findet sich noch in seinen Memoiren: »Hier durften wir uns nichts vormachen. Jeder von uns mußte eine klare Entscheidung treffen, obwohl die Arbeiterpartei in der Opposition war, schlug ich vor, für das gesamte Paket einschließlich des Abrisses der Siedlungen zu stimmen. Ich hätte den Parteiinteressen mit der populäreren Entscheidung, die positiven Aspekte des Abkommens zu unterstützen und die anderen abzulehnen, wohl besser dienen können. Aber, wie ich damals sagte: Wir waren in der Opposition gegen die Regierung, aber nicht gegen den Frieden.«[116]

Peres bringt seine Partei dazu, Begins Regierung im Parlament zu unterstützen, und zwar trotz heftiger Meinungsverschiedenheiten wegen der Rückzugsfrage. Doch er wehrt sich auch nach so vielen Jahren noch gegen seine Entscheidung: »Diese Linie [die Unterstützung der Opposition von Begins Friedenspolitik] vertrat ich auf einer turbulenten und dramatischen Sitzung unseres Zentralkomitees. Das gegnerische Lager wurde von Yigal Alon [*Ahduth Haavoda*] angeführt. Alon verlangte, die Arbeiterpartei solle gegen das Abkommen stimmen. Die Mehrheit unterstützte meine Position. Die Gruppe um Alon bat um das Recht, daß jeder Abgeordnete in dieser Frage nach seinem Gewissen abstimmen dürfe. Als deutlich wurde, daß das Abkommen mit den Stimmen des *Likud* und der Arbeiterpartei eine sichere Mehrheit hatte, unterstützte ich sie. Ohne unsere Stimmen hätte das Parlament das Abkommen nicht ratifiziert.«[117]

Wie schmerzhaft muss Peres' Kampf innerhalb der Partei gewesen sein, einen Friedensschluss durchzusetzen, mit dessen Preis er sich selbst 1995 noch nicht abgefunden hat? Gegen seine innerste Überzeugung trägt er politisch zum ersten historischen Friedensvertrag bei, der Israels südliche Grenze entlastet. Nachträglich bekräftigt er sogar seine Verantwortung für diesen Friedensschluss: »Im Rückblick bereue ich nichts. Nach meiner Überzeugung haben wir als eine verantwortungsvolle Opposition gehandelt.« Gleichzeitig spricht Peres sich von der Verantwortung frei, an der Entscheidung für den Verzicht auf den Sinai mitgewirkt zu haben: »Wir [in der Arbeitspartei] haben uns nicht für die bequeme Lösung entschieden, wir haben für den Frieden, aber gegen den Truppenabzug gestimmt [sic!]. Wir haben im eigentlichen Sinn des abgenutzten Wortes patriotisch gehandelt. Und unsere Politik erhielt in Israel und der Welt viel Beifall.«[118]

Diese Bemerkung kann auch vor dem Hintergrund des Oslo-Friedensprozesses der 1990er Jahre gelesen werden: Peres will damit ausdrücken, dass die Arbeitspartei nicht nur 1978, sondern auch 1995 den Frieden zwar befürwortet, doch nicht zu dem Preis von Camp David. So Peres zur Formel »Land für Frieden«:

> »Die gleichen Probleme, die es zur Zeit des Camp-David-Abkommens gab, erschweren immer noch den Friedensprozeß im Nahen Osten. Wie damals würden gleichzeitige Verhandlungen mit allen arabischen Parteien auch heute noch in eine Sackgasse führen. Die Bremser und reaktionären Kräfte verfügen noch immer über genügend Einfluß, das globale Friedensangebot zu Fall zu bringen. Auch ließe ein Friedensvorschlag mit einer Globallösung die unterschiedliche Situation an den einzelnen Fronten außer acht. Judäa und Samaria (das Westjordanland) unterscheiden sich in zentralen Punkten vom Sinai, während die Frage der Golanhöhen wieder von ganz anderen Erwägungen beherrscht wird. In einem Krankenhaus hat jeder Patient seine eigene Krankheit. Da hat es wenig Sinn, nach einem Allheilmittel für alle zu suchen.«[119]

Wie gedenkt der israelische Außenminister 1995 die »Krankheit« Syriens und der Palästinenser, die in seinem Bild vom Nahostkonflikt als Krankenhaus wohl die Patienten darstellen, zu heilen? Diese Frage soll in der folgenden Betrachtung des Oslo-Friedensprozesses beantwortet werden. Im letzten Abschnitt der »langen Suche« verrät Peres allerdings, dass das Camp-David-Konzept keine Grundlage zur Genesung darstellt:

> »Ich war damals davon überzeugt und bin es auch heute noch, daß die tragfähigen Lösungen von der Findigkeit und Kreativität der jeweiligen Staatsmänner in der Region abhängen. Das Abkommen mit Ägypten bedeutet insofern einen Durchbruch, als es unser erster Vertrag mit einem arabischen Land war. Aber der Frieden mit Ägypten war auch am leichtesten zu erreichen [sic!]. Der Sinai ist nicht das Heilige Land, die angestammte Heimat des jüdischen Volkes. Und es ist zudem praktisch Ödland. Nach einer vereinbarten Entmilitarisierung ist die Frage, wer die Souveränität darüber besitzt, von geringerer Bedeutung [sic!]. Mir war stets bewußt, daß Lösungen an den anderen Fronten schwieriger zu erzielen sein würden.«[120]

Der Oslo-Friedensprozess 1993-1996: Versöhnung ohne Palästinenser?

Die syrischen und libanesischen Fronten ebenso wie die innere Front der Palästinenserfrage stehen bekanntlich Jahre nach dem Friedensschluss mit Ägypten auf der außen- bzw. sicherheitspolitischen Tagesordnung Israels. Von einem Versöhnungsprozess an diesen Fronten kann im Laufe der 1980er

Jahre kaum die Rede sein: Der Versuch, die Palästinenserfrage 1982 mittels eines Krieges im Libanon zu lösen, die darauffolgenden 18 Jahre israelische Präsenz in der sogenannten »Sicherheitszone« im Südlibanon, die jüdische Besiedlung der 1967 eroberten Gebiete, also der palästinensischen Territorien und der syrischen Golanhöhen, und schließlich die palästinensische Erhebung 1987-1992 – all dies sorgt vielmehr für äußerst instabile Verhältnisse zwischen Israel und seinen Nachbarn. In diesem Zeitraum wird Israel von einem *Likud*-Kabinett (1977-1984; 1990-1992) und einer Großen Koalition (1984-1990) regiert. Anfang der 1990er Jahre unternimmt Israel unter der Führung der Arbeitspartei (1992-1996) den Versuch, einen Frieden mit den arabischen Staaten zu erzielen. Zunächst ist hier die der *Likud*-Regierung von den Amerikanern 1991 aufgezwungene Madrider Friedenskonferenz zu nennen, und schließlich der israelisch-palästinensische Durchbruch im Oslo-Friedensprozess 1993. 1994 bringt die Arbeitspartei-Regierung unter der Führung von Jitzchak Rabin und Shimon Peres einen Friedenschluss mit dem Nachbarstaat Jordanien zustande, und im Laufe des Jahres 1995 zeichnet sich ein nennenswerter Fortschritt in den syrisch-israelischen Verhandlungen ab, welche durch die Ermordung des Premierministers Jitzchak Rabin am 4.11.1995 allerdings einen herben Rückschlag erleiden und letztlich scheitern. Die 1990er Jahre werden oft als »optimistisches Friedensjahrzehnt« im israelisch-arabischen Konflikt bezeichnet. Im Folgenden soll diese These aus der Sicht von Shimon Peres, der als israelischer Außenminister 1992-1995 und Premier- und Verteidigungsminister 1995-1996 eine der führenden politischen Persönlichkeiten der Zeit war, unter die Lupe genommen werden. Das Hauptaugenmerk liegt dabei auf den israelisch-palästinensischen Beziehungen im Oslo-Friedensprozess.

Gemäß dem Camp-David-Abkommen von 1978 werden die Rechte des palästinensischen Volks von Israel zwar anerkannt, auch sieht diese Übereinkunft die Errichtung einer palästinensischen Autonomie vor. Doch die israelisch-ägyptischen Verhandlungen über die palästinensische Autonomie zu Beginn der 1980er Jahre scheitern letztlich an der Frage der Souveränität über die palästinensischen Gebiete[121]: Gilt die Autonomie alleine für die Menschen oder aber für das Land, das Territorium, auf dem sie leben? – eine für den Oslo-Friedensprozess einerseits und Peres' sogenannte »funktionale Regelung« andererseits entscheidende Frage. Begins Autonomieplan behandelt dieses Problem schließlich wie folgt: »Israel stands by its right and its claim of sovereignty to Judea, Samaria and the Gaza District. In the knowledge that other claims exist, it proposes, for the sake of the agreement and the peace, that the question of sovereignty in these areas be left open.«[122] Dies bedeutet, dass der seit 1967 existierende Status quo der militärischen Besatzung in den Palästinensergebieten aufrechterhalten wird. Sowohl der *Likud* als auch die Arbeitspartei unter der Führung von Peres fördern in den 1980er Jahren im Rahmen der Großen Koalition massiv die jüdische Kolonisierung der besetzten Gebiete, sowohl aus historisch-religiösen (der Mythos der Verheißung des Landes) als auch aus sicherheitspolitischen Gründen (der Sicherheitsmythos bzw. der Mythos der Verteidigungslinien). Die militärische Dominanz über das ganze Land gilt nämlich für beide politischen Lager Israels als unabdingbare Voraussetzung jeglicher Verhandlungen über die Palästinenserfrage, gerade weil sie in sich die weiteren Konflikt-Kernfragen beinhaltet: Siedlungen, Wasser, Jerusalem und die Frage der Rückkehr der palästinensischen Flüchtlinge, über die das politische Israel der 1980er Jahre kaum zu sprechen bereit ist.

Doch gerade diese beiden Staatsmythen liefern gleichzeitig die Grundlage für die gegensätzlichen Lager in der israelischen politischen Landschaft: Der »Mythos der Verheißung des Landes« wird der zionistischen Rechten zugeordnet, wohingegen der »Sicherheitsmythos« von der zionistischen Linken getragen wird. Während der erste Mythos kaum einen politischen Verhandlungsspielraum zulässt, da auf Gebiete in *Erez Israel* nicht verzichtet werden dürfe, schließt der »Mythos der Sicherheit« insofern Friedensverhandlungen nicht ganz aus, als die Sicherheit gewährt ist. So kann sich im Laufe der 1980er Jahre unter Peres' Führung zunehmend der »Mythos des Friedens und der Sicherheit« (*Shalom u-Bitahon*) als Alternative des linkszionistischen Lagers entwickeln. Peres als langjähriger Führer der zionistischen Linken begreift sich zweifelsohne als Führer des Friedenslagers. Sein Biograph weist darauf hin, dass Peres mit seinem ersten Amtsantritt als Regierungschef im September 1984 den Frieden zum Hauptziel seiner politischen Arbeit erklärt habe.[123] Die Konstellation der Großen Koalition – vor allem der Kontrast zu ultimativen Gegnern von Verhandlungen, wie dem *Likud*-Chef der 1980er Jahre, Jitzchak Shamir – macht es Peres einigermaßen leicht, sich zunehmend als Friedensalternative zu profilieren. Seine ausgeprägte Sprache der »Friedensideologie« dient nun dem »Mythos des Friedens und der Sicherheit«. Im Kern birgt dieser Mythos eine große Spannung: zwischen dem Gebot der Sicherheit auf der einen Seite, welches nach gewisser territorialer Größe verlangt, und der Rhetorik einer israelischen Friedens*sehnsucht* andererseits, die wiederum bestimmte – wenn auch beschränkte – territoriale Zugeständnisse ermöglicht. Diese Spannung lähmt den zunehmend religiös begriffenen Friedensprozess, der im Sinne der »ewigen Verhandlungen auf eine ersehnte Versöhnung« hin interpretiert wird, eine Versöhnung, deren politische Erörterung dezidiert ausbleibt.

Doch der erste israelisch-arabische Friedensschluss wird nicht nur von einer rechten Regierung erzielt, zu einem ungünstigen Zeitpunkt für Peres, nämlich kurz nach dem historischen Machtwechsel von 1977. Er wird auch zu dem Preis des *gesamten* ägyptischen Territoriums, bis »zum letzten Sandkorn«, abgeschlossen. Dieser klare Schnitt: das gesamte Territorium gegen einen Friedenschluss, läuft dem Mythos »Frieden und Sicherheit« deshalb zuwider, weil er die diesem Mythos innewohnende »Trumpfkarte«, die im Krieg eroberten Gebiete, auf einen Schlag abgibt. Dieser Verlust bedeutet in den Augen vieler Israelis eine Gefahr für die Sicherheit, weil die zurückgegebenen Gebiete nicht nur als territoriale Ressourcen für das Siedlungsprojekt, sondern auch als »Verteidigungslinien« eine Quelle der Sicherheit darstellen. Die Verhandlungstaktik des Mythos »Frieden und Sicherheit« – wie im Oslo-Friedenskonzept zu sehen sein wird – ist die der »kleinen Schritte«. Dabei sollen zwar Verhandlungen aufgenommen werden, doch deren Ziele bleiben verborgen, unausgesprochen, in letzter Konsequenz den jeweiligen *Macht*verhältnissen der verhandelnden Parteien überlassen.

Aus diesem Verständnis heraus erklärt sich Peres' irritierende, wenn nicht beleidigende Reaktion auf Begins Schritt von 1979. Denn Begins Erfolg legt nicht nur das Scheitern der Peres/Rabin-Regierung 1974-1977 und damit das Ende der drei Jahrzehnte währenden Dominanz der Arbeitspartei nahe; Begin mischt auch die Karten im israelisch-arabischen Verhältnis neu und bringt somit Peres' Begriffs- und Vorstellungswelt durcheinander. Nach beinahe drei Jahrzehnten in Schlüsselpositionen im Sicherheitsestablishment, das sich der nationalstaatlichen Aufgabe mit ausschließlich militärischer Macht widmet, sieht Peres durch Begins zögerlichen Schritt in Richtung Frieden die Prinzipien der für die Nationalstaatlichkeit kämpfenden zionistischen Linken verletzt. Angesichts des hohen territorialen Preises kann Peres seine Erschütterung nicht verhehlen. Da er jedoch selbst zu diesem Erfolg aus den Reihen der Opposition heraus beigetragen hat, reduziert er Begins Beitrag in seinem 1995 verfassten Bericht auf die Frage der abgetretenen Gebiete. Peres' heikle parteipolitische Lage in der Folge des Friedensschlusses mit Ägypten erklärt sich aber nicht alleine aus dem ultimativen territorialen Verlust – dem Gegenkonzept zur Politik der »kleinen Schritte«, wie sie in den schweren Verhandlungen von 1975 praktiziert wurde –, sondern auch daraus, dass diese Friedenspolitik von einem politischen Rivalen betrieben wird, der dieses historische Verdienst quasi »kassiert«. Die Anerkennungsfrage in punkto Frieden ist für Peres keineswegs eine Nebensache: 1992 verliert Peres, seit 1977 Vorsitzender der Arbeitspartei, sein Amt an seinen langjährigen politischen Rivalen Jitzchak Rabin, u. a. auf Grund des Stillstandes im Friedensprozess. Anfang der 1990er Jahre gerät Peres in der eigenen Partei zunehmend unter Druck, da dem Parteiführer zwischen 1977 und 1992 kein entscheidender Wahlsieg gelingt. Die Arbeitspartei muss sich die Regierungsgewalt mit dem *Likud* (1984-1990) teilen, eine Konstellation, die für den Friedensprozess als ausgesprochen ungünstig gilt. Erst 1992, als die Arbeitspartei den Vorsitzenden und den Kandidaten für das Amt des Staatschefs wechselt, gelingt ihr unter Rabins Führung gerade unter Betonung der Friedenspolitik und durch die Ankündigung, andere politische Prioritäten zu setzen, ein knapper Wahlsieg, der aber für eine »Friedensregierung« ausreicht.

Peres' ungünstige Lage wird weiter verständlich, wenn man seine Friedensbemühungen im Rahmen der Großen Koalition Ende der 1980er Jahre berücksichtigt, welche vonseiten der *Likud*-Koalitionspartner energisch vereitelt werden. Die wichtigste Initiative sind die im April 1987 zwischen Außenminister Peres und Jordaniens König Hussein stattfindenden geheimen Gespräche in London. Peres sucht dabei eigene Friedensvorstellungen gemäß der »jordanischen Option« zu realisieren. Das ausgehandelte »London-Dokument« sieht im Kern vor, den Friedensprozess unter einer internationalen Schirmherrschaft in Gang zu setzen. Es beinhaltet folgende Punkte: Erstens soll der UN-Generalsekretär die fünf permanenten Mitglieder des Sicherheitsrats und die israelisch-arabischen Konfliktparteien dazu aufrufen, eine Regelung auf der Basis der UN-Sicherheitsbeschlüsse 242 und 338 auszuhandeln, und zwar »with the object of bringing a comprehensive peace to the area, security to its states, and to respond to the legitimate rights of the Palestinian people«.[124] Zweitens sieht das Peres-Hussein-Papier vor, die jeweiligen Konfliktparteien in dieser Konferenz zur Bildung bilateraler Gruppen einzuladen, um die Verhandlungen zu führen. Der dritte Teil beinhaltet die Vereinbarung, dass erstens in diesem Verhandlungsrahmen keine Lösung und kein Veto von außen den Parteien aufgezwungen werden dürfe; zweitens, dass die Verhandlungen in bilateralen Gruppen geführt werden sollen; drittens, dass die Palästinenserfrage in Gesprächen zwischen einer jordanisch-palästinensischen und einer israelischen Delegation behandelt werden soll; viertens, dass die palästinensischen Vertreter als Bestandteil der jordanisch-palästinensischen Delegation teilnehmen dürfen; fünftens, dass die Teilnahme an der Konferenz die Annahme der UN-Sicherheitsbeschlüsse 242 und 338 und die Ablehnung von Gewalt und Terrorismus voraussetzt; sechstens, dass jede multilaterale Gruppe unabhängig verhandeln soll. Schließlich betont das London-Dokument den multilateralen Charakter dieser etwas entmachteten internationalen Konferenz: Andere Angelegenheiten sollen im Rahmen eines Abkommens zwischen Jordanien und Israel bestimmt werden.[125]

Die London-Vereinbarung hat die jordanische Option insofern als Grundlage, als die palästinensische Option, also die Schaffung eines palästinensischen Staats und die Anerkennung der PLO als Gesprächspartner, kategorisch ausgeschlossen werden. Die palästinensische Frage soll stattdessen allein in Zusammenhang mit Jordanien behandelt werden. Darüber hinaus ist wichtig, dass eine internationale Schirmherrschaft den Rahmen der Konferenz bildet, dass die UN jedoch keinen inhaltlichen Einfluss auf die Verhandlungen und deren Ausgang ausüben dürfen, da die Regelungen in bilateralen Verhandlungen zwischen den jeweiligen Delegationen ausgearbeitet werden sollen. Wie noch zu sehen ist, insistiert Israel auch in den Oslo-Verhandlungen gegenüber der PLO auf diesem Punkt. Und schließlich ist noch anzumerken, dass das London-Dokument kaum inhaltliche Aussagen über die Kernpunkte des israelisch-palästinensischen Konflikts trifft. Auch diese sollen durch bilaterale Verhandlungen geklärt werden. Welche Erfolgschancen das London-Dokument gehabt hätte, wäre seine Umsetzung nicht von *Likud*-Chef Jitzchak Shamir vereitelt worden, vermag der Historiker nicht zu beantworten. Peres zeigt sich äußerst empört über seine politischen Rivalen, die seiner Friedensmission von 1987 im Wege stehen. Er kritisiert auch die Zurückhaltung der Amerikaner, die seines Erachtens nur unzureichend Druck auf Shamir ausüben, um den Friedensprozess in Gang zu setzen. Peres hofft, dass die Amerikaner das London-Dokument als eigenen

Vorschlag präsentieren und Israel die Verhandlungen aufzwingen, ohne Rücksichtnahme auf die widerständigen Koalitionspartner Peres'.[126] In seinen Memoiren schildert Peres seine Enttäuschung: »In Shamirs Namen teilte Arens [Moshe Arens *Likud*-Minister ohne Geschäftsbereich] dem amerikanischen Außenminister [George Schultz] folgendes mit: Sollten die Vereinigten Staaten die gemeinsamen israelisch-jordanischen Vorschläge als eigene präsentieren, würde dies als krasse Einmischung in die inneren Angelegenheiten Israels betrachtet. Schultz leuchtete diese Warnung überraschenderweise ein, so daß er es zu unserer Enttäuschung ablehnte, die Vereinbarung mit Hussein als amerikanischen Friedensvorschlag zu präsentieren.«[127]

Peres ist fest davon überzeugt, dass seine Initiative realistische Erfolgschancen gehabt hätte, wäre sie umgesetzt worden. Er betont den hohen Preis der Ablehnung des London-Dokuments und trauert nicht ohne Bitterkeit um eine verpasste Chance:

> »Die Menschen in der Region zahlten einen hohen Preis für das Scheitern meiner Vereinbarung mit Hussein. Es hätte zu einem Meilenstein auf dem Weg in den Frieden werden können, so aber mußten Hunderte Palästinenser und Israelis ihr Leben lassen: Wenige Monate später brach im Westjordanland und in Gaza die Intifada aus, der gewaltsame blutige Aufstand der Palästinenser. Alle Londoner Friedenshoffnungen waren zerstoben, und unsere Region wurde einmal mehr für lange Zeit in Mutlosigkeit und Verzweiflung gestürzt.«[128]

Peres zieht eine Linie von der lahmenden Großen Koalition in punkto Friedensprozess bis hin zur von ihm in Gang gesetzten Ablösung der Shamir-Regierung 1990, und zwar des Friedens wegen:

> »Das Scheitern der Friedensinitiative von 1987 führte 1990 indirekt zum Bruch der Regierung der Nationalen Einheit. Zu diesem Zeitpunkt kam die Arbeiterpartei unter meiner Führung zu der Erkenntnis, daß es mit Shamir als Premierminister keine Hoffnung auf Fortschritte im Friedensprozeß geben könne. Ohne diese Hoffnung gab es aber auch keinen Grund mehr, länger in der Regierungskoalition zu bleiben.«[129]

Doch die Geschichte beschert Peres bekanntlich noch eine Chance. Seit dem Machtwechsel im Juni 1992 befindet er sich wieder in einer Position, aus der heraus er auf den politischen Prozess Einfluss nehmen kann. Als Außenminister in der sogenannten »Zweiten Rabin-Regierung« wird Peres von den *bilateralen* Gesprächen in Washington – infolge der internationalen Konferenz von Madrid 1991 – zwar vorerst ausgeschlossen, dafür darf er aber Israel in den *multilateralen* Verhandlungen mit der arabischen Welt vertreten. An diesen Gesprächen nehmen ca. 40 Länder der Region teil samt den USA, Russland, der Europäischen Union und Japan, um über eine Reihe regionaler Themen wie Wasser, Umwelt, Flüchtlinge, Waffenaufsicht und wirtschaftliche Entwicklung zu verhandeln.[130] Dies erklärt, warum Peres den Friedensprozess in *Die Versöhnung* auf der regionalen Ebene betrachtet.

Dies hält den Außenminister Peres aber nicht davon ab, die Verhandlungen zwischen Israel und der PLO im Laufe des Jahres 1993 in Oslo voranzutreiben. Die bilateralen Gespräche in Washington zwischen der israelischen und der jordanisch-palästinensischen Delegation erweisen sich nämlich bald als erfolglos. Die Differenzen zwischen den Parteien in der Autonomiefrage bleiben unüberbrückbar: Während die Palästinenser auf der Grundlage eines palästinensischen Staats verhandeln wollen, beharren die Israelis auf einem vagen Konzept der Übergangsregelungen mit dem Ziel der Aufrechterhaltung der militärischen Dominanz in den palästinensischen Gebieten.[131] Die Ausweglosigkeit der Washington-Gespräche lässt den Druck der israelischen Öffentlichkeit auf den Premierminister Rabin allmählich wachsen, seine Wahlversprechen in punkto Frieden einzulösen. Die israelische Führung unter Rabin und Peres sowie Vize-Außenminister Yossi Beilin trifft letztlich die historische Entscheidung, direkt mit der seit jeher als terroristische Organisation begriffenen PLO zu verhandeln, was zur Oslo-Prinzipienerklärung vom 13.9.1993 führt. Ex-General und Premierminister Rabin als »Mann des Militärs« lehnt diese Option eine Zeitlang ab – auch kurz vor der Unterzeichnung der Prinzipienerklärung hadert er noch mit der Entscheidung, die PLO anzuerkennen. Peres begreift allmählich die Notwendigkeit, die PLO bei der Suche nach einer Regelung einzuschalten. Seine Position in dieser Frage muss ausführlich erörtert werden. Sein Vize Yossi Beilin gilt als die treibende Kraft auf dem Weg zur palästinensischen Option. Er sieht Verhandlungen mit der PLO als Schlüssel zu jeglicher Lösung. Beilin setzt sich deshalb für die Anerkennung der PLO ein, überzeugt Peres und schließlich auch Rabin.[132]

Die »Prinzipienerklärung über die vorübergehende Selbstverwaltung«, genannt Oslo I, unterzeichnet von Israel und der PLO am 13.9.1993, ist in erster Linie eine gegenseitige Anerkennung der Rechte der beiden Völker, einer Absichtserklärung für die Beendigung des Konflikts und für eine historische Aussöhnung, mithin für ein Leben in Frieden, Würde und Sicherheit. Außerdem sieht Oslo I innerhalb eines Zeitraums von fünf Jahren die Errichtung einer palästinensischen Autonomiebehörde vor, die durch freie Wahlen bestimmt wird und allmählich die Zuständigkeiten der israelischen zivilen und militärischen Verwaltung übernehmen soll. Diese Autonomiebehörde soll dazu auch mit Israel über permanente Regelungen verhandeln, die auf der Grundlage der UN-Resolutionen 242 und 338 erzielt werden sollen. Dies umschließt vorläufig aus der Prinzipienerklärung ausgeschlossene Kernfragen wie die Grenzen, Jerusalem, Flüchtlinge, Siedlungen und Sicherheitsregelungen. Gemäß Oslo I sollen die Verhandlungen über eine permanente Regelung, die fünf Jahre nach Oslo I in Kraft gesetzt werden soll, bereits am 13.12.1995 aufgenommen werden. Das Westjordanland und der Gazastreifen werden in der Prinzipienerklärung als eine territoriale Einheit definiert, für welche die palästinensische Autonomiebehörde zuständig sein soll, mit Ausnahme von Sicherheitsbestimmungen und Auswärtigen Angelegenheiten, für die Israel die Verantwortung erhält. Israel wird angewiesen, seine Truppen aus Gaza und Jericho abzuziehen, und zwar im Rahmen eines Vertrags, der bis zum 13.12.1993 unterzeichnet und bis zum 13.4.1994 umgesetzt werden soll. Innerhalb von neun Monaten nach Oslo I – also im Juli 1994 – sind freie Wahlen für einen legislativen Rat im Gazastreifen sowie im Westjordanland vorgesehen, und zwar unter internationaler Beobachtung sowie mit Hilfe der palästinensischen Polizei.[133]

Das »Abkommen über die Autonomie des Westjordanlands«, genannt auch Oslo II, wird am 28.9.1995 in Washington von Rabin und Arafat in Anwesenheit von William Clinton, Hosni Mubarak und König Hussein unterzeichnet. Oslo II markiert den Abschluss der ersten Phase der Verhandlungen zwischen Israel und der PLO. Das Abkommen sieht u. a. die Wahl eines palästinensischen Rats und die Übertragung der legislativen Autorität auf diesen, den Rückzug der Armee aus »den palästinensischen Zentren« und die Teilung der Westbank in drei Kontrollkategorien vor: A, B und C. Kategorie A umfasst die palästinensischen Städte und Kleinstädte, die im Gerichtsbezirk der palästinensischen Autonomie liegen. (Es handelt sich dabei um folgende Städte: Hebron, Bethlehem, Jericho, Ramallah, Nablus, Kalkilia, Tulkarm und Jenin.) Kategorie B bezieht sich auf die palästinensischen Dörfer und dünn besiedelten Gegenden der Westbank, die als zivile Gerichtsbezirke gelten. Die Sicherheitskontrolle bleibt bei der israelischen Armee. Kategorie C beinhaltet den Rest der Westbank und besteht in von Israel beschlagnahmtem Land, das für jüdische Siedlungen und Straßen vorgesehen ist.[134] Bei der Zone A handelt es sich um vier Prozent, bei der Zone B um 25 Prozent der Westbank. Im Gazastreifen behält Israel mehr als 35 Prozent des Landes für Siedlungszwecke, Militärstützpunkte und den Straßenbau.[135] Am 5.10.1995 erhält auch Oslo II nur eine knappe Mehrheit von 61 gegen 59 Stimmen in der *Knesset*. Der Oslo-Friedensprozess stößt auf noch nie da gewesene Demonstrationen der rechten Opposition gegen die Regierung der Arbeitspartei. Am 4.11.1995 wird Premierminister Jitzchak Rabin durch einen israelischen Extremisten ermordet. Außenminister Peres übernimmt Rabins Ämter und somit die Führungsposition im Oslo-Friedensprozess. Welche Friedenspolitik betreibt der Staatschef Peres? Wie steht Peres allgemein zum u. a. von ihm 1993 in Gang gesetzten Friedensprozess? Was erhofft er sich für sein Land durch die Anerkennung der PLO? Wie sehen Peres' politische Ziele im Oslo-Friedensprozess aus: Welches Friedensverständnis bzw. welches Verständnis der Beziehungen zwischen Israel und dem palästinensischen Volk hat der Politiker Peres? Damit verbunden ist die Frage nach seinen Vorstellungen von den Beziehungen zwischen Israel und seinen Nachbarstaaten Jordanien, Libanon und Syrien: Lässt sich nach Peres der umfassende Frieden erzielen? Wandelt sich das Konfliktbewusstsein des 70-jährigen Peres durch die Friedensinitiative 1993? Diese Fragen gilt es im Folgenden auf der Basis von in den 1990er Jahren verfasstem Quellenmaterial zu beantworten: Zeitungsartikel, Interviews, *Knesset*-Reden. Doch Grundlage der folgenden Analyse bilden Peres' Bücher: Seine Autobiographie betitelt *Shalom: Erinnerungen* von 1995 und *Die Versöhnung* von 1993.

Die Versöhnung – Der Neue Nahe Osten:
Aufnahme in der israelischen Presse – Optimismus oder Irritation?

Peres' Buch *Der Neue Nahe Osten – Rahmen und Prozesse für die Friedensära*, so der hebräische Buchtitel für *Die Versöhnung*, erscheint zum Zeitpunkt der Bekanntgabe von Oslo I und wird mit großem Interesse von der israelischen Öffentlichkeit aufgenommen. Zahlreiche Rezensionen und Stellungnahmen verweisen auf das Ausmaß der mit dem Oslo-Friedenswerk verbundenen Wendestimmung im Lande, die als Anbruch einer »neuen Ära« aufgefasst wird. Der zionistische Historiker Josef Gorny bescheinigt dem Autor von *Die Versöhnung* einen »utopischen Realismus«. Peres sowie ein Großteil der früheren zionistischen Führung besäßen die Fertigkeit, auch in frustrierenden Situationen mit diesem Realismus weiter politisch zu agieren. Gorny will Peres als Vertreter eines diplomatisch-politischen Zionismus verstanden wissen, vergleichbar mit Chaim Weizmann, dem politischen Rivalen von David Ben-Gurion in der Gründungsphase des israelischen Staats. Gorny vergleicht die Vorschläge in *Die Versöhnung* mit dem Ansatz Weizmanns, der eine politische Regelung zwischen Juden und Arabern gemäß dem kolonialistischen Ansatz der Mandatszeit anstrebte. Der in diesem Buch dargelegte Plan hat nach Gorny ein »utopisches Flair«, wobei er zugleich die »realistische Seite« dieses utopischen Denkens betonen will, wie der Titel seiner Rezension nahelegt: »Von Dimona nach Oslo«.[136]

Auch andere Rezensenten verstehen Peres' Vision des Neuen Nahen Ostens als eine bedeutende historische Wende, als eine realistische Alternative. So spricht der israelische Journalist Jehuda Gotthilf in diesem Zusammenhang vom »Abschied von der Vergangenheit«, wobei er in Peres' Entwurf eine Alternative liest, »die einen [neuen] Nahen Osten hervorrufen kann, der nationale Befreiung gekoppelt an soziale und politische Gerechtigkeit nach sich zieht«. Gotthilf sieht darin eine »realistische Vision, eine Inspiration zur Aktivität, die die traurige Realität verändern kann«.[137] Dov Bar-Nir verwendet sogar Peres' Terminologie des »Denkens von der Zukunft« und schreibt dem Visionär des Neuen Nahen Ostens »Humanität, Einmaligkeit, Schwung und Rationalität« zu.[138] Auch Shmuel Kushnir begreift die in *Die Versöhnung* geschilderte Vision als eine realisierbare Utopie, die im modernen Denken verankert sei. So versteht er *Die Versöhnung* »als monumental« und sieht den Autor mit der Fähigkeit zum »neuen, gründlichen und ausführlichen Denken« begnadet.[139] Einige Rezensenten sind sogar der Überzeugung, dass Peres seine alten Positionen in Bezug auf die israelische Sicherheitspolitik vollständig geändert habe. So interpretiert Aliav Schuchmann den Neuen Nahen Osten als die Anerkennung der Grenzen von 1949 durch Peres bzw. als die Akzeptanz des Abzugs Israels aus den 1967 eroberten Gebieten.[140] Amiram Gil erklärt entschlossen: »Peres hat bereits im ersten Buchkapitel bewiesen, dass ein Neuer Naher Osten möglich ist.« Gil weist zwar darauf hin, dass das Buch kaum konkrete Lösungen vorschlage, und dass Peres den eigentlichen Konfliktpunkten ausweiche. Doch lässt er kaum Zweifel daran aufkommen, dass Peres' Äußerungen den Anbruch einer neuen Ära, der Friedensära, signalisieren. »Der erste bedeutende Schritt ist bereits erfolgt [...] nach 60 Buchseiten ist der Leser davon überzeugt, dass der regionale Frieden die Lösung darstellt, dass der territoriale Preis seitens Israels vernünftig sein wird.«[141]

Es melden sich jedoch auch einige kritische Stimmen bezüglich Peres' Vision eines Neuen Nahen Ostens. AS (vollständiger Name nicht angegeben) betont die Unrealisierbarkeit von Peres' Friedensvision, der zufolge die ökonomische Prosperität den Frieden und somit die Demokratisierung der Region nach sich ziehen würde. AS begründet dies damit, dass die arabische Welt »korrupt, übermutig, konfliktträchtig und arm« sei, und zudem habe »das kleine Israel wohl kaum eine wirtschaftliche Kooperation in der Region nötig«. Er hält das Argument, dass alleine der Kriegszustand der Errichtung eines solchen Marktes im Wege stünde, und dass mit dem »Eintreten des Friedens« dieses Hindernis beseitigt werden würde, für lächerlich. Denn es sei kaum anzunehmen, dass »die Araber mit dem verhassten Israel je eine Kooperation anstreben würden, zumal sie sogar unter sich kaum kooperieren«. Vielmehr weist AS auf den wirtschaftlichen Schaden hin, der für Israel durch einen Frieden entstehen würde: infolge einer möglichen Rückkehr und der Ansprüche der palästinensischen Flüchtlinge, durch den Verlust von Territorium und Wasserquellen, durch Abfindungen für die abgezogenen jüdischen Siedler sowie die Verkleinerung des israelischen Militärs.[142] Diese Kritik drückt die Furcht vor einem Abschied vom Sicherheitsmythos ebenso wie vom Mythos der Verheißung des Landes aus. Diese beiden, der israelisch-zionistischen Gesellschaftsordnung zu Grunde liegenden Mythen, gekoppelt an den Mythos des »Allein-unter-den-Völkern-Sein«, stehen einem »regionalen Frieden« im Weg. AS formuliert damit die Kritik des rechten Lagers.

Die Kritik des linksorientierten Journalisten Gidon Sether betont hingegen das entpolitisierte Moment von Peres' Vision:

> »Hätte man einen Nobelpreis für theoretische, nicht umsetzbare Modelle verliehen, hätte Shimon Peres sicherlich diesen erhalten. Peres' Vision für den Nahen Osten ist so allumfassend, so faszinierend und so messianisch, dass sie beim Lesen ein ambivalentes Gefühl erweckt: einerseits ein trauriges Gefühl über das schreckliche Verkommen des in dieser Region steckenden großen Potentials; andererseits eine Faszination (begleitet von Mitleid) über das unermüdliche Selbstbetrugsvermögen des Juden. Ich rede nachdrücklich von dem jüdischen Mann, und nicht von Shimon Peres, weil der Autor den messianischen Radikalismus verkörpert, der das Judentum über die Generationen hinweg begleitet und vielleicht den wichtigsten Brennstoff für den Antisemitismus liefert.«[143]

Sether hält es für ratsam, die beiden Gründungsmythen Israels aufzuheben, sowohl den Mythos der Sicherheit und den der Verheißung des Landes. Beide Mythen – der des linken sowie der des rechten politischen Lagers – müssten für eine Lösung der Palästinenserfrage aufgegeben werden, was eine tief greifende Veränderung des israelischen gesellschaftlichen Ethos' und der israelischen Ordnung bedeutete. Hat Peres dies 1993 wirklich im Sinne?

Kann der 70-Jährige die von ihm selbst geprägten Mythen der israelischen Gesellschaftsordnung auflösen wollen?

Bemerkenswert an diesen Stellungnahmen – ob bejahend oder kritisch, ob von der »rechten« oder der »linken« Seite des politischen Spektrums – ist die Interpretation von Peres' Friedensvision als Utopie.[144] Der Begriff »Utopie« – sei sie realisierbar oder fantastisch – wird beinah von allen Kommentierenden verwendet. Peres wird sowohl gelobt als auch getadelt für seinen Neuen Nahen Osten. Doch ein Bezug zum vage formulierten Lösungsvorschlag in *Die Versöhnung* lässt sich in diesen Rezensionen kaum finden. Darüber hinaus schenken die meisten Rezensenten den vorhandenen Differenzen zwischen den angesprochenen Konfliktparteien kaum Aufmerksamkeit. Die »andere Seite« des Palästinakonflikts bzw. des regionalen Konflikts findet kaum Platz. Es wird vielmehr über »die Araber« der Region und »die arabischen Staaten« im Allgemeinen und über »die Friedensfähigkeit der Region« debattiert. An dieser Stelle sei Raz-Krakotzkins Grundsatz der Separation als Grundlage der Debatte der hier dargelegten israelischen Meinungsführer zu beachten. Vor allem die Befürworter der Vision des Neuen Nahen Ostens sind Teil eines Friedens-Diskurses, in dem die Partner des Friedens und deren Positionen abwesend sind. Wie sieht es in *Die Versöhnung* selbst aus?

Schon im hebräischen Titel von *Die Versöhnung* findet sich die Tradition, den palästinensischen Gesprächspartner auszuschließen. Anders als der deutsche Titel, der den Begriff *Versöhnung* verwendet, ein Begriff, der auf zwei Parteien deutet, lautet der hebräische Titel: *Der Neue Nahe Osten – Rahmen und Prozesse für die Friedensära*. Der Frieden wird somit allgemein und in regionalen Begriffen gefasst: Die Palästinenser als Israels Gesprächspartner im Oslo-Prozess sind im hebräischen Titel abwesend. Bemerkenswert sind auch die unterschiedlichen Abbildungen auf der Titelseite: Die hebräische (sowie englische) Version zeigt ein Foto des Autors; *Die Versöhnung* hingegen verwendet das Bild vom historischen Treffen der Konfliktparteien am 13.9.1993 auf den Wiesen des Weißen Hauses, auf dem u. a. Shimon Peres und Jassir Arafat sich die Hand reichen.

Auch das Inhaltsverzeichnis verrät wenig über den 1993 in Gang gesetzten historischen und politischen Versöhnungsprozess mit den Palästinensern. In den Kapiteln über Frieden und Krieg wird allgemein gesprochen, so im ersten Kapitel »Die Geburtsstunde des Friedens«, im dritten Kapitel »Im Krieg gibt es keine Gewinner«, im 14. Kapitel »Das Flüchtlingsproblem« und im 13. Kapitel »Konföderation«. In diesen Buchteilen thematisiert Peres den israelisch-palästinensischen Konflikt. Doch ein Großteil des Buches (Kapitel 4 und 6-11) wird ausschließlich dem wirtschaftlichen Aspekt des »bereits politisch befriedeten Neuen Nahen Ostens« gewidmet, womit sich die Kritik, Peres' Vision sei eine Fantasievorstellung, erklären lässt. Das zweite, fünfte und zwölfte Kapitel behandeln übergreifende regionale Angelegenheiten wie Wirtschaft und Sicherheitspolitik. Das Inhaltsverzeichnis gibt also wenig Aufschluss darüber, dass es sich bei diesem Friedenswerk um eine Versöhnung mit dem palästinensischen Nachbarvolk handelt.

Tatsächlich bildet ein zentrales Spannungsfeld des Buches die getrennte Behandlung der beiden Konfliktkreise. Zum einen wird der weitere regionale Konfliktkreis behandelt, wobei allgemein die arabische Welt und die Gefahren des islamischen Fundamentalismus – eindeutig Peres' Feindbild – thematisiert werden; der Neue Nahe Osten und die »neue regionale Wirtschaft« nehmen hier einen zentralen Platz ein. Auf diese Ebene beziehen sich die meisten oben besprochenen Rezensionen zum Buch. Der zweite Konfliktkreis befasst sich mit dem lokalen Palästinakonflikt, mit dem Israel, und damit Peres als zentraler Entscheidungsträger, unmittelbar im Oslo-Friedensprozess zu tun haben. Dieses Spannungsfeld kommt auch *sprachlich* zum Ausdruck: Während bei der Behandlung der regionalen Ebene eine »allumfassende, faszinierende und messianische Sprache« verwendet wird, wobei von großen Visionen und Erfolgschancen die Rede ist und die Begriffe *Frieden, Gerechtigkeit und Freiheit* vollmundig herangezogen werden, bleibt die Sprache bei der Betrachtung des im Folgenden zu behandelnden Palästinakonflikts beim altbekannten Sicherheits- bzw. Herrschaftsdiskurs.

Ein weiteres Spannungsfeld kennzeichnet *Die Versöhnung*: der Gegensatz zwischen dem aktiv beteiligten, handelnden Politiker Peres, der über politische Entscheidungsgewalt verfügt und eine bestimmte Seite in diesem Konflikt vertritt, und dem »Visionär« Peres, manche sagen sogar dem »Philosophen«[145], der die politische Lage quasi »von außen« schildert, analysiert und dadurch zu einem scheinbar objektiven, rationalen Lösungsvorschlag kommt. Diese Spannung lässt sich auch am Veröffentlichungsdatum veranschaulichen: Das Buch erscheint im September 1993! Es wird im selben Monat veröffentlicht, in dem die Oslo-Vereinbarung zwischen Israel und der PLO unterzeichnet wird. Da die Anerkennung der PLO und die Verhandlungen mit ihr im selben Jahr stattfinden – eine ernsthafte politische Angelegenheit, die *Die Versöhnung* u. a. zu rechtfertigen versucht – musste ein Großteil des Geschriebenen in »Echtzeit« verfasst werden.[146] Hier kommt eine für dieses Buch charakteristische Diskrepanz zum Ausdruck, und zwar zwischen der Stimme eines Politikers, der die Veränderung der Realität anstrebt, und derjenigen des Analysten, der diese Veränderung beschreibt und beurteilt. So redet Peres beispielsweise vom wirtschaftlichen bzw. wissenschaftlichen Potenzial des Nahen Ostens, weshalb »seine politischen Führungskräfte sich von den Streitigkeiten von gestern abwenden und in Bildung statt Aufrüstung investieren [müssen]«.[147] Solche Appelle irritieren auch deshalb, weil Peres damit die Perspektive eines Außenstehenden, eines »objektiven Betrachters«, einnimmt. Dadurch weist er die Verantwortung als eine der beteiligten »politischen Führungskräfte«, die sich von den Streitigkeiten von gestern, und, nicht weniger wichtig, von der Aufrüstungs- bzw. Kriegspolitik, vor allem aber von der Besatzungspolitik, verabschieden sollen, indirekt von sich. Worauf also will Peres mit *Die Versöhnung* hinaus? Was sind die Kernaussagen, und welches Friedensverständnis kommt in dem Buch zum Tragen? Darüber hinaus ist die Frage nach dem Zeitpunkt nicht unwichtig: Weshalb die Eile, das Buch schon im September 1993 zu veröffentlichen?

Der Oslo-Friedensprozess: Sicherheits- oder wirtschaftspolitisch motiviert?

Lev Grinberg weist in seinem Buch über den Friedensprozess der 1990er Jahre auf drei Prozesse innerhalb der israelischen Gesellschaft hin, welche zum Oslo-Friedensprozess beigetragen haben: im militärischen, im wirtschaftlichen und schließlich im politischen Bereich. Der Hintergrund für diese Entwicklungen, die im Folgenden geschildert werden, bildet vor allem die seit Ende 1987 andauernde palästinensische Erhebung gegen die israelische Herrschaftsordnung in den besetzten Gebieten infolge der Vertreibung der PLO-Führung aus dem Libanon nach dem fernen Tunesien im Libanon-Krieg 1982. Die andauernde Intifada lässt den Unmut innerhalb der israelischen Militärführung wachsen angesichts der frustrierenden Aufgabe, den palästinensischen Widerstand zu zerschlagen. Die sicherheitspolitische Elite erkennt allmählich die Notwendigkeit einer politischen Lösung, da der über fünf Jahre hinweg ausgeübte militärische Zwang kläglich gescheitert ist. Die Aussage des Generalstabschefs Dan Shomron, es gebe keine militärische Lösung für den Konflikt, deutet Grinberg als ein Kratzen am konstitutiven Sicherheitsmythos. Denn die Erkenntnis, dass die Intifada militärisch nicht besiegbar ist, untergräbt zunehmend die Legitimation für den Einsatz des Militärs. Da die zivile Erhebung der Palästinenser gegen die Besatzung allmählich auch in Israel als legitim begriffen wird, büßt der Sicherheitsmythos insofern an Überzeugungskraft ein, als seine Grundlage – Kampf und Sieg der jüdischen Seite als Grundlage der jüdischen Existenz – allmählich an Konsistenz verliert. Grinberg zufolge ist es das Militär in seiner Funktion als wichtige politische Sicherheitsautorität, welches der politischen Ebene die Legitimation für einen politischen Prozess signalisiert. Der Ex-General und Staatschef Jitzchak Rabin habe tatsächlich die Abnutzung der israelischen Armee wegen der mit der Besatzung einhergehenden polizeilichen Aufgaben befürchtet.[148]

Neben dem sicherheitspolitischen Beweggrund benennt Grinberg zweitens die wirtschaftliche Elite als treibende Kraft für einen Versöhnungsprozess. Die Intifada erweist sich allmählich als wirtschaftliche Last. Das Ideal eines von Israel gut kontrollierten, zugunsten der eigenen Wirtschaft ausgerichteten palästinensischen Marktes mit billigen Arbeitskräften einerseits und kontrollierter Wareneinfuhr andererseits hat sich nicht verwirklicht. Das Augenmerk der Wirtschaftseliten Israels richtet sich angesichts der weltpolitischen Veränderungen – 1989 wird das GATT-Abkommen unterzeichnet – auf Globalisierungsprozesse, weshalb die Wirtschaft die Politik dahin drängt, den lokalen Konflikt beizulegen, um die globalen Märkte, einschließlich die des Nahen Ostens, der neoliberal orientierten israelischen Wirtschaft zu öffnen. Grinberg sieht in Shimon Peres den politischen Träger dieser Denkrichtung, die sich im Neuen Nahen Osten widerspiegelt.[149] Doch ob sich Peres alleine den Interessen der Wirtschaftselite und nicht auch denen der sicherheitspolitischen verpflichtet fühlt, gilt es im Folgenden zu beantworten. Ebenso soll geklärt werden, inwiefern die wirtschaftlichen Interessen an einem Ende der Besatzung mit dem faktischen Fortbestand der wirtschaftlichen Abhängigkeit der palästinensischen Autonomiebehörde von Israel zusammenhängen.

Drittens beschreibt Grinberg einen Anfang der 1990er Jahre in Gang gesetzten parteipolitischen Prozess, welcher Hoffnungen auf einen Versöhnungsprozess mit den Palästinensern nährt. Grinberg spricht vom Demokratisierungs- bzw. Erneuerungsprozess innerhalb der israelischen Arbeitspartei, der mit der Schwächung des konservativen Parteiflügels unter der Führung Peres' einhergeht. Die Parteimitglieder erhalten bei der Wahl ihrer Vertreter mehr Mitspracherecht; erstmals finden Vorwahlen statt. Auch werden politisch relevante Inhalte in das Parteiprogramm eingeführt. Unter dem Slogan: »Veränderung der nationalen Prioritäten« soll der Fokus des nationalstaatlichen Interesses verschoben werden: von der im Laufe der 1980er Jahre massiv geförderten Besiedlung der besetzten Gebiete auf die Sozialpolitik im Kernland Israels. Überhaupt scheinen eine neue Sprache und ein neues Image für eine neue Ära nach 15 Jahren unter der Führung Peres' erforderlich zu sein. Grinberg erkennt in diesem Demokratisierungsprozess ein erstes Signal für die Abwendung der Arbeitspartei von der »altstämmigen«, lähmenden Links-Rechts-Debatte der nationalen Mythen. Die Beschäftigung mit »normalen« politischen Alltagsfragen des durchschnittlichen Israelis nimmt größeren Raum ein. Der Wahlkampf von 1992 mit Jitzchak Rabin an der Spitze gegen den alten Staatschef und *Likud*-Chef Jitzchak Shamir steht im Zeichen dieser Veränderung der Prioritäten. In dieser politischen Konstellation sieht Grinberg auch eine politische Alternative für die Aufrechterhaltung der israelischen Dominanz über die besetzten Gebiete.[150] Auch hier darf bezweifelt werden, ob dieselben führenden Persönlichkeiten der 1970er und 1980er Jahre (also: Rabin und Peres), die die israelische Ordnung maßgeblich geprägt haben und für die Politik in den besetzten Gebieten mitverantwortlich sind, eine *wirkliche Alternative* für diese aufzeigen können. Ob und inwiefern Peres eine annehmbare Alternative für die Aufrechterhaltung der Besatzung entwickelt, soll anhand seiner Ideen in *Die Versöhnung* herausgearbeitet werden. Doch zunächst gilt zu klären, welche Rolle die Wirtschaft und die Sicherheitspolitik bei der Wende zum Frieden spielen, und wie dies sich in *Die Versöhnung* niederschlägt.

Der Frieden und die israelische Wirtschaft

Leitmotiv des Neuen Nahen Ostens ist die wirtschaftliche Komponente. So geht Peres sehr detailliert auf Investitionen, Finanzierungsquellen, Wasser, Kommunikation, Transport- und Verkehrsmittel ein, die er als *Rahmen und Prozesse für die Friedensära* umschreibt. Im Kern argumentiert Peres, der Friede sei wegen wirtschaftlicher Vorteile lohnenswert: Die Friedensökonomie soll im Gegensatz zur Konfrontationswirtschaft materielle Prosperität mit sich bringen, und zwar für die ganze Region. Materielle Prosperität – nicht Armut und Elend, welche als Nährboden für den islamischen Fundamentalismus angesehen werden – soll den Weg für die Demokratisierung der Region ebnen. So fasst Peres den Frieden in wirtschaftliche Begriffe und betont den ökonomiefeindlichen Aspekt des Krieges:

> »Der Krieg ist die Quelle der Not, und daher gibt es auch nur eine Lösung, die Friedenslösung. Ein dauerhafter, ausgeglichener, stabiler Frieden zwischen Israel und den Arabern wird wirtschaftlichen Segen mit sich bringen. Aus dem wirtschaftlichen Vorteil, der durch eine Verringerung der Militärausgaben entsteht, erwachsen faszinierende Möglichkeiten, die schöpferische Kräfte wecken. Einheimische und ausländische Investitionen eröffnen zusammen mit staatlicher Unterstützung und internationaler Hilfe für die Stabilisierung des Friedens neue Horizonte – nicht nur für Unternehmer und Investoren, sondern auch für Konsumenten und Bürger, für die Mehrheit der Menschen, deren jetzige Frustration eine Folge ihrer nahezu unmenschlichen Existenz in Not ist.«[151]

Das hier angeführte Argument für den Frieden ist wirtschaftlicher Natur. Der Frieden soll Mittel sein für den ökonomischen Zweck, wie die Öffnung der regionalen Märkte für Israel. Parallel zur neuen Ära der wirtschaftlichen Globalisierung wird auch der Anbruch der Friedensära im Nahen Osten als ökonomischer Segen für alle Gesellschaften der Region verstanden. Die »Dividende des Friedens« soll nämlich *allen* – Unternehmern wie Konsumenten, Investoren wie Bürgern – zugute kommen. Das kapitalistische System mit seinen Globalisierungstendenzen wird hier als eine positive, der Prosperität dienliche Entwicklung gesehen: »Wenn die bilateralen beziehungsweise multilateralen Beziehungen etabliert sind, wird die Zeit kommen für regionale Betriebe durch internationale Kooperation und unabhängige internationale Firmengruppen. Die wird den regionalen Wirtschaftsprozeß auf eine höhere Stufe heben und zu einer neuen Realität verhelfen, in der die wirtschaftlichen Geschäfte der Politik voraus sind.«[152] Seinen festen Glauben an den wirtschaftlichen Globalisierungsprozess nach westlichem Modell bringt Peres im letzten Satz des sechsten Kapitels, »Von der Konfrontationswirtschaft zur Friedensökonomie«, auf den Punkt:

> »Der Nahe Osten kann nicht auf ewig Arbeitslosigkeit importieren und Hunger exportieren. Die regionale Organisierung ist auch in diesem Raum, in dem die Wiege der westlichen Kultur stand, zwingend notwendig. Sie bestimmt die Politik einer Welt, in der die Märkte wichtiger sind als eine Politik symbolischer Identitäten, in der Geschwindigkeit entschiedener ist als Quantität, der neue Wettbewerb wichtiger als die alten Grenzen.«[153]

Mit dem von Peres als »westlicher Wert« begriffenen Kapitalismus werden weitere westliche Werte, Demokratie, Freiheit, sozialer Wohlstand und Frieden, in Zusammenhang gebracht und als Grundlage seiner Friedenskonzeption dargestellt. Diesem westlichen Wertesystem wird der »Islam in seiner radikalen Interpretation« gegenübergestellt und mit »Elend, Not, Autokratie und Rückständigkeit« assoziiert. So begreift Peres den »Aufstieg des Fundamentalismus« bzw. den »Protest des Fundamentalismus«: fehlende demokratische Strukturen, die Abwesenheit jeglicher moderner Strukturen, die ungleiche Aufteilung des nationalen Reichtums, mangelndes Streben nach

Freiheit und Demokratie, stattdessen die starke Sehnsucht nach einer obersten Autorität; all dies verknüpft Peres mit der islamisch-arabischen Kultur und leitet daraus die Entstehung des Fundamentalismus ab.[154] Wie soll dem begegnet werden? Frieden, in Zusammenhang mit wirtschaftlicher Prosperität. Aber wie soll dies vonstatten gehen?

Die Versöhnung beschreibt ein recht ambivalentes Verhältnis zwischen Frieden und Prosperität. Einerseits soll der Frieden Grundlage für die Entwicklung der regionalen Wirtschaft sein, welche die Öffnung der Märkte und somit Prosperität bringen soll. Der erste Absatz des vierten Kapitels, »Der regionale Rahmen«, lautet: »Die Errichtung des Friedens zwischen Israel und seinen arabischen Nachbarn wird die Tür öffnen für grundlegende Erneuerungen im Nahen Osten. Es wird nicht wie einem Zauberstab gehen, aus dem Diplomatenzylinder wird kein Kaninchen springen. Aber die Veränderung, die in der Tatsache des Friedensschlusses mit Israel liegt, und die Anerkennung der Israelis und der Araber als gleichwertige Partner mit gleichen Rechten und Pflichten in der Region werden eine Kooperation neuer Art eröffnen, und zwar nicht nur zwischen Israel und seinen Nachbarn, sondern auch zwischen diesen Nachbarstaaten. Darüber hinaus wird allmählich ein gemeinsamer regionale Rahmen wachsen, der die Gestalt der Region verändern wird, und zwar zuallererst im Bewußtsein der Völker des Nahen Ostens.« Andererseits ist die Rede von einem regionalen wirtschaftlichen Rahmen als Grundlage für den Frieden: »Der Schlüssel für die Lösung zur Stabilisierung des Friedens, zur Bewahrung der Sicherheit, zur Demokratisierung und wirtschaftlichen Entwicklung, zur nationalen Prosperität, zum Wohlstand des einzelnen liegt in der gesamten regionalen Organisation.«[155] Hier steht die »regionale Organisation« für zwischenstaatliche politische Regelungen. Die regionale Zusammenarbeit soll den gefährlichen Kräften des Fundamentalismus Einhalt gebieten. Die Demokratie dient wiederum als Garant für den Erhalt des Friedens, denn »Demokratien ziehen bekanntlich nicht gegeneinander in den Krieg«. Und dann wiederum sind »letztlich [...] wahrer Wohlstand und dauerhafte Prosperität nur in einer Demokratie möglich«[156]

Peres' in sich geschlossenes Argument – dass Frieden den Wohlstand voraussetzt, ebenso wie der Frieden die Prosperität zur Folge habe – entsteht aus einem entpolitisierten und ahistorischen Verständnis des zu erzielenden regionalen Friedens. Denn das »westliche« Wertesystem, zu dem Peres »regionale Kooperation, Frieden, Demokratie und Wohlstand« zählt, begreift er als Antwort auf die vom Fundamentalismus bedrohte Region, hier auf die arabisch-moslemische Welt bezogen, ohne die erforderlichen *politischen* und *historischen Prozesse* zu reflektieren. Wie wechselt man von dem einen, mit Kriegen und Fundamentalismus einhergehenden Wertesystem in das andere? Welche Rolle spielt Israel zwischen diesen beiden Wertesystemen? Wohin gehört Israel in dieser Dichotomie? Hier zeigt sich die Problematik von Peres' Argument: Israel gehört für ihn einerseits nicht zu den durch den Fundamentalismus gefährdeten Staaten nach seiner Definition. Andererseits aber steht Israel sehr wohl im Zentrum des arabisch-israelischen Konflikts. Deshalb sieht sich Peres verpflichtet, das außerhalb des »kriegerischen, rückständigen und fundamentalismusgefährdeten« Wertesystems stehende Israel noch in die Überlegung eines Friedensschlusses mit einzubeziehen:

> »Um es zu wiederholen: Der Gedanke des regionalen Rahmens ist abhängig vom Erfolg des israelisch-arabischen Friedensprozesses. Genauer gesagt wird der regionale Rahmen parallel zum zweiphasigen Friedensprozeß etabliert. Die erste Phase ist die Interims- oder Übergangsphase, in der die Sicherheit der beherrschende Gesichtspunkt ist: Hier geht es darum, den Krieg zu verhindern und bilaterale Sicherheitsregelungen mit jeder Partei zu etablieren. Auch die geographischen Linien, entlang derer die Parteien sich auf die Regelung einrichten, spiegeln Sicherheitsüberlegungen und nicht nur demographische, historische, wirtschaftliche und politische Erwägungen wider.«[157]

Doch sobald Israel in die Überlegungen einbezogen wird, wird deutlich, dass die wirtschaftliche Prosperität, eng verknüpft mit der Demokratisierung, für Peres nur ein *zweitrangiges* Argument für den Friedensprozess 1993 darstellt. Sobald Israel in der Argumentation eine Rolle spielt, geht Peres zum ihm geläufigen Sicherheits-Diskurs über. Im Folgenden gilt herauszuarbeiten, inwiefern die Sicherheit im Friedensverständnis von Peres sowohl Hauptbeweggrund als auch Grundlage jeglichen Friedens ist.

»Von Dimona nach Oslo«: Peres' sicherheitspolitisches Friedensverständnis

Peres vertritt seit jeher die Meinung, dass Israels militärische Stärke die unabdingbare Voraussetzung für einen Frieden darstellt.[158] So spricht Peres in *Die Versöhnung* eingangs vor dem Hintergrund der für ihn wohlgemerkt prägenden Erfahrung des Waffenembargos im 1948er Krieg die Verknüpfung zwischen militärischer Stärke und Friedensfähigkeit an:

> »Nach dem Unabhängigkeitskrieg wurde mir ein schwieriger Auftrag anvertraut. Israel hatte weiterhin Feinde, aber keine Waffen. Meine Kollegen und ich unternahmen äußerste Anstrengungen, um die Waffen, die für unsere Verteidigung nötig waren, zu besorgen. Nebenbei befaßte ich mich mit einer neuen Konzeption: Israel muß sich die Fähigkeit zur Abschreckung aufbauen, da sie die Neigung zur Kriegführung verringern oder sogar ganz beseitigen könnte, um so den Weg zum Frieden zu ebnen. [...] Wir ließen einen Atomreaktor bauen mitten in der Wüste, in Dimona, nicht weit von Beer-Sheva. Dimona erzeugte einen ›Abschreckungsnebel‹, der nicht schädlich war. (Israel erklärte auf meinen Vorschlag hin, daß es nicht als erstes Land Atomwaffen in den Nahen Osten einführen würde.) Allerdings war das ein Nebel, der in vielen Menschen die Sehnsucht weckte, zu einem Nahen Osten zu gelangen, der frei wäre von jeglichen Kernwaffen, zu einem Nahen Osten ohne Kriege.«[159]

Erstaunlich sind zunächst die offenbar durch die Friedenseuphorie provozierten Enthüllungen über einen Vorgang, der noch immer als Staatsgeheimnis gilt. Damit verknüpft Peres schließlich einen messianischen Gedanken: Der Besitz einer atomaren Waffe soll den Weg zum Frieden, »zu einem Nahen Osten ohne Kriege«, ebnen. Die bereits Anfang der 1960er Jahre formulierte Logik der Abschreckung (siehe Kapitel 4.2 dieser Arbeit) wird auch auf einen möglichen Frieden bezogen: Diese Waffe, oder allein das Gerücht, dass Israel sie besitze, soll einen Abschreckungseffekt auf die »potentiellen Kriegstreiber« ausüben, sodass dieser Effekt »die Neigung zur Kriegsführung verringern oder sogar ganz beseitigen könnte«. Es wird dem »Abschreckungsnebel« eines nuklearen Israels die mystische Kraft zugeschrieben, den Nahen Osten auf Dauer frei von Kriegen und sogar frei von Kernwaffen zu machen. Weder die *tatsächlich* geführten konventionellen Kriege noch die Gefahr der Nuklearisierung der Region werden hier beachtet. Vielmehr will Peres eine mögliche Versöhnung mit den Nachbarstaaten als Folge der atomaren Abschreckung verstanden wissen. So führt er den Friedensschluss mit Ägypten als Beispiel an, dass die Nuklearwaffen die gewünschte Wirkung auf das Land am Nil gehabt hätten, weshalb dessen Führung beschlossen habe, den Friedensweg zu beschreiten.[160] Inwiefern stimmt diese Überlegung angesichts der Kriegsführung gegen Israel 1973? Welche Rolle spielte der territoriale Faktor im letztlich geschlossenen Frieden unter der Begin-Regierung? Peres' verzerrte Darstellung erschließt sich aus dem zentralen Glaubenssatz des Sicherheitsmythos, Abschreckung sei als Grundlage für den Frieden notwendig, jenseits von historischen bzw. politischen Argumenten. Gemäß dem Sicherheitsmythos ist die Feindschaft der *Gojim* den Juden gegenüber eine unveränderliche, daher ahistorische und von der Politik losgelöste Gegebenheit. Allein durch einen mutigen David ließe sich dieser Gefahr begegnen. Demnach ist eine wirkliche Versöhnung weder politisch noch historisch möglich. Ägyptens Motivation zum Friedensschluss sei demnach, so Peres, nicht politisch-historischer Natur, ebenso wenig wie die Gründe für die Rückgabe der Sinai-Halbinsel. Der Friedensschluss mit Ägypten, macht Peres in *Die Versöhnung* Glauben, habe ein anderes Motiv, nämlich Israels Stärke. Dieser Logik zufolge ist eine Akzeptanz des jüdischen Staats durch die Staaten der Region nur durch die Konsolidierung der nationalstaatlichen Existenz Israels, mithin seiner militärischen Stärke, möglich. Nur wenn diese Staaten von Israels Stärke wirklich überzeugt seien, kämen sie vom Gedanken der Auslöschung des jüdischen Staats ab, und zwar jenseits territorialer und sonstiger politischer Überlegungen. Erst dann ließe sich von einer Akzeptanz, sprich einem möglichen Frieden, reden.

Beide Projekte – Dimona und der Oslo-Friedensprozess – betrachtet Peres selbst 1993 als seine wichtigsten politischen Beiträge zur Sicherheit Israels.[161] Seine Argumentation für den Frieden basiert im Kern auf Israels militärischer Macht. Peres' Sicherheits-Diskurs durchdringt *Die Versöhnung*. Im fünften Kapitel »Grundlagen der Sicherheitspolitik: Das neue Denken« plädiert Peres zwar für eine »Veränderung […] auf der Ebene der nationalen Sicherheitskonzeption jedes einzelnen Staates« sowie für die Notwendigkeit einer »Neuordnung der Denksysteme«, was »eine Befriedung […] bedeuten« würde.[162] Doch es gelingt ihm kaum, sich von der militärischen Terminologie zu befreien und ein neues Sicherheitsdenken – wie im Titel angekündigt – zu formulieren. »Grundlagen der Sicherheitspolitik: Das neue Denken« macht den Leser auf eindringliche Weise mit der von einer konfliktträchtigen Wahrnehmung geplagten *israelischen Seele* vertraut, und zwar im Gewand einer »objektiven Geschichtsdarstellung«. Folgender Eingangstext des fünften Kapitels lässt sich komplementär zu der von Peres am Vorabend des Sinai-Suez-Krieges gehaltenen und hier eingehend analysierten Rede (vgl. Kapitel IV dieser Arbeit) lesen:

> »Die Väter der Soldaten, die jetzt ihren Dienst in der [sic!] israelischen oder arabischen Armeen leisten, wurden zu Zeit des Konfliktes geboren und haben an mehreren Kriegen teilgenommen. Auch die Großväter der heutigen Soldaten kämpften schon in früheren Kriegen. Die Belastung in diesem andauernden Konflikt liegt darin, daß nun bereits die dritte und auch schon die vierte Generation durch ihre Feindbilder gefesselt ist. Sie begreifen die Absichten des Gegenübers bei Friedensverhandlungen nur so, wie sie seine Absicht begriffen, als dieser noch ihr Feind war. Sie unterstellen ihm böse Absichten, meistens sogar die böseste aller Absichten. Darum wird von möglichen Friedensregelungen erwartet, daß sie diese Ängste mit berücksichtigen.«[163]

Inwiefern berücksichtigt diese Darlegung *beide* Seiten des Konflikts? Irritierend ist nicht alleine, dass der Anspruch erhoben wird auf eine objektive Schilderung der Befindlichkeiten *beider Seiten*, die bei möglichen Friedensregelungen berücksichtigt werden sollen. Die Passage, die ein für ein neues sicherheitspolitisches Denken plädierendes Buchkapitel einleitet, erzeugt Unbehagen, weil Peres, statt an den Abbau dieser Ängste zu appellieren, zu ihrer Berücksichtigung im Versöhnungsprozess aufruft. Denn wie im Weiteren deutlich wird, sind diese Grundängste sehr wohl noch vorhanden. Peres kommt bald von der Rolle eines objektiven Erzählers ab und erklärt die israelische Sichtweise. Vor dem Hintergrund des dramatischen Besuchs des ägyptischen Präsidenten in Jerusalem 1978 erklärt er:

> »Heute fällt es schwer, einen ähnlich dramatischen Schritt abzusehen, zumal jetzt die Rede ist vom Frieden mit Syrien und mit den Palästinensern – den zwei erbittertsten Feinden, die Israel bisher hatte. Sie wurden von vielen israelischen Politikern in den schwärzesten Farben gezeichnet, weil sie den Staat Israel zerstören wollten. Deshalb sehen viele Menschen in Israel nach wie vor in diesen beiden Partnern für die Friedensverhandlungen den kompromißlosen Feind, der Israel schrittweise vernichten möchte, nachdem er es aufgegeben hat, unser Land in einem schnellen Schlag zu liquidieren. Auf palästinensischer Seite wiederum erheben sich die Stimmen der Verweigerungsfront, die es ablehnt, aus den Fehlern der Vergangenheit zu lernen und die zum Frieden ausgestreckte Hand zu ergreifen, weil Israel nur Übles im Schilde führen würde.«[164]

Das Interessante dieser Betrachtung ist die Wiedergabe der Grundlagen des Sicherheitsmythos. Hier steht ein erbitterter und kompromissloser Feind mit gegebenen und unverändert bösen Absichten, die er auf zweierlei Wegen umsetzen will: mit einem »Blitzschlag«, um Israel im Krieg zu liquidieren, und gleichzeitig schrittweise, was nicht erklärt wird. Außerdem wird hier gemäß der Friedensideologie der Grundsatz vertreten: Der Feind sei als solcher Friedensgegner und deshalb nicht in der Lage, die ausgestreckte Hand zum Frieden des hier nicht namentlich genannten »friedenswilligen« Israel zu ergreifen. Im letzten Satz nimmt Peres die Perspektive eines außenstehenden Beobachters ein und erklärt die Sichtweise der Palästinenser: »Israel würde nur Übles im Schilde führen.« Dass dieses hier geschilderte Misstrauen die Veränderung der Sicherheitsdoktrin kaum rechtfertigen kann, bedarf keiner Erklärung. Doch auch hier wird der Konflikt in Begriffen des Sicherheitsmythos, wie »böse Absichten« und »tief sitzendes Misstrauen« umschrieben, und eben nicht in politischen Begriffen, die eine Verhandlungsgrundlage bilden könnten. Angesichts eines Nullsummenspiel-Konfliktverständnisses erscheinen Friedensverhandlungen sinnlos, ebenso wie der Abschied vom alten Sicherheitsdenken. Inwiefern ist in diesem Kapitel also ein Umdenken in punkto Sicherheitsdoktrin formuliert?

Peres verrät kaum, welche Position er selbst vertritt. Im Gegenteil: Er will oder kann sie eben nicht verraten. Stattdessen verwendet er die Sprache eines außenstehenden Betrachters, der die jeweiligen Positionen behandelt. Er beschreibt die Sinnlosigkeit der bestehenden Sicherheitspolitik: »Was ist das denn für eine Sicherheit, wenn in ihrem Namen gefordert wird, immer wieder von neuem zu kämpfen, ohne dabei die Realität verändern zu können?«[165] Des Weiteren ist die Rede von einer notwendigen Veränderung »der nationalen Sicherheitskonzeption jedes einzelnen Staates« und einer »Neuordnung der Denksysteme«.[166] Doch es wird kaum erklärt, wie diese Neuordnung auszusehen hat.

Kann der 70-Jährige sich eine neue sicherheitspolitische Ordnung überhaupt vorstellen? Die weiteren Ausführungen in diesem Kapitel zu einem neuen Sicherheitsdenken geben eine negative Antwort. Peres befindet sich am Anfang seines achten Lebensjahrzehnts in einem »terminologischen Durcheinander«. Einerseits verändert sich die Welt für ihn rasant, auf weltpolitischer, weltwirtschaftlicher Ebene, weshalb er auch auf nationaler Ebene Veränderungen, einschließlich der Sicherheitsfrage, als unabdingbar ansieht. Er begreift sicherlich 1993 seine historische Chance, seine Handschrift im Friedensprozess zu hinterlassen; damit ist auch die Eile zu erklären, *Die Versöhnung* zu veröffentlichen. Doch ob Peres zum grundsätzlichen Umdenken bei einem Thema fähig ist, das er buchstäblich sein ganzes politisches Leben lang mit Leib und Seele gestaltet hat, ist äußerst unwahrscheinlich. *Die Versöhnung* belegt dies durchgehend. Da aber das alte Sicherheitsdenken im Sinne des Sicherheitsmythos gerade einer möglichen Versöhnung im Wege steht, was wiederum von ihm kaum reflektiert wird, stößt er in *Die Versöhnung* immer wieder an seine Grenzen. Der Begriff des Friedens bleibt indes eine »kaum greifbare, reale Ware«. Es wird beispielsweise auf den Charakter des »neuen Zeitalters« im Gegensatz zu der Vergangenheit hingewiesen, wobei Letzteres durch die »Konfrontation zwischen Völkern und Staaten« gekennzeichnet sei, während die heutige Zeit durch »Prozesse und Entwicklungen« charakterisiert sei:

> »Mit dem Zusammenbruch der UdSSR ging dem Westen ein alter Feind ›verloren‹. Es ist leichter, sich mit einem Feind auseinanderzusetzen, als Probleme zu lösen. Selbst Chruschtschow gegenüberzustehen war leichter, als Jelzin zu unterstützen. Ein Feind ist erkennbar: Man weiß, wo er sich befindet, wie stark seine Truppen sind,

welche Waffen er besitzt, welches seine Kampfmethoden sind, und man kennt die Qualität der Gefahr, die von ihm ausgeht. Dagegen fällt es sehr schwer, ein Problem zu erkennen, zu lokalisieren und zu bestimmen, wie groß die Gefahr ist und wann sie ausbrechen mag. Heute befinden wird uns im Übergang von einer Welt der identifizierten Feinde zu einer Welt der nichtidentifizierten Probleme.«[167]

Hier lässt sich die Dichotomie »reale Vergangenheit« versus »kaum greifbare heutige Welt« samt ihrer schwer definierbaren Probleme spüren. Die Sprache der Vergangenheit ist ihm viel vertrauter als die der Gegenwart, gerade weil sie der des Sicherheitsmythos entspricht: klare Feinde, Kampfmethoden, erkennbare Qualität der Gefahr. Ein weiteres Beispiel für Peres' Unvermögen, sich aus der militärischen Terminologie wirklich zu befreien und sich einen Frieden als politisches Ziel losgelöst von der Sicherheitssprache vorzustellen, liefert er im weiteren Verlauf des Kapitels »Grundlagen der Sicherheitspolitik: Das neue Denken«. Im Zusammenhang mit der von ihm beschworenen »allergrößten Gefahr« der Kombination nuklearer Waffen mit einer »extremen Ideologie« erkennt Peres für das »neue Zeitalter« die Notwendigkeit von »umfangreichen regionalen Verteidigungsregelungen« für eine »befriedigende nationale Verteidigung«. Somit sieht er »effektive Regelungen für die regionale Sicherheit« als unabdingbar an für eine »volle nationale Sicherheit«. Aus dieser in sich geschlossenen Argumentation heraus gelangt er zum Feind, sprich zum »weltumfassenden Fundamentalismus«, der sich von Armut nähre. Aus diesem Gedanken entwickelt Peres seine Lösung:

»Der beste Weg, die doppelte Gefahr zu reduzieren, die in der Verbindung zwischen modernen Waffen und der von alters her bestehenden Armut liegt, ist die Mobilisierung sämtlicher Ressourcen und technischer Mittel, um diese Verbindung zu trennen. Die Armut muß man bekämpfen, so wie man gegen eine militärische Bedrohung kämpft [sic!]. Um die Zukunft des Nahen Ostens zu retten und seinen Bewohnern Sicherheit zu bieten, reicht die Regelung von Konflikten zwischen Staaten und Völkern nicht aus. Wir sind vielmehr dazu aufgerufen, einen neuen Nahen Osten zu errichten. In diesem Rahmen ist der Frieden notwendig als Mittel zur Sicherheit und nicht nur als politisches Ziel. Nur kollektive Sicherheit vermag individuelle Sicherheit zu gewährleisten.«[168]

Nicht nur die Methode, die »umfangreichen regionalen Verteidigungsregelungen«, und die Mittel, also die »Bekämpfung der Armut mit quasi militärischen Methoden«, sondern auch das »Ziel des Unternehmens« werden in den Kategorien der Sicherheitsideologie verstanden. Die Sicherheit und nicht der Frieden an sich ist das Ziel, der Frieden indes wird kaum als eine »greifbare Ware« angesehen. Ob Peres' Diagnose der »irrealen Welt« des Friedens auf der regionalen Ebene ihren Ursprung in seiner Furcht vor der 1993 sehr wohl politisch zu regelnden, doch über die Jahre hinweg verdrängten Palästinenserfrage hat, lässt sich im folgenden Themenkomplex klären.

Der Oslo-Friedensprozess: Die palästinensische Option?

Baruch Kimmerling analysiert in seinem soziologisch-politischen Werk die israelischen Motive für den Oslo-Friedensschluss. Dabei stellt er einen Zusammenhang her zwischen der in der israelischen Gesellschaft verfestigten »*routinization of war and conflict*« und dem ideologisch-religiösen Beweggrund der Aufrechterhaltung der Herrschaft über die palästinensischen Gebiete:

> »In the course of the state's crystallization, Israeli immigrant settlers developed war- and conflict-oriented as well as compromise-oriented values and groups, with their accompanying rhetoric. Owing to the routinization of war and conflict, however, an all-embracing militaristic metacultural code developed to blur the distinctions between peace and war, and between rational military and ideological religious ›reasons‹ for keeping the occupied territories. The first ›peace in exchange for territory‹ agreement with Egypt was made in order to increase control over the components of Eretz Israel dubbed ›Judea and Samaria‹ and was immediately followed by the 1982 war in Lebanon, fought for the same reason. The Oslo accords with the Palestinians were agreed to by Israel primarily in order to shed responsibility for densely Arab-populated areas by establishing indirect control using Arafat's Palestinian Authority as subcontractor, but without giving up ›overall security responsibility‹ for any part of Eretz Israel. This came about only after political and military elites had reached the conclusion that there was no acceptable military solution to the Palestinian problem (not all Israeli Jews were, however, in agreement). The making of de facto peace with the Hashemite kingdom of Jordan was aimed at weakening Palestinian political and military strength.«[169]

Kimmerling erklärt die Motive für den Oslo-Friedensprozess wie folgt:

> »The existential anxiety built into Israeli collective identity and collective memory simultaneously fuels civilian militarism and reinforces ›military militarism‹ and the military-cultural complex, creating a vicious circle that always leads to self-fulfilling ›worst case‹ prophecies. Even the main motives for peace-making are driven either by xenophobic feelings of separateness or instrumental manipulation of improved control over ›the other side‹ and preservation of ›our‹ ultimate military might.«[170]

Inwiefern finden Kimmerlings Thesen in den von Peres angeführten Beweggründen für den Oslo-Friedensprozess bzw. für die Aufnahme der Gespräche mit der PLO Bestätigung? Um Peres' ambivalentes Verhältnis zu Verhandlungen mit der PLO nachzuvollziehen, das sich auch in *Die Versöhnung* niederschlägt, muss daran erinnert werden, dass Peres seit jeher die jordanische Option als Lösung der Palästinenserfrage favorisiert, um die palästinensische Option zu bekämpfen: Sein Konzept der »funktionalen Lösung« sieht eine Art jordanisch-israelische »gemeinsame Kontrolle« des Westjordanlandes mit israelischer Dominanz und jordanischer Verantwortung für die Palästinenser vor. Diese Regelung bestimmt die Situation de facto bis 1988, wobei die Palästinenser im Westjordanland jordanischem Recht unterliegen. Mit dem Scheitern der London-Initiative kündigt König Hussein diese Vereinbarungen auf. Peres' großer Unmut angesichts der erfolglosen jordanisch-israelischen Vereinbarung von 1987 erklärt sich aus dieser Entwicklung. Auch die palästinensische Erhebung gegen die israelische Herrschaft 1987-1992, glaubt Peres, hätte durch die London-Friedensinitiative verhindert werden können.

Die Anerkennung der PLO als Vertreterin des palästinensischen Volks stellt einen bedeutenden Wendepunkt in der israelisch-palästinensischen Konfliktgeschichte dar. Bis 1993 bekriegen sich Israel und die PLO. Peres persönlich vertritt in seiner langen politischen Laufbahn eine klare Position: Die PLO sei eine terroristische Organisation, die darauf abziele, Israel zu vernichten, weshalb sie erbittert bekämpft werden müsse. Die Ansprüche der 1964 gegründeten Palestine Liberation Organization, Palästina – also das gesamte Staatsgebiet unter israelischer Vorherrschaft – zu befreien, kann kaum mit Peres' Anspruch einer israelischen Dominanz vereinbart werden. Peres nutzt seine Position als Vize-Präsident der Sozialistischen Internationale, um der PLO auf internationalem Parkett die Anerkennung zu verwehren. Er gerät wiederholt in Konflikt mit europäischen Führungspersönlichkeiten, die zunehmend den Schlüssel für die Lösung der Palästinenserfrage in der Einbeziehung der PLO sehen. In einer *Knesset*-Rede zum Friedensprozess mit dem Titel »Der Kampf zur Fortsetzung des Friedensprozesses« vom 28.10.1985 schildert Premierminister Peres seinen Vorschlag, wie der Friedensprozess wieder aufgenommen werden solle. Dabei sind Ausschluss bzw. Bekämpfung der PLO – nachdem sie 1982 durch die israelischen Truppen aus dem Libanon vertrieben wurde – Leitmotive der Rede. So beginnen die Ausführungen:

> »In der Sozialistischen Internationale in Wien sprach ich das Thema Terrorbekämpfung an. In diesem Forum – in dem viele sozialistische Parteien Europas vertreten sind [...] – habe ich mich entschlossen gegen das (anbiedernde, verzagte) Verhältnis [der Beteiligten] gegenüber der PLO ausgesprochen, welche sich die Gewaltpolitik, nicht die Friedenspolitik zu Eigen machte. Ich habe die Teilnehmer der Tagung daran erinnert, dass die PLO-Führung und die anderen [Palästinenserführer] seit 1947 jede Chance für die Lösung der Palästinenserfrage vereitelt haben, einschließlich der Option eines palästinensischen Staats. Stattdessen haben sie Unheil und Tragödie verbreitet. In Jordanien sorgten sie im Schwarzen September [1970] für Blutvergießen und verwüsteten den Libanon [infolge der Vertreibung aus Jordanien]. Jetzt versuchen sie, die Verhandlungschancen [Israels] mit Jordanien zu vereiteln. Sie mordeten Frauen und Kinder, deren ganze Schuld in ihrer israelischen Staatsangehörigkeit bzw. jüdischen Identität bestand. Ich habe auf den größten, von europäischen Führern wiederholt begangenen Fehler hingewiesen, den PLO-Versprechungen Glauben zu schenken, sie würde ihr Verhalten ändern.«[171]

Im selben Jahr erlässt die *Knesset* unter der Regierung Peres ein Gesetz, das Gespräche zwischen Israelis und Vertretern von Terrororganisationen unterbindet[172], welches erst 1993 für den Oslo-Prozess wieder annulliert wird. Doch ob der Oslo-Friedensprozess für Peres auf eine palästinensische Option hinauslaufen soll? So Peres in seinen Memoiren von 1995:

> »Ich habe immer in den Kategorien eines israelisch-jordanisch-palästinensischen Dreiecks und einer syrisch-libanesischen Achse gedacht. [...] Das jordanische Territorium östlich des Jordan ist viermal so groß wie das Mandatsgebiet Palästina, also das Gebiet westlich des Flusses mit Israel, dem Westjordanland und Gaza zusammen. Zur jordanischen Bevölkerung gehört eine starke palästinensische Komponente. König Hussein hatte stets versucht, auch den Palästinensern eine jordanische Identität zu geben, aber inwieweit das gelungen ist, läßt sich schwer sagen. Bewußt oder unbewußt haben die Palästinenser jedenfalls Schwierigkeiten mit ihrer nationalen Identität. Das Palästinenserproblem in Jordanien ist letztlich eine Frage der Macht-

verhältnisse. Wird Jordanien über die Palästinenser oder werden die Palästinenser über Jordanien herrschen? Beide äußern den Wunsch nach einer Konföderation, von der jeder indes eine andere Vorstellung hat. Viele Palästinenser erwarten zum Beispiel, daß das Westjordanland eines Tages schließlich den Osten dominieren wird.«[173]

Doch die Palästinenserfrage steht 1995 auf der *israelischen* politischen Tagesordnung. Peres' verinnerlichte Sprache des Verantwortungsentzugs, in Verbindung mit einer jahrelangen Verdrängung der Palästinenserfrage, dominiert den Text. Er führt im Weiteren sicherheitspolitische Gründe gegen einen palästinensischen Staat an. Erstens: »Wie wir die Sache damals sahen, hätte ein solcher Staat das westliche Palästina in der Mitte gespalten und den schmalen mittleren Teil Israels in eine strategisch ungünstige Lage gebracht, in der eine Verteidigung unmöglich gewesen wäre.«[174] Zweitens: »Unserer Ansicht nach hätte ein – anfangs auch entmilitarisierter – palästinensischer Staat über die Jahre hinweg unweigerlich den Aufbau einer eigenen Streitmacht angestrebt, und die internationale Gemeinschaft, die in den Vereinten Nationen massiv auf die Unterstützung [US-] Amerikas und der Dritten Welt angewiesen ist, hätte nichts dagegen unternommen. Seine Armee wäre schließlich vor den Toren Jerusalems und der gesamten Schmalseite Israels entlang stationiert worden. Das aber wäre eine dauernde Bedrohung für unsere Sicherheit sowie für den Frieden und die Stabilität in der Region gewesen.«[175] Drittens: »Zudem hätte ein palästinensischer Staat unter der Führung der damaligen PLO auf dem Dogma beharrt, daß der Kampf gegen Israel weitergeführt werden müsse. Anders als Jordanien unter der Haschemitenherrschaft, das mit dem Nachbarn Israel praktisch im Frieden lebte, predigte die PLO noch immer die Zerschlagung des souveränen Judenstaates. Was die PLO-Führung in der Theorie formulierte, wurde von ihren Terrorbanden und Fedajin mit den ihnen eigenen Mitteln in die Praxis umgesetzt. Die ›Palästinensische Nationalcharta‹ der PLO forderte die Vernichtung Israels implizit oder ausdrücklich in siebenundzwanzig ihrer dreiunddreißig Artikel. Die PLO erhob die kompromißlose Haltung Israel gegenüber zum politischen Dogma. Sie verfolgte Israelis und Juden im In- und Ausland und machte sich so bei der gesamten israelischen Nation verhaßt.«[176] Den vierten Grund bilden die »Interessen« des Nachbarstaats Jordaniens:

> »Ein weiterer Grund für unsere Ablehnung eines unabhängigen Palästinenserstaates war unsere seit langer Zeit bestehende, wenn auch heimliche Unterstützung Jordaniens. Jordanien war ein Staat mit einer stabilen Herrschaft, einer soliden Verfassung und Armee. Das Land hatte die Verantwortung für die große Mehrheit der Palästinenser übernommen und ihnen die Staatsbürgerschaft zuerkannt, die sie gierig und dankbar angenommen hatten. Viele jordanische Premierminister stammten aus dem Westjordanland, vor allem aus Nablus. Im Westjordanland, selbst in den Gebieten unter israelischer Verwaltung, galten an den Schulen ausschließlich jordanische Lehrpläne. Husseins Porträt prangte noch immer auf jedem Lehrbuch. Der Status und sogar die Existenz Jordaniens wären durch die Entstehung eines unabhängigen palästinensischen Staates möglicherweise spürbar bedroht worden.«[177]

Peres bezieht sich in der hier angeführten Passage aus seinen Memoiren auf Israels Position in der Vergangenheit. Er benutzt die Vergangenheitsform und erklärt die langjährige, von Israel praktizierte Bekämpfung des Selbstbestimmungsrechts der Palästinenser. Doch kann der Autor dieser Ausführungen sich gedanklich von der jordanischen Option abwenden? Bezieht sich der Außenminister mitten im Oslo-Friedensprozess alleine auf die Vergangenheit? Wie schlüssig geht der Außenminister mit der im Oslo-Friedensprozess verhandelten palästinensischen Option um?

Die Versöhnung belegt die These, dass der Übergang von der jordanischen zur palästinensischen Option, inklusive der PLO-Anerkennung, Peres äußerste Überwindung kostet. Die mit dem Oslo-Prozess einhergehende Entscheidung für die palästinensische Option kann Peres schlichtweg *weder rhetorisch noch politisch* vertreten. Er tritt den palästinensischen Gesprächspartnern bestenfalls hadernd und halbherzig gegenüber oder, wie Kimmerling beobachtet, im schlimmsten Fall ablehnend bzw. manipulativ. Diese These findet Bestätigung in den Antworten auf folgende drei Fragen: Erstens, weshalb verhandelt Israel dann überhaupt mit der PLO? Zweitens, lag es wirklich in Peres' Absicht, die israelische Herrschaft in den besetzten Gebieten im Friedensprozess der 1990er Jahre aufzuheben? Drittens, welche Lösung für die Palästinenserfrage führt *Die Versöhnung* an?

Die PLO als Verhandlungspartner

Sucht man bei Peres nach dem eigentlichen Beweggrund für die Verhandlungen mit der PLO, so finden sich kaum überzeugende Argumente. In seinen Memoiren von 1995 heißt es: »Als wir im Sommer 1992 unser ehrgeiziges Unternehmen begannen, war meine Grundposition dem engen Kreis meiner Berater bekannt. Da wir die Chance eines Friedens mit Jordanien, zumindest für den Augenblick, verloren hatten, blieb uns nichts anderes übrig, als nach einer palästinensischen Option Ausschau zu halten.«[178] Bar-Zohar sagt, die Schwäche der PLO sei der Beweggrund für ihre Anerkennung gewesen. Peres habe sich zu Verhandlungen mit der PLO entschieden, weil diese infolge des Zweiten Golfkrieges politisch und finanziell erheblich an Einfluss verloren habe. Es sei ein günstiger Zeitpunkt gewesen, mit einer geschwächten PLO einen »Deal abzuschließen«.[179] Das Scheitern des Oslo-Prozesses erklärt Bar-Zohar u. a. mit den Charakterzügen des PLO-Führers Jassir Arafat: Dieser sei »unzuverlässig, doppelzüngig und ein ausgesprochener Terrorführer« geblieben. Dabei zitiert er auch seinen Titelhelden, der, nachdem der Oslo-Prozess endgültig scheitert, Folgendes erklärt habe: »Ohne Arafat wären die Oslo-Verträge nicht möglich; mit Arafat ist deren Implementierung unmöglich erzielbar.«[180] In dieser an sich als Schuldzuweisung gemeinten Aussage – getreu Peres' charakteristischem Trennungsdiskurs – steckt die auch in *Die Versöhnung* zum Ausdruck gebrachte Dualität. Diese kann auf die Behandlung der Palästinenser im Allgemeinen übertragen werden: Man kann weder ohne sie, noch mit ihnen. Arafat (oder die Palästinenser) seien politisch oder auch militärisch bei Weitem

»schwächer« als Israel, nichtsdestotrotz bleibt die Palästinenserfrage Israels Achillesferse.

In *Die Versöhnung* macht Peres den Versuch, die PLO-Anerkennung zu rechtfertigen. Er führt als Hintergrund folgende Einsichten in der Palästinenserfrage an. Zunächst die Anerkennung des Problems: »Auch den Palästinensern [wie den Juden] kann etwas Einmaliges widerfahren: Sie, die niemals vorher ein Volk waren, werden von nun an ein Volk in der Völkerfamilie werden«. Und: »Es wurde mir klar, daß im Zentrum dieses Konfliktes, der seit 100 Jahren andauert, die palästinensische Sache liegt.« Auch der Preis des Konflikts für Israel wird angedeutet: »Nicht nur die Kriege kamen uns teuer zu stehen. Auch die Früchte der militärischen Siege bekamen uns nicht besonders gut. Sie erwiesen sich letztlich eher als Problem denn als Vorteil.«[181] In Bezug auf die Besatzung der palästinensischen Gebiete ist ebenfalls die Rede von einer »Belastung des Gewissens«, verbunden mit einem Gefühl des Bedauerns angesichts des Scheiterns der Londoner Gespräche von 1987.[182] Dann geht Peres zum israelischen Gesprächspartner in Oslo über:

> »Arafat befand sich in einer Position, wie man sie nur äußerst schwer erreichen kann. Noch schwerer ist es, seine Position zu ignorieren: Dieser Mann wurde zu Lebzeiten zu einem nationalen Symbol und zu einer Legende. Er war in den Augen des palästinensischen Volkes zu einem Mythos geworden, und wo ein Mythos beginnt, enden die Diskussionen und die Argumente. Obwohl ich die Strategie Arafats – mittels Terror den Sieg zu erreichen – von Grund auf abgelehnt hatte, unterschätzte ich seine taktischen Fähigkeiten nicht.«[183]

Führt hier Peres zunächst die Authentizität Arafats als Führer des palästinensischen Volks als ein Argument für die Anerkennung der PLO an, so hebt er im Weiteren andere Eigenschaften des PLO-Chefs hervor, welche seine Sonderposition als nationales Symbol in Frage stellen:

> »Die Taktik klärte sich zunehmend. Arafat räumte seiner Delegation [in Washington] bei den Verhandlungen keine Rückzugsmöglichkeit ein, und stets wenn sie Anzeichen des Zögerns zeigte, drängte er sie wieder zum Verhandlungstisch zurück. Arafat wußte genau, daß es keinen Ersatz für die Verhandlungen gab. Anderseits, immer dann, wenn die palästinensische Delegation sich zu irgendeiner Übereinstimmung mit der israelischen Delegation aufraffte und eine Annäherung möglich war, hinderte Arafat seine Delegierten daran, diesen Schritt zu tun. Er wußte sehr wohl, daß eine Vereinbarung, die ohne ihn erreicht würde, ein Ersatz für ihn und für die Organisation selbst wäre, an deren Spitze er steht. Dem konnte er nicht zustimmen.«[184]

Welcher Sinn steckt hinter dieser Taktik? Was veranlasst Arafat, der palästinensischen Delegation bei den Verhandlungen im Wege zu stehen? Und wenn dies so ist, weshalb bejaht Peres dennoch die Anerkennung einer derart unberechenbaren Person? Peres' weitere Ausführungen legen nahe, dass er zu Arafat ein höchst ambivalentes Verhältnis hat. Einerseits ist Bewunderung zu spüren: »Darüber hinaus bewies Arafat im Laufe der fünfundzwanzig Jahre, die er an der Spitze der PLO stand, persönlichen Mut und nicht weniger als das – Manövrierfähigkeit. Nicht zufällig gelang es ihm, so lange zu überleben.« Anderseits klingt bei Peres für Arafat Verachtung an, auf

Grund des Scheiterns von dessen nationalstaatlichen Plänen: »Seit einem Vierteljahrhundert leitet er eine politische Koalition ohne Staat, steht er an der Spitze einer Dachorganisation, hält Abstimmungen ab, ohne daß er selbst je gewählt wurde. Eine Koalition, die keinen Staat führen muß, ist hauptsächlich mit der Formulierung und Veröffentlichung von Erklärungen befaßt. Eine Erklärung ist keine Landkarte eines Gebietes.«[185]

Peres weist auf die Vertrauensfrage hin: »In der Anerkennung Arafats hätten sich noch weitere Gefahren verbergen können: Was würde geschehen, wenn wir ihn anerkannten und er seine Position nicht änderte? Allein durch die Anerkennung seitens Israels und der USA könnte eines der Motive wegfallen, die ihn zu den Verhandlungen geführt hatten. Er könnte sich dann hinter seinen früheren Positionen verschanzen, und wir würden es schwer haben, ihn an einem Ort zu suchen, der nicht Tag und nicht Nacht ist, da der Dualismus weiter bestehen würde: die Gebiete und Tunis, das Interimsabkommen und der palästinensische Staat!«[186] Die in dieser mystischen Sprache ausgedrückten Ängste dürfen als authentisch begriffen werden: Jahrelang gewachsene Feindschaft gegenüber der Person und dem, was sie verkörpert, sprich die palästinensische Option, kann wohl kaum über Nacht verschwinden. Peres' Ausführungen lassen sich im Sinne der Thesen Kimmerlings lesen: Sie beschreiben tief sitzende Existenzängste vor dem »Anderen«, verbunden mit dem Wunsch nach Fortsetzung der Herrschaft über diese »andere Seite« aus ideologischen und sicherheitspolitischen Beweggründen. Peres' mystische Sprache ermöglicht ihm aber auch, in dieser Konstellation eine Chance zu erkennen:

> »Aber gerade aus dem Zwiespalt erwuchs eine große Gelegenheit. In dem Nebel, der in den Stunden der Dämmerung entstanden war, wurde es möglich, Verhandlungen zu führen und den Versuch zu unternehmen, über Inhalte Vereinbarungen zu treffen, noch ehe wir zu Vereinbarungen über die gegenseitige Anerkennung kommen würden. Mit anderen Worten: Es ging darum, mit Arafat Verhandlungen zu führen, ohne ihn anerkannt zu haben, und ganz bestimmt bevor wir ihn anerkennen würden. Dazu war absolute Geheimhaltung notwendig.«[187]

Peres verrät hier Israels Strategie, die Anerkennung des Gesprächspartners von der mit ihm erzielten Vereinbarung abhängig zu machen. Dem Gesprächspartner wird erst Vertrauen entgegengebracht, wenn entschieden ist, ob die hier nicht erörterten »Inhalte der Vereinbarung« im Sinne Israel sind oder nicht. Bar-Zohars These der »Schwäche der PLO« findet in *Die Versöhnung* Widerhall: »Eines Tages rief mich mein Freund, der Schriftsteller Amos Oz, an. ›Schimon‹ sagt er, ›hast du dir mal Gedanken gemacht, was passieren wird, wenn die PLO total zusammenbricht?‹« Peres breitet seine Überlegungen zu diesem Szenario aus und macht den Versuch, die PLO-Anerkennung zu legitimieren:

> »In der Tat, die PLO war immer schwächer geworden. Viele Jahre glaubten die Menschen in Israel und auf der Welt, daß die Beziehungen zwischen uns [meint zwischen Israelis und Palästinensern bzw. PLO und weiteren palästinensischen Organisationen] dem ›Nullsummenspiel‹ ähnelten, in dem jeder Vorteil für die eine Partei sich sogleich

in einen Nachteil für die andere Partei verwandelt. Aber wäre die Schwächung der PLO bis zum Kollaps denn tatsächlich gut für Israel? Wenn plötzlich der große Feind verschwinden würde, gegen den wir seit vielen Jahren mit Entschlossenheit gekämpft haben. [...] Wer weiß, was an dessen Stelle treten würde? Wäre die Hamas-Bewegung aus israelischer Sicht gesehen ein vorzuziehender Ersatz? Sollten wir Verhandlungen mit religiösen Fanatikern aus der Schule der Hamas führen? Die Hamas-Bewegung wird doch von Iran aus gelenkt, und Iran betrachtet Israel als einen ›kollektiven Salman Rushdie‹.«[188]

Peres' Unbehagen über Verhandlungen mit PLO zeigt sich auch hier: Zunächst werden Stärke und Autorität Arafats innerhalb der PLO und dann die Schwäche der PLO gegenüber anderen palästinensischen Gruppen, wie der von Iran unterstützten Hamas, als Argument für die Aufnahme der Verhandlungen mit der PLO bemüht. Ist nun die säkulare PLO der religiösen, »fanatischen« Hamas, die Anfang der 1980er Jahre eben von Israel selbst mit dem Ziel der Schwächung der säkularen PLO unterstützt wird, vorzuziehen? Hat Peres zufolge die Hamas andere politische Ziele als die säkulare PLO? Peres kommt zum Schluss, dass die Schwächung der PLO Israels Interessen gefährde: »Der Gedanke an die problematische Situation, die in der Region und den Gebieten entstehen könnte [durch die Dominanz von Hamas], führt zu dem Schluß, daß es kein ›Nullsummenspiel‹ zwischen Israel und der PLO mehr geben kann.« Nun ist die Rede von einem »gemeinsamen Interesse« Israels und PLO, das »in letzter Zeit« entstanden sei.[189] Wie sehen diese gemeinsamen Interessen aus?

»Israel ist nun daran interessiert, die PLO zu unterstützen, damit sie auf der politischen Bühne überlebt. Innerhalb der PLO haben wir Zeichen von Veränderung erkennen können. Sie kann sich nicht mehr auf ihre Charta stützen, in der sie die Vernichtung Israels proklamiert, und sie kann nicht mehr dem Terror als einer Strategie zur Erfüllung ihrer nationalen Ziele vertrauen. Auch die Dynamik der Verhandlungen führte zu einem Überdenken der Zweckmäßigkeit des Terrors im Vergleich zu den aus ihm erwachsenden Schäden auf der einen Seite und dem zu erwartenden Nutzen aus der Fortsetzung der Verhandlungen auf der anderen Seite.«[190]

Terrorismus dürfe demnach nicht belohnt werden, doch welchen Nutzen für die PLO bzw. Palästinenser meint Peres? Kann sich die PLO allein mit ihrer Rettung begnügen? »Die PLO hatte daran ein enormes Interesse, da sie ohne die Anerkennung durch Israel, um mit dem Dichter Uri Zvi Greenberg zu sprechen, eine Art ›Straßenrandrasen‹ bliebe.«[191] Die Logik der Schwäche/Stärke der PLO kann also nach Peres' Verständnis insofern dienlich für Israel sein, als die Schwäche der PLO gegenüber Israel einerseits und die Stärke der PLO – Legitimation und Autorität – gegenüber dem palästinensischen Volk andererseits eine Regelung der Palästinenserfrage im Sinne Israels möglich machen würde. Die Logik der Schwäche/Stärke ist auf jeden Fall Peres' Logik, ungeachtet des »gemeinsamen Interesses«.

Von welchem »gemeinsamen Interesse« ist bei Peres die Rede? Die PLO soll zunächst »Gaza und Jericho« als Verwaltungsgebiete erhalten.[192] Hier muss betont werden, dass Arafat gegen Peres' ursprüngliche Idee, den Palästinensern alleine den Gaza-Streifen (ohne die Siedlungsgebiete) als Autonomiegebiet zu übertragen, auf einem territorialen Stützpunkt auch im Westjordanland besteht.[193] Darüber hinaus erwähnt Peres die Zusicherung Israels, »über die Ausdehnung der Autonomie in anderen Teilen Judäas und Samaria zu verhandeln, allerdings erst nach den Wahlen in den Gebieten«. Auch auf die Übertragung der Zuständigkeiten der Verwaltungsbereiche, des Gesundheitswesens, des Erziehungswesens, des Wohlfahrtssystems, des Fremdenverkehrs und der Steuererhebung an die Palästinenser, weist Peres hin.[194] Doch die Kernfragen des Konflikts – die Grenzen, Siedlungen, Jerusalem und die Flüchtlingsfrage – werden hier kaum behandelt. Peres deutet sogar darauf hin, dass die Territoriumsfrage, womit die Frage eines palästinensischen Staats unlösbar verbunden ist, in Israel politisch quasi nicht durchsetzbar sei.[195] »Was Israels Interesse betrifft«, so macht Peres unmissverständlich deutlich, wo die Prioritäten liegen:

> »Uns wurde die Verantwortung für die Sicherheit gegen die Bedrohung Israels von außen zugestanden – ohne dies hätten wir das [Oslo I] Abkommen nicht unterzeichnen können. Die Verantwortung für die Sicherheit jedes Israeli, der sich in den Gebieten aufhält, bleibt auch zukünftig in den Händen Israels; Jerusalem bleibt außerhalb des Autonomierahmens, obschon seine palästinensischen Einwohner am Wahlprozeß [der palästinensischen Autonomie] teilnehmen können; die [jüdischen] Siedlungen bleiben dort, wo sie sind, ihre Sicherheit obliegt der israelischen Armee.«[196]

Außerdem stellt Israel »ausdrückliche Bedingungen an eine Anerkennung der PLO, daß diese öffentlich das Recht Israels auf eine sichere und friedliche Existenz anerkennt; daß sie die Entschließungen 242 und 338 des UN-Sicherheitsrats als Grundlage für die Verhandlung akzeptiert; daß sie sich vom Terror distanziert und daß sie den Terror und die Terroristen bekämpft; daß sie sich verpflichtet, Meinungsverschiedenheiten auch in Zukunft durch politische Verhandlungen und nicht mit Gewalt zu regeln. Und die Hauptsache war: daß sie jene Artikel in der palästinensischen Charta aufhebt, die ausdrücklich oder andeutungsweise zur Vernichtung Israels aufrufen. Die Charta besteht aus 33 Artikeln. 28 davon predigen faktisch die Beseitigung Israels, und die fünf anderen Artikel liegen auch nicht gerade im Interesse Israels oder des Friedens.«[197]

Peres' ausgeprägter sicherheitspolitischer Diskurs ist mit einem Friedensverständnis verknüpft, welches kaum mit einer wirklichen Versöhnung vereinbar ist. Die penible Interpretation, die PLO-Charta predige die Vernichtung des Staats Israel, wobei die PLO bereits 1988 erklärt hat, Israel anzuerkennen und mit ihm zu verhandeln, zeigt, dass Peres vom Prozess der Verständigung nicht überzeugt werden kann. Der Sicherheitsfaktor wird so stark ins Zentrum gerückt, um den Grundsatz der Separation durchzusetzen. Dabei soll die PLO eine Subcontractor-Rolle in der Etablierung dieser Separation erfüllen. Peres' Ausführungen belegen wieder, wie sehr der Sicherheitsmythos seinem Denken zu Grunde liegt: Er unterstellt der anderen Seite immer noch, vor Gewalt nicht zurückzuschrecken und sogar Vernichtungsabsichten zu haben; die Gewalt dieser Anderen erscheint als alleinige Ursache für den Konflikt. Dass Peres die Entschließungen 242 und 338 des UN-Sicherheitsrats als Grundlage für die Anerkennung der PLO nennt, ist ein weiteres Beispiel für seine in die Irre führende Sprachstrategie und sein mangelndes Unrechtsbewusstsein. Diese Beschlüsse sehen im Grunde den Rückzug Israels aus den palästinensischen Gebieten vor, also die Aufhebung der militärischen Okkupation, was eindeutig im palästinensischen Interesse läge.[198] Die PLO steigt in die Verhandlungen ein, eben in der Hoffnung, dieses Interesse verwirklichen zu können und einen palästinensischen Staat in den palästinensischen Gebieten zu errichten. Dass Peres die Akzeptanz dieser Beschlüsse von denjenigen fordert, die im Oslo-Friedensprozess das größte Interesse an ihrer Umsetzung haben, ist äußerst raffiniert. Es bleibt rätselhaft, inwiefern Peres diese Gedankengänge, die die Tatsachen auf den Kopf stellen, bewusst sind. Doch es steht außer Frage, dass es hier nicht nur darum geht, die PLO als Organisation darzustellen, welche gegen das internationale Recht verstößt. Dass sie als widerspenstig und gewalttätig, als »bad guy« in diesem Konflikt geschildert wird, wird deutlich genug. Es geht Peres jedoch vor allem darum, von Israels eigenem Verstoß gegen das besagte internationale Recht in Form der UN-Sicherheitsbeschlüsse abzulenken. Peres gelingt es durch solche ausgeklügelten Formulierungen, Israel als »good guy« dieser Geschichte darzustellen – wovon er ohnehin felsenfest überzeugt ist, wie seine Position zur Okkupationsfrage beweist.

Besatzung und Frieden?

Welchen Zusammenhang stellt Peres zwischen der Besatzungslage und dem Oslo-Friedensprozess in *Die Versöhnung* her? Wie betrachtet Peres die seit 1967 bestehende Militärdominanz Israels über das palästinensische Volk im Westjordanland und im Gazastreifen auf dem Hintergrund des in Gang gesetzten Friedensprozesses? Zwei charakteristische Merkmale prägen Peres' Betrachtungen zur Okkupation in *Die Versöhnung*: Einerseits werden gut verdrängte Schuldgefühle infolge einer jahrelangen Besatzungs- und Unterdrückungspolitik nur *indirekt* angesprochen. Diese Schuldgefühle sind wiederum nur schwer trennbar von Peres' Ahnung (oder gar seinem Wissen?), dass dieser Zustand nicht auf Dauer haltbar sein wird. Andererseits kann Peres Israel – wie überlegen und militärisch stark es auch immer sein mag – nicht für diese Okkupationspolitik verantwortlich machen. Folgerichtig befindet sich er in einer »kognitiven Dissonanz«, die darin besteht, dass *die Lage* der militärischen Besatzung zwar zugegeben wird, doch die Herrscher, die Verantwortlichen, abwesend sind. Im dritten Kapitel von *Die Versöhnung* versucht Peres, die These »Im Krieg gibt es keine Gewinner« auf die Situation zu übertragen. Zur Okkupation führt er Folgendes an:

> »So wie der Krieg sinnlos geworden ist, ist auch das Streben nach Herrschaft über ein anderes Volk nicht mehr realistisch. Nicht nur, weil die Intifada [1987-1992] den Abgrund zwischen uns und den Palästinensern betont hat, sondern auch wegen der

> Bedeutung dieser Herrschaft aus israelischer Sicht. Unsere Armee muß in die Rolle einer Garnison und Polizei zugleich schlüpfen. Ihre Soldaten befinden sich plötzlich im Schlagabtausch mit Bürgern und Kindern in den Gassen der Flüchtlingslager von Gaza oder in der Kasbah von Nablus. Palästinensische Jugendliche provozieren sie und bewerfen sie mit Steinen. Maskierte Männer marschieren in den Straßen, ziehen Säbel und schwingen Äxte. Sie fordern die israelische Militärverwaltung heraus und demonstrieren die Hoffnungslosigkeit der Fortsetzung des Status quo, der zunächst nur zur Stärkung der Sicherheit Israels gedacht war.«[199]

Auf den ersten Blick liest sich dieser Passus wie eine Einsicht des Übels der Militärherrschaft an sich, von einem moralischen Standpunkt aus. Der Krieg sei sinnlos und die Herrschaft über andere Völker »nicht mehr realistisch«, auch wenn ungeklärt bleibt, warum dies der Fall sein soll. Doch im Weiteren wird deutlich, dass Peres den Prozess nicht aus der Sicht der Beherrschten beschreibt. Sein Blickwinkel ist vielmehr israelisch und entspricht der bekannten Position der Militärführung, die davon ausgeht, dass die Intifada militärisch unbesiegbar sei. Die Formulierung: »das Streben nach Herrschaft über ein anders Volk [ist] nicht mehr realistisch«, kann zwar als eine politische Einsicht verstanden werden, aus der sich Handlungsbedarf ableiten lässt, und zwar aus der Erkenntnis heraus, dass Israel der Aufgabe der polizeilichen Unterdrückung eines zivilen Aufstandes nicht gewachsen sei. Dies kann durchaus als eine Hauptmotivation für den Oslo-Friedensprozess gelten. Doch Peres' Formulierung leugnet die Realität: Israel *strebt* nicht nur die Herrschaft über ein anderes Volk *an*, sondern es *übt* diese Herrschaft bereits seit geraumer Zeit *aus*. Israel kennt sogar in seiner kurzen Geschichte keinen anderen Zustand als die Militärregierung. Auch der Begriff »ein anderes Volk« nennt das tatsächlich beherrschte palästinensische Volk nicht beim Namen, klammert es aus; Peres lässt sich auf diese Gegenüberstellung Opfer/Täter nicht ein. Das Idiom »nicht mehr realistisch« gibt Peres' Verständnis wieder, dass früher die Okkupationsoption sehr wohl realistisch war oder gar als selbstverständlich galt.

Auch Peres' Darstellung der palästinensischen Erhebung lässt eine Revidierung seines Standpunktes in der Okkupationsfrage vermuten. Hier rückt Peres die Träger dieser Herrschaft, sprich die israelische Armee, ins Zentrum seiner Überlegungen. Ihr gilt seine Hauptsorge: Die Armee darf nicht in die »Rolle einer Garnison und Polizei zugleich schlüpfen«. Keinesfalls darf Folgendes passieren: »Ihre Soldaten befinden sich plötzlich im Schlagabtausch mit Bürgern und Kindern in den Gassen der Flüchtlingslager von Gaza oder in der Kasbah von Nablus.« Die israelischen Soldaten werden hier als Opfer der Okkupationspolitik beschrieben. Wer ist dafür verantwortlich? »Palästinensische Jugendliche provozieren und bewerfen [die Soldaten] mit Steinen« und »maskierte Männer marschieren in den Straßen, ziehen Säbel und schwingen Äxte«. Die hier verwendeten Begriffe zur Schilderung der palästinensischen Erhebung lassen kaum Zweifel daran aufkommen, wo die Quelle der Angst liegt. Diese Angst, gleich, ob authentisch oder inszeniert, bestimmt den Ton der Aussagen und widerlegt Argumente gegen die Fortsetzung der Okkupation: Die eigentlich zu tadelnde Militärregierung wird nicht nur nicht kritisiert, etwa, weil sie nicht mehr realistisch sei. Am Ende der Ausführungen gelingt Peres sogar ihre Verteidigung: Sie sei »nur zur Stärkung der Sicherheit Israels« aufgebaut worden. In Peres' Augen ist die Okkupationsordnung unabdingbar für die Garantie der israelischen Sicherheit; somit wird auch seine Sprache zur Umschreibung des rebellischen Verhaltens der Palästinenser gegen diese Ordnung (»Maskierte Männer marschieren in den Straßen, ziehen Säbel und schwingen Äxte.«) verständlich. Mit anderen Worten: Indem Peres auf einem Trennungsdiskurs zwischen der israelischen Okkupation und der palästinensischen Erhebung beharrt und damit dem Sicherheitsmythos insofern treu bleibt, als »die anderen« als Gefahrenquelle für die Juden erscheinen, gelangt er zu seiner spezifischen Argumentation. Er beginnt diese Passage mit der Einsicht, die Besatzung sei unrealistisch, beendet sie jedoch mit der dem Sicherheitsmythos zu Grunde liegenden Prämisse, die Besatzung habe im Kern einen sicherheitspolitischen Beweggrund. Der Sicherheitsmythos, anders als der Mythos des »verheißenen Landes«, der explizit die Inbesitznahme der Gebiete auf die biblisch-historische Verheißung stützt, liefert für Peres die ultimative und deshalb die »realistische, rationale und selbstverständliche Rechtfertigung« für die militärische Dominanz in den betreffenden Gebieten. Zwar sind für Peres beide Mythen, wie in dieser Arbeit gezeigt wird, kompatibel. Doch die Sprache des Sicherheitsmythos – »der Religion der zionistischen Linken« – benutzt er mehr explizit; sie ist eine ihm vertraute Sprache. Ein wichtiges Moment dieser mythischen Sprache ist der entpolitisierte Grundsatz, die Okkupation sei ein unumgehbarer Zustand:

> »[…] Israel unterhält nebeneinander zwei Regime, zwei sich grundsätzlich widersprechende Wertsysteme. Die Militärverwaltung ist von Natur aus ein aufgezwungenes Regime – praktisch ist sie auch uns aufgezwungen worden –, und darum kann sie keine demokratischen Werte widerspiegeln, weder die Grundwerte Israels und seiner Unabhängigkeitserklärung, seiner Grundgesetze, seiner politischen Kultur noch seines nationalgesellschaftlichen Selbstverständnisses.«[200]

Auch hier wird auf den ersten Blick der Eindruck erweckt, als würde Peres dieses Okkupationsregime verurteilen, da es ein »von Natur aus […] aufgezwungenes Regime« ist – weshalb eine politische Handlung zur Aufhebung dieses undemokratischen Regimes erwartet wird. Die Aussage ist jedoch widersprüchlich. Sie stützt zum einen die Notwendigkeit der Okkupation; zum anderen läuft die Trennung zwischen den beiden Systemen darauf hinaus, dass Israels demokratisches System *trotz* dieser Okkupation nicht in Verruf gebracht werden soll. Hier zeigt sich die Illusion, zwei im Konflikt verflochtene Kollektive zu separieren, in vollem Maße[201]: Weil dieses Okkupationsregime Israel selbst praktisch aufgezwungen sei, also nicht gewollt und somit dem Charakter des Landes fremd, habe das ganze System mit Israels Grundwerten, mit seiner politischen Kultur und eben mit seinem nationalgesellschaftlichen Selbstverständnis wenig zu tun. Gerade weil seinem Denken der Sicherheitsmythos zu Grunde liegt, stellt dies für ihn keinen Widerspruch dar, auch wenn er sich damit in sprachliche, und sicherlich auch gedankliche, Widersprüche verwickelt. Die folgende Aussage zeigt, inwiefern sich der 70-Jährige in der Zwickmühle befindet. Hier zeigt sich Peres' auf Israel fixiertes Denken mit seinem stark sicherheitsorientierten Akzent, begleitet von verborgenen Schuldgefühlen über eine Lage, die er gleichzeitig rechtfertigt, aber auch unerträglich findet; dabei darf das entpolitisierte Moment des Verantwortungsentzugs nicht außer Acht bleiben:

> »Der Zionismus wurde zur Durchsetzung der Menschenrechte für die Juden begründet. Aber die Zwänge, über ein anderes Volk zu herrschen und die öffentliche Ordnung in den Militärverwaltungsgebieten zu sichern, beeinflussten nicht nur die Funktion der Verwaltungsbehörden in diesen Gebieten, sondern auch innerhalb Israels. [...] Nicht die Geheimdienste (Shabak) sind anzuprangern. Sie erledigen ihre Arbeit mit Hingabe und persönlicher Risikobereitschaft. Es gelingt ihnen in vielen Fällen, terroristische Aktionen zu vereiteln und viele Menschenleben zu retten, jüdische und arabische. Die Hauptklage richtet sich vielmehr an die objektive Situation, die aktive Feindseligkeit auf beiden Seiten hervorruft. Ein Volk, das sich einem anderen aufzwingt – selbst wenn dies auch aus Verteidigungsgründen zu rechtfertigen ist –, verliert den Wunsch, vom Zwang abzulassen. Die Dynamik der Besetzung führt dazu. Sie ist ein Teil dieser ›unsichtbaren Hand‹, die die Geschichte lenkt.«[202]

Auch hier darf die Altersfrage nicht außen vor gelassen werden: Ist der 70-Jährige fähig, seine Position hinsichtlich der Okkupation zu revidieren, die schließlich sein Lebensprojekt, die jüdische Besiedlung von *Erez Israel*, zutiefst prägte? Für den Zionisten Peres, der sein Leben der nationalstaatlichen Aufgabe widmet, die »Menschenrechte der Juden« aufrechtzuerhalten, ist eine wirkliche Revision seines Standpunkts diesbezüglich höchst unwahrscheinlich: Im oben zitierten Text drückt sich dies in der Darstellung der unverzichtbaren Geheimdienste aus; den Schabak (Shin-Bet), ein zentraler Machtapparat der Besatzungspolitik vor und nach 1967 kann Peres schlichtweg nicht kritisieren. Nicht nur diesen staatlichen Machtapparaten, sondern auch der israelischen Politik spricht Peres die Verantwortung für die Besatzungsrealität ab. Vielmehr sind es »die Zwänge«, die »objektive Situation«, die »unsichtbare Hand«, die die Geschichte bestimmen. Gleichzeitig spricht aus ihm das politisch ungelöste Dilemma, denn einerseits weist er auf die Notwendigkeit der Veränderung hin: »[...] die Bewahrung des Status quo ergibt keinen Sinn, weder für Israel noch für die Palästinenser.«[203] Und gleich anschließend wird wieder dargelegt, welche defensive Funktion dieser Status quo der Okkupationspolitik erfüllt:

> »Diese [Palästinenser] können Israel nicht mehr besiegen. Mit spontanem oder organisiertem Terror, mit Raketenangriffen oder Flugzeugentführungen werden sie die Flamme des nationalen Lebens Israels nicht auslöschen können. Die Israelis sind ein hartnäckiges Volk. Sie sind fest entschlossen, sich nicht von dem Land wegzubewegen, in das sie nach fünfzig Generationen der Verbannung, Verfolgung und des Völkermords gekommen sind, um ihre Unabhängigkeit zu erneuern, die ersehnte Sicherheit zu gewinnen und ein aufrichtiges Leben in Würde zu führen, in Würde sowohl für uns als auch für unsere Nachbarn. Uns ist daran gelegen, daß es unseren Nachbarn gut geht und daß die Nachbarschaft wahrhaftig gut ist.«[204]

Diesem Strudel des Sicherheitsmythos kann der 70-Jährige nicht entrinnen, auch wenn er versucht, einen versöhnlichen Ton anzuschlagen. Denn er versteht traditionell die Okkupation als eine unerlässliche verteidigungspolitische bzw. nationalstaatliche Angelegenheit, die Ende der 1980er Jahre von der israelischen Armee nicht ohne Weiteres gemeistert werden kann. An diesem Scheideweg befindet sich nun der Politiker, der politische Antworten auf einen sicherheitspolitisch bestimmten Konflikt suchen muss.

Peres' Lösung der Palästinenserfrage

Nach einer »langen Reise in den Neuen Nahen Osten«, welche den Hauptteil von *Die Versöhnung* ausmacht, in dem die Palästinenserfrage kaum angesprochen wird – vielmehr wird sie als quasi gelöst zur Seite geschoben[205] –, »landet« Peres wieder auf dem Boden der politisch zu gestaltenden Realität des israelisch-palästinensischen Konflikts. Im 13. Kapitel »Konföderation«[206] präsentiert er seinen Lösungsvorschlag, der auf »Kreativität« und »Fortschritt« statt »Stillstand« und »Hindernis« beruhen soll.[207] Um sein Konzept der Konföderation, welches die palästinensische Souveränität ausschließt, darzustellen, geht Peres auf Ursprung und Identität des palästinensischen Volks ein.

> »Bis zum Unabhängigkeitskrieg im Jahre 1948 gab es kein palästinensisches Volk als separate Wesenheit, weder im Selbstverständnis der Palästinenser noch im Bewußtsein anderer Völker, einschließlich der arabischen. [...] Als sich die Nationalstaaten mit den Friedensabkommen am Ende des Ersten Weltkriegs im Nahen Osten zu formieren begannen, zeichneten sich zwei parallele Tendenzen ab: eine vereinende panarabische Tendenz, die in den Arabern eine einzige Nation sieht, und eine separatistische Tendenz der partikulären Nationalität, die das Besondere in der Geschichte und Kultur eines jeden arabischen Staates für sich zum Ausdruck bringen will. Die Palästinenser verstanden sich als Vertreter der ersten Tendenz. Das Nationalbewusstsein zu Zeiten des britischen Mandats war das Bewußtsein, der großen arabischen Nation anzugehören und dadurch eine andere Identität zu besitzen als die Juden, die sich in diesem Land angesiedelt hatten. Nicht von ungefähr wählten sie das Motto ›Falstin ist arabisch‹ und forderten das Recht über das ganze Land nicht im Namen der partikulären Nationalität, sondern im Namen einer gesamtarabischen Identität. Auch die arabische Solidarität am Vorabend des 1948er Krieges wurde im Namen der vereinigenden Ideologie eingefordert und nicht im Namen einer besonderen palästinensischen Identität.«[208]

Peres bezieht sich sogar auf die PLO-Charta, um den Palästinensern eine eigenständige palästinensische nationale Identität abzusprechen. Dort heißt es nämlich: »Palästina ist das Heimatland des arabisch-palästinensischen Volkes; es ist ein untrennbarer Teil des arabischen Mutterlandes, das palästinensische Volk ist ein integraler Teil der arabischen Nation.« So schließt Peres, dass »auch das Grunddokument der palästinensischen Nationalbewegung keine Rechte auf das Land einzig und allein im Namen des Palästinensertums erhebt, sondern nur in Verbindung mit dem Begriff der gesamtarabischen Identität«. Doch gleichzeitig will Peres bekräftigen, dass »an der Legitimität der Bildung eines palästinensischen nationalen Bewusstseins« nicht gezweifelt werden soll, wobei im Weiteren betont wird, dass die Frage der Entwicklung eines nationalen Bewusstseins für das politische Handeln nicht relevant sei: »Für die politische Strategie ist die existierende Realität entscheidend und nicht die, die sich vielleicht unter anderen historischen Umständen hätte entwickeln können.«[209] Trotzdem wird hier ausführlich auf die historische Entwicklung und die Identitätsfrage eingegangen. Die ganze Geschichte des Konflikts wird erneut aufgerollt, wobei Peres den Versuch unternimmt, eine objektive Darstellung anzubieten, die den beiden Narrativen gerecht werden soll:

> »Die Kriege [1948 und 1967] verursachen neue Zuwanderungen, und die Verleihung neuer Staatsbürgerschaften brachte neue nationale Vermischungen in ohnehin kleinen und dichtbesiedelten Gebieten. Zudem ließen die Kriege Emotionen, Vorurteile und Ideologien entstehen und verfestigen diese im nationalen Bewußtsein, so daß es äußerst schwer fällt, sie wieder zu ändern. Die Reihe der Kriege und Zwischenfälle in der Sicherheitspolitik, die große Zahl von Gefallenen und Verwundeten, die Erkenntnis, daß ein Staat ständig auf der Hut sein und jedem Übel vorbeugen muß, machten die nationalen Sicherheitsüberlegungen zur entscheidenden politischen Frage Israels. Nahezu ein halbes Jahrhundert lang wurden die Politiker Israels von der Angst vor einer aggressiven Koalition geplagt, die unerwartet mit einem Vernichtungskrieg beginnen würde.«[210]

Der »palästinensischen Erzählung« räumt Peres ebenfalls Platz ein: »Auf palästinensischer Seite fürchtete die Bevölkerung, erneut um ihr Leben fliehen und als Kriegsflüchtlinge von Ort zu Ort ziehen zu müssen; das Begehren, ›den eroberten Boden zu befreien‹, wurde zu ihrem nationalen Hauptziel.« Kriege, Gewalt und Okkupationspolitik – so entwickelt Peres seine These der Notwendigkeit der politischen Lösung – haben »in der Tat das Problem nicht gelöst. Man mußte entweder mit neuer Gewalt versuchen, den Konflikt zu beseitigen, den die Gewalt bisher nicht zu lösen vermochte, oder aber eine Lösung der Vernunft suchen, eine kreative, gewaltlose Lösung [...].«[211] Ob Peres in der »Lösung der Vernunft« die Ablehnung der »Lösung der Gewalt« sieht? Wie lautet seine »vernünftige Lösung«?

> »Der Widerspruch zwischen dem Bestreben Israels nach voller Sicherheit und dem Begehren der Palästinenser, ›den eroberten Boden zu befreien‹, läßt sich nicht durch eine einfache geographische Lösung aufheben. Um die Sicherheit Israels zu garantieren, ist eine strategische Dimension nötig, und um den palästinensischen Wünschen zu entsprechen (zumindest teilweise), würde eben dieses Gebiet benötigt, das Israel die strategische Sicherheit bieten könnte.«[212]

Lässt sich angesichts dieses Konfliktverständnisses: »Israels Sicherheit« versus »Befreiung des palästinensischen Bodens« eine vernünftige, gewaltlose Lösung finden? Peres sagt die bittere Wahrheit durch die Blume: »In israelischen Augen sieht die Landkarte des Staates wie eine Dame nach einer besonders strengen Diät aus: Ihr Wuchs ist groß, ihre Hüften sind schmal. Aber was eine Dame ziert, bedeutet Unglück für die Strategie.«[213] Aber auch eine weniger bildliche Sprache wird verwendet, um Israels Grenzen im weitesten Sinne abzustecken:

»Der Widerstand Israels gegen die Errichtung eines palästinensischen Staates rührt direkt aus dieser Angst her. Wer könnte Israel garantieren, daß, selbst wenn die Palästinenser einer Demilitarisierung ihres Staates zustimmten, nach Ablauf einer bestimmten Zeit eine Armee trotz Vertrags nicht wieder aufgebaut würde und daß sie dann nicht vor den Toren Jerusalems oder auf den Zufahrten zur Küstenebene Stellung bezieht und somit eine reale Bedrohung für die Sicherheit Israels bedeuten würde? Und selbst wenn das Gebiet des palästinensischen Staates tatsächlich vollständig demilitarisiert wäre, wie könnte es Terroroperationen von Extremisten, Fundamentalisten oder Irredentisten vereiteln?«[214]

Wer oder was könnte also Israels »völlige Sicherheit« garantieren? Kann sich Peres einen Frieden zwischen beiden Völkern vorstellen, der jegliche Gefahr aufheben würde? Kann Peres sich von dieser wohlgemerkt tief sitzenden Wagenburgmentalität wirklich befreien? Kann er von diesem konflikt- und sicherheitsorientierten Denken wegkommen? Doch im Weiteren scheint er sich wenigstens rhetorisch der »compromise-orientation«[215] anzunähern, denn schließlich will Peres mit diesem Buch den bereits beschrittenen Weg des Oslo-Friedensprozesses rechtfertigen. Er bezieht die Position der Palästinenser mit ein: »Andererseits argumentieren die Palästinenser, falls sich Israel nicht verpflichten würde, den UNO-Sicherheitsratsbeschluß 242 in vollem Umfange zu befolgen, wäre das der Beweis dafür, daß Israel nicht willens sei, dem palästinensischen Volk in größerem Maße Gebiete zurückzugeben. Als der Satz ›Land für Frieden‹ aus dem Entwurf der Grundsatzerklärung gestrichen wurde, sahen sie darin ihre schlimmsten Befürchtungen bestätigt.«[216] Hier stößt Peres an seine Grenzen: Da er die Perspektiven und Wünsche der Osloer Gesprächspartner für unvereinbar hält, lässt sich daraus kaum eine politische »Lösung der Vernunft« ableiten. Aus dieser Erkenntnis, dass die Grundlage für den Friedensprozess aus Sicht der Palästinenser nicht weniger als die Befreiung des Bodens von israelischen Truppen ist – im Sinne des UN-Beschlusses 242 –, speist sich Peres' Hadern mit dem Oslo-Friedensprozess. Denn dieser Prozess basiert auf der von Peres im Kern abgelehnten palästinensischen Option. Er weiß sehr wohl, mit welchen Erwartungen die Palästinenser sich auf diesen Prozess einlassen, gleichwohl ist er kaum in der Lage, Israels Sicherheitsverständnis zu revidieren. Israel unter der Rabin/Peres-Regierung verzichtet in Oslo auf die militärische Dominanz über Palästina/*Erez Israel* nicht.

Was bietet also Peres den Palästinensern in *Die Versöhnung*? Erstaunlicherweise ist in dem Buch, das parallel zur Geburt des politischen Oslo-Prozesses entstand, die Rede von einer jordanisch-palästinensischen Konföderation. Peres führt detailliert aus, weshalb eine sich auf Landesteilung stützende Zweistaatenlösung nicht möglich sei. Eine seiner Erklärungen für diese Unmöglichkeit, Grenzen zu ziehen – einer der kompliziertesten Aspekte des Konflikts – gründet er auf die »extremen Positionen« beider Parteien, also auf die Logik des Nullsummenspiels:

»In beiden Lagern gibt es viele Menschen, die nicht bereit sind, in den Fragen der historischen Rechte Kompromisse einzugehen, und sie deuten sie als ein ausschließ-

> liches nationales Recht, welches das Recht der anderen Seite negiert. Darum bedeutet jede mögliche Grenzmarkierung eine Verletzung empfindlicher Nerven, strategischer, nationaler und religiöser Natur. Die Sensibilität ist dermaßen hoch, daß sie jede simple Regelung zur Ursache eines neuen Konflikts machen könnten.«[217]

Interessant an dieser Erklärung ist, dass die Extremisten auf beiden Seiten als effektive Gegner einer Teilungslösung, also eines Vollzugs des zu implementierenden Friedensprozesses genannt werden. Diese Kräfte leisten tatsächlich einen traurigen Beitrag zur Vereitelung des Prozesses.[218] Doch hier instrumentalisiert der vorgeblich hinter dem Oslo-Friedensprozess stehende Peres diese Position, um sein eigenes Konzept geltend zu machen. Denn Peres mag sich die Teilungsoption schlichtweg nicht vorstellen und sucht daher einen »kreativen Ausweg«. Er spricht davon, dass »man den Verlauf der Grenzen überhaupt nicht bestimmen kann, ohne vorher Übereinstimmung über den Charakter der Grenzen zu erzielen«.[219] Wie ist dies gemeint? Hierzu Peres:

> »Wir benötigen ›weiche‹ Grenzen und nicht rigide, versperrte Grenzen. Gemeint sind ›weiche‹ Grenzen in alle Richtungen, d.h. symmetrisch ›weich‹. Grenzen sind keine Mauern, und wir müssen uns nicht hinter Mauern verschanzen, die angeblich da sind, um die nationale Souveränität einer jeden Partei zu befestigen. […] An der Schwelle zum 21. Jahrhundert brauchen wir keine gepanzerte Souveränität, sondern die Untermauerung der menschlichen Dimension, die Ermöglichung unmittelbarer Kontakte und die Anpassung der regionalen Realität an den Trend, der in Zukunft auf die ganze Welt Einfluß nehmen wird.«[220]

Propagiert Peres hier den Gedanken, Israel zu entnationalisieren, um den Palästinensern das Selbstbestimmungsrecht abzusprechen? Solche Überlegungen, welche auch mit dem »alten linkszionistischen Pragmatismus« im Sinne Gornys interpretiert werden könnten, fordern im rechten Lager erbitterte Kritik am Oslo-Prozess heraus, und zwar noch bevor auf »ein Stück jüdischen Landes« wirklich verzichtet wurde. Doch Peres geht es bei der im Weiteren vorgeschlagenen Lösung, der »funktionalen Lösung« der »jordanisch-palästinensischen Konföderation«, gerade um die Fortsetzung des nationalstaatlichen Siedlungsprojekts mit minimalen Hindernissen, und vor allem schließlich darum, die internationale Gemeinde unter dem Deckmantel des Friedensprozesses außer Gefecht zu setzen. Die israelische Rechte, die die Oslo-Verantwortlichen nach wie vor heftig kritisiert, erkennt diese Ambivalenz des Oslo-Beitrags nicht. Sie sieht vielmehr im Oslo-Friedensprozess die Gefahr eines palästinensischen Staats auf der Grundlage der 1967 eroberten palästinensischen Gebiete. *Die Versöhnung* erzählt aber eine ganz andere Geschichte, indem sie darauf insistiert, die Palästinenserfrage sei eine »politische jordanische Angelegenheit«:

> »Die Struktur, die in meinen Augen am ehesten angemessen ist, ist politisch gesehen eine jordanisch-palästinensische Konföderation und wirtschaftlich gesehen eine dem ›Benelux‹ vergleichbare jordanisch-palästinensisch-israelische Struktur. […] In seiner ausgereiften Form bedeutet er [der Konföderationsgedanke] ein Optimum für alle

drei und wird ihnen die Möglichkeit geben, ohne Verzicht auf Glaube und Meinungen in Frieden und Prosperität zu leben. Ich habe allen Grund zu glauben, daß es möglich ist, für diesen Gedanken einen Konsens in den politischen Verhandlungen zu erzielen.«[221]

Im Weiteren begründet Peres, weshalb diese den Grundlagen des Oslo-Friedensprozesses zuwiderlaufende Lösung Konsens unter den Gesprächspartnern erzeugen würde: »Die Konföderation ist die beste Struktur, die dem haschemitischen Königreich und der palästinensischen Identität die Möglichkeit gäbe, gemeinsam zu leben, ohne daß eine der Parteien die andere unterwandert und versucht, sie zu beherrschen. Jordanier und Palästinenser haben keine andere Wahl, als gemeinsam zu leben, und es ist nötig, daß die politische die demographische Struktur widerspiegelt, die beide Parteien dazu zwingt, unter einem gemeinsamen Dach zu leben.«[222] Peres beharrt jedoch eisern auf einer 1993 politisch kaum umsetzbaren »jordanischen Option«: »Die Unterschiede zwischen dem jordanischen und dem palästinensischen Volk sind nicht kultureller, religiöser oder traditioneller Natur. Nicht ethnische Unterschiede trennen die Jordanier von den Palästinensern, sondern historische und politische Umstände, die auch einen anderen Verlauf hätten nehmen können. Über die partikuläre nationale Identität der Jordanier und Palästinenser hinaus, die auch das Trennende und das Besonderer widerspiegelt, existiert die Bindung an einen gemeinsamen Ursprung, der das Vereinende ausdrückt.«[223]

Doch was hat die Identitätsfrage der beiden Völker mit dem Oslo-Prozess und dem israelisch-palästinensischen Konflikt zu tun? Diese Frage stellt sich für Peres nicht. Die jordanische Option in Form der jordanisch-palästinensischen Konföderation wird vielmehr als Grundlage des anstehenden Friedensprozesses thematisiert. Darin sieht Peres »das konföderale Militär östlich des Jodan stationiert«. »Die Westbank wird entmilitarisiert sein. Dies wird es Israel erleichtern, in sachlicher Weise territorialen Forderungen entgegenzukommen, weil auch weiterhin eine strategische Tiefe im Sinne der Verteidigungskonzeption vorhanden wäre.«[224] Von welchen territorialen Forderungen ist hier die Rede, und von wem werden sie gestellt? Auch ist zu fragen, inwiefern die Westbank entmilitarisiert wird, nur in Bezug auf das konföderale oder auch das israelische Militär? Im Folgenden wird deutlich, worum es Peres bei der jordanisch-palästinensischen Lösung geht:

>»Mit dem Konzept der Konföderation kann gleichzeitig vermieden werden, daß eine Dauerlösung ausschließlich die Errichtung eines separaten palästinensischen Staates in den Gebieten Judäa, Samaria und Gaza bedeutet. Ein separater palästinensischer Staat würde – offen oder verborgen – das Unbehagen der Jordanier hervorrufen und auf massiven Widerstand in der israelischen Öffentlichkeit stoßen. Dazu käme noch der Zweifel, ob ein palästinensischer Staat in einem so eingeschränkten und komplizierten Gebiet echte Lebens- und Entwicklungschance haben könnte. Hingegen wäre die Konföderation ein Begriff, der in Israel besser zu vermitteln wäre (da die Rede nicht von einem separaten palästinensischen Staat ist), von den Jordaniern besser nachvollziehbar (aus demselben Grund) und für die Palästinenser vielversprechender

wäre (da sie bereits jetzt eine ausdrücklich territoriale Bedeutung hätte in bezug auf eine dauerhafte Lösung).«[225]

In dieser Passage steckt prägnant Peres' Angst vor der Bedeutung des Oslo-Prozesses, mithin drückt sich darin sein Verständnis des Friedens als einer innerisraelischen bzw. innerjüdischen Angelegenheit aus. Er versucht, *den Israelis* seine Konföderationslösung, die im Kern auf die Verhinderung palästinensischer Souveränität hinausläuft, zu vermarkten. Palästinenser und Jordanier haben dieses Konzept hinzunehmen, wobei er diese Position als »objektiv richtig« zu rationalisieren versucht. Der palästinensische Staat liefe nicht nur einem grundsätzlichen sicherheitspolitischen Interesse Israels zuwider. Auch für Jordanien und die Palästinenser selbst (!!) stelle die palästinensische Option eine schlechte Alternative dar. Peres' Adressaten hier sind eben nicht die Konfliktparteien. Die Erklärungen – »von den Jordaniern besser nachvollziehbar« und »für die Palästinenser vielversprechender« – lassen sich kaum als Dialog- oder Verhandlungsangebot bezeichnen. Vielmehr sucht Peres die Unterstützung für sein Konzept in den eigenen Reihen. Peres' verblüffende Erklärung: »Einige Palästinenser, an ihrer Spitze Yassir Arafat, sind der Meinung, daß eine konföderale Ordnung eine akzeptable sei. Allerdings ließe sich eine Konföderation erst nach der Proklamierung eines palästinensischen Staates errichten – ›und sei es nur für fünf Minuten‹«[226], verdeutlicht Peres' ausgeprägte, über die Jahre hinweg durch die Praxis der Besatzungsordnung eingeübte Sprache der Herrschaftsausübung. Damit ist seine Dialogunfähigkeit bzw. verinnerlichte Einseitigkeit zu erklären. Auch die nationalen Interessen der Palästinenser kann er ausschließlich aus dem israelischen Blickwinkel sehen. Deshalb wird hier Jassir Arafat, als Symbol dieses nationalen Interesses, sogar unterstellt, er sei bereit, dieses »Spielchen eines Scheinstaats« mitzumachen. *Die Versöhnung* verrät alles in allem einen bedrückenden Einblick in die Positionen zu den noch auszuhandelnden und umzusetzenden Friedensverträgen zwischen Israel und der PLO. Dabei steht im Vordergrund der Prinzipienerklärung von 1993 der Vertrauensaufbau.

Die politische Umsetzung der Oslo-Verträge

Inwiefern steht Peres *politisch* hinter der dem Oslo-Friedensprozess zu Grunde liegenden palästinensischen Option? Peres befindet sich hinsichtlich des Friedensprozesses in den Jahren 1992-1996 in einer ausgesprochen heiklen Lage. Nach jahrelanger politischer Stasis, bedingt durch die Regierungskoalition mit dem *Likud*, gelingt ihm ein Durchbruch. Der als historischer Wendepunkt begriffene Oslo-Friedensprozess mit den Palästinensern gilt zum großen Teil als Verdienst des israelischen Außenministers und seines Vizes Yossi Beilin; der unermüdliche »Mann des Friedens« überzeugt den zögernden Staatschef und »Mann der Sicherheit« Jitzchak Rabin von der Notwendigkeit, die schwierigen, mit der Anerkennung der PLO verbundenen direkten Verhandlungen mit den Palästinensern aufzunehmen, was in den Augen der Palästinenser und der internationalen Gemeinschaft auch eine Annäherung an die palästinensische Option bedeutet.[227] Rabin und Peres sorgen durch ihre Bereitschaft, die PLO unter der Führung Jassir Arafats als Gesprächspartner zu akzeptieren, für einen historischen Durchbruch in der israelisch-palästinensischen Geschichte, weswegen alle drei politischen Führer 1994 mit dem Friedensnobelpreis ausgezeichnet werden.

Doch während Peres auf internationalem Parkett Ruhm und Anerkennung für seine Friedensbemühungen einheimst, sieht er sich in Israel selbst mit einer besonders heiklen politisch-intellektuellen Herausforderung konfrontiert. Er muss nämlich den Friedensprozess gegenüber einer äußerst aktiven und gut organisierten politischen Opposition auf der Rechten verteidigen, obwohl er selbst einige Bedingungen dieses Prozesses, etwa die Teilungslösung, nicht nur ablehnt, sondern – wie *Die Versöhnung* verrät – regelrecht befürchtet. Gegenüber den die Teilungslösung unterstützenden Kräften des Auslandes einerseits und einer zunehmend gewaltbereiten inneren rechten Opposition andererseits vertritt Peres eine »den Frieden mit den Palästinensern imaginierende, breite israelische Mitte«, welche den Friedensprozess ungeachtet der de facto ausgeübten politischen Verschärfung der militärischen und zivilen Präsenz Israels in den palästinensischen Gebieten unkritisch unterstützt.[228]

Das spezifische Konzept von Oslo I besteht darin, dass es die politisch-militärische Lage im Kern *vorerst* unverändert lässt. Denn ausgehend von der Absichtserklärung (Prinzipienerklärung), die zunächst Vertrauen aufbauen soll, beginnt ein Prozess der »kleinen Schritte«, dessen Entwicklung von den zu führenden Verhandlungen abhängig ist. Da sich aber Israel gegen einen dritten Schiedsrichter durchsetzt, und dazu auch die Lösung der Kernfragen des Konflikts bis zu den Verhandlungen für eine permanente Regelung, die nach fünf Jahren Interims-Zeit erfolgen soll, aufschiebt, wird vieles von den Machtverhältnissen zwischen den beiden Parteien bestimmt.[229] Dabei entsteht eine für die Oslo-Jahre charakteristische hybride Situation: Es werden Verhandlungen über weitere Abkommen geführt, parallel zur Fortsetzung der üblichen Besatzungspraktiken mit den nötigen Modifikationen. In der Oslo vorausgehenden Annahme, dass die Konflikt-Kernfragen – Siedlungen, Grenzen, Wasser, Jerusalemfrage und Flüchtlingsfrage – ohnehin erst später geklärt werden würden, verschafft sich Israel mehr Spielraum, um in seinem Sinne weiterhin Fakten zu schaffen. Dies geschieht, obwohl die PLO durch ihre Anerkennung als Verhandlungspartner nicht mehr ganz ohnmächtig dasteht. Diese Situation, dass einerseits der Palästinensischen Autonomiebehörde zivile Zuständigkeiten und somit die Verantwortung für die palästinensische Bevölkerung übertragen werden (Oslo II), andererseits aber die israelische militärische Dominanz weiterhin besteht, klingt in der hybriden Formulierung der linken Oslo-Kritiker wie folgt: »Oslo als Fortsetzung der Besatzung mit friedlichen Mitteln.« Denn die die Arbeitspartei-Regierung wagt nicht einmal im Ansatz, die besetzten Gebiete zu dekolonisieren. Im Gegenteil: Sie sucht »kreative« Wege, die Besatzung *trotz* Oslo aufrechtzuerhalten und letztlich zu verschärfen. Das hybride »Oslo-Regime« ermöglicht nämlich einerseits die Trennung der beiden Kollektive mit Hilfe der Abriegelungspolitik, was die Bewegungsfreiheit der Palästinenser erheblich einschränkt und ihre Lebensbedingungen verschlechtert. Andererseits läuft die Fortsetzung der jüdischen Kolonialisierung der palästinensischen Gebiete der in Oslo erhofften Trennung der beiden Völker zuwider. Doch gerade unter dem Deckmantel des Friedensprozesses bringt Israel die zionistisch untermauerte Trennungspolitik stärker in Einklang mit der Kolonialisierung, indem das Oslo-Regime die palästinensischen Gebiete zerstückelt und somit die palästinensische Gesellschaft segmentiert.[230]

Das Oslo-Konzept erzeugt eine offene Lage, ganz im Sinne Peres': Einerseits lässt der Druck der internationalen Gemeinde auf Israel erheblich nach, und Israels Image wird nach fünf Jahren palästinensischer Intifada enorm durch die neue »Friedens-Regierung in Jerusalem« verbessert, was dazu beiträgt, dass Kolonialisierung und Besatzung ungestört fortgesetzt werden können. Andererseits wird der fortschreitende Friedensprozess, der auf einen palästinensischen Staat hinsteuern sollte, von der israelischen Rechten bekämpft, und zwar trotz der de facto betriebenen Politik. Die Rechte bekämpft auch die Option eines palästinensischen Scheinstaats; sie befürchtet Verhandlungen, die dazu führen könnten, dass Israel auf Gebiete in *Erez Israel* verzichten muss. Die Führung der zionistischen Linken sucht einen Mittelweg, welcher sich aus der offenen Lage der Oslo-Konstellation ergibt: Verhandlungen und Versöhnung neben Besatzung und Bekämpfung des Terrorismus. Die eigentlichen politischen Ziele der »Friedens-Regierung« bleiben in den Jahren 1993-1995 verborgen und den Verhandlungen überlassen. Somit befindet sich Außenminister Peres in einer politischen Zwickmühle: Er wird für einen Friedensprozess verantwortlich gemacht, dem die Teilungslösung als politisches Ziel zugeordnet wird. Dies wird wenigstens von der zionistischen Linken so ersehnt, von der Weltgemeinde erwartet und von den Anhängern von *Erez Israel* bekämpft. Peres selbst aber muss als Architekt von Oslo eben diesen Prozess politisch-öffentlich unterstützen, obwohl er nicht hinter dessen Ziel steht; er bekämpft es sogar insgeheim.[231] Peres' eigener Umgang mit dem laufenden Friedensprozess mutet gelegentlich skurril an, vor allem, wenn er ihn vor der kämpferischen Rechten verteidigen muss. Problematisch ist, dass die politischen Ziele des Prozesses nicht transparent sind und daher nicht diskutiert werden können. Hier ein Beispiel:

In einer Sitzung des *Knesset*-Ausschusses für Auswärtige und Sicherheitsangelegenheiten vom 7.3.1994 infolge des Massakers des jüdischen Siedlers Baruch Goldstein an 29 betenden Palästinensern in einer Moschee in Hebron zeigt sich diese Problematik der fehlenden Transparenz. Dabei macht sich die Spannung zwischen den politischen Mitteln (Verhandlungen mit der PLO) und den eigentlichen Zielen (militärische Dominanz und Fortsetzung der Kolonialisierung der palästinensischen Gebiete[232]) bemerkbar. Der Außenminister weist auf den erheblichen Schaden für das Image Israels in der Welt auf Grund des Massakers hin und spricht von einer »Erschütterung der friedlichen Koexistenz«: »In Hebron leben 400 Juden, die von 1200 anderen Juden [dem Militär] geschützt werden«, verschweigt aber, was politisch diesbezüglich unternommen werden sollte. Peres weicht vielmehr der Frage aus, weshalb die von andern Mitgliedern der Arbeitspartei geforderte Räumung der jüdischen Siedlung in Hebron als Konsequenz aus dem Massaker nicht umgesetzt wird. »Die Räumungsfrage wurde zwar debattiert, doch es gab keinen Vorschlag [für die Siedlungsräumung].« Peres' entpolitisiertes Verständnis des politisch motivierten Massakers, das gegen den politischen Prozess gerichtet war, drückt sich in seiner Bemerkung aus: »Was dieser Schuft [der jüdische Mörder Baruch Goldstein] uns angetan hat, weiß nur Gott zu korrigieren.«[233] Die Rabin/Peres-Regierung wagt es nicht einmal angesichts dieser »günstigen« politischen Umstände, die kleine Siedlung von 400 Juden mitten im palästinensischen Hebron zu räumen.[234]

Die Debatte im *Knesset*-Ausschuss für Auswärtige und Sicherheitsangelegenheiten wird interessant, als die Oslo-Kritiker aus der *Likud*-Opposition vor dem Hintergrund des Massakers Peres mit den eigenen, über die Jahre hinweg entwickelten Argumenten konfrontieren. Peres rechtfertigt den Oslo-Friedensprozess in dieser Sitzung wie folgt: »Für die Aufnahme des Friedensprozesses benötigen wir einen Gesprächspartner, und heute ist die PLO in Not, weshalb man ihr helfen müsste.« Will Peres somit der Opposition signalisieren, die PLO sei schwach, und dass dies die Gelegenheit wäre, »einen Deal abzuschließen«? Der *Likud*-Abgeordnete Ariel Sharon fragt, ob dies bedeuten würde, dass »wir einem Mörder [gemeint ist Jassir Arafat] helfen« sollen. Peres versucht, den Standpunkt der Regierung zu erläutern: »Ihr [der *Likud*] habt doch auch mit Ägypten den Frieden abgeschlossen. Haben etwa [die Ägypter] nicht auch Juden gemordet? Denn der Terror [der PLO] und der Krieg [in Bezug auf Ägypten] unterscheiden sich ja nur kaum; was macht es für einen Unterschied, wie die 16.000 [israelischen] Soldaten [in den Kriegen mit Ägypten] gefallen sind? Überall in der Welt schließen doch Staaten mit Terrororganisationen Abkommen. [sic!]« *Likud*-Chef Benjamin Netanjahu geht weiter und beschuldigt die Regierung, Oslo laufe auf einen palästinensischen Staat hinaus: »Nirgendwo in der Welt schließt ein Staat einen Vertrag mit einer Organisation, die dessen Vernichtung anstrebt. [...] Ihr [die Arbeitspartei] nutzt das Massaker [in Hebron], um euren Plan eines palästinensischen Staats zu fördern.«[235]

Peres antwortet: »Sie [Netanjahu] werden die Errichtung eines palästinensischen Staats bejahen, denn Ihr [*Likud*-Partei] habt die PLO anerkannt, [indem] ihr die Autonomie [in Camp David 1979 erstmals festgelegt] erfunden und somit alle Spielregeln durcheinandergebracht habt.« Peres deutet hier den Präzedenzfall von Camp David an; mit den »Spielregeln« bezieht er sich einerseits auf den Grundsatz der Anerkennung der palästinensischen Rechte [»Ihr habt die PLO anerkannt«], und andererseits auf den im Sinai umgesetzten Gebietsverzicht und die Siedlungsräumung. Hinter dieser Aussage steckt mehr als eine Schuldzuweisung an den *Likud*. Sie zeugt vielmehr von Peres' tief sitzender Überzeugung, der Frieden sei auf anderem Wege erzielbar als mit den Prinzipien von Camp David: Nicht auf das nationale Selbstbestimmungsrecht oder gar das internationale Völkerrecht will er einen möglichen Frieden gründen, trotz Oslo I. Auf Netanjahus Bemerkung hin, dass die Idee der Autonomie [1979] nicht gleichbedeutend mit der Errichtung eines [palästinensischen] Staats gewesen sei, antwortet Peres, dass eine Autonomie sehr wohl zu einem palästinensischen Staat führen würde. Die ganze Diskussion bekommt einen skurrilen und unsachlichen Charakter, denn im Kern handelt es sich bei der Auseinandersetzung um eine Art Familienstreit, gerade weil *beide* Seiten in der palästinensischen Option eine Gefahr erblicken. Deshalb konzentriert sich die Debatte nun auf die Frage, wer für die Heraufbeschwörung dieser Gefahr mehr verantwortlich ist. Für den »normalen Anhänger« des Oslo-Friedensprozesses, der auf eine Teilungslösung setzt, ist die dieser exemplarischen Debatte zu Grunde liegende Code-Sprache kaum nachvollziehbar. Peres kann keine überzeugenden Argumente für die Friedenspolitik der Arbeitspartei-Regierung anführen, weil er selbst nicht hinter der Teilungslösung steht. Er sucht vielmehr den Oslo-Friedensprozess gegenüber der rechten Opposition zu rechtfertigen, indem er seine politische Bedeutung herunterspielt und die von Israel durchgesetzten Punkte von Oslo I hervorhebt: »Ich bin [dem jüdischen Staat gegenüber] loyal [...] und [deshalb] will ich [ebenfalls wie der *Likud*] keinen palästinensischen Staat. Wir haben eine sehr beschränkte Interpretation einer [Palästinensischen] Autonomie umgesetzt: in Territorium, Inhalt und Umfang [der Zuständigkeiten der palästinensischen Autonomiebehörde]. Wir haben es zudem durchgesetzt, dass internationale Beobachter [als Schiedsrichter in Umsetzung des Vertrags] keine Rolle spielen würden, ebenso wie nur eine vorübergehende Präsenz der Vertreter der Geldgeber-Staaten.«[236]

Der Kritik der Oslo-Skeptiker von linker Seite muss Peres hingegen mit anderen Argumenten begegnen. In einem öffentlichen Gespräch über den Oslo-Friedensprozess am 25.3.1994 zwischen dem Außenminister und dem jüdisch-religiösen israelischen Philosophen Yeshayahu Leibowitz – einem scharfen Kritiker der israelischen Besatzungspolitik seit 1967 – setzt Peres andere Akzente. Leibowitz bekräftigt gegenüber dem Außenminister, dass »die israelische gewalttätige Besatzungsmacht auch nach Oslo [I] nicht abgeschafft worden ist; wir haben uns noch kein Zentimeter zurückgezogen [aus den Gebieten im Gazastreifen und Jericho gemäß Oslo I]«. Peres hält dem entgegen: »Ich glaube, das Oslo-Abkommen wird in einigen Wochen umgesetzt. Desweiteren beabsichtigen wir, über weitere Gebiete zu verhandeln. [...] Doch wir müssen behutsam vorgehen, weil wir stets die Mehrheit [der israelisch-jüdischen Bevölkerung] gewinnen und gleichzeitig den [palästinensischen] Terror bekämpfen müssen.« Leibowitz begegnet dem auf die Palästinenser bezogenen Terror-Argument wie folgt: »Ich weiß, was Terror heißt: 260 Kinder bis zum Alter von Jahren 15 werden von israelischen Soldaten getötet. Das ist die Bedeutung der Besatzungspolitik.« Peres geht in seiner Argumentation auf die Wünsche der »israelischen breiten Mitte«

ein: »Deshalb wollen wir dort raus. Das ist einer der Gründe, weshalb wir nicht die Polizisten des palästinensischen Volks sein wollen.«

Doch Leibowitz zeigt sich skeptisch gegenüber Peres' Absichtserklärung und konfrontiert ihn mit der politischen Realität: »Wir sind es noch [die Polizisten des palästinensischen Volks].« Peres erwidert, dass doch verhandelt werde, »um da rauszukommen«; Leibowitz, der bei seinem Standpunkt »wir haben uns doch keinen Zentimeter zurückgezogen«, bleibt, muss sich von Peres folgende Argumentation gefallenlassen, weshalb Israel sich nicht gleich zurückziehen könne: »Wir können doch nicht Mitten in der Nacht wie Diebe abhauen. Denn die Araber [gemeint sind die Palästinenser] töten dort ihre Brüder, leider. Unschuldige Araber werden von Arabern getötet.« Leibowitz hierzu: »Dieses Mitleid mit den Arabern ist doch eine reine Heuchelei.« Leibowitz, der auf die dringliche Umsetzung der Zweistaatenlösung gemäß der Grenzen von 1967 plädiert, bekommt vom Außenminister dessen eigentliche Meinung zum Oslo-Konzept zu hören: »Ich wäre auch wie Sie für eine permanente Lösung, doch ich sehe keine Möglichkeit, dass die zwei Parteien sich über die Linien [Grenzen] einigen würden […] Deshalb richtet sich das Konzept Oslo erst darauf aus, das [Verhandlungs-]Klima zu verbessern, in der Hoffnung, nach fünf Jahren eine für beide Parteien akzeptable Karte zeichnen zu können. […] Ich kann mich heute einer permanenten Lösung nicht verpflichten.« Peres weist dabei auf sein bevorzugtes Konföderations-Konzept hin. Leibowitz' Prophezeiung von 1994 ist hier aufschlussreich: »Das, was Sie sagen, ist unaufrichtig. Denn dies bedeutet de facto die Fortsetzung der Besatzung des palästinensischen Volks. […] Wir werden [die Besatzung] in einer Mogelpackung von Lügen und Heuchelei weiter betreiben. […] Das ist eine kranke Heuchelei.«[237] Da Peres' eigentliches politisches Ziel die Verhinderung eines palästinensischen Staats ist, erweist sich diese »Mogelpackung« als zweckdienlich.

Peres' Ablehnung der im Oslo-Friedensprozess steckenden palästinensischen Option tritt gerade in dem Moment deutlich zutage, als Peres die Staatsführung übernehmen muss. Im Folgenden gilt es, diese Zeitspanne zwischen dem Mord an Premier- und Verteidigungsminister Jitzchak Rabin am 4.11.1995 bis zur Abwahl der Arbeitspartei Ende Mai 1996 zu beleuchten, um die Frage zu klären, inwiefern Peres hinter einem politischen Frieden mit den Palästinensern steht. Grinberg stellt allgemein Peres' Rolle im Oslo-Prozess der Jahre 1993-1995 als eher marginal dar. Auf der israelischen Seite wird vielmehr Staatschef Rabin als tragende Figur des Prozesses angesehen, trotz seiner anfänglichen Skepsis gegenüber Verhandlungen mit der PLO. Eine der Thesen von Grinbergs »Imaginärem Frieden« lautet: Der Oslo-Friedensprozess werde von den zwei führenden Personen – Rabin und Arafat – als zwei charismatischen politischen Persönlichkeiten getragen. Diesen gelinge es, dank ihrer gesellschaftlich-politischen Aura die diversen immanenten Konflikte der eigenen Gesellschaft halbwegs zu überwinden und jeweils das eigene Volk zum Versöhnungsprozess zu bewegen. Mit dem Ausschalten des einen Führers – durch Rabins Ermordung am 4.11.1995 – habe der Prozess eine unverzichtbare Säule verloren. Gestützt auf die These, ein einzelner Führer könne mit seiner Brückenkopf-Funktion eine grundlegende Veränderung der politischen Ordnung erreichen, erklärt Grinberg den Zusammenbruch des Oslo-Prozesses mit Rabins Tod. Grinberg betrachtet Rabins Charisma als Legitimationsquelle für den gesamten Prozess, einschließlich des im September 1995 unterzeichneten Abkommens Oslo II, das u. a. den Rückzug der israelischen Truppen aus den palästinensischen Städten vorsieht. Gerade weil Rabin aus seiner sicherheitspolitischen Aura heraus als geeignet angesehen werde, solche grundlegenden politischen Veränderungen herbeizuführen – Oslo II gilt für Oslo-Gegner als ein großer Schritt in Richtung Gebietsverzicht – sei die Entscheidung gefallen, ihn auszuschalten.[238] Von Belang ist, dass Rabins Mörder Yigal Amir an jenem Abend ebenso Außenminister Peres hätte töten können. Doch später erklärt Amir seine kriminell-politische Handlung dergestalt, dass er sich zur Ermordung Rabins entschlossen habe, weil eben dieser das Vertrauen des Volks genossen habe und es somit auf den »falschen Weg« habe bringen können.[239]

Das kurz vor Rabins Tod unterzeichnete Abkommen Oslo II bildet das letzte Stadium der Interims-Periode. Der neue Staatschef und Verteidigungsminister Peres lässt es im Dezember 1995 großteils umsetzen, sodass die israelischen Truppen sich aus den palästinensischen Städten mit Ausnahme Hebrons zurückziehen. Oslo II sieht die Segmentierung des Westjordanlandes in drei Zonen mit unterschiedlichem Status vor: In den zur Zone A gehörenden Enklaven sollen sowohl die Verwaltung als auch die Sicherheit vollständig in der Hand der Palästinenser liegen. In der Zone B sollen die Palästinenser für die Verwaltung und Israel für die Sicherheit verantwortlich sein. Und die Zone C, der größte Teil des Landes, soll vollständig unter israelischer Kontrolle verbleiben. Amira Hass erklärt: »So, wie die Palästinenser das Abkommen verstanden, sollte das Gebiet, das vollständig unter palästinensischer Kontrolle stand und das anfangs auf die großen Städte beschränkt war, schrittweise vergrößert werden, so daß es am Ende der Interimsperiode [die ursprünglich bis zum Mai 1999 dauern sollte] den größten Teil des Westjordanlandes umfassen würde. Davon ausgenommen sein sollten [...] lediglich die bereits bebauten Teile der Siedlungen und die Einrichtungen der Armee.« Hass erklärt die Dynamik des Oslo-Prozesses gerade aus seiner offenen, vieles den Machtverhältnissen überlassenden Konstellation: »Weil aber der Transfer der Gebiete von einer Kategorie in die andere vom Wohlverhalten der Autonomiebehörde und der Erfüllung der israelischen Forderungen bezüglich der Sicherheit (wie dem Kampf gegen den Terror und dem Verhindern von antiisraelischer Gewalt) abhing, konnte Israel alleine über den Zeitplan entscheiden.«[240]

Ausgerechnet an diesem historischen Scheideweg – nach Abschluss von Oslo II – versetzt die Geschichte Peres in die Position, aus der er die direkte Verantwortung für die Umsetzung des Prozesses übernehmen muss: die Verwirklichung von Oslo II und die Aufnahme der Verhandlungen über eine permanente Regelung. In eben dieser kurzen Zeit zwischen November 1995 und Ende Mai 1996 wird Peres' eigentliche Friedensabsicht auf die politische Probe gestellt. In diesen wenigen Monaten erhält der »Mann des Friedens« eine einmalige politische Chance, den »seit Jahren ersehnten und umkämpften Frieden« umzusetzen. Auch wenn die nahenden Wahlen zweifelsohne für den »vom Volk nie gewählten Altpolitiker« nicht außer Acht bleiben dürfen, muss Peres' Politik in dieser Zeit vor dem Hintergrund gesehen werden, dass er die politische Bedeutung von Oslo-Prozess, sprich die palästinensische Option, nach wie vor ablehnt.

Kurz vor dem 4.11.1995, anlässlich der Unterzeichnung von Oslo II – welches noch nie da gewesene Demonstrationen der Rechten auslöst –, gibt Außenminister Peres vor der *Knesset* seine Einschätzung der Lage wieder: »Die permanente Reglung wird nicht auf einen palästinensischen Staat hinauslaufen, sie wird vielmehr auf neuen Ideen beruhen.« Er fragt rhetorisch: »Handelt es sich bei der [in Oslo II festgelegten Errichtung einer palästinensischen] Autonomie um einen palästinensischen Staat? Nicht unbedingt. Sie kann eine Vorlage für viele Dinge darstellen – für Regelungen, entmilitarisierte, und sogar herrschaftsfreie [sic!] Territorien. Ich glaube, dass die permanente Regelung nicht auf der bestehenden Grundlage [von Oslo II] basieren wird, sondern auf einer Reihe komplett neuer Ideen.« Auch zu diesem Zeitpunkt, im israelischen Parlament, fühlt sich der Außenminister nicht verpflichtet, seine »komplett neuen Ideen« inhaltlich auszubreiten. Auch sagt er nicht, welcher rechtliche Status er der palästinensischen Autonomie bzw. den geräumten palästinensischen Gebieten zuerkennen will. Vielmehr verlagert er das Augenmerk auf sein eigentliches Anliegen: »Ohne Oslo II wäre Israel in die Gefahr eines binationalen Staats gerutscht, und zwar ohne Koexistenz. Israel kann nicht, und wird auch nicht, ein Apartheid-Staat sein.« Peres betont in seiner *Knesset*-Rede die militärische und ökonomische Stärke Israels und schließt daraus, dass die Entscheidung für Oslo II zu diesem Zeitpunkt günstig sei. Die IDF wäre die einzige Armee zwischen Jordan und Mittelmeer. Die Terrorismusbekämpfung sei dabei nicht alleine im israelischen, sondern auch im palästinensischen Interesse »Die palästinensische Autonomiebehörde weiß nämlich sehr wohl, wenn sie den Terror nicht zerschlägt, würde er sie unterwandern.«[241] Hier bringt Peres sein Verständnis des Oslo-Prozesses, der für ihn nur ein Instrument zur Separierung von Israelis und Palästinensern sein kann, auf den Punkt: Einerseits bleibt die Zukunft der palästinensischen Autonomie vage, da hierüber kein Wort verloren wird (Gebiete, Siedlungen und andere Kernfragen des Konflikts bleiben ebenso unerwähnt), andererseits erhält die palästinensische Autonomie bereits im Vorfeld eine klare Aufgabe: sie muss den Terrorismus bekämpfen, um nicht von ihm zerstört zu werden.

Kurz nach seinem Amtsantritt im November 1995 erklärt der neue Staatschef Peres, welche Akzente er im Friedenprozess setzen will. Dies erzeugt Unruhe bei den Palästinensern.[242] Zunächst übernimmt Peres Rabins Doppelposition als Staatschef und Verteidigungsminister. Das Außenministerium übergibt er jedoch nicht seinem Vize-Außenminister Yossi Beilin, dem engagierten Mann in den israelisch-palästinensischen Beziehungen, sondern dem Ex-Generalstabschef Ehud Barak, der in seiner Position als Armeechef dem Oslo-Friedensprozess kritisch gegenübersteht. Bald kündigt Peres während eines Besuchs in Washington Anfang Dezember 1995 sein Vorhaben an: Er strebe einen regionalen Frieden zwischen Israel und der ganzen arabischen Welt an, weshalb er sich in den nächsten Monaten Syrien zuwenden wolle; »mit den Palästinensern eilt es vorerst nämlich nicht«. Die herannahenden Wahlen spielen bei diesem Wandel auch eine Rolle: »Eine weitere Friedenszeremonie in Washington [ähnlich wie am 13.9.1993] – so vermutet man – würde die Wahlkampagne erübrigen.«[243] Sollte diese Hinwendung zum syrisch-israelischen Schauplatz dazu gedacht sein, den Neuen Nahen Osten näherzubringen, ist Peres dies nicht gelungen. Die syrisch-israelischen Verhandlungen in Maryland, USA, im Laufe des Januars 1996 geraten sehr schnell in eine Sackgasse. Die Gründe erläutert Peres Ende 1996 seinem Interviewpartner Littell. Er habe Assad ein Treffen vorgeschlagen: »Ich würde seine Reaktion auf diesen Vorschlag als Zeichen dafür werten, dass er den Frieden wirklich wolle. [...] über die Amerikaner [erhielt ich] die Antwort, daß er [Assad] bereit sei, sich mit mir zu treffen, aber kein Datum für das Treffen nennen möchte. [sic!]«[244] Die Motive, welche Peres Assad unterstellt, lassen auf sein Friedensverständnis schließen:

> »Wir hätten Bedingungen gestellt, die er nicht erfüllen könne, und das habe ihn mißtrauisch gemacht. Nun wußte jedermann, was wir bereit waren, ihm zu geben, er aber fühlte sich von unseren Forderungen überrollt. Wir hatten verschiedene Forderungen erhoben. Manchem stimmte er zu. Nachdem ich Rabin [...] im Amt des Regierungschefs gefolgt war, forderte ich als erstes, daß wir das syrisch-israelische Friedensabkommen zu einem panarabisch-israelischen Abkommen machen sollten, daß also bei der Unterzeichnung eines Friedensabkommens durch Syrien die anderen arabischen Länder zusammenkommen und den Krieg beenden sollten. Das gefiel ihm. Aber drei weitere Punkte gefielen ihm nicht. Das eine waren unsere Forderungen nach den Konsequenzen eines vollkommenen Friedens für die Wirtschaft. Er unterstellte uns Hintergedanken. Er lehnte unsere Forderungen hinsichtlich der Sicherheitsvorkehrungen an den Golanhöhen ab. Und er mochte unsere Forderungen hinsichtlich des Wassers und seiner Verteilung nicht. Also bewegte er sich nur langsam voran. Zu langsam. Schließlich hat er das Schiff verpaßt.«[245]

In dieser Darstellung wird exemplarisch wiedergegeben, wie Peres den Frieden und vor allem seinen Preis – sehr wohl in der harten Münze der Gebiete – wahrnimmt. Im letzten Satz gibt Peres bemerkenswerterweise preis, welchen Wert er einem Frieden mit Syrien beimisst. Nach der Aufzählung einer Reihe von Argumenten, weshalb es doch nicht zum Friedensschluss gekommen sei, benennt er den eigentlichen Verlierer: »Schließlich hat *er* das Schiff verpaßt.« Nicht Israel oder Syrien, oder auch Peres und Assad, haben das Schiff des Friedens verpasst, sondern *Assad alleine*, gerade weil es Peres, und nicht nur Assad, ums Territorium ging. Gerade weil für Peres das konkrete Territorium wertvoller ist als der immer wieder entgleitende Frieden, kann er alleine in Assad den Verlierer der Geschichte sehen. Deutlich wird Peres' Unfähigkeit, den Gedanken eines Gebietsverzichts auszusprechen: Zum territorialen Preis eines Friedens mit Syrien bringt er nur einen halben, vage formulierten Satz über die Lippen: »Nun wußte jedermann, was wir bereit waren, ihm zu geben.« Peres verschiebt in seiner Darstellung den Akzent vom territorialen Preis des Friedens, der hier nicht konkretisiert wird, auf die detaillierten israelischen Forderungen. An erster Stelle stehen dabei das Alibi »eines panarabisch-israelischen Abkommens« und des »vollkommenen Friedens«. Absicht ist, dem konkreten, politisch zu realisierenden Frieden mit den »erbittertsten Feinden« Israels zu entgehen – dies zeigt, dass Peres' Friedensverständnis eben nicht auf einem territorialen Kompromiss beruht.

Dass Peres auch im israelisch-palästinensischen Konflikt den Frieden nicht mit weiteren territorialen Zugeständnissen erreichen will, legt sein Versuch nahe, kurz nach der Ermordung Rabins, sprich vor der Umsetzung von Oslo II, ausgerechnet die nationalreligiöse Partei *Mafdal* an seine Koalition zu binden. *Mafdal* steht dem Oslo-Friedensprozess auf Grund ihrer Ideologie der »Verheißung des Landes« ausgesprochen feindselig gegenüber, trotz einiger pragmatischer Strömungen innerhalb der Partei. Was ist Peres' Motivation für einen derartigen »Rechtsruck«? Grinberg führt dies darauf zurück, dass Peres den Mord an Rabin ebenso wie den Friedensprozess selbst als Gefahr für die »Einheit der israelisch-jüdischen Gesellschaft« auffasst. Es bestehe die Gefahr einer »Spaltung des jüdisch-israelischen Volks«, symbolisiert durch die extreme Tat der Ermordung eines Juden durch einen Juden, und zwar aus einem rein jüdisch-nationalstaatlichen Beweggrund heraus: auf Grund des Anspruches auf *Erez Israel*. Den Führern von *Mafdal* macht Peres das Versprechen, keine Siedlungen zu räumen. Diesen von Peres unternommenen »innerjüdischen Versöhnungsversuch« wertet Grinberg als Rückschlag für den Oslo-Friedensprozess, der trotz erheblicher Mängel immerhin erstmals den politischen Raum für Verhandlungen zwischen Israelis und Palästinensern öffnet. Die Annäherung an die Nationalreligiösen, welche jegliche Verhandlungen – geschweige denn Kompromisse – mit den Palästinensern ablehnen, hieße, dass dieses politische Zeitfenster ungenutzt wieder verschlossen wird.[246] Zwar gelingt es Peres nicht, die Einbeziehung der *Mafdal* in seine Koalition durchzusetzen. Doch der Ansatz, die Oslo-Gegner mit Hilfe der Auflösung der ohnehin vagen politischen Gegensätze zwischen Anhängern und Gegnern des Oslo-Prozesses zu beschwichtigen, bestimmt sein Handeln bis zu seiner knappen Abwahl Ende Mai 1996. Er verlagert die politische Debatte, sodass nicht mehr Befürworter und Gegner einer Teilungslösung einander gegenüberstehen, sondern nunmehr die Frage der »nationalen Einheit« und die Gefahr eines »Zerfalls der israelisch-jüdischen Gesellschaft« in den Fokus rücken.

Erschüttert vom Mord an Rabin und dessen politischen Konsequenzen sucht Peres die »verlorengegangene israelisch-jüdische Einheit«. Der politische Mord an Rabin erschüttert Peres auch deshalb, weil er selbst durchgehend den Friedensprozess nicht benutzt, um eine wirkliche geopolitische Veränderung zu erwirken. Er will damit allenfalls kosmetische, in seinen Worten »kreative«, Veränderungen erreichen. Peres' Annäherungsversuche an die *Mafdal* so kurz nach Rabins Mord verleitet Jacob Jona dazu, diesen Schulterschluss ironisch als »hysterischen Bund« zu bezeichnen, in Anspielung auf den parteipolitischen, sogenannten »Historischen Bund« zwischen der *Mapai* und *Mafdal* in den ersten drei Jahrzehnten israelischer Politik.[247] Dabei kritisiert Jona Peres' mangelnde Kollegialität gegenüber seinen »natürlichen politischen Verbünden« im Friedensprozess, wie der linksorientierten *Merez*-Partei, dem Reformjudentum und den israelischen Palästinensern. Peres' Annäherungsversuche an die Nationalreligiösen erscheinen Jona deshalb als »hysterisch«, weil er erkennt, dass im israelischen politischen Spektrum das »*Erez-Israel*-Lager« die Schwäche des »Friedenslagers« dessen Orientierungslosigkeit wegen sehr wohl auszunutzen wisse.[248] Doch ob Peres in diesen ausgesprochenen Anhängern des Friedensprozesses tatsächlich seine »natürlichen Verbündeten« sieht, oder inwiefern er die Koalition mit den Nationalreligiösen aus einer »Hysterie« heraus und nicht auf Grund einer ideologischen Nähe sucht – um das nötige Alibi für einen Rückzieher zu haben, sollte sich in den Friedensgesprächen ein territorialer Kompromiss abzeichnen –, lässt sich aus seiner Politik erschließen.

Nach dem fehlgeschlagenen Versuch, die *Mafdal* an seine Regierung zu binden, setzt Peres im Dezember 1995 den im Oslo-II-Abkommen festgelegten Truppenrückzug aus den palästinensischen Städten im Westjordanland um. Die Regionen A und B, welche 27 Prozent der zerstückelten Herrschaftsgebiete im Westjordanland umfassen, werden der Palästinensischen Autonomiebehörde übertragen, die Region C (73 Prozent) bleibt unter israelischer Dominanz. Die Siedlungen bleiben mit Zustimmung der Palästinensischen Autonomiebehörde bestehen, wobei Arafat den islamischen Widerstand neutralisiert und sogar dessen Vertreter in den Palästinensergebieten zur Akzeptanz der Osloer Abkommen bewegt. Peres seinerseits gelingt es, die Zustimmung der gemäßigten jüdischen Siedler-Vertreter zu Oslo II zu sichern, wobei er als Gegenleistung den Ausbau von Umgehungsstraßen für Juden und die Erweiterung bestehender Siedlungen verspricht. Oslo II wird somit im Dezember 1995 großteils umgesetzt. Im Januar 1996 lässt Peres die wiederholt verschobenen, im Oslo-I-Abkommen festgelegten Wahlen für die Präsidentschaft und für den palästinensischen Rat in den palästinensischen Gebieten zu. Damit ist eine weitere wichtige Voraussetzung erfüllt, um in die letzte Phase der Verhandlungen, die eine permanente Regelung bringen sollen, einzutreten.

Im Hinblick auf die Frage, einen Grenzwall zu errichten, bleibt Peres seinem Konzept der »weichen Grenzen« treu. Er stellt das bereits begonnene Projekt ein.[249] Der Gedanke, einen Grenzwall zu bauen, entstand nach einem im Januar 1995 innerhalb der »Grünen Linie« vom Islamischen Dschihad auf israelische Soldaten verübten Attentat. Der Druck der israelischen Öffentlichkeit, die im Oslo-Friedensprozess angestrebte Trennung der beiden Völker auch zu realisieren, wächst zunehmend. Neben der Abriegelungspolitik in den besetzten Gebieten denkt die Rabin-Regierung über die Errichtung eines Grenzwalls nach, um das seit 1967 schwindende Bewusstsein für die Grenzen wieder zu schärfen. Trotz erheblichen Widerstands seitens der Siedler-Führung, die in einem solchen Grenzwall eine deutliche Gefahr für das Siedlungswerk sieht, setzt sich Rabin zunehmend für die Wiedererrichtung der Grenzen ein, und zwar auch, wenn diese nicht mit den Grenzen von 1967 übereinstimmen.[250] Grinberg betont den Gegensatz zwischen Israels Wirtschaftselite, welche jegliche Trennung der beiden Wirtschaftsräume für schädlich halte – ein Standpunkt, der sich in Peres' Idee der »offenen wirtschaftlichen Grenzen des Neuen Nahen Ostens« findet –, und der »Sicherheitselite« unter der Führung Rabins, die den Akzent eher auf die »Verteidigungsgrenzen« lege.[251] Ob diese Dichotomie der beiden Eliten – Ökonomie und Sicherheit – hinsichtlich der Grenzwall-Frage aufrechterhalten werden kann, ist fraglich. Denn es ist zum einen mehr als zweifelhaft, dass sich die Militärführung die Position Rabins, der zunehmend die Trennungslösung vertritt, tatsächlich zu eigen macht und den Rückzug aus den Gebieten wirklich befürwortet. Zum anderen ist unklar, ob Peres alleine den »wirtschaftlichen Faktor« im Sinn hat, wenn er die Einheit des Landes beschwört. Die Wirtschaftselite ist darauf bedacht, ihre Dominanz über den palästinensischen Markt zu bewahren. Sie weiß das Konzept des Neuen Nahen Ostens mit seinen offenen Grenzen in der ganzen Region zu verhindern. Die militärische Dominanz über das ganze Land gilt als unverzichtbar auch für die Aufrechterhaltung der Interessen der Wirtschaftselite.[252] Deshalb: Auch wenn Peres alleine den wirtschaftlichen Aspekt und die Interessen der israelischen Wirtschaftselite vor Augen haben sollte, so müsste er auf der militärischen Dominanz bestehen, was er ohnehin tut. Und dieser Standpunkt duldet keine wirkliche Trennungsmauer. Der von Rabin ernannte Sicherheits-Ausschuss unter der Führung des Ministers für Innere Sicherheit Moshe Shahal und das von Finanzminister Avraham Shohat geleitete Wirtschaftsteam beschließen letztlich die Aufschiebung der Entscheidung auf die Zeit nach der Räumung der palästinensischen Städte gemäß Oslo II.

Doch dann übernimmt Peres die Staatsführung. Grinberg zufolge sei Rabin fest entschlossen gewesen, einen Grenzwall an der »Grünen Linie« von 1967 zu errichten, da ein anderer Standort die Verletzung der Abkommen mit der PLO bedeutet hätte. Die Wiederherstellung der Grenzen von 1967 hätte aber nicht nur die Grenzfrage vorzeitig geklärt, sondern auch der Siedlungsfrage zusätzliche Brisanz verliehen. Ein Grenzwall im Sinne Rabins – falls er wirklich seine Errichtung im Sinn hatte – würde also die beabsichtigte Verwischung der Grenzen bzw. der israelischen Dominanz in den palästinensischen Gebieten zunichte machen. Der neue Staatschef will sicherlich die »permanenten Grenzen« nicht vorzeitig festlegen und ordnet noch im November 1995 an, die Vorbereitungen für den Bau der Trennungsmauer zu stoppen. Peres beschreibt in seiner blumig-schwärmerischen Sprache die »Errichtung ›Industrieller Parks‹ in den ›Gebieten um die Grenzlinien herum‹«, und zwar, »um Beschäftigungsmöglichkeiten für die Palästinenser zu schaffen, was eine gute Nachbarschaft nach sich ziehen würde.«[253] Wie Grinberg letztlich zeigt, kommt Peres' politische Entscheidung gegen die Anerkennung der Grenzen von 1967 den Interessen beider Eliten entgegen, die 1993 hinter dem Oslo-Prozess stehen sollten: Die Wirtschaftselite – die den palästinensischen Markt weiterhin beherrschen will – ist auf die Schließung der Grenzen zwischen der Palästinensischen Autonomie und Ägypten bzw. Jordanien bedacht, um die Einfuhr billiger Waren zu verhindern. Dies stimmt wiederum mit den Zielen der Militärführung überein. Diese sieht die Kontrolle über die Palästinenser bzw. die Abriegelung von deren Gebieten von allen Seiten als sicherheitspolitisches Primat, um den palästinensischen Terrorismus bekämpfen zu können.[254] Dies deckt sich mit den Interessen einer weiteren, von Peres traditionell unterstützten Staatselite, der Siedlerbewegung.[255] Und wenn dazu auch noch die politische Ebene unter der Führung Peres' die Verhinderung eines palästinensischen Staats im Westjordanland als höchste Priorität sieht, so hat die palästinensische Option kaum eine Chance. Peres äußert sich noch in den stürmischen Tagen nach der Ermordung Rabins: »Ich habe immer gesagt, dass ein Frieden mit Jordanien eintreten werde – das ist auch der Fall; ich habe immer gesagt, ›Gaza-Zuerst‹ – und das ist ebenfalls eingetreten; Ich habe dazu auch immer gesagt, im Westjordanland sollte eine ›funktionale Konföderationslösung‹ umgesetzt werden. Da müsst Ihr mir glauben, das wird letzten Endes auch der Fall sein.«[256] Peres unternimmt jedenfalls einiges in seiner kurzen Amtszeit als Regierungschef, um sein Lösungskonzept für das Westjordanland durchzusetzen, auch wenn dabei weder »Industrielle Parks« geschaffen werden, noch von einer »guten Nachbarschaft« die Rede sein kann.

Die politische Realität Ende 1995 gleicht nun wieder mehr und mehr der bekannten »alten Sicherheitsordnung« – und zwar trotz der Umsetzung von Oslo II.[257] Peres nimmt nämlich bald eine »sicherheitspolitische Haltung« ein. Dabei trifft er zwei zentrale militärische Entscheidungen, welche die wenig friedliche Atmosphäre im Lande in der ersten Hälfte des Jahres 1996 bald bestimmen werden: Im Januar 1996 ordnet er die Tötung des palästinensischen Terroristen Yihya Ajjasch an, woraufhin in den Monaten Februar und März eine Terrorwelle Israel überrollt, welche zahlreiche Opfer fordert. Im April 1996 genehmigt der Staatschef und Verteidigungsminister einen militärischen Einsatz im Libanon, der Tausende aus dem Südlibanon zur Flucht veranlasst. Grinberg interpretiert Peres' militärische Politik als einen misslungenen Versuch, den ultimativen »Mann der Sicherheit« Rabin zu imitieren, der im Sommer 1993 eine ähnliche Aktion im Libanon durchgesetzt hat, und unter dessen Befehlsgewalt die Liquidierung des Führers des Islamischen Dschihad kurz vor der eigenen Ermordung im Oktober 1995 stattfand. Inwiefern Peres selbst hinter dieser Profilierung als »Mann der Sicherheit« stand – mit Hinblick auf die nahenden Wahlen –, und ob er sich nicht etwa unter dem Einfluss schlechter Berater darauf einließ, ist schwer zu sagen. Die Terrorbekämpfung mittels gezielter Tötung und militärische

Aktionen sind keine Ausnahmen in der Sicherheitspolitik und werden auch für Wahlzwecke instrumentalisiert. Von Belang ist hier, dass Peres seine Wiederwahl eben nicht an der Fortsetzung des Oslo-Friedensprozesses festmachen will, sondern an seiner militärischen Haltung: Die zwei sicherheitspolitischen Entscheidungen – die letztlich zur Wahlniederlage führen – sind die Kehrseite der Entpolitisierung des Friedensprozesses. Peres setzt in dieser Wahlkampagne auf die Vertuschung der politischen Debatte zwischen dem »Friedenslager« und dem Lager der Verfechter von *Erez Israel* und stellt de facto die israelisch-palästinensischen Gespräche ein. Er führt eine entpolitisierte Wahlkampagne, wobei weder die israelisch-palästinensischen Beziehungen noch der damit zusammenhängende politische Mord an Rabin thematisiert werden.[258] In der Zuversicht auf seine Wiederwahl auf Grund der politischen Lage will Peres sogar die Wahlkampagne selbst als eine entpolitisierte Angelegenheit verstehen: Nicht nur, dass er es nicht wagt, die Positionen der Arbeitspartei mit Herausforderern zu diskutieren. Peres verfolgt auch im Fernsehduell mit seinem Herausforderer Benjamin Netanjahu am Wahlvorabend die »Strategie des Ignorierens«. Er weicht einer politischen Konfrontation schlichtweg aus.[259]

Diese Strategie ist eng mit einem entscheidenden politischen Schachzug im Friedensprozess verknüpft: Peres weigert sich, vor den Wahlen die Verhandlungen mit den Palästinensern über eine permanente Regelung aufzunehmen. Das von Yossi Beilin und dem palästinensischen Vertreter Mahmud Abbas in Stockholm geheim ausgehandelte Grundsatzabkommen für eine permanente Regelung wagt Peres nicht, vor den Wahlen aufzugreifen, geschweige denn es zur Grundlage seiner Friedenspolitik zu machen. Das Beilin/Abu-Masen-Papier sieht im Kern einen entmilitarisierten palästinensischen Staat vor, der 94 Prozent des Westjordanlandes umfassen soll, wobei die restlichen 6 Prozent, wovon 75 Prozent jüdische Siedlungen sind, durch einen Landstrich in der südlichen Gaza-Region kompensiert werden sollen. Die moslemischen heiligen Stätten in Ostjerusalem sollen einen exterritorialen Status erhalten, doch die palästinensische Hauptstadt darf außerhalb der von Israel bestimmten Stadtgrenze Jerusalems sein. Peres' Ablehnung dieses vom palästinensischen Verhandlungspartner Hussein Agha als »deal of the century« bezeichneten Papiers erklärt Shlaim wie folgt: »[…] Peres could not be persuaded to endorse the plan, for three main reasons: he wanted future relations between Palestine and Jordan spelled out, he regarded the ideas on Jerusalem as inadequate, and he wanted to retain the Jordan Valley as Israel's strategic border.«[260] Shlaim lässt aber offen, welche Regelung Peres letztendlich implementieren will. Was bewegt ihn wirklich in diesem schicksalhaften, kurzen Jahr an der Macht? Wie lassen sich seine Friedenspolitik bzw. Kriegspolitik mit seinem in diesem Kapitel herausgearbeiteten Friedensverständnis vereinbaren? Ist die Wahlniederlage 1996, auf Grund der optimalen Ausgangslage die persönlich-politisch bitterste in Peres' Laufbahn, auch eine Niederlage für Peres' Ziele hinsichtlich der israelisch-palästinensischen Beziehungen?

Vom Frieden – Fazit

Die Wahlniederlage der Arbeitspartei 1996 wird gemeinhin als herber Rückschlag für den Oslo-Friedensprozess gewertet. Diese These beruht auf der Annahme, Peres sei – im Gegensatz zu seinem Herausforderer, *Likud*-Chef Benjamin Netanjahu – als Hauptverantwortlicher für den in Oslo erzielten Durchbruch ein »Mann des Friedens«. Daher sei er der Mann, der das Begonnene auch zu Ende führen werde, und zwar im Sinne der Zweistaatenlösung. Oslo-Befürworter bedauern daher seine knappe Wahlniederlage. Oslo-Gegner sehen in dem Duo Peres/Beilin die Hauptschuldigen für die sogenannte »Oslo-Katastrophe« gerade wegen dieser Lösung der Teilung des Landes. Angesichts der labilen Sicherheit am Vorabend der Wahlen werden immense Hoffnungen in den Friedens-Nobelpreisträger gesetzt, das Schiff ans sichere Ufer zu bringen. Doch hätte Peres, wäre er wiedergewählt worden, eine Friedenspolitik betrieben, die auf Dauer den hundertjährigen Konflikt beigelegt hätte? Wäre er die nötigen territorialen Kompromisse eingegangen, um den palästinensischen Interessen entgegenzukommen, sodass ein wirklicher Versöhnungsprozess hätte in Gang gesetzt werden können? Hätten sich Peres' Vorstellungen vom Frieden mit denen der Palästinenser vereinbaren lassen? Hätte Peres einen syrisch-israelischen Friedensschluss erzielt? Diese Fragen vermag der Historiker nicht zu beantworten.

Doch eins lässt sich festhalten: In dem Moment, als die Bedingungen für die Vollendung des Friedensprozesses am günstigsten sind, bringt Peres ihn nur zögerlich voran. Letztlich stellt er ihn sogar stillschweigend ein. Ab November 1995 befindet sich der »Mann des Friedens« in einer einmaligen Situation. Nach Rabins Ermordung verfügt Peres auf Grund seiner einflussreichen Doppelfunktion als Staatschef und Verteidigungsminister sowie auf Grund seiner Position als »Stammesältester« für manche politischen und gesellschaftlichen Kreise auf eine beispiellose Weise über Macht und Autorität. Nach Rabins Tod hätte er die israelische Öffentlichkeit für den Oslo-Friedensprozess mobilisieren können. Die zionistische Linke ebenso wie die sogenannte »breite Mitte« hätten ihn zweifelsohne unterstützt. Die rechte Opposition ist zu diesem Zeitpunkt stark geschwächt, da man sie allgemein beschuldigt, die unerhörte Tat der Ermordung eines Juden durch einen Juden zu unterstützen. Die Voraussetzungen für Fortschritte im Friedensprozess sind nicht nur innenpolitisch ausgesprochen gut. Mit der PLO existiert ein von Israel, den Vereinten Nationen und den Palästinensern selbst anerkannter Gesprächspartner, mit dem Ende 1995 schon viel erreicht worden ist: Das Interims-Abkommen wurde erzielt und in Teilen bereits umgesetzt, eine »permanente Regelung« formuliert. Das auf der Teilungslösung basierende Beilin/Abu-Masen-Papier ist kurz vor Rabins Ermordung bereits ausgehandelt und wäre von der palästinensischen Führung begrüßt worden. Nicht unwichtig ist Peres' Alter: Er befindet sich 1996 in der Mitte seines achten Lebensjahrzehnts. Hätte er an das Zweistaatenkonzept wirklich geglaubt, so hätte er diese Chance ergreifen müssen. »Es gibt solche einmaligen

Schicksals-Momente in der Geschichte«, bemerkt Uri Avneri Ende November 1995 über die politische Situation des neuen Staatschefs, »in denen alles möglich ist, was sich kurz davor bzw. kurz danach nicht mehr verwirklichen ließe. […] Die Größe eines historischen Führers besteht darin, einen solchen Moment zu erkennen und die Gelegenheit auch zu ergreifen.«[261] Aber Peres greift nicht zu, um den Friedenprozess mit den Palästinensern politisch zu vollenden, weil er im Inneren nicht an die politische Realisierbarkeit des Friedens glaubt. Er kann sich eine wirkliche Versöhnung zwischen Israel und seinen arabischen Nachbarstaaten bzw. mit den Palästinensern kaum vorstellen. Die eingangs zitierte Aussage von 1999 – »Von der Verteidigung hinüberzuwechseln in die Domäne des Friedens, das war für mich, als verließe ich eine reale Welt im Tausch gegen eine irreale«[262] – ist in dieser Hinsicht aufschlussreich.

Die Analyse in diesem Kapitel ergibt folgende These: Peres' Friedensverständnis stützt sich weder auf Recht oder Gesetz, noch auf territoriale Regelungen mit den Nachbarstaaten bzw. mit den Palästinensern, weil dies alles in seinen Augen nicht im Sinne der jüdischen Nationalstaatlichkeit sein kann; vielmehr sind für Israel günstige Machtverhältnisse Voraussetzung für einen möglichen Frieden. Für Peres bedeutet dies, die militärische Überlegenheit Israels um jeden Preis aufrechtzuerhalten, auch wenn er Verhandlungen zulässt. Die Friedensideologie, die besagt, dass Israel friedenswillig sei und »die Araber« als solche seine Existenz gefährdeten, spielt hier eine zentrale Rolle: Sie dient als Schleier zur Durchsetzung eigener Interessen, die Peres als nationalstaatliche bzw. sicherheitspolitische und daher unverzichtbare Interessen begreift. Peres selbst glaubt dabei fest an die Friedensideologie, die einerseits auf dem einträchtigen Selbstverständnis des jüdischen Volks beruht, sich andererseits aber auf ein konfliktträchtiges Feindverständnis beruft. Die Friedensideologie ist somit die Kehrseite des Sicherheitsmythos, der im Kern auf der Unauflösbarkeit der feindseligen Verhältnisse zwischen Juden und *Gojim* basiert. Daher führen die Friedensideologie und der Sicherheitsmythos jeweils zu einem entpolitisierten und enthistorisierten Konfliktverständnis.

Peres' Friedensverständnis bleibt konfliktträchtig, nicht zuletzt wegen der zahlreichen, für Peres politisch unlösbaren Kernfragen, sprich: das umstrittene Staatsgebiet Israels und der Status der palästinensischen Bewohner in der zionistischen Utopie. Dieser Problemkomplex ist von Beginn an die Achillesferse des zionistischen Projekts, über viele Jahre hinweg nicht lösbar für die politische Führung des Landes. Diese Schwäche der Politik musste stets mit militärischer Stärke kompensiert werden. Daraus entwickelte sich die Sicherheitsdoktrin: Die Araber würden Israel erst dann akzeptieren, wenn sie von dessen Unbesiegbarkeit überzeugt seien. Sämtliche politischen Handlungen Peres' sind darauf ausgerichtet, das zu bewahren, was Israel mit »viel Blut« über die Jahre hinweg errungen hat, den territorialen Rahmen für die jüdische Nationalstaatlichkeit. Dies ist für Peres, der seit Mitte der 1940er Jahre selbst an der Errichtung dieses Nationalstaats arbeitet, nicht verhandelbar. Er sieht in jedem Kompromiss, in jedem Zurückgehen hinter das Erreichte den Keim für das Scheitern des gesamten zionistischen Projekts, denn er weiß, dass dieses Projekt von Anfang an auf Kosten der Araber vorangetrieben worden ist, wie hartnäckig auch immer dies verdrängt und verleugnet wurde. Gerade weil er die Ängste und Isolationsgefühle der Gründungszeit unmittelbar erlebt hat, ist für ihn staatliche Existenz keine Selbstverständlichkeit. Jedes nennenswerte Zugeständnis könnte das nächste nach sich ziehen; jegliches mit Schwäche assoziierte Nachgeben könnte der Anfang vom Ende des zionistischen Projekts sein. Die tief sitzende Unsicherheit über die Zukunft geht Hand in Hand mit der Angst vor der Auseinandersetzung mit der eigenen Vergangenheit, welche Peres als abgeschlossen verstanden wissen will und als nicht mehr relevant wegschiebt.

Aus dieser politischen Erfahrungsgeschichte heraus entwickelt Peres die Strategie der Entpolitisierung des Friedens, die Strategie des Abwartens, des Sich-Verschanzens und des Kämpfens, wo es sein muss. Auch in Oslo wendet Peres eine Hinhaltetaktik an. Eine Anerkennung des Selbstbestimmungsrechts der Palästinenser und die damit einhergehenden Veränderungen der geopolitischen Ordnung sieht er als Gefahr für den jüdischen Nationalstaat. Dies bekämpft er. Nichtsdestotrotz gelingt es dem langjährigen Chef der israelischen Arbeitspartei, sich nicht zuletzt auf Grund seiner ausgeprägt schwärmerischen, die harte Realität verschleiernden Sprache als Friedenshoffnungsträger der israelischen Politik zu profilieren. Diese Ambivalenz macht die zugegebenermaßen außergewöhnliche politische Persönlichkeit Peres' aus. Peres glaubt durchaus selbst an die Friedensideologie, die er seinen Texten zu Grunde legt. Er ist allerdings unfähig, sich kritisch damit auseinanderzusetzen. Die Friedensideologie, verknüpft mit politischer Kompromisslosigkeit, bedingt die Entpolitisierung des Friedens. Ende der 1990er Jahre blickt Peres auf die heiße Phase des Oslo-Friedensprozesses zurück:

> »[...] Gerade hatten wir dem Frieden ein Lied gesungen, doch es gab ihn noch nicht. Was war jetzt das Wichtigste? Natürlich mußte die [israelisch-jüdische] Bevölkerung beruhigt werden, aber genauso mußte das Oslo-II-Abkommen erfüllt werden, was heißt, die israelische Armee aus dem Westjordanland, aus Judäa und Samaria, zurückzuziehen und den Palästinensergebieten ihren vertraglich zugesicherten Autonomiestatus zu gewähren. ›Autonomie des Westjordanlands‹: so wollte es das Vertragswerk. Das berührte den wundesten Punkt: Teile der [jüdisch-israelischen] Bevölkerung sahen darin eine Verletzung der Integrität ihres ureigenen Gebietes. Tatsächlich würde Israel von seiner Fläche her kleiner sein; die oppositionellen Kräfte waren also zahlreich und zum äußersten entschlossen, um dies zu verhindern. Trotz allem entschied ich mich dafür, das Abkommen zu erfüllen. Ohne diesen Rückzug aus den betreffenden Gebieten wäre das ganze Friedensabkommen in Stücke zerschlagen gewesen. Jitzchak [Rabin] und ich hatten uns für den Wachwechsel, den Abzug der israelischen Armee, entschlossen. Wir hatten uns dazu entschlossen, unserer Herrschaft über ein anderes Volk ein Ende zu setzen. Wir waren uns über die territoriale wie auch politische Signalwirkung dieses Entschlusses im klaren. Es war jetzt ein Muß, ihn in die Tat umzusetzen.«[263]

Peres geht es nicht alleine darum, sein eigenes Handeln zu rechtfertigen. Diese Passage vermittelt auch die Botschaft, dass die israelische Kompromissbereitschaft mit Oslo II an ihre Grenzen gelangt sei, und dass dies die Beendigung des Friedensprozesses bedeutet habe. Medium ist die irreführende Sprache der Friedensideologie: Das Oslo-II-Abkommen bedeutete den Rückzug der israelischen Armee aus dem Westjordanland und hieße daher die Beendigung »unserer Herrschaft über ein anderes Volk«. Das heißt aber nicht, dass Peres den Rückzug der israelischen Armee aus den palästinensischen Städten, wie in Oslo II enthalten, nicht als Beendigung der israelischen Herrschaft über das palästinensische Volk begreift. Im Gegenteil: Gerade in Oslo II will er die Chance sehen, sein Konzept durchzusetzen, sprich die Verantwortung für die palästinensische Bevölkerung von Israel auf die Palästinensische Autonomiebehörde zu übertragen.

Dass Peres den Friedensprozess mit Oslo II abgeschlossen sehen will, geht zudem aus der Bemerkung hervor, dass die »Autonomie des Westjordanlands« den wundesten Punkt von »Teilen der Bevölkerung« Israels berührt habe. Zwischen den Zeilen soll gesagt werden, dass schon Oslo II in der israelischen Gesellschaft politisch schwer durchzusetzen gewesen sei, und dass somit die Grenzen des Zumutbaren erreicht worden seien. Die zitierte Textpassage veranschaulicht exemplarisch, wie Peres die Sprache der Friedensideologie einsetzt, gleichzeitig aber alle Türen für Verhandlungen schließt. Dabei vergisst der Autor nicht, seine Botschaft zusätzlich in die Sprache des Sicherheitsmythos zu hüllen: »Wir konnten darauf hoffen, daß die Araber diese größte Anstrengung [die Umsetzung von Oslo II] für den Frieden anerkennen würden. Aber wir hatten die Rechnung ohne die Hamas gemacht. Kaum daß der Rückzug der Armee begonnen hatte, überzog eine Terrorwelle Israel.«[264]

Peres schiebt die Landfrage somit beiseite und stellt die Gewalt, den palästinensischen Terrorismus, dem alleine militärisch begegnet wird, wieder in den Mittelpunkt – eine weitere Strategie zur Entpolitisierung des Friedens. Damit kehrt er zum Ausgangspunkt aller staatlichen Mythen und Feindbilder Israels zurück: Gemäß dem Narrativ der Friedensideologie streckt Israel seine Hand zum Frieden aus, die Araber hingegen wollen Israels Vernichtung. Dass Peres seine eigene kriegerische Handlung – Auslöser der Terrorwelle Anfang 1996 – ausblendet, ist Teil seines Konfliktverständnisses, in dem immer die andere Seite Schuld hat. Die Vertreter des islamischen Fundamentalismus (Hamas, Hisbollah und Iran als ihr Unterstützer) sind die Aggressoren in dieser Geschichte: »Wir fanden heraus, daß diese Terroranschläge [Anfang 1996] kein Zufall waren. Es waren der Iran sowie die vom Ausland aus agierende Führung der radikal islamischen Bewegungen Hamas und Dschihad el-Islami, die auf diese Weise die Linksregierung mit der amtierenden Arbeitspartei stürzen und damit den Friedensprozeß stoppen wollten.«[265] Peres' Vorstellung eines Kampfs zwischen den »bösen Mächten« und den »guten Friedensanhängern« kann in Teilen seine tief sitzende Skepsis gegenüber einem politischen Frieden erklären. So Peres in »Politik heißt Friedenspolitik«: »Wenn die Maßgabe heißt: ›Land für Frieden‹ müßten einige auf das Land, das sie besitzen, verzichten – im Tausch gegen etwas weniger Greifbares, gegen ein Versprechen. So ist es nicht verwunderlich, daß selbst unter den Verfechtern der Friedenspolitik sich welche finden, die zögern, diesen Preis zu zahlen.«[266]

Führt man sich vor Augen, wie wenig ausgerechnet einer der Protagonisten des Oslo-Friedensprozesses an einen Ausgleich glaubt, ist der Wahlsieg des rechten Lagers im Mai 1996 nicht nur eine Niederlage für Peres. Die »Friedensregierung« der zionistischen Linken ist abgewählt und somit auch von dem Druck befreit, im Friedensprozess weitere Zugeständnisse machen zu müssen. Als der Wahlkampf tobt, lehnt Peres das Beilin/Abu-Masen-Papier nicht alleine aus wahltaktischen Gründen ab. Die Zweistaatenlösung, die im Dokument vorgeschlagen wird, ist für Peres selbst ein Tabu. Er bekämpft die »palästinensische Nationalität« sein ganzes Leben lang, auch 1995-1996. Das schlägt sich in seinen Büchern der »Friedensära« von 1993 und 1995 deutlich nieder. Nach seinem Verständnis geht aus einer palästinensischen Nationalbewegung eine direkte Gefahr für den jüdischen Nationalismus aus, weil beide Nationalbewegungen das gleiche Territorium beanspruchen. In seiner Veröffentlichung von 1978, noch vor der Rückgabe des Sinai, schließt Peres territoriale Veränderungen bzw. Verhandlungen mit den arabischen Staaten darüber kategorisch aus. Die PLO, säkulare Vertreterin einer palästinensischen Nationalität, gilt für Peres über die Jahre hinweg als eine terroristische, in jeder Hinsicht gnadenlos zu bekämpfende Organisation. Erst ihre Schwächung im Zusammenspiel mit bestimmten internationalen und innenpolitischen Veränderungen macht die PLO für Peres zu einem »Gesprächspartner«.

Peres will die Palästinenserfrage nicht auf der Basis der Menschenrechte oder sonstiger rechtlicher Bedingungen lösen, sondern allein im Sinne der Interessen Israels, wie er sie versteht. Zwei Bedingungen müssen dabei erfüllt sein: die militärische Dominanz Israels über das ganze Land und die strikte Trennung der beiden Kollektive, um eine Apartheid bzw. ein binationales Israel zu verhindern. Gemäß Peres' »funktionaler Lösung« soll in Oslo die Verantwortung für die palästinensische Bevölkerung wenigstens vorübergehend von der israelischen Besatzungsmacht auf die Palästinensische Autonomiebehörde übertragen werden, und zwar unter der Führung der PLO. Diese gilt aber nicht als ebenbürtiger Gesprächspartner, der die palästinensische Nationalbewegung zur politischen Souveränität führen soll; denn Peres weigert sich im Grunde, das Selbstbestimmungsrecht der Palästinenser anzuerkennen. Die Palästinensische Autonomiebehörde soll vielmehr als Instrument Israels dienen und nur schrittweise Zuständigkeiten erhalten, abhängig davon, wie zufrieden Israel mit ihren Leistungen ist, den palästinensischen Terrorismus zu bekämpfen. Worauf diese Entwicklung hinauslaufen soll, formuliert Peres nicht. Der letzte verbliebene Politiker der Gründungsgeneration kann sich mitten in seinem achten Lebensjahrzehnt für das Verhältnis Israels zur palästinensischen Nationalbewegung wohl kaum eine andere Grundlage vorstellen als die der Überlegenheit Israels. Peres gelangt mit Oslo II an die Grenzen seiner Friedenspolitik, weil seinem Friedensverständnis der sicherheitspolitische und nicht der rechtliche Diskurs zu Grunde liegt.

Der Einwand, dass die israelischen Eliten in Militär, Siedlerbewegung und Wirtschaft den Plan eines palästinensischen Staats wirksam bekämpft hätten, wäre der Friedensprozess fortgesetzt worden, ist berechtigt. Denn diese drei Eliten sind die Hauptprofiteure der Besatzungsordnung. Peres unterstützt traditionell diese drei Staatseliten. Für ihn sind vor allem das Militär und das Siedlungsprojekt zwei mächtige Säulen der jüdischen Nationalstaatlichkeit. Auch die Wirtschaftselite genießt durch Peres' Wirtschaftspolitik großzügige Unterstützung. Sie gilt für ihn ebenfalls als wichtige Pfeiler des zionistischen Projekts. Zwar unterstützen Militär und Wirtschaft ursprünglich den Oslo-Friedensprozess, vor allem der fünfjährigen palästinensischen Erhebung wegen; doch bald tun sie sich schwer damit, auf die Ordnung, von der sie viele Vorteile haben, zu verzichten. Die Frage, in welchem Umfang der Politiker Rabin am Ende seiner Tage diese Ordnung wirklich verändern wollte oder konnte, bleibt offen. Peres jedenfalls strebt lediglich eine kosmetische Veränderung dieser Ordnung an, und letztlich zementiert er sie. Peres' gesamtpolitischer Beitrag zur Aufrechterhaltung der israelischen Ordnung – einerlei ob diese Ordnung positiv oder negativ beurteilt wird – darf nicht unterschätzt werden. Der Architekt von Oslo festigt die israelische Herrschaft in den Palästinensergebieten durch den Friedensprozess. Gleichzeitig gelingt es ihm, sich weltweit Anerkennung zu verschaffen, Israels Image aufzupolieren und Israel einige Jahre Friedenseuphorie zu bescheren. Mit diesem Handeln ist dem israelischen Nationalismus gedient, nicht jedoch der Versöhnung mit den Palästinensern. Ende 1996 skizziert Peres seinem Gesprächspartner Littell sein »grobes Bild eines Kompromisses zwischen den Israelis und den Palästinensern«. So philosophiert der Politiker über »drei verschiedene Grenzen oder Grenzlinien« als Grundlage eines Abkommens: eine militärische, eine wirtschaftliche und eine politische:

> »Man sollte den Jordan zur militärischen Grenze machen, denn das würde bedeuten, keine ausländische Armee könnte den Jordan überqueren und Israel bedrohen. Die Gebiete dagegen, die die Palästinenser zurückerhielten, würden entmilitarisierte Zonen bleiben. Im Hinblick auf das Ökonomische bin ich der Meinung, daß das Wirtschaftsleben der Jordanier, der Palästinenser und der Israelis offengehalten werden sollte, daß sie also zusammenarbeiten müßten. Man kann in einem so kleinen Gebiet nicht eine unendliche Zahl von Zollstationen und Barrieren aufbauen.«[267]

Peres zeichnet seine Vision einer orientalischen Benelux-Lösung. Dem zentralen Punkt, den politischen Grenzen zwischen den beiden Kollektiven, weicht er hingegen aus. In seinem virtuosen Modell lässt er die entscheidende Frage offen, welchen rechtlichen Status die Palästinenser in den Gebieten, die sie zurückerhalten würden, haben sollen, und um welche Gebiete es sich dabei handeln würde. Peres sucht vielmehr, jenseits des Rechts im Sinne des Völkerrechts bzw. Selbstbestimmungsrechts eine neue Formel für die alte, von Israel bestimmte Ordnung in den besetzten Gebieten zu definieren, und zwar im Sinne einer allumfassenden Trennung: Trennung zwischen den zwei Kollektiven und Trennung zwischen dem Land und dem Status der Menschen, die darauf leben. Peres' Vorstellung eines »Friedens ohne Palästinenser« beruht darauf, dass diese Menschen sowohl vom zionistischen Bewusstsein als auch im Akt des Friedens verdrängt werden, wie Raz-Krakotzkin ausführt.[268]

Peres' unverbindliche Sprache in Bezug auf die Palästinenserfrage lässt sich zurückführen auf sein unlösbares Dilemma zwischen den nationalstaatlichen Interessen Israels, wie er sie auffasst, und der Möglichkeit eines Friedens, weil er kognitiv die Grenzen des Sicherheitsmythos nicht überschreiten kann. In diesem Mythos, der von beiden zionistischen Lagern getragen wird und Grundlage der israelischen Ordnung ist, steckt eine Erklärung für Israels Friedensunfähigkeit: Der Sicherheitsmythos bestimmt die Notwendigkeit der Herrschaft über die Palästinenser und somit deren Entrechtung und Unterdrückung. Die Palästinenser werden als Erzfeind des zionistischen Projektes begriffen, weil sie auf dem Boden des als heilig begriffenen *Erez Israel* leben. Sie sind zwar militärisch schwächer, stellen aber nach wie vor ein »demographisches Problem« für die zionistische Utopie dar. In der Sprache des Sicherheitsmythos lässt sich das ungelöste Dilemma politisch weiter vertreten, doch zu dem Preis der Fortsetzung des Konflikts. Eine friedliche, auf gleichen Rechten für beide Kollektive basierende Lösung würde Peres (bzw. Israel) zwingen, sich mit dem der israelischen Besatzungsordnung zu Grunde liegenden Sicherheitsmythos auseinanderzusetzen. Da Peres in seinem hohen Alter kaum in der Lage zu sein scheint, sich von der u. a. von ihm geprägten Ordnung wirklich zu verabschieden, lässt sich hier erschließen, dass er die Anomalie der de facto praktizierten »Homeland-Politik« als Normalität versteht, gewissermaßen als das kleinere Übel. Nicht die Versöhnung mit den entrechteten Palästinensern, sondern ihre Befriedung erhofft Peres vom Friedensprozess der 1990er Jahre, um die Zweistaatenlösung oder einen binationalen Staat zu verhindern. Dass dieser Befriedungsversuch nicht von Dauer ist, ahnt Peres selbst. Dennoch gibt er die Friedensideologie nicht auf. Er bleibt dem altzionistischen »pragmatischen« Gebot der allmählichen jüdischen Besiedlung von *Erez Israel* treu, das sich in Bezug auf das kostbare Westjordanland vorläufig auch durchgesetzt hat, zum Preis der immerwährenden Fortsetzung des Konflikts. Peres' utopisches und daher entpolitisiertes Friedensverständnis[269] steht für die israelische Tragik der Friedensunfähigkeit, gerade weil der »Mann des Friedens« der Friedensideologie so fest anhängt. Er glaubt an sie, zweifelt sie aber gleichzeitig an. Kurz vor dem Ausbruch der zweiten Intifada 2000 schreibt Israels Altpolitiker:

> »Die Palästinenser leben nicht mehr unter der administrativen Hoheit der Israelis. Es sind vielleicht noch an die hundert Dörfer und Siedlungen, die von den Israelis besetzt sind. Die Palästinenser sind in ihrem Status als Volk anerkannt. Sie haben ihre Regierung und den Regierungschef demokratisch gewählt. Das Werk des Friedens ist zwar immer noch in Arbeit, aber einen Vorgeschmack dessen, was wirklicher und

vollständiger Friede bedeutet, den hat der Nahe Osten. Keine Regierung wird ihn je wieder auslöschen können. Selbst wenn die Lage sich so weit verschlimmert, daß die Kämpfe beider Seiten infolge einer politischen Erschütterung oder eines taktischen Fehlers wieder aufflammen, wird man das Rad nie zurückdrehen können. Im Nahen Osten weht ein neuer Wind.«[270]

Epilog: Peres und die politische Macht

Die Geschichte des israelischen Staatsmannes und Politikers Shimon Peres lässt sich auch als eine Geschichte vom Umgang mit politischer Macht erzählen. Peres' sich über sechs Jahrzehnte erstreckende politische Laufbahn wirft die Frage nach dem Geheimnis seiner politischen Überlebenskunst auf. Welche Mechanismen des Machterhalts bzw. Machtgewinns entwickelt Israels Altpolitiker? Häufig wird Peres als eine »tragische politische Persönlichkeit« angesehen, weil er bei der israelischen Bevölkerung nie wirklich auf Zuspruch stößt. Der Berufspolitiker erhält nie ein direktes Mandat. Peres' politisches Überleben ist angesichts der wiederholten Wahlniederlagen ein äußerst verblüffendes Phänomen, das einer Erklärung bedarf. Wie prägt Peres durch seinen Umgang mit Macht die politische Kultur seines Landes?

Eine Erklärung stellt Peres' ausgeprägte persönlich-politische Überlebenskunst dar, die als seine herausragendste Fähigkeit gelten kann: Er ist meisterhaft darin, die Realität seinen persönlichen Bedürfnissen anzupassen, um seine Macht zu erhalten. Als beispielhaft wird sein Verhalten in der Lavon-Affäre und bei der Entmachtung des israelischen Außenministeriums in den 1950er Jahren angesehen. In beiden Fällen ist es Peres gelungen, den Einfluss des Verteidigungsministeriums auszubauen und dadurch seine eigene Machtbasis zu erweitern. Die Anhänger dieser Interpretation sehen das Motiv des Machterhalts auch als Ursache der bitteren, über zwei Jahrzehnte andauernden politischen Rivalität zwischen Jitzchak Rabin und Peres seit Mitte der 1970er Jahre. Als Verteidigungsminister habe Peres das Siedlungsprojekt im Westjordanland unterstützt und die nationalreligiöse Bewegung *Gusch-Emunim* gestärkt, um die Position des Premierministers Rabin zu erschüttern und die eigene Stellung zu festigen. Ideologische Beweggründe hätten keine Rolle gespielt, sondern allein der Wunsch, die Regierung Rabins in Verlegenheit zu bringen.[1] Auch die Interessen des Staats seien für Peres zweitrangig gewesen. Er habe mit jedem koaliert, solange es seinen Interessen gedient habe. Baruch Kimmerling schreibt zu Peres' Mitarbeit in Ariel Sharons Koalition (2001-2002):

> »Er [Peres] ist ein alternder Politiker, der trotz seines internationalen Ansehens in Israel als ewiger Verlierer [...] und farbloser Zyniker gilt. Peres kann seine Einstellung jedem politischen Umstand ›anpassen‹ und mal Falke, mal Taube sein, mal einen palästinensischen Staat befürworten und ein andermal ablehnen. Selbstredend nahmen [Benjamin] Ben-Eliezer und Peres Sharons Angebot an und erläuterten ihren Entschluss, seinem Kabinett beizutreten, mit der Notwendigkeit, Sharon zu ›bändigen‹, ein Gegengewicht zur extremen Rechten zu bilden und den Prozess von Oslo fortzusetzen.«[2]

Peres' Kampf um die politische Macht, den er ohne Rücksicht auf Verluste führte, wird im neuen Jahrtausend am deutlichsten sichtbar. Am Ende seines achten Lebensjahrzehnts strebt Peres im Jahr 2000, diesmal vor dem Hintergrund der neuen palästinensischen Erhebung, ein politisches Comeback an der Spitze des Staats an. Nachdem er im Juli 2000 die Wahlen um das Amt des Staatspräsidenten gegen Moshe Katzav verliert, sucht er einen Weg, in den Wahlen von 2001 gegen Ehud Barak (Arbeitspartei) und Ariel Sharon (*Likud*) für das Amt des Premierministers zu kandidieren, und zwar über die linkzionistische Partei *Merez*, jedoch ohne Erfolg. Sharon gewinnt die Wahlen, während Barak von der Spitze der Arbeitspartei zurücktritt. Dies öffnet Peres erneut den Weg in die Regierung bzw. die Führung der Partei. Peres nutzt seine Nähe zu dem neuen Parteivorsitzen Benjamin Ben-Eliezer (2001-2002) und führt die Arbeitspartei in die Koalition mit Sharon, der wiederum Peres als Feigenblatt für seinen Kampf gegen die aufständischen Palästinenser benötigt. Peres hat wieder ein hohes Amt als Außenminister und Stellvertreter des Regierungschefs bis November 2002 inne. Ben-Eliezer wird Verteidigungsminister. Der Krieg gegen die Palästinenser wird also unter der Großen Koalition weitergeführt. Gegen Ende 2002 gelingt es dem Ex-General Amram Mitzna, Ben-Eliezer an der Parteispitze abzulösen. Die Arbeitspartei verlässt die Koalition mit Sharon. Mitznas kurzer Versuch, die Arbeitspartei auf seine Linie zu bringen bzw. als eine sicherheitspolitische und sozialpolitische Alternative anzubieten, scheitert bald an der heftigen Opposition der Parteiführung. Er erhält keine Unterstützung von seinen Parteigenossen. Infolge der Niederlage der Arbeitspartei in den Parlamentswahlen Anfang 2003 legt Mitzna sein Amt nach neun Monaten nieder. Mitzna nimmt zwei Jahre später Stellung zu seinem raschen Rücktritt:

> »Ich bin nicht wie Shimon Peres gebaut. Peres kann wiederholt verlieren und trotzdem weitermachen. Er hat keine Scham. Er zerstörte die Partei immer wieder: Er steht immer noch an ihrer Spitze und kandidiert weiterhin für die nächsten Wahlen um den Parteivorsitz. Das ist weltweit beispiellos. [...] Seitdem ich zum Parteivorsitzenden gewählt wurde, hat man mich nicht arbeiten lassen. Es war unerträglich. [...] Vor allem stand mir Peres im Wege. Er ist hinterhältig; ebenso hat er Rabin und Barak hintergangen. [...] Die Folge ist, dass er alles um ihn zerstört und dann behauptet er, er sei unersetzlich.«[3]

Wenige Monate, bevor Peres den Parteivorsitz 2005 an Amir Peretz, einen Mann der Gewerkschaft, verliert und zu der von Sharon neu gegründeten Partei *Kadima* wechselt, erklärt der *Haaretz*-Journalist Daniel Ben-Simon:

> »Peres lud zwar Peretz in die Partei ein, um der sicherheitspolitisch orientierten Partei eine sozialpolitische Färbung zu verleihen. Doch in dem Moment, als Peretz seine Kandidatur für den Parteivorsitz ankündigte, hat sich Peres von ihm distanziert; genauso wie er es bei jedem tat, der gewagt hat, für den Parteivorsitz zu kandidieren. Er protegierte die guten und talentierten [in der Partei], doch als sie den Platz an der Spitze anstrebten, hat er gegen sie den Krieg erklärt.«[4]

Dieser These des »Machterhalts um jeden Preis« steht eine zweite Erklärung für Peres' beständige Präsenz auf der politischen Führungsebene gegenüber, die sein Engagement auf ein tief sitzendes Verantwortungsgefühl gegenüber dem von ihm als heilig begriffenen Staat zurückführt. Seine fachlichen Kompetenzen werden dabei überhaupt nicht in Frage gestellt. Diese Auffassung wird meist von Linkszionisten vertreten, die Peres' Klammern an die Macht allenfalls als Kuriosum betrachten. Bar-Zohar und Azoulay-Katz beispielsweise kritisieren Peres zwar für seine Unfähigkeit zum Wahlsieg, zweifeln aber nicht an seiner Kompetenz, Israel auf den richtigen politischen Weg zu führen. Die Person Peres erlebt somit eine starke Ideologisierung. Sein Kampf um die Macht erscheint aus diesem Blickwinkel als die Selbstaufopferung eines Märtyrers.

Der Autor Amos Oz, ein Freund Peres', vertritt die beschriebene Auffassung: »Die Leute sehen in Peres alles Mögliche. Man sagt, er sei unermüdlich auf Macht aus. Er verfügt über eine angemessene Machtgier. Doch er empfindet ein tief sitzendes, dringliches Verantwortungsgefühl [für den Staat] und fühlt sich ihm persönlich verpflichtet. Er fühlt sich wie das holländische Kind mit dem Finger am Staudamm. […] Peres ist ein Erwachsener, der in sich ein lebendiges Kind trägt, neugierig, voller Hunger nach Liebe und durstig nach Wissen. Er lebt, als hätte er sein ganzes Leben noch vor sich. Er ist über 80 Jahre alt, und was ihn wirklich beschäftigt, ist die Zukunft. Er lebt, als wäre alles bisherige nur der Vorspann, dafür wird er attackiert, ich sage Euch, das ist seine Größe.«[5] Gleichzeitig will Oz Peres rückblickend herunterspielen, er sei »kein guter, mittelmäßiger Politiker«. Er hält Peres' ausgeprägtes Bedürfnis nach Liebe und Anerkennung für seine Achillesferse: »Das ist sein größtes Problem; ohne sie wäre er weit gekommen […] der Bedarf an Liebe blendet seine Augen.« Er tue alles, um diese Liebe zu erlangen, weshalb es ihm nicht gelinge, sich mit seinen Kritikern und politischen Rivalen konfrontativ auseinanderzusetzen. Peres' Tendenz zu gezwungenen Erklärungen interpretiert Oz als Furcht vor einem Liebesentzug.[6] Die wiederholten Wahlniederlagen erklärt Oz wie folgt: »Mein Freund Shimon rennt und rutscht, steht auf und rennt weiter und fällt erneut, all dies, weil seine Augen sich stets auf die Sterne richten.«[7]

Bar-Zohars Biographie liegt ebenfalls ein ideologisches Verständnis der politischen Arbeit Peres' zu Grunde. Bar-Zohar erklärt allen Ernstes, Peres habe einen schicksalhaften Fehler begangen, als er im Oktober 1986 den Koalitionsvertrag mit dem *Likud* einhielt und den Posten des Premierministers an *Likud*-Chef Jitzchak Shamir abgab[8]: »Shamir hatte ernsthaft gezweifelt, ob Peres dies tun würde; Peres seinerseits tat es letztlich, weil er seinem ohnehin beschädigtem Glaubwürdigkeitsimage nicht noch mehr Schaden zufügen wollte.« Peres, so Bar-Zohar weiter, »begriff nicht, dass er sein Glaubwürdigkeitsimage kaum durch seine Taten berichtigen konnte [sic!]«. Deshalb beurteilt der Autor die Amtsübergabe als Fehler. Peres könne wenig für seinen Ruf; mit der Amtsübergabe habe er aber nun »auf die Chance verzichtet, Israel zu anderen Horizonten zu verhelfen.«[9] Bar-Zohars Argumentation liegt die Annahme zu Grunde, Peres sei »zum Regieren verdammt«. Diese ideologisierte Sicht auf die Aufgabe des Regierens – der Staat selbst und die noch zu verwirklichende zionistische Utopie werden selbst hochideologisch begriffen – erlaubt es, die zum politischen Überleben notwendigen Kniffe und Tricks herunterzuspielen oder ganz auszublenden.

Peres wird als Märtyrer beschrieben, der alles tut, um seinen politischen Beitrag zu leisten, obwohl dies vom Volk nicht anerkannt wird. Unter dem politischen Beitrag versteht das linkzionistische Milieu vor allem Peres' Sicherheitspolitik, welche die Existenz des Staats sichere.

In Peres' eigener Auffassung der politischen Macht spiegeln sich das ideologische Verständnis seiner Aufgaben und die Sakralisierung des zionistischen Projekts bzw. des Staats deutlich wider. Nach dem erneuten Machtverlust 1996 sagt er:

> »Menschen, die Macht um der Macht willen suchen, tun etwas Unrechtes. Die Macht ist ein Instrument. Sie ist wie ein Kraftwerk. Wenn man Licht will, braucht man ein Kraftwerk. Man kann Macht nutzen, um zu töten, oder man kann die Energie, und sie ist ja auch eine Macht, nutzen, um für Licht zu sorgen. So komme es also immer darauf an, wofür die Macht genutzt werden soll. Macht um ihrer selbst willen anzustreben ist das gleiche, als wollte man ein Kraftwerk errichten, das nichts betreibt. Wofür braucht man es? Es schadet der Umwelt, es ist eine Illusion für das Volk. Darum hab ich nie über Macht als pure Macht nachgedacht. Macht als solche hat mich nie gereizt. Menschen begeistern, das ja, aber nicht sie kontrollieren. Ich glaube nicht, daß ich Macht um der Macht willen genutzt habe. Obwohl ich in meinem Leben immer wieder kritisiert worden bin, so ist mir doch, so empfinde ich das, unendlich häufiger geholfen worden, als daß ich kritisiert wurde.«[10]

Peres' politische Überlebenskunst ließe sich durch eine Kombination der Selbstaufopferungsthese und der Machterhaltsthese erklären: Peres schöpft seine unglaubliche Kraft zum Machterhalt gerade aus seinem Selbstverständnis als Diener der Interessen Israels. Er entwickelt ein derart ausgeprägtes Durchhaltevermögen, weil er der felsenfesten Überzeugung ist, er sei das »holländische Kind mit dem Finger am Staudamm«. Er entwickelt ein sakrales Verständnis seiner politischen Arbeit und übersieht dabei die Verbindung zwischen seinem politischen Beitrag und der heiklen Lage seines Landes. Sein mangelndes Reflexionsvermögen hindert ihn daran, die Kluft zwischen dem Bild, das er von sich selbst hat, und seiner in dieser Studie erarbeiteten Friedensunfähigkeit zu erkennen. Er nimmt nur wahr, dass die Aufgabe der Nationsbildung noch nicht vollendet sei, und tut alles, um sie fortzuführen. Deshalb setzt er sich über die Stimme des Volks hinweg und bedient sich politischer Tricks, was er offenbar gut ausblenden kann. Er denkt, es sich nicht leisten zu können, aufzugeben; ebenso wenig, wie er sich darauf einlassen will, zurückzuschauen, zu reflektieren und zu revidieren: Denn die großen Herausforderungen des zionistischen Projekts sind in seinen Augen noch nicht bewältigt. Er ist in der Lage, demütigende Wahlniederlagen wiederholt einzustecken, weil die politische Arbeit seine *raison d'être* ist. Bar-Zohar beschreibt dieses Verhalten nahezu als Sucht: »Er kann einfach nicht pausieren; er lebt in einer ständigen Bewegung.«[11] Akiva Eldar bringt Peres' mangelndes Reflexionsvermögen und seinen Glauben, unverzichtbar zu sein, nicht ohne Ironie auf den Punkt: »Peres ist fest davon überzeugt, dass das, was für Shimon gut ist, ist ebenfalls gut für die Partei, den Staat, den Nahen Osten und den ganzen Kosmos.«[12]

Hierin steckt das Paradox des entpolitisierten Politikers: Weil er sich und seine Arbeit für absolut unverzichtbar für die Vollendung des zionistischen Projekts hält, klammert sich Peres umso stärker an die Macht, je mehr er abgelehnt wird. Peres ist nicht in der Lage, seine Politik einer Kritik zu unterziehen. Das zeigt sich vor allem Anfang der 1990er Jahre, als deutlich wird, dass er für seine Partei zunehmend eine Belastung darstellt. Azoulay-Katz zeichnet das Bild eines hartnäckigen und uneinsichtigen Peres, der den Verlust des höchsten Parteiamtes an seinen politischen Rivalen Jitzchak Rabin schlicht nicht verkraftet. Er bleibt auch dann uneinsichtig, als 1992, nach 15 Jahren an der Parteispitze und mehreren Wahlniederlagen, sein Wahlsieg immer unwahrscheinlicher wird.[13] Das Paradox des entpolitisierten Politikers besteht in dieser Unfähigkeit, sich selbst in einer anderen Position als einer führenden zu sehen. Im Lauf der Jahre fordert Peres deshalb, abgesehen von Ben-Gurion, alle in seinem Umfeld heraus (Lavon, Sharett, Meir, Eshkol, Rabin, Begin, Shamir) in der Überzeugung, selbst dem Staat am besten zu dienen. Er lässt auch dann nicht los, als ihm in Wahlen wiederholt ein direkter politischer Auftrag versagt bleibt. Er glaubt, an die Staatsspitze zu gehören, und kämpft unermüdlich um seinen Platz, ungeachtet der innen- und weltpolitischen Entwicklungen. Azoulay-Katz formuliert dies 1996 etwas nachsichtiger: »Historisch betrachtet war Peres immer eine gute Nummer 2, doch er hat sich nie damit abgefunden; diese Weigerung versetzte ihn immer wieder in solche Schwierigkeiten, da ihm [immer wieder] nachgesagt wurde, die Machtstellung [seines Vorgesetzten] zu unterwandern, was sein Image schwer beschädigt und seine Chance verringert hat, das zu werden, was er wirklich sein wollte: die Nummer 1.«[14]

Peres ringt sein ganzes Leben lang um politische Macht, besitzt sie aber nie vollständig, was ihn dazu verleitet, seinen Kampf zu intensivieren. Um hier einige Beispiele zu nennen: Zweimal hat er das Amt des Staatschefs inne, 1984-1986 und 1995-1996, doch nur für eine jeweils kurze Amtsperiode und eben nicht durch direktes Mandat des Volks; dreimal bewirbt er sich gegen seinen politischen Rivalen aus der Arbeitspartei Jitzchak Rabin (1974, 1977, 1992) um den Parteivorsitz und verliert, 1980 allerdings überwindet Peres seinen Herausforderer Rabin und behält bis 1992 den Parteivorsitz.[15] 1977 muss Rabin zurücktreten, Peres gelangt an die Macht, muss sie nach den Parlamentswahlen aber wieder abgeben. Fünfmal verfehlt Peres einen entscheidenden Wahlsieg (1977, 1981, 1984, 1988, 1996), während es Rabin 1992 und Ehud Barak 1999 gleich beim ersten Versuch gelingt, die Arbeitspartei an die Macht zu führen. Peres ist als Darsteller auf der politischen Bühne anwesend, zugleich aber in gewisser Weise auch abwesend; er ist immer irgendwie da, hat stets ein politisches Amt inne, kommt aber vom Gefühl her nie wirklich an. Deshalb eröffnet er immer wieder eine neue Runde im Kampf um die Macht, um den ersehnten Wahlsieg zu erringen. Welche Dynamik bzw. Mechanismen des Machtgewinns und Machterhalts entwickelt Peres im Laufe der Jahre?

Peres und die Presse

Bar-Zohar sieht in Peres' Verhältnis zur Presse einen Schlüssel für dessen politische Überlebenskunst. Bereits in seiner Position als Generaldirektor im Verteidigungsministerium Mitte der 1950er Jahre erkennt Peres die Rolle der Presse und weiß sie für eigene Zwecke zu nutzen, wie beispielsweise in der Lavon-Affäre. Er knüpft Kontakte zu einer Reihe von wichtigen Journalisten in den Redaktionen der großen Zeitungen des Landes: Isaiah Ben-Porat (*Yedioth Ahronoth*), Shmuel Segev (*Maariv*), Naftalie Lavie, Avraham Schwizer und Shabtai Teveth (*Haaretz*) und Yoel Marcus (*Davar*).[16] Auch der *Davar*-Journalist Chagai Eshed, der für das Verteidigungsministerium den offiziellen Bericht zur Lavon-Affäre verfasst, gehört zu dieser Gruppe.[17] Die Journalisten schätzen Peres. Sie beschreiben ihn nach Bar-Zohar als angenehmen, ausgesprochen eloquenten Mann, der seine Arbeit in Verteidigungsministerium ruhig, aber effizient erledige. Dieser Meinung schließen sich bald auch die internationalen Medien an, die ebenfalls das Bild eines ruhigen, bescheidenen, effizienten und intelligenten, hochrangigen Mitarbeiters des israelischen Sicherheitsestablishments zeichnen.[18] Peres, der sich in der israelischen Öffentlichkeit auf Grund seiner Vorträge und Reden zur Sicherheitspolitik des Landes bald einen Namen macht, macht sich viele Vertreter der Presse zum Freund. Er muss jedoch auch Kritik einstecken: Die linksorientierte, dem Sicherheitsestablishment gegenüber skeptisch eingestellte Zeitung *Haolam Haze* beschuldigt ihn der Selbstinszenierung.[19]

Auch innerhalb der *Mapai*-Partei mehren sich die Stimmen gegen Peres' Profilierungskampagne in der Presse. Parteimitglied Moshe Sharett schreibt angesichts der mit Unterstützung des Verteidigungsministeriums gegründeten Partei-Zeitung *Rimon* am 18.9.1957 in sein Tagebuch: »Dass Leute aus dem Sicherheitsressort [Verteidigungsministerium] hinter dieser Initiative [der Zeitungsgründung] stehen, erscheint mir verdächtig. Peres' Gier nach Selbstinszenierung ist nämlich weithin bekannt. Er baut sich selbst unaufhörlich auf, berechnend und durchdacht, mit einer Ausdauer, die vor nichts zurückschreckt. Er pflegt persönliche Kontakte mit Zeitungen und Journalisten, er gibt Interviews und sorgt somit dafür, dass Geschichten über sich selbst kursieren.« Vor dem Hintergrund der Erfahrungen, die er selbst mit Peres gemacht hat, als dieser die Presse in der ersten Phase der Lavon-Affäre manipulierte, fragt Sharett, »ob nicht das aufrichtige Bedürfnis einiger Parteigenossen, die öffentliche Arbeit der [*Mapai*-]Partei [mittels der neuen Zeitung] zu verbessern, in Wirklichkeit Peres' als Deckmäntelchen für seine dient?«[20] Bar-Zohar fertigt Sharetts Bemerkung als lächerlich ab. Dennoch sieht er, dass »Peres sich solcher Kritik aussetzt, weil er sich so enthusiastisch zeigt, in der ihn lobenden und verherrlichenden Presse aufzutreten«. Bar-Zohar bestätigt gewissermaßen Sharetts These: »Es scheint, als wäre Peres der erste Politiker, der das Potential der Presse erkannt hat und vor den eigenen Wagen zu spannen wusste.«[21]

Auch der politische Kommentator von *Yedioth Ahronoth* Shimon Shiffer weist darauf hin, dass Peres die Presse für sich zu nutzen wisse: »Bereits in den 1950er Jahren suchte er die Nähe zu Journalisten, die auf ›Geschichten‹ aus waren und zu ihm standen. Denn sie begriffen, dass Shimon Peres eine ›gute Quelle für heikles Material‹ darstellte, und begleiteten ihn auch, weil sie an ihn glaubten und seine [politische] Weltsicht teilten.«[22] Auch in den 1970er Jahren pflegt Peres ein gutes Verhältnis zu Journalisten, besonders zum politischen Kommentator von *Haaretz* Matti Golan, Dan Margalit, Avraham Schwizer und seinen Anhängern Chagai Eshed und Isaiah Ben-Porat. Peres ernennt Naftalie Lavie, der über beste Kontakte zur Pressewelt verfügt, zu seinem Sprecher. Golan, der 1982 die erste Biographie über den sich noch mitten in seinem politischen Leben befindenden Peres verfasst, bemerkt nach Peres' Wahlniederlage gegen Rabin 1977 ironisch: »Drei Jahre objektiver Berichterstattung für Peres sind dahin.«[23] In den Oppositionsjahren zieht Peres den *Davar*-Journalisten Yossi Beilin und Gideon Levy, später *Haaretz*-Journalist, auf seine Seite.

Peres pflegt auch in seiner Funktion als Premierminister 1984 seine guten Beziehungen zur Presse, deren Bedeutung für seinen Machterhalt ihm klar bewusst ist. So Bar-Zohar: Zu Beginn seiner Amtszeit bestellt Peres fünf hochrangige Journalisten zu sich: Chagai Eshed von *Davar*, Dan Margalit von *Haaretz*, Isaiah Ben-Porat von *Yedioth Ahronoth*, David Landau von der Jerusalem Post und Levi Jitzchak Jerusahalmi von *Maariv*. Diese Gruppe wird eingeladen, um »über die Regierungsarbeit und ihre Probleme« zu sprechen, in erster Linie geht es Peres jedoch darum, seine Kontakte zu loyalen Journalisten, die ihn teilweise bereits seit Jahren begleiten, zu vertiefen, um mehr Einfluss auf sie auszuüben. Dies ist nach Bar-Zohar die Geburt des »geheimen Vereins der Fünf«. Dieser tagt, als die Große Koalition in den 1980er Jahren mit Peres als Premier-, Außen- und Finanzminister die Geschicke Israels bestimmt. Dieser Verein unterliegt strengsten Regeln der Geheimhaltung und bildet ganz im Sinne von Peres' elitärem Verständnis der Regierungs- und Pressearbeit eine geschlossene Gesellschaft; ganz so, als hätte die Presse im Dienst der Politik bzw. des Staats und nicht der Gesellschaft zu stehen. Bar-Zohar: »Peres öffnet sich in diesem Forum auf eine unbeschreibliche Art. […] Er fühlte sich dort rundum wohl.«[24]

Solche Konstellationen wie der »Verein der Fünf« erlauben es Peres nicht nur, Einfluss auf die Berichterstattung auszuüben, sondern ermöglichen auch Absprachen, heikles Material unter Verschluss zu halten. Als Gegenleistung erhalten die Journalisten andere »Geschichten«. Diese Vorgehensweise verändert sich von den 1950er bis in die 1970er Jahre kaum. Peres bindet Vertreter der Leitmedien an sich, vertraut ihnen »gute Geschichten« aus »guten Quellen« an und wird als Gegenleistung mit Loyalität und kooperativem Verhalten belohnt. Die Rolle der Presse als »vierte Macht« in einer Demokratie bleibt dabei weitgehend auf der Strecke, sie wird von Peres und seinem »Verein« überhaupt nicht als solche wahrgenommen. Bar-Zohar erklärt die Selbstaufgabe der Journalisten mit der »Nähe zu einer Machtquelle, die über Staatsgeheimnisse verfügt, was sie sich nicht entgehen lassen wollten«. Peres rechtfertigt die Zusammenarbeit mit der Presse aus seiner Opferrolle heraus: »Ich war stets den Attacken von Al Hamishmar, La-Merhav und Haolam Haze ausgesetzt und musste mich deshalb selbst dagegen verteidigen.«[25] Dass die israelische Presse allgemein dem zionistischen Projekt bzw. der politischen Orientierung des jüdischen Staats zugeneigt ist, zeigt das Verhalten des sogenannten Editors' Committee, das 1949 gegründet und sich im Laufe der Jahre in der politischen Presselandschaft etabliert. Seine Mitglieder erhalten in politischen Konfliktsituationen Hintergrundinformationen und verpflichten sich im Gegenzug zur Selbstzensur. Peres setzt dies auch für persönlich-politische Zwecke ein und schreckt nicht davor zurück, seine Kontakte gegen politische Rivalen einzusetzen, beispielsweise gegen Rabin in den 1970er Jahren. Die Grenze zwischen den persönlich-machtpolitischen Interessen Peres' und denen des Staats erscheinen hier als fließend. Der israelischen Demokratie, dies muss hier nicht betont werden, ist dies nicht gerade dienlich. Und dennoch: Trotz der relativ positiven Berichterstattung der linkszionistischen Presse gelingt es Peres nicht, die Sympathie der israelischen Öffentlichkeit zu erlangen und darauf seine politische Macht zu stützen.

Peres und die Partei

David Ben-Gurion, Israels Staatsgründer und politisch stärkster Mann während der ersten Jahre der Souveränität, beginnt 1953 damit, Peres entscheidend zu fördern. Wie die in dieser Arbeit eingehend behandelte Lavon-Affäre zeigt, verfügt Peres in den 1950er und frühen 1960er Jahren als rechte Hand des Staatschefs und Verteidigungsministers Ben-Gurion im Verteidigungsministerium über einen äußerst bedeutsamen Handlungsspielraum. Er gestaltet das Ressort nach eigenem Gutdünken. Offiziell beginnt seine politische Laufbahn im Alter von 35: 1959 wird er *Knesset*-Abgeordneter der *Mapai*-Fraktion und Vize-Verteidigungsminister, eine Position, die er bis 1965 hält. Ben-Gurion strebt bereits 1958 den allmählichen Führungswechsel in Partei und Regierung an; dafür sieht er den Kreis der von ihm aufgebauten jungen Männer vor, »welche für diesen Staat gekämpft haben, im Unabhängigkeitskrieg und im Sinai-Feldzug ihre Fähigkeiten zeigten«.[26] Ben-Gurions beinah kritiklose Unterstützung seiner Günstlinge in der Lavon-Affäre, bei der es u. a. um die ihm am Herzen liegende Frage der Führung von Staat und Partei ging, ist einer der Gründe für Peres' politisches Überleben in diesen Jahren – auch wenn er 1965 zunächst auf die Macht verzichten muss. Peres sieht bereits 1954, dass seine eigene politische Macht von der Ben-Gurions abhängt. Deshalb pocht er darauf, Ben-Gurion zurück an die Macht zu holen und bestimmte Kräfte in der Partei, wie Lavon und später Sharett, auszuschalten; gerade in diesen Jahren sind Person und Politik eng miteinander verwoben. Nach Ben-Gurions Rückkehr an die Staatsspitze (1955-

1963) als Staatschef und Verteidigungsminister hat Peres wieder ausreichend Rückendeckung, um das Sicherheitsestablishment und das Verteidigungsministerium nach seinem Verständnis auszurichten, wobei er seine politische Macht fest etablieren kann. Zwar verliert er 1965 sein Amt als Vize-Verteidigungsminister, doch diese Panne erweist sich langfristig für Peres' Machtposition als günstig: Peres nimmt an der Abspaltung der *Rafi*-Gruppe von der Mutterpartei *Mapai* zwar nur widerwillig teil; *Rafi* wird jedoch 1968 zu einer wichtigen Machtquelle, als aus ihr, *Mapai* und *Ahdut Haavoda* die Vereinigte Israelische Arbeitspartei entsteht. In diesem Rahmen kann Peres als führender Kopf von *Rafi* seine Position konsolidieren, weil die *Rafi*-Fraktion – die Fraktion der Ben-Gurion-Anhänger – sich zunehmend gegen die »Alte Garde« von *Mapai* durchsetzen kann. Nach dem Debakel des Jom-Kippur-Krieges sind es Vertreter der *Rafi*-Partei (Shimon Peres) und der *Ahdut Haavoda*, welche die Führung der Arbeitspartei über zwei Jahrzehnte hinweg fest im Griff haben. *Ahdut Haavoda*-Vertreter und führende Persönlichkeiten der *Mapai*-Partei verhelfen dem Ex-General Jitzchak Rabin schließlich zum Amt des Premierministers.

Das konflikthafte Verhältnis zwischen Peres und Rabin ist über zwei Jahrzehnte hinweg ein wichtiger Faktor in der Geschichte von Peres' politischem Machterhalt, auch wenn Peres dies selbst in seinen zahlreichen Schriften kaum anspricht. Die Rivalitäten zwischen den beiden Führern der israelischen Arbeitspartei verschärfen sich 1974, als Rabin gegen Peres zum ersten Mal die Wahlen um den Parteivorsitz gewinnt. Das Szenario wiederholt sich 1977 und 1992. Bereits 1974-1977, als Rabin Premierminister und Peres als Verteidigungsminister der zweite Mann in der Regierung ist, kündigen sich die Probleme an: Neid und Misstrauen kennzeichnen den Umgang der beiden miteinander. Ihr Verhalten beeinflusst Politik und politische Kultur des Landes nachhaltig. Ohne die Vermittlung eines Vertrauensmanns der beiden Parteien wäre die gemeinsame Führung der Arbeitspartei gescheitert. In diesem politischen Kampf stehen weniger ideologische Meinungsverschiedenheiten im Mittelpunkt: Beide Politiker sind linkszionistisch orientiert und räumen sicherheitspolitischen Erwägungen Priorität ein. Sie sind beide Gestalter wie auch Produkte der »israelischen Ordnung«. Die Auseinandersetzung zwischen Peres und Rabin ist ein Kampf um die reine politische Macht in Staat und Partei zwischen zwei sehr unterschiedlichen Charakteren mit jeweils anderer Biographie: Dem vom Glück verwöhnten Rabin, Generalstabschef der IDF während des Sechstagekrieges, der im konstitutiven »Unabhängigkeitskrieg« kämpfte, steht der mit negativen Attributen belegte politische Funktionär gegenüber, der um sein Ansehen stets fürchten muss, wie sehr auch immer er zur Stärkung der militärischen Macht Israels beigetragen hat. Während der »Sabre-Kämpfer-General« auf Grund seiner direkten und gelegentlich derben Ausdrucksweise das Image eines geradlinigen und glaubwürdigen Mannes genießt, muss der in Polen geborene Peres paradoxerweise hart um die Anerkennung seiner israelischen Identität kämpfen; sein schwammiger, blumiger, sich an der harten israelischen Realität reibender Sprachstil steht ihm stets im Weg, ebenso wie seine Undurchsichtigkeit und Unnahbarkeit. Als Vertreter der Elite, der stets auf Distanz bedacht ist, wird Peres von der Bevölkerung nicht verstanden, während Rabin von ihr als »einer von uns« akzeptiert wird. Daher rühren die unterschiedlichen Erfahrungen, welche die beiden Männer jeweils am Wahltag machen. Vor allem die Niederlage von 1992, als Peres den Parteivorsitz nach 15 Jahren an Rabin verliert, ist für Peres eine bittere Erfahrung, auch wenn er bald darauf Außenminister wird und immer noch eine hohe Position in der Partei genießt.

Die ganze Geschichte dieser bitteren Beziehung, welche bis zur Ermordung Rabins andauert[27], kann an dieser Stelle dem Leser nicht zugemutet werden. Wichtig ist, dass sie dazu beigetragen hat, dass sich eine politische Kultur der Streitsucht und mangelnden Kooperationsbereitschaft in der Führung der Partei und des Staats herausgebildet hat.[28] Peres will nach Bar-Zohar bereits in den 1970er Jahren Rabins Position als Premierminister und somit als sein Vorgesetzter nicht anerkennen: Er fordere ihn durchgehend heraus[29], und zwar unter anderem mit Hilfe der Presse.[30] Rabin schlägt bald zurück: In seinen Memoiren von 1979 attestiert er dem neuen Vorsitzenden der Arbeitspartei und Parteigenossen etwas »unermüdlich Hinterhältiges«.[31] Dieses Urteil haftet Peres seitdem nachhaltig an. Er reagiert nach außen hin passiv, da er den Konflikt hinter den Kulissen austragen will, was seinen Fähigkeiten eher entspricht als eine offene Auseinandersetzung. Peres meidet, so Azoulay-Katz, die direkte Konfrontation mit Rabin. Er geht erst nach Rabins Tod auf dessen Urteil über ihn ein: »Bis heute verstehe ich nicht, weshalb Jitzchak dies geschrieben hat. Er hat mir vorher nie gesagt, er hätte mit mir ein Problem. Er hat mir nie gesagt, er glaube, ich würde seine Position unterwandern wollen. Ich war überrascht.«[32] Spricht aus diesen Worten Scheinheiligkeit, oder hat Peres seinen Standpunkt, er habe sich nichts zuschulden kommen lassen, derart verinnerlicht, dass er selbst daran glaubt? Es lässt sich nicht ausschließen, dass Peres sich hier als Opfer Rabins begreift. Daran zeigt sich Peres' ausgeprägte Fähigkeit, jede Debatte zu ersticken, indem das behandelte Problem geleugnet wird. Sich der Verantwortung zu entziehen, gehört auch zu Peres' politischer Überlebensstrategie: Er kann auf diese Weise unliebsamen Themen ausweichen, ohne Rechenschaft für das eigene Verhalten ablegen zu müssen. Auf der anderen Seite trägt dies dazu bei, dass er nur noch unnahbarer wirkt. Er steht in dem Ruf, ohne Rücksicht auf Verluste seine Interessen durchzusetzen.

Zwischen 1977 und 1992 hat Peres seine Partei recht fest im Griff: Azoulay-Katz führt dies auf seine »meisterhafte Beherrschung des Parteiapparats« zurück und bezeichnet Peres als »König des Zentralkomitees«: »Dieser Mann, der sich mit den schicksalhaften Angelegenheiten des Staats befasst, hat eine masochistische Tendenz, jedes Familienfest der Zentralkomitee-Mitglieder mit seiner Anwesenheit zu beehren. In jeder Ecke des Landes ist er gemütlich immer da, als hätte er alle Zeit der Welt.«[33] Peres' Kontrolle über das Zentralkomitee erscheint hier als Ergebnis einer Sisyphusarbeit, die darin besteht, stets unmittelbaren Kontakt zu den Mitgliedern zu pflegen. Das Zentralkomitee bestimmt gemäß der Parteiverfassung dieser Jahre den Parteichef und Kandidaten für das Amt des Premierministers. Gegen Ende der 1980er Jahre mehren sich jedoch die Stimmen innerhalb der Partei, das Wahlverfahren zu demokratisieren, sodass alle Parteimitglieder, und nicht nur das Zentralkomitee, in diesen Personalfragen mitentscheiden dürfen. Dahinter steht u. a. Peres' politischer Dauerrivale Rabin. Peres kann eine Weile gegen diese Reformbestrebungen ankämpfen. Er widersetzt sich mit allen Mitteln Rabins Vorschlag zur Demokratisierung der Partei und den parteipolitischen Reformen. Peres sieht sich schließlich gezwungen, eine Kommission zu ernennen, um diesen Vorschlag zu überprüfen. Azoulay-Katz weist allerdings auf die »Methode der Untersuchungskommission« hin: »Wer sich in der Welt der [israelischen] Arbeitspartei auskennt, weiß, wozu solche Kommissionen ernannt werden: Um nämlich den eigentlich zu prüfenden Sachverhalt allmählich aufzulösen, und auf diese Weise eine gelehrte Begründung für das von vorneherein erwünschte Ergebnis zu liefern.«[34] Letztlich gelingt es Rabin 1992, sich im Zentralkomitee gegen Peres durchzusetzen.

Politische Macht und Verständnis der Oppositionsarbeit

Peres' Abneigung gegen die Oppositionsarbeit und seine Tendenz, sich jeder beliebigen Koalition anzuschließen, gibt ebenfalls Aufschluss über sein Machtverständnis. Peres versteht die Oppositionsarbeit als Zeitvergeudung, weshalb er alles in seiner Macht Stehende tut, um sich an der Regierung zu beteiligen. Zwischen 1965 und 1967, als Peres und die anderen Ben-Gurion-Anhänger aus der *Rafi*-Partei in der Opposition sind, praktizieren sie eine offensive Politik gegen die Eshkol-Regierung. 1967 steht u. a. Peres hinter den Bemühungen um die Bildung der ersten Großen Koalition der »nationalen Einheit«, als er die Eshkol-Regierung nach der Mai/Juni-Krise zwingt, die *Rafi*-Partei und die *Herut*-Partei an der Macht zu beteiligen. Nach dem Sechstagekrieg erfolgt 1968 schließlich die Vereinigung der Arbeitsparteien. In den Jahren 1984-1990 regiert eine Große Koalition Israel. Bar-Zohar zufolge versucht Oppositionsführer Peres (1977-1984) bereits vorher, unter Begins zweiter Regierung (1981-1984), zwei *Likud*-Abgeordnete zum Wechsel in die Arbeitspartei zu bewegen, um selbst eine Koalition bilden zu können. Da dies fehlschlägt, will Peres die Parlamentswahlen vorverlegen, mit Erfolg: Sie werden von November 1985 auf März 1984 vorgezogen.[35] Nach sechs Jahren gemeinsamer Regierung mit dem *Likud* unternimmt Peres 1990 den Versuch, die Große Koalition unter der Führung Shamirs durch eine kleine Koalition unter seiner Führung zu ersetzen. Da dies misslingt, muss die Arbeitspartei wieder in die Opposition gehen (1990-1992). Für Peres gelten diese Jahre als besonders heikel, nicht zuletzt, weil er in der eigenen Partei zunehmend unter Druck gesetzt wird, sowohl auf Grund seines wiederholten Versagens bei den Wahlen als auch wegen des Machtverlusts infolge des missglückten Versuchs von 1990, eine kleine Regierung zu bilden. Gleichzeitig plädieren immer mehr Mitglieder der Arbeitspartei für einen Wechsel an der Führungsspitze – 1992 kann Rabin dies nutzen, um Parteivorsitzender zu werden. Der 69-jährige Peres kann sich eine gewichtige Machtposition in Partei und Regierung sichern. In Rabins Regierung wird er zum Außenminister ernannt (1992-1995).

In den Jahren 1992-1996 erreicht Peres mit den israelisch-palästinensischen Oslo-Gesprächen (1993), dem israelisch-jordanischen Friedensvertrag (1994) und dem Friedensnobelpreis (1994) den Höhepunkt seiner politischen Karriere. Doch nach der Wahlniederlage von 1996 versucht Peres erneut, mit seinem Herausforderer aus der *Likud*-Partei Benjamin Netanjahu eine Große Koalition zu bilden. Der 73-Jährige kann sich 1996 nicht entschließen, von der politischen Bühne abzutreten. Auch der geplante (vorübergehende) Rückzug von der Parteispitze 1997 fällt ihm schwer. Der Parteitag der Arbeitspartei im Mai 1997 zählt zu den demütigendsten Momenten in Peres' politischer Laufbahn. Der neue Parteichef und Ex-General Ehud Barak vereitelt, dass für Peres das neue Amt des Parteipräsidenten geschaffen wird. Peres fasst dies zwar als eine Erniedrigung auf, beschließt aber, dennoch in der Partei und somit im Parlament zu bleiben. Hierzu Bar-Zohar:»Peres' Kraft besteht in seiner Fähigkeit zu ignorieren, Demütigungen wie solche einzustecken, zu verdrängen und weiterzumachen.«[36]

Auch das Verhältnis zwischen Peres und Barak ist ausgesprochen spannungsreich. Peres unterstützt die Wahlkampagne seines Parteigenossen 1999 gegen *Likud*-Chef Benjamin Netanjahu nicht. Barak wiederum versagt Peres seine Mithilfe bei der Kandidatur für das Amt des Staatspräsidenten. Peres' Wahl gilt als gesichert, da die Arbeitspartei an der Regierung ist und über eine Mehrheit in der *Knesset* verfügt. Peres muss im Sommer 2000 jedoch wieder einmal eine Niederlage einstecken. Bar-Zohar behauptet, dass Barak Peres nicht als Staatspräsident haben wolle, da dieser dem Premierminister seine Befugnisse streitig machen könnte. Welche Rolle Barak bei Peres' Niederlage 2000 spielt, ist nicht geklärt.[37] Auch in den Jahren nach dem Ausbruch der Zweiten Intifada und nach dem endgültigen Scheitern des israelisch-palästinensischen Friedensprozesses Ende 2000 beharrt Peres auf der Macht: zunächst in Ariel Sharons Regierung 2001-2003 als Außenminister, und von Ende 2005 bis zu seinem Amtsantritt als Staatspräsident 2007 im Kabinett Ehud Olmerts. Oppositionsarbeit duldet »der Mann, der nicht zu siegen wusste«, kaum.

Diese Tragik in Peres' politischer Geschichte kann nicht alleine durch den »von Gott auferlegten Fluch des Verlierers«[38] erklärt werden; Peres' unermüdliche und unnachgiebige Herausforderung seiner Vorgesetzten rächt sich auf Dauer, zugleich aber gibt dieses Verhalten Aufschluss über seine Fähigkeit zum Machterhalt. Er kann sich über bestimmte politische Spielregeln und die Stimme der Wähler hinwegsetzen, was ihm die Möglichkeit verleiht, sich auf die nächste Etappe im Kampf um die Macht vorzubereiten. Hannah Arendts Bemerkung über Theodor Herzls konservative und undemokratische Züge gilt auch für Peres, betrachtet man dessen ideologisiertes Verständnis seiner Arbeit und des zionistischen Projekts: »Herzls Traum war gewissermaßen ein riesiges Umsiedlungsunternehmen, durch welches ›das Volk ohne Land‹ in ›das Land ohne Volk‹ verpflanzt werden sollte; das Volk selbst aber galt ihm als eine arme, ungebildete und unverantwortliche Masse (ein ›dummes Kind‹, wie Bernard Lazare in seiner Kritik an Herzl gesagt hat), die von oben geführt und gelenkt werden mußte.«[39] Aus dieser Tradition heraus könnte der politische Habitus des jüdischen Nationalisten Shimon Peres erklärt werden. Seine als Berufung wahrgenommene Aufgabe der Nationsbildung lässt ihn die Stimme des *Demos* und einen Teil der demokratischen Regeln ignorieren. Vielleicht fühlt er sich zu diesem Handeln sogar gezwungen.

Denn auch im neuen Jahrtausend gibt der letzte Gründungsvater seine Regierungsposition nicht auf: Nach zwei Jahren als Außenminister der Großen Koalition (2001-2003) strebt Peres danach, wieder den Parteivorsitz zu erobern. Mit der 2003 erfolgten Wahlniederlage der Arbeitspartei unter der kurzen Führung von Ex-General Amram Mitzna wird Peres zum »vorübergehenden Vorsitzenden« ernannt. Dies hindert ihn nicht daran, 2005 erneut zu kandidieren. Diesmal verliert er gegen den gewerkschaftsnahen, marokkanischstämmigen Amir Peretz. Hierzu Bar-Zohar: »Diesmal war die Niederlage [für Peres] besonders bitter, sowohl gegenüber Peretz, der sich dank Peres' Unterstützung in der Partei integrieren konnte [sic!], als auch gegenüber der [Arbeits-]Partei, die ihn [Peres] und seinen Weg im Stich gelassen hat [sic!]. Denn Amir Peretz will sich auf die Sozialpolitik konzentrieren, und Shimon Peres ist der Meinung, dass [Israel] sich auf den Friedensprozess konzentrieren soll.« Zutreffend betitelt Bar-Zohar dieses Kapitel in der Laufbahn des 82-jährigen Peres: »Als hätte er sein ganzes Leben vor sich«.[40]

Peres kommt bei der Partei der Mitte *Kadima* (Vorwärts) an

Nach der Niederlage von 2005 scheidet Peres nach 46 Jahren (1959-2005) aus der Arbeitspartei aus und wechselt zur vom *Likud*-Mitglied Ariel Sharon gegründeten *Kadima*-Partei mit der Begründung, dass Ariel Sharon »der Mann ist, der Frieden und Sicherheit für Israel bringen kann«.[41] Was sagt dieser Wechsel über seinen Beitrag zur Verwischung der politischen Unterschiede zwischen den beiden Volksparteien aus? Ist es die Ironie der Geschichte, dass der langjährige Vorsitzende der Arbeitspartei diese gerade in dem Moment verlässt, als er gegen den Mann verliert, der den Anspruch erhebt, nicht nur die Sicherheitspolitik, sondern auch die sozialpolitische Frage auf die israelische Tagesordnung zu bringen? Die *Kadima*-Partei entsteht in einer Phase, als die israelische Politik in der Palästinenserfrage, mit der sich der Zionismus von Anfang an auseinandersetzen musste, stagniert. Mit diesem Stillstand sieht sich die Partei der Mitte konfrontiert. Ihre Mitglieder verkörpern ihn sogar: *Kadima* besteht aus Teilen der beiden großen

Volksparteien, *Likud* und Arbeitspartei, die gleichermaßen für die Stagnation verantwortlich sind und für das Scheitern der Versuche, wieder Bewegung in die Politik zu bringen; allen voran die beiden führenden Köpfe Sharon und Peres. Seit Mitte der 1950er Jahre haben diese beiden Persönlichkeiten Positionen inne, aus denen heraus sie mehrfach versuchen, die Palästinenserfrage so zu lösen, dass Israel die Palästinensergebiete weiterhin behalten kann, bis sie im Sommer 2005 die sogenannte einseitige Räumung der jüdischen Siedlungen im Gazastreifen und einzelner Siedlungen im Westjordanland in die Wege leiten. Doch eine Lösung der Palästinenserfrage bleibt trotz des Rückzugs aus. Die *Kadima*-Partei steht für die israelische Ordnung: Sie bietet weder in der Sozial- noch in der Sicherheitspolitik neue Konzepte an. Peres' Ausscheiden aus der Arbeitspartei mit der Begründung, die sozialpolitische Frage sei auch nach mehr als fünf Jahrzehnten Nationalstaatlichkeit noch nicht dringlich, und der Wechsel zu der Partei der Mitte, welche die israelische Ordnung gerade verkörpert, sind charakteristisch für Peres' gesamtpolitischen Beitrag. Die *Kadima*-Partei trägt allerdings zur Auflösung des vermeintlichen politischen Gegensatzes zwischen der zionistischen Rechten und zionistischen Linken bei.[42] Ironie der Geschichte, dass Peres ausgerechnet als Repräsentant der Partei der Mitte zum ersten Mal eine Wahl gewinnt. Peres beendet seine politische Laufbahn als Staatspräsident und erreicht somit einen persönlichen Höhepunkt: Denn »der Mann, der nicht zu siegen wusste« ist in Wahrheit ein Mann, »der nicht aufzugeben« bzw. »nicht zu verlieren« vermochte. Er kommt zwar persönlich im Juli 2007 an der Spitze des jüdischen Staats an, dessen Ordnung er tief greifend und nachhaltig geprägt hat. Doch ob Peres' gesamtpolitischer Beitrag im Sinne der 10 Millionen Menschen auf dem Gebiet *Erez Israel*/Palästina oder auch im Sinne der ersehnten zionistischen Utopie ist?

Robert Littell schließt sein Buch, in dem er einige Interviews mit Shimon Peres veröffentlicht, *Arbeit für den Frieden*, mit einer Annäherung an Peres' Lebensphilosophie. Er weist seinen Gesprächspartner auf den Grabstein eines gewissen Leonatto Segre Amar auf dem Jüdischen Friedenhof am Lido in Venedig hin, wo er die folgende italienische Inschrift las: Pensare Pensare Pensare Amare Sognare Lottare Temere Tremere Sperare Capire Soffrire Morire (dt. Denken Denken Denken Lieben Träumen Kämpfen Fürchten Zittern Hoffen Begreifen Leiden Sterben). Auf Littells Frage hin, was Peres weggelassen hätte, erwidert dieser, dass er auf das Zittern verzichtet hätte: »Warum sollte man zittern?« Und auf die Antwort Littells hin: »Ich dachte, die Juden sollten im Angesicht des Herrn zittern«, erwidert der 73-jährige Politiker: »Ich bin mir nicht sicher, ob das den Herrn beeindrucken würde. Es wäre gewiß eine Vergeudung von Bewegung.« Und was sei in dieser Bestandsaufnahme ausgelassen, das Peres in seine eigene aufnehmen würde? »Toleranz... Und Geduld. Und niemals: Sterben. Scheiden und Gehen. Aber nicht Sterben.«[43]

Dem »unsterblichen Altpolitiker« Israels gelingt es, bis 60 Jahre nach der Staatsgründung mit einer Lebensphilosophie der unbeschreiblichen Geduld und der Regel »niemals Zittern«, weder vor Gott noch vor den Realitäten, sein nationalstaatliches Konzept ebenso wie seine persönlich-machtpolitischen Interessen kontinuierlich zu vertreten, und zwar gegen jeden Widerstand. Ob als Optimist oder Pessimist, Konformist oder Anarchist, Träumer oder Realist, Überlebenskünstler oder »schlechter Politiker«, ob als Poet und Philosoph oder Umsetzer und Pragmatiker, als Apparatschik bzw. farbloser Zyniker oder Visionär, als Romantiker oder überzeugter Fortschrittsgläubiger – Shimon Peres prägt in seiner über fünf Jahrzehnte währenden politischen Laufbahn ein nationalistisches, neoliberales, militärisch starkes, unnachgiebiges Israel mit; vor allem aber ein entpolitisiertes Israel, das seine eigenen politischen Probleme nicht zu formulieren weiß, weshalb es nervös und verängstigt immer wieder zu den Waffen greift, in dem felsenfesten Glauben, dabei seine existentiellen Interessen zu wahren. Der Friedensnobelpreisträger und Vater des israelischen Atomwaffenpotenzials will seinen politischen Beitrag folgendermaßen verstanden wissen: »Israel stark genug gemacht zu haben, damit es den Frieden machen kann.«[44] Er bestimmt ein Israel mit, dessen politische Kultur vom zivilen Militarismus durchdrungen ist und dessen Selbstverständnis jüdisch-ethnisch geprägt ist; ein Land, das sich über die Realitäten hinwegsetzen zu können glaubt, weshalb es sich – aus historischer Sicht zu Beginn des 21. Jahrhunderts – in eine politische Sackgasse hineinmanövriert hat. Das Ziel der jüdischen Nationalbewegung vom Ende des 19. Jahrhunderts ist somit nicht erreicht: den Juden eine sichere Heimat zu gewährleisten und das jüdische Leben zu normalisieren; Israel ist mittlerweile ein gefährlicher Ort für Juden sowie für Palästinenser, trotz seiner militärischen Stärke – oder, wie diese Arbeit zeigt, gerade deswegen. Peres' Grundauffassung, eine jüdische Nation könne sich im arabisch-moslemischen Orient im Kern auf Abgrenzung bzw. militärische Macht gründen, erweist sich nach sechs Jahrzehnten israelischer Politik gemäß dem politischen Zionismus Herzls für die ursprünglichen emanzipatorischen Ziele der zionistischen Bewegung als fatal: Das Beharren auf dem Narrativ der konflikthaften Beziehungen zwischen Juden und den »neuen *Gojim*« zementierte die Politik der Ghettoisierung der Palästinenser unter israelischer Vorherrschaft, was letztlich die Selbstghettoisierung des jüdischen Staats in der Region bedeutet.

Das letzte Wort hat Hannah Arendt. Ihre über ein halbes Jahrhundert alten Beobachtungen können Aufschluss geben über das in dieser Arbeit untersuchte politische Denken und Handeln des in Herzls Tradition stehenden jüdischen Nationalisten Shimon Peres, und zwar im Sinne des Gesprächs zwischen den Generationen, wie es Gadamer geprägt hat, um den historischen Horizont zu erweitern. Fünf Jahrzehnte nach der Gründung der zionistischen Nationalbewegung zieht Arendt 1945 Bilanz und bemerkt in ihrer erstaunlich bestechenden und rückblickend prophetischen Analyse des sich zunehmend durchsetzenden politischen Zionismus Herzls:

»Der Nationalismus ist schon schlimm genug, wenn er auf nichts anderes als die rohe Stärke der Nation baut. Sicherlich schlimmer ist aber ein Nationalismus, der notwendigerweise und eingestandenermaßen von der Stärke einer fremden Nation abhängig ist. Dieses Schicksal droht dem jüdischen Nationalismus und dem vorgesehenen jüdischen Staat, der unvermeidlich von arabischen Staaten und arabischen Völkern umgeben sein wird. Selbst eine jüdische Mehrheit in Palästina, ja sogar eine Umsiedlung aller palästinensischen Araber, die von den Revisionisten offen gefordert wird, würde nichts Grundlegendes an einer Situation ändern, in der die Juden entweder eine auswärtige Macht um Schutz gegen ihre Nachbarn ersuchen oder eine wirkliche Verständigung mit ihren Nachbarn erreichen müssen.

[…]
Sollten die Zionisten aber weiterhin die Mittelmeervölker ignorieren und nur nach den fernen Großmächten Ausschau halten, dann werden sie als deren Werkzeuge, als Agenten fremder und feindlicher Interessen erscheinen. Juden, die die Geschichte ihres eigenen Volkes kennen, müssen wissen, daß eine solche Situation unvermeidlich ein erneutes Aufflammen von Judenhaß herbeiführen wird; der Antisemitismus von morgen wird behaupten, die Juden hätten nicht nur von der Präsenz der fremden Großmächte in dieser Region profitiert, sondern hätten sie im Grunde angezettelt und seien folglich für die Konsequenzen verantwortlich.

[…]
Die sozialrevolutionäre jüdische Nationalbewegung, die vor einem halben Jahrhundert mit derart erhabenen Idealen begann, daß sie die besonderen Realitäten des Nahen Ostens und die allgemeine Schlechtigkeit der Welt dabei übersah, endete somit – wie die meisten derartigen Bewegungen – bei der eindeutigen Unterstützung nicht nur nationaler, sondern sogar chauvinistischer Forderungen, die sich nicht gegen die Feinde des jüdischen Volkes, sondern gegen seine möglichen Freunde und gegenwärtigen Nachbarn richten.«[45]

Anmerkungen

Einleitung

1. Golan, Matti, *Peres*, Tel Aviv, 1982, (heb.), [im Folgenden: Golan, 1982]; Azoulay-Katz, Orly, *Sisyphos' Catch: Der Mann, der nicht zu siegen wusste – Shimon Peres in der Sisyphos-Falle*, Tel Aviv, 1996, (heb.), [im Folgenden: Azoulay-Katz, 1996]; Bar-Zohar, Michael, *Phoenix. Wie ein Strandvogel. Shimon Peres – Eine politische Biographie*, Tel Aviv, 2006, (heb.), [im Folgenden: Bar-Zohar, 2006].
2. Goetz, Hans-Werner, »›Vorstellungsgeschichte‹: Menschliche Vorstellungen und Meinungen als Dimension der Vergangenheit«, Archiv für Kulturgeschichte 61, 1979, S. 253-271, [im Folgenden: Goetz, 1979].
3. Ibid., 256.
4. Ibid., 256-257.
5. Ibid., 255.
6. Goetz, 1979, S. 260.
7. Ibid., 260.
8. Ibid., 264-265.
9. Gadamer schreibt:»Verstehen ist in Wahrheit kein Besserverstehen, weder im Sinne des sachlichen Besserwissens durch deutlichere Begriffe, noch im Sinne der grundsätzlichen Überlegenheit, die das Bewußte über das Unbewußte der Produktion besitzt. Es genügt zu sagen, daß man anders versteht, wenn man überhaupt versteht.« Vgl. Gadamer, Hans-Georg, *Wahrheit und Methode. Grundzüge einer philosophischen Hermeneutik*, Tübingen, 1990, 6. Aufl., [im Folgenden: Gadamer, 1990], S. 302. Dieser Beitrag zur Hermeneutik basiert auf der Analyse von: Baberowski, Jörg, »Hermeneutik: Wilhelm Dilthey, Martin Heidegger, Hans-Georg Gadamer«, in: *Der Sinn der Geschichte. Geschichtstheorien von Hegel bis Foucault*, hg. v. ders., München: 2005, S. 99-125.
10. Gadamer, 1990, S. 305.
11. Vgl. Peres, Shimon, *Shalom – Erinnerungen*, Stuttgart, 1995, [im Folgenden: Peres, 1995], S. 15. Die Angaben zum Geburtsdatum variieren: nach Matti Golan ist es der 1.8.1923 (Golan, 1982, S. 10); Azoulay-Katz spricht vom 16.8.1923 (Azoulay-Katz, 1996, S. 30), Robert Littell vom 21.8.1923; vgl. Littell, Robert, *Gespräche mit Shimon Peres – Arbeit für den Frieden*, Frankfurt a. M.,1998, [im Folgenden: Littell, 1998], S. 17; die *Knesset*-Website nennt den 2.8.1923, vgl.:http://www.knesset.gov.il/mk/heb/mk.asp?mk_individual_id_t=104.
12. Vgl. *Knesset*-Website, Ibid.
13. Peres, 1995, S. 21-22.
14. Bar-Zohar, 2006, S. 28. Die *Knesset*-Website nennt 1934 als Immigrationsjahr. Ibid.
15. Bar-Zohar, 2006, S. 55-57.
16. Ibid., 60.
17. Ibid., 75.
18. Ibid., 84-94.
19. Zitiert nach Bar-Zohar, 2006, S. 104.
20. Ibid., 104.
21. Ibid., 106-109.
22. Bar-Zohar lässt offen, welchen Abschluss Peres erzielt. Er erwähnt lediglich, dass die »Absolvierung einzelner Seminare« in New York Peres' Aufnahme an die Universität Harvard Boston ermöglicht habe, wo er ein »Seminar für fortschrittliche Administration« besucht habe. Bar-Zohar, 2006, S. 114.
23. Ibid., 367.
24. Vgl. http://lexicorient.com/e.o/plo.htm.
25. Krispin, Yael, »Wende in der Kontinuität: Shimon Peres' Vorstellungs- und Auffassungswelt in Bezug auf den israelisch-arabischen Konflikt«, Der Neue Orient, Die israelisch-orientalische Gesellschaft 43, Jerusalem, 2002, S. 177-207, (heb.), [im Folgenden: Krispin, 2002].

[26] Azoulay-Katz, 1996, S. 262.
[27] Vgl. englische Version: *Shimon Peres: The Biography*, New York, 2007.
[28] *The Next Phase*, Tel Aviv, 1965, (heb.), [im Folgenden: Peres, 1965]; *David's Sling*, Jerusalem, 1970, (heb.), [im Folgenden: Peres, 1970]; *And Now Tomorrow*, Jerusalem, 1978, (heb.), [im Folgenden: Peres, 1978].
[29] *Die Versöhnung – Der neue Nahe Osten*, Berlin, 1993, [im Folgenden: Peres, 1993]; Peres, 1995; *Zurück nach Israel – Eine Reise mit Theodor Herzl*, München, 1998, [im Folgenden: Peres, 1998]; *Man steigt nicht zweimal in denselben Fluß. Politik heißt Friedenspolitik*, München, 1999, [im Folgenden: Peres, 1999].
[30] *Go With The Men, Seven Portraits*, Jerusalem, 1979, (heb.), [im Folgenden: Peres, 1979].
[31] *Entebbe Diary*, Tel Aviv, 1991, (heb.).
[32] *Letters to Authors*, Tel Aviv, 1994, (heb.).
[33] *A New Genesis*, Tel Aviv, 1998, (heb.), [im Folgenden: Peres, 1998A]; *Viele Leben*, Tel Aviv, 2003, (heb.); *Eine Zeit des Krieges, eine Zeit des Friedens. Erinnerungen und Gedanken*, München, 2004; vgl. hierzu eine Buchbesprechung: http://www.reiner-bernstein.de/genfer_initiative_rez3.html#peres.

I. Zum Zionismus: Peres und das zionistische Projekt

[1] Littell, 1998, S. 17-18; Peres, 1970, S. 248; vgl. auch: Ein Gespräch des Verteidigungsministers [Peres] mit dem jüdisch-amerikanischen Autor Elie Wiesel, »Wir befinden uns in einer goldenen Zeit der jüdischen Geschichte«, Yedioth Ahronoth, 15.8.1975, [im Folgenden: Peres, 15.8.1975].
[2] Littell, 1998, S.17-18.
[3] Ibid., 22.
[4] Ibid., 22, 26.
[5] Ibid., 26.
[6] Dubnow, Simon, »Diaspora«, The International Encyclopedia of Social Sciences, Bd. V., New York, 1950, S. 126-130, (EA. 1931), in: *Jüdische Geschichte lesen, Texte der jüdischen Geschichtsschreibung im 19. und 20. Jahrhundert*, hg. v. u. a. Michael Brenner, München: 2003, S. 171-177, [im Folgenden, Dubnow, 1931].
[7] Ibid., 176.
[8] Ibid., 176.
[9] Ibid., 176.
[10] Ibid., 177.
[11] Ibid., 177; Vgl. dazu auch: Katz, Jacob, *Zwischen Messianismus und Zionismus. Zur jüdischen Sozialgeschichte*, Frankfurt a. M., 1993, S. 21-36.
[12] Raz-Krakotzkin, Amnon, »Geschichte, Nationalismus, Eingedenken«, in: *Jüdische Geschichtsschreibung heute: Themen, Positionen, Kontroversen*, hg. v. Michael Brenner & David N. Myers, München: 2002, S. 181-206, [im Folgenden: Raz-Krakotzkin, 2002], S. 186.
[13] Raz-Krakotzkin, 2002, S. 186.
[14] Brubaker, Rogers, »Nationalistische Mythen und eine post-nationalistische Perspektive«, in: *Jüdische Geschichtsschreibung heute: Themen, Positionen, Kontroversen*, hg. v. Michael Brenner & David N. Myers, München: 2002, S. 217-228, [im Folgenden: Brubaker, 2002], S. 218-219.
[15] Avineri, Shlomo, *Varieties of Zionist Thought*, Tel Aviv, 1999 (EA. 1980), (heb.), [im Folgenden: Avineri, 1999], S. 251.
[16] Ibid., 252.
[17] Vgl. »THEODOR HERZL«, »ZIONISMUS« , »JUDENSTAAT«, »DAS UNGLUECK DES JUEDISCHEN VOLKES«, in: http://www.nkusa.org/Foreign_Language/German/ 062504ViennaGerman.cfm.
[18] Brenner, Michael, *Geschichte des Zionismus*, München, 2002, [im Folgenden: Brenner, 2002], S. 90.
[19] Vgl. Leibowitz, Yeshayahu, »Nation, Religion, and State«, De'ot, Tel Aviv, 1954, (heb.), (hier zitiert nach: Akiva Orr, »Hundert Jahre Zionismus – eine Kritik«, in: *Hundert Jahre Zionismus.*

Befreiung oder Unterdrückung? Beiträge der Gegentagung zum Herzl-Jubiläum, hg. v. Verein »Gegentagung zum Herzl-Jubiläum«, Basel: 1997, S. 35-52, hier, S. 39); vgl. hierzu auch: ders., *Gespräche über Gott und die Welt, mit Michael Shashar*, Frankfurt a. M.,1990, S. 9-36; und ders., *Judaism, Human Values, and the Jewish State*, London, 1992, S. 145-220.
20 Vgl. Brenner, 2002, S. 90-91.
21 Peres, 1970, S. 246-251; Peres, 1978, S. 15.
22 Peres, »Zwischen uns und unseren Nachbarn, zwischen uns und unserer Zukunft«, 12.4.1958, in: Peres, 1965, [im Folgenden: Peres, 1958], S. 61-69.
23 Peres, 1958, S. 62.
24 Ibid., 62.
25 Ibid., 62-69.
26 Peres, 1970, S. 211.
27 Ibid., 248.
28 Peres, 1995, S. 440-441.
29 Im Motiv der zwei Tempel verdichtet sich die viertausendjährige jüdische Geschichte in besonderer Form: Nachdem Abrahams Enkel – Isaaks Sohn Jakob, genannt auch Israel (der mit Gott Ringende) – und seine Hausgemeinschaft, die Kinder Israels, nach Ägypten gewandert sind und dort in Knechtschaft leben, werden sie um 1280 v. Chr. von Moses befreit, der ihnen die Thora übergibt und sie die *Mitzwot* lehrt. Nach 40 Jahren in der Wüste führt Moses das Volk Israel an die Grenze des wieder zu erobernden und neu zu besiedelnden verheißenen Landes, wo es unter dem Einfluss nichthebräischer Nachbarstämme lebt, welche es wiederholt bekriegen und zu unterwerfen versuchen. Es verfällt der Abgötterei und löst seine Stammeseinheit auf, dann schließt es sich wieder zusammen und wählt einen Führer aus seiner Mitte, welcher bis zu seinem Tod als Oberbefehlshaber sowie als Richter fungiert. Um 1020 v. Chr. beginnt die Zeit des Erbkönigtums. Sauls Nachfolger, Israels vorbildlichster König David, erobert um 1000 v. Chr. Jerusalem und macht es zu seiner Hauptstadt. Sein Sohn Salomo, der um 961 v. Chr. die Königswürde übernimmt, errichtet schließlich den ersten Tempel in Jerusalem. Unter der Herrschaft von Salomos Sohn Rehabeam spalten sich die Israeliten: Zehn der zwölf Stämme fallen von der Herrschersippe Davids ab, allein die beiden Stämme Juda und Benjamin halten ihr weiterhin die Treue. Mit der Eroberung des Landes durch die Assyrer um etwa 722 v. Chr. wird das Nordreich Israel zerschlagen und die zehn Stämme gehen unter; das Südreich hingegen beugt sich der assyrischen Fremdherrschaft und rettet sich auf diese Weise. Aus diesem Reich, dem Stamm Judas, entstammen letztlich die Juden. Im Zuge der Eroberung des unter assyrischer Vorherrschaft weiter existierenden Königreichs Juda wird 586 v. Chr. der erste Tempel zerstört. Dies markiert den Beginn der babylonischen Gefangenschaft der Juden. 538 v. Chr. unterwirft der Perserkönig Kyros die Babylonier und gestattet den Juden die Wiederansiedlung auf ihrem Land, welches an sein Reich grenzt. In Jerusalem wird in den Jahren 520 bis 515 v. Chr. ein zweiter Tempel errichtet. Auf Grund der in Babylonien verweilenden großen und blühenden jüdischen Gemeinde bleibt die Zahl der Rückkehrer jedoch anfangs klein. Erst im Jahre 444 v. Chr. wird das Volk durch Nehemia und Esra zur Erneuerung des Bundes zusammengerufen, der die Elemente Gott, Thora, Land und *Mitzwot* in den Mittelpunkt stellt. Um 70 n. Chr. wird der zweite Tempel von den Römern zerstört. Es folgt der letzte Aufstand des Bar Kochba gegen die Römer in den Jahren 132-135 n. Chr., der auch fehlschlägt. Die Römer benennen die römische Provinz Judäa in Palästina (v. »Land der Philister«) um. Das zweitausendjährige Exil der Juden nimmt seinen Anfang. Vgl. Trepp, Leo, *Die Juden – Volk, Geschichte, Religion*, Reinbek bei Hamburg, 1998, [im Folgenden: Trepp, 1998], S. 27-51.
30 Peres, 1970, S. 248.
31 Ibid., 248.
32 Ibid., 248.
33 Ibid., 248.
34 Ibid., 250.
35 Ibid., 250-251.
36 Ibid., 249.
37 Ibid., 249.

38 Wehler, Hans-Ulrich, *Nationalismus. Geschichte – Formen – Folgen*, München, 2007 (EA. 2001), [im Folgenden: Wehler, 2007], S. 7.
39 Ibid., 8.
40 Vgl. u. a. Gellner, Ernest, *Nationalismus und Moderne*, (eng. Nations and Nationalism), Berlin, 1990 (EA. 1983); Anderson, Benedict, *Die Erfindung der Nation: Zur Karriere eines folgenreichen Konzepts*, (eng. Imagined Communities), u. a. Frankfurt, 1996 (EA. 1983); Hobsbawm, Eric J., *The Invention of Tradition*, u. a. Cambridge, 1993 (EA. 1983), [im Folgenden: Hobsbawm, 1993]; ders., *Nationen und Nationalismus: Mythos und Realität*, Frankfurt/New York, 2004 (EA. 1990), [im Folgenden: Hobsbawm, 2004].
41 Weber, Max, *Essays in Sociology*, London, 1947, S. 171-180.
42 Wehler, 2007, S. 11-12.
43 Ibid., 9.
44 Ibid., 9-10.
45 Vgl. Gellner, 1990.
46 Vgl. Hobsbawm, 1993.
47 Für Hobsbawm kann »[…] kein ernsthafter Historiker […] ein überzeugter politischer Nationalist sein […] Nationalismus erfordert zuviel Glauben an etwas, das offensichtlich in dieser Form nicht existiert. […] Historiker sind von Berufs wegen verpflichtet, sie [die Geschichte] nicht zu fälschen oder sich zumindest darum zu bemühen.« Hobsbawm, 2004, S. 24. Ein Einwand sei erlaubt: Historiker wie auch »andere Menschen« sind in ihren spezifischen historischen Epochen »gefangen« und gehen in bestimmten sozialen, politischen und kulturellen Strukturen ihrer Arbeit nach. Vom Nationalismus geprägte Gesellschaften neigen dazu, nationalistisch orientierte Historiker zu »produzieren«. Dies gilt auch für andere große Ideologien. Was den jüdischen Nationalismus anbelangt, so ist die jüdisch-israelische Gesellschaft noch immer vom Zionismus durchdrungen, dementsprechend die meisten ihrer Historiker; diese schreiben ihre Geschichte aus *eigener* Perspektive. Das muss anerkannt werden, auch wenn ihre Ansätze a- bzw. antizionistischen Lesern wenig ansprechend bzw. uninteressant erscheinen mögen oder von ihnen gar missverstanden werden. Doch ohne diese Ansätze wäre ein Zugang zu der israelischen Gesellschaft und den sie prägenden Figuren erst gar nicht möglich. So muss der vorliegende ideologiekritische Ansatz auch die zionistisch-israelische Geschichtsschreibung heranziehen und will sie im Sinne Gadamers in ihrer »Andersheit« anerkennen.
48 Smith, Anthony D., *National Identity*, London, 1991, [im Folgenden: Smith, 1991], S. 170; vgl. ders., *The Ethnic Origins of Nations*, Oxford, 1986.
49 Wehler, 2007, S. 36.
50 Ibid., 13.
51 Ibid., 13.
52 Ibid., 27-28; vgl. dazu auch: Estel, Bernd, »Grundaspekte der Nation«, in: *Das Prinzip Nation in modernen Gesellschaften: Länderdiagnosen und theoretische Perspektiven*, hg. v. ders., Opladen: 1994, S. 13-81.
53 Wehler, 2007, S. 32-33.
54 Herzl, Theodor, *Der Judenstaat, Versuch einer modernen Lösung der Judenfrage*, Zürich, 1997 (EA. 1896), [im Folgenden: Herzl, 1896], S. 15-16.
55 Ibid., 16.
56 Achad Haam, »Der Judenstaat und die ›Judenfrage‹«, Haschelah 3/1, 1897-1898; verkürzte Version: http://www.benyehuda.org/ginzburg/medinat_hayehudim.html, (heb.); vgl. Avineri, 1999, S. 135.
57 Brenner, 2002, S. 49.
58 Vgl. Avineri, 1999, S. 131- 144: »Achad Haam – Jüdischer Staat und nicht Judenstaat«; vgl. auch Achad Haam, »Das ist nicht der Weg!«, in: *Am Scheidewege*, hg. v. ders., Jerusalem: 1988 (EA. 1916), (heb.), S. 36-45; vgl. auch: http://www.benyehuda.org/ginzburg/Gnz001.html, (heb.).
59 Vgl. Avineri, Shlomo, »Der Zionismus und die jüdische Tradition: Dialektik zwischen Erlösung und Säkularisierung«, in: *Zionismus und Religion*, hg. v. Shmuel Almog, Jehuda Reinharz, Anita Shapira, Jerusalem: 1994, S. 9-20, (heb.). Im selben Band stellt Anita Shapira »Die reli-

giösen Motive der Arbeitsbewegung« dar, S. 301-328; vgl. auch: ders., *New Jews Old Jews*, Tel Aviv, 1997, S. 248-275, (heb.).
[60] Zuckermann, Moshe, »Volk, Staat, Religion im Zionistischen Selbstverständnis. Historische Hintergründe und aktuelle Aporien«, in: *Gewaltspirale ohne Ende? Konfliktstrukturen und Friedenschancen im Nahen Osten*, hg. v. Uta Klein & Dietrich Thränhardt, Schwallbach/Ts.: 2002, S. 34-49, [im Folgenden: Zuckermann, 2002], S. 37.
[61] Zuckermann, 2002, S. 40.
[62] Ibid., 37.
[63] Ibid., 40.
[64] Ibid., 37.
[65] Ibid., 36.
[66] Peres, 1970, S. 241.
[67] Ibid., 245.
[68] Ibid., 207.
[69] Ibid., 207.
[70] Littell, 1998, S. 38-39.
[71] Brubaker, 2002, S. 218.
[72] Peres, 1970, S. 207.
[73] Ibid., 246.
[74] Ibid., 246.
[75] Peres, 1998, S. 184.
[76] Ibid., 184 -185.
[77] Peres, 1995, S. 14.
[78] Peres, 1970, S. 208.
[79] Ibid., 208.
[80] Ibid., 229.
[81] Ibid., 230.
[82] Ibid., 230.
[83] Arendt, Hannah, »Der Zionismus aus heutiger Sicht«, in: *Die verborgene Tradition, Acht Essays*, hg. v. ders., Frankfurt a. M.: 1976 (EA.: »Zionism Reconsidered«, The Menorah Journal 33/2, 1945, S. 162-196), S. 127-168, [im Folgenden: Arendt, 1945], S. 159.
[84] Arendt, Hannah, »The Jewish State Fifty Years After: Where Have Herzl's Politics Led?«, Commentary, May 1946, und in: *The Jew as Pariah, Jewish Identity and Politics in the Modern Age*, hg. v. ders., New York: 1978, S. 164-177.
[85] Arendt, 1945, S. 153.
[86] Ibid., 150-153.
[87] Littell, 1998, S. 53-54; Peres, 1995, S. 10-11.
[88] Peres, 1995, S. 11.
[89] Littell, 1998, S. 31.
[90] Peres, 1970, S. 207.
[91] Ibid., 205.
[92] Littell, 1998, S. 30.
[93] Ibid., 33-34.
[94] Ibid., 34.
[95] Ibid., 109.
[96] Peres, 15.8.1975.
[97] Ibid.
[98] Ibid.
[99] Raz-Krakotzkin, 2002, S. 194-195.
[100] Ibid., 195.
[101] Peres, 15.8.1975.
[102] Peres, 1998, S. 171.
[103] Ibid., 219-220.
[104] Ibid., 221.
[105] Ibid., 221.

II. Vom Feinde: Peres und die »Araber«

1 Wehler, 2007, S. 27-28.
2 Ibid., 32.
3 Gorny, Josef, *The Arab Question and the Jewish Problem*, Tel Aviv, 1986, (heb.), [im Folgenden: Gorny, 1986].
4 Raz-Krakotzkin, Amnon, »The Zionist Return to the West and the Mizrahi Jewish Perspective«, in: *Orientalism and the Jews*, hg. v. Ivan Davidson Kalmar & Derek J. Penslar, Hanovar/London: 2005, S. 162-181, [im Folgenden: Raz-Krakotzkin, 2005].
5 Raz-Krakotzkin, 2005, S. 162-163.
6 Said, Edward W., *Orientalism*, New York, 1994 (EA. 1978), [im Folgenden: Said, 1994], S. 2-3. Weiter erklärt Said: »[...] by Orientalism I mean several things, all of them, in my opinion, interdependent. The most readily accepted designation for Orientalism is an academic one, and indeed the label still serves in a number of academic institutions. Anyone who teaches, writes about, or researches the Orient – and this applies whether the person is an anthropologist, sociologist, historian, or philologist – either in its specific or its general aspects, is an Orientalist, and what he or she does is Orientalism.« Ibid., 2.
7 So Said: »What I do argue also is that there is a difference between knowledge of other peoples and other times that is the result of understanding, compassion, careful study and analysis for their own sakes, and on the other hand knowledge – if that is what it is – that is part of an overall campaign of self-affirmation, belligerency, and outright war.« Ibid., XIX.
8 Said, Edward W., *Kultur und Widerstand, David Barsamian spricht mit Edward W. Said über den Nahen Osten*, 8. Aufl., Cambridge/USA, 2006, (EA. 2003), S. 111.
9 Raz-Krakotzkin, 2005, S. 166.
10 Ibid., 166-167.
11 Herzl, 1896, S. 41.
12 Ibid., 41.
13 Gorny, 1986, S. 36-38; Theodor Herzl, *Altneuland*, 1902.
14 Gorny, 1986, S. 38.
15 Ibid., 39.
16 Ibid., 56-57.
17 Ibid., 47-55.
18 Ibid., 152.
19 Ibid., 65-77.
20 Ibid., 80-81.
21 Ibid., 81.
22 Ibid., 91.
23 Peres, 1979, S. 77-99; Bar-Zohar, 2006, S. 36; Golan, 1982, S. 14-15; Azoulay-Katz, 1996, S. 36; Krispin, 2002, S. 184.
24 Peres, 1979, S. 99.
25 Ibid., 77.
26 Shapira, Anita, *Berl Katznelson. Biography*, Jerusalem, 1983, (heb.), [im Folgenden: Shapira, 1983].
27 Ibid., 307-308.
28 Ibid., 306.
29 Ibid., 306.
30 Ibid., 306.
31 Ibid., 608; Shapira bezeichnet die redaktionelle Linie der Gewerkschaftszeitung *Davar* in der arabischen Frage als »gemäßigte, weit entfernt von einer Verhetzung (gegenüber den Arabern), allerdings diesen gegenüber nicht gerade annäherungsfreudig«. Im Widerspruch dazu schreibt sie gleichzeitig, *Davar* stelle die palästinensische Nationalbewegung dezidiert als »Hetzbewegung« hin und spreche von »Banden«. Die Zeitung ignoriere die Hintergründe des Konflikts über weite Strecken. *Davars* Linie werde von der Mehrheit der arbeitenden Bevölkerung des *Jischuw* vertreten, gegen sie werde lediglich in wenig einflussreichen Kreisen protestiert. Ibid., 264-265.

[32] Ibid., 307; Gorny, 1986, S. 287.
[33] Gorny, 1986, S. 287.
[34] Ibid., 287.
[35] Ibid., 287.
[36] Shapira, 1983, S. 306.
[37] Gorny, 1986, S. 382.
[38] Ibid., 383.
[39] Ibid., 382.
[40] Littell, 1998, S. 112-113.
[41] Raz-Krakotzkin, Amnon, »Historisches Bewußtsein und historische Verantwortung«, in: *Historikerstreit in Israel – Die ›neuen‹ Historiker zwischen Wissenschaft und Öffentlichkeit*, hg. v. Barbara Schäfer, Frankfurt/New York: 2000, S. 151-207, [im Folgenden: Raz-Krakotzkin, 2000].
[42] Littell, 1998, S. 113.
[43] Raz-Krakotzkin, 2000, S. 187.
[44] Peres, 1978, S. 74.
[45] Bar-Tal, Daniel & Antebi, Dikla, »Beliefs about Negative Intentions of the World: A Study of the Israeli Siege Mentality«, Political Psychology 13/4, 1992, S. 633-645, hier, S. 633-635.
[46] Peres, 1965, Aufsatz vom 13.6.61, S. 88.
[47] Peres, 1965, September 1961, S. 101.
[48] Peres, 1970, S. 123.
[49] Ibid., 143; Peres, 1965, S. 65.
[50] Peres, 1970, S. 1-3.
[51] Ibid., 213-232, das 13. Kapitel: »Zwischen uns und den Arabern«. Diese Gedanken finden sich auch in seinem Buch von 1978. Peres lehnt die Formel »Gebiete gegen Frieden« ab; vgl. Peres, 1978, S. 224-225. Dort spricht er sich gegen »einen Frieden auf der Basis einer Festlegung der Landkarte [gemeint sind Staatsgrenzen]« aus. Es ist die Rede von einer »notwendigen langen Übergangszeit […] für eine mögliche Festlegung der offenen [sic!] Grenze« in Bezug auf »territoriale Komponenten und Sicherheitsgrenzen«. Ibid., 232. Vgl. zudem die Bemerkungen im Zusammenhang mit dem vom ägyptischen Präsidenten Anwar al-Sadat vorgeschlagenen Friedensplan, wo er für den »Ausschluss eines Rückzugs zu den 1967er-Grenzen« eintritt. So Peres: »Der ägyptische Präsident Anwar al-Sadat machte Israel kürzlich den [Friedens-]Vorschlag einer Übergangsregelung mit der heutigen arabischen Generation gegen einen Rückzug [Israels] aus allen [1967 eroberten] Gebieten und die Gründung eines palästinensischen Staats. Die endgültige Lösung mit Israel (nämlich Frieden oder Vernichtungskrieg) wird die nächste arabische Generation bewerkstelligen.« Ibid., 232. In dieser historischen Phase kann sich Peres »mit der heutigen arabischen Generation« auf der Basis eines territorialen Verzichts keinen Frieden vorstellen. Ibid., 232-236.
[52] Peres, 1970, S. 1-2.
[53] Ibid., 183.
[54] Krispin, 2002, S. 196-197.
[55] Peres, 1978, S. 217-225.
[56] Peres, 1970, S. 2-3.
[57] Ibid., 3.
[58] Ibid., 3.
[59] Ibid., 4.
[60] Ibid., 4.
[61] Ibid., 4-5.
[62] Ibid., 5-6.
[63] Diese xenophoben Tendenzen finden sich auch in Peres' Buch aus dem Jahre 1978, in welchem er aus Anlass des Friedensvorschlags des ägyptischen Präsidenten seine politischen Ansichten bezüglich des Konflikts bzw. der arabischen Seite formuliert. Dort stellt er erneut die These der »immanenten Instabilität der arabischen Welt in dieser kämpferischen Übergangszeit« dar und erklärt damit die chaotischen Zustände und Entwicklungen in den ersten drei Jahrzehnten jüdischer staatlicher Souveränität, wobei Formulierungen wie »Überra-

schung«, »unerwartete« oder »plötzliche Ausbrüche der Gewalt« in diesen Schilderungen den Ton angeben. Peres, 1978, S. 222-225.

64 Bar-Zohar, 2006, S. 240. Im Rahmen einer innerparteilichen Grundsatzdebatte 1959 zu den israelisch-arabischen Beziehungen ist Peres gezwungen, Stellung zu beziehen. Auf die Bemerkung eines Parteimitglieds, er fühle sich den Arabern näher als den Franzosen, und dass man letztlich mit Nasser und den Arabern in der Region leben und sie daher berücksichtigen müsse, antwortet Peres wie folgt: »Das von dem Genossen eben Geäußerte wundert mich etwas. Sein Vergleich, dass er den Arabern näher stünde als den Franzosen, scheint sehr weit hergeholt. Ich bezweifele es. Ich höre, Sie arbeiten im IDF-Funksender und weiß nicht, ob Sie saudische Musik gerne hören würden. Sie sagen, kulturell stünden Sie den Arabern näher, doch ich sehe diese Nähe nicht. [...] Wir sind den Arabern nicht näher als den Europäern. Wenn Sie sagen, es sei eine Illusion, von den Europäern akzeptiert zu werden, dann erlauben Sie mir zu sagen, dass es erst recht eine gewaltige Illusion ist, anzunehmen, dass wir bei den Arabern je auf Akzeptanz stoßen würden.« Vgl. Akte: 2-14-1959-61, 25.7.1959, Bet Berl Archiv, S. 41-42.
65 Vgl. Schulze, Kirsten E., *Israel's Covert Diplomacy in Lebanon*, England, 1998, [im Folgenden: Schulze, 1998], S. 161.
66 Zitiert nach Bar-Zohar, 2006, S. 241-242.
67 Peres, 1970, S. 117.
68 Peres, 1965, S. 68.
69 Peres, 1970, S. 117.
70 Ibid., 117.
71 Ibid., 118.
72 Ibid., 118-119.
73 Ibid., 217.
74 Ibid., 218.
75 Ibid., 218.
76 Ibid., 220.
77 Ibid., 144.
78 Ibid., 218.
79 Ibid., 218.
80 Ibid., 218.
81 Ibid., 220.
82 Ibid., 144.
83 Hier bezieht sich der Begriff »Palästina« auf das Gebiet unter britischer Mandatsherrschaft, das die Landfläche westlich des Jordanflusses umfasst. Vgl. Karte 8, in: Wasserstein, Bernard, *Israel und Palästina, warum kämpfen sie und wie können sie aufhören?*, München, 2003, [im Folgenden: Wasserstein, 2003], S. 89.
84 Ibid., 45.
85 Nach der UN-Resolution 181 vom 29.11.1947 ist die Rede von einer Aufteilung des Landes zu 55 an den jüdischen und 45 Prozent an den arabischen Staat.
86 Wasserstein, 2003, S. 12, 18, 26.
87 Ibid., 26.
88 Ibid., 27.
89 Vgl. Ozacky-Lazar, Sarah, »Security and Israel's Arab Minority«, in: *Security Concerns – Insights from the Israeli Experience*, hg. v. Daniel Bar-Tal, Dan Jacobson, Aharon Kliemann, London: 1998, S. 347-369, [im Folgenden: Ozacky-Lazar, 1998], S. 349.
90 Vgl. das von der *Knesset* im Juli 1950 erlassene »Law of Return«, Paragraph 1, das jedem Juden das Recht auf die israelische Staatsbürgerschaft einräumt: http://www.knesset.gov.il/laws/special/heb/chok_hashvut.htm.
Die Politik des Rückkehrverbots für die palästinensischen Flüchtlinge wird trotz der UN-Resolution 194 vom Dezember 1948 aufrechterhalten, obwohl deren »Respektierung« eine Bedingung für die Aufnahme Israels in die UNO im Mai 1949 darstellt; vgl. UN-Resolution 273: http://domino.un.org/UNISPAL.NSF/9fb163c870bb1d6785256cef0073c89f/83e8c29d b812a4e9852560e50067a5ac.

ANMERKUNGEN ZU KAPITEL II | 413

⁹¹ Die Rechtsgrundlage für Beschlagnahmung palästinensischen Landes und Eigentums nach der Staatsgründung stützt sich auf eine Reihe israelischer Gesetze. Gemäß dem Gesetz über das brachliegende Land (»The Law of Fallow Land«) von 1948 wird über ein Jahr nicht bearbeitetes Land dem Landwirtschaftsministerium übertragen, um seine Kultivierung zu garantieren; dem 1950 erlassenen Gesetz über das Eigentum von Abwesenden (»Absentees Property Law«) zufolge wird das gesamte Eigentum palästinensischer Flüchtlinge (hier als »Abwesende« bezeichnet) einem Vormund des Staats übertragen. Als »Abwesende« gelten all diejenigen, welche ihr Haus bzw. Land seit Kriegsbeginn (29.11.1947) verlassen haben, also palästinensische Flüchtlinge außerhalb sowie innerhalb (sogenannte »anwesende Abwesende«) des israelischen Staatsgebiets. Das »Landerwerbs-Gesetz« (»Land Acquisitions Law«) von 1953 reguliert die rechtmäßige Übertragung des enteigneten Landes in Staatsbesitz, einschließlich des Landes der als »anwesend-abwesend« erklärten palästinensischen Staatsbürger Israels, wobei deren Abfindungseignung im Gesetz enthalten ist. Vor allem räumen die noch immer geltenden Notstandsgesetze den israelischen Behörden einen beträchtlichen Spielraum ein, bestimmte Gegenden als »geschützt« zu erklären und somit deren Konfiszierung aus »Sicherheitsgründen« zu betreiben. Vgl. Ozacky-Lazar, 1998, S. 356-357; vgl. Golan, Arnon, »The Transfer to Jewish Control of Abandoned Arab Lands during the War of Independence«, in: *Israel – The First Decade of Independence*, hg. v. Ilan S. Troen & Noah Lucas, New York: 1995, S. 403-440.

⁹² Ozacky-Lazar, 1998, S. 349-350; vgl. auch: Cohen, Hillel, *Good Arabs. The Israeli security services and the Israeli Arabs*, Jerusalem, 2006, (heb.).

⁹³ Ozacky-Lazar, 1998, S. 361.

⁹⁴ Ibid., 349-355.

⁹⁵ Hofnung, Menachem, *Democracy, Law and National Security in Israel*, Dartmouth, 1996, [im Folgenden: Hofnung, 1996], S. 50; Benziman, Uzi & Mansour, Atallah, *Subtenants*, Jerusalem, 1992, (heb.), [im Folgenden: Benziman & Mansour, 1992], S. 33.

⁹⁶ Der Biograph von Levi Eshkol, in dessen Regierungszeit der Beschluss der Aufhebung der Militärregierung fällt, und der sich als Premier- und Verteidigungsminister mit dem Thema intensiv befassen muss, widmet in seiner knapp 800-seitigen Biographie dem Thema nur einige Seiten. Vgl. Goldstein, Yossi, *Eshkol. Biography*, Jerusalem, 2003, (heb.), [im Folgenden: Goldstein, 2003], S. 470-471; FN. 468, S. 716-717 und FN. 144, S. 702.

⁹⁷ Vgl. Azoulay, Ariella & Ophir, Adi, *This Regime which is not One: Occupation and Democracy Between the Sea and the River (1967 –)*, Israel, 2008, (heb.), [im Folgenden: Azoulay & Ophir, 2008].

⁹⁸ Goetz, 1979, S. 256.

⁹⁹ Ibid., 264.

¹⁰⁰ Peres, Juni 1954, in: Peres, 1965, S. 14.

¹⁰¹ Ibid., 15, Peres' Betonung.

¹⁰² Peres, 12.4.1958, in: Peres, 1965, S. 64-69.

¹⁰³ In der *Knesset* wird Peres auf Grund parlamentarischen Klärungsbedarfs als Vertreter der Regierung aufgefordert, auf einzelne Fälle in der Praxis der Militärregierung einzugehen. Er vertritt durchgehend eine »falkische Haltung«, welche die Militärregierung und ihre Praxis der Landenteignung zur Errichtung jüdischer Siedlungen, die Einschränkung der Bewegungsfreiheit und die Abhängigkeit der arabischen Bevölkerung vom Militär im Allgemeinen verteidigt. Vgl. zum Beispiel: Protokolle der *Knesset*-Sitzung im Staatsarchiv vom 13.2.1963, Akte: K-137/6, vom 21.1.1960 (Frage 110), 18.2.1960 (210), 26.2.1960 (243), 4.3.1960 (251) – Akte: K-119/7, vom 25.12.1963 (Fragen 1715, 1716, 1717) Akte: K-142/1.

¹⁰⁴ Symposium über die Militärregierung vom 3.2.1963 im Club »Yahdav«, Arbeitspartei-Archiv, Bet Berl, Akte 2-14-1963-24, (heb.), [im Folgenden: MR-Symposium, 3.2.1963].

¹⁰⁵ *Mapam* steht in diesen Jahren für die Rechte der palästinensischen Staatsbürger in Israel und setzt sich für die Aufhebung der Militärverwaltung ein. 1966 hat die Partei Erfolg, indem sie das Ende der Militärregierung zu einer Bedingung der Koalitionsgespräche mit der regierenden *Mapai*-Partei macht. Vgl. Benziman & Mansour, 1992, S. 34, 106-105, 109-110, 198.

¹⁰⁶ MR-Symposium, 3.2.1963, S. 1-4.

¹⁰⁷ Ibid., 6.

¹⁰⁸ Ibid., 7.

[109] Ibid., 9.
[110] Ibid., 9.
[111] Ibid., 10. Im Brennpunkt steht die Sicherheitsfrage: Das besprochene Thema wird von den Teilnehmern beinahe ausschließlich auf seinen Bezug zur Sicherheitslage, die als äußerst heikel betrachtet wird, reduziert. Ibid., 13. Auf den geopolitischen Einwand Riftins wird erwidert, dass die Souveränität Israels in diesen Gebieten deshalb nicht in Frage gestellt sei, weil den Bewohnern dieser Gebiete ein Abstimmungsrecht zustehe. Sie würden daher als israelische Staatsbürger gelten. Ibid., 14. Um die Problematik, dass die israelischen Palästinenser zum einen Staatsbürger und zum anderen der Militärregierung unterworfen sind, zu lösen, wird argumentiert, dass die militärische Unterdrückung der Araber eigentlich ihrer Lebensorientierung entspreche und für sie nichts Neues sei [sic!]. Ibid., 14. Außerdem wird darauf hingewiesen, dass die Araber keinen Armeedienst in der israelischen Armee leisteten und sie deshalb eine zentrale Bürgerpflicht nicht erfüllten. Die Folgerung lautet nun, dass sie deshalb auch keine Privilegien genießen sollten – »Erst wenn sie in der Lage sein würden, ihre Bürgerpflichten dem Staat gegenüber zu erfüllen, was mit großer Mühe verbunden wäre, erst dann könnte man über Privilegien reden.« Ibid., 14. Mit »Privilegien« ist hier die Gleichberechtigung gemeint.
[112] Ibid., 10.
[113] Das Sicherheitsargument wird interessanterweise auch von anderen Teilnehmern der Diskussion auf die Araber bezogen, und zwar insofern, als dass die Abschaffung der Militärregierung sie auch in Gefahr bringen würde, weil die »Infiltratoren« sie ebenso wie die israelischen Siedler angreifen würden. Ibid., 16. Damit verschiebt sich das Feindbild von »unseren Arabern« zu den für Israel noch gefährlicheren »anderen Arabern«.
[114] Ibid., 10.
[115] Ibid., 11.
[116] Ibid., 11.
[117] Die anderen Symposiums-Teilnehmer erleichtern Peres' Überzeugungsarbeit. Die von ihnen vorgebrachten Argumente sind hier insofern relevant, als sie die allgemein im Lande vorherrschende Stimmung gut widerspiegeln. Folgende Argumente gegen die Aufhebung der Militärregierung werden ins Feld geführt: Sie verhindere den demographischen Zuwachs der israelischen Palästinenser im Lande und halte sie zudem davon ab, die jüdischen Siedlungen anzugreifen. Ibid., 12. Zwei Urängste des Zionismus – die demographische Unterlegenheit und das Gewaltpotenzial der Palästinenser – werden hier angesprochen. Das Militär gilt dabei als einzig geeignetes Instrument, um diese Probleme einzudämmen. Damit verbunden ist das Argument, dass im Falle einer Entscheidung für die Aufhebung der Militärregierung ihre Wiedereinführung in Notlagen sich äußerst schwierig gestalten würde. Ibid., 13. Die Militärregierung wird hier als eine »Selbstverständlichkeit« gegenüber dem palästinensischen »Feind von innen« begriffen.
[118] Es gibt auch andere Teilnehmer, die differenzierter mit dem Thema umgehen. Sie sehen die Problematik dieser kollektiven Bestrafung durchaus ein. Doch auch für sie gilt die »volle Sicherheit« des Staats als erste Priorität. Ibid., 15.
[119] Ibid., 17-18.
[120] Ibid., 19.
[121] Ibid., 18.
[122] Ibid., 19-20.
[123] Ibid., 20.
[124] Ibid., 21.
[125] Ibid., 21.
[126] Ibid., 22. Riftin wehrt sich des Weiteren gegen die demagogische Argumentation seiner Gegner, die diese Debatte populistisch auf die Frage reduzieren: »Wer ist gegen die Verteidigung der Grenze?« Er verwahrt sich gegen die Ablenkungsmanöver wie beispielsweise die Behauptung, die Gegner der Militärregierung seien »gefährlich für die Sicherheit Israels«. Ibid., 22.
[127] Bis zur Aufhebung der Militärregierung im Jahre 1966 bringt Israel 95 Prozent des Landes innerhalb der Grenzen von 1949-1967 in seinen Besitz. Vgl. Kimmerling, Baruch, *Zionism and Economy*, Massachusetts, 1983, S.100; Yiftachel spricht von 93 Prozent des Landes im Kernland

Israel im Jahr 1999. Dabei weist er darauf hin, dass zwei Drittel dieses Landes von palästinensischen Israelis konfisziert worden seien, und zwar über den 1950 per Gesetz (»Absentees' Property Law«) enteigneten Löwenanteil des Landes der Flüchtlinge hinaus. Vgl. Yiftachel, Oren, »›Ethnocracy‹: The Politics of Judaizing Israel/Palestine«, Constellations 6/3, 1999, S. 364-390, [im Folgenden: Yiftachel, 1999], S. 372.

[128] Morris, 1996, S. 136-151. Morris interpretiert den Kampf gegen die »Eindringlinge« als Teil des Kampfs um die Gebiete von *Erez Israel*. Seine Überzeugung ist, dass die Staatsgrenzen in eben diesem Kampf bestimmt werden. Ibid., 138; Peres, 1965, S. 63.
[129] Peres, 1993, S. 245-262.
[130] Ibid., 246.
[131] Ibid., 247, 248.
[132] Ibid., 250.
[133] Ibid., 250.
[134] Vgl. Shenhav, Jehuda, *The Arab-Jews. Nationalism, Religion and Ethnicity*, Tel Aviv, 2003, (heb.), [im Folgenden: Shenhav, 2003].
[135] Peres, 1993, S. 251.
[136] Ibid., 251.
[137] Ibid., 251.
[138] Peres' anschließende rhetorische Frage – »Kann Israel dafür verantwortlich gemacht werden, daß die arabischen Staaten die arabischen Flüchtlinge nicht in demselben Geist der Hingabe und der Solidarität aufgenommen und integriert haben, wie es Israel mit den jüdischen Flüchtlingen getan hat?« (Ibid., 251) – weist nicht nur darauf hin, was er von der Rolle der arabischen Staaten hält. Vielmehr drückt sich hier die verdrängte, allerdings stets unterschwellig präsente Schuld hinsichtlich der Ereignisse im Zuge der Staatsgründung aus.
[139] Ibid., 252.
[140] Ibid., 253.
[141] Peres gibt jedoch seine Version der Ereignisse: »Als einer, der David Ben-Gurion nahestand, weiß ich wohl, daß er als Ministerpräsident und Verteidigungsminister während des Unabhängigkeitskrieges niemals einen Befehl erteilt hat, Bewohner aus ihrem Land und ihren Häusern zu vertreiben. Ich habe guten Grund zu glauben, daß die israelische Armee niemals eine ›Transfer‹-Politik verfolgt hat. Das Geschehene ist ein Produkt der tragischen Umstände des Krieges ohne jegliche Vorausplanung.« Peres, 1993, S. 252; Littell, 1998, S. 169.
[142] Peres, 1993, S. 256.
[143] Ibid., 253-254.
[144] Ibid., 256.
[145] Ibid., 256-262.
[146] Ibid., 256.
[147] Peres' vage Stellungnahme zu dieser Gruppe von Palästinensern in seinem Buch von 1970 ist auf Grund seiner mangelnden Kenntnisse zur Lage noch etwas unausgereift. Hier soll vor Augen geführt werden, dass er zwischen den beiden Gruppen von Palästinensern, die sich nach 1967 unter israelischer Vorherrschaft befanden, also den israelischen und den uneingebürgerten Bewohnern der besetzten Gebiete, kaum differenziert. Er bezeichnet sie beide interessanterweise als den »arabischen *Jischuw*«, der dem »jüdischen *Jischuw*«, ein vorstaatlicher Begriff für die Juden in Palästina, gegenüberstehe. Peres, 1970, S. 221. Dieser »arabische *Jischuw*« wird wiederum als ein untrennbarer Bestandteil einer Israel feindselig gesinnten, arabischen Welt angesehen, wobei Ägypten als Führer dieser Welt verstanden wird, als »Vormund« des »arabischen *Jischuw*«. Gleichzeitig bezeichnet er die neue Lage in der Westbank als »viel versprechend« für die Gestaltung »angemessener Verhältnisse« zwischen den beiden Gemeinwesen – die Lage wird als »eine relativ ruhige« und »normale« begriffen, auch wenn Peres zugleich auf ihre »A-Normalität« hinweist. Ibid., 222.
[148] Peres, 1978, S. 256-259.
[149] Alon, Yigal, *In Search of Peace*, Tel Aviv, 1989, (heb.), S. 16-17; Kafkafi, 1998, S. 431.
[150] Alon, Yigal, *Focal Points*, Tel Aviv, 1981, (heb.), [im Folgenden: Alon, 1981], S. 86-87.
[151] Ibid., 86-87.
[152] Peres, 1978, S. 256.

153 Ibid., 257.
154 Ibid., 257.
155 Ibid., 257.
156 Zu Peres' politischem Beitrag in seiner Funktion als Verteidigungsminister (1974-1977) zu den ersten – von der nationalreligiösen außerparlamentarischen Bewegung *Gusch-Emunim* angestrebten und innerhalb der Regierung bzw. der Arbeitspartei äußerst umstrittenen – Siedlungen im palästinensisch besiedelten Westjordanland vgl. Zertal, Idith & Eldar, Akiva, *Lords of the Land, The Settlers and the State of Israel 1967-2004*, Israel, 2004, (heb.), [im Folgenden: Zertal & Eldar, 2004], S. 55-81. Zertal und Eldar weisen auf Peres' aktive Unterstützung von *Gusch-Emunim* hin, die gegen die offizielle Politik der Regierung erfolgte. Peres vertritt den Standpunkt, »man soll Araber nicht enteignen bzw. deren Gefühle nicht verletzen«, doch er verstehe nicht, »weshalb die Siedlung der Golan-Höhen als eine ›linke‹, während die Siedlung neben Jerusalem [also im Westjordanland] als eine ›rechte‹ Politik gelten soll«. Ibid., 76-77; vgl. Interview mit Verteidigungsminister Peres, Davar, 30.4.1976.
157 Die Idee der »funktionalen Teilung« im Westjordanland stammt von Peres' langjährigem Weggefährten Moshe Dayan (Verteidigungsminister 1967-1974). Dieser Teilungsidee zufolge soll Israel die militärische Kontrolle über das Land ausüben, während Jordanien die Bevölkerung politisch verwalten und ihr volle Bürgerrechte gewähren soll, einschließlich dem Recht, das jordanische Parlament zu wählen und selbst gewählt zu werden. Dies wird de facto ein Jahrzehnt nach dem Sechstagekrieg verwirklicht, die Regelungen werden jedoch sukzessive zurückgenommen, endgültig 1988 von Jordaniens König Hussein nach dem Scheitern der Londoner Gespräche. Vgl. Kimmerling, Baruch, *Politizid. Ariel Sharons Krieg gegen das palästinensische Volk*, München, 2003, [im Folgenden: Kimmerling, 2003], S. 17-18.
158 Peres, 1978, S. 259.
159 Ibid., 257.
160 Ibid., 257.
161 Ibid., 257. In einem anderen Zusammenhang erläutert er diese Gefahr:
»Dieser [palästinensische] Staat würde komplett bewaffnet sein, von seinen Stützpunkten würden die gefährlichsten Terroristen kommen, die mit Handraketen, Panzern und [Kampf] Flugzeugen [...] jedes in israelischer Luft fliegende Flugzeug und jeden auf israelischen Straßen fahrenden Wagen treffen würden. Es ist zweifelhaft, ob territorialer Raum an sich für Abschreckung ausreichend ist, fest steht jedoch, dass ein Mangel an minimalem territorialem Raum für Israel einen absoluten Mangel an Abschreckung bedeuten würde. Dies würde an sich eine beinah besessene Versuchung [seitens der Araber] darstellen, Israel aus jeder Ecke zu attackieren. [...] Ein Entmilitarisierungsabkommen ist ein fragwürdiges Heilmittel, denn die Zahl der Abkommen, die die Araber eingehalten haben, ist nicht größer als die, die sie verletzt haben.« Ibid., 255.
162 Ibid., 256-259.
163 Ibid., 257, 259.
164 Black, Ian & Morris, Benny, *Mossad, Shin Bet, Aman. Die Geschichte der israelischen Geheimdienste*, Heidelberg, 1994, [im Folgenden: Black & Morris, 1994], S. 670.
165 Vgl. Hadashot, 21.10.1988 und 5.2.1988; Davar, 19.8.1988; Haaretz, 15.7.1988.
166 Hadashot, 21.10.1988.
167 Haaretz, 15.7.1988.
168 Hadashot, 5.2.1988.
169 Littell, 1998, S. 211.
170 Ibid., 212.
171 Maariv, 2.9.1988.
172 Servan-Schreiber, Jean-Jacques, *Die Herausforderung der Juden*, Wien/Darmstadt, 1988, [im Folgenden: Servan-Schreiber, 1988].
173 Ibid., 36, 58, 75.
174 Ibid., 35-36.
175 Auch im Weiteren wird dies nicht geklärt. Peres antwortet auf Servan-Schreibers Frage, weshalb Israel auf der Kontrolle über die Palästinenser beharrt: »Im Prinzip ist es unser Land. Wir haben ein Recht darauf. Tatsächlich müssen wir aber den Frieden finden.« Ibid., 48. An

anderer Stelle erklärt er die Problematik der innerisraelischen Debatte: »Dieses Land kann nur schwer geteilt werden. Die Juden in Israel sind der Meinung, daß Palästina die Heimat der Juden ist – wie es ja auch die Balfour-Deklaration garantiert. Aber nur ein Teil der Israelis bekennt sich dazu, das Gebiet annektieren zu wollen. Diese ›Superpatrioten‹ nehmen das Land für sich in Anspruch, entweder aus historischen und religiösen Gründen oder aus Gründen der Staatssicherheit. Sie wollen eine Pufferzone zu den arabischen Staaten hin schaffen; das macht sie weniger verwundbar. Aber die Vernünftigeren wissen, daß Israel sich aus dem Großteil der heute besetzten Gebiete zurückziehen müssen wird. Wir haben weder die Mittel noch das Recht, unser Gesetz einer Bevölkerung von zwei Millionen Arabern aufzuzwingen.« Ibid., 48-49.

[176] Ibid., 54.
[177] Peres, 1978, S. 226-230.
[178] Ibid., 226, 229, 231.
[179] In diesen zahlreichen Bezeichnungen für die israelischen Palästinenser spiegelt sich die sprachliche Verdrängung dieser Gruppe aus dem israelischen Bewusstsein wider, wie Dani Rabinowitz bemerkt. Rabinowitz hat herausgefunden, dass in zwei auf Hebräisch verfassten Aufsätzen zum Thema »israelische Palästinenser« jeweils 13 bzw. 21 unterschiedliche Bezeichnungen für diese Gruppe verwendet wurden. Vgl. Rabinowitz, Dani, »Wie wurden die Palästinenser zu ›israelischen Arabern‹«, Theorie und Kritik 4, Jerusalem, 1993, S. 141-151, (heb.), S. 142.
[180] Peres, 1978, S. 261.
[181] Ibid., 252-255.
[182] Unter Peres' Regierung wird 1985 Paragraph 2 im Anti-Terrorismus-Gesetz verändert. Demnach sind von der Regierung nicht befugten Personen Verhandlungen oder jegliche Begegnungen mit PLO-Vertretern oder anderen »terroristischen Organisationen« per Gesetz untersagt. Vgl. http://www.knesset.gov.il/history/heb/heb_hist11.htm.
[183] Krispin, 2002, S. 200-201.
[184] Vgl. Peres, 1993 und 1998.
[185] Krispin, 2002, S. 200-201; Peres, 1998A, S. 57.
[186] Krispin, 2002, S. 206-207.
[187] Vgl. Peres, 1993, S. 54-73. Für weitere Bezugnahmen zum moslemischen Fundamentalismus, vgl. Peres, 1998, S. 65-66, 177-179.
[188] Peres, 1993, FN. 3, S. 273-274.
[189] Ibid., 60-61, 70.
[190] Ibid., 70-71.
[191] Vgl. Sivan, Immanuel, *Fanatiker des Islam*, Tel Aviv, 1985, S. 84.
[192] Peres, 1993, S. 70-71.
[193] Ibid., 62.
[194] Ibid., 64-65.
[195] Ibid., 65.
[196] Ibid., 68.
[197] Ibid., 61-62.
[198] Ibid., 65.
[199] Irans Absicht, Israel vernichten zu wollen, deutet Peres im Gespräch mit Littell an. Vgl. Littel, 1998, S. 198-199.

III. Zum Demokratieverständnis: Peres und die israelische Demokratie

[1] Vgl. http://www.hagalil.com/israel/independence/azmauth.htm; zur hebräischen Version, vgl. http://www.knesset.gov.il/docs/heb/megilat.htm.
[2] Neurberger, Benyamin, *Democracy in Israel: Origins and Development*, Tel Aviv, 1998, (heb.); Sheffer, Gabriel, »Has Israel really been a garrison Democracy? Sources of Change in Israel's Democracy«, Israel Affairs 3/1, 1996, S. 13-38.

3   Eisenstadt, Shmuel N., *The Transformation of Israeli Society*, London, 1985.
4   Horowitz, Dan & Lissak, Moshe, *Trouble in Utopia: The Overburdened Polity of Israel*, New York, 1990, (heb. Tel-Aviv, 1993), [im Folgenden: Horowitz & Lissak, 1990]; Don-Yihiya, Eliezer, *The Politics of Accommodation, Settling Conflicts of State and Religion in Israel*, Jerusalem, 1997; Liebman, Charles, »Attitudes Towards Democracy among Israeli Religious Leaders«, in: *Democracy, Peace and the Israeli-Palestinian Conflict*, hg. v. Edy Kaufman, Boulder: 1993, S. 135-162.
5   Smooha, Sammy, »Ethnic Democracy: Israel as an Archetype«, Israel Studies 2/2, 1997, S. 198-241, [im Folgenden: Smooha, 1997].
6   Kimmerling, Baruch, »Religion, Nationalismus und Demokratie in Israel«, Zmanim 50-51, Historische Zeitschrift der Tel Aviver Universität, 1994, S. 116-131, (heb.), [im Folgenden: Kimmerling, 1994].
7   Vgl. Arian, Asher, *The Second Republic: Politics in Israel*, New Jersey, 1998.
8   Bishara, Azmi, »Zur Frage der palästinensischen Minorität in Israel«, Theorie und Kritik 3, Jerusalem, 1993, S. 7-20, (heb.); Ben-Eliezer, Uri, »Is Military Coup Possible in Israel? Israel and French-Algeria in Comparative Historical-Sociological Perspective«, Theory and Society 27, Netherlands, 1998, S. 311-349, [im Folgenden: Ben-Eliezer, 1998]; Peled, Yoav, »Ethnic Democracy and the Legal Construction of Citizenship: Arab Citizens of the Jewish State«, The American Political Science Review 86/2, 1992, 432-443, [im Folgenden: Peled, 1992]; Shapiro, Jonathan, *Democracy in Israel*, Ramat Gan, 1977, (heb.); Swirsky, Shlomo, *Israel. The Oriental Majority*, London, 1989, [im Folgenden: Swirsky, 1989].
9   Davis, Uri, *Apartheid Israel, Possibilities for the struggle within*, London/New York, 2003.
10 Benvenisti, Meron, *1987 Report: Demographic, Economic, Legal, Social and Political Development in the West Bank*, Jerusalem, 1987, S. 71; ders., *The Sling And The Club*, Jerusalem, 1988, (heb.).
11 Azoulay & Ophir, 2008.
12 Yiftachel, 1999; ders., *Ethnocracy, Land and Identity. Politics in Israel/Palestine*, Philadelphia, 2006, [im Folgenden: Yiftachel, 2006]; ders. & Ghanem, Asad, »Understanding Ethnocratic Regimes, The Politics of Seizing Contested Territories«, Political Geography 23/4, 2004, S. 647-676; Zureik, Elia, »Prospects of Palestinians in Israel (I)«, Journal of Palestine Studies 12/2, 1993, S. 90-109; Ghanem, Asad, »State and Minority in Israel: The case of Ethnic State and the Predicament of its minority«, Ethnic and Racial Studies 21/3, 1998, S. 428-447; Rouhana, Nadim, *Palestinian Citizens in an Ethnic Jewish State: Identities and Conflict*, New Haven, 1997.
13 Smooha, 1997; ders., »The Model of Ethnic Democracy: Israel as a Jewish and Democratic State«, Nations and Nationalism 8/4, 2002, S. 475-503, [im Folgenden: Smooha, 2002]; ders., »Minority Status in an Ethnic Democracy: The Status of the Arab Minority in Israel«, Ethnic and Racial Relations 3/3, 1990, S. 389-413; ders., »Ethnische Demokratie: Israel als Proto-Typ«, in: *Zionismus: Eine zeitgenössische Debatte*, hg. v. Pinchas Genosar & Avi Bareli, Israel: 1996, (heb.), [im Folgenden: Genosar & Bareli, 1996], S. 277-311, [im Folgenden: Smooha, 1996]; Peled, 1992, S. 432-443.
14 Smooha, 2002, S. 478; hier zitiert nach Peled, Yoav, »Von ethnischer Demokratie zur Ethnokratie? – Demographie und Staatsbürgerschaft im heutigen Israel«, in: *Demographie – Demokratie – Geschichte*, Göttingen: Tel Aviver Jahrbuch für deutsche Geschichte, 2007, S. 351-362, [im Folgenden: Peled, 2007], S. 353.
15 Smooha, 1996, S. 296.
16 Ibid., 296.
17 Ibid., 303.
18 Smooha, 2002, S. 477; zitiert nach Peled, 2007, S. 353.
19 Smooha, 1996, S. 303.
20 Der palästinensisch-israelische Staatsbürger und ehemalige *Knesset*-Abgeordnete Azmi Bishara bezeichnet Israel 1996 in seinen international anerkannten Grenzen zwar nicht als »Herrenvolk-Demokratie«, merkt in seiner Kritik des Modells der ethnischen Demokratie jedoch an, dass Smooha den Versuch unternehme, die gegebene, für die nichtjüdischen Staatsbürger problematische politische Realität Israels zu rationalisieren bzw. theoretisieren, sie letztlich zu rechtfertigen. Bishara bedauert, dass Smooha dabei eben nicht die demokratische Theorie als Maßstab für die israelische Realität heranziehe. Im Hinblick auf Smoohas Überlegung, das Modell der ethnischen Demokratie sei wegen seiner angeblich erfolgreichen Umsetzung in Israel in andere

Staaten mit gespaltenen Gesellschaften exportierbar, warnt Bishara, dass dieser Export wohl vielmehr ethnische Spannungen, wenn nicht Bürgerkriege, denn Stabilität hervorbringen würde. Denn angenommen, dieses Modell würde im südlichen Nachbarland Ägypten angewendet, so würde dies ethnische Spannungen zwischen der moslemischen Mehrheit und der christlichen Kopten-Minderheit, die sich dennoch als Ägypter verstünden, provozieren, da es bedeuten würde, dass der ägyptische Staat den Kopten quasi nicht gehöre. Bishara ruft zudem in Erinnerung, dass es ein israelischer Jude gewesen sei, der erstmals vorgeschlagen habe, der arabischen Minderheit eine Autonomie als nationale Minderheit anzubieten, und zwar um Gleichberechtigung im Sinne einer liberalen Demokratie nicht gewährleisten zu müssen bzw. den Kampf um diese zu verhindern (vgl. Klein, Claude, »Israel as a Nation State and the Problem of the Arab Minority in a Search of a Status«, International Center for Peace in the Middle East, Tel Aviv, 1987, heb.). Vgl. Bishara, Azmi, »Der israelische Araber: Debatten über einen gespaltenen politischen Diskurs«, in: Genosar & Bareli, 1996, S. 312-339.
21 Smooha, 1996, S. 304.
22 Yiftachel, 1999, S. 369.
23 Ibid., 367-368.
24 Ibid., 370.
25 Ibid., 371-373; Yiftachel, 2006, S. 114.
26 Vgl. Mearsheimer, John J. & Walt, Stephen M., *Die Israel-Lobby: Wie die amerikanische Außenpolitik beeinflusst wird*, Frankfurt/New York, 2007.
27 Yiftachel, 1999, S. 377.
28 Yoav Peled belegt 2007, dass Israel sich innerhalb seiner international anerkannten Grenzen von 1949-1967 seit Beginn 2000 kontinuierlich von einer ethnischen Demokratie zu einer Staatsform entwickle, die einer Ethnokratie sehr nahekomme. Er stützt sich dabei auf zwei wesentliche Prozesse im Verhältnis Israels zu seinen palästinensischen Bürgern: zum einen Israels »Verweigerung des Rechts auf Familienzusammenführung zwischen Palästinensern israelischer Staatsbürgerschaft mit Palästinensern aus den besetzten Gebieten«; zum anderen spricht Peled von »der Formulierung eines Plans, im Bereich des Wadi 'Ara (im sogenannten Arabischen Dreieck) die Grenze zwischen Israel und Westjordanland nach Westen zu verschieben, wodurch 150.000 bis 200.000 israelische Palästinenser ihrer israelischen Staatsbürgerschaft verlustig gehen würden«. Peled, 2007, S. 355. Peled folgert: »Im derzeitigen Kontext ist die Einschränkung der Bürgerrechte der Palästinenser nicht wirklich ein Preis – sei er gerechtfertigt oder nicht –, den man zahlen muß, um andere Ziele zu erreichen – Sicherheit, Demokratie oder sonstiges. Die Beschneidung der Rechte [von nichtjüdischen Staatsbürgern] selbst ist *das eigentliche Ziel* der vorstehend erörterten Maßnahmen. Den palästinensischen Bürgern Israels das Recht auf Familienzusammenführung zu verwehren und einen Teil von ihnen der israelischen Staatsbürgerschaft berauben zu wollen, sind Teilmaßnahmen auf diesem Wege. […] ein Kurs, der es von einer ethnischen Demokratie in eine Ethnokratie verwandeln würde.« Ibid., 362.
29 Kimmerling, 1994.
30 Ibid., 116-119.
31 Ibid., 120-121.
32 Ibid., 121-123.
33 Ibid., 124-126.
34 Allerdings ist dies nicht unwichtig, wie Kimmerling deutlich macht: Die Orientierung in Richtung Sowjetunion hätte *Mapam* und die Kommunistische Partei auf Kosten der dominierenden *Mapai*-Partei begünstigt. Auf der anderen Seite gehe die Orientierung zum Westen mit der Pflicht zu einem demokratischen Multiparteien-Regime einher, sodass es ein Gegenmodell zu der »völkischen Demokratie« à la Osteuropa zu entwerfen gelte. Institutionell bedeute dies die Errichtung eines Parlaments, die Zulassung von politischen Parteien, freie Wahlen und die Gewaltenteilung. Damit sei die politische Macht der *Mapai*-Partei eingeschränkt, im Gegenzug würden aber ideologische Strukturen und Mechanismen gefördert, welche die Fortsetzung der politischen und kulturellen Dominanz der *Mapai*-Elite gewährleisten. Die Mobilisierbarkeit der Gesellschaft werde durch die Ideologie der »Staatlichkeit« gefördert: Die sogenannte *Mamlachtijut* stütze die Idee des absoluten Vorrangs des Staats als Institution und Symbol. Die Loyalität ihm und seinen Repräsentanten gegenüber stehe vor

der Loyalität zur Partei oder anderen Institutionen. Der jüdische Nationalstaat gelte indessen als die Verwirklichung der zionistischen Vision. Kimmerling, 1994, S. 124.

35 Ibid., 123.
36 Vgl. Ophir, Adi, »Die [israelische] Unabhängigkeitserklärung: Bedienungsanleitung«, vom Jahre 1988, in: *Working for the Present: Essays on Contemporary Israeli Culture*, hg. v. ders., Israel: 2001, S. 245-255, (heb.).
37 Peres, 1978, S. 166.
38 Bechor, Guy, *Constitution for Israel*, Jerusalem, 1996, (heb.), [im Folgenden: Bechor, 1996]; Kafkafi, 1998, S. 102.
39 Bechor, 1996, S. 40-41.
40 Ibid., 39.
41 Ibid., 42.
42 Ibid., 42.
43 Die israelische *Knesset* beschließt am 13.6.1950, das *Knesset*-Komitee für Verfassung und Recht zu beauftragen, eine Verfassung auf der Grundlage von Grundgesetzen vorzubereiten, allerdings ohne dabei einen Zeitpunkt für die Beendigung des Verfahrens zu bestimmen. Bechor, 1996, S. 32. Erst 1992 gelingt es der *Knesset*, ein die Menschenrechte würdigendes Grundgesetz zu erlassen. Die Grundgesetzartikel zur Ehre und Freiheit des Menschen sowie zur Beschäftigungsfreiheit werden erst 45 Jahre nach Staatsgründung erlassen. Darüber hinaus haben diese und die meisten Grundgesetzartikel keinen Verfassungsstatus, sodass sie von der *Knesset* mit einer einfachen Mehrheit geändert oder gar abgeschafft werden könnten. Ibid., 45.
44 Peres, 1978, S. 11.
45 Ibid., 27.
46 Ibid., 29.
47 Ibid., 29.
48 Ibid., 30.
49 Kimmerling definiert Israel vor allem nach 1967 als »Gemeinden-Staat«, der de facto über drei verschiedene Gemeinden Herrschaft ausübt (eine jüdische und zwei palästinensische). Dieser umfasse mehr als eine nationale Gemeinde, doch die institutionelle, politische und symbolische Hegemonie sei in den Händen einer dominierenden Gemeinde, die dem Staat seine hegemoniale Identität verleihe. Vgl. Kimmerling, Baruch, »Staat und Gesellschaft in Israel«, in: *Israel Society: Critical Perspectives*, hg. v. Uri Ram, Tel Aviv: 1993, S. 328-350, (heb.), [im Folgenden: Kimmerling, 1993], S. 341. Der Aufsatzband von Uri Ram wird im Folgenden zitiert als: Uri Ram, 1993.
50 Peres, 1978, S. 109-113.
51 Ibid., 109-110.
52 Ibid., 110-111.
53 Ibid., 113.
54 Ibid., 145-178.
55 Ibid., 176.
56 Ibid., 147.
57 Ibid., 150-155.
58 Ibid., 156-157.
59 Kimmerling, 1993, S. 340-342.
60 Peres, 1978, S. 161-163.
61 Ibid., 157-158.
62 Ibid., 158.
63 Vgl. dazu auch: Schmidt, Helmut, *Jahrhundertwende, Gespräche mit...*, Berlin, 2000, [im Folgenden: Schmidt, 2000], S. 74. Das Mehrheitsprinzip bezieht Peres auf Moses, geht aber nicht genauer darauf ein.
64 Leo Trepp definiert den Bund als die Verbindung der vier Grundelemente des Judentums: »Gott, Tora, Land und Mitzwot – diese vier hauptsächlichen Kräfte wirken gegenseitig aufeinander ein, daß jede einzelne sich aus den übrigen dreien entwickelt und jede zu den anderen hinführt. Untrennbar hängen sie zusammen. Auf dieser Grundlage begreift der Jude sein Verhältnis zu Gott: Es ist ein Bund.« Vgl. Trepp, 1998, S. 25.

65 Peres, 1978, S. 159.
66 Der »*Ger*«, (pl. »*Gerim*«), ein hebräischer alttestamentarischer Begriff, ist die religiöse Bezeichnung für einen Proselyten, einen zum Judentum konvertierten Nichtjuden, kann aber auch auf den rechtlichen Status der beim Volk Israel lebenden nichtjüdischen Menschen angewandt werden. Dieser Status unterscheidet sich von demjenigen eines jüdischen Gemeindeangehörigen insofern, als der *Ger* auf Grund fehlenden Eigentumsrechts einen rechtlich-sozialen Sonderstatus im Sinne eines Sonderschutzes genießt. Dabei handelt es sich um in der *Tora* festgelegte Bestimmungen (*Mitzwot*), dem *Ger* sowie anderen sozial schwachen Gemeindemitgliedern wie den Waisen, Witwen und Armen Schutz, Liebe und materielle Hilfe angedeihen zu lassen. Vgl. http://www.mikragesher.org.il/titles/encyclopedia/3/ger.htm.
67 Peres, 1978, S. 166-168.
68 Ibid., 166.
69 Ibid., 166-167.
70 Ibid., 167.
71 Ibid., 167.
72 Ibid., 167.
73 Littell, 1998, S. 241-242.
74 Schmidt, 2000, S. 75.
75 Peres, 1970, S. 210.
76 Finer, Samuel E., »The Statesmanship of Arms«, Times Literary Supplement, Feb. 17, 1978; Edmonds, Martin, »Armed Service and Society«, Boulder, Westview Press, 1999, S. 70-112; Burk, James, »Morris Janowitz and the Origins of Sociological Research on Armed Forces and Society«, Armed Forces and Society 19, 1993, S. 167-185.
77 Janowitz, Morris, *The Professional Soldier, A Social and Political Portrait*, New York, 1971; ders., *The Military and Political Development of New Nations*, Chicago, 1964; Huntington, Samuel P., *Political Order in Changing Societies*, New Haven, 1968.
78 Horowitz, Dan, »The Israeli Defense Forces: a Civilized Army in a Partial Militarized Society«, in: *Soldiers, Peasants, and Bureaucrats: Civil-military Relations in Communist and Modernizing Societies*, hg. v. Roman Kolkowicz & Andrzej Korbonski, London: 1982, S. 77-106, [im Folgenden: Horowitz, 1982]; Lissak, Moshe, »Paradoxes of the Israeli Civil-Military-Relations«, Journal of Strategic Studies 6, 1983, S. 6-11; Horowitz & Lissak, 1990.
79 Vgl. auch Perlmutter, Amos, *Military and Politics in Israel, Nation-Building and Role Expansion*, New York, 1969; Peri, Yoram, *Between Battles and Ballots, Israeli Military in Politics*, Cambridge, 1983, [im Folgenden: Peri, 1983]; Ben-Meir, Yehuda, *Civil-Military Relations in Israel*, New York, 1995; Barzilai, Gad, *Wars, Internal Conflicts, and Political Order. A Jewish Democracy in the Middle East*, New York, 1996.
80 Ben-Eliezer, 1998.
81 Vgl. Vagts, Alfred, *A History of Militarism*, New York, 1959, S. 155-403; Howard, Michael, *The Causes of Wars*, London, 1984, S. 7-48.
82 Ben-Eliezer, 1998, S. 318-320.
83 Vgl. Hasin, Eliyahu & Horowitz, Dan, *The Affair*, Tel Aviv, 1961, (heb.), [im Folgenden: Hasin & Horowitz, 1961]; Arieli, Jehushua, *Geheime Verschwörung*, Tel Aviv, 1965, (heb.), [im Folgenden: Arieli, 1965]; Harel, Isser, *Anatomie eines Verrats. Das Desaster in Ägypten*, Israel, 1979, (heb.), [im Folgenden: Harel, 1979]; ders., *Kam Ish al Ahiv, (When Man Rose Against Man)*, Jerusalem, 1982, (heb.), [im Folgenden: Harel, 1982]; Eshed, Chagai, *Who Gave The Order? The Lavon Affair*, Jerusalem, 1963/1979, (heb.), [im Folgenden: Eshed, 1979]; Teveth, Shabtai, *The Unhealing Wound*, Tel Aviv, 1994, (heb.), [im Folgenden: Teveth, 1994]; ders., *Ben-Gurions Spy – The Story of the Political Scandal that Shaped Modern Israel*, New York, 1996, [im Folgenden: Teveth, 1996]; Kafkafi, Eyal, *Pinchas Lavon – Anti-Messiah. Biography*, Tel Aviv, 1998, (heb.), [im Folgenden: Kafkafi, 1998].
84 Vgl. Li-Shahar, Peer, »Wer hat den Befehl *nicht* gegeben?«, Al Hamishmar, 18.12.1989; Kafkafi, 1998, S. 356; Avneri, Uri, »Begraben in Kairo«, Haolam Haze, 19.3.1975; Elgazi, Josef, »Michel Binett [Einheitsmitglied und Gefangener in Kairo] hätte den Befehl nicht ausgeführt«, Haaretz, 24.10.1997; Avneri, Arye, »Er will nicht verzeihen« (auf den jüdischen Ge-

fangen in Kairo Philipp Netansohn bezogen), Maariv, 24.5.2004; Yoren, Noam, »Kultur des Verschweigens«, Haaretz, 10.2.2004.

85 Eyal Kafkafi, die einen großen Teil der Biographie über Pinchas Lavon der nach ihm benannten Lavon-Affäre widmet und mit ihrem »Untersuchungsobjekt« sympathisiert, schildert die Schwierigkeiten bei ihrer Forschungsarbeit im IDF-Archiv. Sie betont, dass sie im Vergleich zu Shabtai Teveth, der ebenfalls zur Affäre forscht und vom Sicherheitsestablishment unterstützt wird, benachteiligt wird. Vgl. Kafkafi, 1998, S. 11-14. Teveths zwei Veröffentlichungen zum Thema (1994, 1996) zeigen sich nicht nur nachsichtig gegenüber Ben-Gurion und seinen »Jungs«, allen voran Dayan und Peres, sondern Teveth unterstützte bereits Ende 1960 als Journalist in der Tageszeitung Haaretz Lavons Gegner im u. a. durch die Presse geführten Kampf. Vgl. Hasin & Horowitz, 1961, S. 112.

86 Unautorisierte militärische Aktionen der Armee bzw. genehmigte Einsätze, die über den autorisierten Umfang hinausgehen, stellen zur Amtszeit von Sharett als Premierminister bzw. Dayan als Generalstabschef keine Ausnahme dar. Diese wiederholte Umgehung des Ministerpräsidenten gesteht Dayan sogar selbst. Vgl. Teveth, Shabtai, *Moshe Dayan. Biography*, Israel, 1971, (heb.), [im Folgenden: Teveth, 1971], S. 419; Dayan handelt gelegentlich auch ohne Autorisierung Ben-Gurions. Ibid., 426-427.

87 Die Vertretungsfrage in den sogenannten Waffenstillstands-Komitees bildet ein weiteres Konfliktfeld hinsichtlich der Zuständigkeiten zwischen Verteidigungsministerium und Außenministerium in den 1950er Jahren.

88 Harel, 1982, S. 17-18.

89 Black & Morris, 1994, S. 172-176.

90 Kafkafi, 1998, S. 235-236; Gidon Refael – hochrangiger Berater im Außenministerium und rechte Hand von Premier- bzw. Außenminister Moshe Sharett – berichtet von einer einzigen Mitteilung Giblis von Anfang 1954, der zufolge Israel der aus dem britischen Rückzug »hervorgehenden Gefahr« »gegensteuern« soll. Refael, der über Sharetts Bemühungen um politische Annäherung an Nasser im Jahre 1954 Bescheid wusste, reagiert entsetzt. »Ich habe Gibli auf die Absurdität hingewiesen, die innere Stabilität Ägyptens zu sabotieren, um israelische Interessen zu vertreten.« Rückblickend nennt Refael das Sicherheitsestablishment der 1950er Jahre »die Faust, die nicht nur hingenommen hat, dass diese jungen jüdischen Ägypter [Mitglieder der 131-Einheit in Ägypten] auf der Strecke bleiben, sondern die auch die höchste politische Ebene des Landes [sprich Ministerpräsident Sharett] ohrfeigte«. Refael beteuert, »keine einzige Sitzung ging diesem Einsatz voraus«. Eldar, Akiva, »Die geheimen Verhandlungen zur Entlassung der Kairo-Häftlinge«, Haaretz, 5.7.1990.

91 Black & Morris, 1994, S. 177, 180.

92 Hasin & Horowitz, 1961, S. 234.

93 Kafkafi berichtet, dass sowohl Peres als auch Gibli mit nachdrücklicher Unterstützung Dayans Premierminister Sharett unter Druck gesetzt hätten, sie – Peres und Gibli – im Zuge der Enthüllungen der Zweier-Kommission nicht zu entlassen; beide hätten gedroht, Informationen über die von der offiziellen israelischen Regierungsebene dementierte »Schlamperei« zu veröffentlichen. Vgl. Kafkafi, 1998, S. 264-265. Sharett kapituliert und leitet schließlich die Entlassung seines Verteidigungsministers Lavon in die Wege. Diese Ereignisse bilden – zusammen mit Peres' generellem Beitrag zur Verdrängung des Außenministeriums in diesen formativen Jahren und der Absetzung von Sharett aus dem Kabinett im Juni 1956 – den Hintergrund für Sharetts knappe und scharfe Bemerkung von 1957, noch bevor Peres seine politische Karriere begann: »Ich lehne Peres völlig ab und sehe in seinem Aufstieg einen unheilvollen moralischen Fluch – ich werde diesen Staat beweinen, sollte ich Peres auf einem Ministerstuhl in Israel sitzen sehen.« Vgl. Sharett, Moshe, *Persönliches Tagebuch 1953-1957*, Tel Aviv, 1978, (heb.), Eintragung von 8.9.1957, S. 2301. In seinen zahlreichen Veröffentlichungen vermeidet Peres, diese Aussage zu kommentieren, ebenso wenig bezieht er sich auf Israels ersten Außenminister (1949-1956) und zweiten Premierminister (1953-1955) Moshe Sharett. Sharetts Aussage wird später von Peres' politischen Gegnern häufig zitiert.

94 Kafkafi, 1998, S. 197-199. Kafkafi zufolge zielt die Sabotage in Ägypten nicht allein auf die Beeinträchtigung der Beziehungen Ägyptens mit dem Westen ab. Es sei die von Sharett unternommene Versöhnungspolitik mit Nasser, die torpediert werden soll. Ibid., 237.

95 Arieli, 1965, S. 46, 55.
96 Kafkafi, 1998, S. 268.
97 Ibid., 197-198.
98 Arieli, 1965, S. 113; Kafkafi, 1998, S. 280-281.
99 Arieli, 1965, S. 114; Hasin & Horowitz, 1961, S. 214-215.
100 Hasin & Horowitz, 1961, S. 214-215.
101 Arieli, 1965, S. 24.
102 Hasin & Horowitz, 1961, S. 219; Peres' zunehmend erbitterte Gegnerschaft zu Lavon, besonders nachdem Letzterer im späteren Verlauf der Affäre seine eigene Rehabilitierung erkämpft, kann auch dadurch erklärt werden, dass Ben-Gurion Lavon als seinen potenziellen Nachfolger als Staatschef ernsthaft in Erwägung zieht. Aus diesem Grund ernennt Ben-Gurion ihn auch Ende 1953 als Gegengewicht zum politisch gemäßigten Sharett zum Verteidigungsminister, trotz aller Vorbehalte des neuen Premiers. Vgl. Teveth, 1971, S. 419.
103 Hasin & Horowitz, 1961, S. 88.
104 Ibid., 91.
105 Kafkafi, 1998, S. 372-373.
106 Zitiert nach Arieli, 1965, S. 155-156.
107 Hasin & Horowitz, 1961, S. 144.
108 Giblis Sekretärin Dalia Goldstein (damals: Carmel) erzählt Jahre später, dass sie einige Schreiben »geändert, verbessert und verfälscht hat, um den Nachweis zu liefern, Lavon habe den Befehl erteilt«. Davon betroffen ist auch besagtes Schreiben an Dayan vom 19.7.1954. Sie glaubt trotz ihres Beitrags, dass Lavon für den Befehl verantwortlich ist und dass sie dies nur getan hat, um »die Wahrheit zu zeigen«. Im Brief zur Aktivierung der Einheit wird folgender Satz: »unter dem Befehl Lavons« hinzugefügt. Vgl. Segev, Tom, »Erinnerungen einer Sekretärin«, Haaretz, 7.7.1989.
109 Arieli, 1965, S. 148-149, Kafkafi, 1998, S. 386; Hasin & Horowitz, 1961, S. 150.
110 Hasin & Horowitz, 1961, S. 156.
111 Harel, 1982, S. 103.
112 Hasin & Horowitz, 1961, S. 174-175.
113 Kafkafi, 1998, S. 398. Sharett bekräftigt in seiner Rede von 1961 anlässlich der von *Mapai* beschlossenen, erneuten Absetzung Lavons: »[...] nicht die Würde und die Gerechtigkeit, sondern die Angst und die Abrechnung liegen unserem Verhalten zugrunde. [...] Diese Haltung gleicht einem kannibalischen Ritual, in dem Lavons Kopf nun auf Ben-Gurions Teller serviert wird, um dessen Hunger zu stillen.« Ibid., 394.
114 Arieli interpretiert Ben-Gurions Forderung, erneut eine »juristische Kommission« zu verlangen, nachdem der Fall von verschiedenen Gremien und Kommissionen – auch juristischen – bereits untersucht wurde, als Abwehrversuch und Hinhaltetaktik angesichts des zunehmenden Drucks der Öffentlichkeit und zentraler Staatsinstitutionen, Lavon zu rehabilitieren und die Verschwörung gegen ihn aufzuklären. Ben-Gurion selbst deutet an, dass er Zweifel habe, ob man je die Wahrheit erfahren könne. Arieli erklärt Ben-Gurions Verhalten damit, dass es Ben-Gurion in Verlegenheit bringen würde, wenn der Verdacht aufkäme, seine »Jungs« hätten ihre Hände im Spiel – zumal er selbst von Lavons erster Absetzung 1955 politisch profitiert habe. Arieli, 1965, S. 149-150. Der Ben-Gurion und seinen »Jungs« wohlgesonnene Historiker Shabtei Teveth stellt folgende Thesen auf: »It sometimes happens that an individual meets his doom through some marginal error or trivial oversight, rather than from a setback in his principal endeavor – as when a boxing champion who trounces all his adversaries in the ring goes out and slips on a banana peel in an alleyway. Anyone – an individual or entire nation – is liable to slip up in this manner; and that is so, it seems that David Ben-Gurion's own private banana peel was Benyamin Gibli.« Teveth, 1996, S. 268.
115 Kafkafi, 1998, S. 401.
116 Ibid., 411-424.
117 Kimmerling, 1993, S. 346.
118 Kafkafi, 1998, S. 421-422.
119 Arieli, 1965, S. 178-180.
120 Harel, 1982, S. 7.

[121] Ibid., 10-11.
[122] Ibid., 103.
[123] Kafkafi 1998, S. 377.
[124] Harel, 1982, S. 8-9.
[125] Eshed, 1979, S. 48.
[126] Ibid., 206.
[127] Ibid., 72-73.
[128] Ibid., 93.
[129] Ibid., 194, 204.
[130] Ibid., 142.
[131] Ibid., 215.
[132] Ibid., 277-278.
[133] Ibid., 278-279.
[134] Zitiert nach Teveth, 1994, S. 20.
[135] Ibid., 20-21, 59.
[136] Ibid., 38.
[137] Ibid., 59.
[138] Hasin & Horowitz, 1961, S. 234. Levi Eshkol, der Peres 1946 in die Politik holt, fordert im Gefolge der Zweier-Kommission vom Januar 1955 seine Entlassung. Kafkafi, 1998, S. 262; Goldstein, 2003, S. 376.
[139] Peres, 1979, S. 49.
[140] Peres, »Die Wahrheit enthüllen«, 15.12.1964, in: Peres, 1965, S. 245.
[141] Hasin & Horowitz, 1961, S. 135.
[142] Ibid., 134.
[143] Kafkafi, 1998, S. 376-377.
[144] Hasin & Horowitz, 1961, S. 136.
[145] Peres, 1995, S. 108-136.
[146] Ibid., 108.
[147] Ibid., 109.
[148] Ibid., 109.
[149] Ibid., 109.
[150] Ibid., 110.
[151] Ibid., 110.
[152] Ibid., 110.
[153] Ibid., 110-111.
[154] Ibid., 110-111.
[155] Ibid., 111.
[156] Ibid., 111.
[157] Ibid., 111-112.
[158] Ibid., 112.
[159] Ibid., 112.
[160] Ibid., 112-113.
[161] Ibid., 113.
[162] Ibid., 113.
[163] Ibid., 113.
[164] Ibid., 114.
[165] Ibid., 116.
[166] Ibid., 117.
[167] Ibid., 117.
[168] Ibid., 117.
[169] Ibid., 118.
[170] Ibid., 118.
[171] Ibid., 118-119.
[172] Ibid., 115.
[173] Ibid., 114.

174 Ibid., 115.
175 Ibid., 115-116.
176 Ibid., 116.
177 Ibid., 116.
178 Ibid., 116.
179 Ibid., 119.
180 Ibid., 120.
181 Ibid., 120.
182 Ibid., 121.
183 Ibid., 121-136.
184 Ibid., 123.
185 Ibid., 132.
186 Ibid., 126.
187 Vgl. Yoren, Noam, »Kultur des Verschweigens«, Haaretz, 10.2.2004.
188 Bar-Zohar, 2006, S. 395.
189 Ibid., 395.
190 Black & Morris, 1994, S. 591-595.
191 Ibid., 601-614.
192 Gutman, Yechiel, *A Storm in the G.S.S.*, Tel Aviv, 1995, (heb.), [im Folgenden: Gutman, 1995], S. 125.
193 Vgl. Barnea, Nahum, »Wenn ein böser Araber zum toten Araber wird: Zorea-Kommission, wohin mit den Gefangenen?«, Koteret Rashit, 30.5.1984; Baron, Natan, »In Ruhe, mit Geheimhaltung«, Yedioth Ahronoth, 30.5.1986; Ben-Porat, Isaiah, »Shimon Peres' Dilemma«, Yedioth Ahronoth, 30.5.1986; Azouly-Katz, Orly, »Seit wann weiß Peres von der Affäre? Der Premier: Seit November 1985«, Yedioth Ahronoth, 6.6.1986; Oz, Amos, »Putsch«, Davar, 27.6.1986; Zertal, Idith, »Aktiver oder passiver Partner«, Davar, 27.6.1986; Rosental, Rubik, »Buslinie 300, der Kern der Frage«, Maariv, 16.1.1997; Bar-Josef, Uri, »Eine nachvollziehbare Verleugnung«, Haaretz, 16.1.1997.
194 Barneas Artikel werden im Folgenden jeweils als Barnea, 4.6.1986 bzw. Barnea, 25.6.2004 zitiert.
195 Black & Morris, 1994, S. 579-590.
196 Keren, Michael, *Professionals Against Populism, The Peres' Government and Democracy*, Tel Aviv, 1996, (heb.), [im Folgenden: Keren, 1996], S. 43-70.
197 Bar-Zohar, 2006, S. 534-543.
198 Black & Morris, 1994, S. 579-581; Gutman, 1995, S. 16-18.
199 Gutman, 1995, S. 24.
200 Ibid., 27.
201 Black & Morris, 1994, S. 584.
202 Gutman, 1995, S. 28-32; Black & Morris, 1994, S. 584-585.
203 Black & Morris, 1994, S. 585.
204 Ibid., 585.
205 Gutman, 1995, S. 36.
206 Ibid., 39; Black & Morris, 1994, S. 585.
207 Vgl. Betelheim, Avi, »Die Schlamperei 1986, die politische Ebene«, Maariv-Spezialbericht – Shin-Bet-Affäre, 18.7.1986, S. 20-27, [im Folgenden: Betelheim, 18.7.1986].
208 Ibid.; Gutman, 1995, S. 40.
209 Gutman, 1995, S. 40-41.
210 Ibid., 43.
211 Betelheim, 18.7.1986.
212 Gutman, 1995, S. 47.
213 Betelheim, 18.7.1986.
214 Gutman, 1995, S. 48.
215 Ibid., 50.
216 Barnea, 25.6.2004.
217 Gutman, 1995, S. 50-51.

[218] Haaretz, 30.5.1986.
[219] Gutman, 1995, S. 128-129.
[220] Barnea, 25.6.2004.
[221] Gutman, 1995, S. 48.
[222] Betelheim, 18.7.1986.
[223] Black & Morris, 1994, S. 588.
[224] Barnea, 4.6.1986.
[225] Barnea, 25.6.2004.
[226] Gutman, 1995, S. 60-63.
[227] Ibid., 66-67.
[228] Ibid., 67.
[229] Ibid., 70.
[230] Ibid., 15.
[231] Ibid., 71.
[232] Bar-Zohar, 2006, S. 540.
[233] Gutman, 1995, S. 81-82.
[234] Ibid., 84. Caspi vertritt auch Shalom vor dem Obersten Gericht, als es um die Entlassung Malkas geht, weil Zamir sich weigert, Shalom unter diesen Umständen zu vertreten. Diese vorschriftswidrige Einbeziehung seines Anwaltsfreundes in eine ausgesprochen heikle staatliche Angelegenheit legitimiert Peres mit dem »Gerechtigkeitsargument«: Zamir und Shalom stünden in einem Interessenskonflikt, daher sei es nur angemessen, dass Shalom juristische Beratung erhalte. Caspi arbeitet mit Shalom auch in der Spionageaffäre rund um den jüdischen Amerikaner Jonathan Pollard zusammen. Auch hier wird Caspi von Peres beauftragt. Die Staatsanwältin Dorit Beinish empfindet Caspis Einmischung in die Shin-Bet-Affäre als ausgesprochen problematisch. Später kritisiert sie Peres' Haltung: »Das ist eine schwerwiegende Angelegenheit […], denn Shaloms persönliches Interesse ist nicht identisch mit dem Interesse der israelischen Regierung. Hier scheitert die Regierung kläglich.« Auch der Nachfolger Zamirs Josef Harisch findet die »selbstverständliche Einbeziehung Caspis in die Begnadigungssache fragwürdig«. Ibid., 84-85.
[235] Ibid., 87-91.
[236] Der israelische Jurist und Autor Moshe Negbi interpretiert die Rolle der israelischen Regierung in der Shin-Bet-Affäre als »eine Rebellion gegen den Rechtsstaat und die Rechtsstaatlichkeit«. Negbi, Moshe, *Above the Law: The Constitutional Crisis in Israel*, Tel Aviv, 1987, (heb.), S. 9.
[237] Black & Morris, 1994, S. 588-590.
[238] Schmidt, 2000, S. 75.
[239] Auch hier lässt sich Peres' Bemerkung gegenüber Zamir auf dem Höhepunkt der Affäre – »Von uns beiden sind Sie derjenige, welcher das Machtwort sprechen kann, ich bin lediglich ein Berater für Sicherheitsbelange« (Keren, 1996, S. 63; Peres, 1995, S. 316-317) – nicht alleine als Alibi-Argument verstehen. Diese Aussage lässt vielmehr auf sein Selbstbild schließen.
[240] Vgl. Interview mit Außenminister Jitzchak Shamir, »Der Shin-Bet ist in Ordnung, eine Ermittlung ist nicht notwendig – Terroristen sollten getötet werden«, Hadashot, 30.5.1986.
[241] Sprinzak, Ehud, »Elite Illegalism in Israel and the Question of Democracy«, in: *Israeli Democracy under Stress*, hg. v. ders., & Larry Diamond, Boulder/London: 1993, [im Folgenden: Sprinzak & Diamond, 1993], S. 173-198, [im Folgenden: Sprinzak, 1993], hier, S. 174-175.
[242] Ibid., 190-191.
[243] Peres, 1995, S. 302-328.
[244] Barnea, 25.6.2004.
[245] Bar-Zohar, 2006, S. 542; Keren, 1996, S. 50.
[246] Black & Morris, 1994, S. 588.
[247] Peres, 1995, S. 315.
[248] Ibid., 315.
[249] Ibid., 315.
[250] Ibid., 315.
[251] Ibid., 315-316.

252 Keren, 1996, S. 59.
253 Peres, 1995, S. 316-317.
254 Gutman stellt nicht die Tötung der Gefangenen im Zentrum der Affäre; »dabei war nichts Neues« und man »könnte den Fehler frühzeitig zugeben und die Sache abschließen«. Das eigentliche Problem sieht er in den späteren Vertuschungsversuchen. Gutman, 1995, S. 21. Rosenthal protestiert gegen ein amoralisches Verständnis der Shin-Bet-Affäre. Er sieht den moralischen Fehler in der Ermordung von Gefangenen. Dies habe letztlich zu weiteren Missetaten geführt. »Die Affäre kam heraus, weil eine Lynchaktion – eine barbarische Aktion – vollzogen wurde.« Rosenthal, Rubik, »Buslinie 300, der Kern der Frage«, Maariv, 16.1.1997. Auch Barnea zeigt sich bereits 1986 recht verblüfft über die Selbstverständlichkeit, mit der man in politischen Kreisen die Tötung von Gefangenen, falsche Aussagen, Vertuschung und Unterschlagung von Beweismaterial als Grundlage der alltäglichen Arbeit des Shin-Bet akzeptiert. Barnea, 4.6.1986.
255 Peres, 1995, S. 317.
256 Ibid., 318. Bar-Zohar bezeichnet das Begnadigungsverfahren zwar als etwas weit »hergeholt« und »umständlich«. Er hegt jedoch keinen Zweifel an der Richtigkeit der Begnadigung: »Die Begnadigung der Shin-Bet-Männer diente [in erster Linie] Israels Sicherheitsbedürfnissen. Es wurde verhindert, dass die schmutzige Wäsche des Staats in der Öffentlichkeit gewaschen wurde, der Schaden für den Shin-Bet blieb begrenzt, und die Sicherheitsbedürfnisse des Staats sind letztlich nicht geschädigt worden.« Deshalb, erklärt Bar-Zohar, habe die Shin-Bet-Affäre Peres' positivem Image als »hervorragendem und verantwortungsbewusstem Premier« kaum geschadet. Bar-Zohar, 2006, S. 543.
257 Ben-Eliezer, 1998, S. 338-339.
258 Vgl. Drucker, Raviv & Shelah, Ofer, *Boomerang. Das Versagen der [israelischen, politisch-militärischen] Führung in der Zweiten [Al-Aksa] Intifada*, Jerusalem, 2005, (heb.), [im Folgenden: Drucker & Shelah, 2005], S. 296-300.
259 Peres, 1970, S. 210.
260 Ibid., 210.
261 Vgl. Haaretz, online, 13.3.2006:
http://www.haaretz.co.il/hasite/pages/ShArt.jhtml?itemNo=693676&contrassID=1&subContrassID=0&sbSubContrassID=0.
262 Vgl. http://www.knesset.gov.il/faction/heb/FactionPage.asp?PG=0.
263 Vgl. FN. 261.
264 Weis, Shevah, »Ende der Ära Rafi? Aus der Perspektive einer halben Generation [nach der *Rafi*-Gründung] lässt sich feststellen, dass der Plan der Rafi-Leute, ›das Reich [der *Mapai*-Partei] von innen zu erobern‹, umgesetzt wurde«, Davar, 15.9.1981.
265 Azoulay-Katz, 1996, S. 123.
266 Bar-Zohar, 2006, S. 534.
267 Ibid., 590.
268 Vgl. Carmi, Shulamit & Rosenfeld, Henry, »The Emergence of Militaristic Nationalism in Israel«, International Journal of Politics, Culture and Society 3/1, Netherlands, 1989, S. 5-49.
269 Peres, 1965, S. 217.
270 Peres, 1965, S. 246.
271 Vgl. Ben-Gurion, David, *From Class to Nation*, Tel Aviv, 1974, (heb.).
272 Grinberg, Lev Luis, *The Histadrut Above All*, Jerusalem, 1993, (heb.), [im Folgenden: Grinberg, 1993], S. 76-77.
273 Ibid., 212-213.
274 Davar, 10.5.1978.
275 Migwan, 33-42, 1979, S. 67-69.
276 Shdamot, 1979, S. 127-128.
277 Peres, 1978, S. 11.
278 Ibid., 11.
279 Ibid., 179-189, 191-214.
280 Ibid., 184-185.
281 Ibid., 189.

282 Ibid., 191-214.
283 Ibid., 199-200. Der israelische Sozialwissenschaftler Avraham Doron weist in diesem Zusammenhang auf den »Armutsnachweis« hin, der erbracht werden muss, um staatlich bezuschusste Dienstleistungen zu erhalten. Mit ihm könne Armut nicht bekämpft, sondern nur zementiert werden, da er bestimmte Muster sozialer Ungleichheit institutionalisiere und legitimiere. Je notwendiger »Mittellosigkeitsnachweise und Bedürftigkeitszeugnisse« würden, um staatliche Zuwendungen zu erhalten, umso mehr würden die Schwachen in einer »Bedürftigkeitsfalle« gefangen. Doron, Avraham, *In Defense of Universality. A Challenge to Israel's Social Policies*, Jerusalem, 1995, (heb.), [im Folgenden: Doron, 1995], S. 44.
284 Peres, 1978, S. 203. 1972 wird zwischen der *Histadrut* und den Wirtschaftsverbänden ein Vertrag zur Mindestlohnregelung ausgehandelt, auf dessen Grundlage 1987 ein Gesetz zum Mindestlohn, der auf 45 Prozent des durchschnittlichen Gehalts festgesetzt wird, erlassen wird.
285 Peres, 1978, S. 205.
286 Ibid., 205.
287 Ibid., 206.
288 Ibid., 206-207.
289 Ibid., 207.
290 Ibid., 207.
291 Shdamot, 1979, S. 127-128.
292 Vgl. http://lib.cet.ac.il/Pages/item.asp?item=4128.
293 Eigentlich EESP – Emergency Economic Stabilization Plan. Für eine ausführliche Darlegung des ESP vom Juli 1985 vgl. Alexander, Esther, *The Power of Equality in the Economy, The Israeli Economy in the 80's*, Tel Aviv, 1990, (heb.), [im Folgenden: Alexander, 1990], S. 244-248.
294 Azoulay-Katz, 1996, S. 123; Keren, 1996, S. 107-139: »Der Gesellschaftsvertrag«; Bar-Zohar, 2006, S. 522-534; Peres, 1995, S. 293-301.
295 Bar-Zohar, 2006, S. 533.
296 Peres, 1995, S. 296-297.
297 Ibid., 298-299.
298 Ibid., 299-300.
299 Ibid., 300.
300 Vgl. Doron, Avraham, »Der Kampf um den Wohlfahrtsstaat in den 1980er Jahren«, in: Doron, 1995, S. 33-46; Alexander, Esther, »Das Scheitern des ESP – die geplante Verwaltung des Verfalls der Volkswirtschaft«, in: Alexander, 1990, S. 279-325.
301 Alexander weist darauf hin, dass die Bedingungen der USA für ihre finanzielle Hilfeleistung einer wirtschaftlichen »Kolonialisierung Israels« gleichkämen. Sie belegt die enormen Einschränkungen der israelischen Handlungsfreiheit in den Bereichen Export, Import und Produktion, vor allem aber in Waffenindustrie bzw. Waffenhandel durch die USA infolge des ESP. Alexander, 1990, S. 306-314.
302 Bar-Zohar, 2006, S. 526.
303 Vgl. Sharkansky, Ira, »Israel's Political Economy«, in: Sprinzak & Diamond, 1993, S. 153-170, hier, S. 165-166; Grinberg, Lev Luis, *Split Corporatism in Israel*, New York, 1991, [im Folgenden: Grinberg, 1991], S. 150-156.
304 Hierzu Menchem Hofnung: »The fact that a state of emergency is permanently in force, and that the country is being governed by way of emergency legislation, constitutes a constant threat to democratic practices. The powers vested in elected officials who hold executive offices may, in certain circumstances, facilitate the implementation of policy by circumventing democratic institutions without changing the existing laws. The powers provided for by the emergency arrangements were used in the implementation of the economic plan in July, 1985. Overnight, by using emergency legislation, a plan was put into operation whereby prices were frozen, restrictions were imposed on the freedom of workers and employers to negotiate agreements on benefits and salaries, and rules were set down to regulate payments and the implementation of private contracts (for example, rental money for houses or payment for services). The plan which brought the hyper-inflation in Israel to a stop, gained wide public support from its inception, and, in retrospect, is considered a success story. However, lessons

about potential dangers can also be learned from successful past experiences. A similar plan could be implemented in the future in other policy areas under the same rules as those applied when the economic plan was presented in 1985.« Hofnung, 1996, S. 299-300.
305 Vgl. Modai, Yithak, *Eliminating the Zero's*, Tel Aviv, 1988, (heb.); Modai bezeichnet den ESP von 1985 als »eine wirtschaftliche Revolution«, S. 149.
306 Vgl. Nahmias, David & Klein, Eran, »Das Volkswirtschaftsregulierungsgesetz – zwischen Wirtschaft und Politik«, Jerusalem: Israelisches Institut für Demokratie, Paper 17, November 1999, (heb.), vgl. http://www.idi.org.il/hebrew/article.asp?id=08a23e3c8c934a63e1f44ded4ee4b0c2, [im Folgenden: Nahmias & Klein, 1999], S. 10; vgl. auch: http://www.knesset.gov.il/MMM/data/docs/m01237.doc.
307 Peres, 1995, S. 298.
308 Nahmias & Klein, 1999, S. 11-12.
309 Ibid., 13-18.
310 Ibid., 19-32.
311 Vgl. http://www.adva.org/UserFiles/File/hesderim%202007(1).pdf; http://israblog.nana10.co.il/blogread.asp?blog=248943&blogcode=4953980.
312 Vgl. auch: http://www.knesset.gov.il/MMM/data/docs/m01237.doc vom September 2005.
313 Bar-Zohar, 2006, S. 533.
314 Keren, 1995, S. 121-122.
315 Ibid., 107-139.
316 Bar-Zohar, 2006, S. 525; Azoulay-Katz, 1996, S. 123; Keren, 1995.
317 Bar-Zohar, 2006, S. 534.
318 Ibid., 590.
319 Vgl. Davar, 20.1.1989; Yedioth Ahronoth, 17.2.1989; Al Hamishmar, 19.4.1989.
320 Vgl. Yedioth Ahronoth, 10.3.1989; Haolam Haze, 24.5.1989; Hair, 28.7.1989.
321 Yedioth Ahronoth, 17.2.1989.
322 Yedioth Ahronoth, 10.3.1989.
323 Vgl. Jehuda Shenhavs Rezension zum Buch von Harvey, David, *A Brief History of Neoliberalism*, Oxford, 2005, Online-Haaretz, 22.3.2006: http://www.haaretz.co.il/hasite/pages/ShArtPE.jhtml?itemNo=696289&contrassID=2&subContrassID=12&sbSubContrassID=0.
324 Vgl. Pressemeldungen und Stellungnahmen zu Peres' Privatisierungspolitik: Hadashot, 7.4.1989, 12.9.1989, 22.9.1989, 17.10.1989; Haaretz, 7.4.1989.
325 Vgl. http://www.knesset.gov.il/MMM/data/docs/m00794.doc.
326 Yedioth Ahronoth, 12.12.1989.
327 Vgl. Presse-Meldungen zum Staatsetat 1990-1991: »Sozialdarwinismus«, Al Hamishmar, 17.12.1989; Hair, 8.9.1989.
328 Margalit, Elkana, »Ist die Arbeitsbewegung noch relevant?: Aufruf für ein neues Denken«, Yaad, Forschung der Arbeitsbewegung, des Zionismus und Sozialismus 2, 1989, S. 1-9, (heb.).
329 Yedioth Ahronoth, 17.2.1989.
330 Jerusalem Post, 15.9.1989.
331 Ibid.; Yedioth Ahronoth, 15.12.1989.
332 Yedioth Ahronoth, 15.12.1989.
333 Jerusalem Post, 15.9.1989; Davar, 9.5.1989.
334 Diese These spiegelt sich auch in dem Ende 2005 kurz vor den Wahlen für den Parteivorsitz von Peres entworfenen »Plan für die Armutsbekämpfung in Israel« wider, als in Israel über 1.5 Millionen Menschen (von 6 Millionen, die Palästinenser in den besetzten Gebieten nicht eingeschlossen) als unterhalb der Armutsgrenze lebend verzeichnet werden. Der schließlich nicht umgesetzte Entwurf fordert Steuerbegünstigungen für Unternehmer, um diese dazu zu bewegen, neue Arbeiter für angemessenes Gehalt bzw. entsprechend dem Mindestlohngesetz zu beschäftigen. Darüber hinaus sieht der Plan die Privatisierung der Arbeitsämter und die »Einführung neuer Methoden für die Anhebung des Einkommens von Geringverdienenden« vor, außerdem kostspielige und daher schwer durchsetzbare Aspekte wie »Ganztagsschule«, »günstigere Hochschulgebühren«, »Entwicklung der Verkehrsinfrastruktur« und »Regelung der Pensionsrechte für Arbeiter«. Der Entwurf stützt sich auf folgenden Grundsatz: »Die Politik der Geldverteilung [Einkommensergänzung durch den Staat über das Institut für

Nationale Sozialsicherung] ist gescheitert. Sie hat in vieler Hinsicht sogar dazu beigetragen, dass die Armut sich verewigte, die Einkommensschere [zwischen Reich und Arm] sich nur noch vergrößerte.« Für die Plandetails siehe: http://my.ynet.co.il/pic/news/2.10/258,3,Folie 3, (heb.).

Die wirklichen Hintergründe der Armut – die strukturelle Arbeitslosigkeit im kapitalistischen System, die mangelnde Umsetzung von bereits bestehenden Arbeitsgesetzen und die Lockerung von Arbeitsverhältnissen im Sinne der Unternehmer – sind leicht übersehbare Gesichtspunkte dieses Plans, der ohnehin zu Wahlkampfzwecken gegen den sozialpolitisch ausgerichteten Bewerber auf den Vorsitz der Arbeitspartei Amir Perez entworfen wird. Ohne diese »Geldverteilung« – so die *Haaretz*-Kommentatorin für soziale Angelegenheiten Ruth Sinai – wäre mit einer Armutsrate über 40 Prozent zu rechnen. Vgl. Haaretz, 2.11.2005.

[335] Davar, 9.5.1989.
[336] Ibid.
[337] Peres, 1995, S. 242-243.
[338] Ibid., 245, 250-258.
[339] Ibid., 243-244.
[340] Schmidt, 2000, S. 74.
[341] Peres, 1998, S. 12.
[342] Ibid., 139.
[343] Als Grundlagentext der Forschung gilt der 1987 von Ella Habiba Shohat verfasste Aufsatz »Mizrahim in Israel: Zionismus aus der Sicht seiner jüdischen Opfer«, in: *Mit dem Konflikt leben!? Berichte und Analysen von Linken aus Israel und Palästina*, hg. v. Irit Neidhardt, Münster: 2003, S. 51-98, [im Folgenden: Shohat, 2003]; vgl. dazu auch Shenhav, 2003; Chetrit, Sami Shalom, *The Mizrahi Struggle in Israel. Between Oppression and Liberation, Identification and Alternative 1948-2003*, Tel Aviv, 2004, (heb.); ders., »Mizrachim und Palästinenser in Israel – ›Die neuen Mizrachim‹«, Inamo 38, Sommer 2004, S. 14-20; vgl. auch: Swirsky, Shlomo & Bernstein, Debora, »Wer hat gearbeitet? Für wen und für wie viel?: Die Wirtschaftsentwicklung Israels und die Entstehung ethnischer Arbeitsteilung«, in: Uri Ram, 1993, S. 120-147, (EA. 1980), [im Folgenden: Swirsky & Bernstein, 1993]; Swirsky, 1989.
[344] Peres, 1998, S. 141-142.
[345] Ibid., 114-142.
[346] Vgl. Rubik Rosenthals Buchbesprechung zu: »Zurück nach Israel, Eine Reise mit Theodor Herzl: Ein Traum voller Glück«, Maariv, 28.5.1999.
[347] Auch in Peres' Vision eines Neuen Nahen Ostens (Peres, 1993) liegt der Fokus losgelöst von der sozialpolitischen Frage auf der Wirtschaft. Die Staaten des Nahen Ostens sollen durch die Ablösung der »Konfrontationswirtschaft« durch eine »Friedensökonomie« wirtschaftlich miteinander verbunden werden. Dies soll über Investitionen in eine moderne Industrie (Wasser, Kommunikation, Transport, Verkehr und Tourismus) zum Wohle der gesamten Region erreicht werden. Ob der Plan auch eine soziale Integration von Israelis und Arabern der Region einschließt, bleibt unklar.
[348] Peres, 1995, S. 329-342.
[349] Die marokkanischen Juden Israels bilden zahlenmäßig die größte Gruppe der *Mizrahim*. Sie führen die bedeutenden Revolten der *Mizrahim* gegen die vom aschkenasischen, meist osteuropäischen Establishment geprägte »israelische Ordnung« an. Beispiele für maßgeblich durch marokkanische Juden geprägte Protestbewegungen in Israel sind: Die erste ethnisch-gesellschaftlich-ökonomische Revolte 1959 in Wadi-Saliv in Haifa; die »Black-Panther«-Bewegung der 1970er Jahre, die für einen echten Sozialismus und soziale Gleichberechtigung auch für die Palästinenser kämpfte; und schließlich die 1984 neu gegründete *Schas*-Partei, die zunehmend die marokkanische Wahlklientel für sich gewinnt. Für eine soziologisch-kulturelle Erklärung der marokkanischen Revolte-Haltung, vgl. Cohen, Ethan, *Die Marokkaner. Das aschkenasische Negativ*, Tel Aviv, 2002, (heb.).
[350] Peres, 1995, S. 332.
[351] Ibid., 332.
[352] Ibid., 332-333.
[353] Ibid., 333.

354 Shenhav, 2003, S. 73; vgl. auch das 2. Kapitel: »Die Religion: Wie die arabischen Juden als religiös und gleichzeitig als national markiert wurden«, in: Shenhav, 2003, S. 73-120.
355 Ibid., 76.
356 Ibid., 119.
357 Schmidt, 2000, S. 75.
358 Peres, 1995, S. 334.
359 Ibid., 335.
360 Swirsky & Bernstein, 1993.
361 Peres, 1995, S. 335.
362 Ibid., 335.
363 Ibid., 335.
364 Ibid., 336.
365 Ibid., 336.
366 Ibid., 336. So haltlos sind diese Anschuldigungen gegen David Ben-Gurion sowie gegen das politische Establishment der ersten Jahrzehnte nach der Staatsgründung nicht. Shohat weist darauf hin, dass der Premierminister die *Mizrahim*-Einwanderer als Leute beschrieb, denen »die allergrundlegendsten Kenntnisse« fehlten und die »ohne eine Spur jüdischer oder menschlicher Bildung« seien [...]. Die Autorin stützt sich dabei auf: Ben-Gurion, David, *Eternal Israel*, Tel Aviv, 1964, S. 34, (heb.). Sie führt weiter an: »Ben-Gurion hat seiner Verachtung für die Kultur der orientalischen Juden wiederholt Ausdruck verliehen: ›Wir wollen nicht, dass Israelis Araber werden. Wir müssen gegen den Geist der Levante kämpfen, der Individuen und Gesellschaften korrumpiert, und die authentischen jüdischen Werte, wie sie sich in der Diaspora herauskristallisiert haben, bewahren.‹« Shohat erinnert zudem an Ben-Gurions Bezeichnung der marokkanischen Juden als »Wilde« und seinen Vergleich der *Mizrahim* mit den Afrikanern, die als Sklaven nach Amerika gebracht wurden. Sie sieht eine Parallele zwischen der Einstellung des israelischen Establishments gegenüber den Palästinensern einerseits und gegenüber den *Mizrahim* andererseits, wobei auch die junge Generation der Arbeitspartei diese Einstellungen teile: »Über Jahre hinweg haben israelische Führungspersönlichkeiten diese Vorurteile forciert und legitimiert, die sowohl die Araber als auch die orientalischen Juden umfaßten. Für Abba Eban ›sollte es das Ziel sein, [den *Mizrahim*] einen abendländischen Geist einzuflößen, statt dass diesen erlaubt wird, uns in einen widernatürlichen Orientalismus hineinzuziehen‹. Oder: ›Eine unserer großen Befürchtungen ist [...] die Gefahr, dass bei einer Überhandnahme der Einwanderer orientalischer Herkunft Israel gezwungen wird, sein kulturelles Niveau das seiner angrenzenden Länder anzugleichen.‹« Shohat zitiert des Weiteren Golda Meirs typisch kolonialistische Anmerkung: »Werden wir fähig sein, [...] diese Einwanderer auf eine geeignete Zivilisationsstufe zu heben?« Alle Zitate aus: Shohat, 2003, S. 55-56.
367 Peres, 1995, S. 339-342.
368 Ibid., 342.
369 Ibid., 342.
370 Vgl. Shapiro, Yohnathan, »The Historical Origins of Israeli Democracy«, in: Sprinzak & Diamond, 1993, S. 65-80.
371 Vgl. Mohr, Marcus, *Waffen für Israel – westdeutsche Rüstungshilfe vor dem Sechstagekrieg*, Berlin, 2003.
372 Davar, 22.6.1990.
373 Bar-Zohar, 2006, S. 667-668.
374 Al Hamishmar, 27.4.1990.
375 Vgl. Shapiro, Jonathan, *Elite ohne Nachfolger: Führende Generationen der israelischen Gesellschaft*, Tel Aviv, 1984, (heb.); ders., *Zum Regieren verdammt: Der Weg der Herut-Bewegung. Soziologisch-politische Anmerkungen*, Tel Aviv, 1989, (heb.); ders., *Eine Gesellschaft in Gefangenschaft ihrer Politiker*, Tel Aviv, 1996, (heb.).
376 Vgl. Levy, Yagil, »Militarizing inequality: A conceptual framework«, Theory and Society 27, Netherlands, 1998, S. 873-904. Levy zeigt, inwiefern das israelische Militär durch seine Strukturen und Agitation zur Reproduktion sozialer Ungleichheit beiträgt: »Convertibility [...] is the most critical variable on which the role the military plays in mitigating/construction/le-

gitimizing inequalities is grounded. It is the scale of convertibility that determines the degree to which inequalities in the military are transmitted to the base society and subordinated groups are motivated to struggle over their position in the military and the translation of this position into social gains.« Ibid., 897-898.

377 Peres, 1993, S. 243-244.
378 Das sogenannte »Peres-Gesetz« erhält zwar im Kabinett, jedoch nicht in der *Knesset* die Mehrheit. Vgl. Haaretz, 28.1.2007.
379 Vgl. *Haaretz*-Leitartikel: »Manipulation des Grundgesetzes«, Haaretz, 26.10.2006.
380 Vgl. Interview mit der Kandidatin der Arbeitspartei, Colette Avital, Haaretz, 8.6.2007. Und: http://www.haaretz.co.il/hasite/spages/870535.htm.
381 Vgl. http://www.haaretz.co.il/hasite/spages/870535.htm.
382 Peres, 1993, S. 244.

IV. Vom Kriege: Peres und die Frage der nationalstaatlichen Gewalt

1 Shapira, Anita, *Das Schwert der Taube: Der Zionismus und die Macht 1881-1948*, Tel Aviv, 1992, (heb.), [im Folgenden: Shapira, 1992], (eng. *Land and Power: The Zionist Resort to Force, 1881-1948*, New York, 1992).
2 Auch David Biale untersucht in seinem Buch *Power and Powerlessness in Jewish History* (New York, 1986) das ambivalente Verhältnis von Juden zur Macht bzw. Gewaltanwendung, von der Entstehung der jüdischen Nationalbewegung bis hin zur Etablierung des jüdischen Staats. Diese ambivalente Haltung zur Gewalt hat auch Auswirkungen auf die israelische Literatur, siehe die Analyse des israelischen Kulturkritikers Yitzhak Laor, *Narratives with no Natives, Essays on Israeli Literature*, Tel Aviv, 1995, (heb.).
3 Fackenheim, Emil L., *The Jewish Bible after the Holocaust – a re-reading*, u. a. Bloomington, 1990; ders., *The Jewish Return to History: Reflections in the Age of Auschwitz and a New Jerusalem*, New York, 1978; Schweid, Eliezer, *Israel at the Crossroads*, Philadelphia, 1973.
4 Shapira, 1992, S. 37-53.
5 Vgl. Peri, 1983; Shapira, 1992.
6 Der »militärisch-industrielle Komplex« Israels umfasst die Armee und weitere Sicherheitsapparate, die Offizierselite, die Führung des Sicherheitsestablishments im Verteidigungsministerium, die militärische Industrie und unterstützende gesellschaftliche Eliten wie die technologischen, ökonomischen, kulturellen, medialen und akademischen; vgl. Mintz, Alex, »The Military Industrial Complex – The Israeli Case«, Journal of Strategic Studies 6/3, 1983, S. 103-127; ders., »Military-Industrial Linkages in Israel«, Armed Forces and Society 12/1, 1985, S. 9-27, 1985; Mintz, Alex & Ward, Michael D., »The Political Economy of Military Spending in Israel«, The American Political Science Review 83/2, 1989, S. 521-533.
7 Vgl. Halpern, Ben, »The Role of the Military in Israel«, in: *The Role of the Military in Underdeveloped Countries*, hg. v. John J. Johnsohn, Princeton, 1962, S. 317-358; Horowitz, Dan, »Is Israel A Garrison State?«, The Jerusalem Quarterly, Summer 1977, S. 58-75; Lissak, Moshe, »Paradoxes of Israeli Civil-Military Relations: An Introduction«, in: *Israeli Society and Its Defence Establishment*, hg. v. ders., London: 1984, S. 1-12.
8 Horowitz, 1977 und 1982.
9 Peri, 1983.
10 Vgl. Kimmerling, Baruch, »Militarismus in der israelischen Gesellschaft«, Theorie und Kritik 4, Jerusalem, 1993, S. 123-141, (heb.), [im Folgenden: Kimmerling, 1993A]; Ben-Eliezer, Uri, »›Das Volk in Waffen‹ und der Krieg: Israel in den ersten Jahren der Souveränität«, Zmanim 49, Historische Zeitschrift der Tel Aviver Universität, 1994, S. 50-65, (heb.), [im Folgenden: Ben-Eliezer, 1994], S. 63. Vgl. auch, ders., *Making of Israeli Militarism*, Bloomington, 1998.
11 Kimmerling, 1993A, S. 125.
12 Ibid., 125-127.
13 Vagts, Alfred, *A history of militarism: romance and realities of a profession*, New York, 1937.

14 Kimmerling, 1993A, S. 127-28.
15 Ibid., 130.
16 Idith Zertal weist auf die große Verbreitung dieses Textes in den israelischen Medien hin: »Sein Einfluss war atemberaubend. Das israelische Kollektiv, die Angehörigen der jungen Eliten sahen sich in diesem Text, der zur Stimme einer ganzen Generation wurde, repräsentiert und definiert.« Vgl. Zertal, Idith, *Nation und Tod. Der Holocaust in der israelischen Öffentlichkeit*, Göttingen, 2003, [im Folgenden: Zertal, 2003], S. 279.
17 Vgl. Dayan, Moshe, *Meilensteine*, Tel Aviv, 1976, S. 190, (heb.); hier die Übersetzung ins Deutsche von Markus Lemke, in: Zertal, 2003, S. 279-280.
18 Kimmerling, 1993A, S. 123.
19 Ibid., 131.
20 Pedezur, Reuven, »Zur israelischen Sicherheitskultur: Ursprung und Auswirkung auf die israelische Demokratie«, Politika, The Israeli Journal of Political Science and International Relations 10, Jerusalem, 2003, S. 87-113, (heb.), S. 88-89.
21 Vgl. Sheffer, Gabriel, »Sharett's ›Line‹, Struggles, and Legacy«, in: *Israel. The First Decade of Independence*, hg. v. Ilan S. Troen & Noah Lucas, New York: 1995, S. 143-169; Amar-Dahl, Tamar, *Moshe Sharett: Diplomatie statt Gewalt: Der »andere« Gründungsvater Israels und die arabische Welt*, München, 2003, [im Folgenden: Amar-Dahl, 2003].
22 Vgl. Golani, Motti, *Wars Don't Just Happen*, Ben Shemen, 2002, (heb.), [im Folgenden: Golani, 2002], S. 97. Golani zufolge befindet sich die israelische Gesellschaft seit 1973 in einem schmerzhaften Entwöhnungsprozess vom Ethos der Macht.
23 Morris, Benny, *Israel's Border Wars, 1949-1956: Arab Infiltration, Israeli Retaliation and the Countdown to the Suez War*, Tel Aviv, 1996, (heb.), [im Folgenden: Morris, 1996], S. 458-459.
24 Ibid., 129-198.
25 Ibid., 199, 203. Zur Kooperation der israelischen Presse mit der sich der Verantwortung für Qibiya entziehenden Regierung vgl. Morris, Benny, »Die israelische Presse und die Qibiya-Affäre, Oktober-November 1953«, in: *Juden und Araber in Erez Israel 1936-1956*, hg. v. ders., Tel Aviv: 2000, (heb.), S. 175-197.
26 Morris, 1996, S. 199, 206-208, 447.
27 Ibid., 446, 459, 372-376.
28 Peres, 1965, S. 25-28, [im Folgenden: Peres, 11.10.1956].
29 Morris, 1996, S. 424-425.
30 Peres, 11.10.1956, S. 26.
31 Dabei handelt es sich um ein weiteres Polizeirevier im Westjordanland, das von israelischen Kräften am 26.9.1956 als Vergeltung für die Ermordung eines israelischen Mädchens nahe Jerusalem attackiert wird. Die Israelis verlieren neun Soldaten, es gibt 39 Verletzte, die Jordanier haben 37 getötete Soldaten und zwei Zivilisten zu beklagen. Morris, 1996, S. 422-423.
32 Peres, 11.10.1956, S. 26.
33 Ibid., 26.
34 Ibid., 27. David Tal weist darauf hin, dass sich die Vergeltungsschläge seit 1950 (Erstschlag im März 1950) bis Ende 1953 (im Oktober: Qibiya) als kollektive Strafe gegen Zivilisten gerichtet hätten: »[…] their express purpose was to cause as much damage as possible in order to induce the civilian population to pressure the government to take action. Consequently, until the beginning of 1954 the Israeli reprisals were almost always directed against civilian targets.« Dabei stehe bis zur Operation Gaza vom 28.2.1954 erst eine neue Vergeltungsstrategie, die sich gegen militärische Ziele richte. Vgl. Tal, David, »Introduction: A New Look at the 1956 Suez War«, in: *The 1956 War: Collusion and Rivalry in the Middle East*, hg. v. ders., London: 2001, [im Folgenden: Tal, 2001], S. 1-18, hier, S. 4-5.
35 Peres, 11.10.1956, S. 27.
36 Ibid., 27.
37 Ibid., 27.
38 Ibid., 28.
39 Uri Ben-Eliezer zeigt, wie das Konzept vom »Volk in Waffen« zu einer »Verstammung« der Gesellschaft beiträgt und dadurch die Grenzen zwischen Individuum, Familie, Gesellschaft, Nation und Staat verwischt. Kriege ließen sich somit politisch leichter durchsetzen. Es bilde

sich eine Gesellschaft, die stets glaube, sich einem äußeren Feind widersetzen zu müssen. Der Autor belegt, wie notwendig die Dämonisierung des Feindes ist, um die Loyalität des Volks der eigenen Regierung gegenüber zu stärken. Vgl. Ben-Eliezer, 1994.

40 Morris, 1996, S. 382-436.
41 Tal, 2001, S. 1.
42 Tal bezieht sich auf die folgenden Forschungen (FN. 3, S. 14): Bar-On, Mordechai, *The Gates of Gaza: Israel's Defense and Foreign Policy 1955-1957*, Tel Aviv, 1992, (heb.), [im Folgenden: Bar-On, 1992], S. 376-377; Love, Kenneth, *Suez: The Twice Fought War*, London, 1969; Oren, Michael B., *The Origins of the Second Arab-Israel War*, London, 1992, S. 7-8; und Morris, 1996.
43 Tal, 2001, S. 2.
44 Vgl. Golani, Motti, *Israel in Search of a War – the Sinai Campaign, 1955-1956*, Brighton, 1998, [im Folgenden: Golani, 1998], S. viii- ix.
45 Bar-On, 1992, S. 378.
46 Bar-On, 1992, S. 378-379.
47 Kafkafi, Eyal, *An Optional War. To Sinai and Back – 1956-1957*, Tel Aviv, 1994, (heb.), [im Folgenden: Kafkafi, 1994], S. 17.
48 Kafkafi, 1994, S. 18.
49 Vgl. Ginat, Rami, »Origins of the Czech-Egyptian Arms Deal: A Reappraisal«, in: Tal, 2001, S. 145-167.
50 Tal, 2001, S. 7-8.
51 Ibid., 8.
52 Michel [sic!] Bar-Zohar, *David Ben-Gurion – Der streitbare Prophet. Eine Biographie*, Hamburg, 1968, S. 243-246. Ben-Gurion selbst liefert eine Begründung für diesen Schritt, die auf die grundsätzliche Debatte zwischen beiden Gründungsvätern hinweist: »Da sich die Schwierigkeiten der Verteidigung vermehrt und die Gefahren der Außenpolitik vergrößert haben, bin ich vor kurzem zu dem Schluß gekommen, daß eine völlige Koordinierung zwischen dem Verteidigungsministerium und dem Außenministerium unerläßlich ist. Diese beiden Ministerien, die sich praktisch mit denselben Fragen befassen, müssen unbedingt harmonieren. Wenn auch Meinungsverschiedenheiten heilsam sein können, sind doch hier eine ideologische Übereinstimmung und menschliche Vertrautheit zwischen beiden Ministern notwendig. Aus diesem Grund hat Sharett gehen müssen.« Ibid, S. 245-246.
53 Bar-Zohar, 2006, S. 114-115.
54 Ibid., 156.
55 Ibid., 159-163.
56 Ibid., 177.
57 Auch zwischen dem pro-arabischen Quai d'Orsay und den Sympathisanten Israels im französischen Verteidigungsministerium herrschen Uneinigkeiten über die Frage des israelischen Waffenerwerbs. Bourgès-Maunoury umgeht zum Teil auch den Quai d'Orsay und verkauft unautorisiert weitere zwölf Mystère Kampfflugzeuge an Israel, sodass sich Pineau und Mollet beim israelischen Botschafter Tzur über Israels direkte Beziehungen zum französischen Verteidigungsministerium beschweren. Tzur selbst befindet sich somit in der Zwickmühle: Einerseits will er diesem Deal nicht im Wege stehen, andererseits befürchtet er, dass sich auf Grund der Machenschaften von Bourgès-Maunoury und Peres das Verhältnis zwischen Israel und Frankreich verschlechtern könnte. Vgl. Bar-Zohar, 2006, S. 181-185.
58 Ibid., 181.
59 Tal, 2001, S. 8.
60 Bar-Zohar betont, dass dies 20 Prozent des gesamten Etats Israels ausgemacht habe. Bar-Zohar, 2006, S. 189.
61 Tal, 2001, S. 9.
62 Kafkafi, 1994, S. 86.
63 Bar-Zohar, 2006, S. 188-189.
64 Kafkafi, 1994, S. 87.
65 Bar-Zohar, 2006, S. 190.
66 Shlaim, Avi, *The Iron Wall – Israel and the Arab World*, u. a. New York, 2000, [im Folgenden: Shlaim, 2000], S. 167.

67 Bar-Zohar, 2006, S. 195. Ben-Gurion selbst scheint wenig für offizielle demokratische Entscheidungsprozesse übrig zu haben. Er weiht seine Regierung über die »Flut« an Waffen, die über Frankreich beschafft werden, erst am 19.8.1956 ein. Ibid., 190.
68 Golani, 1998, S. viii-ix.
69 Tal, 2001, S. 11.
70 Shlaim, Avi, »The Protocol of Sèvres, 1956, Anatomy of a War Plot«, in: Tal, 2001, S. 119-143, [im Folgenden: Shlaim, 2001], S. 121-122.
71 Ibid., 121.
72 Ibid.,121-122.
73 Bar-Zohar, 2006, S. 213.
74 Ibid., 213.
75 Shlaim, 2001, S. 123-126.
76 Bar-Zohar, 2006, S. 217. Shlaim berichtet, dass den im Gefolge dieses Vorfalls auftretenden Spannungen zwischen Israelis und Franzosen von Pineau und Bourgès-Maunoury gleich begegnet wird. Pineau erwähnt die Entscheidung von Staatspräsident René Coty, Israel eine offizielle Garantie bezüglich der in der Konferenz erzielten inoffiziellen Absprache der drei Parteien zu gewähren. Bourgès-Maunoury spricht von einer militärischen Garantie in Form einer Stationierung von französischen *squadrons* (Flugzeugstaffeln) auf israelischen Stützpunkten sowie einer Verteidigung der israelischen Küste durch die französische Marine. Shlaim stellt die Verknüpfung zwischen der militärischen Allianz und der israelischen Gegenleistung deutlich heraus. Aus französischer Sicht, so Shlaim, betone Bourgès-Maunoury: »France […] would continue to do its best for Israel whatever happened but there would never be a better opportunity for joint action.« Auf Ben-Gurion bezogen merkt er an, dieser »was inclined to show flexibility. One of his motives in coming to Paris was to consolidate the alliance with France«. Shlaim, 2001, S. 128.
77 Bar-Zohar, 2006, S. 217.
78 Shlaim, 2001, S. 130-131.
79 Ibid., 140-141.
80 Ibid., 128-129.
81 Ibid., 131.
82 Bar-Zohar zufolge handelt es sich hierbei keineswegs um eine Kapitulation seitens Ben-Gurions, welcher mit dem Challe Szenario nur bedingt zufrieden ist. Entscheidend sei die Position Dayans und Peres' gewesen, die »von einem Krieg besessen waren«. Bar-Zohar, 2006, S. 220.
83 Shlaim, 2001, S. 124-125; vgl. auch: Bar-Zohar, 2006, S. 211-212; Kafkafi, 1994, S. 94; Morris, 1996, S. 459.
84 Zitiert nach Bar-Zohar, 2006, S. 199.
85 Vgl. Bar-Zohar, 2006, S. 220; Peres, 1970, S. 170, da fehlt allerdings der Begriff »Levantiner«.
86 Bar-On, 1992, S. 289.
87 Peres, 1965, »Der Feldzug – Ziele und Folgen«, [im Folgenden: Peres, 16.11.56], S. 52-60. Teile der Rede werden am 18.11.1956 in Maariv veröffentlicht, überschrieben mit einem Zitat Peres': »Die in unsere Hände gelangten Dokumente beweisen, dass wir uns in unmittelbarer Existenzgefahr befunden haben.«
88 Bar-On, 1992, S. 319-374.
89 Ibid., 369.
90 Das *Ein-Brera*-Motiv durchzieht auch Peres' folgende Aufsätze: »Nach dem Sturm: Fazit und Schlussfolgerung«, 26.4.1957, in: Peres, 1965, S. 36-44, [im Folgenden: Peres, 26.4.1957]; und »Nach der Entscheidung«, in: Peres, 1965, S. 34-35. Dazu auch Peres, 1970, S. 176; siehe auch Peres, 1995, S. 163-164: »[Moshe Dayan] hatte seinen Männern von Anfang an befohlen, möglichst keine ägyptischen Soldaten zu töten. Ziel sollte vielmehr sein, ihre aus der Sowjetunion stammenden Waffen zu zerstören oder in unsere Hand zu bekommen. […] Die IDF nahm auch den Gaza-Streifen ein und säuberte die dortigen Stützpunkte palästinensischen Terrors.« Peres, 1995, S. 164.
91 Peres, 16.11.56, S. 52.
92 Ibid., 53.

[93] Die stete Existenzbedrohung durch die »arabische Welt« ist ein zentraler Topos in Peres' zahlreichen Texten der 1950er, 1960er und 1970er Jahre; vgl. z. B. Peres, 1965: »Alltägliche Verteidigung und Basissicherheit«, Juni 1954, S. 9-15; »Versöhnung ist keine Sicherheit«, 29.9.1955, S. 16-24; Peres, 26.4.1957; »Die sicherheitspolitische Betrachtung der auswärtigen Beziehungen«, Sommer 1957, S. 70-76; »Für eine progressive und konsistente Sicherheitslinie«, S. 140-145.

[94] Peres, 16.11.56, S. 53.
[95] Ibid., 53.
[96] Ibid., 53-54.
[97] Ibid., 53, 55-56.
[98] Ibid., 56.
[99] Ibid., 56.
[100] Historisch betrachtet erweist sich diese Argumentationsweise über die Jahre hinweg als sehr effektiv für die Zementierung des militärischen Wegs. Im Jahr 2000, nach sieben Jahren Verhandlungen mit der PLO, ist sie, leicht abgeändert, in der israelischen Armee, Politik und Gesellschaft immer noch gültig: »Es gibt keinen Partner für den Frieden«. PLO-Chef Jassir Arafat wird unterstellt, er wolle Israel zerstören, weshalb auch die Abkehr von der Verhandlungsstrategie keine großen Schwierigkeiten bereitet. Vgl. Bar-Josef, Uri, »Umdenken in Aman«, Haaretz, 14.6.2004. Bar-Josef weist auf die geheimdienstliche Einschätzung am Vorabend des Ausbruchs der palästinensischen Intifada im Jahre 2000 hin, der zufolge die PLO keinen wirklichen Frieden, sondern Israels Zerstörung anstrebe. Diese Einschätzung werde an die politische Führung weitergegeben, was das Ausmaß der Bekämpfung des palästinensischen Widerstands mitbestimmt habe.
[101] Peres, 26.4.1957, S. 39; Peres insistiert, »die Schwächung des ägyptischen Präsidenten innerhalb der arabischen Welt, somit die Schwächung des Panarabismus« seien eine Folge des Krieges. Ibid., 38-39. Der Nasserismus erreicht zu diesem Zeitpunkt gerade auf Grund des Sinai-Suez-Krieges einen Höhepunkt in der arabischen Welt. Dass die IDF die Abschreckungsmacht Israels durch den Feldzug 1956 gestärkt habe, findet sich auch in: Peres, 1965, »Das rote Barett«, von Juli 1964, S.124-128.
[102] Peres, 16.11.56, S. 54.
[103] Ibid., 56.
[104] Ibid., 55.
[105] Ibid., 56.
[106] Ibid., 52.
[107] Ibid., 60.
[108] Ibid., 60.
[109] Ibid., 58. Den Mythos der moralischen IDF stellt Peres als zentrales Symbol der israelischen Unabhängigkeit ins Zentrum seiner Rede zum zehnjährigen Jubiläum der israelischen Staatsgründung: »Zwischen uns und unseren Nachbarn, zwischen uns und unserer Zukunft«, 12.4.1958, in: Peres, 1965, S. 61-69. Vom Heldentum und Wagemut der kämpfenden IDF-Einheiten im Sinai-Feldzug ist auch die Rede in: Peres, 1970, S. 176 und Peres, 1995, S. 163-164.
[110] Peres, 16.11.56, S. 60.
[111] Ibid., 58.
[112] Peres unterscheidet zwischen der »israelischen Volksarmee« und einem »ägyptischen Militär, das ein Volk hat«, auch in einer Rede vom 26.4.1957; vgl. Peres, 1965, S. 43.
[113] Peres, 16.11.56, S. 52.
[114] Ibid., 52.
[115] Ibid., 52.
[116] Ibid., 59.
[117] Ibid., 59.
[118] Ibid., 59.
[119] Ibid., 59.
[120] Ibid., 60.
[121] Die Rolle der internationalen Staatengemeinschaft und deren Einfluss auf die Interessen Israels ist Thema einer Rede, die Peres Mitte 1957 im israelischen Außenministerium hält.

Peres betont dabei die politische Abhängigkeit Israels vom Ausland. Das Land solle sich dabei an Europa, besonders an Frankreich, halten. Ausgangspunkt seiner Analyse sind die Großmächte und ihre Interessen in der Region. Er erkennt: »Im Grunde genommen ist eine militärische Auseinandersetzung alleine zwischen uns und den Arabern nicht möglich.« Er gibt zu bedenken, dass sich Großbritannien und Frankreich statt gegen Ägypten auch gegen Israel hätten wenden können. »Ich glaube kaum, dass die Bombardierung unserer Flughäfen durch Großbritannien die Aufmerksamkeit der Welt erweckt hätte. Denn unsere Flughäfen sind nicht unbedingt wertvoller als die Flughäfen von Suez.« Seine Hauptsorge gilt Mitte 1957 allerdings dem sowjetischen Einfluss in der Region. »Die Russen übernehmen zunehmend die Rolle der Briten im Nahen Osten, und die Russen haben die gleichen Prinzipien [wie die Briten] mit einer Ausnahme: Ihre Zuversicht [diese Rolle übernehmen zu können] ist größer [als die der Briten].« Vgl. »Die auswärtigen Probleme der Sicherheit«, 15.5.1957, in: Peres, 1965, S. 45-51, [im Folgenden: Peres, 15.5.1957].

[122] Peres, 16.11.56, S. 58-59.
[123] Ibid., 60.
[124] Ibid., 60.
[125] Ibid., 55. Solche harten Begriffe sind keine Ausnahme in Peres' Terminologie dieser Zeit. Hier meint er anscheinend die Entfernung oder Vertreibung der »kämpfenden Kräfte« aus dem Gazastreifen. Doch die Liquidierungspolitik wird schon damals geheim praktiziert. Die Ermordung von Mustafa Hafez, Leiter des ägyptischen Militärgeheimdienstes im Gazastreifen, im Juli 1956 geht auf das Konto des israelischen Geheimdiensts *Aman*. Vgl. »Tod in Gaza«, in: Black & Morris, 1994, S. 194-197; Malman, Yossi, »Früher waren gezielte Tötungen ein letztes Mittel, heute wird es massenhaft praktiziert«, Haaretz, 24.3.2004. Peres stellt den Fall Hafez als Selbstmord dar. Peres, 16.11.56, S. 54.
[126] Ibid., 60.
[127] Ibid., 60.
[128] Peres, 26.4.1957, S. 42.
[129] Peres, 1995, S. 162.
[130] Peres, 16.11.56, S. 57-58.
[131] Vgl. »Nach dem Sturm, Fazit und Schlussfolgerungen«, in: Peres, 1965, S. 36-44.
[132] Peres, 26.4.1957, S. 38.
[133] Vgl. Azoulay, Ariella, »Der Bürger Yigal Amir«, S. 44-62, und »Die Bürgerin Carmella Buhbut«, S. 63-86, in: *Bad Days. Between Disaster and Utopia*, hg. v. ders. & Adi Ophir, Tel Aviv: 2002, (heb.), [im Folgenden: Azoulay, 2002]. In besagten Artikeln thematisiert und analysiert Azoulay am Beispiel von zwei Fällen – dem Mord an Jitzchak Rabin durch Yigal Amir und der Tötung von Jehuda Buhbut durch seine Frau Carmella, die von ihm jahrelang missbraucht wurde – Rolle und Bedeutung der »gerechtfertigten Tötung« im Denken und der politischen Kultur Israels. Sie kommt zu dem Ergebnis, dass die »gerechtfertigte Tötung« fester Bestandteil der israelischen Gesellschaftsordnung und der Ideologie des politischen Zionismus sei.
[134] Auch 1970 fällt es Peres noch schwer, die Thematik anzusprechen. Am Rande der »glänzenden Kriegsgeschichte« (von 1956) erwähnt er die Opfer, wobei der Feind »schwerwiegende Verluste« zu beklagen gehabt habe, »einschließlich 4000 Kriegsgefangene«, während Israel nur »sehr geringe« Verluste zu verzeichnen gehabt habe. Peres, 1970, S. 171. An späterer Stelle spricht er jedoch ausdrücklich von 175 israelischen Gefallenen und erklärt dies mit den »schwerwiegenden Kämpfen der ersten Tage«. Ibid., 172.
[135] Cohen, Avner, *Israel and The Bomb*, New York, 1998, [im Folgenden wird die heb. Version von 2000, Tel Aviv, verwendet: Avner Cohen, 2000], S. 39; Evron, Yair, *Israel's Nuclear Dilemma*, Israel, 1987, (heb.), [im Folgenden: Evron, 1987], S. 14-15.
[136] Avner Cohen, 2000, S. 20.
[137] Ibid., 37.
[138] Avner Cohen hält den Gedanken des Erwerbs von Nukleartechnik für militärische Zwecke zwar für eine »beträchtliche Dreistigkeit«, doch er fügt hinzu: Für einen Staat, der »aus der Shoah geboren ist, um sich in einer feindseligen arabischen Welt wieder zu finden, wäre es geradezu fahrlässig, es nicht zu tun«. Avner Cohen, 2000, S. 25.
[139] Ibid., 39; Bar-Zohar, 2006, S. 292-296.

140 Avner Cohen, 2000, S. 81.
141 Ibid., 79-81.
142 Shlaim, 2001, S. 134.
143 Shlaim stützt seine Behauptung auf eine Aussage des Colonel Mordechai Bar-On, Sekretär von Moshe Dayan. Shlaim, 2001, FN. 43, S. 142.
144 Ibid., 138-139.
145 Peres, 1995, S. 162-163,
146 Peres, Shimon, *Battling for Peace, A Memoir*, New York, 1995, S. 113.
147 Shlaim, 2001, FN. 41, S. 142.
148 Bar-Zohar, 2006, S. 292.
149 Ibid., 292; Bar-Zohar zufolge wird das Gespräch mit Bourgès-Maunoury und Pineau geführt. Ibid., 292; Peres nennt in seiner Autobiographie Mollet und Bourgès-Maunoury als Partner der Unterredung, Peres, 1995, S. 162, 165.
150 Bar-Zohar, 2006, S. 292-294.
151 Ibid., 292-293.
152 Ibid., 17. Kapitel: »Gegen alle Chancen«, S. 292-308; Avner Cohen, 2000.
153 Bar-Zohar, 2006, S. 295.
154 Ibid., 325.
155 Ibid., 296 297.
156 Ibid., 302.
157 Ibid., 156.
158 Peres, 1995, S. 165-177.
159 Ibid., 168.
160 Avner Cohen, 2000, S. 187.
161 Ibid., 194.
162 Evron, 1987, S. 18.
163 Avner Cohen, 2000, S. 194.
164 Evron, 1987, S. 80-81. Dayan, der über den Rückzug von der Sinai-Halbinsel 1957 ausgesprochen empört ist, erwägt die Sabotage amerikanischer Interessen in der Region als eine Möglichkeit, sollten die USA sich weigern, Israels Interessen zu unterstützen. Ibid., S. 81, FN. 3, S. 105.
165 Avner Cohen, 2000, S. 195.
166 Evron, 1987, S. 17-18.
167 Avner Cohen, 2002, S. 195.
168 Ibid., 196; Evron, 1987, S. 19.
169 Vgl. Interview mit Peres: »Alarm für die Verhinderung der Rückständigkeit mittels Machtausgleich«, Davar, 24.8.1962; Wöchentliches Interview mit Vize-Verteidigungsminister Shimon Peres, »Rüstungswettlauf begann bereits vor Shavit 2«, Maariv, 27.2.1962; Peres' Pressemeldung: »Wir treten in eine schwierige Ära ein«, Maariv, 5.8.1962.
170 Peres, »Aspekte der Qualität«, in: Peres, 1965, S. 190-195, hier, S. 190.
171 Ibid., 190.
172 Vgl. Peres, »Lehren für die Sicherheitspolitik«, von Mai 1962, in: Peres, 1965, S. 146-156, [im Folgenden: Peres, 1962].
173 Peres, 1962, S. 146, 149.
174 Avner Cohen, 2000, S. 21.
175 Ibid., 159.
176 Ibid., 159.
177 Vgl. Cohen, Yoel, *Die Vanunu Affäre. Israels Geheimes Atompotential*, Heidelberg, 1995, [im Folgenden: Yoel Cohen, 1995], S. 38; (eng. *Nuclear Ambiguity – The Vanunu Affair*, London, 1992; *The Whistleblower of Dimona: Israel, Vanunu and the Bomb*, New York, 2003).
178 Cohen, Avner, *The Last Taboo*, Israel, 2005, (heb.), [im Folgenden: Avner Cohen, 2005].
179 Avner Cohen, 2005, S. 14.
180 Ibid., 141.
181 Ibid., 142.
182 Ibid., 141.

[183] Ibid., 19-20.
[184] Ibid., 142.
[185] Maoz, Zeev, »The Mixed Blessing of Israel's Nuclear Policy«, International Security 28/2, 2003, S. 44-77.
[186] Avner Cohen, 2005, S. 12-13, 184-187.
[187] Ibid., 147-149.
[188] Ibid., 150-151.
[189] Ibid., 192-193.
[190] Avner Cohen, 2000, S. 188-189.
[191] Avner Cohen, 2000, S. 180-191.
[192] Avner Cohen, 2005, S. 152.
[193] Ibid., 151-152.
[194] Avner Cohen, 2000, S. 191.
[195] Yoel Cohen, 1995, S. 370.
[196] Avner Cohen, 2005, S. 154.
[197] Vgl. Segev, Tom, *Israel in 1967*, Jerusalem, 2005, (heb.), [im Folgenden: Segev, 2005], S. 347-345. Segev macht folgende Bemerkung: Premierminister Levi Eshkol, der am Vorabend des Krieges zur Aufgabe seines Amts im Verteidigungsministerium zu Gunsten Dayans gezwungen wird, tut dies unter der schriftlich festgelegten Bedingung, dass Dayan die nichtkonventionellen Kapazitäten im Falle eines Krieges nicht einsetzen dürfe. Ibid., 341. Segevs Kommentar wird jedoch nach Erscheinen seines Buchs auf Verlangen der Militärzensur gestrichen. Vgl. http://www.theage.com.au/news/world/how-israels-nuclear-secret-just-slipped-out/2005/07/22/1121539150973.html# und http://news.walla.co.il/?w=/203/733420.
[198] Vgl. Avner Cohen, 2005, S. 49-54. Cohen schreibt, dass Israel im Gefolge des Krieges von 1973 und dessen Trauma sein nukleares Arsenal »gewaltig aufstockt«. Dies geschieht unter Rabins Regierung 1974-1977, in der Peres Verteidigungsminister ist. Mit dieser Aufstockung sei Israel zu einer nuklearen Weltmacht geworden. Ibid., 54-55.
[199] Black & Morris, 1994, S. 631; Yoel Cohen, 1995, S. 123-126; Haaretz, 6.11.1986 und 19.4.2004.
[200] Yoel Cohen, 1995, S. 169.
[201] Ibid., 177.
[202] Ibid., 329-331.
[203] Vgl. Malman, Yosi, »Vanunu wird sich weder dem Ben-Gurion-Flughafen noch einer Botschaft nähern dürfen«, Haaretz, 14.4.2004.
[204] Yoel Cohen, 1995, S. 250.
[205] Ibid., 236, 239-240.
[206] Aus Sicherheitskreisen heißt es: »Bei einem der heikelsten Themen kann ein Mann nicht auf sein Land spucken und dann ungeschoren davonkommen.« Ibid., 240.
[207] Ibid., 240.
[208] Peres hat auch die israelische Presse auf seiner Seite. Gidon Shapiro weist darauf hin, dass die israelische Presse bereits vor Beginn des Gerichtsverfahrens mit Hilfe der Regierung Vanunu diffamiert und verurteilt habe. Shapiro, Gidon, »Die israelische Regierung kündigt an«, S. 148-166, hier, S. 154-155. Das bestätigt wiederum das Argument von Akiva Orr, dass Vanunu keine Chance gehabt hätte, über die israelische Presse sein Anliegen zu verfolgen. Denn diese hätte nicht nur seine Informationen nicht veröffentlicht, sie hätte ihn mit aller Wahrscheinlichkeit gleich an die Behörden ausgeliefert. Insofern sei Vanunus Entscheidung, sich an eine ausländische Zeitung zu wenden, zweckdienlich gewesen. »In Israel gilt die Loyalität der Zeitungsredakteure in erster Linie dem Staat.« Die Demokratie oder die Wahrheit komme erst an zweiter Stelle. Orr, Akiva, »Mordechai Vanunu und die israelische Nuklearpolitik«, S. 65-68. Shapiros und Orrs Beiträge siehe in: *Vanunu and the Bomb, The Campaign to Free Vanunu*, London/Israel: 1998, (heb.), [im Folgenden: Vanunu and the Bomb, 1998].
[209] In den ersten zweieinhalb Jahren seiner Einzelhaft brennt in Vanunus Gefängniszelle Tag und Nacht Licht. Eine Kamera verwehrt ihm jede Privatsphäre. Haaretz, 14.4.2004; »Amnesty International« bezeichnet Vanunus Haftbedingungen als »grausam und unmenschlich«. Vgl. Kimmerling, Baruch, »Die noch zu führende Debatte«, Haaretz, 20.4.2004.

[210] Avner Cohen, 2005, S. 159.
[211] Ibid., 23-40, 246-264.
[212] Yoel Cohen, 1995, S. 120.
[213] Avner Cohen, 2005, S. 160.
[214] Yoel Cohen, 1995, S. 319.
[215] Ibid., 318- 320.
[216] Vgl. Die Protokolle im Vanunu-Prozess, Haaretz, 20.4.2004, (erste Veröffentlichung am 25.11.1999).
[217] Vanunu and the Bomb, 1998, S. 67-68 und S. 162-163.
[218] Vgl. Feldmann, Avigdor, »Vanunu, das Geheimnis und das Gesetz«, in: Vanunu and the Bomb, 1998, S. 129-138, hier, S. 129.
[219] Avner Cohen, 2005, S. 163-165.
[220] Peres, 1995, S. 165-166.
[221] Ibid., 166-170.
[222] Black & Morris, 1994, S. 526.
[223] Ibid., 528; vgl. Schulze, 1998.
[224] Black & Morris, 1994, S. 527.
[225] Ibid., 525-526.
[226] Ibid., 537.
[227] Ibid., 538.
[228] Vgl. Shlaim, 2000, »Ariel Sharon's Big Plan«, S. 395-400; Benziman, Uzi, *Sharon: An Israeli Caesar*, Tel Aviv, 1985, (heb.), S. 256.
[229] Black & Morris, 1994, S. 539.
[230] Abu Nidal (Sabri al-Banna) war ein vom Irak unterstützter ehemaliger Fatah-Funktionär, der den Führungsstil Jassir Arafats in der PLO für allzu kompromissbereit hielt. Der Mordanschlag, so Black und Morris, schien genau darauf abzuzielen, einen Angriff der IDF auf Arafats Stützpunkte im Libanon herauszufordern. Ibid., 543.
[231] Ibid., 543-545.
[232] Peres, 1995, S. 278-288: »Fluch des Nordens«.
[233] Ibid., 281.
[234] Ibid., 283-284.
[235] Evron, Yair, *War and Intervention in Lebanon, The Israeli-Syrian Deterrence Dialogue*, Baltimore, 1987, [im Folgenden: Evron, 1987A], S. 128.
[236] Ibid., 128; Benziman, 1985, S. 246; Bar-Zohar, 2006, S. 507.
[237] Evron, 1987A, S. 128.
[238] In der *Knesset* stimmt eine deutliche Mehrheit gegen das von der *Hadasch*-Fraktion erhobene Misstrauensvotum. Nur drei *Hadasch*-Abgeordnete stimmen dafür, 94 (von 120) Abgeordnete unterstützen hingegen den Krieg. Der Abstimmung fern bleiben einige Abgeordnete der sogenannten zionistischen Linken: sechs *Mapam*-Mitglieder sowie Yossi Sarid von der Arbeitspartei, Shulamit Aloni von der *Ratz*-Partei und Mordechai Wirschuwisky von der *Shinui*-Partei. Vgl. Maariv, 9.6.1982.
[239] Ben-Simon, Daniel, *A New Israel*, Tel Aviv, 1997, (heb.), [im Folgenden: Ben-Simon, 1997], S. 231.
[240] Maariv, 8.6.1982.
[241] Al Hamishmar, 11.6.1982.
[242] Haaretz, 16.6.1982.
[243] Maariv, 29.6.1982.
[244] Davar, 24.6.1982.
[245] Maariv, 26.7.1982.
[246] Haaretz, 30.7.1982.
[247] Maariv, 26.9.1982.
[248] Für die Kampfhandlungen der ersten Tage vom 6.-13.6.1982 vgl. Black & Morris, 1994, S. 546-550.
[249] Al Hamishmar, 11.6.1982.
[250] Shlaim, 2000, S. 409.

251 Al Hamishmar, 11.6.1982.
252 Haaretz, 30.7.1982.
253 Ibid.
254 Ibid.
255 Gal, Irit & Hammerman, Ilana, *From Beyrouth to Jenin*, Tel Aviv, 2002, (heb.), [im Folgenden: Gal & Hammerman, 2002,], S. 14.
256 Am 1.8.1982 nimmt die IDF den internationalen Flughafen in Beirut ein und bombardiert massiv die südlichen Teile der Stadt. Am 4.8.1982 fällt auch West-Beirut in israelische Hände. Ibid., 14-15.
257 Haaretz, 30.7.1982.
258 Segev, 2005, S. 200; Ben-Gurions Tagebuch, 3.5.1963.
259 Shlaim, 2000, S. 412. Shlaim berichtet von Sharons Vorschlag an Arafat, die PLO zurück nach Jordanien zu bringen, um König Hussein unter Druck zu setzen, Arafat Platz für seine Organisation im Lande zu schaffen. Der ägyptische Vermittler lässt Sharon Arafats Antwort zukommen: Jordanien sei zum einen nicht die Heimat der Palästinenser, zum anderen habe er keineswegs ein Interesse daran, das palästinensische Volk von seinen Qualen zu erlösen, indem er die palästinensisch-libanesische Angelegenheit zu einer palästinensisch-jordanischen mache. Ibid., 412.
260 Haaretz, 30.7.1982. Peres' Unterstützung des Libanonkrieges provoziert heftige Kritik vonseiten des österreichischen Bundeskanzlers Bruno Kreisky, der die Regierung Begin als semifaschistisch (faschistoid) bezeichnet und Peres und mit ihm die ganze Arbeitspartei für deren militärische Haltung tadelt. Er erklärt, den Kontakt zu Peres abzubrechen und ruft die Sozialistische Internationale auf, es ihm gleichzutun. Peres weigert sich, diese Anschuldigung zu kommentieren. Yedioth Ahronoth, 17.6.1982.
261 Haaretz, 30.7.1982.
262 Shlaim, 2000, S. 413-415.
263 Ibid., 416.
264 Bar-Zohar, 2006, S. 510.
265 Ibid., 507-510.
266 Maariv, 26.9.1982.
267 Die Rezeption der Rolle der Opposition ist auch in der israelischen Presse recht dünn. In einer Sonderausgabe der Zeitschrift Politika (Tel Aviv, 1.6.1985, heb.) anlässlich des 3. Jahrestages des Libanon-Krieges geht die Rolle der Opposition weitgehend unter.
268 Shlaim, 2000, S. 427.
269 Pedezur, Reuven, »Gefangen in den Händen der Generäle«, Haaretz, 27.7.2006.
270 Vgl. Shlaim, 2000, S. 427-428; Azoulay-Katz, 1996, S. 122-123.
271 Hadashot, 4.3.1984.
272 Shlaim, 2000, S. 560-561.
273 Maariv, 3.4.1996.
274 Die Position der Armee zu Baraks Rückzugsbeschluss im Jahre 2000 lautet, der einseitige Rückzug beeinträchtige Israels Abschreckungsmacht und stärke somit die Hisbollah. Die Kampfhandlungen im Sommer 2006 werden u. a. auf besagten Rückzug zurückgeführt. Vgl. Pedezur, Reuven, »Gefangen in den Händen der Generäle«, Haaretz, 27.7.2006.
275 Shlaim, 2000, S. 556.
276 Ibid., 556; Azoulay-Katz, 1996, S. 238.
277 Littell, 1998, S. 122.
278 Ben-Simon, 1997, S. 216-218.
279 Premier- und Verteidigungsminister Jitzchak Rabin genehmigt die Tötung des Anführers des Islamischen Dschihad Fathi Shikaki. Der Mossad führt den Befehl am 25.10.1995 auf der Insel Malta aus.
280 Bar-Zohar, 2006, S. 664.
281 Bar-Zohar widmet dieser Operation im Libanon nur ein paar Zeilen, ohne ihre Ziele zu nennen. Peres' Biograph schildert lediglich ihre schädlichen Auswirkungen. Peres sei abgewählt worden, weil die Operation die palästinensischen Israelis gegen ihn aufgebracht habe. Ibid., 664-665.

282 Shlaim, 2000, S. 559.
283 Vgl. Pressemeldungen wie z. B.: IDF-Einschätzung: »Die Bewohner der Sicherheitszone assistierten der Hisbollah bei der Tötung eines israelischen Soldaten«, Haaretz, 11.3.1996; »Gerüchte über eine bevorstehende militärische Aktion der IDF im Libanon«, Haaretz, 18.3.1996; »Hisbollah meldet: Sollte IDF im Libanon attackieren, so werden wir die Siedlungen in Nord-Israel ebenfalls mit Katjuscha-Raketen beschießen«, Haaretz, 19.3.1996; »Katjuscha-Raketen auf Galiläa als Reaktion auf das IDF-Bombardement, in welchem zwei Libanesen getötet wurden«, Haaretz, 31.3.1996; »Seit Jahresbeginn wurden 110 Attentate gegen die IDF im Südlibanon verübt«, Haaretz, 17.3.1996; Yoel Markus fragt, »Ob ein Zweiter Libanonkrieg bevorstehe«, Haaretz, 19.3.1996; Ehud Oshri erkennt: »Kampflust der TV-Medien«, Haaretz, 2.4.1996.
284 Ben-Simon, 1997, S. 230.
285 Ibid., 231.
286 Shlaim, 2000, S. 560.
287 Ibid., 560; Ben-Simon, 1997, S. 231.
288 Haaretz, 24.3.1996.
289 Haaretz, 21.3.1996.
290 Haaretz, 8.4.1996. Am 8.6.1996, also ein paar Tage vor dem offiziellen Beginn der Kämpfe, werden die Bewohner Nordisraels dazu aufgerufen, in Bunkern Schutz zu suchen. Vgl. Haaretz, 9.6.1996.
291 Haaretz, 14.4.1996.
292 Haaretz, 16.4.1996.
293 Ibid.
294 Ben-Simon, 1997, S. 231-232.
295 Shlaim, 2000, S. 560; Azoulay-Katz, 1996, S. 246; Bar-Zohar, 2006, S. 664.
296 Azoulay-Katz, 1996, S. 246.
297 Ben-Simon, 1997, S. 234.
298 Shlaim, 2000, S. 559.
299 Ibid., 561; Bar-Zohar, 2006, S. 665; Azoulay-Katz, 1996, S. 247.
300 Vgl. Bar-Josef, Uri, »Abschreckung – nicht nur mit Gewalt«, Haaretz, 24.7.2006. Bar-Josef erklärt die Problematik dieses Kriegsmotivs: Die Hisbollah erkenne bereits, dass die IDF eine starke Streitmacht sei, und sehe Israels Entschlossenheit, diese Macht einzusetzen. Diese beiden Faktoren der Abschreckungslogik hätten die »Partei Gottes« trotzdem nicht davon abbringen können, die IDF herauszufordern.
301 Kimmerling, Baruch, *The invention and decline of Israeliness – state, society, and the military*, u. a. Berkeley, 2001, [im Folgenden: Kimmerling, 2001].
302 Auch im Sommer 2006 unterdrückt Peres erneut jegliche politische Debatte zur Kriegspolitik. Die IDF greift anlässlich eines Grenzzwischenfalls, bei dem zwei israelische Soldaten von Hisbollah-Kämpfern verschleppt und acht getötet werden, erneut in Beirut und im Südlibanon ein. Als Stellvertreter des Premierministers und Mitglied des Sicherheitskabinetts stützt der inzwischen 83-jährige Peres den militärischen Einsatz »Richtungswechsel« mit dem Argument der Selbstverteidigung. Vgl. http://www.ynet.co.il/articles/0,7340,L-3281032,00.html. Als der Krieg in Israel als »gescheitert« gilt, wächst auf Grund der diffusen Kriegsziele und der zahlreichen Opfer der öffentliche Druck. Die israelische Regierung wird zur Ernennung eines Untersuchungsausschusses gedrängt. Da zieht Peres seine Unterstützung des Krieges teilweise zurück. In seiner Aussage vor dem Untersuchungsausschuss vom 7.11.2006 schildert er seine Sicht auf die Dinge: »Wäre es an mir gelegen, hätte ich diesen Krieg nicht geführt. Wäre es an mir gelegen, hätte ich diese Kriegsziele nicht verfolgt. [...] Wir hatten doch keine Kriegsziele, weil wir den Krieg nicht initiiert haben, wir wurden attackiert, haben daher zurückschlagen müssen.« Vgl. http://www.haaretz.co.il/hasite/spages/840991.html und http://www.haaretz.co.il/hasite/images/131072/pdf/peres.pdf; für die breitere Unterstützung der israelischen Presse im Laufe des Krieges vgl. http://www.hagada.org.il/hagada/html/modules.php?name=News&file=article&sid=4684; zu dem durch Verwirrung und Orientierungslosigkeit gekennzeichneten Entscheidungsverfahren in israelischen militärisch-politischen Kreisen während des sogenannten *Zweiten Libanonkrieges* vom 12.7-14.8.2006 vgl.

Shelah, Ofer & Limor, Yoav, *Gefangene im Libanon: Die Wahrheit über den Zweiten Libanonkrieg*, Tel Aviv, 2007, (heb.).

303 Die Forschung spricht von einem »militärischen Putsch«: Die Militärs lassen Premierminister Levi Eshkol in der Mai/Juni-Krise kaum eine Chance für einen diplomatischen Ausweg. Golani, 2002, S. 197-203; Segev, 2005.

304 Vgl. Goldstein, 2003, »Die Absetzung [Levi Eshkols] 1967«, S. 550-553. Dayan hat das Amt bis 1974 inne und muss auf Grund eines 4. israelisch-arabischen Krieges (1973) gehen. Peres übernimmt das Amt bis zur Abwahl der Arbeitspartei 1977. In den Jahren 1976/1977 beträgt z. B. Israels Verteidigungsetat 30.7 Prozent des Bruttoinlandsprodukts (USA 5.4 Prozent, BRD 3.5 Prozent). Vgl. Kimmerling, 1993A, S. 132; ders., & Backer, Irit, *The Interrupted System: Israeli Civilians in War and Routine Times*, New York, 1985, S. 561.

305 Vgl. Golani, 2002, S. 144. Golani teilt den Krieg von 1948 in drei Phasen auf: Die erste Phase von Dezember 1947 bis Mai 1948 bezeichnet er als Bürgerkrieg, also eine Auseinandersetzung zwischen den jüdischen und palästinensischen Gemeinden unter der britischen Vorherrschaft; die zweite Kriegsphase, welche mit dem Angriff der arabischen Armeen als Reaktion auf die Ausrufung des Judenstaats vom 15.5.1948 beginnt und bis zum Waffenstillstand am 9.7.1948 andauert, bezeichnet er vom israelischen Standpunkt aus als Verteidigungskrieg. Die dritte Kriegsphase von Juli 1948 bis Juli 1949 definiert er als »einen israelischen Angriffs- bzw. Eroberungskrieg«. Israel vergrößert sein Staatsgebiet von im UN-Teilungsplan vom November 1947 vorgesehenen 55 auf 78 Prozent des Mandatsgebiets Palästina. Diese Eroberungen werden im Nachhinein von der UN sowie zum Teil von der arabischen Welt in den Waffenstillstandsverträgen von 1949 anerkannt. Ibid., 146-147.

V. Vom Frieden: Peres und der Frieden im Nahen Osten

1 Peres, 1999, S. 57, 61.
2 Ibid., 61-62.
3 Vgl. *Knesset*-Rede von Regierungs- und Parteichef Shimon Peres vom 28.10.1985: »Der Kampf um die Fortsetzung des Friedensprozesses«, Lavon-Institut für die Forschung der Arbeitsbewegung, Akte: IV-104-1262-79.
4 Al Hamishmar, 9.4.1990.
5 Bar-Zohar, 2006, »Der Kampf um den Frieden«, S. 601-641. Auch in den Jahren 2001-2003 versucht Peres als Außenminister der Großen Koalition erneut, in der Regierung des *Likud*-Chefs Ariel Sharon, den durch die 2000 ausgebrochene palästinensische Erhebung schwer beschädigten Oslo-Friedensprozess zu retten. In Wirklichkeit fungiert Peres auf Grund seines Images als »Mann des Friedens« eher als Feigenblatt für Sharons Gewaltpolitik, denn sein Einfluss auf die Politik gegenüber den Palästinensern ist in dieser Zeit äußerst marginal. Vgl. Drucker & Shelah, 2005, S. 143, 177, 296, 298-299.
6 Vgl. http://www.peres-center.org/AboutCenter.html: »The Peres Center for Peace is an independent, non-profit, non-partisan, non-governmental organization founded in 1996 by Nobel Peace Laureate, former Prime Minister, and current President of Israel Mr. Shimon Peres, with the aim of furthering his vision in which people of the Middle East region work together to build peace through socio-economic cooperation and development, and people-to-people interaction.«
7 Eldar, Akiva, »Der Mann, der seiner Zeit voraus war, aber ihr auch hinterher hinkte«, Haaretz-Bücher, 8.2.2006, [im Folgenden: Eldar, 8.2.2006].
8 Zuckermann, Moshe, »Israel und der Friedensmythos«, S. 141-154 und »Außerdem: In Folge der Al-Aksa Intifada«, S. 155-161, in: *On the Fabrication of Israelism, Myths and Ideology in a Society in Conflict*, hg. v. ders., Tel Aviv: 2001, (heb.), [im Folgenden: Zuckermann, 2001], S. 159.
9 Ibid., 142.
10 Zuckermann, Moshe, *Zweierlei Israel? Auskünfte eines marxistischen Juden an Thomas Ebermann, Hermann L. Gremliza und Volker Weiß*, Hamburg, 2003, [im Folgenden: Zuckermann, 2003], S. 105.
11 Zuckermann, 2001: »Authentizität, Ideologie und die israelische Gesellschaft«, S. 177-191.
12 Ibid., 186-187.

[13] Ibid., 186-187; ders., 2003, S. 105.
[14] Grinberg, Lev, *Imagined Peace, Discourse of War. The Failure of Leadership, Politics and Democracy in Israel, 1992-2006*, Tel Aviv, 2007, (heb.), [im Folgenden: Grinberg, 2007].
[15] Ibid., 44-45.
[16] Ibid., 54.
[17] Lahat, Golan, »Das Schwert des Messias: Die Legitimation politischer Gewalt im Zeitverständnis der Moderne«, Politika, The Israeli Journal of Political Science and International Relations 12/11, Jerusalem, 2003-2004, S. 82-57, (heb.). Lahat weist in seiner Analyse zur Legitimierung politischer Gewalt in der Moderne auf das Phänomen der säkular-messianischen Denkart in der Moderne hin. In seiner Untersuchung des Zusammenhangs zwischen messianischem Denken und politischer Gewalt überprüft er das Denken der Anhänger des Oslo-Prozesses in den Jahren 1993-1996, insbesondere auf der politischen Ebene. Lahat schließt aus einer Reihe von Äußerungen links-zionistischer Personen, dass es sich beim Denken der zionistischen Linken um eine neue Form säkular-messianischen Denkens handele.
[18] Grinberg, 2007, S. 339.
[19] Raz-Krakotzkin, Amnon, »A Peace without Arabs: The Discourse of Peace and the Limits of Israeli Consciousness«, in: *After Oslo: New Realities, Old Problems*, hg. v. George Giacaman & Dag Jørund Lønning, London/Chicago: 1998, S. 59-76, [im Folgenden: Raz-Krakotzkin, 1998].
[20] Ibid., 65.
[21] Vgl. Hass, Amira, »Diebstahl von Raum und Zeit, Israels Politik der Abriegelung«, in: *Morgen wird alles schlimmer*, hg. v. ders., München: 2006, [im Folgenden: Hass, 2006], S. 13-34.
[22] Raz-Krakotzkin, 1998, S. 66-67.
[23] Ibid., 67-68.
[24] Shlaim, 2000, S. 49-51.
[25] Ibid., 52; Ben-Gurions Tagebuch, 18.7.1949.
[26] Shlaim, 2000, S. 51-52; Kabinettsprotokoll vom 29.5.1949.
[27] Peres, 1965, S. 16-24, [im Folgenden: Peres, 29.9.1955].
[28] Shlaim, 2000, S. 124.
[29] Ibid., 128-129.
[30] Ibid., 127.
[31] Ibid., 146-147.
[32] Ibid., 109.
[33] Ibid., 109-110.
[34] Vgl. http://www.uni-kassel.de/fb5/frieden/regionen/Palaestina/wasser.html.
[35] Shlaim, 2000, S. 110.
[36] Vgl. Amar-Dahl, 2003, Anhang 2, S. 143-154.
[37] Sharett, 1957, in: Amar-Dahl, 2003, S. 150.
[38] Ibid., 150-151.
[39] Peres, 29.9.1955, S. 16.
[40] Ibid., 24.
[41] Ibid., 17-18.
[42] Ibid., 19.
[43] Ibid., 19.
[44] Ibid., 19.
[45] Ibid., 20.
[46] Ibid., 19.
[47] Ibid., 20.
[48] Ibid., 20.
[49] Ibid., 19.
[50] Ibid., 20.
[51] So bringt Peres als Vize-Verteidigungsminister in einer Ende der 1950er Jahre geführten Grundsatzdebatte über Auswärtige Beziehungen und Sicherheit seine Position zur Friedensoption auf den Punkt. Als Antwort auf eine Bemerkung des Genossen Sofinski Yaakov, Israels langfristiges politisches Ziel sei der Frieden mit den benachbarten Staaten, weshalb Israel darauf hinarbeiten müsse, sagt Peres: »Ich bestreite es. Langfristig ist Israels Haupt-

ziel der Frieden mit allen Völkern [der Welt] und die Gründung einer sozialistischen Regierung. Doch bedauerlicherweise, so, wie es schwierig ist, eine Weltregierung [sic!] zu gründen, und zwar nicht wegen Israel, so ist es auch unmöglich, den regionalen Frieden zu erzielen, auch hier nicht wegen Israels mangelndem Friedenswillen. Sie [Sofinski Yaakov] sagen, die Araber sollen von uns signalisiert bekommen, dass wir den Frieden wollen, damit auf einen Frieden hingearbeitet werden soll. Nein, bedauerlicherweise [funktioniert es anders]: Wir sagen nämlich eine Sache und meinen es auch. Der [arabische] Hörer hingegen versteht etwas anderes [...]. Wenn wir weiterhin unaufhörlich vom Frieden reden, so würden viele unter ihnen [den Arabern] denken, dass Israel zu schwach sei, ohne den Frieden [existenzfähig] zu leben. [...] Gerade weil es zu der arabischen [Friedens-] Alternative eine israelische Alternative [der militärischen Stärke] doch gibt, hat dies zur Folge, dass die Araber daran gehindert werden, Krieg [gegen Israel] zu führen.« Vgl. Protokoll einer Tagung des Jungen Vereins in Herzelia, Israel vom 25.7.1959. Vgl. Akte: 2-14-1959-61, Bet Berl Archiv, S. 29.

52 Peres, 1965, S. 129-134.
53 Ibid., 129.
54 Peres, 1970, S. 212-232.
55 Ibid., 213.
56 Ibid., 214-217.
57 Ibid., 218.
58 Ibid., 218.
59 Vgl. http://www.palaestina.org/dokumente/abkommen/camp_david_abkommen.pdf.
60 Ibid; Shlaim, 2000, S. 374-375.
61 Vgl. http://www.palaestina.org/dokumente/abkommen/camp_david_abkommen.pdf; Shlaim, 2000, S. 375.
62 Shlaim, 2000, S. 380- 381.
63 Ibid., 381-382.
64 Ibid., 382-383.
65 Peres, 1995, S. 356-366.
66 Ibid., 198-216.
67 Ibid., 356-357.
68 Shlaim, 2000, S. 299-300. Ägyptens Regierung erklärt am 15.2.1971 auf Jarrings Vorschlag hin erstmals ihre Bereitschaft, einen Friedensvertrag mit Israel auf der Basis der UN-Resolution 242 zu schließen. Ibid., 299-300.
69 Peres, 1995, S. 359.
70 Ibid., 359-360.
71 Ibid., 360.
72 Shlaim, 2000, S. 329.
73 Ibid., 331-334.
74 Ibid., 335-336.
75 Ibid., 336.
76 Ibid., 323-351. Für die Waffenstillstandslinien des israelisch-ägyptischen Vertrags im Sinai vom 4.9.1975 vgl. Ibid., 339.
77 Ibid., 340.
78 Der Spiegel, Nr. 22/1975, 26.5.1975. S. 106.
79 Maariv, 12.7.1974.
80 Bamachane, 11.9.1974.
81 Ibid.
82 Al Hamishmar, 26.3.1975.
83 Ibid.
84 Ibid.
85 Ibid.
86 Ibid.
87 Maariv, 26.3.1975.
88 Ibid.

[89] Ibid.
[90] Haaretz, 5.9.1975.
[91] Ibid.
[92] Maariv, 3.6.1976.
[93] Vgl. Interviews mit Verteidigungsminister Peres in: Newsweek, 3.2.1975, S. 52 und 17.1.1977, S. 2; »Shimon Peres: Sich mit der uns aufgezwungenen Realität auseinandersetzen, gleichzeitig eine freie Gesellschaft bleiben«, Maariv, 3.6.1976; »Shimon Peres: Ein Vorschlag einer umfassenden Regelung hieße ein umfassender Krieg«, Hayom Haze, 1.10.1976; »Shimon Peres: Drei Grundsätze der Entspannung«, Maariv, 27.8.1976.
[94] Peres, 1995, S. 358.
[95] Ibid., 360.
[96] Vgl. Rabin, Jitzchak, *Pinkas Sherut* [Rabins Memoiren], Tel Aviv, 1979, (heb.), [im Folgenden: Rabin, 1979], S. 442-482. Rabins Akzent in seiner Beschreibung von Sinai II liegt – wie es sich in seinen Memoiren niederschlägt – weniger auf der israelisch-ägyptischen Annäherung und der Aussicht auf einen Friedensschluss. Vielmehr betont Rabin beinahe penibel die amerikanische Gegenleistung in Form militärischer Hilfe für Israels Kooperationsbereitschaft in Sachen Sinai II. Vgl. Ibid., 491-501.
[97] Peres, 1995, S. 198-216.
[98] Ibid., 203.
[99] Ibid., 203.
[100] Ibid., 360.
[101] Sadats historischer Besuch in Jerusalem stimmt den Oppositionsführer versöhnlich, überrascht ihn aber zugleich. Vgl. Peres' folgende Stellungnahmen: »Keine Opposition zum Frieden«, *Knesset*-Rede vom 20.11.1977, in: Peres, 1978, S. 302-307; »Der Friedensweg – Kompromiss in Zeit und Raum«, *Knesset*-Rede vom 28.11.1977, in: Peres, 1978, S. 308-313; »Offene und direkte Verhandlungen«, Yedioth Ahronoth, 28.7.1978; »Angesichts einer neuen Ära«, Yedioth Ahronoth, 22.9.1978; »Israel in einer sich verändernden Welt«, Yedioth Ahronoth, 2.2.1979; »Politik der Widersprüche«, Maariv, 29.6.1979; »Richtung einer Initiative«, Davar, 9.5.1980.
[102] Vgl. Interview mit Peres: »Der [erzielte] Frieden macht das [israelische] rechte Lager in der nationalen Angelegenheit überflüssig«, Migvan 12-32, Bet Berl, November 1978, S. 3-9.
[103] Vgl. folgende Stellungnahmen Peres': »Israels Landesbreite [auf das Westjordanland bezogen] werden wir aufrechterhalten«, Maariv, 10.5.1978; »Territorialer oder funktionaler Kompromiss«, Yedioth Ahronoth, 25.8.1978; »Die noch zu stellenden Fragen«, Yedioth Ahronoth, 16.6.1978; *Maariv* berichtet am 15.8.1980 über die Bemerkung des Vorsitzenden der Arbeitspartei, Shimon Peres: »Menachem Begin habe mit den Camp-David-Abkommen die ›Palästinensisierung‹ des israelisch-arabischen Konflikts unterzeichnet, somit eine Art ›Balfour Declaration‹ für einen palästinensischen Staat.«; »Die palästinensische Option – die eigentliche Alternative für die PLO«, Maariv, 15.8.1978; »Begin gestand den Palästinensern ein Selbstbestimmungsrecht zu«, Maariv, 25.9.1978; in seiner *Knesset*-Rede vom 12.3.1979 in Anwesenheit des US-Präsidenten Jimmy Carter bemerkt Oppositionsführer Peres: »Unsere [jüdische] geistige Tradition und unser [politisches] Interesse verpflichten uns, die Rechte der Palästinenser nicht zu ignorieren, [...] doch ebenso wie wir einsehen, dass das Selbstbestimmungsrecht [der Palästinenser] gerechtfertigt sei, so müssen auch sie [die Palästinenser] einsehen, dass sie nicht die einzigen sind, die das absolute Recht in dieser Region haben.«; »Wir können uns nicht zu den Grenzen von 1967 zurückziehen, und zwar der Vergangenheit wegen«, vgl. Maariv, 13.3.1979; »Strategie der Gerechtigkeit und Israels Unterstützung«, Yedioth Ahronoth, 20.4.1979; »PLO – Erkenntnis und Illusion«, Yedioth Ahronoth, 4.5.1979.
[104] Shlaim, 2000, S. 261.
[105] Peres, 1995, S. 361.
[106] Ibid., 361.
[107] Ibid., 361-362.
[108] Ibid., 362.
[109] Ibid., 362.
[110] Ibid., 362.

111 Ibid., 362.
112 Ibid., 362-264.
113 Ibid., 364.
114 Ibid., 364.
115 Maariv zitiert am 25.9.1978 den Oppositionsführer, »Shimon Peres: Besser ein schlechtes Abkommen als eine komplette Niederlage«; Maariv berichtet am 7.4.1982 über die Sitzung der Arbeitspartei-Fraktion vom 18.9.1978: Peres setzt sich für den Erhalt der Siedlungen im Sinai ein und bemerkt, dass »Israel bereits beim Besuch Sadats in Jerusalem [19.11.1977] ein totales Zugeständnis in Sinai machte«; Peres begründet seine Unterstützung des Camp-David-Abkommens 1978 damit, dass sich im Falle eines Scheiterns der Verhandlungen die Beziehungen zu den USA verschlechtert hätten und Israel der Gefahr der Isolation ausgesetzt gewesen wäre. Außerdem »wäre eine Friedenschance in dieser Generation und in den nächsten« vertan worden. Vgl. Protokoll der *Knesset*-Reden, 83. Bd., Juni-Oktober 1978, (heb.), S. 4066-4071, 4069.
116 Peres, 1995, S. 364-365.
117 Ibid., 365.
118 Ibid., 365.
119 Ibid., 365.
120 Ibid., 365-366.
121 Grinberg, 2007, S. 50.
122 Shlaim, 2000, S. 365.
123 Bar-Zohar, 2006, S. 521.
124 Shlaim, 2000, S. 444-445.
125 Ibid., 444-445.
126 Peres, 1995, S. 381.
127 Ibid., 383.
128 Ibid., 385.
129 Ibid., 385.
130 Shlaim, 2000, S. 505.
131 Ibid., 509.
132 Ibid., 512.
133 Grinberg, 2007, S. 78; Shlaim, 2000, S. 516-517.
134 Shlaim, 2000, S. 529.
135 Ibid., 528.
136 Gorny, Josef, »Von Dimona nach Oslo«, Yedioth Ahronoth, 24.1.1994.
137 Gotthilf, Jehuda, »Abschied von der Vergangenheit«, Davar, 10.1.1994.
138 Bar-Nir, Dov, »Denken von der Zukunft«, Al Hamishmar, 8.4.1994.
139 Kushnir, Shmuel, »Zwischen Utopie und modernem Denken«, Davar, 28.1.1994.
140 Schuchmann, Aliav, »Die Vision des Außenministers«, Maariv, 2.7.1995.
141 Gil, Amiram, »Die Geschichte wird nicht warten«, Iton 77, N. 69, 1994, S. 6.
142 Vgl. AS, »Wie man den Frieden kaufen kann: Anmerkungen zu ›Dividenden des Friedens‹ von der Peres' Schule«, Nativ, 4/39, 1994, S. 50-55.
143 Sether, Gidon, »Von Peres' Vogelperspektive in die Phantasiewelten«, Nativ-Bücher 2/37, 1994, S. 59-62.
144 Shavit, Jacob, »Shimon Peres träumt von einer Utopie«, Maariv, 31.12.1993.
145 Avi Shlaim bezeichnet Peres in Zusammenhang mit *Die Versöhnung* als »poet-philosopher«. Vgl. Shlaim, 2000, S. 609.
146 Staatschef Jitzchak Rabin ärgerte sich über den Zeitpunkt der Veröffentlichung, da ein Großteil der Informationen noch unter Verschluss stand und vor der Publikation von der Zensur hätten überprüft werden müssen. Vgl. Ben-Porat, Shayke [Isaiah], *Talks with Yossi Sarid*, Tel Aviv, 1997, (heb.), S. 128-129.
147 Peres, 1993, S. 220.
148 Grinberg, 2007, S. 54.
149 Ibid., 56.
150 Ibid., 57-59.

[151] Peres, 1993, S. 133.
[152] Ibid., 141.
[153] Ibid., 142.
[154] Ibid., 70-71.
[155] Ibid., 92.
[156] Ibid., 97.
[157] Ibid., 97.
[158] Peres, 1999, 57-63; Eldar, 8.2.2006.
[159] Peres, 1993, S. 13.
[160] Ibid., 14.
[161] Ibid., 14. Vgl. auch Lord, Amnon, »Die ›Autobahn‹ von Dimona nach Oslo«, Tchelet, Zeitschrift für israelisches Denken 4, 1998, S. 93-105, (heb.). Lord kritisiert vom rechtszionistischen Standpunkt aus Peres' »Schlagfertigkeitsmentalität«, die diesen beiden Projekten – der Beschaffung nuklearen Potenzials und dem Friedensprozess mit den Palästinensern – zu Grunde liege. Lord weist auf den »Erlöser-Charakter« von Dimona und Oslo hin. Er glaubt nicht daran, dass die beiden gewünschten Ziele, (absolute) Sicherheit einerseits und Frieden andererseits, erreichbar sind. Lords etwas wirre Argumentation verrät seine Angst, die altbekannte Ordnung aufgeben zu müssen, und die Unfähigkeit, sich einen Frieden vorzustellen.
[162] Peres, 1993, S. 114.
[163] Ibid., 112.
[164] Ibid., 112-113.
[165] Ibid., 113.
[166] Ibid., 114.
[167] Ibid., 120.
[168] Ibid., 123.
[169] Kimmerling, 2001, S. 227-228.
[170] Ibid., 228.
[171] Vgl. Peres, »Der Kampf um die Fortsetzung des Friedensprozesses«, *Knesset*-Rede von 28.10.1985, Lavon-Institut für die Forschung der Arbeitsbewegung, Akte: IV-104-1262-79, (heb.), S. 1.
[172] Vgl. http://www.knesset.gov.il/history/heb/heb_hist11.htm.
[173] Peres, 1995, S. 367.
[174] Ibid., 373.
[175] Ibid., 373.
[176] Ibid., 373-374.
[177] Ibid., 374.
[178] Ibid., 395.
[179] Bar-Zohar, 2006, S. 616.
[180] Ibid., 640-641.
[181] Peres, 1993, S. 28.
[182] Ibid., 29.
[183] Ibid., 30.
[184] Ibid., 30-31.
[185] Ibid., 31.
[186] Ibid., 32.
[187] Ibid., 33.
[188] Ibid., 33.
[189] Ibid., 34.
[190] Ibid., 34.
[191] Ibid., 48.
[192] Ibid., 47.
[193] Grinberg, 2007, S. 74.
[194] Peres, 1993, S. 48.
[195] Ibid., 45.
[196] Ibid., 47-48.

197 Ibid., 48-49.
198 Vgl. http://www.uni-kassel.de/fb5/frieden/regionen/Nahost/un-sr-242.pdf; der Absatz 1.1 der Entschließung 242 vom 22.11.1967 sieht den Rückzug Israels aus den 1967 eroberten Gebieten vor.
199 Peres, 1993, S. 83-84.
200 Ibid., 89.
201 Vgl. Azoulay & Ophir, 2008.
202 Peres, 1993, S. 89-90.
203 Ibid., 90.
204 Ibid., 90.
205 Am Ende des 1. Kapitels im Zusammenhang mit der »Geburtsstunde des Friedens« schreibt Peres: »Nun beenden wir die Streitigkeiten der Vergangenheit [mit den Palästinensern], aber damit ist es nicht getan. Wir müssen nicht nur das Elend beheben, sondern auch das Glück der Bevölkerung der Region anstreben.« Ibid., 53; Peres' entpolitisiertes Friedensverständnis drückt sich in dieser verblüffenden, wahrscheinlich vor der Unterzeichnung der Grundsatzerklärung vom 13.9.1993 verfassten Aussage aus: Bevor eine einzige politische Aktion in Richtung Versöhnung vollzogen wird, will Peres die »Streitigkeiten der Vergangenheit« als »beendet« verstehen und sich der weiteren Aufgabe des Neuen Nahen Ostens zuwenden.
206 Ibid., 222-244.
207 Ibid., 222.
208 Ibid., 222-223.
209 Ibid., 223-224.
210 Ibid., 228.
211 Ibid., 228-229.
212 Ibid., 229.
213 Ibid., 229.
214 Ibid., 229-230.
215 So Kimmerling: »The guiding principle of this orientation is essentially the diametrical opposite of that of the conflict-oriented group: achieving peaceful resolution to the Jewish-Arab (and especially Palestinian) conflict, which is seen as no different from any other negotiable dispute and unconnected to the persecution of Jews in the past, because it is unrelated to traditional Jewish-Gentile relations. The conflict is framed mainly in terms of material interests, such as territorial resources, markets, boundaries, and water. Peace, democracy, and ›normalcy‹, the most desirable collective goals of the Israeli state, are perceived as linked to compromise, and the achievement of peace as a necessary condition or the attainment of all other aims, such as a more egalitarian society, economic growth, welfare, technological, scientific, cultural, and artistic progress, and so on. Above all, the core of this orientation is that peace – which is equated with Israel's acceptance as a legitimate state and society in the region – is security.« Kimmerling, 2001, S. 223.
216 Peres, 1993, S. 230.
217 Ibid., 231.
218 Grinberg, 2007, S. 67-100, 101-130.
219 Peres, 1993, S. 233.
220 Ibid., 233.
221 Ibid., 236.
222 Ibid., 236-237.
223 Ibid., 237.
224 Ibid., 237.
225 Ibid., 238.
226 Ibid., 240.
227 Bar-Zohar vertritt ein Narrativ, dem zufolge Außenminister Peres die treibende Kraft hinter dem Oslo-Friedensprozess und der Anerkennung der PLO gewesen sei, während Premierminister Jitzchak Rabin durchgehend eine zögernde Haltung eingenommen habe. Der Frieden, so heißt es, »brennt in Peres' Blut«. Bar-Zohar, 2006, S. 590; Bar-Zohar zeichnet eine gerade Linie von den Londoner Gesprächen mit König Hussein 1987 über die Auflösung von Shamirs

»Anti-Friedens-Regierung« 1990 bis hin zum Friedens-Engagement von Peres unter der Rabin-Regierung 1992-1995, wobei Peres von Friedensdrang stark motiviert sei. Peres' Biograph beginnt das Oslo-Kapitel, überschrieben mit »Der Kampf um den Frieden«, mit Peres' Forderung gegenüber seinem langjährigen Rivalen, Premierminister Jitzchak Rabin, kurz nach der Regierungsbildung im Juni 1992: »Bringst Du den Friedensprozess voran, so hast Du keinen loyaleren Anhänger als mich. Solltest Du aber dem Friedensprozess im Wege stehen, dann bin ich Dein größter Rivale.« Ibid., 603.

228 Grinberg, 2007.
229 Grinberg interpretiert Oslo I als Zugeständnis seitens der PLO. Die Prinzipienerklärung sei schließlich eine *Absichts*erklärung: Sie beinhalte die gegenseitige Anerkennung, eine Erklärung über die Einstellung jeglicher Gewalt gegen Israel, die Errichtung einer Autonomie für fünf Jahre über ein im Vorfeld nicht definiertes Territorium, eine Zustimmung der PLO zu Israels weiterer militärischer Dominanz über das ganze Land und seine Außengrenzen samt Aufrechterhaltung der Siedlungen. Auch die wirtschaftliche Abhängigkeit der Palästinenser von Israel wird mit Oslo I nicht aufgehoben, im Gegenteil, die palästinensische Wirtschaft bleibe im israelischen »Würgegriff«; dabei wird das 1991 eingeführte »Abriegelungsregime« gerade in den Oslo-Jahren erst recht etabliert. Grinberg geht noch weiter und behauptet, dass Oslo I aus Sicht der Palästinenser weitreichende Zugeständnisse beinhalte, die nur die PLO und nicht etwa die Mitglieder der palästinensischen Delegation in Washington gegenüber dem palästinensischen Volk hätten legitimieren können. Die in den besetzten Gebieten lebenden Mitglieder der palästinensischen Delegation erkennen sehr wohl diese Schwächen von Oslo I: die offenen Kernfragen des Konflikts, welche auf spätere Verhandlungen verschoben werden. Israel seinerseits, so Grinberg, entscheidet sich für Verhandlungen mit der PLO gerade vor diesem Hintergrund, denn alleine die PLO mit Arafat an ihrer Spitze kann solche Bedingungen mittels ihrer national-symbolischen Macht durchsetzen. Abgesehen von ihrer Anerkennung als Verhandlungspartner habe die PLO mit Oslo I faktisch wenig erreicht: Alle Punkte bleiben offen für Verhandlungen, einschließlich des ersten Schrittes der Räumung von Gaza und Jericho. Ibid., 80.
230 Vgl. dazu Hass, Amira, »Israelischer Kolonialismus unter dem Deckmantel des Friedensprozesses (1993-2000)«, in: Hass, 2006, S. 194-209. Hass geht auf die gerade in dieser Zeit beschleunigte jüdische Kolonialisierung der Palästinensergebiete ein, gekoppelt mit einem Prozess der Verfestigung und Etablierung des Abriegelungssystems, was zur erheblichen Einschränkung der Bewegungsfreiheit der Palästinenser führt. Der Kolonialisierungsprozess bedeutet auch die Zerstückelung der Palästinensergebiete in voneinander abgetrennte Enklaven. Hass weist auf die Verdoppelung der Siedlerzahl in den besetzten Gebieten (ohne Ostjerusalem) zwischen den Jahren 1991-2000 von 91.400 bis 198.300 hin. In Ostjerusalem ist die Rede von 141.000 Siedlern im Jahre 1992; 173.000 im Jahre 2000. Vgl. Ibid., FN. 2. S. 208; Grinberg, 2007, S. 129.
231 Mitten im Oslo-Prozess versucht Außenminister Peres auf internationalem Parkett, den von der PLO bei der UNO eingereichten Vorschlag für die Anerkennung des palästinensischen Selbstbestimmungsrechtes zu bekämpfen. Vgl. Haaretz, 10.11.1994.
232 Der Außenminister betont: »Israels Regierung ist nicht verpflichtet, Land in [Ost-]Jerusalem nicht zu enteignen, doch sie erklärt weiterhin, dass sie keine Absicht hat, [palästinensisches] Land mit Gewalt oder auch willentlich [sic!] zu konfiszieren.« Davar, 31.5.1995; vor dem UN-Sicherheitsrat will Peres Israel nicht dazu verpflichten, kein palästinensisches Land für die Entwicklung Jerusalems zu konfiszieren. Haaretz, 31.5.1995.
233 Haaretz, 8.3.1994.
234 Ende 1996 erklärt Peres Littell, weshalb er und Rabin die Hebron-Siedlung nicht geräumt haben, obwohl eine große Mehrheit der israelischen Bürger dies zu jener Zeit doch wohl hätte nachvollziehen können. Peres' Antwort lautet: »Wissen Sie, darauf möchte ich mich nicht einlassen. Ich hasse es, über Geschehnisse der Vergangenheit zu urteilen, denn diese kann man nicht mehr ändern. Man kann nur jemandem Schuld zuweisen. Aber ich kann Ihnen versichern, daß wir diese Möglichkeit erörtert haben und es aus dem einen oder anderen Grund dann nicht verwirklicht haben. Im Grunde lag es im Verantwortungsbereich von Rabin, und er sollte dazu Stellung nehmen. Er kann es aber nicht.« Littell, 1998, S. 123.

[235] Haaretz, 8.3.1994.
[236] Ibid.
[237] Vgl. »So sagte der wütende Prophet dem Friedens-Architekten«, Maariv, 25.3.1994.
[238] Grinberg, 2007, S. 154.
[239] Vgl. Azoulay, 2002, S. 58. Nach Amir ist Peres hauptverantwortlich für den Oslo-Friedensprozess und hat den vom Volk geschätzten Rabin vom »richtigen Weg« abgebracht. Doch Peres sei deshalb »des Mordes unwürdig«, weil er nicht ausreichend politisches Charisma ausstrahle, um das jüdisch-israelische Volk in einen solchen grundlegenden politischen Prozess zu führen. Ariella Azoulay bietet hier ein alternatives Narrativ für den Mord an Rabin an, und zwar ein »Selbstopferungsnarrativ«: Amir musste, in Kenntnis der israelischen Ordnung, noch am Abend des Mordes mit seiner Liquidierung rechnen – eine zu erwartende Reaktion der Leibwächter eines hochrangigen Politikers. Amirs Anliegen, den Friedensprozess durch Rabins Liquidierung zu stoppen, sei eng mit dem Gedanken verbunden gewesen, sich selbst dabei opfern zu müssen. Ibid., 58-61.
[240] Vgl. Hass, 2006, S. 18. Hass merkt dazu an: »Im September 2000 umfaßten die Enklaven der Region A nur 18 Prozent des Landes, während sich die Region C – die landwirtschaftlich genutzten Flächen und die als Bauland geeigneten Landreserven – über volle 60 Prozent erstreckte. In Gaza waren 20 Prozent des engen Landstreifens ausschließlich der israelischen Armee und den jüdischen Siedlern vorbehalten, die 0,5 Prozent der Bevölkerung ausmachten.« Ibid., 18. Erst 2005 beschließt Israel, und zwar unter Premierminister Ariel Sharon – mit Unterstützung der Arbeitspartei unter der Führung Peres' –, in der sogenannten einseitigen Abkoppelung die Siedlungsräumung im Gazastreifen.
[241] Davar I, 24.10.1995.
[242] Vgl. Haaretz, 8.11.1995: Jassir Arafat und Ägyptens Präsident Hussni Mubarak verlauten ihre Befürchtungen, der Friedensprozess würde [infolge von Rabins Tod] ins Stocken geraten.
[243] Vgl. »Der Führer des Neuen Nahen Ostens«, Haaretz, 5.12.1995.
[244] Littell, 1998, S. 216. Auch 1999 hält Peres an seinem Diskurs der Friedensideologie fest: »Assad wußte, daß Israel zu weitreichenden Konzessionen bereit wäre, um mit Syrien ein Friedensabkommen abzuschließen. Seine Bereitschaft hierzu hatte noch Rabin offen deklariert. Ich erklärte nun meinerseits, daß nach meiner Auffassung die Golanhöhen syrisches Territorium sind. [...] Aber trotz alledem – die Antwort des syrischen Präsidenten war eine der größten Enttäuschungen: Er wäre bereit für ein persönliches Treffen, könne jedoch keinen festen Termin nennen. [sic!]« Peres, 1999, S. 76-77.
[245] Littell, 1998, S. 216-217.
[246] Grinberg, 2007, S. 161.
[247] Peres' ideologische Nähe zu den Nationalreligiösen erklärt sich auch durch den sogenannten »Historischen Bund« zwischen der *Mapai* und der *Mafdal*, der von der Gründungszeit bis zur Krise gegen Ende der ersten Rabin/Peres-Regierung 1977 Bestand hatte. Peres gilt in dieser Regierung als ausgesprochener Anhänger der Siedlungen in ganz *Erez Israel*, somit als Befürworter der von *Mafdal* unterstützten Siedlungsbewegung *Gusch-Emunim*, und unternimmt in seiner Position als Verteidigungsminister einiges, um die Besiedlung in den Palästinensergebieten auch gegen die Siedlungspolitik der eigenen Regierung voranzutreiben. Für die Krise zwischen Arbeitspartei und *Mafdal*, was diese nach 1977 in die Arme des *Likud* treibt, macht Peres vor allem Rabin verantwortlich. Vgl. Zertal & Eldar, 2004, S. 70-81: »Die Schuld an [der Siedlung] Sebastia«.
[248] Jona, Jacob, »Der hysterische Bund«, Maariv, 11.12.1995.
[249] Davar I, 26.11.1995.
[250] Grinberg, 2007, S. 133-134.
[251] Ibid., 135.
[252] Vgl. Grinberg, Lev, »Israels wirtschaftlicher Würgegriff«, Inamo 52, Winter 2007, S. 38-45.
[253] Davar I, 26.11.1995.
[254] Grinberg, 2007, S. 139.
[255] Vgl. Zertal & Eldar, 2004.
[256] Vgl. Galili, Orit, »Beilin sucht Fesseln, Peres schreitet rückwärts – Wörter, die man vor den Wahlen nicht sagen darf«, Haaretz, 29.11.1995. Galili berichtet von der Position des neuen

Außenministers Ehud Barak, die die Stimmung nach Rabins Tod widerspiegelt. Bezogen auf die Aufschiebung der Verhandlungen über die permanente Regelung sagt Barak: »Alles, was ich am Ende des Friedensprozesses sehe, ist der Staat Israel mit dem Jordan als Sicherheitsgrenze, mit zwei oder drei jüdischen Siedlungsblöcken. Der Rest soll eine entmilitarisierte Zone sein, über deren Status ich jetzt keineswegs etwas sagen will. Im Kern sehe ich die palästinensische Seite nicht, ich sehe allein die israelische.« Ibid.

257 Grinberg, 2007, S. 161-162.
258 Peres' engster Berater Uri Savir betont sogar, dass die Erörterung der Differenzen mit den Palästinensern bezüglich der anstehenden permanenten Regelung in sich die Gefahr berge, dass die Arbeitspartei nicht wiedergewählt werden würde. Deshalb werden die Gespräche auf Syrien verlagert. Vgl. Galili, Orit, »Beilin sucht Fesseln, Peres schreitet rückwärts – Wörter, die man vor den Wahlen nicht sagen darf«, Haaretz, 29.11.1995.
259 Bar-Zohar, 2006, S. 666.
260 Shlaim, 2000, S. 555-556.
261 Avneri, Uri, »Der Moment der Wahrheit«, Maariv, 27.11.1995.
262 Peres, 1999, S. 61.
263 Peres, 1999, S. 73-74.
264 Ibid., 74.
265 Ibid., 75.
266 Ibid., 72.
267 Littell, 1998, S. 167.
268 So erklärt Peres gegenüber den Palästinensern Ende 1996, als der Gazastreifen noch zu 20 Prozent von israelischen Siedlungen und militärischen Stützpunkten besetzt ist: »Ich habe Arafat in der Tat vorgeschlagen, Gaza zu einem palästinensischen Staat zu machen, während die Westbank autonomes Gebiet bleiben sollte. Ein Teil, Gaza, wäre ein voller Staat, der andere Teil, die Westbank, würde zum autonomen Gebiet, das diesem palästinensischen Staat anzugliedern wäre. [...] Ich glaube, Autonomie ist eine Station an dem Weg zu einer dauerhaften Lösung, aber selbst noch keine dauerhafte Lösung. Und doch hatte ich die ganze Zeit über das Gefühl, und ich habe es immer noch, daß wir unser ganzes Vorhaben erst allmählich werden offenlegen können. Wenn wir es zu früh offenlegen, werden wir nicht nur mit unnötiger Opposition zu rechnen haben, sondern werden auch vor den Verhandlungen preisgeben, was wir als Rückzugsposition bereithalten sollten.« Littell, 1998, S. 108-109.
269 In seiner Erklärung anlässlich der Gründung seines *Peres Center for Peace* merkt Peres an: »Ich glaube, daß die Zukunft in unserer Hand liegt, daß wir nicht darauf warten dürfen, daß Regierungen und staatliche Organisationen den Frieden in der Welt schaffen, sondern daß wir alle etwas tun *müssen* und daß wir es *können*.« (Peres' Betonung), Peres, 1999, S. 157.
270 Peres, 1999, S. 44-45.

Epilog: Peres und die politische Macht

1 Akiva Eldar zitiert Peres' Vertrauten, vgl. Eldar, 8.2.2006; Azoulay-Katz, 1996, S. 78-79.
2 Kimmerling, 2003, S. 145.
3 Ben-Simon, Daniel, »Die Arbeitspartei. Es ist schon lustig«, Haaretz, 1.7.2005.
4 Ibid.
5 Vgl. Bar-Zohar, 2006, S. 678.
6 Ibid., 495-496.
7 Ibid., 674.
8 Ibid., 553.
9 Ibid., 572.
10 Littell, 1998, S. 194-195.
11 Bar-Zohar, 2006, S. 678.
12 Eldar, 8.2.2006.
13 Azoulay-Katz, 1996, S. 172-188.
14 Ibid., 225.

15 Goldstein, Yossi, *Rabin. Biography*, Tel Aviv, 2006, (heb.), [im Folgenden: Goldstein, 2006], S. 325.
16 Bar-Zohar, 2006, S. 277-278.
17 Vgl. Sheleg, Yair, »United Peres«, Das Siebte Auge, Zeitschrift für Presse-Angelegenheiten, Das Israelische Institut für Demokratie, Mai-Juni 1996, S. 11-13, (heb.), [im Folgenden: Sheleg, 1996].
18 Bar-Zohar, 2006, S. 277-278.
19 Sheleg, 1996; Sheleg, der über das Verhältnis zwischen Peres und der israelischen Presse berichtet, erinnert an die Anfang der 1960er Jahre von der Wochenzeitung *Haolam Haze* geprägten Begriffe »United Peres« und später »Shimon Persomet« (heb. »Werbung«). Damit wolle *Haolam Haze* ihre Kritik an dem von ihr als undemokratisch verstandenen Sicherheitsestablishment und an Peres' Vereinnahmung der Presse für seine politischen Zwecke andeuten.
20 Sharett, Moshe, *Persönliches Tagebuch*, Tel Aviv, 1979, Eintragung vom 18.9.1957, S. 2314-2315.
21 Bar-Zohar, 2006, S. 278-279.
22 Ibid., 279.
23 Sheleg, 1996, S. 11-13.
24 Bar-Zohar, 2006, S. 279.
25 Ibid., 279-280.
26 Ibid., 281; Ben-Gurions Tagebuch, Eintragung vom 2.5.1958.
27 Bar-Zohar, 2006, S. 662.
28 Vgl. Dokumentarfilm von Henning, Eric, »Rabin und Peres – Alles ist Persönlich«; vgl. Filmbesprechung von Misgav, Uri, »Tief sitzende und symmetrische Antipathie [zwischen Rabin und Peres] «, Haaretz, 25.5.2007.
29 Bar-Zohar, 2006, S. 476-480.
30 Sheleg, 1996.
31 Rabin, 1979, S. 534; Goldstein, 2006.
32 Azoulay-Katz, 1996, S. 86-87.
33 Ibid., 175-176.
34 Ibid., 182.
35 Bar-Zohar, 2006, S. 516.
36 Ibid., 670.
37 Ibid., 672.
38 Azoulay-Katz, 1996.
39 Arendt, 1945, S. 146.
40 Bar-Zohar, 2006, S. 677.
41 Ibid., 677.
42 Hannah Arendt behandelt 1945 die Unterschiede zwischen den beiden politischen Lagern, vor allem die Entpolitisierungstendenz der »Allgemeinen Zionisten«, die sich in der Forderung der amerikanischen Zionisten auf ihrer Jahresversammlung im Oktober 1944 niederschlägt; dieser Forderung zufolge soll »von der Linken bis zur Rechten einmütig […] nach einem ›freien und demokratischen jüdischen Gemeinwesen‹ [gestrebt werden], (das) ›ganz Palästina ungeteilt und unvergeschmälert umfassen soll‹.«: »Eine Fortsetzung der offiziellen Auseinandersetzungen zwischen ›allgemeinen Zionisten‹ und Revisionisten ist nur dann verständlich, wenn man annimmt, daß die ersteren von der Erfüllung ihrer Forderungen nicht ganz überzeugt sind und es statt dessen für angebracht halten, Maximalforderungen als Ausgangspunkt für künftige Kompromisse zu erheben, während die letzteren ernsthafte, aufrichtige und unnachgiebige Nationalisten sind. […] Anlaß des revisionistischen Erdrutsches innerhalb der zionistischen Organisation [1944] war eine Verschärfung politischer Konflikte während der letzten 10 Jahre. Dabei war keiner dieser Konflikte etwas Neues; das Neue bestand in einer Situation, welche den Zionismus zwang, Antwort auf Fragen zu geben, denen man seit mindestens 20 Jahren bewußt aus dem Wege gegangen war. Mit Weizmann als führendem außenpolitischem Sprecher und teils aufgrund der großartigen Erfolge der Palästina-Juden hatte die zionistische Organisation eine geniale Fähigkeit entwickelt, Fragen von politischem Gewicht entweder überhaupt nicht oder nur doppeldeutig zu beantworten.

Unter dem Zionismus konnte jeder verstehen, was er wollte; der Akzent wurde – besonders in den europäischen Ländern – auf die rein ›ideologischen‹ Elemente gelegt. Angesichts der gegenwärtigen Entscheidungen muß diese Ideologie einem neutralen und nicht allzu gut informierten Beobachter wie ein absichtlich verworrenes Gerede erscheinen, das politische Absichten verbergen soll. Eine solche Deutung täte jedoch der Mehrheit der Zionisten Unrecht. Tatsache ist, daß die zionistische Ideologie in der Version, die Herzl ihr gab, eine entschiedene Tendenz zu den später als revisionistisch bezeichneten Einstellungen besaß und sich ihnen nur dadurch entziehen konnte, daß sie vor den realen politischen Problemen, um die es ging, absichtlich die Augen verschloß.« Vgl. Arendt, 1945, S. 127-128, 131.

[43] Littell, 1998, S. 266-267.
[44] Vgl. Eldar, 8.2.2006.
[45] Arendt, 1945, S. 129-130, 138-139.

BIBLIOGRAPHIE

Bücher von Shimon Peres:

The Next Phase, Tel Aviv, 1965, (heb.).

David's Sling, Jerusalem, 1970, heb., (eng. London, 1970).

And Now Tomorrow, Jerusalem, 1978, (heb.).

Go With The Men, Seven Portraits, Jerusalem, 1979, (heb.), (EA. 1978), (eng. *From these men: 7 founders of the state of Israel,* New York, 1979).

Entebbe Diary, Tel Aviv, 1991, (heb.).

Die Versöhnung – Der neue Nahe Osten, Berlin, 1993, (heb. *Der Neue Nahe Osten – Rahmen und Prozesse für die Friedensära,* Israel, 1993).

Letters to Authors, Tel Aviv, 1994, (heb.).

Shalom – Erinnerungen, Stuttgart, 1995, (eng. *Battling for Peace. Memoirs,* London, 1995).

Zurück nach Israel – Eine Reise mit Theodor Herzl, München, 1998, (fr. *Le voyage imaginaire avec Théodore Herzl en Israël,* Paris, 1998).

A New Genesis, Tel Aviv, 1998, (heb.).

Man steigt nicht zweimal in denselben Fluß. Politik heißt Friedenspolitik, München, 1999, (fr. *Que le soleil se lève,* Paris, 1999).

Viele Leben, Tel Aviv, 2003, (heb.).

Eine Zeit des Krieges, eine Zeit des Friedens. Erinnerungen und Gedanken, München, 2004.

Verwendete Literatur:

ACHAD HAAM, *Am Scheideweg,* Jerusalem, 1988, (EA. 1916), (heb.).
ders., »Der Judenstaat und die ›Judenfrage‹«, Hashelah 3/1, 1897-1898; verkürzte Version: http://www.benyehuda.org/ginzburg/medinat_hayehudim.html, (heb.).
ALEXANDER, Esther, *The Power of Equality in the Economy, The Israeli Economy in the 80's,* Tel Aviv, 1990, (heb.).
ALON, Yigal, *Focal Points,* Tel Aviv, 1981, (heb.).
ders., *In Search of Peace,* Tel Aviv, 1989, (heb.).
AMAR-DAHL, Tamar, *Moshe Sharett: Diplomatie statt Gewalt: Der »andere« Gründungsvater Israels und die arabische Welt,* München, 2003.
ANDERSON, Benedict, *Die Erfindung der Nation: Zur Karriere eines folgenreichen Konzepts,* (eng. *Imagined communities*), u. a. Frankfurt, 1996, (EA. 1983).
ARENDT, Hannah, »Der Zionismus aus heutiger Sicht«, in: *Die verborgene Tradition, Acht Essays,* hg. v. ders., Frankfurt a.M.: 1976, (EA. »Zionism Reconsidered«, The Menorah Journal, 33/2, 1945, S. 162-196), S. 127-168.

ders., »The Jewish State Fifty Years After: Where Have Herzl's Politics Led?«, Commentary, May 1946, und in: *The Jew as Pariah, Jewish Identity and Politics in the Modern Age*, hg. v. ders., New York: 1978, S. 164-177.
ARIAN, Asher, *The Second Republic: Politics in Israel*, New Jersey, 1998.
ARIELI, Jehushua, *Geheime Verschwörung*, Tel Aviv, 1965, (heb.).
AVINERI, Shlomo, *Varieties of Zionist Thought*, Tel Aviv, 1999, (EA. 1980), (heb.).
ders., »Der Zionismus und die jüdische Tradition: Dialektik zwischen Erlösung und Säkularisierung«, in: *Zionismus und Religion*, hg. v. Shmuel Almog, Jehuda Reinharz, Anita Shapira, Jerusalem: 1994, S. 9-20, (heb.).
AZOULAY, Ariella, »Der Bürger Yigal Amir«, in: *Bad Days. Between Disaster and Utopia*, hg. v. ders., & Adi Ophir, Tel Aviv: 2002, S. 44-62, (heb.).
ders., »Die Bürgerin Carmella Buhbut«, in: *Bad Days. Between Disaster and Utopia*, hg. v. ders., & Adi Ophir, Tel Aviv: 2002, S. 63-86, (heb.).
AZOULAY, Ariella & OPHIR, Adi, *This Regime which is not One: Occupation and Democracy Between the Sea and the River (1967 –)*, Israel, 2008, (heb.).
AZOULAY-KATZ, Orly, *Sisyphos' Catch: Der Mann, der nicht zu siegen wusste – Shimon Peres in der Sisyphos-Falle*, Tel Aviv, 1996, (heb.).

BABEROWSKI, Jörg, *Der Sinn der Geschichte. Geschichtstheorien von Hegel bis Foucault*, München, 2005.
BAR-ON, Mordechai, *The Gates of Gaza: Israel's Defense and Foreign Policy 1955-1957*, Tel Aviv, 1992, (heb.)
BAR-TAL, Daniel & ANTEBI, Dikla, »Beliefs about Negative Intentions of the World: A Study of the Israeli Siege Mentality«, in: Political Psychology 13/4, 1992, S. 633-645.
BARZILAI, Gad, *Wars, Internal Conflicts, and Political Order. A Jewish Democracy in the Middle East*, New York, 1996.
BAR-ZOHAR, Mich[a]el, *David Ben-Gurion – Der streitbare Prophet. Eine Biographie*, Hamburg, 1968.
ders., *Phoenix. Wie ein Strandvogel. Shimon Peres – Eine politische Biographie*, Tel Aviv, 2006, (heb.), (eng. *Shimon Peres: The Biography*, New York, 2007).
BECHOR, Guy, *Constitution for Israel*, Jerusalem, 1996, (heb.).
BEN-ELIEZER, Uri, »›Das Volk in Waffen‹ und der Krieg: Israel in den ersten Jahren der Souveränität«, Zmanim 49, Historische Zeitschrift der Tel Aviver Universität, 1994, S. 50-65, (heb.).
ders., *Making of Israeli Militarism*, Bloomington, 1998.
ders., »Is Military Coup Possible in Israel? Israel and French-Algeria in Comparative Historical-Sociological Perspective«, Theory and Society 27, Netherlands, 1998, S. 311-349.
BEN-GURION, David, *Eternal Israel*, Tel Aviv, 1964, (heb.).
ders., *From Class to Nation*, Tel Aviv, 1974, (heb.).
BEN-MEIR, Yehuda, *Civil-Military Relations in Israel*, New York, 1995.
BEN-SIMON, Daniel, *A New Israel*, Tel Aviv, 1997, (heb.).
BENVENISTI, Meron, *1987 Report: Demographic, Economic, Legal, Social and Political Development in the West Bank*, Jerusalem, 1987.
ders., *The Sling And The Club*, Jerusalem, 1988, (heb.).
BEN-PORAT, [Isaiah] Shayke, *Talks with Yossi Sarid*, Tel Aviv, 1997, (heb.).
BENZIMAN, Uzi, *Sharon: An Israeli Caesar*, Tel Aviv, 1985, S. (heb.).
ders., & MANSOUR, Atallah, *Subtenants*, Jerusalem, 1992, (heb.).
BIALE, David, *Power and Powerlessness in Jewish History*, New York, 1986.
BISHARA, Azmi, »Der israelische Araber: Debatten über einen gespaltenen politischen Diskurs«, in: *Zionismus: Eine zeitgenössische Debatte*, hg. v. Pinchas Genosar & Avi Bareli, Israel: 1996, S. 312-339, (heb.).
ders., »Zur Frage der palästinensischen Minorität in Israel«, Theorie und Kritik 3, Jerusalem, 1993, 7-20, (heb.).
BLACK, Ian & MORRIS, Benny, *Mossad, Shin Bet, Aman. Die Geschichte der israelischen Geheimdienste*, Heidelberg, 1994.
BRENNER, Michael, *Geschichte des Zionismus*, München, 2002.
BRUBAKER, Rogers, »Nationalistische Mythen und eine post-nationalistische Perspektive«, in: *Jüdische Geschichtsschreibung heute: Themen, Positionen, Kontroversen*, hg. v. Michael Brenner & David N. Myers, München: 2002, S. 217-228.

Burk, James, »Morris Janowitz and the Origins of Sociological Research on Armed Forces and Society«, Armed Forces and Society 19, 1993, S. 167-185.

Carmi, Shulamit & Rosenfeld, Henry, »The Emergence of Militaristic Nationalism in Israel«, International Journal of Politics, Culture and Society 3/1, Netherlands, 1989, S. 5-49.
Chetrit, Sami Shalom, »Mizrachim und Palästinenser in Israel – ›Die neuen Mizrachim‹«, Inamo 38, Sommer 2004, S. 14-20.
ders., *The Mizrahi Struggle in Israel. Between Oppression and Liberation, Identification and Alternative 1948-2003*, Tel Aviv, 2004, (heb.).
Cohen, Avner, *Israel and The Bomb*, New York, 1998; heb. Version: Tel Aviv, 2000.
ders., *The Last Taboo*, Israel, 2005, (heb.).
Cohen, Ethan, *Die Marokkaner. Das aschkenasische Negativ*, Tel Aviv, 2002, (heb.).
Cohen, Hillel, *Good Arabs. The Israeli security services and the Israeli Arabs*, Jerusalem, 2006, (heb.).
Cohen, Yoel, *Die Vanunu Affäre. Israels Geheimes Atompotential*, Heidelberg, 1995, (eng. *Nuclear Ambiguity: The Vanunu Affair*, London, 1992; *The Whistleblower of Dimona: Israel, Vanunu and the Bomb*, New York, 2003).

Davis, Uri, *Apartheid Israel, Possibilities for the struggle within*, London/New York, 2003.
Dayan, Moshe, *Meilensteine*, Tel Aviv, 1976, (heb.).
Don-Yihiya, Eliezer, *The Politics of Accommodation, Settling Conflicts of State and Religion in Israel*, Jerusalem, 1997.
Doron, Avraham, *In Defense of Universality. A Challenge to Israel's Social Policies*, Jerusalem, 1995, (heb.).
Drucker, Raviv & Shelah, Ofer, *Boomerang. Das Versagen der [israelischen, politisch-militärischen] Führung in der Zweiten [Al-Akasa] Intifada*, Jerusalem, 2005, (heb.).
Dubnow, Simon, »Diaspora«, The International Encyclopedia of Social Sciences, Bd. V., New York, 1950, S. 126-130, (EA. 1931), in: *Jüdische Geschichte lesen, Texte der jüdischen Geschichtsschreibung im 19. und 20. Jahrhundert*, hg. v. u. a. Michael Brenner, München: 2003, S. 171-177.

Edmonds, Martin, »Armed Service and Society«, Boulder, Westview Press, 1999, S. 70-112.
Eisenstadt, Shmuel N., *The Transformation of Israeli Society*, London, 1985.
Eshed, Chagai, *Who Gave The Order? The Lavon Affair*, Jerusalem, 1963/1979, (heb.).
Estel, Bernd, »Grundaspekte der Nation«, in: *Das Prinzip Nation in modernen Gesellschaften: Länderdiagnosen und theoretische Perspektiven*, hg. v. ders., Opladen: 1994, S. 13-81.
Evron, Yair, *Israel's Nuclear Dilemma*, Israel, 1987, (heb.), (eng. New York, 1994).
ders., *War and Intervention in Lebanon, The Israeli-Syrian Deterrence Dialogue*, Baltimore, 1987.

Fackenheim, Emil L., *The Jewish Return to History: Reflections in the Age of Auschwitz and a New Jerusalem*, New York, 1978.
ders., *The Jewish Bible after the Holocaust – a re-reading*, u. a. Bloomington, 1990.
Feldmann, Avigdor, »Vanunu, das Geheimnis und das Gesetz«, in: *Vanunu and the Bomb, The Campaign to Free Vanunu*, London/Israel, 1998, S. 129-138, (heb.).

Gadamer, Hans-Georg, *Wahrheit und Methode. Grundzüge einer philosophischen Hermeneutik*, Tübingen, 1990, 6. Aufl.
Gal, Irit & Hammerman, Ilana, *From Beyrouth to Jenin*, Tel Aviv, 2002, (heb.).
Gellner, Ernest, *Nationalismus und Moderne*, Berlin, 1990, (EA. *Nations and Nationalism*, u. a. Ithaca, 1983).
Ghanem, Asad, »State and Minority in Israel: The case of Ethnic State and the Predicament of its minority«, Ethnic and Racial Studies 21/3, 1998, S. 428-447.
Ginat, Rami, »Origins of the Czech-Egyptian Arms Deal: A Reappraisal«, in: *The 1956 War: Collusion and Rivalry in the Middle East*, hg. v. David Tal., London: 2001, S. 145-167.
Goetz, Hans-Werner, »›Vorstellungsgeschichte‹: Menschliche Vorstellungen und Meinungen als Dimension der Vergangenheit«, Archiv für Kulturgeschichte 61, 1979, S. 253-271.

GOLAN, Arnon, »The Transfer to Jewish Control of Abandoned Arab Lands during the War of Independence«, in: *Israel – The First Decade of Independence*, hg. v. Ilan S. Troen & Noah Lucas, New York: 1995, S. 403-440.
GOLAN, Matti, *Peres*, Tel Aviv, 1982, (heb.), (eng. London, 1982).
GOLANI, Motti, *Israel in Search of a War – the Sinai Campaign, 1955-1956*, Brighton, 1998.
ders., *Wars Don't Just Happen*, Ben Shemen, 2002, (heb.).
GOLDSTEIN, Yossi, *Eshkol. Biography*, Jerusalem, 2003, (heb.).
ders., *Rabin. Biography*, Tel Aviv, 2006, (heb.).
GORNY, Josef, *The Arab Question and the Jewish Problem*, Tel Aviv, 1986, (heb.), (eng. *Zionism and the Arabs 1882-1948. A Study of Ideology*, Oxford, 1987).
GRINBERG, Lev Luis, *Split Corporatism in Israel*, New York, 1991.
ders., *The Histadrut Above All*, Jerusalem, 1993, (heb.).
ders., *Imagined Peace, Discourse of War. The Failure of Leadership, Politics and Democracy in Israel, 1992-2006*, Tel Aviv, 2007, (heb.).
ders., »Israels wirtschaftlicher Würgegriff«, Inamo 52, Winter 2007, S. 38-45.
GUTMAN, Yechiel, *A Storm in the G.S.S.*, Tel Aviv, 1995, (heb.).

HAREL, Isser, *Anatomie eines Verrats. Das Desaster in Ägypten*, Israel, 1979, (heb.).
ders., *Kam Ish al Ahiv, (When Man Rose Against Man)*, Jerusalem, 1982, (heb.).
HASIN, Eliyahu & HOROWITZ, Dan, *The Affair*, Tel Aviv, 1961, (heb.).
HASS, Amira, *Morgen wird alles schlimmer*, München, 2006.
HERSH, Seymour M., *The Samson Option Israel's Nuclear Arsenal and American Foreign Policy*, New York, 1991.
HERZL, Theodor, *Der Judenstaat, Versuch einer modernen Lösung der Judenfrage*, Zürich, 1997, (EA. 1896).
HALPERN, Ben, »The Role of the Military in Israel«, in: *The Role of the Military in Underdeveloped Countries*, hg. v. John J. Johnsohn, Princeton, 1962, S. 317-358.
HOBSBAWM, Eric J., *The Invention of Tradition*, u. a. Cambridge, 1993, (EA. 1983).
ders., *Nationen und Nationalismus: Mythos und Realität*, Frankfurt/New York, 2004, (EA. 1990).
HOFNUNG, Menachem, *Democracy, Law and National Security in Israel*, Dartmouth, 1996.
HOROWITZ, Dan, »Is Israel A Garrison State?«, The Jerusalem Quarterly, Summer 1977, S. 58-75.
ders., »The Israeli Defense Forces: a Civilized Army in a Partial Militarized Society«, in: *Soldiers, Peasants, and Bureaucrats: Civil-military Relations in Communist and Modernizing Societies*, hg. v. Roman Kolkowicz & Andrzej Korbonski, London: 1982, S. 77-106.
ders., & LISSAK, Moshe, *Trouble in Utopia: The Overburdened Polity of Israel*, New York, 1990, (heb. Tel-Aviv, 1993).
HOWARD, Michael, *The Causes of Wars*, London, 1984.
HUNTINGTON, Samuel P., *Political Order in Changing Societies*, New Haven, 1968.

JANOWITZ, Morris, *The Military and Political Development of New Nations*, Chicago, 1964.
ders., *The Professional Soldier, A Social and Political Portrait*, New York, 1971.

KAFKAFI, Eyal, *An Optional War. To Sinai and Back – 1956-1957*, Tel Aviv, 1994, (heb.).
ders., *Pinchas Lavon – Anti-Messiah. Biography*, Tel Aviv, 1998, (heb.).
KATZ, Jacob, *Zwischen Messianismus und Zionismus. Zur jüdischen Sozialgeschichte*, Frankfurt am Main, 1993.
KEREN, Michael, *Professionals Against Populism, The Peres' Government and Democracy 1984-1986*, Tel Aviv, 1996, (heb.), (eng. New York, 1995).
KIMMERLING, Baruch, *Zionism and Economy*, Massachusetts, 1983.
ders., »Militarismus in der israelischen Gesellschaft«, Theorie und Kritik 4, Jerusalem, 1993, S. 123-141, (heb.).
ders., »Staat und Gesellschaft in Israel«, in: *Israel Society: Critical Perspectives*, hg. v. Uri Ram, Tel Aviv: 1993, S. 328-350, (heb.).
ders., »Religion, Nationalismus und Demokratie in Israel«, Zmanim 50-51, Historische Zeitschrift der Tel Aviver Universität, 1994, S. 116-131, (heb.).

ders., *The invention and decline of Israeliness – state, society, and the military*, u. a. Berkeley, 2001.
ders., *Politizid. Ariel Sharons Krieg gegen das palästinensische Volk*, München, 2003.
ders., & Backer, Irit, *The Interrupted System: Israeli Civilians in War and Routine Times*, New York, 1985.
Krispin, Yael, »Wende in der Kontinuität: Shimon Peres' Vorstellungs- und Auffassungswelt in Bezug auf den israelisch-arabischen Konflikt«, Der Neue Orient, Die israelisch-orientalische Gesellschaft 43, Jerusalem, 2002, S. 177-207, (heb.).

Lahat, Golan, »Das Schwert des Messias: Die Legitimation politischer Gewalt im Zeitverständnis der Moderne«, Politika, The Israeli Journal of Political Science and International Relations 12/11, Jerusalem, 2003-2004, S. 82-57, (heb.).
Laor, Yitzhak, *Narratives with no Natives, Essays on Israeli Literature*, Tel Aviv, 1995, (heb.).
Leibowitz, Yeshayahu: *Nation, Religion, and State*, De'ot, Tel Aviv, 1954, (heb.).
ders., *Gespräche über Gott und die Welt, mit Michael Shashar*, Frankfurt am Main, 1990.
ders., *Judaism, Human Values, and the Jewish State*, London 1992.
Levy, Yagil, »Militarizing inequality: A conceptual framework«, Theory and Society 27, Netherlands, 1998, S. 873-904.
Liebman, Charles, »Attitudes Towards Democracy among Israeli Religious Leaders«, in: *Democracy, Peace and the Israeli-Palestinian Conflict*, hg. v. Edy Kaufman, Boulder: 1993, S. 135-162.
Lissak, Moshe, »Paradoxes of the Israeli Civil-Military-Relations«, Journal of Strategic Studies 6, 1983, S. 6-11.
ders., »Paradoxes of Israeli Civil-Military Relations: An Introduction«, in: *Israeli Society and Its Defence Establishment*, hg. v. ders., London: 1984, S. 1-12.
Littell, Robert, *Gespräche mit Shimon Peres – Arbeit für den Frieden*, Frankfurt am Main, 1998, (fr. *Conversations avec Shimon Peres*, Paris, 1997; eng. *For the future of Israel*, Baltimore, 1998).
Lord, Amnon, »Die ›Autobahn‹ von Dimona nach Oslo«, Tchelet, Zeitschrift für israelisches Denken 4, 1998, S. 93-105, (heb.).
Love, Kenneth, *Suez: The Twice Fought War*, London, 1969.

Maoz, Zeev, »The Mixed Blessing of Israel's Nuclear Policy«, International Security 28/2, 2003, S. 44-77.
Margalit, Elkana, »Ist die Arbeitsbewegung noch relevant?: Aufruf für ein neues Denken«, Yaad, Forschung der Arbeitsbewegung, des Zionismus und Sozialismus 2, 1989, S. 1-9, (heb.).
Mearsheimer, John J. & Walt, Stephen M., *Die Israel-Lobby: Wie die amerikanische Außenpolitik beeinflusst wird*, Frankfurt/New York, 2007.
Mintz, Alex, »The Military Industrial Complex – The Israeli Case«, Journal of Strategic Studies 6/3, 1983, S. 103-127.
ders., »Military-Industrial Linkages in Israel«, Armed Forces and Society 12/1, S. 9-27, 1985.
ders., & Ward, Michael D., »The Political Economy of Military Spending in Israel«, The American Political Science Review 83/2, 1989, S. 521-533.
Modai, Yithak, *Eliminating the Zero's*, Tel Aviv, 1988, (heb.).
Mohr, Marcus, *Waffen für Israel – westdeutsche Rüstungshilfe vor dem Sechstagekrieg*, Berlin, 2003.
Morris, Benny, *Israel's Border Wars, 1949-1956: Arab Infiltration, Israeli Retaliation and the Countdown to the Suez War*, Tel Aviv, 1996, (heb.).
ders., »Die israelische Presse und die Qibiya-Affäre, Oktober-November 1953«, in: *Juden und Araber in Erez Israel 1936-1956*, hg. v. ders., Tel Aviv: 2000, (heb.), S. 175-197.
ders., *The Birth of the Palestinian Refugee Problem, 1947-1949*, Tel Aviv, 4. Aufl., 2000, (heb.), (eng. New York, 2004, EA. 1987).
Nahmias, David & Klein, Eran, »Das Volkswirtschaftsregulierungsgesetz – zwischen Wirtschaft und Politik«, Jerusalem: Israelisches Institut für Demokratie, Paper 17, November 1999, (heb.), vgl. http://www.idi.org.il/hebrew/article.asp?id=08a23e3c8c934a63e1f44ded4ee4b0c2.
Negbi, Moshe, *Above the Law: The Constitutional Crisis in Israel*, Tel Aviv, 1987, (heb.).
Neurberger, Benyamin, *Democracy in Israel: Origins and Development*, Tel Aviv, 1998, (heb.).

OPHIR, Adi, »Die [israelische] Unabhängigkeitserklärung: Bedienungsanleitung«, vom Jahre 1988, in: *Working for the Present: Essays on Contemporary Israeli Culture*, hg. v. ders., Israel: 2001, S. 245-255, (heb.).
OREN, Michael B., *The Origins of the Second Arab-Israel War*, London, 1992.
ORR, Akiva, »Hundert Jahre Zionismus – eine Kritik«, in: *Hundert Jahre Zionismus. Befreiung oder Unterdrückung? Beiträge der Gegentagung zum Herzl-Jubiläum*, hg. v. Verein »Gegentagung zum Herzl-Jubiläum«, Basel: 1997, S. 35-52.
ders., »Mordechai Vanunu und die israelische Nuklearpolitik«, in: *Vanunu and the Bomb, The Campaign to Free Vanunu*, London/Israel, 1998, S. 65-68, (heb.).
OZACKY-LAZAR, Sarah, »Security and Israel's Arab Minority«, in: *Security Concerns – Insights from the Israeli Experience*, hg. v. Daniel Bar-Tal, Dan Jacobson, Aharon Kliemann, London: 1998, S. 347-369.

PEDEZUR, Reuven, »Zur israelischen Sicherheitskultur: Ursprung und Auswirkung auf die israelische Demokratie«, Politika, The Israeli Journal of Political Science and International Relations 10, Jerusalem, 2003, 87-113, (heb.).
PELED, Yoav, »Ethnic Democracy and the Legal Construction of Citizenship: Arab Citizens of the Jewish State«, The American Political Science Review 86/2, 1992, 432-443.
der., »Von ethnischer Demokratie zur Ethnokratie? – Demographie und Staatsbürgerschaft im heutigen Israel«, in: *Demographie – Demokratie – Geschichte*, Göttingen: Tel Aviver Jahrbuch für deutsche Geschichte, 2007, S. 351-362.
PERI, Yoram, *Between Battles and Ballots, Israeli Military in Politics*, Cambridge, 1983.
PERLMUTTER, Amos, *Military and Politics in Israel, Nation-Building and Role Expansion*, New York, 1969.

RABIN, Jitzchak, *Pinkas Sherut* [Rabins Memoiren], Tel Aviv, 1979, (heb.).
RABINOWITZ, Dani, »Wie wurden die Palästinenser zu ›israelischen Arabern‹«, Theorie und Kritik 4, Jerusalem, 1993, S. 141-151, (heb.).
RAM, Uri, *Israel Society: Critical Perspectives*, Tel Aviv 1993, (heb.).
RAZ-KRAKOTZKIN, Amnon, »A Peace without Arabs: The Discourse of Peace and the Limits of Israeli Consciousness«, in: *After Oslo: New Realities, Old Problems*, hg. v. George Giacaman & Dag Jørund Lønning, London/Chicago: 1998, S. 59-76.
ders., »Historisches Bewußtsein und historische Verantwortung«, in: *Historikerstreit in Israel – Die ›neuen‹ Historiker zwischen Wissenschaft und Öffentlichkeit*, hg. v. Barbara Schäfer, Frankfurt/New York: 2000, S. 151-207.
ders., »Geschichte, Nationalismus, Eingedenken«, in: *Jüdische Geschichtsschreibung heute: Themen, Positionen, Kontroversen*, hg. v. Michael Brenner & David N. Myers, München: 2002, S. 181-206.
ders., »The Zionist Return to the West and the Mizrahi Jewish Perspective«, in: *Orientalism and the Jews*, hg. v. Ivan Davidson Kalmar & Derek J. Penslar, Hanovar/London: 2005, S. 162-181.
ROUHANA, Nadim, *Palestinian Citizens in an Ethnic Jewish State: Identities and Conflict*, New Haven, 1997.

SAID, Edward W., *Orientalism*, New York, 1994, (EA. 1978).
ders., *Kultur und Widerstand, David Barsamian spricht mit Edward W. Said über den Nahen Osten*, Aufl. 8, Cambridge/USA, 2006, (EA. 2003).
SEGEV, Tom, *Israel in 1967*, Jerusalem, 2005, (heb.), (dt. *1967 – Israels zweite Geburt*, München, 2007).
SERVAN-SCHREIBER, Jean-Jacques, *Die Herausforderung der Juden*, Wien/Darmstadt, 1988.
SCHMIDT, Helmut, *Jahrhundertwende, Gespräche mit...*, Berlin, 2000.
SCHULZE, Kirsten E., *Israel's Covert Diplomacy in Lebanon*, England, 1998.
SCHWEID, Eliezer, *Israel at the Crossroads*, Philadelphia, 1973.
SHAPIRA, Anita, *Berl Katznelson. Biography*, Jerusalem, 1983, (heb.).
ders., *Das Schwert der Taube: Der Zionismus und die Macht 1881-1948*, Tel Aviv, 1992, (heb.), (eng. *Land and Power: The Zionist Resort to Force, 1881-1948*, New York, 1992).
ders., »Die religiösen Motive der Arbeiterbewegung«, in: *Zionismus und Religion*, hg. v. Shmuel Almog, Jehuda Reinharz, Anita Shapira, Jerusalem: 1994, S. 301-328, (heb.).

ders., *New Jews Old Jews*, Tel Aviv, 1997, (heb.).
SHAPIRO, Jonathan, *Democracy in Israel*, Ramat Gan, 1977, (heb.).
ders., *Elite ohne Nachfolger: Führende Generationen der israelischen Gesellschaft*, Tel Aviv, 1984, (heb.).
ders., *Zum Regieren verdammt: Der Weg der Herut-Bewegung. Soziologisch-politische Anmerkungen*, Tel Aviv, 1989, (heb.).
ders., »The Historical Origins of Israeli Democracy«, in: *Israeli Democracy under Stress*, hg. v. Ehud Sprinzak & Larry Diamond, Boulder/London: 1993, S. 65-80.
ders., *Eine Gesellschaft in Gefangenschaft ihrer Politiker*, Tel Aviv, 1996, (heb.).
SHAPIRO, Gidon,, »Die israelische Regierung kündigt an«, in: *Vanunu and the Bomb, The Campaign to Free Vanunu*, London/Israel, 1998, S. 148-166, (heb.).
SHARETT, Moshe, *Persönliches Tagebuch 1953-1957*, Tel Aviv, 1978, (heb.).
SHARKANSKY, Ira, »Israel's Political Economy«, in: *Israeli Democracy under Stress*, hg. v. Ehud Sprinzak & Larry Diamond, Boulder/London: 1993, S. 153-170.
SHEFFER, Gabriel, »Has Israel really been a garrison Democracy? Sources of Change in Israel's Democracy«, Israel Affairs 3/1, 1996, S. 13-38.
ders., »Sharett's ›Line‹, Struggles, and Legacy«, in: *Israel – The First Decade of Independence*, hg. v. Ilan S. Troen & Noah Lucas, New York: 1995, S. 143-169.
SHELAH, Ofer & LIMOR, Yoav, *Gefangene im Libanon: Die Wahrheit über den Zweiten Libanonkrieg*, Tel Aviv, 2007, (heb.).
SHELEG, Yair, »United Peres«, Das Siebte Auge, Zeitschrift für Presse-Angelegenheiten, Das Israelische Institut für Demokratie, Mai-Juni 1996, S. 11-13, (heb.).
SHENHAV, Jehuda, *The Arab-Jews. Nationalism, Religion and Ethnicity*, Tel Aviv, 2003, (heb.), (eng. *The Arab Jews. A postcolonial reading of nationalism, religion, and ethnicity*, California, 2006).
SHLAIM, AVI, *The Iron Wall – Israel and the Arab World*, u. a. New York, 2000.
ders., »The Protocol of Sèvres, 1956, Anatomy of a War Plot«, in: *The 1956 War: Collusion and Rivalry in the Middle East*, hg. v. David Tal, London: 2001, S. 119-143.
SHOHAT, Ella Habiba, »Mizrahim in Israel: Zionismus aus der Sicht seiner jüdischen Opfer«, in: *Mit dem Konflikt leben!? Berichte und Analysen von Linken aus Israel und Palästina*, hg. v. Irit Neidhardt, Münster: 2003, S. 51-98.
SIVAN, Immanuel, *Fanatiker des Islam*, Tel Aviv, 1985.
SMITH, Anthony D., *National Identity*, London, 1991.
ders., *The Ethnic Origins of Nations*, Oxford, 1986.
SMOOHA, Sammy, »Minority Status in an Ethnic Democracy: The Status of the Arab Minority in Israel«, Ethnic and Racial Relations 3/3, 1990, S. 389-413.
ders., »Ethnische Demokratie: Israel als Proto-Typ«, in: *Zionismus: Eine zeitgenössische Debatte*, hg. v. Pinchas Genosar & Avi Bareli, Israel: 1996, S. 277-311, (heb.).
ders., »Ethnic Democracy: Israel as an Archetype«, Israel Studies 2/2, 1997, S. 198-241.
ders., »The Model of Ethnic Democracy: Israel as a Jewish and Democratic State«, Nations and Nationalism 8/4, 2002, S. 475-503.
SPRINZAK, Ehud, »Elite Illegalism in Israel and the Question of Democracy«, in: *Israeli Democracy under Stress*, hg. v. ders., & Larry Diamond, Boulder/London: 1993, S. 173-198.
SWIRSKY, Shlomo, *Israel. The Oriental Majority*, London, 1989.
ders., & BERNSTEIN, Debora, »Wer hat gearbeitet? Für wen und für wie viel?: Die Wirtschaftsentwicklung Israels und die Entstehung ethnischer Arbeitsteilung«, in: *Israel Society: Critical Perspectives*, hg. v. Uri Ram, Tel Aviv: 1993, S. 120-147, (EA. 1980), (heb.).
TAL, David, »Introduction: A New Look at the 1956 Suez War«, in: *The 1956 War: Collusion and Rivalry in the Middle East*, hg. v. ders., London: 2001, S. 1-18.
TEVETH, Shabtai, *Moshe Dayan. Biography*, Israel, 1971, (heb.).
ders., *The Unhealing Wound*, Tel Aviv, 1994, (heb.).
ders., *Ben-Gurions Spy – The Story of the Political Scandal that Shaped Modern Israel*, New York, 1996.
TREPP, Leo, *Die Juden – Volk, Geschichte, Religion*, Reinbek bei Hamburg, 1998.

VAGTS, Alfred, *A history of militarism: romance and realities of a profession*, New York, 1937.
ders., Alfred, *A History of Militarism*, New York, 1959.

WASSERSTEIN, Bernard, *Israel und Palästina, warum kämpfen sie und wie können sie aufhören?*, München, 2003.
WEBER, Max, *Essays in Sociology*, London, 1947.
WEHLER, Hans-Ulrich, *Nationalismus. Geschichte – Formen – Folgen*, München, 2007, (EA. 2001).

YIFTACHEL, Oren, »›Ethnocracy‹: The Politics of Judaizing Israel/Palestine«, Constellations 6/3, 1999, S. 364-390.
ders., *Ethnocracy, Land and Identity. Politics in Israel/Palestine*, Philadelphia, 2006.
ders., & Ghanem, Asad, »Understanding Ethnocratic Regimes, The Politics of Seizing Contested Territories«, Political Geography 23/4, 2004, S. 647-676.

ZERTAL, Idith, *Nation und Tod. Der Holocaust in der israelischen Öffentlichkeit*, Göttingen, 2003.
ders., & ELDAR, Akiva, *Lords of the Land, The Settlers and the State of Israel 1967-2004*, Israel, 2004, (heb.).
ZUCKERMANN, Moshe, *On the Fabrication of Israelism, Myths and Ideology in a Society in Conflict*, Tel Aviv, 2001, (heb.).
ders., »Volk, Staat, Religion im Zionistischen Selbstverständnis. Historische Hintergründe und aktuelle Aporien«, in: *Gewaltspirale ohne Ende? Konfliktstrukturen und Friedenschancen im Nahen Osten*, hg. v. Uta Klein & Dietrich Thränhardt, Schwallbach/Ts.: 2002, S. 34-49.
ders., *Zweierlei Israel? Auskünfte eines marxistischen Juden an Thomas Ebermann, Hermann L. Gremliza und Volker Weiß*, Hamburg, 2003.
ZUREIK, Elia, »Prospects of Palestinians in Israel (I)«, Journal of Palestine Studies 12/2, 1993, S. 90-109.

Sach-Register

Abnutzungskrieg, Zermürbungskrieg, 11, 76, 272, 284, 295
Abriegelungspolitik, 304, 368, 377
Agudat Israel, Poalei Agudat Israel, 116, 120
Ahdut Haavoda, 17, 19, 185, 186, 188, 256, 324, 397
»Allein unter den Völkern« (heb. Am levadad Ischkun), 66, 337
Allgemeine Zionisten, 118, 120, 453
Alon-Plan, (1967), 88-91, 100
Alpha-Plan, (1955), 306, 309, 310
Aman, IDF-Informationsdienst, 133, 134, 138, 139, 145, 146, 148, 155, 166, 176, 416, 436, 437
»Aliya«, Jüdische Einwanderung nach Erez Israel, 42, 77, 117, 121, 123, 207, 248, 324
Angriffskrieg, 291, 293
Antisemitismus, 32, 36, 37, 40, 44, 45, 154, 302, 337, 404
Apartheid, 101, 110, 373, 384
Arabische Juden, orientalische Juden, »Sephardim«, »Mizrahim«, 205-211, 189, 415, 430, 431
Arabische Liga, 307
Arabischer Nationalismus, Panarabismus, 57, 65, 72, 73, 75, 76, 99, 104, 238, 436
Arbeitsmarkt, 58, 80, 192, 196, 202; Arbeitsverhältnisse, 191-193, 197, 198, 202, 430; Arbeitslosigkeit, 202, 430; Armut, 96, 97, 202, 341, 348, 428, 429, 430
Arbeitspartei, (Maarach), 11, 19-21, 24, 61, 62, 88, 95, 118, 119, 121, 122, 128, 131, 143, 163, 184-186, 188, 192, 193, 202-206, 209-211, 214-216, 224, 268, 276, 283, 297, 298, 300, 313, 324, 327-329, 331, 335, 341, 367, 369, 370, 371, 379, 380, 382, 383, 390, 393, 397-402, 413, 416, 430-432, 440, 441, 443, 446, 447, 451, 452
»Aschkenasim«, europäische Juden, 189, 207
Atomare Zweideutigkeit, Politik der Undurchsichtigkeit, 11, 165, 259, 260-271, 293, 398; Atomwaffenpolitik, 251, 260, 262
Atomenergiekommission, 263
Atomwaffengegner, Komitee für die nukleare Abrüstung des Nahen Ostens, 262-264, 269
Atomwaffenkapazität, Atomwaffe, 224, 250, 251, 254-256, 259-265, 267, 269, 270, 272, 292, 293, 311, 344, 403; Nuklearreaktor bzw. Atomreaktor, 250-255, 259, 262, 270, 271, 299, 344; Dimona, 202, 209, 252, 254, 255, 258, 259, 262, 265, 267-269, 271, 299, 336, 344, 345, 438, 447, 448

Balfour Declaration, (1917), 446
Beilin/Abu-Masen-Papier, (1995), 379, 380, 384
Besatzung, Besatzungspolitik, Okkupation, 65, 79, 80, 82, 88, 90-92, 95-98, 100, 101, 110, 118, 248, 281-284, 302, 303, 329, 340, 341, 353, 357, 359, 360, 366-368, 370, 371, 384-386, 357-362
Bibel, Alttestament, 10, 35, 36, 53, 126, 127, 129, 130, 185, 204, 205, 208, 319, 421
Binationale Lösung bzw. politische Realität, binationales Staatskonzept, 47, 57, 59, 111, 112, 115, 273, 384, 386
Brit-Shalom, 46, 47, 57, 59, 61
Bürgerrechte, 110, 113, 119, 120, 126, 212, 217, 416, 419
Buslinie-300-Affäre, 169

Camp-David-Abkommen, Camp-David-Accords, (1979), 313, 314, 316, 324-329, 446, 447
Christentum, Christen, 25, 43, 54, 55, 73, 106, 237, 272-274, 279, 419

Davar, Gewerkschaftszeitung, 24, 59, 140, 394, 395, 410

Editors' Committee, 268, 396
»Ein-Brera-Motiv«, (heb. keine Wahl), 240, 435
Elite Illegalism, 178, 426
Entpolitisierungsdiskurs, 69, 271; Entpolitisierung des Friedens bzw. Friedensprozesses, entpolitisiertes Friedensverständnis, 300, 302, 303, 337, 379, 382, 383, 386, 449; entpolitisierte Gesellschaft, 293; entpolitisiertes Israel, 403; Entpolitisierung des Konfliktes, entpolitisiertes Konfliktverständnis, 68, 69, 72, 85, 87, 301, 318, 369; entpolitisierter Politiker, 393; Entpolitisierung der Sicherheitspolitik, entpolitisiertes Sicherheitsverständnis, 137, 150, 163, 177, 179, 216, 259, 262, 271, 290-293, 359; Entpolitisierung der Sozialpolitik, entpolitisiertes Verständnis der Sozialpolitik, 191, 194, 203, 206, 212, 216
Entwicklungsstädte, 125, 189, 206, 209, 210
Erez Israel, 9, 17, 37-39, 46, 55-60, 64, 67, 78, 88, 99, 101, 102, 109, 111, 113, 118, 121, 130, 257, 324, 330, 360, 363, 368, 375, 376, 379, 386, 402, 415, 433, 451; Araber von Erez Israel, 53, 65, 76, 78, 79, 99; Palästina, 16, 26,

28, 39, 41, 43, 44, 46, 50, 53, 55-57, 59, 60, 62, 64, 77, 99, 100, 102, 109, 113, 121, 130, 187, 261, 279, 303, 314, 350, 351, 361, 363, 402, 404, 407, 412, 415, 417, 430, 443, 453; Palästinafrage, 41, 73, 76, 77, 83, 90, 92-94, 98, 99, 101, 280
Eroberungskrieg, 272, 295, 443
Ethos der Macht, 157, 337, 433; defensives Ethos 219, 223; offensives Ethos, 219, 223
Ethnische Demokratie, 109-113, 128, 418, 419
Ethnisch-soziale Spannung, jüdisch-ethnische Schere, 204-207, 209, 210, 212, 216
Ethnokratie, 109, 110, 113, 114, 418, 419

Fatah, 74, 440
Fedayeen, 226, 229, 240, 243, 248, 249, 306
Freie Libanesische Armee (FLA), 273
Friedensideologie, 300, 301, 304, 305, 309-311, 318, 330, 346, 381-383, 386, 451
Friedensnobelpreis, 12, 19, 298, 299, 367, 400, 403
Friedensökonomie, 341, 342, 430
Friedenspolitik, 21, 23, 319, 323, 327, 331, 335, 350, 370, 379, 380, 384, 385, 406; Friedenspolitiker, 298
Friedensunfähigkeit, 386, 392
Front de Libération Nationale (FLN), 232
Funktionaler Kompromiss, funktionale Lösung, 90, 91, 101, 446

Gebietsfrage, Gebietsaufgabe, Gebietsverzicht, 9, 76, 98, 124, 248, 247, 279, 310, 315, 319, 321, 324, 326, 369, 372, 375; Grenzfrage, 101, 295, 306, 377
Geheimkrieg, 224, 293
Ger, Gerim, 127, 421
Gewaltenteilung, 115, 119, 124, 131, 157, 172, 180, 199, 212, 217, 419
Goj, Gojim, 9, 16, 59, 118, 219, 223, 238, 294, 301, 320, 345, 381, 403
Golf-Krieg, (1991), 105
Grenzwall, Trennungsmauer, Mauer, 222, 364, 376, 377
Gusch-Emunim, 29, 88, 322, 389, 416, 451

Hadasch, 275, 440
Hagana, 16, 17, 225
Hamas, 106, 284, 285, 289, 290, 355, 383
Hamisrachi, Hapoel Hamisrachi, 118, 120
Hanoar Haoved, 16, 17
Hashomer Hazair, 59
Hebräische Sprache, 13, 14, 16, 17, 20, 21, 23-25, 38, 41, 42, 82, 94, 134, 210, 299, 336, 338, 417, 421
Herrenvolk-Demokratie, 110, 112, 418
Herut, 80, 81, 120, 214, 399, 431

Hisbollah, 106, 282-284, 286, 287, 289, 290, 383, 441, 442
Histadrut, 115, 138, 140, 141, 157, 187-193, 195, 196, 200, 427, 428
Holocaust, Shoah, 45, 49, 117, 274, 301, 302, 432, 433, 437

IDF, Israels Verteidigungsarmee, Militär, Streitkräfte, 11, 18, 21, 23, 24, 69, 77, 78, 82, 86-88, 93, 94, 97, 99, 102, 127, 130-137, 139, 140, 142, 145, 146, 149-152, 156-160, 162-164, 166, 167, 183, 184, 187, 188, 210, 215, 219-221, 223-230, 232, 234, 239, 242-244, 247-249, 255-258, 265, 272-284, 286-290, 292, 294, 297, 301-303, 305, 308, 310, 311, 316, 318, 320, 322, 335, 337, 340, 346, 349, 356, 358, 361, 365, 369, 372-374, 382, 383, 385, 397, 412-415, 421, 422, 431, 432, 435, 436, 440- 442
Intifada, palästinensische Volkserhebung, (1987-1992, 2000-2005), 92-97, 272, 302, 333, 340, 357, 358, 368, 386, 400, 427, 436, 443
Iran-Gate-Affäre, (1986), 165
Islam, 54, 55, 104-106, 343, 376, 417
Islamischer Dschihad, 106, 285
Islamischer bzw. moslemischer Fundamentalismus, 104, 105, 107, 273, 339, 341-344, 348, 383, 417
Israelische Demokratie, 11, 83, 109-218, 417, 433; Demokratie für Juden, jüdische Demokratie, Theo-Demokratie, exterritoriale Demokratie für Juden, 84, 109, 115, 119, 121, 123, 218
Israelische Geschichte, 9, 10, 49, 63, 64, 68, 75, 86, 105, 106, 147, 222, 243, 299
Israelische Gesellschaft, 10, 11, 42, 83, 84, 97, 102, 126, 131, 171, 172, 189, 205-208, 211, 212, 215, 216, 220-223, 242-244, 249, 261, 267, 274, 286, 289, 290, 291, 293, 301, 340, 349, 383, 408, 431-433, 437, 443
Israelische Ordnung, israelische Gesellschaftsordnung, 93, 98, 165, 177-179, 220, 249, 266, 337, 338, 341, 402, 430, 437
Israelischer Nationalismus, 39, 50, 385
Israelisches Volk, 10, 21, 22, 66, 83, 100, 101, 114, 122, 124, 129, 142, 187, 189, 191, 193, 196, 197, 205, 206, 208, 213, 244, 246, 276, 286, 287, 303, 320, 321, 334, 360, 363, 368, 371-373, 375, 392, 393, 434, 451
Israelisch-falangistische Allianz, Allianz mit den Christen im Libanon, israelisch-christlichen Bündnis. 272, 274, 279
Israelisch-französischen Militärallianz, 230, 231, 250-252, 291, 435

Jewish Agency, 17, 48, 114-116, 122, 123, 127, 225
»Jewish Code«, 110, 114, 115
»Jischuw«, 9, 16, 17, 53, 56, 58, 59, 61, 98-100, 102, 112, 115, 116, 121, 125, 128, 178, 187, 204, 212, 219, 261, 410, 415
Johnston-Plan, (1955), 306, 307
Jordanische Legion, 227, 228
Judenfrage, 36, 37, 42, 45, 61, 408
Judenstaat, 27-30, 32, 36-40, 43-45, 47-49, 55, 57, 61, 66, 67, 81, 84, 85, 87, 109, 205, 207, 208, 237, 247, 294, 351, 406, 408, 443
Judentum, 22, 26, 27, 28, 32, 37, 38, 40, 41, 47-49, 117, 208, 219, 337, 420, 421; Diasporajudentum, 26, 29, 32, 38, 94, 121-123, 125; Reformjudentum, 376; jüdische Orthodoxie, 27, 28, 38, 207
Jüdische Geschichte, 10, 28-31, 117, 406, 407
Jüdische Religion, 25, 27, 28, 32, 38-41, 50, 114-117, 122, 208, 212, 406-409, 415, 418, 431
Jüdischer Staat, 37, 38, 41, 42, 45, 47, 49, 53, 57, 65, 76-79, 90, 99, 109, 114, 117, 120, 122, 129, 130, 158, 211, 220, 219, 248, 249, 345, 370, 402-404, 408, 432
Jüdisches Volk, 10, 11, 17, 26-32, 37-43, 46-51, 56, 59, 61, 62, 85, 94, 102, 103, 110, 112-115, 117-124, 127, 129, 149, 158, 163, 185, 187, 189, 197, 204, 205, 216, 219, 222, 301, 317, 328, 381, 401, 404, 406, 407, 409, 421

Kadima, 20, 184, 390, 401, 402
Kalkilia, 226-228, 335
Kana, 288
Kanaanäer, 28, 31, 36, 53
Khomeinismus, 105
Kibiya, 152
Konföderationslösung, jordanisch-palästinensischen Konföderation, jordanische Option, 332, 349, 363-365, 366, 378
Konfrontationswirtschaft, 341, 342, 430
Konkordanz-Demokratie, 109, 110, 112
Konstitutionelle Demokratie, 109, 158
Kriegspolitik, 77, 281, 282, 287, 291, 294, 339, 397, 442

Lavon-Affäre, 18, 131, 133-165, 170, 180, 184-187, 213-216, 306, 389, 394, 396, 422; Schlamperei, Esek Habish, (1954), 134-139, 144, 146-148, 157, 422
Liberale, neoliberale Wirtschaftspolitik, Kapitalismus, 119, 185, 190, 191, 192, 196, 197, 200-203, 215, 216, 340, 403
Liberale Demokratie, 109, 110, 115, 130, 260, 419

Likud, 9, 20, 93, 124, 164, 174, 178, 181, 184, 194, 197, 198, 201, 211, 212, 214, 272-274, 282, 283, 297, 298, 313, 324, 327, 329-333, 341, 366, 369, 370, 380, 390, 391, 399-402, 443, 451
London-Dokument, London-Vereinbarung, London-Friedensinitiative, (1987), 93, 298, 331-333, 349, 353, 416, 449

Madrider-Friedenskonferenz, (1991), 329, 333
Mafdal, Nationalreligiöse Partei, 375, 376, 451
Maki, Kommunistische Partei, 81, 116, 120, 262
Mamlachtijut, Prinzip der Staatlichkeit, 49, 132, 187, 419
Mapai, 17-19, 58, 84, 118, 120, 124, 131, 133, 138-141, 143, 147, 151, 159-161, 184-188, 209, 212, 223, 225, 239, 254-256, 262, 271, 291, 313, 324, 376, 394, 396, 397, 413, 419, 423, 427, 451
Mapam, 80, 81, 83, 116, 118, 120, 185, 186, 413, 419, 440
Massaker, Hebron, (1994), 285, 368, 369
Massaker, Kfar Kasem, (1956), 140
Massaker, Sabra und Shatila, (1982), 274, 275, 281, 282
Militärisch-industrieller Komplex, 293, 294, 432
Militarismus, Militarisierung, israelischer Militarismus, ziviler Militarismus, 220, 221, 223, 224, 242-244, 288-290, 292, 293, 403, 432, 458
Minderheitenschutz, 113, 119, 120-122, 126, 212, 213, 217
Mindestlohngesetz, 191, 429
Misrachi-Bewegung, 28
Mord an Jitzchak Rabin, 301, 329, 335, 371, 372, 375, 376, 378-380, 398, 437, 451, 452
Mossad, Auslandsnachrichtendienst, 134, 142, 164-166, 265, 416, 441
Muskeljudentum, Neuer Jude, 31, 32, 39, 219
Muslimbrüder, 75
Mythos der Verheißung des Landes, 329, 330, 337, 359, 375; Ideologie des Groß-Israel, 59-61, 92, 94-96, 98
Mythos der Sicherheit, 300-302, 304, 305, 308-310, 318-321, 330, 337, 340, 345-348, 356, 359, 361, 381, 383, 386
Mythos von Frieden und Sicherheit, 297, 302, 304, 330, 331

Nakba, palästinensische Katastrophe, (1948), 64, 77, 85-87
Near East Arms Coordinating Committee (NE-ACC), 231
»Negation der Diaspora«, 25-28, 30, 31, 37-39, 42, 55

Neturei Karta, 27
Notstandsgesetzgebung, Notstandsgesetz, Notstand, 11, 78, 131, 197, 198, 200, 215, 220, 293, 322, 413
Notstandsplan zur Stabilisierung der Wirtschaft (ESP) (1985), 194-198, 200, 428, 429
»Nukleartechnologie-Schule«, 255, 256, 258; »Konventionalisten« 255, 256, 258

Oktober-Krieg, Jom-Kippur-Krieg, (1973) 141, 188, 265, 272, 315, 316, 318, 322, 323, 397, 439, 443
Operation Abrechnung, (1993), 283, 286
Operation Black Arrow, (1955), 305, 306
Operation Frieden für Galiläa, (1982), 272, 274, 276, 281
Operation Früchte des Zorns, (1996), 283, 284, 286-288
Operation Litani, (1978), 273
Operation Musketier, (1956)
Operation Pinien, (1982), 273, 274
Operation Richtungswechsel, (2006), 442
Orientalische Benelux-Lösung, 364, 385
Orientalismus, 54, 55, 60, 63, 64, 67, 82, 102, 103, 431
Oslo-Friedensprozess, 62, 101, 102, 113, 204, 286-288, 297, 298, 300-302, 326, 328-379, 380, 382-386, 400, 401, 443, 449-452; Oslo-Konzept, 368, 371; Oslo-Kritiker, 364, 370, 375, 367, 369, 370, 380, 385 ; Oslo-Anhänger, 370, 375, 380, 385, 444; das Scheitern des Oslo-Prozesses, 9, 102, 297, 300, 352, 400
Oslo I, Prinzipienerklärung über die vorübergehende Selbstverwaltung, (1993), 302, 304, 334-336, 356, 366, 367, 370, 376, 450
Oslo II, Abkommen über die Autonomie des Westjordanlands, (1995), 304, 335, 367, 372, 373, 375-378, 382, 383, 385

Palästinensisches Flüchtlingsproblem, 85-88, 228, 229, 231, 307, 309, 338, 356, 367
Palästinensische Infiltration, Eindringlinge, 78, 80, 99, 100, 225, 228, 242, 243, 415, 284, 433
Palästinensischer Option, palästinensischer Staat, 62, 78, 91, 101, 273, 280, 316, 332, 334, 348-352, 356, 357, 363-371, 373, 378, 379, 385, 389, 411, 446, 452
Palästinensisches Volk, 42, 62, 63, 57, 58, 61, 64, 81, 357, 358, 383, 388, 361, 416, 441, 459
Palestine Liberation Organization (PLO), 19, 20, 62, 85, 99, 101, 104, 106, 107, 204, 272-275, 277-281, 284, 285, 289, 290, 292, 298, 301, 332-335, 339, 340, 349-357, 361, 366-369, 371, 377, 380, 384, 405, 417, 436, 440, 441, 446, 449, 450

PLO, -Charta, 356, 361
Palmach, 16
Peres Center for Peace, 12, 214, 220, 299, 443, 452
Peripheriedoktrin, Randstaaten-Doktrin, 72, 73, 124, 272
Politische Kultur (Israels), 130, 133, 147, 162, 164, 165, 172, 177, 178, 199, 212, 213, 220, 260, 290, 293, 389, 397, 398, 403, 437
Pollard-Affäre, (1985), 164, 176, 426
Praetorianism, 183
Präventivkrieg, 229, 231, 234, 240, 291

Rafi, 19, 141, 162, 176, 184, 185, 188, 192, 193, 214, 292, 324, 397, 399, 427
Ratz, 440
Revisionisten, 404, 453

Schas, 298, 430
Schwarzer September, (1970), 272, 273, 350
Sechstagekrieg, (1967), 15, 19, 29, 43, 53, 66, 69, 74-77, 88, 90, 99, 103, 124, 141, 162, 188, 214, 264, 265, 272, 292, 295, 312, 317, 362, 397, 399, 416, 431, 459
»Security Code«, 222, 289
Sèvres-Konferenz, (1956), 235-237, 241, 251-253, 270, 435
Shin-Bet-Affäre, Shin-Bet (Schabak), Inlandsgeheimdienst, 131, 164-184, 215-217, 284-286, 360, 425-427
Shinui, 440
Sicherheitsfrage, 65, 82, 83, 150, 182, 213, 216, 261, 275, 292, 293, 301, 347
Sicherheitsdoktrin, Konzept der Abschreckung, 7, 9, 11, 223, 226, 229, 230, 242, 255, 256, 258, 259, 263, 281, 285, 288, 290, 291, 293, 294, 319, 347, 381,
Sicherheitspolitik, 97, 136, 147, 150, 165, 172, 182, 215, 223, 224, 227, 228, 232, 242, 257-259, 261-264, 273, 277, 289, 290, 293, 294, 299, 311, 336, 338, 341, 345, 347, 348, 362, 379, 392, 394, 401, 438; Sicherheitspolitiker, 10, 216, 301, 324
Sicherheitsverständnis, 66, 172, 230, 250, 284, 363
Sicherheitszone im Südlibanon, (1985-2000), 282-284, 286-288, 295, 297, 329, 442
Siedlungen, Siedlungspolitik, 9, 26, 28, 37, 55, 57-62, 78-80, 88, 89, 91, 95-97, 100-102, 120-122, 125, 128, 148, 177, 189, 193, 206, 209, 219, 222, 225, 248, 249, 258, 273, 274, 299, 302, 324, 326, 327, 329, 330, 334, 335, 341, 356, 360, 364, 367, 369, 372, 373, 375-377, 379, 385, 386, 389, 401, 402, 404, 407, 413, 414, 416, 442, 447, 450, 451, 452

Sinai I, Militärische Truppenentflechtungsabkommen, (1974), 316
Sinai II, Interims-Regelung, (1975), 315, 317, 321-323, 446
Sozialdemokratie, 185
Sozialismus, 185-187, 189, 193, 203, 204, 207, 429, 430
Sozialpolitik, 131, 184, 185, 188, 190-192, 194, 196, 197, 200-203, 206, 210, 215, 216, 341, 401; Wirtschaftspolitik, 11, 189, 192, 194, 196-200, 202, 203, 209, 215, 216, 385
Sozialstaat, Wohlfahrtsstaat, 125, 129, 189, 190, 196, 197, 201, 202, 356, 428
Streikrecht, 191
Sunday Times, 265, 268, 269

Talmud, 50, 208
Teilungslösung, Zweistaatenlösung, (vgl. auch palästinensische Option), 17, 363, 364, 367, 368, 370, 371, 375, 380, 384, 386
Tora, 420, 421
Trennung von Staat und Religion, 28, 208, 212
Tripatite Declaration, (1950), 235

Unabhängigkeitskrieg, Krieg von 1948, 18, 85, 99, 150, 213, 219, 225, 257, 301, 308, 344, 361, 396, 397, 415, 443,
UN-Sicherheitsbeschlüsse bzw. Resolutionen (181., 194., 242., 273, 338.), 78, 246, 248, 280, 294, 316, 332, 334, 357, 412, 445
UN-Truce Supervisory Organization (UNTSO), 231
UN, Vereinte Nationen, 117, 109, 152, 245-248, 255, 311, 321, 351, 380

Vanunu-Affäre, (1986), 165, 264, 266-268, 438, 439, 440
Verfahrensdemokratie (procedural democracy), 116, 124, 212

Verfassung (für Israel), 110, 113, 119-122, 212, 420
Vergeltungspolitik, 11, 136, 152, 224-230, 232, 234, 249, 257, 272, 273, 285-287, 305-308, 433;
Verteidigungskrieg, 240, 245, 272, 291, 292, 293, 295, 443; Selbstverteidigung, 143, 228, 230, 240, 246, 276, 291, 294, 321, 442
Vier-Mütter-Bewegung, 284
»Volk in Waffen«, 132, 163, 220, 244, 432, 433
Volkswirtschaftsregulierungsgesetz, (1985), 197-200, 215, 429
Vorstellungsgeschichte, 12, 13, 79, 152, 156, 157, 180, 182, 274, 315, 405

Waffenembargo, 17, 18, 150, 232, 255, 344
Wagenburgmentalität, 66, 246, 263
World Zionist Organization (WZO), 122, 123
Worst-Case-Szenario, 256, 259

Zionismus, 7, 10, 11, 22, 25-29, 31, 32, 36-40, 42-47, 50, 53-56, 58, 61-64, 112, 117, 122, 123, 130, 158, 193, 205, 207, 216, 217, 219, 301, 336, 360, 401, 406, 408, 409, 414, 418, 429, 430, 432, 453, 454; Jüdischer Nationalismus, 10, 45, 47, 50, 115, 118, 208, 219, 238, 384, 385, 404, 406, 408, 418; Pan-Semitismus, 45, 47, 122, 123; Kulturzionismus, 37, 38, 46, 219; Maximalistischer Zionismus, 59-61, 92, 94, 98-100, 102, 103; Politischer Zionismus, 37, 38, 40, 42, 44, 46, 49, 78, 247, 403, 406, 437
Zionistische Utopie, 11, 38, 42, 43, 49, 53, 56, 57, 59, 60, 64, 84, 90, 92, 98, 99, 122, 128, 129, 177, 212, 215, 218, 257, 293, 294, 381, 386, 402
Zionistischer Kongress, 17, 51, 56, 77, 205

Personen-Register

Abbas, Mahmud, 379,
Abu Nidal, (Sabrial-Banna), 274, 440,
Achad Haam, 37, 38, 56, 57, 208, 219, 408
Agha, Hussein, 379
Agranat, Shimon, 318
Ajjasch, Yihya, 285, 286, 294, 378
al-Cerim, Abed, 287
al-Din, Salah, YusufIbn Ayyub, 75
al-Sadat (Sadat), Anwar, 313-316, 323, 325, 326, 411, 446, 447
Alexander, Esther, 428
Alkalai, Jehuda, 28
Alon, Yigal, 88-91, 100, 256, 327, 415
Aloni, Shulamit, 440
Amar, Abed-al-Hakim, 241
Aminal-Husseini, Mohammed, Jerusalemer Mufti, 77, 242, 243, 305
Amir, Yigal, 372, 437, 451
Anderson, Benedict, 34, 408
Arafat, Jassir, 19, 272, 280, 281, 298, 335, 338, 349, 352-355, 366, 367, 369, 371, 376, 436, 440, 441, 450-452
Arendt, Hannah, 44, 45, 122, 400, 403, 409, 453, 454
Arens, Moshe, 166, 167, 333
Argov, Shlomo, 274
Arieli, Jehushua, 142, 421, 423
Assad, Hafez, 374, 375, 451
Atatürk, Mustafa Kemal, 75
Avineri, Shlomo, 27, 28, 406, 408
Avital, Colette, 432
Avneri, Uri, 381, 421, 452,
Azoulay, Ariella, 249, 437, 413, 418, 449, 451,
Azoulay-Katz, Orly, 21, 186, 200, 201, 287, 391, 393, 398, 399, 405, 406, 410, 427

Baer, Jitzchak, 26
Barak, Ehud, 19, 20, 214, 282, 283, 286, 288, 289, 374, 390, 393, 400, 441, 452
Bar-Josef, Uri, 425, 436, 442
Barnea, Nahum, 166, 174, 179, 188, 425-427,
Bar-Nir, Dov, 336, 447
Bar-On, Mordechai, 230, 231, 239, 434, 435, 438
Bar-Zohar, Michael, 16-18, 22, 163, 164, 186, 194, 197, 200, 201, 203, 233, 235, 252-254, 281, 286, 299, 352, 354, 391, 392, 394, 395, 398-401, 405, 410, 412, 425-429, 431, 434, 435, 438, 441-443, 447-449, 452, 453

Begin, Menachem, 19, 211, 272-275, 282, 298, 313-315, 323, 324, 326, 327, 329, 331, 345, 393, 399, 446
Beilin, Yossi, 334, 374, 379, 380, 384, 395, 451, 452
Beinish, Dorit, 173, 174, 426
Ben-David, Chaim, 138
Ben-Eliezer, Benjamin, 389, 390
Ben-Eliezer, Uri, 132, 183, 220, 418, 421, 427, 432, 433, 434
Ben-Gurion, David, 17, 18, 22, 24, 41, 46, 49, 58, 81, 99, 103, 117-120, 125, 131-134, 136-143, 146-150, 152, 156-158, 160-162, 180, 185, 187-189, 204, 208, 211, 213, 223-225, 229-239, 249-252, 254, 255, 259, 262, 264, 270, 271, 277, 279, 290, 291, 305, 315, 326, 336, 393, 396, 397, 399, 415, 421-423, 427, 431, 434, 435, 439, 441, 444, 453, 456
Ben-Porat, Isaiah, 394, 395, 425, 447
Ben-Sasson, Haim Hillel, 26
Ben-Simon, Daniel, 285, 390, 440-442, 452
Bentzur, Mordechai, 134, 135
Berdichewsky, Micha Josef, 219
Bergman, David Ernst, 254, 250
Betelheim, Avi, 168, 425, 426
Biale, David, 432
Bilby, Kenneth, 305
Bishara, Azmi, 418, 419
Black, Ian, 166, 167, 174, 272, 273, 416, 422, 425, 426, 437, 439, 440
Blatman, Yona, (Blatman-Kommission), 167, 180
Bourgès-Maunoury, Maurice, 232, 252, 253, 270, 434, 435, 438
Brubaker, Rogers, 27, 41, 406, 409
Buber, Martin, 46, 263
Buhbut, Carmela, 437
Buhbut, Jehuda, 437

Carter, Jimmy, 313, 324, 446
Caspi, Ram, 175, 176, 183, 426
Clinton, William, 286, 335
Cohen, Avner, 250-252, 255, 256, 259-264, 267-269, 437-438, 440
Cohen, Ethan, 430
Cohen, Yoel, 259, 264, 266, 267, 438-440
Cohn, Chaim, 138, 140, 156

Dayan, Moshe, 19, 134-139, 141, 143-146, 149-155, 160, 188, 221, 222, 225, 226, 230, 231, 234, 236, 239, 255, 256, 265, 291, 292, 304,

305, 311, 314, 315, 326, 416, 422, 423, 433, 435, 438, 439, 443
de Gaulle, Charles, 259
de Shalit, Amos, 271
Dilthey, Wilhelm, 14, 405
Dinur, Ben-Zion, 26
Dori, Jacob, 135, 159
Doron, Avraham, 428
Dubnow, Simon, 25, 26, 406
Dulles, John Foster, 231

Eban, Abba, 160, 271, 431
Eden, Anthony, 235
Eisenhower, Dwight D., 306
Eitan, Refael, 273
Elad, Avri, 134, 135, 138, 144, 145, 148
Eldar, Akiva, 299, 392, 416, 422, 443, 448, 451, 452, 454
Epstein, Jitzchak, 56, 57
Eshed, Chagai, 140-146, 394, 395, 421, 424
Eshkol, Levi, 141, 142, 162, 185, 188, 214, 264, 271, 292, 393, 399, 413, 424, 439, 443
Evron, Efreim, 148
Evron, Yair, 255, 256, 275, 437, 438, 440

Fackenheim, Emil L., 219, 270, 432
Faruk I, König von Ägypten, 77
Feldman, Avigdor, 268, 269, 440
Ford, Gerald, 176

Gadamer, Hans-Georg, 14, 15, 403, 405, 408
Galili, Israel, 256
Galili, Orit, 451, 452
Galman (Peres), Sonja, 16
Gazier, Albert, 235
Gellner, Ernest, 33, 34, 408
Gemayel, Bashir, 281
Genossar, Yossi, 167, 176
Gibli, Benjamin, 134, 135, 137, 140, 143-146, 148, 154-156, 158, 422, 423
Gil, Amiram, 336, 447
Gilon, Carmi, 285
Goetz, Hans-Werner, 10, 12, 13, 79, 405, 413
Golan, Matti, 21, 395, 405, 410
Golani, Motti, 224, 230, 234, 433-435, 443
Goldman, Nahum, 263
Goldstein, Baruch, 285, 368, 369
Goldstein (Carmel), Dalia, 139, 423
Goldstein, Yossi, 413, 424, 443, 453
Gorny, Josef, 56-60, 98, 336, 364, 410, 411, 447
Gotthilf, Jehuda, 336, 447
Greenberg, Uri Zvi, 355
Grinberg, Lev (Luis), 187, 188, 301-303, 340, 341, 371, 372, 375, 377, 378, 427, 428, 444, 447-452

Gur, Mordechai, 317
Gutman, Yechiel, 166, 169, 173, 175, 176, 425-427

Hacohen, David, 271
Hacohen Kuk, Abraham Jitzchak, 29
Haddad, Saad, 273, 283
Hafez, Mustafa, 437
Harel, Isser, 134, 140, 142-146, 421-424
Harisch, Josef, 175, 176, 426
Harkabi, Yehoshafat, 146
Harmelin, Josef, 169
Hasin, Eliyahu, 135, 138, 139, 147, 421-424
Hass, Amira, 372, 444, 450, 451
Hazak, Reuven, 167-169, 174, 179-181
Henning, Eric, 453
Herzl, Theodor, 23, 27, 36-39, 42, 44-46, 49-51, 55-57, 103, 205, 208, 237, 294, 400, 401, 403, 406-410, 430, 454
Herzog, Chaim, 174, 176, 183
Hess, Moshe, 36
Hitler, Adolf, 45, 47, 240
Hobsbawm, Eric J., 34, 408
Hofnung, Menchem, 428, 429, 413
Horowitz, Dan, 132, 135, 138, 139, 147, 418, 421-424, 432
Hussein bin Talal, König Jordanien, 101, 279, 298, 312, 317, 331-333, 335, 349-351, 416, 441, 449

Jankéléwitsch, Wladimir, 25
Janowitz, Morris, 132, 421
Jarring, Gunnar, 315, 316, 445
Jerusalhami, Levi Jitzchak, 395
Johnston, Eric, 306, 307
Jona, Jacob, 376, 451

Kafkafi, Eyal, 134, 136, 137, 142, 188, 193, 233, 234, 415, 420-424, 434, 435
Kalischer, Zvi Hirsch, 28
Katzav, Moshe, 20, 390
Katznelson, Berl, 58-62, 98, 100, 102, 103, 410
Kennedy, John F., 259
Keren, Michael, 166, 200, 425-429
Kimmerling, Baruch, 110, 115-118, 120, 122, 125, 126, 141, 148, 220-224, 289, 348, 349, 352, 354, 389, 414, 416, 418-420, 423, 432, 433, 439, 442, 443, 448, 449, 452
Kissinger, Henry, 317, 319, 320, 322, 323
Klein, Claude, 419
Klein, Eran, 198, 429
Kraus, David, 173
Kreisky, Bruno, 441
Krispin, Yael, 20, 21, 70, 103, 405, 410, 411, 417
Kushnir, Shmuel, 336, 447

Lahad, Antoine, 282, 283
Lahat, Golan, 444
Landau, David, 395
Laor, Yitzhak, 432
Lavie, Naftalie, 394, 395
Lavon, Pinchas, 133-146, 148-164, 187, 307, 393, 396, 421-423
Lazare, Bernard, 401
Leibowitz, Yeshayahu, 28, 32, 263, 264, 370, 371, 406
Lenin, Wladimir I., 33, 185, 204
Levy, Gideon, 395
Levy, Yagil, 431
Lissak, Moshe, 132, 418, 421, 432
Littell, Robert, 22, 25, 62, 63, 129, 285, 298, 374, 385, 402, 405, 406, 409, 411, 415-417, 421, 441, 450-452, 454
Livneh, Eliezer, 262-264
Lord, Amnon, 448

Malka, Rafi, 167, 169, 174, 179, 426
Maoz, Zeev, 261, 439
Marcus, Yoel, 394
Margalit, Dan, 395
Margalit, Elkana, 202, 429
Meged, Aharon, 203
Meir, Golda, 19, 141, 265, 271, 316, 393
Meltzer, Zwi, 16
Meltzer-Persky, Sahra, 16
Misgav, Uri, 453
Mitzna, Amram, 390, 401
Modai, Jitzchak, 173, 174, 194, 197, 429
Mollet, Guy, 232, 233, 235, 252, 253, 270, 434, 438
Mordechai, Jitzchak, 166, 167, 179
Morris, Benny, 166, 167, 174, 225, 229, 231, 272, 273, 415, 416, 422, 425, 426, 433-435, 437, 439, 440
Mubarak, Hosni, 335, 451

Nahmias, David, 198, 429
Nasser, Gamal Abdul, 72, 74-76, 99, 154, 226, 232-234, 237-245, 248, 252, 257, 294, 305, 306, 312, 315, 412, 422, 436
Negbi, Moshe, 426
Netanjahu, Benjamin, 20, 214, 369, 379, 380, 400
Nixon, Richard, 176
Nordau, Max, 56, 103, 219

Olendorf, Franz, 263
Olmert, Ehud, 20, 184, 400
Olshan, Jitzchak, 135
Ophir, Adi, 118, 413, 418, 420, 437, 449
Orr, Akiva, 406, 439

Orbach, Efreim, 263
Oshri, Ehud, 442
Oz, Amos, 354, 391, 425

Pedezur, Reuven, 223, 433, 441
Peled, Yoav, 130, 418, 419
Peretz, Amir, 20, 184, 390, 401
Persky, Gershom, 16
Persky, Jitzchak, 16
Pineau, Christian, 235, 253, 434, 435, 438
Plotzker, Sever, 201
Pollard, Jonathan, 164, 426

Rabin, Jitzchak, 19, 23, 93, 170, 178, 181, 188, 265, 274, 275, 282, 283, 285, 286, 288, 298, 301, 315-317, 322, 329, 331, 333-335, 340, 341, 363, 366, 367, 369, 371-380, 382, 385, 389, 390, 393, 396-400, 437, 439, 441, 446, 447, 449-453
Rabinowitz, Dani, 417
Racah, Joel (Giulio), 271
Radai, Peleg, 167, 169, 179
Ratosch, Jonathan, 28
Raz-Krakotzkin, Amnon, 26, 48, 49, 54, 62, 63, 67, 303, 304, 338, 386, 406, 409-411, 444
Reagan, Ronald, 186, 196
Refael, Gidon, 422
Reines, Isaak Jacob, 28
Riftin, Yaakov, 80, 81, 83, 84, 414
Rosenthal, Rubik, 206, 214, 427, 430

Said, Edward W., 54, 82, 102, 410
Sarid, Yossi, 440, 447
Savir, Uri, 452
Schmidt, Helmut, 204, 420, 420, 421, 426, 430, 431
Scholem, Gershom, 26
Schuchmann, Aliav, 336, 447
Schweid, Eliezer, 219, 270, 432
Schwizer, Avraham, 394, 395
Segev, Shmuel, 394
Segev, Tom, 264, 423, 439, 441, 443
Sether, Gidon, 337, 447
Servan-Schreiber, Jean-Jacques, 98, 416
Shafir, Gershon, 62
Shahal, Moshe, 377
Shalom, Avraham, 165-171, 173-176, 179-183, 426, 430
Shamir, Jitzchak, 19, 167, 170, 174, 177-179, 181, 265, 298, 314, 330, 332, 333, 341, 391, 393, 399, 426, 449
Shapira, Anita, 59, 60, 219, 224, 408, 410, 411, 432
Shapiro, Gidon, 439
Sharett, Moshe, 24, 133-136, 138, 140, 141, 143-147, 150-152, 159, 223, 232, 233, 305-308,

315, 393, 394, 396, 422, 423, 433, 434, 444, 453
Sharon, Ariel, 20, 184, 214, 272-277, 279-282, 292, 295, 314, 326, 369, 389, 390, 400-402, 416, 440, 441, 443, 451
Sheffer, Gabriel, 417, 433
Sheleg, Yair, 453
Shenhav, Jehuda, 208, 415, 429-431
Shiffer, Shimon, 395
Shikaki, Fathi, 441
Shlaim, Avi, 237, 251, 252, 285-287, 305-307, 314, 379, 434, 435, 438, 440, 441, 445-447, 452
Shohat, Avraham, 377
Shohat, Ella Habiba, 430, 431
Shomron, Dan, 340
Smith, Anthony D., 34, 35, 50, 408
Smooha, Sammy, 110-113, 124, 126, 128, 418, 419
Sprinzak, Ehud, 178, 426, 428, 431
Stein, Gabriel, 263

Tabenkin, Jitzchak, 17
Tal, David, 229, 230, 233, 234, 433-435
Teveth, Shabtai, 146, 394, 421-424
Thomas, Abel, 234, 251

Trepp, Leo, 407, 420

Vagts, Alfred, 221, 421
Vanunu, Mordechai, 265-269, 439, 440

Weber, Max, 33, 34, 408
Wehler, Hans-Ulrich, 33, 35, 36, 53, 66, 408, 410
Weis, Shevah, 185, 427
Weizmann, Chaim, 67, 271, 336, 453
Weizmann, Ezer, 314
Wiesel, Elie, 47, 48, 406
Wilson, Woodrow Thomas, 33
Wirschuwisky, Mordechai, 440

Yiftachel, Oren, 110, 113, 114, 120, 123, 124, 126, 414, 415, 418, 419

Zamir, Jitzchak, 167-175, 179, 181, 182, 198, 426
Zertal, Idith, 249, 416, 425, 433, 451
Zorea, Meir, (Zorea-Kommission), 166, 167, 180, 425
Zuckermann, Moshe, 8, 38-40, 42, 300, 301, 409, 443